“十二五”普通高等教育本科国家级规划教材

现代教育论（第四版）	黄　济　王策三　主编
比较教育（第五版）	王承绪　顾明远　主编
当代比较教育学（第二版）	冯增俊　陈时见　项贤明　主编
现代教学论基础（第二版）	裴娣娜　主编
课程论（第二版）	靳玉乐　主编
现代课程与教学论（第三版）	黄甫全　主编
小学数学教学论（第四版）	马云鹏　主编
教育法学（第二版）	尹　力　主编
教育经济学新编（第二版）	范先佐　著
心理学导论（第三版）	黄希庭　郑　涌　著
社会心理学（第三版）	章志光　主编
教育心理学（第三版）	冯忠良　等　著
教育心理学（第三版）	张大均　主编
心理与教育测量（第三版）	郑日昌　主编
国际贸易（第二版）	苏科五　主编

本书第一版荣获

重庆市第五届社会科学优秀成果二等奖

“十二五”普通高等教育本科国家级规划教材

教育心理学

（第三版）

主　编　张大均
副主编　郭　成
　　　　余　林

人民教育出版社
·北京·

图书在版编目（CIP）数据

教育心理学/张大均主编. —3 版. —北京：人民教育出版社，2015.7(2022.1 重印)
“十二五”普通高等教育本科国家级规划教材
ISBN 978-7-107-29775-5

Ⅰ. ①教…　Ⅱ. ①张…　Ⅲ. ①教育心理学—高等学校—教材　Ⅳ. ①G44

中国版本图书馆 CIP 数据核字（2015）第 124498 号

“十二五”普通高等教育本科国家级规划教材　教育心理学（第三版）

出版发行　人民教育出版社
　　　　　（北京市海淀区中关村南大街 17 号院 1 号楼　邮编：100081）
网　　址　http://www.pep.com.cn
经　　销　全国新华书店
印　　刷　人民教育出版社印刷厂
版　　次　2015 年 7 月第 3 版
印　　次　2022 年 1 月第 22 次印刷
开　　本　787 毫米×1 092 毫米　1/16
印　　张　39.75
字　　数　605 千字
印　　数　281 001~291 000 册
定　　价　58.00 元

第三版修订说明

本书于2005年印行第一版，属于普通高等教育“十五”国家级规划教材，并荣获重庆市第五届社会科学优秀成果二等奖；2007年被列为普通高等教育“十一五”国家级规划教材，由主编、副主编组织人力进行修订，2011年印行第二版；2014年被评定为“十二五”普通高等教育本科国家级规划教材，由主编、副主编根据教育部有关高校课程教材改革精神进行修订完善，2015年印行第三版。

欢迎专家、学者和广大师生继续对本书编辑出版工作提出宝贵意见和建议，以使本书更臻完善。

人民教育出版社教师教育课程教材研究开发中心

2015年5月

第二版前言

《教育心理学》第一版作为普通高等教育“十五”国家级规划教材自出版以来，受到广大同行和读者的关注，被许多高校心理学专业、教育学专业选为学习教育心理学的教材，也被一些地方选为教师专业化培训的教材。第二版《教育心理学》是在第一版基础上修订完成的。此次修订的动因有三：一是本教材于2007年被列为普通高等教育“十一五”国家级规划教材，按相关要求应对原教材进行修订；二是近年来国内外教育心理学的发展很快，出现了一些新理论、新观点，积累了不少新资料，有必要把它们反映到教材中，以保证教材能及时反映学科发展的前沿；三是第一版教材已使用了几年，对教材存在的一些不足或问题应该予以修订。

本次修订在基本保持第一版教材结构的前提下，进一步提高教材的科学性、规范性和实用性。具体的修订包括以下几方面。

一、结构体例的调整与补充

第二版《教育心理学》在整体结构和逻辑体系上仍与第一版保持基本一致，未做大的改动，只做适当、必要的调整。一是章间调整。为了使教材结构更严谨，此次修订将第一版的第一、二章压缩合并为一章（即第二版的第一章），将第一版的

第十七、十八章压缩合并为一章（即第二版的第十六章）。二是章内微调。为了使各章内逻辑严密、内容严谨、体例统一，此次修订对章内节、目进行了重新审视、推敲，并进行了位置调换、增删、合并等形式的微调。三是体例补充。根据人民教育出版社的要求，补充了“内容提要、学习目标、关键词、要点小结、思考与练习、拓展性阅读”等导学提示内容。

二、具体内容的充实与更新

当代教育心理学的快速发展和我国教育教学改革发展要求教育心理学教材应该与时俱进，因此，具体内容的充实与更新是此次修订的重点。在修订过程中，我们强调内容更新要符合“实、新、精”的标准。“实”要求充实与更新的内容是来源于实验、实证或实践检验的材料；“新”要求充实与更新的内容反映学科发展的新趋势、新思想，是指引学科发展新方向的、新近的、较公认的成果；“精”要求充实与更新的内容应体现少而精的原则，尤其强调用说服力强的实验资料更替经验描述性材料。

三、语言文字的精练与瘦身

本书第一版共20章，总计70余万字，作为大学本科教材篇幅略显偏多，因此，语言文字的精练与瘦身也是本次修订的重要任务之一。在修订过程中，主要从这么几个方面对语言文字进行精练：一是“替代”，用简明的图表替代长篇的文字描述；二是“删节”，删除一些铺垫性陈述或背景信息，压缩经验性材料的篇幅，概述事件过程；三是“限字”，要求每章（由原书两章合并为一章的除外）修订后不超过3万字。修订后的第二版共18章，总计59万字，基本达到了语言文字的精练与瘦身之目的。

考虑到第一版教材的作者分散在全国各地且都有较繁重的教学和科研任务，不便抽出时间参加集中修订，这次修订采取了在主编、副主编具体指导下就近组织人力集中研讨的方式。并且，修订稿在经过原作者的修改之后，最后由主编、副主编统稿，主编审定。参加修订的人员除原作者外，还有王鑫强、刘传星、雷昌雄、龚玲、张佳佳、杨念、王利梅、谢德光、李杰、庞小佳、李雯。

衷心感谢所有关心、支持、帮助本教材编写和修订的学界前辈、同仁和广大读者朋友。

张大均
2011年5月于西南大学

第一版前言

自教育出现之时就伴随着教育心理的产生，在中外古代教育典籍中都蕴含着丰富的教育心理思想，但教育心理学作为一门学科刚走过百年的历程。在教育心理学的百年发展中，教育心理学家前赴后继进行了大量的理论探索和实证研究，撰写了大量有影响的论文、论著、教材，使教育心理学的学科体系日臻成熟，教育心理学的学术影响和社会影响不断提高，教育心理学已成为心理科学和教育科学中最具影响力的学科之一。毋庸讳言，教育心理学的科学大厦正在构筑之中，还需要大量教育心理学工作者添砖加瓦为之奋斗。编写科学实用的教育心理学教材是构筑教育心理学科学大厦的一项必要的基础性工作。

本书是普通高等教育“十五”国家级规划教材，主要供高等院校教育类各专业本科生学习教育心理学之用，系学习教育心理学的基础性教材。因此，本教材内容体系的构建在指导思想上基于对本学科如下基本关系的认识。

整合与分化　教育心理学的百年发展已出现了经验主义、行为主义、认知主义、人本主义、建构主义等各种取向的教育心理学。目前多数教育心理学家已开始意识到采取某种单一的研究取向来构建教育心理学体系已不利于本学科的发展，倾向于采用整合取向构建教育心理学。整合与分化是现代科学发展的基本趋势，教育心理学也不例外。一方面，教育心理学的学科发展亟待整合，需要将大量研究资料和各学派理论的“合理内核”进行不带偏见的审视，兼收并蓄，进而形成相对稳定、统摄整体的学科基本结构和体系。因此，整合主要是指对学科基本结构和基本理论体系的整体构建。另一方面，教育心理学在应对教育发展的新要求中又必然分化，原来一些研究领域因其现实重要性的凸显，就可能分化为新的分支学科，如教学心理学、学习心理学、差异心理学、学科心理学等。所以，分化主要是指学科研究领域、内容或方法等方面的具体拓展。教育心理学不应因为整合而否认分化，也不能因为分化而忽视整合，科学的态度是将二者有机统一。

理论与实践 教育心理学是教育情境中的心理学，理论联系教育实际是其应有之义。在心理科学中教育心理学是应用性学科，似乎也应偏重实践。然而，在教育科学中教育心理学被视为理论基石之一，似乎更应侧重理论。事实上，教育心理学是一门理论性和应用性兼具的学科。从理论上揭示教育教学心理规律是教育心理学的根本任务，联系教育教学实际指导教与学的有效进行也是教育心理学的重要职责。因此，理论与实践是体现教育心理学价值的彼此联系的两个方面。只强调教育心理学的理论性就会削弱其对教育教学实践的指导作用，只强调实践性也必然忽视对教与学普遍心理规律的探讨，进而降低教育心理学的科学性。只有二者有机结合，不偏废任何一方，才能构建科学的教育心理学体系。

继承与发展 继承与发展是学科传承必须面对的问题。教育心理学经过百年的发展，已形成一些自身的传统和优势研究领域，这是学科发展的基础。但教育心理学又是一门不断发展变化的学科，它经历了多个发展阶段、多种研究取向。因此，任何一本反映教育心理学学科发展的教材的编写都面临如何处理继承与发展的关系问题。我们认为，继承是起点，是基础，是将学科发展中积淀下来的，被实验、实践证明和时间检验了的基本知识、理论和方法相对稳定地保留在学科体系之中，作为学科发展的基础，体现学科的根基。发展是方向，是活力，是将学科研究的新思想、新方法、新成果纳入学科体系之中，改组、充实、完善学科体系，反映学科的方向和前沿，保持学科发展的活力。可见，继承与发展是学科基础与活力的关系，是源与流的关系。离开了继承，学科体系会因陷入长期混乱而无法建立；忽视发展，学科将失去活力，学科发展就会丧失生命力。

借鉴与创新 尽管中国早在两千多年前的《学记》中就有丰富的教育心理思想，但教育心理学作为一门独立学科还是诞生在西方国家，中国教育心理学和整个心理科学一样，属于舶来品。由于历史等原因，迄今我国教育心理学与西方发达国家相比，仍然存在一定的差距。是全盘照搬西方教育心理学的体系，步人后尘，还是以科学求实的态度在借鉴西方科学理论和方法的基础上，立足中国文化教育实际，开展创新性研究，致力于构建中国特色的教育心理学学科体系？这是我国教育心理学工作者必须选择的两条不同道路。根据中国教育的现实要求和学科发展需要，我们必然选择后者，这是一条借鉴与创新结合的道路。借鉴与创新是“用”与“本”的关系，即借鉴是手段，创新才是根本。根据这一理解，我们在本教材的编写中，一方面提倡对国外研究成果不排斥、不盲从、不照搬，在客观分析的基础上吸收“合理内核”，为我所用，另一方面高度重视国内有代表性的研究成果，尤其是注重将反映我国当代教育教学改革和素质教育要求的富有创新性的成果纳入教材的内容体系，构建中国特色的教育心理学学科体系。

在明确上述指导思想的基础上，本书从理论框架的构建到内容体系的组织，都强调从学科发展、培养目标和读者对象等诸方面出发，一方面考虑到教育心理学的学科性质与特点、学科体系、发展趋势，另一方面又注意教师教育的培养目标、教与学的独特要求和学习者的特点等，尽量做到基础性、科学性、前沿性和实用性的统一。

基础性 本教材主要是供高等院校教育类各专业本科生学习教育心理学之用，突出基础性是本教材的基本特色之一。基础性主要体现在教材的基本结构和基本内容两个方面。在分析教育心理学百年发展和中外上百种不同时期有代表性的教育心理学专书、教材的基础上，本书将教育心理学的基本结构概括为“基本理论”“学习心理”“教学心理”“制约教与学的因素和条件”这四个基本部分。在基本结构框架内突出内容的基础性，如基本概念的科学界定、基本理论的系统梳理、基本知识的完整介绍、基本事实的客观分析等。

科学性 科学性是所有教材的基本要求。一般来说，教材的科学性包括教材内容的科学性和教材结构的科学性。教材内容的科学性要求教材应全面反映本学科稳定、公认、正确的内容，如概念的界定应采用学科内公认、权威的解释，理论的表述应简明、准确，知识点之间的逻辑关系应严密，事实或材料的分析客观、正确，论点、论据、论证符合学科规范等。教材结构的科学性要求教材的基本框架必须包容本学科的基本研究范畴，反映学科的基本理论体系和基本内容体系，符合本学科知识体系的规范组织和表述方式。

前沿性 作为大学本科生使用的普通高等学校国家级规划教材，我们认为，在强调科学性、重视基础性的前提下，还应适当反映本学科研究的新领域或新课题、提出的新观点或新理论、获得的新成果或新方法、出现的新进展或新趋势。本教材力图从三个方面体现学科的前沿性：一是从教育心理学的体系构建的角度，充分展示学科理论研究的前沿问题和趋势，让学生从整体上把握学科的理论走向；二是从对学科新近实证研究领域或热点问题的评介或吸纳的角度，让学生从具体研究中尽可能了解学科发展的前沿问题；三是从理论联系教育教学实际的角度，揭示现实教育亟待解决的新课题，让学生尽可能了解本学科的现实任务和实践价值。

实用性 追求科学实用是本教材编写的特点之一。实用性既是教育心理学自身的特点，也是本教材的基本特色之一。根据教育心理学学科的特点，本教材的实用性主要体现在以下两点。一是缩短学生掌握教育心理学知识与应用教育心理学知识的距离。首先，在教材体例的设计上，遵循便学便用原则，增强可读性。例如，从学生学习和应用知识的角度出发，将教材每章的体例设计为开头有“本章内容细目”（了解内容）、“请你思考”（激活认知和动力），正文（呈现内容）中穿插必要的“讨论”（启发迁移），末尾有“问题探讨”（强化应用）和“建议阅读文献”，增强了教材的可读性和教与学的互动性。其次，在内容的安排和材料的组织上，在保证科学性的前提下，十分注重与教育教学实践和学生学习心理实际的衔接，增强教材对实践的指导性。例如，“学习心理”部分历来是教育心理学的主干内容之一，但以往的教材对这部分内容的安排见仁见智，本教材以教与学共同关注的问题“为什么学”（动机）、“学什么”（内容）、“怎么学”（策略）为逻辑来组织这部分内容，增强了教材对学习活动中教与学的指导性。二是重视将教育心理学的应用研究成果及时反映在教材内容体系之中。当代教育的快速发展与改革，不但向教育心理学提出了新的挑战，也为其开展应用研究提供了广阔舞台。教育心理学不仅应关注教育实践中的心理问题，而且应及时将有时代性、前瞻性的应用研究成果及时反映在教材中，增强教育心理学的应用价值。基于此，本教材将“教学心理”“美育心理”“教育社会心理”“学校心理素质教育与学生心理健康”“创造性培养”等与我国当前教育教学改革密切联系的应用研究成果纳入内容体系，大大加强了学科的应用价值。

总之，本教材的编写力求体现学科发展的各种基本关系，突出教材的自身特色，旨在为教师和学生提供一本便学便教、结构完整、体例新颖、内容充实的教育心理学教材。诚然，本教材在体系构建、体例安排、内容选择等方面都做了一些探索，但由于学科本身的发展特点和编者的水平局限，也许这些探索是初步的、局部的，有的甚至是欠妥或错误的，我们诚恳欢迎同行专家和广大读者批评指正！

本书由张大均任主编，负责全书结构安排和章节设定，并对全书进行修改审定；郭成和余林任副主编，参与全书的修改和统稿工作；陈旭参与部分统稿工作。各章执笔者如下：

第一章　张大均

第二章　张大均　李西营

第三章　白学军

第四章　李　辉

第五章　江　琦

第六章　刘宗发

第七章　余　林

第八章　冯　维

第九章　陈　旭　马　娟

第十章　田　澜

第十一章　胡朝兵

第十二章　司继伟

第十三章　郭　成

第十四章　吴明霞

第十五章　张大均

第十六章　刘衍玲

第十七章　曾天德

第十八章　陈　旭　马　娟

第十九章　郭　成

第二十章　余　林

本教材的编写历时三年多，既是各位参编者通力合作的结果，也得到了人民教育出版社的大力支持，吕达研究员对本教材的编写十分关心并亲自审定，其他编审人员也做了认真负责的工作。在本书付梓之际，谨向所有关心、支持、参与本教材编写和出版的单位和个人表示衷心的感谢！

本书主要供高等院校教育类（含心理学、教育学）各专业本科生使用，同时亦可作为其他教师教育（函大、电大、夜大）和在职教师培训的教材。

张大均

2005年3月于西南师范大学

目　录
Contents

第一编　基本理论

第二编　学习心理

第一编　基本理论

第一章 绪 论

【内容提要】

教育心理学的百年发展不但确立了自身的研究对象、学科特点、研究任务及研究方法，而且形成了比较完整的学科体系。本章从三个方面对教育心理学的理论进行了介绍。第一节简要介绍了教育心理学的基本性质，对教育心理学的概念、研究对象、学科特点、学科体系、任务和价值进行了阐述。第二节着重介绍了教育心理学的研究方法，分别从教育心理学研究的思想方法、基本原则、实证研究方法及教育心理学研究的科学化进行了论述。第三节对教育心理学的发展历程进行了系统的回顾与总结，并在此基础上概括、归纳出教育心理学发展的基本趋势。

【学习目标】

1. 知道教育心理学的基本含义和研究对象是什么。

2. 能用自己的语言清楚表述教育心理学的特点、体系、任务及价值。

3. 知道如何将教育心理学的基本研究方法运用于具体问题的研究中。

4. 熟悉教育心理学的发展历程，并能从历史与现实结合的角度分析教育心理学的发展趋势。

【关键词】

教育心理学　研究对象　研究方法　发展趋势

第一节　教育心理学的对象和任务

一、教育心理学的学科性质

（一）什么是教育心理学

国内外教育心理学家对什么是教育心理学的看法是多种多样的。

国外较流行的观点主要有：（1）教育心理学是研究教育过程中的行为的学科，如1971年美国出版的《教育百科全书》；（2）教育心理学是研究教与学的心理学问题的学科，如1976年美国林格伦（H. C. Lindgren）的《课堂教育心理学》；（3）教育心理学是研究教育教学的心理规律的学科，如1988年苏联加梅佐（M. B. Гамезо）等主编的《年龄和教育心理学》；（4）教育心理学是对教与学的技能（广义的——笔者注）的理解和发展，如2002年美国当代著名教育心理学家斯滕伯格等（R. J. Sternberg & W. M. Williams）的《教育心理学》。

国内有代表性的观点主要有：（1）教育心理学是研究整个教育过程中的种种心理现象变化和发展的规律的学科，如1980年潘菽主编的《教育心理学》、1985年的《中国大百科全书·教育卷》、1990年韩进之主编的《教育心理学纲要》等；（2）教育心理学是研究学校情境中教与学的基本心理规律的学科，如1988年邵瑞珍主编的《教育心理学》；（3）教育心理学是促成教育目的之实现的学科，如1998年张春兴的《教育心理学——三化取向的理论与实践》；（4）教育心理学是研究学校教与学情境中人的各种心理活动及其交互作用的运行机制和基本规律的学科，如2004年张大均主编的全国教育专业硕士专业学位推荐教材《教育心理学》。

尽管国内外教育心理学家对教育心理学的看法不尽相同，有时甚至各自强调某一方面，但综合考察上述观点，似乎也揭示出了教育心理学的以下基本含义：（1）教育心理学研究的范畴是学校教与学情境中的心理学问题；（2）教育心理学研究的对象是学校教与学情境中人（主要指师生）的心理活动的特征和规律；（3）教育心理学是通过考察教育教学情境中主体的心理与行为的特征及其相互关系来研究其心理活动机制和规律的学科。

基于上述观点的启示，结合对教与学过程的认识，本书给教育心理学下的定义是：教育心理学是研究教育教学情境中主体的心理活动及其发展变化机制、规律和促进策略的学科。该定义包含如下含义：(1) 教育心理学的研究对象是教育教学情境中人的各种心理活动的特征、机制、规律和促进策略；(2) 教与学情境中的施教者（教师）和受教者（学生）都是活动的主体，都是心理与行为的承担者和组织者，都属于教育心理学的研究范畴；(3) 教育心理学不但应揭示教育教学情境中主体心理活动的特征、机制和规律，而且应重点揭示有效促进主体健全发展的策略。第三点是传统教育心理学比较忽视的，这在一定程度上降低了教育心理学对教与学的实践指导作用；现代教育心理学十分重视这一点。

（二）教育心理学的研究对象

学习或研究教育心理学必须对教育有基本的认识。教育作为人类一种永恒的、促进其发展的社会交互系统，自产生之日起就有其自身的特点和规律，是一个特殊的社会活动领域。教育有广义和狭义之分。广义的教育泛指能增进人的知识和技能、培养人的智能和人格、改进人的思想和行为的一切活动。从空间范畴分，它包括家庭教育、学校教育和社会教育等基本形式；从内容范畴分，它包括社会规范教育、文化知识教育和心理素质教育等领域。狭义的教育一般是指学校教育，它是根据时代和社会的需要，遵循学生身心发展规律和年龄特征，有目的、有计划、有组织地对受教育者施加影响的活动。与广义的教育比较，狭义的教育目的性更明确，对象性更稳定，针对性更具体，组织性更严密，专业性更强。无论是广义的教育还是狭义的教育，教育的影响者和受影响者都是人，人是教育活动的主体。教育活动中人的构成和发展变化十分复杂，涉及多方面因素的交互作用，需要多学科从不同层面进行深入研究。

教育心理学侧重研究教育教学情境中主体的心理活动及其发展变化的机制、规律和有效促进策略。这就清楚地表明，教育心理学的研究对象具有二重性，即一方面要研究主体（师生）心理活动的一般机制和规律，另一方面要研究指导教与学、促进主体（主要指学生）健康发展的有效策略。人从儿童、少年到青年，大部分时间在学校度过。学校中的主体主要由教师和学生组成，师生在教与学中的心理活动的激活与变化，既要适应主体已有的心理素质水平，又要促进其心理素质水平不断发展。无论教育是适应主体现有心理水平还是发展主体新的或更高水平的心理素质，都要求我们既应从发生的角度探索学生心理活动的一般机制和规律，以解决教育的前提问题，又应从发展的角度研究促进学生素质健全发展的规律和策略，以解决教育的工效问题。因此，根据不同的研究目标，教育心理学可分为不同的研究领域或层面：(1) 研究教育心理学的科学学问题，构建学科基础和学科体系；(2) 研究主体心理发展的一般机制和规律，揭示教与学情境中主体心理活动的机制和规律；(3) 研究在教与学情境中促进主体心理发展变化的有效途径和策略；(4) 研究制约和影响主体顺利实现教与学的目标及主体发展的条件和因素。教育心理学上述不同研究领域都是围绕教与学展开的，它们分别从不同侧面揭示了教育心理学研究对象发展变化的特征和规律。在教育教学情境中，教与学的目标从根本上看是一致的，教是为了促进学、帮助学，教与学的矛盾是教学过程的基本矛盾，学是矛盾的主要方面。基于这一认识，教育心理学把学生的学习心理作为研究的主要领域是自然的、应当的。教育心理学所说的学，不仅指知识的学习，也包括纪律、态度和品德等社会规范的学习。

但是，现代教育心理学主张学习心理研究与教学心理研究并重。学校教育是一个复杂的人与人交互作用的活动系统，活动主体（师生）在这一系统中表现出来的心理现象是纷繁复杂的，因此，教育心理学应从教与学的不同维度对主体心理活动及其规律进行研究。

此外，随着教育心理学的发展，其研究领域也在不断拓展，产生了一些很有理论价值和实践指导意义的新兴研究课题，如美育心理问题、教育社会心理问题、心理健康教育和心理素质培养问题、有效教与学的策略问题等，这些都是传统教育心理学较少涉及的重要研究领域。

二、教育心理学的学科特点与体系

（一）教育心理学的学科特点

学科特点是一门学科区别于其他学科的标志，没有自身特点的学科很难立于学科之林。教育心理学的学科特点可以从不同侧面加以剖析。从学科范畴看，教育心理学既是心理学的一个分支学科，具有心理科学的特点和规范，又是教育与心理结合的交叉学科，具有教育科学的某些特点。从学科任务看，教育心理学既是一门理论性学科，承载着揭示教与学情境中主体心理活动的机制和规律等方面的理论任务，又是一门应用性较强的学科，肩负着指导教与学并促进主体健康发展的实践任务。从学科属性来看，教育心理学作为心理科学的分支学科，不但在其课题研究中要运用自然科学的研究方法和手段，如实验法、计算机等，而且在其理论构建和技术开发中也必须吸收相关自然科学的研究成果，因而具有自然科学的某些特点；同时，教育心理学在研究人的发展问题上具有人文社会科学的特点，如教育心理学重视教育教学情境中人与人之间的交互影响以及各种环境对人的智能和社会性发展的影响，这又带有明显的人文社会科学的色彩。

综上来看，教育心理学是一门交叉学科，主要表现为心理科学与教育科学的交叉、基础科学与应用科学的交叉、自然科学与人文社会科学的交叉。教育心理学的交叉学科特性规定了教育心理学研究的二重性特点：教育心理学研究既应符合心理科学的规范和要求，又带有教育科学的某些特点；教育心理学既要研究教育教学情境中主体的心理活动特点及规律，为解决教育教学中的理论问题提供科学依据，更要关注与教育教学情境有直接关系的问题（诸如学生的学习心理、教师的教学心理等），以便为解决学校教育教学的实践问题提供具体原则和操作方法。因此，教育心理学的交叉学科特性既反映出教育心理学存在的独特价值，又是教育心理学研究复杂性的重要原因。

（二）教育心理学的学科体系

学科体系是一门学科的基本结构或框架。学科体系大致可分为学科理论体系、方法论体系和内容体系。探索和理顺学科体系是学习该学科的重要前提之一。

1. 教育心理学的理论体系

（1）教育心理学的基础理论。关于人的本性的认识是教育心理学的理论基点。教育心理学的兴趣不是止于认识人性，而是以此为基础，探讨如何有效地改善和开发蕴含在人性中的优良潜质，弘扬人性的向上价值，促进积极人性的发展。关于教育本质的认识是教育心理学的理论前提。教育是以主体交互作用为基本特征的复杂系统，师生在教与学活动中表现出来的主体性和交互性是教育的本质特性。关于学生发展特点的认识是教育心理学理论建构的依据。教育心理学一般将学生的发展划分为生理发展、心理发展和社会性发展。在教育心理学家的眼里，学生发展的主要目标是学生心理素质的健全发展。对学生心理发展的看法往往左右着教育心理学家的理论兴趣和研究取向。

（2）教育心理学的学科理论。主要包括教育心理学的科学学理论、领域理论、具体问题理论。教育心理学的科学学理论包括对教育心理学学科性质、研究对象、研究任务、研究内容、学科价值、历史发展和研究方法等方面的基本认识和观点；领域理论是教育心理学理论体系的血肉，主要包括学习理论、教学理论、影响教与学的条件和成效的相关理论；具体问题理论是指学科领域之下关于这些具体问题的理论观点，称“小理论”（如学习动机理论），以区别于科学学理论和领域理论。

（3）教育心理学的相关理论。教育心理学的相关理论是指与教育心理学理论体系构建密切相关的其他心理科学理论，如智力发展理论、人格培养理论、态度转变理论等。虽然相关理论并非教育心理学“自身”的理论，但它们可从制约因素或支持条件等角度纳入教育心理学理论体系的范畴，亦是其理论体系不可缺少的组成部分。

2. 教育心理学的方法论体系

（1）哲学基础。教育心理学自诞生伊始就是在一定哲学思想的指引下发展的。教育心理学的百年发展史表明：教育心理学的发展走向总是自觉不自觉地受同时代哲学思潮的影响，这些哲学思想往往也成为该时代教育心理学研究的重要指导思想。在今天这样一个哲学思潮多元化的时代，教育心理学应更主动地吸收多种哲学思想的滋养，其研究的综合化趋向正是在多元哲学思想影响下催生的新走向。

（2）科学背景。科学技术发展对教育心理学发展的影响集中体现在：一是科学思想对教育心理学思想观念的影响，产生了一些新的研究思想，如人本主义教育心理学受到达尔文（C. Darwin，1809—1882）生物进化论及其之后形成的生态学、机体整体学思想的积极影响；二是科学技术的一些方法和手段被引入有机体心理活动的研究之中，产生了一些新的研究策略或方法，如计算机模拟、人工智能、系统分析、网络分析、路径分析等方法都与计算机科学、信息科学、脑神经科学和网络技术的发展相联系。

（3）方法论原则和实证研究方法。教育心理学的方法论原则可能因研究者的学术思想和研究课题的不同而不同，但任何科学的教育心理学研究都必须体现客观、科学、有效和人道等方面的规范和原则。

3. 教育心理学的内容体系

教育心理学已走过了百年的历程，教育心理学家一直都在致力于学科内容体系的构建，但由于其研究对象的复杂性以及研究手段和方法的限制，迄今教育心理学的内容体系还没有建立起统一的范式。在对教育心理学内容体系进行系统的历史回顾的基础上（见表1-1），我们认为教育心理学内容体系的变化从总体上看，呈现出开放性、渐进性和包容性等特点。开放性是指教育心理学内容体系是一个不断吸收本学科及相关学科的研究成果的动态系统；渐进性是指教育心理学内容体系的形成总体上看是一个既相对稳定又不断扩展的渐变过程，即使在某一阶段表现出的暂时“突变”也是先前渐变的结果；包容性是指教育心理学内容体系的发展从未因强调主要内容而排斥其他，有海纳百川的传统，这在心理科学家族中可谓独树一帜，同时这也许是教育心理学内容体系难以规范划一的原因之一。

表1-1　教育心理学内容体系的发展阶段

时间	阶段名称	特点
20世纪初叶	传统内容体系的初步确立	以桑代克的《教育心理学》为代表
20世纪20—50年代	教育心理学内容的扩充	多学派并存，内容庞杂
20世纪60—90年代	认知观教育心理学内容体系的确立	注重与教学实践相结合，认知理论占主导
20世纪90年代以后	教育心理学内容体系的综合化趋向	从学派对立向学派融合转化

讨论1　**教育心理学能否成为“范式”科学？**

教育心理学经过百年的发展，迄今仍未达到“范式”科学的标准。结合教育心理学的发展历史和学科特点，你认为教育心理学能否成为“范式”科学？为什么？

三、教育心理学的任务和价值

（一）教育心理学的任务

教育心理学研究对象的多维性和学科特点的交叉性决定了其研究任务的两重性，即理论探索任务和实践指导任务。

1. 教育心理学的理论探索任务

首先，从学科范畴看，教育心理学是心理科学和教育科学的交叉，其理论任务应兼顾这两个学科。作为心理科学的分支，教育心理学的理论任务在于揭示教与学的基本心理规律，丰富和发展心理科学尤其是教育心理学的理论；作为教育科学的分支，教育心理学还应研究怎样遵循教与学的心理规律去设计教育内容、改革教育方式方法、优化教育资源、提高教育效能、培养高素质人才。其次，从学科任务看，教育心理学既有理论学科的特点，又有应用学科的特点。作为理论学科的基本任务是探索教与学情境中主体获得知识、发展智能、形成健全人格的心理机制和规律，为构建科学合理的教育心理学理论体系服务，以期推动整个心理科学和教育科学的发展。

2. 教育心理学的实践指导任务

教育心理学以研究教与学情境中主体的心理规律为己任。主体的心理反应和变化总是由外部环境引起的，对青少年学生来说，其心理的反应和变化与社会尤其是学校的教育密切联系。学校教育一般由目标系统、内容系统、教与学的活动系统、教育成效的考核评价系统组成，这些系统的确立和应用既必须遵循主体心理活动的特点和规律，也需要教育心理学提供实施途径、策略、方法等方面的具体指导。这既是教育心理学百年发展中日益彰显的重要任务，又是其不断向前发展的实际推动力。

（二）学习和研究教育心理学的价值

教育心理学从无到有、从零散到系统的百年发展已充分体现了其存在的科学价值，这里主要探讨学习和研究教育心理学对一个教育工作者或立志成为教育工作者的价值。

1. 提高教育工作者的理论素养，形成正确的教育观念

教育心理学作为一门科学知识体系，其阐述的教与学情境中主体心理活动规律的有关知识和方法是其他教育科学的重要理论基础。因此，学习和研究教

育心理学有助于教育工作者从根本上认识教育规律，提高教育理论水平，树立正确的教育观念，如学生观、教师观、教学观、学习观和人才观等，成为真正懂教育的人。

2. 完善教育工作者的知识结构，加速教师的专业化发展

教育是一种特殊的职业，这种职业对从业者的知识结构和专业化程度有较高的要求。教师的知识结构是由多方面知识构成的，主要包括一般科学文化知识、学科知识（从事本专业所需的知识）、实践知识（通过实践积累的经验知识）和条件知识（关于如何教和如何学的知识）。在这四类知识中，前三类是从事所有职业都应具备的，只有条件知识属于教师职业特殊要求的。而教育心理学知识则是条件知识中十分重要的组成部分。同时，教师的专业化发展主要取决于知识结构的完整和合规律、合目的的教育实践能力，这两者都与个体掌握教育心理学的理论和方法息息相关。

3. 认识教与学的特点，贯彻因材施教的原则，提高教育效益

教与学是以复杂的信息交互作用为特征的主体互动系统，处于这一系统中的师生都是信息加工和表达的主体，都有自身的特点和活动规律。因此，在教与学的活动中，只有遵循主体的心理变化规律，尤其是个体差异规律，才能做到因材施教，保证教与学的有效性。教育实践也一再表明，在教育过程中教育工作者只凭实践经验去认识教育对象的特征，难免受个人喜好和局部经验的影响，采取片面或不当的教育方式方法。而教育心理学能为教育工作者提供系统的认识教与学主体特点的理论和方法，教育工作者若懂得教育心理学的理论和方法，就会明确有效解决教育教学问题的方向，找到提高教育效率的策略和方法。

第二节　教育心理学的研究方法

一、教育心理学研究的思想方法

教育心理学研究的思想方法可能因人而异，但科学的教育心理学研究都应遵循辩证观、人性观和系统观。

（一）辩证观

辩证观主张用发展的眼光多角度、多层次地看待事物，反对经验论和机械论，提倡一切从实际出发，提倡实事求是的、多元辩证的、科学的认识路线。辩证观是一切科学研究都应遵循的思想方法，教育心理学也不例外。

从研究对象的角度分析，教育心理学以教育情境中主体心理活动的规律及促进策略为研究对象。教育情境是一个复杂系统，既包括客观自然环境和人造物理环境，又包括主体中群体和个体的心理环境。教育情境中的主体既指学习者，又包括教育者（主要指教师）。因此，研究教育情境中主体心理活动的机制和规律只有从揭示主观与客观、心理与行为等多维的辩证关系着眼，才能透过心理活动或心理事件的“现象”，抓住主体心理变化发展的机制和规律这个“本质”。

从学科属性的角度分析，教育心理学既是一门交叉学科，又是一门相对独立的学科。因此，从事教育心理学研究既应考虑交叉学科的特点，又不失自身的独特性。这就要求研究者善于用辩证的观点看问题、分析问题和解决问题。

从学科历史的角度分析，在教育心理学的百年发展中，研究者在理论与实践、主观与客观、继承与创新、借鉴与发展等关系问题上长期争论不休，究其原因，主要是背离辩证观看问题。因此，要妥善解决上述关系问题，唯有以辩证观为指导，具体问题具体分析，多方位探索事物之间的联系，善于抓住隐藏在现象背后的本质问题，寻找问题解决的根本途径。

（二）人性观

教育心理学从诞生之日起就非常重视对人性的探讨，桑代克（E. L. Thorndike，1874—1949）把教育心理学界定为研究人性之科学。但教育心理学研究应持什么样的人性观，迄今仍莫衷一是。因此，确立科学的人性观是教育心理学研究的重要的思想方法。

所谓人性观，是指对人（总体）的本质属性的根本观点。自从人类诞生以来，一刻也没有停止对认识自身的探索。“人究竟是什么”，迄今仍在争论。有人认为，人是生物实体，其本质是生物性；有人认为，人是社会实体，其本质是社会性；有人认为，人是智慧性动物，其本质是意识性……。从某一角度看，上述观点都没有错，但都是从某一侧面去看待人性，难免管中窥豹。事实上，人是地球上最复杂的存在物，认识其本质应从不同角度去探讨。

从有机体发生的角度看，人具有生物本性。生物科学的研究表明，人从胚胎形成到生理机能的发展都与其遗传基因有密切的联系，即人的发展在其生物性方面与其种系和有血缘关系的长辈有天然联系，而人的生物特性又是其心理发生发展的自然基础。所以，生物性是人性中自然性的主要表现。

从有机体发展的角度看，人具有社会本性。人从出生到死亡是一个社会化的过程，个体在这一过程中必须完成由生物实体向社会实体的转变，成为社会成员。社会性是社会成员的本质特征之一，它表现在人的适应、发展、创造等各种社会行为之中，呈现出交往性、主体性和发展性等基本特征，是人的心理发展的重要内容。

从人与其他生物的根本区别的角度看，人具有独特的意识性。心理现象尤其是较低级的心理反应是人和动物都有的，但意识这种高级心理是人类特有的。正是由于人类具有意识性，他们不仅能积极地适应环境，而且能主动地改造环境，探索未知，创造发明，发展自身。人类的智慧器官——人脑是地球上最复杂的系统，人类的每一次重大的文明进步和科技发展都是人类大脑解放和智慧开发的结果。教育作为人类智慧开发的基础工程，在人类智慧开发方面具有不可替代性。因此，研究教育情境中主体心理活动机制和规律的教育心理学应充分重视对人的意识性的探索。

（三）系统观

从系统观出发去研究复杂的教育心理学问题，就是要从教育情境中主体心理结构与功能等多方面去认识它。通过揭示研究对象心理系统（结构）的要素（成分），并了解各成分之间的关系以及每一成分与心理结构之间的关系，认识主体心理结构；通过研究主体心理系统与环境系统的关系，认识主体心理系统的功能。因此，教育心理学研究应该从教育系统的整体出发，上下联系，全方位探讨主体心理发生发展的机制和规律。

一要把握主体心理的整体性。尽管人的心理现象是复杂多变的，但这些心理现象的出现并不是孤立的，人的心理是具有各种机能的一个有机的整体。采用孤立、分离的方式来研究心理现象，可能无法理解这些心理现象的特性及其相互制约关系。而且人的心理是在生理、环境刺激、行为活动、神经系统的交互作用之下形成的，这些因素的相互作用才使得人们的心理活动呈现出复杂多变的现象。因此，对待教育教学情境中出现的各种心理现象，必须把它放在大的背景之下进行综合的考虑。

二要了解主体心理的层次性。人的心理是一个有序的、自组织的、复杂的系统，在这个系统之中，人的心理又具有结构层次性。总体而言，人的心理包括四个层次水平的结构：心理的社会实践结构（心理的起源与发展）、个性心理结构、心理活动结构以及心理的物质结构（脑的结构）。这四个结构在心理活动中具有不同的功能。在教育心理学的研究中也应该区分这些心理现象的结构层次及其相互关系，找到相应心理现象之间的结构层次网络，揭示出支配人的心理层次的规律。

三要分析主体心理的动态性。人的心理处于一种动态平衡之中，并呈现出一种相对稳定的动态变化过程，也就是说随着人的社会实践活动的变化，心理活动也会随着信息的输入而不断变化，因而应对教育教学中出现的心理现象做动态的分析，弄清其产生的原因、过程、发展转化的机制等。

四要增强主体心理的自组织适应性。人的心理系统是环境中的一个有序的系统，而这个系统又是动态发展的、开放的。在人的大脑的调控下，通过与外界的信息交流，人能够不断地对原有的心理结构进行改造与调节，从而提高心理系统的有序性，达到对外界环境尤其是社会的积极适应。学习者的行为应是机体与外界环境交互作用的结果，教育教学的目的就是通过外部环境的刺激作用，影响和改善学习者内部心理结构的有序性和自组织能力。

二、教育心理学研究的基本原则

（一）客观性原则

客观性原则是指教育心理学研究要贯彻实事求是的精神，即根据教育心理现象的本来面貌来研究其本质、规律与机制，采取实事求是的态度。遵循客观性原则是进行科学研究的前提条件。

在教育心理学的研究中，对主体心理现象的客观研究是完全可能的，因为任何心理现象都是由客观刺激所引起的，并通过个体内部的一系列中介过程而最终反映到相关行为上。通过对客观刺激、中介过程和最终的行为反应之间关系的考察，就可以探索各种心理现象的特点和本质规律。

贯彻客观性原则，研究者应注意以下几点。首先，在收集资料的时候，应该根据事先设计的观察内容、步骤，如实详尽地记录作用于被试身上的各种刺激和相应的行为反应，并以此来判断被试的心理特点及其变化规律；在资料的采集过程中，应尽量采用诸如被试的口头报告、档案资料、教师的判断等多种方法，确保采集的第一手资料客观、准确、全面。其次，对资料的处理、结果的分析与整理，应尽可能根据客观的标准来进行，特别是在对待与自己的假设、理论不一致的数据资料时，更应谨慎处理。最后，在下结论时，应根据所收集的资料，在其允许的范围内做出判断，而不应该做过度的推论。

（二）教育性原则

教育性原则是指在教育心理学的研究过程中，所采用的研究手段与方法应能促进被试心理的良性发展，这是所有关于人的心理学研究都应遵从的一个基本伦理道德原则。

教育心理学研究中所应遵循的伦理道德原则是一个应该引起广泛注意的问题。由于人的心理是一种主观的客观存在，研究者有时为了获得被试的真实心理现象和反应而故意隐藏研究的目的，特别是在双盲实验中，实验者与被试均不知道实验的真实目的，这样做的目的是为了排除人在面对实验刺激时故意不把真实的心理表现出来，从而使收集的数据失去意义。因而在心理学研究中，采用适当的手段获取真实的数据应该是无可厚非的事情，但在这里存在着一个度的问题。在心理学的研究历史中，出现过一个非常不好的例子。当年华生(J. B. Watson，1878—1958）为了研究儿童的恐惧心理，在儿童抚摸小白兔时用力敲锣，结果使这个儿童不但对小白兔，甚至对其他白色的东西都产生了畏惧心理。实验在某种程度上伤害了儿童心理的正常发展，这在心理学尤其教育心理学研究中应该力避。特别是在教育心理学的研究中，主要涉及人类被试，又是以未成年的被试为主，因而更应该遵循教育性原则，在研究过程中应特别注意避免外部刺激对被试心理的不良影响。

（三）理论联系实际原则

理论联系实际原则是由教育心理学的应用学科性质决定的。这一原则要求教育心理学的研究应从教育情境，尤其是主体的实际需要出发，解决教育教学实践中的心理问题。教育心理学的研究有三种类型。第一类是基础的科学研究。它是以探明理论为主，针对教育教学的普遍问题而非一定要指向特殊的教育实践的研究。这类研究无疑是非常有用的，但它也带有一定的局限性，主要就在于研究结果的推广性和可应用水平不高。第二类是外推的基础研究。它的课题来自教育教学实践，而它的实验设计则是建立在高度简化的基础研究水平上的，如记忆和学习迁移的实验研究等。第三类是应用水平的研究。这类研究从选题到具体的研究过程都针对教育教学的实践问题，并考虑了各种可能的影响因素，因而研究结果的适合性与可应用性都较高，其研究结论具有较好的生态效度和实践价值。

现代教育心理学的发展呈现出这样一个趋势，即研究重点由基础理论研究向应用研究倾斜。其原因在于，教育心理学理论研究的最终目的是为了解决教育教学实践中的心理问题，是否密切联系教育教学实践是检验教育心理学理论的最好方法，更何况丰富多彩的教学实践也给教育心理学带来了大量的有意义的课题。因而在教育心理学研究的过程中，应做到理论与实践的紧密结合，把应用研究放在突出的位置上。

三、教育心理学的实证研究方法

实证研究方法是教育心理学的主要研究方法，可分为描述性研究方法和实验性研究方法。

（一）描述性研究方法

描述性研究是对教育教学活动中发生的特定情境的事实与关系进行详细的描述。常见的描述性研究方法主要有以下几种。

1. 观察法

观察法是通过直接观察教育教学过程并记录个体某种心理活动的表现或行为变化，从而了解学生心理的方法。在观察中，研究者对观察情境不加任何控制条件，不影响被观察者的正常行为。观察法是教育心理学研究中最普遍、最基本的方法之一。这种方法应用简便，可直接使用，也可结合其他方法使用。观察法记录的材料比较真实，但是不够精密，它不但需要观察者具有敏锐的观察力，善于从纷繁复杂的情境中捕捉所需的行为表现，同时还要进行及时的记录。观察法只能了解学生心理活动的某些自然的外部表现，而不能对心理活动施加影响，了解其因果关系。为了取得良好的系统观察效果，在观察中应注意：（1）选择特定的观察内容，观察面不宜太广，最好只观察少数或一种行为；（2）所观察的行为需事先进行界定；（3）观察时应随时记录，有条件时可以利用一定的录音、录像器材；（4）观察时间不宜过长，对同一类行为可采用重复观察的方法，即采用时间取样的方式；（5）最好不让被试知道研究人员的观察行为，以免影响被试的正常行为，如可采用单向玻璃（监控）等观察技术。

2. 调查法

调查法是通过多种方式收集调查对象心理与行为的相关资料的方法。调查法的途径与方法很多，如通过面谈的方式了解被调查者的情况，通过家访了解学生平时在家的情况，通过作品（如教师的评定，学生的作业、日记、诗歌、作文等）对学生学习状况进行分析。调查法中使用最广泛的是问卷法（questionnaire method），它的优点在于简便易行，而且可以做到取样很大，使研究对象具有广泛性和代表性，克服小样本资料所具有的推广性不高的缺陷，还可对取得的资料进行一定的统计处理。但是，这种方法存在不够严密和不够准确的缺点，有时不能及时反映被调查者的心理变化，被调查者可能隐藏自己的真实想法，统计处理上也不够精确。要通过问卷法客观了解到被调查者的心理与行为，在编制调查问卷时应注意：（1）问卷题目不宜过多，对问卷题目的回答应是所需了解的内容；（2）问卷的编制应尽量生动有趣，最好能够消除被调查者的防御心理，而且对题目的回答应尽量简单，不需要太多的思考；（3）在问卷中应加入一些探测项目，用以了解被调查者是否真实回答调查项目；（4）问卷在正式施测之前，应进行信度和效度分析，以保证问卷的有效性。

3. 个案研究

个案研究是对一个人或一组人的问题进行研究的方法，有时也与纵向的追踪研究相结合，系统记载被试某些心理活动的发展状况，针对某些教育教学心理问题产生与发展的原因提出相应的解决措施。这种方式比较适合特例研究，如对超常儿童、特殊才能儿童、学习困难儿童及品德不良儿童等的研究。研究中要求对个案的材料收集齐全、详尽，只有这样，才能对所关心的问题提出中肯的意见。在进行个案研究的过程中，研究者除深入了解被调查者的各种情况外，还应与他们多接近，建立良好的关系，树立良好的形象，使其充分信任研究者的帮助和关心，这样才能在个案研究中取得真实的第一手材料，使个案研究顺利进行下去。

（二）实验性研究方法

实验性研究方法是在控制严格的实验条件下，操纵教育教学情境中的一些变量而研究其效应的方法。主要包括实验室实验法和自然实验法。

1. 实验室实验法

实验室实验法是在专门的实验室内利用一定的仪器进行心理实验，通过实验获得人的心理现象的某些科学依据。教育心理学的某些研究，如记忆、字词识别的影响因素等，均可利用移动视窗技术、眼动仪、速视仪等在实验室进行研究。实验室实验的主要优点在于它的控制比较严格，数据比较可靠，结论能经受考验。但实验室实验也有一定的局限性，它把教育情境中的很多心理现象都进行了简化，人为性较明显，研究结果的实际推广应用价值有限。因而在教育心理学研究中，大量采用的是自然实验法。

2. 自然实验法

自然实验法是指在教育实际中按照研究目的控制某些条件，以引起某种心理活动而进行研究的方法。自然实验法兼具观察法和实验室实验法的长处，既能较好地反映教育实际的情况，又可对变量进行一定的控制，使研究达到一定精确程度。教育心理学的自然实验的基本形式有三种。

（1）单组实验。它是指同一组被试先后两次接受不同实验因素的影响，在实验过程中，保持其他条件的恒定，然后对实验因素产生的结果进行观察和比较。这种方式的优点是比较简便，实验因素容易控制，但是由于先后两次接受实验的影响，因而两种实验因素可能产生交互作用，使得两种实验条件下的被试不同质，从而影响实验结果的精度。

（2）等组实验。根据实验条件，将被试随机分成条件相同的多组作为实验对象进行研究。如研究文章中生字密度对阅读理解的影响，生字密度为自变量，有高、中、低三个水平，这样可将被试分成三个相等的组进行实验。在教育心理学研究中，经常采用实验组和控制组相对照的方法，即将被试分成实验组和控制组，实验组接受实验影响，控制组则不接受实验影响，在实验过程中两组被试其他条件保持相同，最后将实验因素所产生的结果加以观测和比较，考察差异的显著性，从而判断实验因素的作用。等组实验的要点在于保证各实验组的起点同质。

(3) 循环组实验。它是单组和等组相结合的一种形式，各实验因素在各组中轮流施行。由于采用循环的形式，各组条件可不必完全相同，同一时间内各组分别接受不同实验因素的影响，比较实验结果，再进行下一轮的循环实验，再比较结果。这种形式兼具前两种形式的优点，但组织运用的难度较大，实验操作较为复杂。

讨论2 质性研究和量化研究能有机结合吗？怎样结合？

教育心理学研究有质性研究和量化研究两种不同性质的方法，现在越来越多的学者主张质性研究和量化研究相结合。你认为这二者能有机结合吗？怎样结合？

四、教育心理学研究的科学化

教育心理学的研究是为了探明教育教学情境中各种心理现象的本质，以便更好地为教育教学实践服务。而要取得有价值的科研成果，就必须注意研究的科学性。

（一）教育心理学研究程序的规范化

一个完整的教育心理学研究范式涉及下面一系列内容。

(1) 理论探讨。理论是具有逻辑关系的假设或原理，它的功能就在于能够解释已有的知识和预测未来的知识。任何一个课题的研究，都要从已有的理论出发，验证或推翻它们。缺乏相应的理论探讨、没有理论基础的课题研究则难以站住脚。

(2) 课题选择。课题选择得恰当与否，不仅直接关系到课题能否做得出来，而且关系到课题成果的推广与应用。课题选择实际上是确定研究问题。在选择具体的研究课题时既要考虑对现实的指导意义，又要考虑其理论价值。课题的选择主要有两条途径：一是通过对感兴趣的研究领域用逐步加以收缩的方式来确定研究课题；二是从文献、前人或自己已有的研究中寻找新的课题。

（3）文献资料的收集与查阅。对所确定的课题进行一定的文献研究，可使我们掌握目前这方面研究的状况、存在的问题，这样可使课题更加明确，还可从别人的研究中获得一定的借鉴和启发。文献资料的收集一般采用倒推法，先从最新的权威专业杂志或索引中找到相关内容，然后在其后所引的参考资料中寻找所需材料。

（4）提出研究假设。研究假设是研究者对所研究的问题事先做出的预测，是建立在一定理论基础上的可检验的预测。提出具体的研究课题之后，必须依据相关理论提出研究假设，这是科学研究区别于日常工作的关键点。

（5）研究计划的制订。有了前面的准备，就可以制订自己的研究计划了。研究计划的制订包括：①确定自己的研究是属于开创性的还是根据已有研究的不足而提出进一步的研究，研究计划的制订可使研究工作有章可循；②选择适当的研究变量，包括对自变量、因变量的选取和无关变量的控制；③考虑用什么方法来测定因变量的变化，基本的测定方法有自我报告法、直接观察法、测量法、教师或同伴评判法；④研究材料的编制和指标的确定，研究材料是自变量的体现，编制得好的研究材料是获得预期的因变量变化的根本条件。

（6）研究方法和对象的选择。研究方法和研究对象是服务于我们的研究任务的，因而应该根据研究任务的具体性质、特点来确定相应的方法与选择相应的被试。研究方法与任务之间的关系就像鞋与足的关系，不能削足适履。具体方法的选择及组合应用，只有对研究问题、研究对象的具体情况和各种研究方法的特性进行综合考虑后才能确定。

（7）研究的具体实施。这是确保教育心理学研究工作最后得出可靠结果的最直接的保障。研究步骤、计划不好或程序上有问题，具体实施中控制得不好，均可能影响最终的研究结果。

（8）研究结果的整理与分析。经过实验所获得的材料是原始的资料，只有对它们进行进一步的加工处理，才能真正揭示材料的意义。

（9）研究结果的检验。研究结果出来以后就存在与现有理论和心理现象之间是否相符的问题，这就需要进一步的检验或验证。

（10）撰写研究报告。研究报告既是对研究工作的概括总结，也是展示、交流研究成果及完善研究的需要。一份规范的研究报告包括以下部分。①总标题（或题名）：对研究内容的高度概括，展示研究的主题，力求准确、简明、新颖，一般不超过20个字。②摘要和关键词：摘要是对研究内容和结果的完整和简明的概括，一般在200个字左右；关键词是能代表研究主题的词或短语，一般3～5个词。③前言：或叫引言，亦称问题提出，一般包括文献综述、研究的问题及其假设和研究价值等内容，重点说明研究课题的缘起和价值。④研究方法：包括被试选择、仪器设备及资料使用、具体方法和研究步骤等。⑤结果与讨论：整理、统计、分析、解释研究结果获得的资料，对研究中关键问题、新的方法手段、新结论的获得、存在的主要问题等进行分析。⑥结论：对研究获得的结果进行理论概括、浓缩和提炼，切忌简单重复结果与讨论的内容。⑦参考文献和附录：按规范据实列出研究报告撰写中直接或间接参考的所有文献资料；附录一般收入研究过程中所使用的自编量表、测验题、研究材料、原始数据与资料等。⑧致谢：对本人完成研究工作有直接或间接支持作用的个人或单位表示谢意。

总体而言，在教育心理学的科学研究中，一般都应包含上述十个方面的操作程序。如果一个研究缺乏一个或几个方面的程序，那么这个研究就有可能是不完整的，得出的结论也可能是不正确的甚至完全错误的。因此，明确了教育心理学研究的课题后，还需要遵循科学的研究步骤进行实实在在的研究，须知科学研究是没有捷径可走的。

（二）判断教育心理学研究的有效性

要保证教育心理学研究的科学性，还必须学会评价所进行的研究是否有效。一般通过对实验过程和实验结果的处理来判定，具体评判步骤如下。

（1）研究中被试的分组是否做到随机同质。如果随机化不好，各组被试不同质，那么因变量的变化有很大一部分就可归于这种随机误差的影响。在教育心理学研究中常采用实验组和控制组对照的方法，各组被试应尽可能做到随机同质。

（2）无关变量是否得到有效的鉴别与控制。控制无关变量的目的是保证实验效应均由自变量的变化引起，不控制好无关变量，就难以确定实验效应的来源。

（3）研究过程是否做到有效合理的控制。对研究过程的控制程度不好，也会影响到实验效应的获得。

（4）研究结果的数据分析处理是否做到客观可靠。对研究结果的分析处理，直接影响到研究结果的推导，因而必须要确保对实验结果处理的科学性，即客观可靠。

（5）研究的过程和结果是否具有可代表性和重复性。研究结果的代表性和可重复性反映了研究各个方面的状况，可重复性好，代表性强，表明研究结果的可靠性高，有效性强。

第三节　教育心理学的历史回顾与发展展望

教育心理学思想源远流长，但教育心理学作为一门学科只有一百多年的历史。西方最早的教育心理学思想可以追溯到犹太人的逾越节（Passover），中国最早的教育心理学思想至少可追溯到两千多年前的《学记》，公认的科学教育心理学诞生的标志是1903年桑代克撰写的《教育心理学》的正式出版。

一、教育心理学的诞生

（一）教育心理学诞生的背景

1. 社会背景

（1）西方工业革命对教育的期待。教育心理学诞生于20世纪初的美国，当时美国正处于进入资本主义工业化时期，工业化的加速要求社会建立公共教育机构来承担起教育儿童、青少年的责任。学校教育的迅速发展推动了教育心理学的研究。

（2）城市化进程与教育发展。在19世纪末美国仅有四分之一的人口住在大城市，随着工业革命的发展，到20世纪中叶则有一半以上的人口住进了大城市，这就形成了西方独有的城市化特征。这就既要求城市的每个公民都有胜任相应职业的专业知识和技能，又要求城市的每个公民都必须遵守城市的各种规范和制度，从而推动了基础公共教育事业的发展。

(3) 移民带来的教育问题。美国是一个典型的移民国家，由于不同种族文化背景的不同，给社会带来许多难以想象的问题，因此，亟待通过教育把来自不同文化背景的人“美国化”。然而，传统的教育由于自身的缺陷不能适应这一挑战，必须找到一种新的教育方法，要求以科学的原理为基础，改革传统的教育方法。这也是促使科学教育心理学诞生的重要因素。

2. 哲学背景

(1) 经验主义哲学对教育心理学产生的影响。洛克 (J. Locke，1632—1704) 是经验论的典型代表人物。洛克的经验论对教育心理学的影响是深远的，他强调人的观念不是天生的，而是来源于后天的经验，强调教育和环境的作用。桑代克的三大学习律和行为主义强调的条件反射都是以洛克的联想主义为哲学基础的。

(2) 理性主义对教育心理学产生的影响。对教育心理学影响较大的理性主义者是笛卡儿 (R. Descartes，1596—1650) 和赫尔巴特 (J. F. Herbart，1776—1841)。理性主义者强调人类的一切知识都是先天的、与生俱来的，是天地存在于心灵之中的理念，即天赋观念。有关对天赋观念的争论对教育心理学产生了深远的影响，现代教育心理学理论中的图式、知识结构、认知结构等概念就与这种观念有一定联系。

(3) 实证主义对教育心理学产生的影响。实证主义的主要代表人物是孔德 (A. Comte，1789—1857)。实证主义强调人类的一切知识必须建立在观察和实验的经验事实基础之上，而不能被观察和实验证明的经验都是不可靠的。实证主义是科学主义的哲学基础，因此实证主义对教育心理学摆脱哲学思辨而成为一门独立学科具有重大贡献。桑代克正是在实证主义方法论的指导下，促进了教育心理学作为一门独立学科而诞生。

(4) 实用主义对教育心理学产生的影响。实用主义哲学的主要代表人物是詹姆斯 (W. James，1842—1910) 和杜威 (J. Dewey，1859—1952)。他们强调立足于现实生活，把人的行动、信念、价值当作哲学研究的中心，这为教育心理学提供了具体的研究内容。实用主义哲学强调事物的实用性及其效果的价值，因而有利于具有应用性质的教育心理学的产生和发展。

3. 心理学背景

在教育心理学诞生之前，科学心理学已经从哲学中分离出来，成为一门独立的学科，并在诸多领域取得了丰富的成果。一些研究成果为教育心理学的诞生提供了理论支持，另一些则成为教育心理学的研究内容。

（1）教育心理化运动。教育心理化运动强调教育学必须以心理学为基础，应该根据心理学的知识来揭示教育教学的规律，并有计划地从教育实验中探讨和研究儿童的心理特点和发展规律。教育心理化运动对教育心理学创立的作用和意义主要有两点："第一，教育心理化运动使广大教育工作者了解了教育科学和心理学的关系，促进了教育学与心理学的结合；第二，教育心理化运动中所提出的一些主张给教育心理学的产生提供了可供直接研究的课题。"①

（2）心理测量运动。心理测量对教育心理学诞生所起的作用是不言而喻的，心理测量不仅是桑代克的教育心理学的研究领域之一，而且更为重要的是它为教育心理学从思辨走向科学研究提供了一种重要的研究手段。时至今日，教与学的评价仍然是现代教育心理学的重要研究内容和热点问题，而心理测量法仍然是其不可或缺的研究手段之一。

（3）儿童研究运动。儿童研究运动推动了运用心理学方法研究儿童发展的规律，从而更好地为教育研究提供科学的方法，改善教育实践。在儿童研究运动中，成立了大量的研究组织，创办了许多儿童研究的专门刊物，出版了众多的儿童研究著作和手册，甚至还建立了儿童研究图书馆。这场影响深远的运动为教育心理学的独立创造了条件。②

（4）冯特的科学心理学。1879 年冯特（W. Wundt，1832—1920）在莱比锡建立了第一个心理学实验室，标志着科学心理学的诞生。冯特的科学心理学对教育心理学的贡献主要在于：①使心理学成为一门学科，为教育心理学的创立铺平了道路；②把心理学的研究对象转到不同于动物的人身上，为教育心理学确定研究对象导航；③为教育心理学研究培养了人才，如鼓励桑代克把研究方法应用于儿童和年轻人的卡特尔（J. M. Cattell，1860—1944）曾跟随冯特

①② 高觉敷、叶浩生主编：《西方教育心理学发展史》，福建教育出版社 1996 年版，第 54—55、73 页。

学习三年；④教育心理学的许多研究内容正是在批判冯特的内容心理学的基础上发展起来的。

（5）艾宾浩斯（H. Ebbinghaus，1850—1909）的记忆研究。艾宾浩斯用自己作被试对记忆规律进行了深入探讨，他采用的方法——节省法、实验材料——无意义音节以及根据他的实验结果得出的遗忘曲线，直到今天仍然是心理学教科书和心理学研究者经常引用的内容。艾宾浩斯对教育心理学的主要贡献在于，他向人们证明了人类的高级心理是可以改变和促进的，如学习效率是可以通过科学的方法进行研究和改善的。

（6）动物心理研究。在达尔文进化论的影响下，人们认识到动物和人的心理之间具有连续性，心理学家们开始用动物进行研究，进而推测人的心理。正是在此基础之上，桑代克接受其老师卡特尔的建议，把动物研究的规律应用于人类的学习行为，这为桑代克建立科学的教育心理学体系奠定了基础。

4. 科学理论背景——进化论

达尔文进化论的基本假设是有机体的适应行为是在动物进化过程中由于自然选择作用而形成的，而且自然选择的一切东西都对维持有机体的各方面具有积极意义。进化论对心理学的影响首先表现在“认为动物活动是有机体的某种机能表现，这当然是全部心理学思想史上的一个带有革命性质的重大进步”，“揭示了心理实在和有机体实在二者在进化过程中所形成的历史同一性，从而为心理学澄清由二元论思维方式所造成的理论混乱带来了希望”。① 其次，承认人和动物在心理上的连续性，为教育心理学的研究提供了一种途径。再次，进化论把心理看成是动物进化赋予人的一种机能，强调心理适应环境的作用，这把心理学从纯理论研究转向应用研究，从而推动了侧重于应用的教育心理学的产生。最后，进化论中的个体差异思想被引入了教育心理学的研究中，个体差异是桑代克科学教育心理学理论体系中的三大内容之一。

（二）教育心理学诞生的标志

虽然教育心理学的创立者是桑代克，但教育心理学的独立绝不是桑代克一

① 高申春：《进化论与心理学理论思维方式的变革》，《南京师范大学学报（社会科学版）》2000年第2期。

人的功劳，比如前面提到的教育心理化运动、儿童研究运动以及心理测量运动等都对教育心理学的建立做出了各自的贡献。也许桑代克只是时代精神的代言人，才成为教育心理学的创立者。所以，美国著名心理学家波林（E. G. Boring，1886—1968）说，“詹姆斯和杜威给教育心理学以哲学支持，但霍尔的富有鼓动作用的动力学推动了它，后来的桑代克和其他许多人接上去”①，才使教育心理学成为一门学科。

1. 教育心理学的催产士

（1）詹姆斯的教育心理学观点。詹姆斯是一位实用主义哲学家和实用主义心理学家。他对教育心理学的主要贡献一方面是实用主义哲学，另一方面是1899年出版的《给教师的谈话》一书。

在这本书里，詹姆斯阐述了一些与教育心理学有关的心理学原理，并且告诫教师应该把教学同心理学的规律一致起来，用心理学的原理改善教学方法。他强调教师应采用能促进学生积极性与主动性的教学方法，从而提高学生的活动能力；他还将心理学引入教育实践，使实验和课堂教学融为一体，强调教师应重视学生的观念、兴趣、价值等。

詹姆斯的《给教师的谈话》对心理学原理转化为教学原理起到了推动作用，这为教育心理学的创立提供了良好的氛围，这种氛围是教育心理学诞生必不可少的条件。

（2）杜威的教育心理学观点。杜威是美国著名的实用主义哲学家。杜威的主要影响在教育理论方面，其中包含丰富的教育心理学内容。

杜威的一生致力于心理学和教育学的结合，始终把学校看作应用心理学的实验室。他提倡教育心理化，是儿童研究运动的主要倡导者和领导者。杜威的教育心理学内容主要包括生长论（儿童发展观）、“从做中学”的教学原则、课程和教材心理化、学习心理、道德教育心理等。

杜威的教育心理学思想几乎涉及教学的每个方面，而且也在教育实践中大力宣传和推广教育心理学，但他无意像桑代克那样创建一门独立的教育心理学学科，也没有像桑代克那样提出一个完整的教育心理学体系。因此，教育心理

① ［美］波林著，高觉敷译：《实验心理学史》，商务印书馆1981年版，第648页。

学之父的头衔最终归于桑代克而不是杜威。

2. 教育心理学的创立

桑代克是一个伟大的学习理论家、教育心理学家，是科学教育心理学的鼻祖。他撰写的《教育心理学》于1903年出版，这标志着教育心理学的诞生。1913—1914年，该书扩展成三卷本，分别是《人的本性》《学习心理学》《个别差异及其原因》。该书被誉为教育心理学发展史上的一个里程碑，备受教育心理学家的推崇。美国现代教育心理学家格林德（R. E. Grinder）在《教育心理学的未来》（1989）中指出，在桑代克著名的三卷本《教育心理学》出版之后，教育心理学中的概念进展在随后的将近半个世纪内一直停留在这个高原阶段。

二、教育心理学的发展

（一）教育心理学发展的阶段

1. 创立阶段（20世纪20年代以前）

创立阶段是教育心理学的第一个繁荣阶段。这一阶段的教育心理学研究主要受桑代克教育心理学学科体系和科学实证方法论的影响，在教学心理、道德教育心理、学科心理和阅读心理等方面取得了丰富的研究成果。但也存在“教育心理学的内容体系是普通心理学的理论框架加教育工作实际材料的印证”[①]等问题。

这一时期我国的教育心理学才刚刚起步，出版的第一本教育心理学著作是1906年由日本小泉又一编纂、房宗岳译补的《教育实用心理学》。

2. 迷茫阶段（20世纪20—50年代）

教育心理学自创立出现第一次繁荣之后，由于盲目从其他邻近心理学科中吸取研究成果来扩充、丰富自己的研究内容，导致教育心理学的发展处于迷茫阶段。学科发展陷于“等待”与“借用”的困境，内容凌乱、庞杂成为这一时期教育心理学的通病。“教育心理学的内容体系出现了两派：一是以

---

① 张大均主编：《教育心理学》，人民教育出版社2004年版，第13页。

发展心理学为基础，按照儿童年龄阶段分期，加上教育工作的实际材料来建构教育心理学的内容体系，如苏联列维托夫（Н. Д. Левитов，1890—1972）的《儿童教育心理学》等；二是按照教育学与教学法的基本体系，用心理学的材料来建构教育心理学的内容体系，如美国索里（J. M. Sawrey）和特尔福德（C. W. Telford）合著的《教育心理学》、林格伦的《课堂教育心理学》等。"①

我国早期心理学家廖世承于1924年编写了我国第一本《教育心理学》教科书。20世纪20—30年代主要是追随西方的潮流，翻译和介绍了多种版本的教科书。一些学者结合我国的实际对学科心理、教育与心理测量进行了一定的科学研究。进入50年代主要是学习和介绍苏联的教育心理学理论和研究成果。

总之，这一阶段教育心理学呈现出忽略自身理论构建、体系不统一以及内容零散、庞杂等弱点。在分析这一现象的原因时，张春兴先生认为："教育心理学界普遍地将自己的专业学问视为'心理学原理在教育上的应用'，因而失去自身的独立性。"②

3. 选择阶段（20世纪60—90年代）

选择阶段主要有两项任务。一是对各派理论内核的选择和研究领域的选择、拓展。例如，通过对皮亚杰（J. Piaget，1896—1980）的认知发生理论、认知派教育心理学理论、建构主义学习观、社会学习理论和维果茨基（Л. С. Выготский，1896—1934）的教育心理学思想的审视、选择，在此基础上确立了以教与学为研究中心，把"教"拓展为重要研究领域之一。二是学科体系的重构。例如，奥苏伯尔（D. P. Ausubel，1918—2008）的《教育心理学——认知观点》中提出的教育心理学理论体系就颇具特色。

我国于1962年成立了中国心理学会教育心理学专业委员会，研究领域逐渐扩大。1963年潘菽主编的《教育心理学》讨论稿出版，各师范院校教育系也相继开设教育心理学课程。20世纪60年代后期到70年代中期，由于受"文化大革命"的影响，包括教育心理学在内的整个心理学研究工作被迫中断。直到1976年粉碎"四人帮"后，我国教育心理学的研究工作得到恢复和发展，

---

① 张大均主编：《教育心理学》，人民教育出版社2004年版，第13—14页。

② 张春兴著：《教育心理学——三化取向的理论与实践》，浙江教育出版社1998年版，第14页。

研究队伍不断扩大，研究课题也逐项展开。

总体来看，这一阶段国内外教育心理学发展的特点是内容开始趋于集中，大多数研究都是围绕着有效教与学而开展的。不少教育心理学家尝试以人的学习与发展为理论基础，以教与学过程的科学研究资料为事实来建构教育心理学的内容体系。

4. 整合阶段（20世纪90年代以后）

整合是现代教育心理学的基本发展趋势。教育心理学通过“选择”，其学科性质和体系渐趋明朗，但由于教育心理学研究对象本身的复杂性以及研究手段和方法的限制，教育心理学实难在短期内建立统一的学科体系。回顾教育心理学百年发展的历史轨迹，越来越多的教育心理学家认识到：教育心理学发展选择“统一”是艰难的，然而选择“整合”是现实的、必然的。所谓整合，就是从学科的对象出发，融合各相关研究之长，强调整体实质上的一致，求同存异，淡化学派之争。自20世纪90年代以后，教育心理学的整合趋势日益明显，表现为以下几种倾向。(1）理论构建的综合化倾向：吸取各家各派理论观点的精华，综合构建教育心理学的理论体系。(2）研究取向的整体化倾向：从教与学的整体出发，拓展研究领域，探讨构建完整的教育心理学的内容体系。(3）研究方法论的本土化倾向：主张立足本土本地的研究，突出文化影响和民族特色，致力于构建教育心理学的方法论体系。

（二）教育心理学发展中存在的主要问题

1. 对研究对象的认识见仁见智

关于教育心理学的研究对象，自其诞生以来，学者们一直在探讨，但对它的确切界定仍有争议，概括起来讲主要有以下几种观点。

(1）心理教育学化观点。该观点认为教育心理学是把心理学的知识应用于教育的一门学科，它本身没有独立性和特殊性，只是应用心理学的理论和方法来研究解决教育中的问题。从教育心理化运动的倡导者赫尔巴特到现在，心理教育学化的观点在西方教育心理学领域仍有市场，但势力已今不如昔了。

(2）以儿童发展研究为中心的观点。莫伊曼（E. Meumann）等人所提倡的实验教育学运动强调以儿童的身心发展问题为核心，这种倾向曾一度影响教育心理学，使儿童身心发展的研究成为教育心理学研究的中心内容。这种倾向在苏联的教育心理学教科书中表现得较为突出，如列维托夫的《儿童教育心理学》。

(3) 以学习研究为中心的观点。桑代克是本观点的最初倡导者。他认为教育心理学的根本任务在于向人们提供人性变化的知识，而人性变化是通过学习实现的，所以学习在教育心理学中占中心地位。桑代克创建的以学习为中心的教育心理学体系，在教育心理学发展史上第一次使教育心理学有了独特的研究对象，并能与邻近的教育学科和心理学科相区分。这种观点迄今仍在教育心理学领域占重要地位。

(4) 以教学研究为中心的观点。桑代克开创的以学习研究为中心的教育心理学新体系虽然一度受到人们的推崇，但终因其学习研究成果的局限性而逐渐衰退。直到1969年加涅（R. M. Gagné，1916—2002）提出“教学心理学”这一概念，教育心理学又开始复苏，以教学研究为中心的教育心理学观点开始形成，认为教育心理学是研究教学情境中心理规律的科学，教学的有效性和教学策略成了教育心理学研究的热点。美国当代教育心理学家加涅、奥苏伯尔、格拉泽（R. Glaser，1921—2012）等是这一观点的代表人物。20世纪70—90年代是西方教学心理学取向的鼎盛时期，但近年来被教与学综合化的研究趋势所代替。

(5) 综合化的观点。尽管教学是学校教育的中心工作，但是这一工作是以促进学生的学习为目的而展开的。因此，同以学习研究为中心一样，以教学研究为中心的观点也存在一定的局限性。因此关于教育心理学的研究对象，20世纪90年代以后开始走向综合，许多教育心理学家主张教育心理学研究教与学情境中的心理活动及其规律，将教与学融为一体来构建完整的教育心理学体系。目前这一观点得到多数教育心理学家的认同，但就研究现状看，大多数学者还是习惯于将教与学分别研究，如何将二者融合为一体进行整体系统的研究尚待深入探索。

2. 对研究内容的把握缺乏系统性和稳定性

随着社会和教育心理学的发展，一方面，教育心理学的研究内容也在发生变化。特别是认知心理学的发展给教育心理学带来了许多新的课题，如学习策略、注意策略等，使教育心理学的研究范围得以拓展。另一方面，随着教育心理学的发展壮大，本来属于教育心理学的传统研究领域，由于局部的壮大逐渐独立出来成为心理学的一个独立的分支学科，如学习心理学、学校心理学等。而且传统的教育心理学研究内容与普通心理学、发展心理学等本身就有交叉。这就使本来就体系凌乱、内容庞杂的教育心理学雪上加霜。叶浩生认为："这种'破碎'的现状从三个方面表现出来：第一，统一的心理现象被分割成易于实验和易于控制的小块，研究者各自为政，互不联系。第二，研究课题繁杂多样：从小学生的记忆实验到中学生的思维研究，从教学技术到学科教育心理，五花八门的课题充斥教育心理学领域。虽然多样性是进步的标志，但'我们不得不得出这样一个结论，即教育心理学还缺乏一个核心'。第三，教育心理学的内容、领域和方法变化无常。"① 教育心理学家伯利纳（D. Berliner）在谈到这一现象时指出："经常的情况是：一门学科应该有自己独特的方法和特定的概念，并以此为基础，研究其成员感兴趣的现象。然而事情往往并非总是如此。在我们的领域内，内容、范围和方法总是在变，使人们很难给它一个定义，并且很难把它看成是一门独立的学科。"② 之所以出现这种情况，一方面是因为研究对象非常复杂，另一方面是因为研究者认识的局限性及研究方法和手段的限制。

3. 对教育心理学的学科性质定位模糊

在教育心理学学科性质的问题上存在着两种对立的观点：一种观点认为教育心理学是应用学科，教育心理学是心理学的原理应用于教育领域；另一种观点则认为教育心理学是一门独立的学科，它有独特的研究内容——教育情境中的心理现象。

强调教育心理学的应用性质的观点从早期到现在一直得到一些教育心理学工作者的赞同。这一点可以从当时出版的教育心理学教科书中看出来。伯利纳在1911年出版的《教育心理学大纲》（Pyle，1911，p. 7）中写道："教育心理学……是心理学在教育领域的应用。"③ 戈登（Gordon，1917，p. 1）在1917年出版的《教育心理学》中也认为："教育心理学是把心理学已知的方法和事

---

① 叶浩生：《21世纪教育心理学的十大研究方向》，《教育研究与实验》1997年第1期。

② Berliner，D. (1992). Telling the stories of educational psychology. *Educational Psychology*，27 (2)，143-161.

③ Pyle，W. H. (1911). *The outlines of educational psychology*. Baltimore：Warwick & York.

实应用于解决产生于教育学中的问题。"[①] 格洛弗（J. A. Glover）和布鲁宁（R. H. Bruning）在 1990 年出版的《教育心理学：原理及其应用》一书中指出，教育心理学是心理学的原理在教育中的应用。但是，许多教育心理学家反对把教育心理学局限于应用性学科，强调教育心理学是一门独立的学科。教育心理学家维特罗克（M. C. Wittrock，1931—2007）认为，教育心理学应超越那种把自己看成是心理学原理在教育情境中的应用的陈旧观念。我们应采取一种开放的教育心理观，把它看成是教育情境中有关人类行为的科学研究。奥苏伯尔也强调了教育心理学的独立性质，反对把教育心理学仅仅看成是一门应用学科。

教育心理学学科性质的这种模糊性首先给教育心理学的发展带来了一些问题，如强调学科应用性的学者在研究中不注重学科体系的建立。其次，也给教育心理学的实践带来困难。广大的教育心理学工作者由于缺乏对学科性质的清楚认识，无法真正认识自己的角色与地位。最后，就未来教育心理学家的培养来说，由于学科性质的不确定，也无法规范教学内容和培养方向。

4. 研究方法的独特性和科学性亟待提高

首先，由于教育心理学研究对象的复杂性，迄今还没有真正形成自身独特的研究方法，因此还不是一门范式（或成熟的）科学。其次，教育心理学的研究方法没能很好地将定量和定性研究结合起来，不少研究者习惯于要么采用纯实验室研究，要么采用现象学的方法，这样的研究或者缺乏科学性，或者缺乏生态效度。由于教育心理学研究对象的特殊性，所以应该将定量和定性的研究结合起来研究真实教育情境中的心理规律。

5. 对教与学实践的直接指导作用亟待加强

教育心理学是一门侧重于应用的学科，应对教育实践有直接的指导作用，但从教育心理学的发展过程和现状来看，传统教育心理学所提出的理论和方法对教育实践的指导作用往往是通过将教育心理学原理应用于其他教育学科（如教学法）而间接起作用的。造成这种局面的原因：第一，教育心理学的理论研究和实际应用之间的脱节。教育心理学的研究更多是从理论到理论，难以指导

---

① Gordon，K.（1917）. *Educational psychology*. New York：Holt.

实践，而教育部门的实际工作者虽深感教育心理学有用，但又不知如何去用。第二，目前教育心理学更多地只是服务于学校，这种单一的服务范围限制了教育心理学应用的广泛性。①

三、教育心理学发展的基本趋势

（一）在研究取向上，从行为范式、认知范式向情境范式转变

教育心理学在其发展历史中经历了两个繁荣时期，一个是联结主义、行为主义运动，另一个是现代认知革命。目前，教育心理学正向一种新的取向——情境观转变。行为主义范式给教育心理学的发展带来了第一次繁荣，但好景不长，在20世纪50年代开始走向没落。认知观把教育心理学从短暂的低迷之中拯救出来，如斯坎杜拉等人（Scandura，et al.，1981）认为教育心理学经历了S-R范式向信息加工的转换②，迪维丝塔（Di Vesta，1989）也同样认为教育心理学新近的研究领域已经从行为主义转向认知心理学③。尽管目前认知观仍统治着教育心理学的研究，但也有不少批评者认为认知观片面关注认知过程而忽视了影响学习的其他一些重要方面，因此在20世纪90年代以来一种新的研究取向——情境观得到了众多研究者的广泛关注。

情境观将知识与学习看成是同现实活动和情境紧密联系的，而不是只存在于学习者头脑内部的过去情境化的实体。情境观非常强调学习情境的真实性，强调社会因素、动机等对知识和策略获得的影响，强调用互动的观点去理解和解释学习的过程和结果。这种被称作建构主义的情境观不仅影响学生的学习观，而且也改变着教师的教学观和学生观。随着情境观的兴起，教育心理学越来越关注影响教育的社会心理因素，由此诞生了教育社会心理学。它强调用社

---

① 王滔：《当前我国教育心理学发展中的问题透视》，《西南师范大学学报（人文社会科学版）》2002年第1期。

② Scandura，J. M.，et al.（1981）. Current status and future directions of educational psychology as discipline. In F. Farley & N. J. Gordon（Eds.），*Psychology and education*. Berkeley，CA：McCutchan.

③ Di Vesta，F. J.（1989）. Applications of cognitive psychology to education. In M. C. Wittrock & F. Farley（Eds.），*The future of educational psychology*. Hillsdale，NJ：Erlbaum.

会心理学的基本理论、基本观点和基本原则来研究一定教育情境下学生心理活动发生发展与变化的规律，其实质就是研究教育领域内人与人相互作用条件下学生的心理。[①] 但这种研究取向才刚刚起步，许多问题仍需进一步的理论探讨和实验验证。

（二）在研究内容上，强调教与学并重、认知与非认知并举、传统领域与新领域互补

1. 教学心理与学习心理并重

教育心理学的早期研究主要集中在学生的学习问题上，比较成熟的学习理论要数桑代克的联结论，之后，行为主义对学习问题进行了细致入微的探讨。行为主义对学习的研究可以说达到了历史的高峰，揭示了许多有价值的规律。然而学习理论只是教育心理学研究的基础部分，教育心理学还应该研究如何使人更好地掌握知识和技能（即教学心理），从而使教师可以根据教学心理规律和学生学习的规律制订教学目标、设置必要的课程、运用适当的教学方法，把知识和技能有效地教给学生。在布鲁纳（J. S. Bruner，1915—　）看来，学习理论是描述性的，而教学理论是指导性的。[②] 目前，在学习心理与教学心理领域比较重视或开始关注的研究领域主要有以下方面。

（1）教与学的心理动力的深入研究。主要包括成败归因、成就动机、自我效能感等方面的研究。20 世纪 60 年代之前，教育心理学中教与学的心理动力研究主要以行为主义和精神分析理论为主导；60 年代以后，认知的观点逐步介入到动机研究中来，出现了归因理论等强调认知因素的动机理论，并使传统的基于行为主义观点的自我效能理论、习得性无助理论在内容上发生了巨大的变化。[③]

（2）教与学的策略的研究。主要包括学习策略、教学策略、问题解决策略等方面的研究。史耀芳认为："学习策略研究主要表现出以下三大趋势。第一，

① 赵恒泰、刘继茹：《教育社会心理学与素质教育》，《天津师范大学学报（社会科学版）》1998 年第 5 期。

② Bruner，J. S.（1964）. Some theorem on instruction illustrated with reference to mathematics. In E. R. Hilgard（Ed.），*Theories of learning and instruction*. Chicago：University of Chicago Press.

③ 刘永芳：《动机研究的历史演变》，《山东师范大学学报（社会科学版）》2002 年第 1 期。

从探讨学习策略的概念、结构等因素转变为建构有理论指导的科学的学习策略体系。第二，把学习策略的理论研究与实验求证紧密结合起来。第三，在不放弃微观研究的基础上，将思路延伸到不同层次的学习策略。”①

始于20世纪70年代的教学策略研究引起了人们对教学活动的重新认识，人们更自觉地把教学活动理解为有明确目标，有各种优化的手段与方法，以保证目标实现的系统。教学策略研究促进了教学理论的完整性与科学化，也是教学理论和实践深入发展的必然趋势。

受认知观的影响，问题解决策略研究从传统的通用问题解决策略研究转向具体领域内的问题解决策略研究，并且对问题解决的研究开始与具体的学科结合起来。

（3）专家系统及专家型教师研究。当代认知心理学的大量研究表明，知识在解决问题中至关重要。现代教育心理学研究表明：“知识在头脑中的表征，必须做到条件化、结构化、自动化、策略化，才能形成良好的认知结构，才能在解决问题过程中有效地提取和应用这些知识。”② 这也正是专家系统的特征，专家之所以比新手能更有效地解决问题，正是由于专家具有该领域的特殊知识结构。目前，对专家型教师的研究主要集中在四个方面：专家型教师的知识构成、教师教学专长的基本特点、教师教学专长的发展阶段、专家型教师的培养。

（4）阅读理解和写作教学研究。教育心理学中关于阅读理解的研究重点包括对阅读理解过程的解释、阅读诊断及诊断矫正性阅读教学、阅读理解教学策略。③ 受认知观的影响，当前阅读教学研究更强调对阅读过程的认知分析和元认知分析，并且根据这些认知分析和元认知分析有针对性地提出矫正性训练策略和程序。教育心理学中的写作教学研究大多与阅读理解研究相结合，单纯的写作教学研究不多。

（5）创造性及其培养研究。在心理学领域，存在三种有关创造性的研究取

① 史耀芳：《二十世纪国内外学习策略研究概述》，《心理科学》2001年第5期。

② 张庆林主编：《当代认知心理学在教学中的应用》，西南师范大学出版社1995年版，第75页。

③ 宋秋前等：《国外诊断矫正性阅读教学模式与策略研究》，《中学语文教学》2001年第5期。

向：一是人格特质的研究取向，即从人格心理学的角度探讨创造性的本质；二是认知过程的研究取向，即从认知心理学的角度出发以信息加工的观点探讨创造性的本质；三是社会心理学的研究取向，其目标是识别特殊的社会环境和条件对人的创造性发挥的积极和消极作用。但从目前的研究状况来看，有关创造性的总体研究尚处于较低水平。① 首先，有关创造性的定义和本质仍在争论之中。其次，已有研究中很少有将多种方法有机结合的典范。再次，当代心理学正朝着实证的方向发展，创造性研究遇到了一些障碍。最后，关于创造性的培养还主要侧重于理论探讨方面，如研究者从理论上探讨了在学校内部如何创造有利于创造性发展的条件和氛围②，而这方面的实验研究较少。

（6）教与学评价研究。教与学评价的发展历程包括：在 19 世纪末至 20 世纪 30 年代的测验时期，评价的理论基础是联结主义，通过学生对大量结构化的情境的反应来了解其掌握的知识和形成的能力；评价的特点是描述教育结果与教育目标的一致程度，主要是描述性的评价；受认知心理学的影响，强调评价的过程而非行为的结果，其特点是不仅限于描述，而且强调对教与学的整个过程中学生认知与行为的变化、教师教学方法的优点和价值进行判断。以上这三种不同特点的评价无法考察学生在动态的、真实的环境中会如何应用知识。因此，在建构主义和加德纳（H. Gardner，1943—　）的多元智力理论的影响下，出现了多元化评价。多元化评价不单纯采用标准化测验，而是采用多种途径，在非结构化的情境中评价学生的学习结果。

2. 认知研究与非认知研究并举

在教育心理学诞生之前，许多心理学家都认为学生的学习是智力因素和非智力因素共同作用的结果，但是随着科学主义在教育心理学研究中占据统治地位，特别是认知心理学盛行时，由于研究取向和研究方法的限制，忽视了学生的非认知因素在学习和教学中的作用。建构主义的兴起，才使教育心理学的研究重新考虑非认知因素在学习和教学中的影响，特别是人本主义强调从完整的

---

① 徐展等：《关于创造性的研究述评》，《心理学动态》2001 年第 1 期。

② 张大均：《创新教育与青少年创造心理素质的培养》，《西南师范大学学报（人文社会科学版）》2002 年第 1 期。

人的角度去研究教育问题，从而使教育心理学研究更趋全面化和合理化。但由于还未就非智力因素这个概念的内涵和外延达成共识，因而许多心理学家对非智力因素进行的实证研究主要是围绕智力因素与非智力因素的关系展开的，主要研究了动机、情感、人格等因素对学生学业成就的影响。

3. 新兴领域与传统领域互补

随着社会的发展，教育心理学面临许多新的课题和研究领域。心理健康教育、远程网络教育、现代教育技术、继续教育等，这些新的研究领域进一步充实了教育心理学的内容，也为教育心理学的研究注入了新的活力，促进了教育心理学的发展。传统的研究领域，如学习理论、学习动力、学习迁移、影响学习的因素等，依然是教育心理学研究中的重要问题，并且焕发了新的活力。例如关于学习理论，建构主义就提出了新的观点；关于学习动力，研究者亦倾向从归因、成就动机和自我效能感等角度来深入研究。目前新兴的研究领域主要有以下几方面。

（1）学校心理健康教育与学生健全心理素质培养研究。学校心理健康教育与学生心理素质培养是我国素质教育实施过程中给教育心理学提出的新课题。培养学生健全的心理素质既是素质教育的要求，又是学校心理健康教育的根本目标。学校心理健康教育与学生心理素质培养是我国传统教育中长期忽视的，是当前素质教育实践中出现的新问题，所以教育心理学应该系统研究。什么是心理素质，心理素质应包括哪些内容，学校心理健康教育与学生心理素质培养的目标是什么，学校心理素质教育的模式与功能有哪些，如何更有效地培养学生健全心理素质等，是目前该研究领域急需解决的理论和实践问题。

（2）网络教育心理学研究。网络教育是将以计算机技术和网络技术为核心的现代教育技术应用在教学中的一种新型教育模式。其最大优点在于突破了时空的限制，教师和学生通过通信网络在一种虚拟的环境中进行交流，教学方式由传统的教师控制教学进度改为由学生根据自己的实际情况确定学习进度，从而满足了社会普遍性和个体独立性学习的需要，并为进一步实现继续教育和终身教育提供了条件。众多学者在承认网络教育优势的同时，也客观地指出了其当前所存在的不足之处，特别是对网络教育实现教育目标、执行教育功能的有效性质疑。①

因特网给现代教育带来了革命性的变化，影响学生的价值取向，改变学习内容。② 正是由于网络教育的这些特点，决定了网络教育有其自身的规律，如更强调学生的主体性、教学与管理的分离、教学过程泛个性化等。如何根据网络教育的特点，研究网络教育中教与学的各种心理现象和规律，以便更好地发挥网络教育的优点，避免网络教育的缺点，使教育资源在网络教育中达到最有效的共享，这给教育心理学提出了新的挑战。

（3）现代教育技术的心理学研究。教育技术是关于学习过程和学习资源的设计、开发、利用、管理、评价的理论和实践。目前教育技术的发展正处于教育信息技术时代，多媒体技术的迅速发展已为教学形式、教学手段、教学方法以及教学思想的改变提供了更多的可能性。特别是在教育信息技术时代，教育技术研究的主要内容涉及课件开发方面、多媒体教育应用方面和网络教育应用者几个方面。如何使开发的课件更适合学生的学习，如何使多媒体设备更好地为教学和学习所用，如何更好地发挥网络教学的优点，这些都是教育心理学亟待解决的问题。

（4）教育人性化与教育生态化的研究。随着人本主义教育理论的兴起和我国对素质教育的重视，教育重新把受教育者作为一个整体的人来看，这种教育观主张：加强文学、艺术、伦理、社会、历史、地理等人文学科的教学③；把价值教育放在整个教育的首要地位；将人性教育贯穿于教育的全部过程中，使整个教育人性化；加强自由与责任的教育，将自由与责任视为现代伦理生活的核心价值，视人格完善为教育的终极目的。教育的人性化不仅要求有全新的教学理念、教学方法、教学内容，而且还要有全新的教与学的评价标准和评价方法。这对传统的教育心理学中教与学的理论无疑是一个冲击和挑战。

随着教育心理学地位的日益提升，社会对其期望也逐渐增加。人们发现，虽然很多教育心理学的理论自身比较完美，却无法有效地解决教与学实践中出

---

① 郝宁：《以教育心理学视角看当前网络教育存在的缺陷》，《教育理论与实践》2002 年第 3 期。

② 潘燕桃：《因特网与教育——论因特网对教育之利弊》，《中山大学学报（社会科学版）》2000 年第 5 期。

③ 王力娟、张大均：《当代教育心理学研究的多元取向及发展趋势》，《中国教育学刊》2007 年第 2 期。

现的很多问题，研究者们也意识到以前的研究有脱离社会现实的缺陷。因此，未来的教育心理学研究将充分考虑研究的生态效度，即尽量在自然环境下，创设非参与式的研究情境，以探究现实教育教学过程中自然发生的心理与行为机制，从而使教育心理学的理论研究贴近教学实践，改变理论与实践脱节的现状。

（三）在研究思路上，强调认知观和人本观的统一、分析观和整体观的结合

人本主义教育心理学由于其本身的缺陷，如许多概念模糊不清、侧重于理解而无法对教育实践提供具体的指导等，致使其作为一个学派对教育心理学的影响只是思想上的。近二十几年来，在教育心理学领域基本上是认知观占统治地位，但认知观教育心理学也有自己的缺陷，如对许多问题——学习的社会文化本质，学习的真实任务而非人工任务，动机、兴趣和情感在学习中的作用——无能为力，而这些问题正是人本主义教育心理学致力于解决的，这就为认知观教育心理学和人本主义教育心理学的融合提供了可能。目前一些研究者对这两个学派的观点采取兼收并蓄的态度，如建构主义就是这种尝试的一个结果。

认知心理学在方法论上仍然是还原论，将人的认知过程分成一系列的子过程，以建立内部信息加工的模型。部分之和不等于整体，因此这种分析观对人的整体的研究是其薄弱环节。而人本主义把人看作一个整体，以完整的人来研究心理现象，这种整体观能够弥补还原论存在的弊端。从这个层面上说，未来教育心理学从研究思路上应该是人本观和认知观的统一、分析观和整体观的结合。①

（四）在学科体系上，从庞杂、零散逐渐转向系统、整合、完善

早期的教育心理学理论研究侧重于学习理论的探讨，联结主义、行为主义都把人类复杂的学习现象解释为刺激和反应的联结，而且在具体的研究过程中，各派学者都互不相容，竭力为自己的理论辩护，而把其他的有关理论见解置于自己的对立面加以批判。认知观教育心理学正是在这种不景气的研究状态

---

① 程刚、曾捷英：《教育心理学的发展与展望》，《心理科学》1995年第4期。

下，应教育实际的要求而蓬勃发展的。认知观给教育心理学带来了生机，使教育心理学的研究领域迅速扩大。首先，用信息加工过程和认知结构的观点来分析学习的特点，使学习理论迈向一个新台阶；其次，对教学心理学的有关问题进行了研究，重新恢复了教育心理学的一个重要的研究领域；再次，学习与社会情境的相互作用问题也得到了重视，如班杜拉（A. Bandura，1925—　）的社会学习理论；最后，从认知的角度研究了学习的动力问题，如韦纳（B. Weiner，1935—　）的动机归因模型。认知观对教育心理学这些问题的研究使教育心理学的学科体系日趋完善，改变了行为主义教育心理学理论中只包含学习理论的狭隘性。现代认知教育心理学家们对别人的理论不是一味地批判，而是采取友好的态度兼收并蓄，表现出一种可喜的整合趋势。如加涅、布鲁纳和奥苏伯尔的理论观点相互渗透，奥苏伯尔虽然提倡接受学习，但他并不反对布鲁纳的发现学习，只是把它看成是不同形式的学习方式，认为接受学习更适合间接经验的学习，而发现学习则适合直接经验的学习。近年来兴起的建构主义更是主张汲取行为派、认知派和人本主义学派等各派理论之合理部分来构建现代教育心理学的学科体系。

当然，教育心理学的学科体系仍处在完善和发展之中，其理论观点的整合还有一个过程。尽管如此，我们已透过当今教育心理学多取向研究互补看到了其整合的趋势，这一趋势对教育心理学的发展具有重要意义。

（五）在研究方法上，注重分析与综合、量性与质性、现代化与生态化、人文精神与科学精神的结合

从教育心理学的发展历程来看，它的研究方法是不断创新、改造和完善的，日趋科学化、客观化、人文化和生态化。总的发展趋势是：对教育心理学的研究将由宏观考察转向微观机制的分析；从注重吸收现代科学成果转向吸取现代科学思维方式，注意对过程和方法论的研究；从以往的线性研究转向非线性研究，即强调用综合、动态、交互的观点去研究教育心理现象。具体来讲，未来教育心理学的研究方法将呈现以下几个方面的结合。

一是分析与综合结合。不仅重视、强调用某种方法从某一角度对教育心理现象、问题进行更细微和深入的分析性探讨，而且重视运用多种方法从多角度进行系统的综合性研究。

二是量性与质性结合。不仅强调定量的研究，将模糊数学、多元分析、结构方程等数学方法引入教育心理学，为教育心理学的研究开辟新的途径，而且更强调定量与定性结合的研究方法，采用多变量的综合设计方法，在有严格控制的实验条件下对实验结果给予客观的定性解释。

三是现代化与生态化结合。随着科技的发展，通过各种现代化的研究工具和仪器设备的大量应用，我们可以更深层地去探讨一些问题。例如，我们可以通过眼动仪动态、实时（on-time）地去考察学生的阅读心理，更有针对性地提出矫正方法。同时，教育心理学研究应更多地走出实验室，采用现场研究，在自然情境中研究人的心理现象。不仅要考虑环境中复杂变量对学习效果的明显作用，还要考虑学习者对环境因素的感知、建构、理解对学习和教学的影响，把环境和个体看成是一个动态的、交互的开放系统。

四是人文精神与科学精神的结合。传统教育心理学由于受心理学自然科学化倾向的影响，科学精神在其研究中占统治地位，人文精神长期被忽视，这与教育心理学的学科性质和任务是不协调的。教育是一种育人活动，尊重人和人性、重视人文精神是其应有之义；教育又是科学传递和科学创造活动，尊重科学规律和客观实在、重视科学精神是其职责。因此，作为研究教育活动主体心理规律的教育心理学也应在研究中将人文精神与科学精神有机结合，才能从根本上把握学校教与学情境中主体心理活动的特征和规律。

讨论3 **怎样看待教育心理学的整合与分化？**

当代教育心理学的发展，一方面在基本理论和学科体系上趋向整合，另一方面在研究领域上高度分化，不断拓展，分支学科不断出现。结合教育心理学的百年发展历史，与你的同学一起讨论：怎样看待教育心理学发展中的整合与分化现象？

【要点小结】

教育心理学是研究学校教育教学情境中主体的各种心理活动及其发展变化规律和有效促进策略的心理科学。一方面要研究主体（师生）心理活动的一般机制和规律，另一方面要研究如何有效指导教与学，促进主体（主要指学生）

心理健康发展的规律和策略。教育心理学是一门交叉学科：心理科学与教育科学的交叉、基础科学与应用科学的交叉、自然科学与人文社会科学的交叉。教育心理学的基本任务具体分为理论探索任务和实践指导任务。教育心理学的研究方法主要遵循辩证观、人性观、系统观三种思想方法，同时按照客观性、教育性、理论联系实际的基本原则进行，具体的研究方法有描述性研究方法和实验性研究方法。1903 年出版的由桑代克撰写的《教育心理学》标志着教育心理学的诞生。教育心理学的发展历程大体分为创立阶段、迷茫阶段、选择阶段和整合阶段。教育心理学的发展趋势是：在研究取向上，从行为范式、认知范式向情境范式转变；在研究内容上，强调教与学并重、认知与非认知并举、传统领域与新领域互补；在研究思路上，强调认知观和人本观的统一、分析观和整体观的结合；在学科体系上，从庞杂、零散逐渐转向系统、整合、完善；在研究方法上，注重分析与综合、量性与质性、现代化与生态化、人文精神与科学精神的结合。

【思考与练习】

1. 什么是教育心理学？教育心理学的研究对象是什么？
2. 为什么说教育心理学是一门交叉学科？
3. 教育心理学诞生的基本条件有哪些？
4. 教育心理学百年发展中存在的主要问题有哪些？
5. 如何客观把握当代教育心理学发展的基本趋势？

【拓展性阅读】

1. 张大均主编：《教育心理学》，人民教育出版社 2004 年版，第一章。
2. 莫雷主编：《教育心理学》，教育科学出版社 2007 年版，第一章。
3. 陈琦等主编：《教育心理学》，北京师范大学出版社 2007 年版，第一章。
4. 高觉敷、叶浩生主编：《西方教育心理学发展史》，福建教育出版社 1996 年版。

第二章　心理发展与教育

【内容提要】

心理发展指随着年龄的增长而发生的心理功能的变化。教育不仅要重视学生的生理发展，更要重视其心理发展。教育影响着个体的心理发展，但任何教育影响又必须从个体心理发展的实际水平出发。正确理解和把握心理发展与教育的关系既是教育的基本理论问题，也是有效指导教育实践的前提。本章分别从学生的认知发展、人格发展和社会性发展三个方面探讨了学生心理发展与教育之间的关系。

【学习目标】

1. 熟悉主要的认知发展理论，能举例说明学生认知发展与教育的关系。

2. 知道主要的人格发展理论，能用自己的语言描述人格发展与教育的关系。

3. 理解社会性发展与教育的关系，能举例说明教育对学生社会性发展的影响。

【关键词】

认知发展　人格发展　社会性发展　教育影响

第一节 认知发展与教育

一、皮亚杰的认知发展理论与教育

（一）认知发展的实质

皮亚杰是瑞士著名的发展心理学家和发生认识论的创始人，他对儿童认知发展进行了系统的研究。皮亚杰认为，认知（或智力）的本质就是适应，即儿童的认知是在已有图式的基础上，通过同化、顺应和平衡等机制，不断从低级向高级发展。

图式是指儿童用来适应环境的认知结构。从发展的角度来看，儿童最初的图式是遗传所带来的一些本能反射行为，如吸吮反射、定向反射等。

同化是指儿童把新的刺激物纳入已有图式中的认知过程。同化是图式发生量变的过程，它不能引起图式的质变，但影响图式的生长。

顺应是指儿童通过改变已有图式（或形成新的图式）来适应新刺激的认知过程。当儿童遇到自己不能同化的刺激时，他们就面临着两种选择：一种是创造一个能够把新刺激纳入其中的新图式；另一种是修改原来的图式，使其能把新刺激纳入其中。这两种情况都是顺应的表现，顺应是图式发生质变的过程。通过顺应，儿童的认知能力达到一个新的水平。

平衡是指同化和顺应之间的均衡。皮亚杰认为，同化和顺应过程对于认知能力的发展变化非常重要，但在儿童认知发展的过程中，同化和顺应需要平衡。平衡是相对的，不平衡是绝对的。儿童的认知就是通过平衡—不平衡—平衡循环的过程，从低级水平向高级水平发展。

（二）影响认知发展的因素

皮亚杰提出，影响认知发展的因素主要有以下四个。

一是成熟。成熟是指机体的成长，特别是大脑神经系统和内分泌系统的成熟。借助于成熟，个体才能获得发展的可能性，但要使这种可能性变为现实，还必须通过机能的练习与习得经验。并且，随着儿童年龄的增长，自然和社会环境影响的重要性也将随之增加。

二是练习与习得经验。练习与习得经验是认知发展的必要条件。它包括两类：第一类是物理经验，指个体作用于物体，抽象出物体的特性；第二类是逻辑—数理经验，指个体作用于物体，目的在于理解动作间相互协调的结果。

三是社会经验。社会经验包括社会生活、文化教育和语言在内的各种因素，指社会的相互作用和社会信息相互交换的过程。社会经验也是认知发展的一个必需而重要的因素，但不是决定性因素。社会经验依赖个体与社会的相互作用。

四是平衡化。平衡化是心理发展的决定因素。平衡化具有自我调节的作用，通过调节同化和顺应的关系，使个体的认知不断发展。

（三）认知发展的阶段理论

皮亚杰的认知发展阶段理论包括两部分：一是“阶段”的具体含义；二是具体的发展阶段。

皮亚杰提出认知发展的阶段具有以下特征。（1）连续性和阶段性。认知发展是一个内在结构连续组织和再组织的过程，过程的进行是连续的，但由于各种因素的相互作用，心理发展表现出明显的阶段性。（2）结构性。认知发展的每个阶段都有其独特的、相对稳定的认知结构，它决定着该阶段的主要认知特征，并与其他认知发展阶段相区别。（3）次序不变性。认知发展各阶段是从低向高逐渐出现的，这个次序是不能改变的，前一个阶段是后一个阶段的必要条件，后一个阶段是前一个阶段质的飞跃。由于环境、教育、文化以及主体的动机等各种因素的影响，具体到每个儿童的认知发展，则可能提前或推迟。（4）交叉性。在认知发展的过程中，两个阶段之间不能截然分开，而是有一定的交叉。

皮亚杰认为个体认知发展从不成熟到成熟一般要经历四个阶段，具体内容见表 2-1。

表 2-1　皮亚杰的认知发展四阶段

阶段	大致年龄	阶段的主要特征
感觉运动阶段	从出生到 2 岁	从被动反应到积极而有意的主动反应，“客体永久性”概念的形成，通过操纵物体来了解其属性；该阶段形成了以后复杂认知结构的基础

续表

阶段	大致年龄	阶段的主要特征
前运算阶段	2～7岁	发展了运用符号来表征客观物体的能力，认知具有如下特点：具体形象性、不可逆性、刻板性、自我中心主义
具体运算阶段	7～11岁	掌握了一定的逻辑运算能力，但只能将逻辑运算应用于具体的事物，还不能扩展到抽象的概念；此阶段儿童的认知具有以下特点：守恒性、逆向性、结合性、同一性和重复性
形式运算阶段	11岁以后	能够进行抽象思维和纯符号思维，此阶段个体认知发展的特点是具有假设—演绎推理能力、命题推理能力、组合分析能力

（四）认知发展与教学

根据皮亚杰的认知发展理论，教育教学应注意以下几点（Lefrancois，1997，pp. 93-95）。①

一是提供活动。为了增进学生的活动经验，教师应该为他们提供大量丰富的、真实环境中发生的活动，让学生自发地与环境进行相互作用，去自主地发现知识。这种活动不仅包括物理活动，还应包括内化的心理活动。该原则有两方面的含义：第一，教师既应为学生创设大量的物理活动，也应为他们提供相应的心理活动机会；第二，在形式运算阶段前，教师应为学生提供从现实物体和事件中学习的机会。

二是创设最佳的难度。根据皮亚杰的观点，认知发展是通过不平衡来促进的。因此，教师要在教学过程中经常制造一些使学生产生认知不平衡的问题，以促使他们的认知发展。换言之，教师的主要任务是通过提问来引起学生认知的不平衡，并提供有关的学习材料或活动材料，促使学生的认知发展。

三是关注儿童的思维过程。虽然每个人都知道儿童与成人在心理上存在很大差异，但是皮亚杰是率先详细描绘这种差异的科学家。在液体守恒实验中，

① Lefrancois，G. R.（1997）. *Psychology for teaching*（9th ed.）. Belmont，CA：Wadsworth Publishing Company.

当A杯子中的水倒入更细更高的B杯子时，儿童说水变多了；当将A杯子中的水倒入更粗更矮的C杯子中时，儿童说水变少了。这一现象对于成人来说，同一杯子里的水倒入不同的杯子中，水的多少并没有发生变化。但对于认知发展还没有达到守恒阶段的儿童来说，他们回答的结果正是他们大脑中思维活动的反映。在教学中，教师必须认识到儿童思考问题的方式与成人不同，并根据儿童当前的认知机能水平提供适宜的学习活动，只有这样，才能真正促进儿童的认知发展。

四是认识儿童认知发展水平的有限性。教师需要认识各年龄阶段儿童认知发展所达到的水平，遵循儿童认知发展顺序来设计课程，这样在教学中就会更加主动。例如，给7岁儿童教分数概念很难，不可能给5岁儿童教体积守恒。有时上述两点认识可能被一些特殊案例所反驳，但是这样一个事实是不能推翻的，即教5岁儿童掌握体积守恒概念所需要的时间要比教他们阅读所用的时间长。

五是让儿童多参与社会活动。皮亚杰特别强调社会活动对儿童认知发展的作用，他认为环境教育重于知识教育。年幼儿童的自我中心主义表现为在活动中不能考虑他人的观点，只从自己的立场出发考虑问题，其中的原因主要是他们缺少与他人相互作用的机会。因此，随着儿童参与的社会活动的增多，他们逐渐能够认识到他人的观点与自己的不同。例如，儿童对游戏规则的掌握就与他们参与游戏活动的多少有关。

二、维果茨基的认知发展理论

维果茨基是苏联著名心理学家、社会文化历史学派的创始人之一。维果茨基的理论因强调社会文化在认知发展中的作用，所以被称为文化历史发展理论。

（一）文化历史发展理论

维果茨基从种系和个体发展的角度分析了心理发展的实质，并由此来说明人的高级心理机能的社会历史发展历程。他提出，人的高级心理是随意的心理过程，不是先天就有的，而要受人类文化历史所制约。高级心理包括认知能力。

维果茨基根据恩格斯关于劳动在人类适应自然和在生产过程中借助于工具改造自然的思想，详细地阐述了高级心理机能的社会起源的观点。

（1）两种工具的理论。维果茨基认为，人有两种工具。一种是物质工具，如原始人使用的石刀、石斧，现代人使用的机器。原始人通过运用物质工具进行生产和劳动，最后脱离了动物世界。另一种是精神工具，主要指人类所特有的语言、符号等。人运用精神工具进行精神生产、心理操作。精神工具的使用使人类的心理发生质的变化，上升到高级阶段。精神工具与物质工具一样，受人类文化历史发展的影响，是不断发展变化的。一方面，精神工具随着物质工具的使用而产生和发展；另一方面，精神工具的使用又促进了物质工具的进一步发展。

（2）两种心理机能。维果茨基认为，必须区分两种心理机能：一种是靠生物进化获得的低级心理机能；另一种是文化历史发展的结果，即以精神工具为中介的高级心理机能。人的高级心理机能是在同周围人的交往中产生和发展起来的，受到人类文化历史的制约。在个体发展过程中，这两种心理机能是融合在一起的。

（二）心理发展的本质

维果茨基认为，心理发展是指一个人的心理（从出生到成年）在环境与教育影响下，在低级心理机能的基础上，逐渐向高级心理机能转化的过程。

维果茨基提出，心理机能由低级向高级发展的标志有五个方面。（1）心理活动的随意机能，指心理活动是随意的、主动的，是由主体按照预定目的而自觉引起的。（2）心理活动的抽象—概括机能，指心理活动的反映水平是概括的、抽象的。儿童年龄的增长、语言能力的发展、日常生活经验的增多，促进了他们认知活动的概括性和间接性的发展。（3）高级心理结构的形成。在儿童与环境相互作用的过程中，他们的各种心理机能之间的关系不断发生变化，认知结构的转换性和自调性增强，形成了更高级的心理结构。（4）心理活动的社会文化历史制约性，指心理活动是社会文化历史发展的产物，是受社会规律制约的。随着年龄的增长，儿童不断地社会化，其心理发展才能趋向成熟，儿童才能成为社会的人。（5）心理活动的个性化。儿童心理的发展不仅是个别机能由某一年龄向另一年龄过渡时的增长和发展，而主要是其个性的形成和发展。个性的形成是高级心理机能发展的重要标志，个性特点对个体机能发展具有重大意义。

（三）认知发展与教学

维果茨基对认知发展与教学的关系的探讨，是从以下五个方面展开的。

一是教学的含义。他提出应将教学分为广义和狭义两种。广义的教学是指学生通过活动和交往掌握精神生产的手段，它带有自发的性质。狭义的教学是指有目的、有计划进行的一种交际形式，它“创造”着学生心理的发展。

二是强调活动。活动在人的发展中具有重要作用。教学活动是教学中认识的起点，学生知识的获得和能力的发展都离不开教学活动。要克服传统教学中单一的采用抽象的符号形式学习的弊端，必须开展丰富多样的活动，充分调动学生的多种感官和学习兴趣，把感知学习与实践操作融合在一起，真正使教学成为一种社会文化活动。①

三是最近发展区。维果茨基认为，教学必须走在学生心理发展的前面，才能促进学生的发展。维果茨基提出了“最近发展区”的概念，即学生独立解决问题的真实发展水平和在成人指导下或与他人合作情况下解决问题的潜在发展水平之间的差距。最近发展区的提出说明了儿童发展的可能性，教学应当走在发展的前面。维果茨基认为，对于教师来说，在教学中既要能充分考虑到学生现有的发展水平，又要能根据学生的最近发展区给学生提出更高的发展要求。

四是学习存在着最佳期。维果茨基认为，儿童在学习任何内容时，都有一个最佳年龄。如果不考虑儿童学习的最佳年龄，就会对儿童认知发展造成不利的影响。因此，教师在开始教学时要处于儿童的最佳期内。教学最佳期是由最近发展区决定的，而最近发展区本身是动态发展的，随着某一阶段教学过程的结束，最近发展区转化为现有发展水平，在此基础上又形成了一个高于原来最近发展区的新的最近发展区。因而教学最佳期也是不断发展变化的，并且教学最佳期也是因人而异的，教师要把握教学的适当时机。

五是认知发展的内化说。内化是指将外部实践活动转化为内部心理活动的过程。所谓外部实践活动是指实物性的操作活动，它的主要目的在于通过主体外部活动转化为内在的东西。学生是认识的主体，教师在教学中起主导作用，

① 张莉云：《维果茨基认知发展理论的当代发展及教育启示》，东北师范大学硕士学位论文，2008年。

学生的学习主要是掌握人类的经验并内化于自身的认知结构之中的过程。教育必须重视内化，促进学生从外部语言向内部言语转化，从外部的、对象的动作向内部的、心理的动作（即智力动作）转化，形成丰富的心理过程，促进个性发展。

近年来，教学研究中提出的反思体验的理论依据就是内化说。反思体验是在学生自主探索和练习的基础上，教师引导学生对全节课的学习过程进行反思。外在的知识、技能等都必须通过学生的反思体验这一环节才能内化为学生自身的东西。

第二节 人格发展与教育

一、人格发展的含义及影响因素

（一）人格发展的含义

人格是个体在先天遗传的基础上，通过后天的社会环境逐渐形成的多种心理特征的有机整合。人格一旦形成，将会长期影响个体的行为。个体先天遗传和后天生活环境的差异决定了个体会形成各自不同的人格特征。

（二）影响人格发展的因素

1. 气质

气质是指个体在情绪反应、活动水平、注意和情绪控制等方面所表现出来的稳定的心理与行为特征。托马斯和切斯（Thomas & Chess）通过长达30年的追踪研究，采用聚类分析的方法，将大部分儿童的气质划分为三种类型（见表2-2）。

表2-2 托马斯和切斯关于儿童气质类型的划分

类型	特征	行为表现
容易型	饮食、大小便、睡眠都很有规律，心境、情绪比较愉快、积极	乐于探究新事物，在新事物和陌生人面前表现出适度的紧张，对环境的变化容易适应

续表

类型	特征	行为表现
困难型	活动没有什么规律，不容易预测和把握	对新环境表现为退缩，很难适应；对新环境或陌生人很敏感，反应强烈；常常很紧张
慢活跃型	这类儿童的行为表现居于上述两种类型之间，属于慢性子，心境比较消极	对环境的变化不易适应，在陌生人面前的反应退缩；不容易兴奋，而且反应的强度比较低；对环境刺激的反应比较温和、抑制

表 2-2 中这三种类型的儿童占 65%，还有 35%的儿童不属于这三种类型，他们兼有上述两种或三种类型的特点。

气质类型属于困难型的儿童，长大后最有可能出现适应困难，表现为在学校里学习时出现适应不良的行为问题，如焦虑、退缩或攻击行为。

气质类型属于慢活跃型的儿童，在学前阶段不会有适应上的问题。入学后，当集体要求每个人能够积极参与活动并快速做出反应时，这种类型的儿童会表现出适应上的一些问题，如过分胆小、行动缓慢等。

2. 家庭

家庭是孩子最初的生活环境，家长是他们的第一任老师。因此，家庭中的重要人物（特别是父亲和母亲）及其教养方式，对孩子的人格发展将产生长期的、直接的影响。

(1) 母亲的作用。人们对于母亲在儿童人格发展过程中重要性的认识，最初来源于哈洛（H. F. Harlow，1905—1981）对恒河猴依恋行为的研究。后来以人类婴儿为对象的研究发现，缺少与母亲身体接触的婴儿会产生以下几个方面的负面影响：第一，婴儿的死亡率较高；第二，婴儿得病机会较高；第三，身体发育迟缓；第四，社会适应困难，性格怪异。

(2) 父亲的作用。现代发展心理学研究表明，父亲对儿童人格发展有强烈的影响。[①] 首先，在婴儿出生后的第一年里，他们对父亲的依恋方式和对母亲

① [美] 黛安娜·巴巴利亚等著，黄慧真译：《儿童发展》，桂冠图书股份有限公司 1994 年版，第 258—261 页。

的依恋方式类似。但当婴儿遇到陌生人时，他们还是愿意寻找母亲。其次，在儿童成长过程中，父子之间的游戏和母子之间的游戏存在很大的差异。父亲常给孩子一种强烈的、短暂的和突然的刺激，如将孩子抛向空中。这样能够促进孩子性格中的敢为性、恃强性、创造性的发展。最后，父亲使孩子对自己性别角色有正确的认识。

（3）父母的教养方式。在家庭环境中，父母对孩子的教养方式无疑将对孩子人格的发展产生直接的重要影响。鲍姆林德（D. Baumrind）将父母的教养方式分为四类。①权威型。这种类型的父母对孩子提出合理的要求，对孩子的行为做适当的限制，设立恰当的目标，并坚持要求孩子服从和达到这些目标。同时，他们表现出对孩子成长的关爱，会耐心地倾听孩子的观点。在这种教养方式下长大的孩子，其人格特征是自信、自控能力强、心境乐观积极、勤奋努力。②专制型。这种类型的父母对孩子的要求很严厉，提出很高的行为标准，这些标准和要求有时不近情理，没有孩子说话的权利。在这种教养方式下长大的孩子，其人格特点是焦虑、退缩、敌视他人、适应环境困难。③溺爱型。这种类型的父母对孩子充满了爱和期望，却忘记了孩子社会化的任务，因此很少给孩子提出什么要求或进行任何控制。在这种教养方式下长大的孩子，其人格特点是自我控制能力差、好冲动、依赖性强、没有恒心和毅力。④忽视型。这种类型的父母对孩子的成长漠不关心。在这种教养方式下长大的孩子，其人格特点是适应新环境困难、兴趣少、自我控制能力差、对他人不信任。

3. 学校

学校对儿童人格发展的影响，主要表现在以下三个方面。（1）课堂教学。学生通过课堂教学进行系统的知识学习，同时也培养了自己的坚持性、主动性、独立性、自制力和探索精神等人格特征。特别是在课堂教学过程中，教师通过给学生讲授现代科学知识，促进学生形成科学的世界观，而科学的世界观对于学生良好人格特征的形成具有重要意义。（2）班集体。学生学习生活的班集体，对他们人格的形成与发展有很大影响。良好的班风可以使学生形成团结友爱、合作、大公无私等人格特征。同时，在一个班集体中，每个人扮演不同的角色，可培养学生的责任心和组织纪律性。（3）教师。教师对学生良好人格特征的形成起榜样作用。教师对学生的态度会影响学生人格的形成与发展（见

表 2-3）。①

表 2-3　教师的态度对学生人格的影响

教师的态度	学生的人格特点
专制的	情绪紧张，冷淡，攻击性强，自制力弱
放任的	无组织纪律性，无团体目标
民主的	情绪稳定，态度积极友好，有领导能力

二、人格的发展与培养

新精神分析学派的代表人物埃里克森（E. Erikson，1902—1994）关于人格发展的理论全面且有代表性，他提出的人格发展理论也叫心理社会性发展理论。

与弗洛伊德（S. Freud，1856—1939）不同，埃里克森更强调各阶段的社会性发展。他认为，个体发展是持续一生的，而不是在成年早期就结束了。在心理发展的每个阶段，个体都会面临着一个需要解决的心理社会问题，该问题引起个体心理发展的矛盾与危机。如果个体能顺利解决每一阶段所面临的矛盾与危机，就会对个体的心理发展产生积极影响；相反，则会产生消极影响。

埃里克森认为，人格发展需要经过八个阶段（见表 2-4）。

表 2-4　埃里克森的心理社会性发展的八个阶段

阶段	年龄	阶段特征的描述	积极结果	消极结果	如何帮助个体顺利度过该阶段
基本信任对怀疑	出生至18个月	婴儿认为世界是可预期的、安全的，或者世界是不可靠的，甚至是充满敌意的	好的感觉，信任自己和他人，乐观	坏的感觉，不信任自己和他人，悲观	家长应该积极地、始终如一地满足婴儿的需求

① 郭亨杰主编：《心理学》，上海教育出版社 2001 年版，第 61—62 页。

续表

阶段	年龄	阶段特征的描述	积极结果	消极结果	如何帮助个体顺利度过该阶段
自主性对羞怯感	18个月至3岁	顺利通过该阶段的儿童发展了对自己的思想、情感和行为的控制感；否则，儿童开始对自己适应环境的能力感到怀疑	意志训练，自我控制，做出决策	刻板，严厉，过度自责、怀疑，关注自我空虚	教师和家长应该给儿童提供独立完成任务的机会，包括吃饭、穿衣；对儿童的尝试行为和成功举动多加表扬，在他们受到挫折和遇到困难时不要羞辱他们
主动感对内疚感	3～6岁	儿童要么学会如何控制自己的行为和周围的情境，发展出目的感，要么开始体验到内疚和目的感的缺乏	成功的欢乐，主动性、方向性和目的性，自信和责任感	对取得的成就感到罪恶，表现出退缩行为	教师和家长应该多给儿童提供自己做决定的机会
勤奋感对自卑感	6～12岁	儿童发展出面对不同任务时的胜任感，尤其在学习上；否则，儿童会认为自己没有能力，不可能成功	能够因完成工作而自豪，学会处理知识和为人处世的能力	不适合感和自卑感，不能完成工作，缺乏基本能力	教师可将教学内容安排为一系列的单元，对于那些完成每一单元的儿童予以表扬；鼓励儿童将自己目前的成绩与从前的成绩相比，而不是与别人横向比较

续表

阶段	年龄	阶段特征的描述	积极结果	消极结果	如何帮助个体顺利度过该阶段
同一性对角色混乱	青春期	青少年探索自我认同的各个方面，他们或者形成一个整合的自我概念，或者对自我概念和将来的期望感到混乱	对内在的一致性和连续性有信心，对未来有憧憬，在职业、性别角色等方面获得了同一性	角色混乱，没有固定的目标，失去信心	教师应该鼓励青少年进行自我认同，并给他们树立榜样
亲密感对孤独感	成年早期	年轻人学会了在与人相处的过程中如何无私地奉献爱心和得到回报；否则，就不会以有益的方式与人交往	感情的共鸣，分享观念、工作和情感，逐渐感到和他人相处有亲密感	避免亲密，关系淡漠，被社会疏离而感到孤独寂寞	教师应有意识地建立好同事关系，不仅给学生树立榜样，自身也能获得拥有感；教师可以选择一些人际关系处理得好的人物让学生学习；教师应鼓励学生建立自己的人际关系网
繁殖感对停滞感	成年中期	发展对下一代的关爱，关心他们的健康；否则，就认为自己的努力和成就对于将来毫无价值	能投入工作，建立亲密的人际关系，关爱家庭，支持下一代发展，具有社会责任感	失去对工作的兴趣，人际关系贫乏，不关心他人，生活容易失去意义	教师可以通过努力学习和实践建立起自己的繁殖感，这既包括养儿育女，也包括对下一代的关心和指导；教师还应该让一些成功人士走进课堂，讲述他们的职业和人生选择

续表

阶段	年龄	阶段特征的描述	积极结果	消极结果	如何帮助个体顺利度过该阶段
完善感对绝望感	老年期	对一个人过去经历的回顾与评价，或者让人觉得生命是可预期的、有意义的，或者让人感到失望，遗憾自己错过很多机遇	秩序感和意义感，对自己和自己的成就感到满足	怕死，固着于陈年往事，虚度时光	处于这一阶段的教师在回顾自己的教学生涯时往往希望得到学生出人头地的好消息；教师应该在学生发展的前几个阶段鼓励他们记日记，或者让他们对自己的每次选择都做出评价

三、自我意识的发展及培养

自我意识在人格的形成和发展中起着至关重要的作用，它的成熟往往标志着人格的基本形成。自我意识是指主体对自身、自己与他人的关系、自己与社会的关系的认识和态度，是一个多维度、多层次的心理系统。在自我意识的发展中，自我概念、自我评价和自尊是最重要的内容，自我意识的发展及培养也主要从这三个方面入手，具体见表 2-5。

表 2-5　自我意识的发展及培养

主要内容	含义	功能	发展特点	发展途径
自我概念	个体对自己的总体认识，学生的自我概念包括非学业和学业两个方面	行为导向，行为的动力，信息加工	小学生的特点： （1）自我描述从比较具体的、外部的特征向比较抽象的、内部的特征发展。 （2）开始用心理词汇描述自己，但仍以具体形式看待自己，把自己的特征视为不绝对的。	（1）早期在学校获得的阅读经验对自我概念有很大影响。 （2）小学阶段是自我概念形成的时期，重要他人对谨慎性特质的重视和积极评价

续表

主要内容	含义	功能	发展特点	发展途径
自我概念			（3）自我概念中的社会性随年级升高而增多。	对小学儿童的自我概念产生重要影响，使得拥有这些特质的学生对自己的评价更高。
自我评价	个体经自我感觉、自我观察和自我分析后对自身所做的评价	推动个体学习和工作，对个体的态度转变具有决定作用	小学生的特点： （1）自我评价由“他律性”向“自律性”发展。 （2）从依据具体行为进行评价向应用道德原则进行评价发展。 （3）从根据行为的效果进行评价向将动机与效果结合起来进行评价发展。 （4）从正确评价别人的行为向正确评价自己的行为发展。 中学生的特点： （1）独立性明显提高，对他人的依赖减少。 （2）具体性明显减少，评价的概括性和抽象性明显增强。 （3）原则性和批判性增强，开始能够从一定的道德原则出发对自己进行客观的评价。 （4）稳定性增强，能够用统一的标准对自己进行前后一致的评价。	（1）通过对他人的认识来认识自己。 （2）通过分析他人对自己的评价来认识自己。 （3）通过与他人的比较来认识自己。 （4）通过自己的活动表现和取得的成果来认识自己。 （5）通过自我反省来认识自己。

续表

主要内容	含义	功能	发展特点	发展途径
自尊	个体对自己是否有价值、是否重要的一种体验，包括自尊心和尊重感	推动行为，监控行为，矫正行为	（1）高自尊感的学生：用积极和现实的观点看待自己的能力；自信，不担心他人的批评；喜欢亲自实践；在学习活动中取得让人认可的成绩。 （2）中等自尊感的学生：对自己不太自信；需要更多的社会认可；遵守各种规章制度。 （3）低自尊感的学生：对自我的认识比较悲观；孤独，不合群；不喜欢参加各种活动；低估自己的能力；对批评过分敏感。	（1）建立正确的自我。 （2）情感支持和社会支持。 （3）取得成绩。 （4）掌握应对策略。

第三节　社会性发展与教育

一、社会性发展的内涵

（一）社会性的本质

广义的社会性是指人在社会生活过程中所形成的全部社会特性的总和，包括人的社会心理特性、政治特性、道德特性、经济特性、审美特性、哲学特性等。它是和人作为生物个体的生物性相对而言的。

狭义的社会性是指由于个体参与社会生活，与人交往，在他固有的生物特性基础上形成的那些独特的心理特性。它们使个体能够适应周围的社会环境，正常地与别人交往，接受别人的影响，也影响别人，在努力实现自我完善的过程中积极地影响和改造周围环境。

（二）社会性发展

社会性发展是指个体在其生物特性基础上，在与社会生活环境相互作用的过程中，掌握社会规范，形成社会技能，学习社会角色，获得社会性需要、态度、价值，发展社会行为，从而更好地适应社会环境。社会性发展的实质就是个体由自然人成长为社会人。

二、亲社会行为的发展与教育

（一）亲社会行为的含义

亲社会行为是指有益于他人和社会的行为，包括助人行为、安慰、分享、合作等。个体亲社会行为发展的过程就是他们道德认识水平提高、道德情感丰富的过程。

（二）亲社会行为的发展阶段

艾森伯格（N. Eisenberg）及其同事利用两难故事情境，探讨了儿童亲社会行为的发展。他提出儿童亲社会行为的发展要经历五种水平（见表 2-6）。

表 2-6　亲社会行为发展的水平

水平	年龄段	阶段特征的描述
享乐主义、自我关注取向	学前儿童及小学低年级学生	关心自己，在对自己有利的情况下可能帮助他人
他人需求取向	小学生及一些正要步入青春期的少年	助人的决定是以他人的需求为基础的，不去助人时不会产生同情或内疚
赞许和人际关系取向	小学生及一些中学生	关心别人是否认为自己的利他行为是好的或值得称赞的，有好的或适宜的表现是重要的
自我投射的、移情的取向	一些小学高年级的学生及中学生	出于同情而关心他人，设身处地为他人着想
内化的法律、规范和价值观取向	少数中学生	是否助人的决定以内化的价值、规范和责任为基础，违反个人内化的原则将会损伤自尊

艾森伯格认为，上述发展水平并非不可逆，起码是年龄较大的儿童在解决不同的两难问题时的水平会有所不同。例如，帮助受伤者是出于移情性关心，分享行为则视他人的需要而定，甚至会出于享乐主义而拒绝分享。但基本的趋势是随着年龄的增长，较高水平的亲社会行为不断增加。

（三）亲社会行为的习得途径

1. 移情反应的条件化

这是一种旨在提高儿童善于体察他人的情绪、理解他人的情绪，从而与之产生共鸣的训练方法。亲社会行为使助人者感到愉快或减轻了移情的痛苦，因而强化了亲社会行为。能深刻体验他人情绪的儿童，以后遇到类似情境要做出消极行为前，便会回忆起以往的体验，浮现出受害同伴痛苦、难受的表情，于是便会抑制自己的消极行为，而做出互助、分享、谦让等积极行为。移情训练的具体方法有听故事、引导理解、续编故事、扮演角色等。①

2. 直接训练

它是指教师利用一切学习和游戏活动，引导训练儿童在实践中表现出合作、谦让、共享等良好行为。如：在游戏中，训练儿童互相配合、合作；在日常生活中，训练儿童分享玩具和食物等。在这些活动过程中，通常会出现矛盾和冲突，这时需要教师给予指导。教师应启发儿童去想出各种不同的解决问题的办法，并让儿童学会谦让、合作、共享等良好行为。如果儿童反复练习、反复实践，他们就能逐步形成自觉、稳固的亲社会行为习惯。

3. 观察学习

根据班杜拉的观点，对亲社会行为影响最大的是社会榜样，因此树立一定的榜样，使学生有意无意地进行模仿，可以有效促进学生亲社会行为的形成与发展。一方面，成人的亲社会行为会成为儿童学习的榜样，诱导出儿童相似的亲社会行为；另一方面，儿童经常受到榜样的引导，更有可能内化利他性原则，从而有助于利他倾向的发展。

---

① Eisenberg，N.，et al.（1996）. The relations of children's dispositional prosocial behavior to emotionality，regulation，and social functioning. *Child Development*，67（3），974-992.

三、攻击行为的发展与教育

（一）攻击行为的含义

攻击行为是一种经常有意地伤害和挑衅他人的行为。这种行为是儿童、青少年中比较常见的一种问题行为，对儿童、青少年的人格和品德的发展有着消极的影响，严重的甚至会导致儿童、青少年走向犯罪。

（二）攻击行为的分类

儿童、青少年攻击行为的表现形式是多种多样的，并且随着年龄的增长而不断变化。

按攻击行为的表现形式，可将攻击行为分为身体攻击、言语攻击和间接攻击。身体攻击是指攻击者利用身体动作直接对受攻击者实施的攻击行为，如打人、踢人和损坏他人物品等。言语攻击是指攻击者通过口头言语直接对受攻击者实施的攻击行为，如骂人、羞辱、嘲弄等。间接攻击指不是面对面地实施攻击行为，而是借助第三方间接对受攻击者实施攻击行为，主要表现为造谣、离间等。一般来说，年龄越小的儿童，身体攻击越多，言语攻击随年龄的增长而增多。此外，男孩的攻击行为比女孩多，男孩比女孩表现出更多的身体攻击和言语攻击，而女孩更可能表现出间接攻击。

按攻击行为的起因，可将攻击行为分为主动型攻击和反应型攻击。主动型攻击是指行为者在未受激惹的情况下主动发动的攻击行为，主要表现在物品的获取、欺负等情境中。反应型攻击是指受到他人攻击或激惹后而做出的攻击反应，主要表现为愤怒、发脾气或失去控制等。在一些儿童的活动中，活动的双方都对对方做出大量的攻击行为，这样的同伴称为高冲突性同伴。

按攻击行为的目的，可将攻击行为分为敌意性攻击和工具性攻击。敌意性攻击是有意伤害别人的行为，其根本目的是打击、伤害他人。工具性攻击是为了达到一定的非攻击目的（如获得某一物品）而伤害他人的行为，虽然不一定有伤害别人的想法，但是会伤害别人。随着儿童年龄的增长，工具性攻击明显减少，而敌意性攻击明显增加。

（三）改变攻击行为的方法

对儿童的攻击行为进行控制的方法主要有以下几种。

1. 消退法

对儿童的攻击行为可以采取不加理睬的方法，使它们得不到强化而逐渐减少。一项在幼儿园中的研究表明，对儿童的攻击行为采用消退法，而对其合作行为进行奖励，可很快减少他们的身体攻击和言语攻击，并能增加其亲社会行为。

2. 暂时隔离法

暂时隔离法是为了抑制某种特定行为的发生，而让行为者在一段时间内得不到强化或远离强化刺激的一种行为干预方法。在一项研究中，当一名 8 岁儿童在教室里表现出攻击行为后，教师就将其带到教室旁边的一间小屋里。在该小屋里，除了一把椅子之外，没有其他东西。让其在该小屋里待 5 分钟后，教师再将其带回教室。这样的程序进行了五周，最后终于改变了这个 8 岁儿童的攻击行为。

3. 榜样示范法

利用榜样示范法改变儿童的攻击行为有两种做法：(1) 将有攻击行为的儿童置于无攻击行为的榜样当中，减少他们的攻击行为；(2) 让有攻击行为的儿童观察其他儿童的攻击行为是如何受到禁止或处罚的。

4. 角色扮演法

利用角色扮演法改变儿童的攻击行为时，要注意让他们扮演不同的角色。首先，让他们扮演攻击者的角色，然后让他们说出自己扮演此角色的心理感受。其次，让他们扮演被攻击者的角色，然后让他们说出自己扮演此角色的心理感受。多次互换角色，能够提高他们自我控制冲动的能力。

四、同伴关系的发展及培养

（一）同伴关系的含义

同伴关系是指个体在交往过程中建立和发展起来的一种个体之间的，特别是同龄人之间的一种人际关系。同伴关系存在于整个人类社会。无论是原始社会还是现代社会，个体的成长都离不开同伴。

（二）友谊的发展

儿童友谊的发展表现在亲密性、稳定性和选择性等方面，随着年龄的增长，友谊的特性也不断发展变化着。塞尔曼（R. A. Selman）通过研究，提出儿童友谊的发展要经历五个阶段。[①]

阶段1（3～7岁），尚不稳定的友谊。朋友只是一个玩伴，友谊就是一起玩儿。在这个阶段，儿童还没有形成友谊的概念。儿童间的关系还不能称为友谊，而只是短暂的游戏同伴关系。对该阶段儿童来说，朋友往往与实际的利益和空间上的接近相关联。他们对朋友的描述一般是：与自己一起玩儿的人；与自己住在一起的人。

阶段2（4～9岁），单向帮助关系。这个阶段的儿童要求朋友能够服从自己的愿望和要求。如果顺从自己就是朋友，否则就不是朋友。

阶段3（6～12岁），双向帮助关系。这个阶段的儿童能相互帮助，但还不能共患难。儿童对友谊的交互性有一定的了解，但带有明显的功利性。

阶段4（9～15岁），亲密的共享。儿童发展了朋友的观念，认为朋友之间可以分享，朋友之间应相互信任和忠诚，同甘共苦。此阶段的儿童对朋友的要求已经发生了明显的变化，即从行为方面向品质方面转变。朋友之间的友谊开始具有一定的稳定性。朋友之间可以倾诉秘密，讨论和制订行动的计划。但此阶段朋友关系存在明显的排他性和独占性。

阶段5（12岁以后），友谊发展成熟。随着年龄的增长，儿童对朋友的选择性逐渐增强。由于选择朋友更加严格，所以一旦建立起来的朋友关系持续时间都比较长。

（三）如何促进同伴关系的良好发展

由于同伴关系对学生的社会性发展以及心理健康水平等都有重要影响，因此在实际的教学和管理活动中，教师应该有意识地帮助学生发展良好的同伴关系。[②]

1. 开设相关课程，进行交往技能训练

许多学生同伴关系不良主要是因为交往技能的缺乏，通过引导学生了解、分析人际冲突的内在因素，使学生掌握非报复性冲突化解的原理与方法，培养学生对冲突事件进行自我反省的态度，提高学生以公正、非暴力的方式解决纷

---

① 转引自林崇德著：《发展心理学》，东华书局1998年版，第345—346页。

② 莫雷著：《教育心理学》，教育科学出版社2007年版，第354—356页。

争的能力，有助于帮助学生建立良好的同伴关系。

2. 丰富课堂教学交往活动

学生在课堂的时间占了在校时间的很大比例，其交往能力主要是在学校的多种交往活动中，特别是在课堂教学中形成和发展起来的。教师应该注意为学生创造更多的交往机会，如多采用合作学习的方式增强学生的课堂交往，进而促进他们同伴关系的发展。

3. 组织丰富多彩的交往实践活动

教师除了课堂内的支持和引导外，还要从交往角度设计、组织各种课外交往实践活动，如集会演讲、社会调查、假日郊游等，满足学生内在的交往需要，让学生在真实情境中体验、学习各种交往技能，逐步树立起正确的交往观念，提高解决人际冲突的能力，最终在实践中学会交往。

4. 培养学生的亲社会能力

研究表明，亲社会行为和同伴接纳之间存在密切相关，个体做出的亲社会行为越多，他的同伴接纳程度越高，就越能够发展出良好的同伴关系。因此，教师可以通过培养学生的亲社会行为来促进同伴关系的发展。

【要点小结】

皮亚杰的认知发展阶段理论认为，个体的心理发展具有连续性、阶段性、结构性、次序不变性和交叉性，并且个体认知发展从不成熟到成熟一般要经历四个阶段。维果茨基提出的文化历史发展理论认为，心理发展是指一个人的心理在环境与教育影响下，在低级心理机能的基础上，逐渐向高级心理机能转化的过程。这两位心理学家从不同角度探讨了认知发展与教学的关系，并给出多方面的教学建议。埃里克森的心理社会性发展理论探讨了人格发展的八个主要阶段与各阶段需要培养的能力。自我意识的发展与培养主要从自我概念、自我评价和自尊三个方面来进行。社会性发展是指个体由自然人发展为社会人的社会化过程。

【思考与练习】

1. 根据皮亚杰的认知发展理论，应如何促进学生的认知发展？

2. 试分析哪些因素有利于良好人格特征的形成。

3. 如何培养学生的亲社会行为，避免学生的攻击行为？

【拓展性阅读】

1. 林崇德主编：《发展心理学》，人民教育出版社 2009 年版，第二章。

2. 沈德立主编：《发展与教育心理学》，辽宁大学出版社 1999 年版，第三章。

3. 麻彦坤、叶浩生：《差异与互补：皮亚杰与维果茨基认知发展观比较的新思考》，《心理科学》2004 年第 6 期。

第三章 学习理论

【内容提要】

学习理论是教育心理学的重要理论之一。本章首先对学习进行了概述，然后根据时间发展的顺序分别介绍了行为主义、认知派、人本主义、建构主义等主要学派的学习理论，以期帮助读者建立有关学习及学习理论的整体印象，促进读者对学习实质的思考。

【学习目标】

1. 理解学生学习的实质、分类及主要特点，能举例说明加涅的五种学习结果、奥苏伯尔的学习分类的意义。

2. 能够用自己的语言叙述学习理论发展的基本脉络，并简述各家理论的基本观点。

3. 能够描述经典性条件反射、操作性条件反射的形成过程，并理解强化的内涵，举例说明消退、泛化和分化等。

4. 能从信息加工的角度理解学习的过程。

5. 理解知识的组织结构及其对教学的意义，能用自己的语言解释意义学习。

6. 能够举例说明在课堂教学实践中如何运用人本主义教学观。

7. 知道建构主义的发展、基本观点及主要倾向，能够运用其观点于教学实践活动中。

【关键词】

学习理论　行为主义学习观　认知学习观　人本主义学习观　建构主义学习观

第一节 概 述

一、学习的实质

学习的实质要回答的核心问题是学习究竟是什么。心理学认为，学习是指有机体在生活过程中，凭借经验而产生的行为或行为潜能的相对持久的变化。

首先，学习表现为行为或行为潜能的变化。一般而言，我们可以凭借行为或行为潜能的改变来推断学习的发生。虽然有时人们通过学习获得的一般知识经验和道德规范不一定在行为中立即表现出来，但它们影响着人们未来的行为潜能。

其次，学习所引起的行为或行为潜能的变化是相对持久的。例如，一旦我们学会了游泳、滑冰、骑车、打球等，这些技能几乎终生不忘。习得的知识虽然会发生遗忘，但相对于因药物或疲劳等引起的暂时性变化来说，它们的保持时间是较持久的。

最后，学习是由反复经验而引起的。个体的成熟乃至衰老也会使其行为发生持久的改变，如青春期少年嗓音的变化是生理成熟的结果，与经验无关，因而不能称之为学习。由经验而产生的学习主要有两种类型：一种是有计划的练习或训练而产生的正规学习，如中小学生在学校中的学习；另一种则是由偶然的生活经历而产生的随机学习，如路遇交通事故而体会到遵守交通法规的重要性等。

从上述分析可知，学习不是本能活动，而是后天习得的活动，是由经验或实践引起的。任何水平的学习都将引起适应性的行为变化，不仅有外显行为的变化，也有潜在的个体内部经验的改组和重建，而且这些变化是通过反复练习、训练才形成的。

二、学习的类型

学习是十分复杂的活动，因而，对学习的分类也因所持标准和角度不同而不同。对不同类型的学习加以区分，有助于深化对学习的理解。

（一）学习性质分类

奥苏伯尔等人依据学习主体所得经验的来源不同，将学习分为接受学习和发现学习；依据学习材料和学习者原有知识经验的关系的不同，学习分为意义学习和机械学习。这两个维度互不依赖，彼此独立，且每个维度存在着许多过渡形式，其具体组合见图 3-1①。

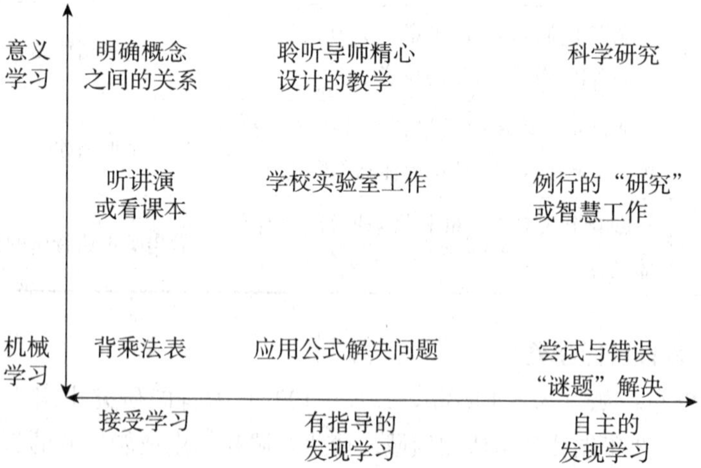

图 3-1　意义学习、机械学习、发现学习、接受学习的例子

（二）学习结果分类

加涅在《学习的条件》一书中坦率地承认自己根据学习水平进行的学习分类对学校学习并不太适用，为此，他根据学习所得的结果或形成的能力不同，提出了五种学习结果的划分，即言语信息、智慧技能、认知策略、动作技能、态度，详见表 3-1②。

这五种学习又分为三个领域：前三种学习结果属于认知领域（包括知识、技能和策略）；第四种学习结果属于动作技能领域；第五种学习结果属于情感领域。加涅认为，每种学习结果都有其各自的特点，其产生依赖于不同的内外条件，教学只有了解各种不同条件，才能有效地促进学习结果的产生。

---

① ［美］奥苏伯尔等著，佘星南、宋钧译：《教育心理学——认知观点》，人民教育出版社 1994 年版，第 26 页。

② ［美］加涅著，皮连生等译：《学习的条件和教学论》，华东师范大学出版社 1999 年版，第 53—77 页。

表3-1 学习结果及其例子

学习结果	解释	行为表现举例
言语信息	有关事物的名称、时间、地点、定义以及特征等方面的事实性信息	北京是中国的首都
智慧技能	指运用符号与环境相互作用的能力	把分数转换为小数
认知策略	调节控制自己的注意、学习、记忆、思维等内部心理过程的技能	画出组织结构图
动作技能	通过身体动作的质量（如敏捷和连贯等）不断改善而形成的整体动作模式	“8”字形溜冰
态度	影响个人对人、事和物采取行动的内部状态	做出听古典音乐的行为选择

（三）教育目标分类

美国以布卢姆（B. S. Bloom，1913—1999）为首的研究小组于1956年、1964年和1972年先后公布认知领域、情感领域和动作技能领域的教育目标分类。其中认知领域的教育目标由低级到高级共分六级：知识、领会、运用、分析、综合和评价。情感领域的教育目标由低级到高级分为五级：接受（注意）、反应、价值化、组织、价值与价值体系的性格化。动作技能领域的教育目标分为七级：知觉、定向、有指导的反应、机械动作、复杂的外显反应、适应和创新。

（四）学习内容分类

我国教育心理学家冯忠良（1992，1998）认为，依据所传递经验的内容不同，可以将学生的学习分为知识学习、技能学习和社会规范学习三类。知识学习，即知识的掌握，是通过领会、巩固和应用三个环节完成的，解决的是知与不知、知之深浅的问题。技能学习，是通过学习或练习建立合乎法则的活动方式的过程，有心智技能学习和操作技能学习两种，解决的是会不会做的问题。社会规范学习，是把外在的行为要求转化为主体内在的行为需要的内化过程，既包含规范的认知，又包含执行及情绪体验，因此比知识、技能的学习更为复杂。

（五）学习的意识水平分类

根据学习时意识水平的不同，可将学习分为内隐学习和外显学习。内隐学习最早由美国心理学家雷伯（A. S. Reber）于 1967 年在文章《人工语法的内隐学习》中提出，将其定义为有机体在与环境接触的过程中不知不觉地获得了一些经验并因此改变其事后某些行为的学习，是一种产生抽象知识、平行于外显学习方式的无意识加工。外显学习则类似于有意识的问题解决，是受意识支配的、需要做出心理努力并按照规则做出反应的学习。雷伯（Reber，1976）采用人工语法范式对内隐学习和外显学习进行了实验性分离，指出内隐学习和外显学习是两个不同机制的学习，验证了内隐学习的存在，并提出了其三大特点，即自动性、概括性和理解性。① 随后的研究证据表明，内隐学习和外显学习的独立性是相对的，它们之间存在紧密的联系和相互作用，任何一个学习任务都是内隐学习和外显学习的结合物。在人类的学习和生活中，外显学习和内隐学习对提高学习效果均有很大的贡献，它们之间是相互权衡的动态关系。②③

本书将学生的学习概括为两个方面。一是知识学习，包括陈述性知识的学习、程序性知识的学习和策略性知识的学习。这是以解决知与能问题为目标的学习。二是规范学习，即社会性学习，包括纪律、法律、态度和品德等的学习。这是以解决道德与操行问题为目标的学习。

三、学生学习的特点

学生的学习是人类学习的特殊形式，它不但具有人类学习的一般特点，而且还具有特殊性，主要表现为以下特点。

（一）接受学习是学习的主要形式

学生的学习是在教师的指导下有目的、有计划、有组织、有系统进行的，

---

① Reber，A. S.（1976）. Implicit learning of synthetic languages：The role of instructional set. *Journal of Experimental Psychology*：*Human Learning and Memory*，2，88-94.

② 郭秀艳：《内隐学习和外显学习关系评述》，《心理科学进展》2004 年第 2 期。

③ 郭秀艳、杨治良：《内隐学习与外显学习的相互关系》，《心理学报》2002 年第 4 期。

是在较短的时间内接受前人所积累的文化科学知识，并以此来促进自己发展和完善的过程。接受学习是学生学习的主要途径。教师作为知识的传授者和促进者，其素质十分重要。在教师的合理指导下，学习者可以尽快在较短时间内掌握大量的知识；相反，教师的不当指导可能制约甚至阻碍学生的学习。

（二）学习过程是主动构建过程

学生的学习必须通过一系列的主动构建活动来接受信息，形成经验结构或心理结构，这意味着学习是主动构建意义的自主活动，而不是被动地接受刺激。因此，教师必须重视学生学习动机、学习兴趣的培养，教会学生学会学习，培养学生对自身学习过程的监控和学习策略的掌握，以促进学生自己主动构建知识。

（三）学习内容的间接性

在经验传递系统中，学生主要是接受前人的经验，而不是亲自去发现经验，因此，所获得的经验具有间接性。在知识爆炸的今天，如何在有限的学习时间内让学生学到最重要的知识，这关系到教学内容的取舍、教材的改革。

（四）学习的连续性

学生的学习是一个连续的过程，这表现在前后学习相互关联。当前的学习与过去的学习有关，同时也将影响以后的学习。可以说，前面的学习为后来的学习奠定基础，而后面的学习又是前面学习的补充和发展。根据这一特点，一方面，教学要考虑学生原有的水平，把学生现有的知识经验作为新知识的增长点，另一方面，要对教学进行整体设计，使学生的学习循序渐进，以有助于学生认知结构的科学构建。

（五）学习目标的全面性

学生的学习不但要掌握知识经验和技能，还要发展智能，以及形成行为习惯、培养道德品质、促进人格发展。教学的目标不仅是掌握知识、技能、学习策略，以及发展问题解决能力和创造性，而且要重视学生道德品质和健康心理的培养。

（六）学习过程的互动性

学生的学习是相互作用的过程。师与生、生与生之间的互动质量对学习质量有十分明显的影响。重视教学中教师与学生以及学生与学生之间的社会互动，倡导合作学习、交互教学是当前教学改革的重要趋势。未来信息社会是建立在合作基础上的，而不仅仅是竞争。通过社会互动不但可以促进学习者的意义构建，而且可以促进师生之间、学生之间的相互理解，发展学生的合作意识和合作能力，改善师生关系、同学关系。

第二节　行为主义的学习观

一、桑代克的联结-试误说

桑代克被誉为现代教育心理学的奠基人。他把人和动物的学习定义为刺激与反应之间的联结，认为这种联结是通过盲目尝试—逐步减少错误—再尝试这样一个反复作用的过程而形成的。桑代克依据其动物学习实验所得的材料，创立了学习的联结—试误说，其中最著名的实验就是饿猫打开迷笼的实验。

桑代克设计了“桑代克迷笼”（见图3-2），将饿猫关入此笼中，在笼外放一条鱼，饿猫要冲出笼门去吃鱼，必须踩到开门的机关。经观察，刚放入笼中的饿猫以抓、咬、钻、挤等各种方式想逃出迷笼，在这些努力和尝试中，它会无意中踩到机关最终使门打开。把猫多次放回笼中后，发现饿猫的无效动作越

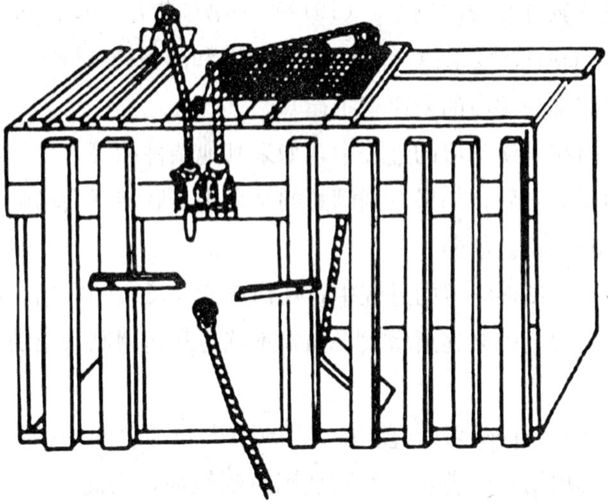

图3-2　桑代克迷笼

来越少，逃出笼子的速度越来越快。经过反复尝试，最后饿猫能够在一入迷笼就会立即以一种正确的方式去触及机关打开门。这时，饿猫就学会了做出成功的反应，抛弃了不成功的反应，自动形成了迷笼刺激情境与触及开门机关反应之间的联结。

桑代克依据其实验结果提出了联结主义学习理论，并总结出了以下原理。

（一）学习的实质在于形成一定的联结

桑代克曾明确指出，学习即联结。所谓联结（connection），桑代克认为与“结合”（bond）、“连锁”（link）、“关系”（relation）或“倾向”（tendency）同义，指某情境（situation）仅能唤起某些反应（response），而不能唤起其他反应的倾向。他认为，学习——刺激与反应的联结的形成是通过渐进的尝试与错误，按一定的规律形成的。

讨论1　**联结学习观能否用来解释学生的学习？**

桑代克的联结学习观是基于动物学习实验而提出来的。这种联结学习观能否用于解释学生的学习？为什么？

（二）联结-试误学习的基本规律

桑代克在《教育心理学概论》（1914）一书中提出，试误过程主要受练习律（law of exercise）、效果律（law of effect）和准备律（law of readiness）的支配，并把它们称为学习的公律（主律）。

效果律，指在试误学习的过程中，如果其他条件相等，在学习者对刺激情境做出特定的反应之后，如果得到满意的结果则其联结就会增强，如果得到烦恼的结果则其联结就会削弱。

练习律，指在试误学习的过程中，任何刺激与反应的联结，如果经常练习和运用则联结的力量就会逐渐增大，如果不练习和运用则联结的力量会逐渐减少，直至消退。

准备律，指在试误学习的过程中，当刺激与反应之间的联结事前处于某种准备状态时，实现则感到满意，不实现则感到烦恼，当此联结不准备实现时，实现则感到烦恼。

需要说明的是，虽然尝试与错误学习模式是从动物实验中推导出来的，但它对人类学习或学生学习仍具有借鉴意义。科学发展史上的许多发明创造和技术革新，都是通过尝试与错误的过程而获得的。中小学生的学习也有这个特点。该理论特别强调“做中学”，在学习过程中，教师应该允许学生犯错误，并鼓励学生从错误中进行学习，这样获得的知识也许更能长久保持。在实际的教育过程中，教师应努力使学生的学习得到自我满意的积极结果，防止一无所获或得到消极后果。同时，应注意在学习过程中加强合理的练习，并注意在学习结束后及时地进行练习。此外，任何学习都应该在学生有准备的状态下进行。

二、巴甫洛夫的经典性条件反射论

俄国著名生理学家和心理学家巴甫洛夫（И. П. Павлов，1849—1936）通过对动物的实验研究，提出了经典性条件反射论。其中最著名的实验是狗分泌唾液的实验。

实验安排如图3-3所示：实验台上缚着狗，有导管与其唾液腺相连，有关设施可对唾液分泌情况加以计量。实验时，当铃声响起后就紧接着喂食，重复若干次后，即使没有食物，只要听到铃声，狗也会分泌唾液。这表明铃声与分泌唾液之间形成了联结，分泌唾液是对铃声的一种条件反射，即一个原来对分泌唾液中性（无作用）的刺激（铃声）能够达到一个原来就能引起某种反应（分泌唾液）的刺激（食物）的作用，从而使动物学会对那个中性刺激（铃声）

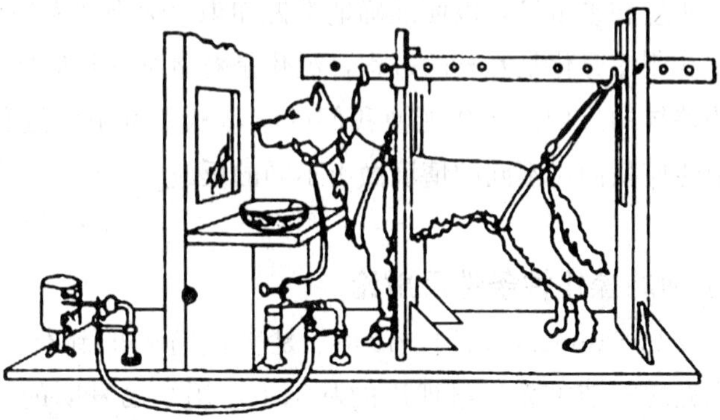

图3-3 巴甫洛夫实验图示

做出反应（分泌唾液）。其中食物叫作无条件刺激（UCS），由食物引起唾液分泌叫作无条件反应（UCR）。铃声原来是一种中性刺激，和食物在时间上多次结合后，成了条件刺激（CS），仅由铃声引起唾液叫作条件反射（CR）。

针对经典性条件反射，巴甫洛夫提出以下主要原理。

（一）获得与消退

在条件反射的获得过程中，有两点十分重要：一是条件刺激和无条件刺激必须同时或近乎同时呈现，间隔太久则难于建立联系；二是条件刺激作为无条件刺激出现的信号，必须先于无条件刺激呈现，否则也将难以建立联系。条件反射建立以后，如果条件刺激重复出现多次而没有无条件刺激相伴随，即不予强化，则所形成的条件反射就会逐渐减弱并最终消失，这个过程称为消退。根据此原理，行为矫正者可以用消退法来消除学生的不良行为。

（二）泛化与分化

人和动物一旦学会对某一特定的条件刺激做出条件反射以后，其他与该条件刺激相类似的刺激也能诱发相同的条件反射。这就是条件反射的泛化，如我们常说的“一朝被蛇咬，十年怕井绳”。

刺激分化指通过选择性强化，使有机体学会对条件刺激和与条件刺激相类似的刺激做出不同的反应。例如，为了使狗能够区分圆形和椭圆形光圈，如果只是在圆形光圈出现时才给予食物强化，而在椭圆形光圈出现时则不给予强化，那么狗便可以学会只对圆形光圈做出反应而不理会椭圆形光圈。在实际的教育教学过程中，也经常需要对刺激进行分化，如引导学生分辨勇敢和鲁莽、谦让和退缩、质量和重量等，以便准确地掌握知识，恰当地表现行为。

刺激泛化和刺激分化是互补的过程，泛化是对事物的相似性的反应，分化则是对事物的差异的反应。泛化能使我们的学习从一种情境迁移到另一种情境，而分化则能使我们对不同的情境做出不同的反应。

三、斯金纳的操作性条件反射论

斯金纳（B. F. Skinner，1904—1990）是美国著名的新行为主义心理学家，他在桑代克的联结主义学习理论的基础上，用自己发明的一种学习装置“斯金纳箱”进行实验，并提出了操作性条件反射论。

斯金纳箱内装有一杠杆（踏板），杠杆和另一提供食丸的装置相连接（见图 3-4）。实验时将饥饿的白鼠置于箱内，白鼠在箱内自由活动，当它偶然碰触到杠杆时，供丸装置里就会自动落下一颗食丸。经过几次尝试，它会不断地按压杠杆，直到吃饱为止。同时，箱外的记录器记下白鼠按压杠杆和得到食物的详细情况。这一装置是对桑代克迷笼的改进，箱内杠杆作为刺激具有良好的辨别性，抬起前腿按压杠杆既不同于啃、抓、咬等动作，又是新的不难掌握的动作。在这一实验中，白鼠学会了按压杠杆以获取食物的反应，刺激情境（杠杆 S）和压杆反应（获得食物 R）之间形成固定的联系，形成了操作性条件反射。另外，按压杠杆变成了取得食物的手段或工具，因此，操作性条件反射又叫作工具性条件反射。

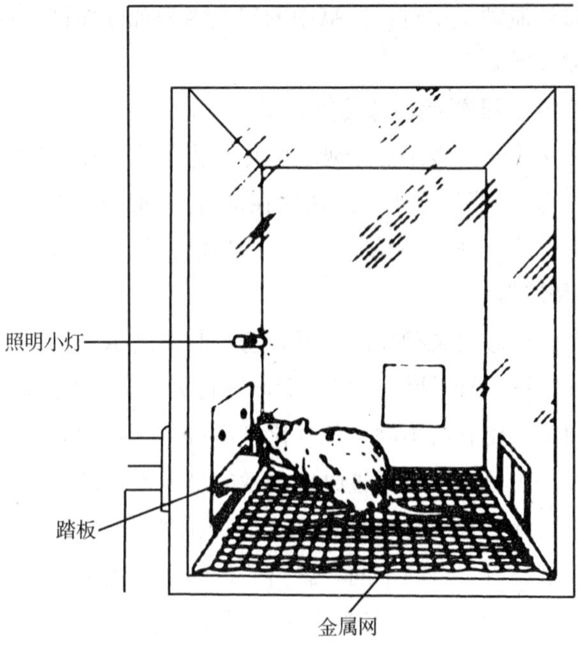

图 3-4　斯金纳箱

操作性条件反射的主要原理如下。

（一）**强化**

斯金纳虽然受到桑代克的影响，但在解释影响个体操作性行为形成的因素时，放弃了桑代克的奖赏概念，而用强化概念来替代。他把条件反射中能够增强反应概率的一切手段称为强化。强化有正强化和负强化之分。产生强化作用的刺激称为强化物。它们的呈现或撤销能够增加反应发生的概率。

正强化也称积极强化，指当有机体做出某种反应，并得到了正强化物（能够满足行为者需要的刺激物），那么这一反应在今后发生的频率就会增加。在日常生活中，人们常在自觉或不自觉地运用正强化塑造他人的行为。例如，教师对上课守纪律的学生进行表扬，家长对考试成绩好的孩子给予奖励，公司老板为努力工作的雇员增加薪水等。

负强化也称消极强化，指当厌恶刺激或不愉快情境出现时，若有机体做出某种反应，从而避免了厌恶刺激或不愉快情境（负强化物的移去或取消），则该反应在以后的类似情境中发生的概率便增加了。例如，学校中曾被记过的学生因改过自新而被撤销了记过，监狱中的犯人因表现好而被减刑，这样的学生和犯人就会增加好的表现。

研究发现，强化程序会影响强化效果，立即强化（指个体表现正确反应后，立即提供强化物）的效果优于延宕强化（指个体表现正确反应后，过一段时间才提供强化物），部分强化（只选择在部分正确反应后提供强化物）优于连续强化（每次个体出现正确反应之后，均提供强化物）。

（二）惩罚和消退

惩罚指当有机体做出某种反应以后，若及时使之承受一个厌恶刺激（又称惩罚物），那么以后在类似情境或刺激下，该行为的发生概率就会降低甚至受到抑制。惩罚和负强化有所不同，负强化是通过厌恶刺激的排除来增加反应在将来发生的概率，而惩罚则是通过厌恶刺激的呈现来降低反应在将来发生的概率。比如批评、处分、判刑是一种惩罚，而撤销处分、减刑则是一种负强化。两者的区别主要是：（1）目的不同，惩罚的目的是阻止不良行为的发生，负强化则是激励良好的行为；（2）实施的方式不同，惩罚是当个体表现不良时使用，负强化是在受惩罚的个体表现好时使用；（3）后果不同，惩罚的结果是不愉快的，而负强化的结果是愉快的。

值得说明的是，动物实验表明，惩罚对于消除行为来说并不一定十分有效，厌恶刺激停止作用以后，原先建立的反应仍会逐步恢复。惩罚并不能使行为发生永久性的改变，它只能暂时抑制行为而不能根除行为。因此，惩罚的运用必须慎重。日常生活中纠正不良行为时，要尽量避免单独运用惩罚，应该把惩罚和负强化结合起来，方能取得预期的效果。

当有机体做出以前曾被强化过的反应之后不再有强化物相伴时，那么这一反应在今后发生的概率便会降低，这种现象称为消退。换言之，消退是一种无强化的过程，其作用在于降低某种反应在将来发生的概率，以达到消除某种行为的目的。消退是减少不良行为、消除坏习惯的有效方法。例如，小孩的许多无理取闹的行为实际上是学习的结果，因为他们通过哭闹能得到诸如玩具、冷饮等强化物。为矫正这种行为，就不应再给予强化，父母的无端让步实际上正起着强化不正确行为的作用。因此，不去强化而去淡化，既可以消除不正确行为，又不会带来诸如惩罚等导致的感情受挫的副作用。

（三）连续渐进法与塑造

斯金纳设计了连续渐进法，用以研究包括一连串反应的学习。此法使用的程序是：（1）先把要求个体学习的目标行为列举出来，如训练智能较低儿童自己上桌吃饭；（2）开饭前他会自行走向饭桌（第一个反应）时，立即予以奖励（强化）；（3）他走向饭桌且自行坐上座位（第二反应）时，立即予以奖励；（4）坐定后自行拿起调羹（第三反应）时，立即予以奖励；（5）用调羹自行吃饭（第四反应，亦即目标行为）时，立即予以奖励。用此种类似分解动作的方式渐进，最后将多个反应连贯在一起形成复杂行为的方法，称为塑造。

四、班杜拉的社会学习理论

班杜拉是社会学习理论、社会认知理论的奠基人。其社会学习理论是建立在他及其合作者所进行的大量实验研究的基础之上的，主要观点如下。

（一）社会认知论

班杜拉原本信奉新行为主义，但是随着认知心理学和人本主义的挑战，自20世纪60年代后，在大量实验研究的基础上，他逐渐从传统的行为主义研究中脱离出来，逐渐从偏重外部因素的作用转向强调外部和内部因素共同作用，并提出了一系列新的思想。他认为，儿童通过观察他们生活中重要人物的行为而习得社会行为。这些观察以心理表象或其他符号表征的形式储存在大脑中，来帮助他们模仿行为。班杜拉的社会认知论吸收了行为主义理论家们的大多数原理，但更加注意线索对行为、对内在心理过程的作用，强调思想对行为和行为对思想的作用。

（二）交互作用论

班杜拉认为，学习不但要受外部环境的影响，而且也要受到个人的认知调节和自我调节。他强调人的行为是内部因素和外部环境相互作用的产物，坚持多因素相互作用共同决定行为的观点。交互决定论认为，个人、环境和行为是相互影响、彼此联系的，组成了相互作用的系统，三者影响力的大小取决于当时的环境和行为的性质（见图3-5）。

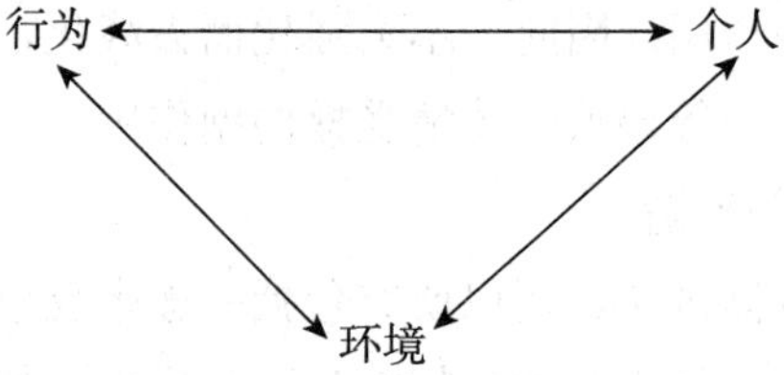

图3-5　个人、行为和环境之间的交互决定关系

（三）观察学习论

班杜拉以儿童的社会行为的习得为研究对象，进行了一系列重要的实验研究。在一个经典的实验中，班杜拉首先让儿童观察成人榜样对一个充气娃娃拳打脚踢，然后把儿童带到一个放有充气娃娃的实验室，让其自由活动，并观察他们的行为表现。结果发现，儿童在实验室里对充气娃娃也会拳打脚踢。这说明，成人榜样对儿童行为有明显的影响。后来他们对上述实验做了进一步的延伸，试图了解榜样攻击行为的奖惩后果是否影响儿童攻击行为的表现。实验中，把儿童分为三组，首先让儿童看到电影中的成年男子的攻击行为。在影片结束后，第一组儿童看到成人榜样被表扬，第二组儿童看到成人榜样被批评，第三组儿童看到成人榜样既不受奖也不受罚。然后，把三组儿童都带到一间游戏室，里面有成人榜样攻击过的对象。结果发现，榜样受奖组儿童的攻击性最多，榜样受罚组儿童的攻击性最少，控制组居中。

班杜拉认为，实验中的儿童是通过观察榜样进行学习的。他认为，人类的学习有两种形式，一种是直接学习，另一种是间接学习。观察学习是一种间接学习的形式。人类的大多数行为是通过观察而习得的。人们通过观察他人的行为及其后果，可获得榜样行为的符号表征和经验教训，并可引导观察者今后的行为。班杜拉认为，这一过程受注意、保持、动作再现和动机四个子过程的影响（见图3-6）。

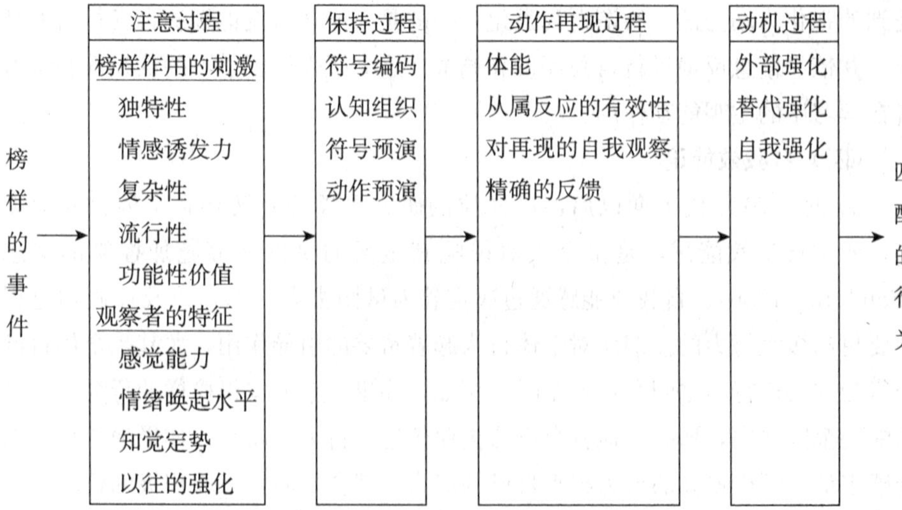

图3-6　观察学习的基本过程

注意过程调节着观察者对示范活动的探索和知觉，决定着观察者在大量的榜样影响中选择什么作为观察的对象，抽取榜样的哪些信息等。影响注意过程的因素有榜样行为的特性、榜样的特征和观察者的特征。

保持过程使得学习者把瞬间的经验转变为符号概念，形成示范活动的内部表征。示范信息的保持主要依赖于两种符号系统：表象系统和语言系统。同时，动作的演练也可以作为一种重要的记忆支柱。

动作再现过程是以内部表征为指导，把原有的行为成分组合成信息的反应模式。通俗地讲，动作再现过程就是观察后的模仿过程。班杜拉认为，个体对榜样行为的再现过程可以划分成：反应的认知组织，反应的发起和监控，以及在信息反馈基础上的演练。在行为实施的初始阶段，反应在认知水平上得到了筛选和组织。自我效能感是影响动作再现过程的一个重要因素。

动机过程则决定哪种经由观察习得的行为得以表现。班杜拉把行为习得和行为表现相区分，认为习得的行为不一定表现，习得的行为是否表现除了受对行为的直接强化影响外，还受替代强化（vicarious reinforcement）和自我强化（self-reinforcement）的影响。班杜拉尤其强调替代强化和自我强化的重要作用。所谓替代强化，是指观察者在模仿榜样的行为时，是以榜样做出反应时所受到的强化为动力的。所谓自我强化，指的是人能够自发地预测自己行为的结果，并依靠信息反馈进行自我评价和调节。这无疑强调了学习的认知性和学习者在学习中的主观能动作用。

（四）自我效能论

20 世纪 70 年代末期以后，班杜拉的研究兴趣开始转移到个体自我效能感。所谓自我效能感，是指个人对影响其生活的事件能够施加控制的信念（Bandura，1986）。自我效能感通过决定着人试图去做什么，以及在做的过程中要付出多大努力的预期而对个体行为起着重要的引导作用，尤其是个体自己的行为和榜样行为之间存在差距时。例如，如果一个人觉得榜样的行为在自己的能力范围之内，那么，他就会设法去模仿这一行为；反之，如果他的自我效能感很低，觉得榜样的行为超乎自己的能力，就会妨碍其采取积极的行动。因此，从自我效能感的功能来看，自我效能高的人更倾向于选择具有一定难度和挑战性的任务，活动过程中更具有坚持性，并伴随积极的情绪体验。个体的自我效能感来源于两个方面：一是他迄今在某一领域所取得的成就；二是源于对他人活动效能的观察比较。因此，增加儿童的成功体验、转换观察比较对象是提高儿童自我效能感的有效措施。

讨论 2　行为的习得等同于行为的表现吗？

在我们前面介绍的班杜拉以儿童的攻击行为为主题进行的实验研究中，其结果表明，成人榜样对儿童行为有明显的影响，且榜样攻击行为的后果是儿童是否模仿这种行为的决定因素。这是否意味着榜样受奖组的儿童比榜样受罚组的儿童习得了更多的攻击行为呢？为了回答这个问题，研究者在三组儿童看完电影回到游戏室时，以提供糖果作为奖励，要求儿童尽可能地回忆榜样行为并付诸行动。结果发现，三组儿童的攻击行为水平几乎一致。

请从上面的实验结果分析：行为的习得和行为的表现分别源于什么？

班杜拉的社会学习理论揭示了人类的一种极为普遍的学习形式。多因素相互作用，共同决定行为的观点，以及重视观察、模仿、自我效能感在学习中的作用等思想，不论是在行为习惯和道德品质的形成方面还是在语言知识及人际交往技能的学习方面，都有着很重要的指导作用和参考价值。

第三节　认知派的学习观

认知派认为，学习是通过理解，主动地在头脑内部构造认知结构的过程，不是受习惯支配而是受主体的预期所引导。有机体当前的学习依赖于他原有的认知结构和当前的刺激环境，教学的目标在于帮助学习者把外界客观事物（知识及其结构）内化为其内部的认知结构。认知派的学习理论主要有以下观点。

一、布鲁纳的发现学习论

布鲁纳是美国著名的认知教育心理学家，他把研究的重心放在知识获得的内部认知过程，以及学习理论和教学理论在教学中的应用。他特别强调学生的主动探索，主张学习的目的在于采用发现学习的方式，使学科的基本结构转变为学生头脑中的认知结构。因此，他的理论被称为发现学习论。

（一）认知结构观

学习的实质是主动形成认知结构。布鲁纳十分强调学习的主动性和认知结构的重要性。他认为，学习的本质不是被动地形成刺激—反应的联结，而是主动地形成认知结构。学习者不是被动地接受知识，而是主动地获取知识，并通过把新获得的知识和已有的认知结构联系起来，积极地建构其知识体系。

学习包括获得、转化和评价三个过程。布鲁纳通过对学生学习活动的具体过程的研究发现，学习包含着三个几乎同时发生的过程，即获得—转化—评价。学习活动首先是新知识的获得。新知识可能是以前知识的深化，也可能与原有知识相违背。获得了新知识以后，还要对它进行转化，我们可以超越给定的信息，运用各种方法将它们变成另外的形式，以适合新任务，并获得更多的知识。评价是对知识转化的一种检查，通过评价可以核对我们处理知识的方法是否适合新的任务，或者运用得是否正确。因此，评价通常包含对知识的合理性进行判断。

总之，布鲁纳认为学习任何一门学科的最终目的是构建学生良好的认知结构。因此，教师首先应明确所要构建的学生的认知结构包含哪些组成要素，并最好能画出各组成要素的关系图。在此基础上，教师应采取有效措施来帮助学生获得、转换和评价知识，使学科的知识结构转化为学生的认知结构，使书本上的死的知识变为学生头脑中的活的知识。

（二）发现学习法

布鲁纳认为“发现是教育儿童的主要手段”，学生掌握学科基本结构的最好方法是发现法。布鲁纳所说的发现不只限于寻求人类尚未知晓的事物的行为，也包括用自己的头脑亲自获取知识的一切形式。发现学习是指学生在学习情境中，经过自己探索寻找，从而获得问题答案的一种学习方式。布鲁纳认为，发现学习的优点在于：(1) 学生自行发现和自行组织的知识，有助于长期记忆；(2) 学生主动思维式的学习活动，有助于智力的发展与提升；(3) 学生从主动发现过程中获得成就感的满足，不需靠外界赏罚去维持动机与兴趣；(4) 学生养成自动自发的学习习惯之后，有助于以后的独立求知与研究。他指出，在未经学生自己探索尝试而将答案告诉学生的教学方式，易导致学生一知半解，或因知之不详而迅速遗忘。因此，教师的作用就在于帮助学生形成一种能够独立探究的情境，而不是提供现成的知识。教师的主要作用在于：(1) 鼓励学生有发现的自信心；(2) 激发学生的好奇心和求知欲；(3) 帮助学生寻求新问题与已有知识的联系；(4) 训练学生运用知识解决问题的能力；(5) 协助学生进行自我评价；(6) 启发学生进行对比。

研究证明，发现学习有利于激发学生的好奇心及探索未知事物的兴趣，有利于调动学生的内部动机和学习积极性，并有利于学生创造性思维的发展。但是，发现学习在应用上也有局限性。比如费时太多，不能保证学习的进度，而且学生必须具有一定的知识和技能，否则无法主动从事发现学习。因此，在缺乏知识经验的小学低年级，很难使用此种方式教学。而且，自行探索回答问题的方式对思维较为缓慢者也容易构成精神压力。

有的研究者认为，我国近年来开展的研究性学习，其实质与发现学习一致。

二、奥苏伯尔的有意义的接受学习论

奥苏伯尔是和布鲁纳同时代的美国著名教育心理学家。他根据学习进行的方式把学习分为接受学习和发现学习，又根据学习材料与学习者原有认知结构的关系把学习分为机械学习和意义学习，并认为学生的学习主要是有意义的接受学习。

（一）意义学习的实质

所谓意义学习，奥苏伯尔认为就是将符号所代表的新知识与学习者认知结构中已有的适当观念建立起非人为的和实质性的联系。相反，如果学习者并未理解符号所代表的知识，只是依据字面上的联系，记住某些符号的词句或组合，则是一种死记硬背的机械学习。所谓实质性的联系，是指表达的语词虽然不同，却是等值的，也就是说这种联系是非字面的联系。所谓非人为的联系，是指有内在联系而不是任意的联想或联系，指新知识与原有认知结构中有关的观念建立以某种合理的逻辑为基础的联系。

（二）意义学习的条件

意义学习的产生既受学习材料本身性质（客观条件）的影响，也受学习者自身因素（主观条件）的影响。从客观条件来看，意义学习的材料本身必须具有逻辑意义，在学习者的心理上是可以理解的，是在其学习能力范围之内的。一般来说，学生所学的教科书或教材，多数都具有逻辑意义。从主观条件来看，学习者必须具备实现意义学习的心理条件，这些条件有三个方面：首先，学习者要有从事意义学习的欲望，具有积极主动地将新旧知识建立联系的倾向；其次，学习者的认知结构中必须具有能够同化新知识的旧知识；最后，学习者必须积极主动地实现新旧知识之间的联系，从而揭示新知识的意义。上述条件缺一不可，否则就不能构成意义学习。

（三）接受学习的实质

奥苏伯尔认为，接受学习是在教师指导下，学习者接受事物意义的学习。在接受学习中，所要学习的内容大多是现成的、已有定论的、科学的基础知识，通过教科书或教师的讲述，用定义的方式直接向学习者呈现，使学习者接受这些已有的知识，掌握它们的意义。接受学习绝非被动学习，学习者仍然是主动的，在学习一种新知识时，学生在教师的引导下，尝试运用其既有的知识，从不同的角度去吸收新知识，最后纳入他的认知结构中，成为他自己的知识。接受知识的心理过程表现为：首先在认知结构中找到能同化新知识的有关观念；然后找到新知识与起固着点作用的观念的相同点；最后找到新旧知识的不同点，使新概念与原有概念之间有清晰的区别，并在积极的思维活动中融会贯通，使知识不断系统化。不过，学生经由接受学习而产生意义学习的历程，也并非全是主动的，要靠教师的教学技巧予以促成。

在学习的基本理论上，奥苏伯尔的意义学习和布鲁纳的发现学习具有相同之处，二者都重视学生学习的主动性，都强调新知识的学习对已有知识的依赖性，都强调认知结构对学习新知识的重要性，以及认知结构的可变性。但在教学的组织模式上，二者有很大的差异。布鲁纳反对教师在教学中的系统讲解，主张学生自行发现其中的道理，而奥苏伯尔则认为，讲解式教学应该是教学的主要模式。事实上，接受学习是学习者掌握人类文化遗产及先进的科学技术知识的主要途径。在教师的合理指导下，学习者可以尽快在较短时间内掌握大量的间接知识，所获得的知识是系统的、完整的、精确的，而且便于存储和巩固。因此，奥苏伯尔所倡导的接受学习有其合理性，尤其是他提出的“先行组织者”的教学策略很有参考价值，教学中应灵活应用该技术以促进知识的学习和保持。

三、加涅的信息加工学习理论

加涅是20世纪最有影响的著名教育心理学家之一，被认为是行为主义学习理论和认知学习理论的折中主义者。他力图将行为主义的刺激-反应学习模式和认知心理学的学习分类模式融合起来，建立起综合的学习理论。

（一）学习的信息加工模式

加涅根据现代信息加工理论提出了学习过程的基本模式（见图3-7），这一模式展示了学习过程的信息流程，对于理解教学和教学过程、安排教学事件具有应用意义。

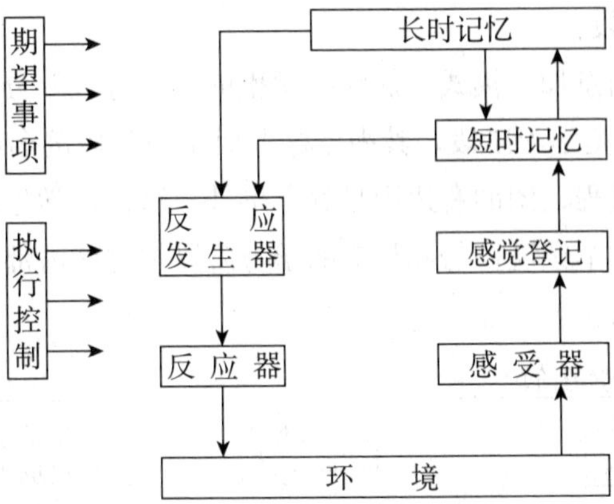

图 3-7 学习的加工模式

根据该模型，我们可以看到信息从一个假设的结构到另一个假设的结构中去的过程。首先，学生通过感受器从环境中接受刺激，感受器将刺激的物理信息转换为神经信息，进入感觉登记。这是非常短暂的记忆储存，信息的登记或消逝涉及注意或选择性知觉的问题。被视觉登记的信息很快进入短时记忆，在这里可以持续二三十秒。短时记忆的容量很有限，一般只能储存七个左右的信息项目，一旦超过了这个数目，新的信息进来，就会把部分原有的信息赶走。若想要保持信息，则采取复述的策略，虽不能增加容量，但有利于保持信息以便进行编码。信息可通过编码进入长时记忆。一般认为，长时记忆是个永久性的信息存储库。当需要使用信息时，需经过检索提取信息。被提取出来的信息可以直接通向反应发生器，从而产生反应，也可以再回到短时记忆，对该信息的合适性做进一步的考虑，结果可能是进一步寻找信息，也可能是通过反应发生器做出反应。

在信息加工学习模式中，学生的期望事项和执行控制在这一过程中起着极为重要的作用，整个学习过程都是在这两个结构的作用下进行的。期望事项是指学生期望达到的目标，即学习的动机。执行控制即学生在信息加工过程中的认知策略，执行控制过程决定哪些信息从感觉登记进入短时记忆，如何进行编码，采用何种提取策略等。

（二）学习阶段

依据学习的信息加工模式，加涅把学生的学习过程划分为八个阶段（见图3-8）。[①] 图的左边是学习阶段，其中方框上面是该阶段的名称，里面是该阶段内部的主要学习过程；图的右边则是教学事件。这样，学生内部的学习过程一环接一环，形成一个锁链，与此相应的学习阶段把这些内部过程与构成教学的外部事件联系起来。

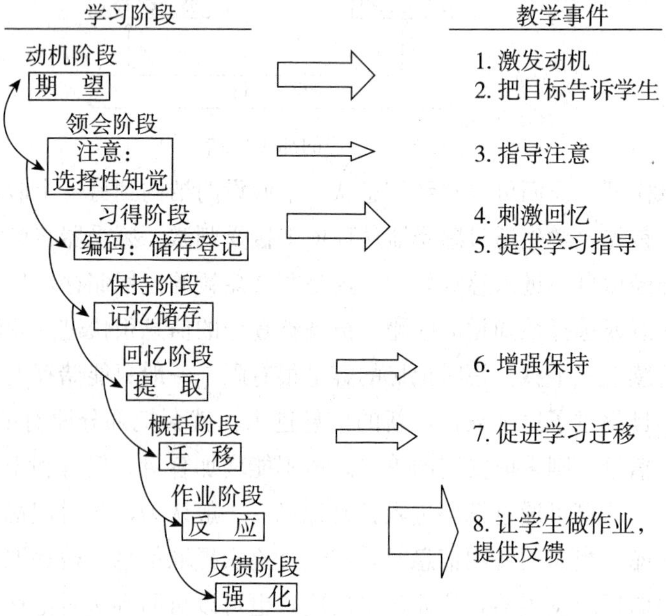

图 3-8 学习阶段与教学事件

有效的学习离不开学习动机，因此在教育教学情境中，首先要考虑的是激发学生的学习动机，形成学习期望。加涅把动机分为诱因动机、操作动机和成就动机三种。

领会阶段，即学生对学习材料的注意和觉察过程。通过这一过程，刺激才会被进行知觉编码，储存在短时记忆中。因此，教师应采用各种手段来引起学生的注意。

---

① 冯忠良等著：《教育心理学》，人民教育出版社 2000 年版，第 147 页。

习得阶段，即学生把感知到的材料在短时记忆系统中进行编码的过程。在此过程中，教师可以给学生提供各种编码的方法，鼓励学生选择最佳的编码方式。

保持阶段，即把习得的信息以语义编码的形式进入长时记忆储存。如果对学习材料做适当安排，可以减少干扰，提高信息保持的程度。

回忆阶段，即学生把已经在长时记忆系统中保持的信息给予重现的过程。

概括阶段，即学生把已经获得的知识推广到更广泛的领域中去的过程。这也就是学习迁移的问题。教师必须让学生在不同情境中进行学习，并提供在不同情境中运用提取过程的机会；同时，更为重要的是，要引导学生概括和掌握其中的原理和原则。

作业阶段，一个完整的学习过程只有通过作业才能反映学生是否已习得所需内容。教师要提供各种形式的作业，使学习者有机会表现他们的操作。

反馈阶段，即对操作的效果进行评价的过程。教学过程中教师应及时给予反馈，让学生知道自己的作业是否正确，从而强化其学习动机。

加涅的学习理论融合了行为主义和认知心理学的观点，试图通过综合来解释学习的过程。加涅提出的学习的信息加工模式和学生学习的阶段，为理解教学和教学过程、进行教学设计提供了可操作性的思路。

第四节　人本主义的学习观

人本主义心理学（humanistic psychology）是 20 世纪 60 年代在美国兴起的一种心理学思潮。人本主义心理学家认为，人性的本质是善的，只要后天环境适当，人就会自然地成长。他们强调尊重人的价值和主观能动性，认为心理学应该研究人的价值、创造性和自我实现。人本主义心理学有两个核心的研究理念：其一，强调人是不可分割的整体，要想了解人、研究人，必须从整个人着眼；其二，每个人都有自己的需求和愿望，要想了解人、研究人，必须了解人的需求、欲望、感情、价值观等内在的心理状态。

人本主义学习理论有两点独特之处：其一，人本主义学习理论不像行为主义和认知心理学那样，从验证性研究中得到原则后做出推论，而多半是根据经验原则来提出观点和建议；其二，人本主义心理学家既不像行为主义心理学家只求解释简单的反应，也不同于认知心理学家那样只求解释知识学习，而是扩大视野，研究人类与自我实现有关的一切问题，强调教育环境的创设要符合学生人性发展的实际需求。在此主要介绍人本主义的代表人物库姆斯（A. W. Combs）和罗杰斯（C. R. Rogers，1902—1987）关于学习的基本思想。

一、库姆斯的教育思想

（一）知觉、信念与行为

库姆斯在与他人合著的《教师的专业教育》一书中写道：要想了解人的行为，必得先了解行为者如何从他的观点去觉知他所处的世界。每当你根据一项事实去处理某人的行为时，就必须考虑到该一事实对你和对他而言可能产生的不同意义。因为，事实纵然客观存在，但每个人对其产生的知觉①可能截然不同。知觉是构成信念的基础，信念是行为的基础。不同的知觉产生不同的信念，不同的信念产生不同的行为。因此，要想改变一个人的行为，不能只从行为表现上加以矫正，而必须从设法改变他的知觉或信念着手。这种观点被视为人本主义心理学的基本信条之一，在教育上具有深远的意义。教师要想了解学生在某种情境下表现的某种行为，必须先了解学生如何觉知该情境。可能教师认为学生某种行为是怪异且不应该的，而学生却认为是正常而应该的。学校的要求不易获得学生的认同，学校的行为规范学生未必遵守的主要原因就是学生对此要求与规范所产生的知觉和信念未能与学校一致。例如，破坏学校财物是违规行为，可是仍有学生为之。对此等学生而言，很可能是他自知不能以优异的成绩取悦于教师，宁愿以反常的行为获得朋友的赞赏。库姆斯曾提醒教师，一个学生犯规，并不是他明知错误而犯规，而是他知道只有那样做才会感到满足（Combs，1971）。因此，每当教师抱怨说他的学生缺乏动机时，他的意思必须稍加补充，他所指的是：他的学生对读书缺乏动机。事实上，换一个

① 这里的“知觉”是指个人对其知觉对象所产生的感受。

读书以外的环境，同样是那些学生，很可能就会有强烈的动机。原因很简单，对这些学生而言，读书一事在知觉和信念上都缺乏意义。

（二）全人教育思想

库姆斯主张，教育的目的绝不只限于教学生知识或谋生技能，更重要的是针对学生的情意需求（affective need），使他们能在知识、情感、意志或动机三方面均衡发展，从而培养其健全的人格。学生的情意需求，是指他们在情绪、情操、态度、道德以至价值判断等多方面的需求。此等行为关系到人与人的关系，是人在社会生活方面律己、待人、处事所需要的能力。基于此，库姆斯（1981）认为，人本主义教育要重视实现以下七项目标：（1）针对学生各方面（指知、情、意等）的需求，配合学生经验，设计学校教育，使学生所具有的各种潜力得以充分发展；（2）要使每个学生均能在教育环境中，不但在智能方面得以自我表现，且在情意方面也能学到自立立人的观念与能力；（3）针对目前及未来的生活需求，能使每个学生学习到必要的知识、技能以及处理人际关系和职业生活的能力，以适应多元化和多变化的社会；（4）学校的一切措施，必须遵守因材施教的原则，务必能使教育效果对每个学生都发生个人化的意义；（5）在所有的教育活动历程中，必须将知、情、意三者贯串其中，以期发挥全人教育的功能；（6）营造学校的教育气氛，务必使整个校园变成一个虽有挑战，却充满自由、活泼、兴奋、关怀、支持而不具有威胁的学习情境；（7）培养学生纯真而开放的气质和认识自我的能力，使他们既能学会在团体中尊重别人，也能学会在个人生活中解决自己心理上的问题。[①] 人本主义心理学所追求的，正是以上所阐述的全人教育思想。

二、罗杰斯的自由学习观

（一）教育目标观

罗杰斯指出，“多少年来，我们所受的教育只是强调认知，摒弃与学习活动相联系的任何情感。我们否认了自身最重要的部分”[②]，是一种知、情严重

---

① 转引自张春兴著：《教育心理学——三化取向的理论与实践》，浙江教育出版社 1998 年版，第 265 页。

② 转引自叶浩生主编：《西方心理学的历史与体系》，人民教育出版社 1998 年版，第 582 页。

分离的教育。罗杰斯认为，情感和认知是人类精神世界中两个不可分割的有机组成部分，彼此是融为一体的。因此，罗杰斯的教育理想是要培养“躯体、心智、情感、心力融会一体”的人，也就是既用情感的方式也用认知的方式行事的情知合一的人。这种知情融为一体的人，他称之为“完人”（whole person）或“功能完善者”（fully functioning person）。当然，“完人”或“功能完善者”只是一种理想化的人的模式，而要想最终实现这一教育理想，应该有一个现实的教学目标，就是“促进变化和学习，培养能够适应变化和知道如何学习的人”。

罗杰斯主张教育目标应是促进变化和学习，培养能够适应变化和知道如何学习的人，而不是再像过去一样只注重学生知识内容的学习及知识结果的评判，即中国古人所言“授人以鱼，不如授人以渔”的道理。罗杰斯说：“只有学会如何学习和适应变化的人，只有意识到没有任何可靠的知识，唯有寻求知识的过程才可靠的人，才是有教养的人。现代世界中，变化是唯一可以作为确立教育目标的依据。这种变化取决于过程而不取决于静止的知识。”①

（二）学生中心的教学观

罗杰斯不仅是人本主义心理学的创始人，而且是心理治疗中人本治疗学派的鼻祖，是当事人中心疗法（humanistic person-centered therapy）的创始人。采用当事人中心疗法时，对于如何扮演优良治疗者角色的问题，罗杰斯提出了三个基本条件：（1）真诚一致（congruence）；（2）无条件积极关注（unconditional positive regard）；（3）同理心（empathy）。罗杰斯在教育上的主张仍然秉持这一理念，将学生视为教育的中心，学校为学生而设，教师为学生而教。故而罗杰斯的教育主张一向被称为学生中心教育（learner-center education theory）。罗杰斯批评以教师为中心的传统教学模式，认为传统教学模式中主体是教师，客体是学生，知识信息的交流是单向的，缺乏交流双方的情感互动性、参与性和双向反馈，学校实施强制管理，师生关系不平等，缺乏民主和信任感，学生经常处于怀疑和惧怕状态中。这使得传统教育面临时代的迅猛发展变化时，显得苍白无力和不协调、不适应。

① 转引自叶浩生主编：《西方心理学的历史与体系》，人民教育出版社 1998 年版，第 579—580 页。

在罗杰斯的治疗理论中，他认为患者本人具有健康成长的潜在条件，只需设置一个良好的心理环境，就能够不医而愈。罗杰斯也以同样的理念，认为学生皆有求其向上的潜能，关键是要给他们设置一个良好的学习环境，使他们的潜能得以充分发展。罗杰斯将他的非指导性治疗移植到教学过程中，提出了非指导性教学的理论与策略。在《学习的自由》一书中，罗杰斯提出了他所坚持的以自由为基础的自由学习原则（freedom to learn）。其要点如下：（1）人皆有其天赋的学习潜力，为教师者，必须首先认定，每个学生各有其天赋的学习潜能。（2）教材有意义且符合学生的目的，才会产生学习。所学教材能够满足学生的好奇心，提高学生的自尊感，增进学生的生活经验，学生才乐于学习。（3）在较少威胁的教育情境下才会有效学习。此处所说的威胁，是指个人在求学的过程中因种种因素所承受的心理压力。教师要使每个学生皆有展现其优点的机会，从而减少学校教育中的威胁气氛，以利于学生学习。（4）主动的、全身心投入的学习才会产生良好效果。教师在安排学生学习时，只需提供学习活动的范围和各种学习资源，由学生自己确定学习目标，探索发现结果，这样才会启发学生心智，提升学习能力，培养学习兴趣，达到知、情、意并重的教育目的。（5）学生自评学习结果，这有利于养成独立思维的习惯和培养创造力。（6）重视生活能力的学习，以应对变动的社会。①

如同在心理治疗中把重点放在医患关系上一样，罗杰斯十分重视教学过程中的师生关系，认为促进学习的关键不在于教师的教学技能、课程设计、教学设备资源等，而是在于教师和学生的关系。因此，教学的重点也应当放在良好的师生关系或教师态度上。为了促进学生人格的充分发展，他认为教师必须具备四种态度品质：（1）充分信任学生能够发挥自己的潜能；（2）表里如一，以真诚的态度对待学生；（3）尊重学生的个人经验，重视他们的感情和意见；（4）深入理解学生的内心世界，设身处地为学生着想。

---

① 张春兴著：《教育心理学——三化取向的理论与实践》，浙江教育出版社1998年版，第267—269页。

第五节　建构主义的学习观

一、概述

建构主义（constructivism）是学习理论中行为主义发展到认知主义以后的进一步发展，其思想来源繁杂，流派纷呈。建构主义学习观与行为主义学习观和认知学习观的根本区别在于：行为主义学习观和认知学习观都把学习看作学习者个体的活动，二者所不同的是行为观指向个体的外部（行为反应），认知观指向个体的内部（信息加工过程），而建构主义学习观则将学习作为个体原有经验与社会环境互动的加工过程。在教育心理学中，建构是指学习者通过新旧知识经验之间反复、双向的相互作用，形成和调整自己的经验结构的过程。①

从客观主义到建构主义是一个连续体，各种学习理论在这个连续体上的位置可以用图 3-9②来表示：

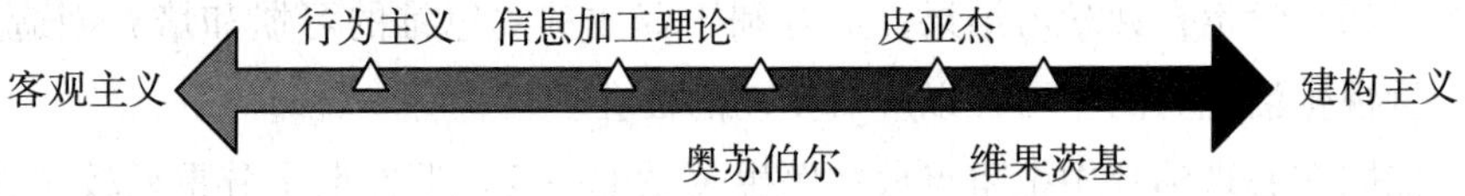

图 3-9　从客观主义到建构主义的连续体

建构主义主张，世界是客观存在的，但是对于世界的理解是由每个人自己决定的。我们是以自己的经验为基础来建构现实，或者至少说是在解释现实。我们个人的经验世界是用我们自己的头脑创建的，由于我们的经验以及对经验的信念不同，我们对外部世界的理解便也不同。在学习上，建构主义者更加关注学生如何以原有的经验、心理结构和信念为基础来建构知识，强调学习的主动性、社会性和情境性，对学习和教学提出了许多新的见解。建构主义的理论观点可以细分为六种：激进建构主义、社会建构主义、社会文化认知观、信息

① 吴庆麟主编：《教育心理学——献给教师的书》，华东师范大学出版社 2003 年版，第 195 页。

② 陈琦、刘儒德主编：《教育心理学》，高等教育出版社 2005 年版，第 141 页。

加工建构主义、社会建构论和控制系统观。

建构主义作为一种认知方式或教育实践模式并不是当代才有的，零散的、不系统的建构主义思想和实践自古以来就存在着。在谈到建构主义的起源时，新西兰学者诺拉（Nola）指出，苏格拉底（Socrates，前469—前399）和柏拉图（Plato，前427—前347）是最早的建构主义者。从建构主义的观点看，苏格拉底著名的“产婆术”无疑是建构主义教学的成功范例。杜威的“做中学”对建构主义颇有影响。现代建构主义的先导当属皮亚杰，他认为知识既非来自主体，也非来自客体，而是在主体与客体的相互作用过程中建构起来的。一方面，新经验要获得意义需要以原有的经验为基础，从而融会到原来的经验结构中，即同化；另一方面，新经验的进入又会使原有的经验发生一定的改变，使它得到丰富、调整或改造，即原有经验发生顺应。这就是双向的建构过程。布鲁纳的发现学习、认知心理学中的图式理论等都对当今的建构主义有重要的影响。自20世纪70年代末，以布鲁纳为首的美国教育心理学家将苏联心理学家维果茨基的思想介绍到美国后，对建构主义思想的发展起了极大的推动作用。维果茨基在心理发展上强调社会文化历史的作用，特别是强调活动和社会交往在人的高级心理机能发展中的突出作用。他认为，高级的心理机能来源于外部动作的内化，这种内化不仅通过教学，也通过日常生活、游戏和劳动等来实现。另外，内在的智力动作也外化为实际动作，使主观见之于客观。内化和外化的桥梁便是人的活动。维果茨基区分了个体发展的两种水平：现实的发展水平和潜在的发展水平。现实的发展水平即个体独立活动所能达到的水平，而潜在的发展水平是指个体在成人或比他成熟的个体的帮助下所能达到的活动水平，这两种水平之间的区域即最近发展区。教学就是不断地将潜在的发展水平变成现实的发展水平，创造着新的最近发展区。维果茨基的思想对当今的建构主义有很大影响。

二、建构主义关于学习的基本观点

（一）新知识观

传统的知识观是建立在客观主义基础上的，认为知识是客观的、无可怀疑的和固定的。建构主义却强调，知识并不是对现实世界的绝对正确表征，不是在各种情境中皆准的教条，相反，它只是一种关于各种现象的较为可靠的解释或假设，处在不断的发展中，会随着人类的进步而不断地被“革命”掉，并随之出现新的假设。而且，知识并不能精确地概括世界的法则，在具体问题中，我们并不是拿来便用，一用就灵，而是需要针对具体情境进行再创造。另外，建构主义认为，知识不可能以实体的形式存在于具体个体之外，尽管我们通过语言符号赋予了知识一定的外在形式，甚至这些命题还得到了较普遍的认可，但这并不意味着学习者会对这些命题有同样的理解，因为这些理解只能由个体基于自己的经验背景而建构起来，它取决于特定情境下的学习历程。

建构主义的这种知识观尽管不免过于激进，但它向传统的教学和课程理论提出了巨大挑战，值得我们深思。按照这种观点，课本知识只是一种关于各种现象的较为可靠的假设，而不是解释现实的模板。科学知识不是绝对正确的最终答案，只是对现实的一种更可能正确的解释。而且，更重要的是，这些知识在被个体接受之前，它对个体来说是毫无权威可言的，不能把知识作为预先决定了的东西教给学生，不要用我们对知识正确性的强调作为让个体接受它的理由，不能用科学家、教师、课本的权威来压服学生。学生对知识的接受只能靠他自己的建构来完成，以他自己的经验、信念为背景来分析知识的合理性。学生的学习不仅是对新知识的理解，而且是对新知识的分析、检验和批判。另外，知识在各种情况下应用并不是简单套用，具体情境总有自己的特异性，所以，学习不能满足于教条式的掌握，而是需要不断深化，把握它在具体情境中的复杂变化，使学习走向“思维中的具体”。

（二）新学生观

建构主义者强调，学生并不是空着脑袋走进教室的。在日常生活中，在以往的学习中，他们已经形成了丰富的经验，小到身边的衣食住行，大到宇宙、星体的运行，从自然现象到社会生活，他们几乎都有一些自己的看法。在学生建构自己知识的过程中，现有的知识经验和信念起着重要作用。而且，有些问题即使他们还没有接触过，没有现成的经验，但当问题一旦呈现在面前时，他们往往也可以基于相关的经验，依靠他们的认知能力（理智）形成对问题的某种解释。这种解释并不都是胡乱猜测，而是从他们的经验背景出发推出的合乎逻辑的假设。所以，教学不能无视学生的这些经验另起炉灶，从外部直接装进新知识，而是要把现有的知识经验作为新知识的生长点，引导学生从原有知识经验中“生长”出新的知识经验。教学不是知识的传递，而是知识的处理和转换。教师应该重视学生自己对各种现象的理解，洞察他们想法的由来，引导他们丰富或调整自己的理解。这不是简单的“告诉”就能奏效的，需要与学生共同针对某些问题进行探索，并在此过程中相互交流和质疑，了解彼此的想法，做出某些调整。由于经验背景的差异，学生对问题的理解常常各异，在学生的共同体之中，这些差异本身便构成了一种宝贵的学习资源。教师应该使学生学会尊重不同于自己的看法，看到不同看法所具有的特殊价值与长处，增进学生之间的合作，从而促进学习的进行。

学生不是空着脑袋走进教室的，学习是在学生已有经验的基础上建构，教师必须重视学生的学习目的与已有观念。这一观点与皮亚杰和布鲁纳的思想有着高度的一致性，但与他们不同的是，当今建构主义者更重视在具体情境中形成的非正式经验背景（非结构性经验背景），将它们看成是建构的目标和基础。有少数建构主义者甚至走向极端，只重视非结构性的一面，而忽视知识的抽象与概括。

（三）新学习观

建构主义对传统的教学观提出了尖锐批评，对学习做出了新的解释，强调学习的主动建构性、社会互动性和情境性。

1. 学习的主动建构性

建构主义认为，学习是由个体学习者基于自己的经验背景建构知识的过程，不是由教师向学生传递知识的过程。因此，学生是主动的信息构建者，不是被动的刺激接受者，他要对外部信息做主动的选择和加工，因而不是行为主义所描述的 S-R 过程。学习过程中的核心认知活动是高水平思维（higher-order thinking）。高水平思维需要学习者对知识进行分析、综合、评价和灵活运用，解决具有一定复杂性和不确定性的问题。解决问题的方案常常是多元化的，评价方案的标准也常常是多元的。总之，需要学习者综合、重组、转换、改造头脑中已有的知识经验，来解释新信息、新事物、新现象以及解决新问题等。

2. 学习的社会互动性

建构主义强调，学习是通过某种社会文化的参与内化相关的知识和技能、掌握有关的工具的过程，这一过程常常需要通过一个学习共同体的合作互动来完成。学习共同体（learning community）是由学习者及助学者（包括教师、专家、辅导者等）共同构成的团体，他们经常在学习过程中进行沟通交流，分享各种学习资源，共同完成一定的学习任务，因而在成员之间形成了相互影响、相互促进的人际联系，形成了一定的规范和文化（张建伟、孙燕青，2005）。① 在大学里，一个研究生导师及其课题组就是一个学习共同体。

3. 学习的情境性

建构主义者提出了情境性认知（situated cognition）的观点，强调学习、知识和智慧的情境性，认为知识是不可能脱离活动情境而抽象存在的，学习应该与情境化的社会实践活动结合起来。知识存在于具体的、情境性的、可感知的活动之中，不是一套独立于情境的知识符号（如名词术语等），它只有通过实际应用活动才能真正被人所理解。个体的学习应该与情境化的社会实践活动联系在一起，如同手工作坊中的师傅带徒弟一样。学习者通过对某种社会实践活动的参与而逐步掌握有关的社会规则、工作、活动程序等，形成相应的知识。

（四）新教学观

建构主义对传统的教学观提出了尖锐批评，对教学也做出了新的解释，并提出了一系列改革教学的思想。其中一条最基本、核心的思想是：让学生通过问题解决来学习。有人（Hiebert，et al.，1996）提出了教学与课程改革的一条原则：让学生就学科内容形成问题。也就是说，让学生具有对知识的好奇，想知道“事情为什么会这样的”，然后再去探索，去寻找答案，消除自己认知上的冲突，通过这种活动来使学生建构对知识的理解。按照他们的构想，在课程与教学的开始，应该给学生的是一些问题（problem）、两难选择（dilemma）或提问（question），以激发学生的好奇心，引发他们的理解活动。教师的任务是建立一个学生团体，从而能让学生在这个团体中共同提出问题，共同解决问题。教师的一个重要职责是为学生团体设置任务，即要探索的问题。问题的设计既要反映某学科的关键内容，又要考虑学生现有的知识经验，从而使学生看

① 张建伟、孙燕青：《建构性学习：学习科学的整合性探索》，上海教育出版社2005年版。

到新旧知识的联系。通过问题解决活动，可以培养学生的求知欲和探究欲，极大地激发学生的思维活动；由于使学生把各种概念、原理放在某种完整的任务中去理解，所以有利于学生对知识结构形成深刻的理解，培养起具有广泛迁移价值的问题解决策略，并形成积极的态度。

建构主义批评传统教学使学习去情境化的做法，提倡情境性学习（situated learning）。情境性学习以情境性认知（situated cognition）理论为基础，主张学习应着眼于解决生活中的实际问题，因此，教学应该使学习在与现实相类似的情境中发生（Cunningham，1991）。在情境性学习中，教师不是将已经准备好的内容教给学生，而是提供解决问题的原型，并指导学生探索。情境性教学的测验是融合式测验（test integrated），即在学习具体问题的解决过程中便可了解学习的效果（Merill，1991）。情境性教学有利于激发学生的学习积极性和探索精神，也有利于培养学生解决问题的能力。

许多建构主义者都很重视教学中师生以及学生之间的社会性相互作用。合作学习（collaborative learning）、交互教学（reciprocal teaching）在建构主义的教学中广为采用。建构主义认为，每个人都以自己的经验为背景建构对事物的理解，因而不同的人只能理解事物的不同方面，不存在对事物唯一正确的理解。合作学习和交互教学可以使学生超越自己的认识，看到那些与自己不同的理解，从而形成更加丰富和全面的理解。因此，教学要增进学生之间的合作，使学生看到那些与他不同的观点（Cunningham，1991）。豪等人（How，et al.，1990）就沉浮问题调查了通过小组讨论促进儿童理解科学概念的程度，结果表明，所有儿童都取得了进步。这说明，儿童在理解方面的进步与其说是受到其他儿童观念的启发，不如说是由于每个个体有机会通过听和说来重新组织自己的观念。因此，建构主义者很重视相互作用对学生学习的影响，主张教师与学生、学生与学生之间进行丰富而多向的交流、讨论。该观点与维果茨基对社会性交往的重视以及最近发展区的思想是一致的，学生在与比自己水平稍高的成员的交往中有利于将“潜在的可达到的水平”转化为“现实水平”。

【要点小结】

学习是个体在特定的情境下由于练习或反复经验而产生的行为和行为潜能

的比较持久的变化。学生的学习具有连续性、目标的全面性、过程的主动构建性、互动性等特点。如果按照学习性质来对学习进行分类，可分为接受学习和发现学习，或意义学习和机械学习；如果按照学习结果分类，可分为言语信息、智慧技能、认知策略、动作技能和态度；同时，还可以把学习分为知识学习、技能学习和社会规范学习，以及外显学习和内隐学习等。

学习理论的基本信息概括如下表：

学派	主要人物	基本观点
行为主义	桑代克	学习是情境和反应的联结，遵循准备律、练习律、效果律等
	巴甫洛夫	提出经典性条件反射论，认为学习具有获得与消退、泛化与分化等规律
	斯金纳	提出操作性条件反射论，提出强化、惩罚、循序渐进法等
	班杜拉	提出观察学习等
认知派	布鲁纳	认为学习的实质是主动形成认知结构，提出结构教学观和发现学习
	奥苏伯尔	提出意义学习和接受教学
	加涅	提出学习的信息加工模型和理论
人本主义	库姆斯	提出全人教育思想
	罗杰斯	提出自由学习观，即以学生为中心的教学观
建构主义	维果茨基	提出社会文化理论和最近发展区等
		新知识观、新学生观、新学习观、新教学观

【思考与练习】

1. 结合教与学实际，举例说明什么是发现学习。

2. 人本主义学习观对我国教育改革有何启示与影响？

3. 建构主义学习理论的知识观、学习观、学生观及教学观对实际教学有何指导作用？

【拓展性阅读】

1. 施良方著：《学习论——学习心理学的理论与原理》，人民教育出版社1994年版。

2. 张春兴著：《教育心理学——三化取向的理论与实践》，浙江教育出版社1998年版，第五、六、七章。

3. 陈琦、张建伟：《建构主义学习观要义评析》，《华东师范大学学报（教育科学版）》1998年第1期。

4. 张大均主编：《教育心理学》，人民教育出版社2004年版，第四章。

第四章　教学理论

【内容提要】

教与学是教学过程的两个不同侧面，教育心理学研究要揭示教学活动中的心理规律，就不能忽视教学理论。教学理论和学习理论一样，也是教育心理学理论体系的重要组成部分。本章从教育心理学的视角出发，重点探讨教学理论、教学过程及教学条件等问题。

【学习目标】

1. 知道教学的含义，能用自己的语言描述教学理论的特点及教学理论与其他相关理论的关系。

2. 知道有效教学的概念及特征，能联系教学实际解释有效教学的模式。

3. 能够概述各种教学理论的基本思想，并运用这些理论设计具体的课堂教学。

4. 能运用教学过程及教学条件的相关理论分析某堂课。

【关键词】

教学　有效教学　教学理论　教学过程　教学条件

第一节 概　　述

一、什么是教学

（一）教学的含义

在英语中，“teaching”和“instruction”都译成“教学”，但这两个词的使用是有区别的。把教学理解为教与学的共同活动时，通常用“teaching”。如《中国大百科全书·教育》对教学的界定是指“教师的教和学生的学的共同活动”①，即教与学相结合或相统一的活动。据此，目前国内学术界倾向于从三个层面理解教学的含义。（1）教学是人对人（师生）的活动，人是活动的主体，因此，教学是一种典型的主体性活动（教师和学生都是主体，但其主体作用的发挥各有侧重）。教师是主导性主体，其对象性活动指向学生；学生是发展性主体，其对象性活动指向自身发展。（2）教学是一种互动活动，互动双方（师生）都具有主观能动性。教学中学生的主观能动性表现为主动探索，自觉发展；教师的主观能动性表现为主动指导，自觉提高。（3）教学行为是一种协调的组织行为，具有明确的计划性和目的性。因此，有效教学应具备主体性、能动性和目的性这三个基本特征。若把教学理解为教师的教，则倾向于用“instruction”。本章中的教学概念是指教的人指导学的人的活动，强调教师的主导地位及教师对学生学习的指导、训练、教诲作用。

（二）教学的实质

关于教学的实质一直是颇具争议的问题，表4-1列出了三种有代表性的观点。

表4-1　关于教学实质的主要观点

理论类别	对教学的理解	教学相对于其他活动的特征
经验传递论	教学是一种知识（人类经验）授受活动	以传递人类经验为目的

① 《中国大百科全书·教育》，中国大百科全书出版社1985年版，第150页。

续表

理论类别	对教学的理解	教学相对于其他活动的特征
特殊认识论	教学是一种特殊的认识活动	活动对象的主体性、教学活动自身的综合性
师生交往论	教学是师生以信息交流为主的人际交往活动	主体（师生）之间的交互性

迄今不仅对于教学的实质没有一个统一的观点，而且对教学所从属的活动类型也存在争论，教学活动究竟是科学还是艺术？持教学是科学观点者认为，教学活动本身应以系统的学科知识和技能为基础，因此，教师只有具备相应的科学知识和较强的能力，才能顺利完成教学活动，实现教学目标。持教学是艺术观点者认为，教学以千变万化的人为活动对象，对人施加影响必须以一定的天赋（潜在素质）为基础，需要灵感、直觉和创造性，需要形式多样、乐于被学生接受的方式方法，所以教学必须具有艺术性。显然，仅从某个侧面来看待教学实质，难免偏颇。从系统论和信息论的角度看，教学是一种信息—人际交互作用系统。与人类其他系统相比，教学系统既有一般系统的特性（整体性、结构性和层次性），又有自身的特殊性：主体性、交互性和生长性。在教学实践中不难发现，有的教师学富五车，但由于缺乏教学能力，把教学当作一般科学活动，所以教学效果欠佳；有的教师表达力强，但缺乏相应的知识，同样不能实现有效教学。因此，从本质上看，教学是一种综合性活动，既应具有科学活动的特性，又应具备艺术活动的特点。

讨论1 ***教学究竟是科学还是艺术？***

教学是科学还是艺术，一直是有争议的问题。请你就此问题对2～3位有经验的教师进行访谈，并查阅相关资料，进而发表你对教学是科学还是艺术的看法。

（三）有效教学

1. 有效教学的含义

有效教学是指教师在达成教学目标和满足学生发展需要两方面都获得成功

或表现俱佳的教学行为。① 这一概念可以从以下三个方面进行理解：（1）促进学生的学习和发展是有效教学的根本目的，也是衡量教学有效性的唯一标准；（2）激发和调动学生学习的主动性、积极性和自觉性是有效教学的出发点和关键；（3）提供和创设适宜的教学条件，促进学生形成有效的学习是有效教学的实质和核心。

2. 有效教学的特征

国内关于有效教学特征的研究主要从教师的教学方面进行考察。魏红、申继亮研究了826名高校教师的教学行为，结果表明，对教学效果有显著影响的教学特征有：通过教师的教学，学生的能力得到提高；教师的教学表达清楚；教师有自己的教学风格和特点；教师对教学工作认真负责；教师的教学重点、难点突出；教师激发学生的学习兴趣和主动性。而且认为，对教学工作认真负责是衡量教师教学工作最基本、最重要的特征。②

3. 有效教学的模式

关于有效教学的模式，主要有三种有代表性的观点，分别是时间学分析模型、心理学分析模型和教育学分析模型。这里主要介绍斯莱文（Slavin，1987）提出的QAIT模式。该模式是在时间学分析模式的基础上提出来的，以使教师或学校能够直接接受为目的。③ QAIT分别代表教学质量、教学的适当性、教学的诱因和时间四个方面的因素。

（1）Q即教学质量，指教师所呈现的知识和技能的易学程度。教学质量主要取决于课程的质量和课程呈现本身的质量。有效教学决定于课在多大程度上对学生有意义，教师在多大程度上监控学生的学习。

（2）A即教学的适当性，指教师确保学生做好学习新课的准备程度，如学生必备的知识和技能。课堂组织的最大困难在于学生的知识和技能的准备、学习进度和学习动机的水平差异很大。学生之间的差异不可避免地影响教学的有效性，这就要求教师提供的教学水平要适当。

---

① 张大均主编：《教学心理学》，西南师范大学出版社1997年版，第131页。

② 魏红、申继亮：《高校教师有效教学的特征分析》，《西南师范大学学报（人文社会科学版）》2002年第5期。

③ 陈琦、刘儒德主编：《当代教育心理学》，北京师范大学出版社1997年版，第248—250页。

(3) I即教学诱因，指教师对学生完成学习任务的激励程度。学习动机既可来自学习任务本身（如学习材料的吸引力），也可来自学生的特征（如好奇心），还可来自教师或学校所提供的奖励（如等级、证书等）。

(4) T即时间，指教师让学生学习所教材料的时间是否充足。可供学习的时间通常依赖于两个因素：一是教师预定的教学时间和教师教学实际所用的时间；二是学生集中注意力上课的时间。

QAIT模式中的每个因素都像一个链中的一个环，整个链的力量和力量最弱的环一样大，即只有当以上四个因素都合适时，有效教学才成为可能。不管教学的质量多么高，如果学生缺乏必需的知识和技能准备，缺乏学习动机或学习时间，学生也学不好新课；反之，如果教学质量很低，不管学生有多少知识和技能储备，学习动机有多强，有多少学习时间，学生同样也学不好新课。

二、什么是教学理论

（一）教学理论的界定

布鲁纳认为，作为一种教学理论必须说明以下四点：(1) 采用何种最有效的方法，把儿童的心向（mental set）引导进入学习的准备状态；(2) 在使学生最容易学到知识的原则之下，应该采用什么方法来选择并组织材料；(3) 教学时应该采用何种最有效的程序呈现教材；(4) 在教学活动中如何使用奖惩原则维持学生的学习动机。

加涅认为，教学论（即教学理论）应该努力将外部的教学事件与学习的结果联系起来，方法是指出这些事件是如何支持或促进内部学习过程的。教学论研究的目的就是要在教学事件、教学事件对学习过程的影响、学习过程所产生的学习结果之间，提出一种以理性为基础的关系。①

斯内尔贝克尔（Snelbecker，1974，p. 116）认为，教学理论是指力求合理地设计教学情境，以期达成学校教学目的所建立的一套具有处方功能的系统

① ［美］加涅著，皮连生等译：《学习的条件和教学论》，华东师范大学出版社1999年版，第245页。

理论。①

基于以上认识，教学理论具有以下两个特点。(1) 教学理论应具备应用性。教学理论不是解释学生身心发展或学习心理实质的学术性理论，而是提供教师在教学时如何安排教学情境以达成学校教育目的的应用性理论。(2) 教学理论应具备基础性。教学理论不是学科教学法理论，而是具有一定概括程度的适用于所有学科的一般教学理论。

（二）教学理论与相关理论的关系

1. 教学理论与学习理论、发展理论的关系

自20世纪60年代以来，为了解决实际教学问题，考虑到以往教育心理学理论（主要是学习理论和发展理论）未能在学校教学中取得实效，教育心理学家们开始思考建立教学理论的问题。综观现有研究，教学理论与学习理论、发展理论之间存在以下关系。

(1) 教与学是教学过程中可分的两个基本方面，因此，与之相应的教学理论和学习理论应该是相对独立的。史密斯（Smith，1960）从逻辑角度论证："教与学的宽度不同，教只是影响学的条件之一。学生不用教也能学，这就是学生自己教自己。"② 盖奇（Gage，1963，pp. 133-134）则从历史角度论证：学习理论对教育实践很少有用，也没什么影响。学习理论与教学问题并无内在的固有的联系。③ 所以，学习理论不能代替教学理论。

(2) 学习理论和发展理论是描述性的，教学理论是处方性的。前者只能解释学习和发展现象，后者则可以解决教学问题。布鲁纳认为，教学理论关心的是如何最好地教会学生想学的东西，是促进学习，而不是描述学习。

(3) 教学理论与学习理论、发展理论都是教育心理学理论的重要组成部分。学习理论和发展理论倾向于探讨学习和发展的基本问题，而教学理论倾向于解决教学实践问题。因此，加涅认为，教学理论必须建立在学习理论的基础

---

① Snelbecker，G. E. (1974). *Learning theory*，*instructional theory and psycho-edu-cational design*. New York：McGraw-Hill.

② Smith，B. O. (1960). Critical thinking. In *Recent research development and their implication for teacher education*，13th-yearbook，ACTE.

③ Gage，N. L. (1963). *Handbook of research on teaching*. Chicago：Rand McNally.

之上，而且要把焦点对准教学实践。

2. 教学理论与课程理论的关系

课程与教学是两个既彼此联系又各自独立的领域。(1) 课程理论强调每个学生及其学习的范围（知识、活动、经验），教学理论强调教师的行为（教授、对话、导学）。(2) 课程与教学相互依存、交叉，而且这种交叉不仅仅是平面的、单向的。(3) 课程与教学可以分别研究与分析，但是不可能在相互独立的情况下各自运作。(4) 课程与教学有着胎联式的关系，“课程—教学”一词也已经被人们接受并广泛采用。①

第二节　主要教学理论

一、行为主义的教学理论

20 世纪初，以华生为首发起的行为主义革命对随后的教学实践产生了重大影响。华生把人的成长看成是后天条件反射的建立过程，把人视为环境和教育的产物。美国教育心理学家桑代克所著《教育心理学》一书被认为是教育心理学学科体系确立的奠基之作。该书中提出的如何训练学习者形成联结，并努力把这种训练推广到教学过程的基本思想，可以看成是教育心理学中行为主义教学理论探讨的开端。其后，斯金纳、布卢姆、凯勒（F. S. Keller）等不断发展了行为主义的教学理论。

（一）斯金纳的程序教学理论

斯金纳在行为主义学派中第一个提出了较系统的教学理论。他认为，应该以操作性条件作用和积极强化为原则来安排教学的程序。新的教学改革必须在教材的安排上注重学生的自我强化，发挥学生的积极性；必须使学生学习的每一步都受到强化，使之形成复杂的行为模式并保持一定的行为强度。1945 年，斯金纳在《学习的科学和教学的艺术》一文中提出了自动化自我教学思想，即

① 施良方、崔允漷主编：《教学理论：课堂教学的原理、策略与研究》，华东师范大学出版社 1999 年版，第 22—24 页。

程序教学思想，目的在于通过使用机器装置来提高算术、阅读、拼写和其他学科的教学效率。程序教学理论体现在以下方面。

1. 教学机器及程序教学模式

教学机器是一种台式机械装置，放进机器的教学程序是印在纸带上的按一门学科内容分成一系列有逻辑联系的知识项目，编制成一套渐次加深的问题框面。学生正确地回答了前一框面的问题，就前进到一个新的框面，学完一个程序后，可再学另一个程序。

2. 程序教学的基本原则

1958年斯金纳在《教学机器》一文中，提出了程序教学的基本原则。(1) 小步子呈现原则。框面以由易到难的小步子呈现，两个步子之间难度差很小。(2) 积极反应原则。要求学习者对每个学习问题都做出主动的反应。(3) 及时反馈原则。在学生做出反应后，及时确认或及时强化，以提高学生的信心。(4) 自定步调原则。让学生按自己的速度和潜力完成整个教学程序，强调个体化的学习方式。(5) 低错误率原则。教学中尽量避免可能出现的错误反应，提高学习效率。

（二）新行为主义教学理论

在华生、桑代克、斯金纳之后，行为主义教学理论出现了新的变化，产生了新行为主义教学理论。

1. 掌握学习（mastery learning）教学模式

掌握学习是由布卢姆提出的一种确保所有学生都能达到一定学习水平的教学模式。其指导思想是：在适当的学习条件下，几乎所有人都能学会学校所教的知识。该教学模式包括两部分：掌握学习的准备和掌握学习的操作（包括掌握学习的实施和评定掌握等级）。

(1) 掌握学习的准备。包括以下步骤：①把整个课程计划分成一系列较小的学习单元，确定每一单元的教学目标，并安排好单元的序列，使单元间紧密衔接，循序渐进。②编制与单元目标相对应的形成性测验，以帮助学生找出学习中的错误和误解；规定掌握标准，以确定学生在该单元学习上达到的程度。③制订三种掌握计划，即初始教学计划、“反馈—矫正”计划和教学时间计划。

(2) 掌握学习的实施。掌握学习指导的基本原则是为掌握而教。教师采用集体教学形式，根据单元教学目标教授每个单元。掌握学习的关键是一单元教完后，不应马上教授下一单元，而是进入反馈—矫正环节。这一环节包括：对全班实施形成性测验；分析测验结果，了解学生掌握与否；找出学习困难所在；判断困难的原因。根据学生困难所在，教师提供各种供学生自己选择的学习材料和矫正措施。

（3）评定掌握等级。在教材全部学完后，教师对全班进行总结性测验，对每个学生的学习成绩做出成绩评定。所有达到或超过预定掌握水平标准的学生都能得到A等。

传统教学的弊端是不管学生能力高低，在学习进度上搞一刀切，结果使学生知识掌握程度的差距日益拉大。掌握学习理论的主要贡献在于设计了一种掌握学习的程序，并对其效果及在学校学习中的可行性进行了系统的研究。该理论在教学实践中收到了显著效果，在国内外产生了较大影响，被誉为“乐观的教学理论”；自20世纪80年代中期传入我国以来，被改造为中国特色的“目标教学”，对我国中小学学科教学产生了较大影响。但是，该理论的主要缺陷在于使所有学生掌握教学内容需要花大量时间，仅仅比较适合内容要求严格或者“最为基础”的知识的教学。①

2. 个别化教学体系

凯勒创立的个别化教学体系（PSI）又称凯勒计划，目的是避免单一的演讲式教学和呆板的时间安排，允许学生的学习在保证对教材真正掌握的前提下按照适合自己的速度前进。PSI能给学生以更多的个人选择机会，被称为适应个人的教学系统。其教学程序包括以下步骤：

（1）每门课程通常划分为大约二十个学习单元，每个单元包括导言、一张列出所有要达到的目标的表格、一份建议程序（包括阅读注释或参考教材中的特定部分）。

（2）自定进度。在限定时间内，学生可按自己意愿控制单元学习的进度。

（3）掌握。每个学生在学完某个单元之后，必须接受有关各要点的提问，

① Slavin, R. E. (1986). *Educational psychology: Theory into practice*. Englewood Cliffs, NJ: Prentice Hall.

只有对这些知识点达到高度掌握（正确率 90%或以上）之时，才能进入下一单元学习。教师或监督者只记录每个学生通过的单元测验，等级由每个学生在一学期或一季度内学完的单元数确定。对于成功完成各单元学习的学生，给予听报告、看电影和参加演示的优先权，以资鼓励。

（4）学生相互辅导。PSI 为增强学生之间的沟通，指定已通过该门课程的学生担任新的辅导员。学生辅导员主要负责给学生个别辅导、帮助解决疑难问题、测验评分和向教师提供反馈信息等。

（5）指导。在各个单元学习指导中提出了学习目标和学习建议，指出了可利用的资源及有关实验。

（6）自由式讲课。学生自愿参加教师的课，授课目的是启发指导和补充提高。

PSI 能激发学生的学习动机，调动积极性，使其有共同参与感，有效地促进了教学个别化，增强了学生之间的相互影响。PSI 一般适用于年级较高、独立性较强的学生。

3. 以计算机运用为基础的教学

计算机辅助教学（computer-assisted instruction，简称 CAI）是将程序教学的基本思想和方法同计算机系统结合起来的一种个别化教学形式。学生通过与计算机系统相连的终端设备，与计算机系统一系列的教学程序相互作用，从这些教学程序中获得知识和技能。[①] 教师在教学活动中一般不直接参与，其作用主要体现在程序教材的编制上，为学生提供具有自我验证功能且相对真实的学习环境。无须教师作为中介，学生通过直接操纵计算机来获取信息。计算机辅助教学适合学生自行学习课外内容和巩固原有的内容，学习地点和时间不受限制，这就要求学生必须具有较高的独立性和主动性。

多媒体教学是传统计算机辅助教学的进一步发展。多媒体教学指将多媒体计算机用于教学活动中，通过计算机对文字、声音、图形、图像、动画和活动视频等多种教学媒体信息综合处理和控制，并使各种信息建立起联系，从而在

① 邵瑞珍主编：《教育心理学》，上海教育出版社 1997 年版，第 416 页。

光盘上储存，使之能够在不同界面上进行流通的综合性教学系统。①

二、认知观的教学理论

（一）加涅的指导学习教学理论

加涅将联结主义和认知观点相结合，运用现代信息论的观点和方法，通过大量实验研究，建立了指导学习教学理论。加涅的教育心理学理论是教育心理学历史上的重大转折，代表着教育心理学研究的新起点，即重视教学心理时代的开始。

1. 教学理论体系

加涅认为，教学论的基本任务是阐明教学目标、教学过程、教学方法和教学结果的测量与评价。②

首先，加涅将教学目标归纳为智慧技能、认知策略、言语信息、动作技能和态度这五种学习结果。加涅认为，这五种学习结果是跨学科的，并要求学校的每门学科都要按照这五种学习结果制订具体的教学目标。

其次，加涅认为教学是一组经过设计的支持内在学习的外在事件。他根据学习与记忆的信息加工模型，把完整的教学过程划分为九个阶段：引起注意、告知目标、提示回忆原有知识、呈现教材、提供学习指导、引出作业、提供反馈、评估作业和促进保持与迁移。加涅认为，教只是为了帮助学生的学习。正因为学有许多阶段，教才有这些阶段。

再次，加涅在其学习论部分详细研究了每类学习的过程和有效教学的条件，所以在他的教学论体系中，教师可以很有把握地根据教学目标中所确定的学习结果的类型以及某类学习当时所处的学习阶段，选择最适当的教学方法。

最后，加涅认为，如果教学目标设置合理而且陈述得明确、具体、可观察和可测量，那么教学结果的测量和评价问题就自然解决了。

2. 教学设计原理与技术

加涅等（Gagné & Briggs，1979，pp. 319-322）认为，教师是教学的设计

---

① 莫雷主编：《教育心理学》，广东高等教育出版社 2002 年版，第 481 页。

② ［美］加涅著，皮连生等译：《学习的条件和教学论》，华东师范大学出版社 1999 年版，第 13—15 页。

者和管理者，也是学生学习的评定者。教学是教师根据学生的内部学习条件及不同的学习结果类型，创设与之相应的学习的外部条件，促进有效学习，以实现预期的教学目标的过程。教学设计的主要成分是：（1）设计可观察和可测量的操作目标；（2）为选出的目标确定适当的教学事件。①

（二）布鲁纳的结构教学理论

在20世纪50年代世界性的教学改革和教学理论研究热潮中，布鲁纳所倡导的结构教学理论是其中具有代表性的教学理论之一。该理论的主要内容如下。

1. 强调发展学生的智慧

受皮亚杰的影响，布鲁纳对学生既重视知识的传授，更强调智慧的发展。他甚至把美国学生的智慧发展和美国的命运联系起来。

2. 注重学习各门学科的基本结构

结构论是布鲁纳教学理论的出发点。知识的结构特征，指教学理论必须规定大批知识组织的方式，以便学习者能够很轻易地掌握这些知识。学科基本结构就是每门学科中广泛起作用的概念、原则和法则的体系。注重基本结构、原理、概念的教学有以下作用：（1）可以使学科更容易理解。基本原理弄懂了，特殊问题就能迎刃而解。（2）使科学知识更易于记忆。只有有结构、有系统地储存知识，才有助于提取知识。（3）可以促进迁移。领会基本的原理和观念，有助于迁移。（4）可以缩小高级知识和初级知识之间的间隙。由于充分理解了某知识领域的结构，高深的概念可以适当地教给年龄较小的学生，以缩小高级知识和初级知识之间的间隙。

3. 倡导发现教学法

布鲁纳认为认识是一个过程而非结果，教学的主要目的不是记忆知识，而是让学生参与建立该学科的知识体系的过程。该教学法主要有两个步骤：（1）学生依据所获得的感性材料，借助推理和直觉引起的思维的飞跃，提出试探性的假设；（2）学生用更多的感性材料对试探性的假设做检验。

---

① Gagné, R. M., & Briggs, L. J. (1979), *Principles of instructional design*. New York: Holt Rinehart and Winston.

4. 教学原则

教学活动中应该注意以下四条原则：(1) 动机原则。布鲁纳认为学习和问题解决取决于学习者做出选择的探索活动。教学必须对学习者的这种探索活动起促进和调节作用。(2) 结构原则。布鲁纳认为任何观念、问题或知识都可以用很简单的结构化形式表达出来，以便理解。(3) 序列原则。在组织教材和进行教学时，要根据学生的发展水平、动机状态和知识背景来确定所学材料的最佳顺序。不存在对所有学习者都适用的序列。(4) 反馈原则。布鲁纳承认外在强化对学习行为可能具有的激发和维持作用，但对学生长远的学习过程并无裨益。教学应该强调学习者的内在动机和奖励。

(三) 奥苏伯尔的同化教学理论

奥苏伯尔反对把动物的学习规律、人类在机械条件下的学习规律不加分析地推论到学校课堂中去。在有意义接受学习理论的基础上，奥苏伯尔提出了同化教学理论：主张遵循从一般到个别，再呈现具体材料以重组学生认知结构要素的教学顺序；提倡先行组织者 (advance organizer) 教学策略。

1. 教材呈现原则

奥苏伯尔认为，适当的认知结构的形成与教材的内容及其组织形式有关，并依赖于：①为了组织与整合的目的，运用一门学科中最具广泛的解释价值、最大包摄性和概括性、最能与该学科的教材内容关联的实质性概念和原理；②为了新的学习与解决问题的目的，运用最能提高认知结构清晰性、稳定性和整合性的呈现与安排教材顺序的方法。因此，教材呈现应遵循逐渐分化和综合贯通两个原则。

(1) 逐渐分化原则。奥苏伯尔认为，个人对某一特殊学科的教材内容的组织是由其头脑中的一个层级结构构成的。在这个层级结构中，最概括的概念占据结构的顶端位置，这些概念称作上位概念；它们下面是较低概括水平的概念、比较高度分化的从属概念和具体材料，即下位概念。他假定，新知识的获得和它在认知结构中的组织自然地符合不断分化原则。按此原则来组织和系统地安排教材，就可能出现最理想的学习和保持效果。

(2) 综合贯通原则。综合贯通指在上位学习和并列结合学习中，学生对认知结构中的已有观念进行重新组织和彼此关联的过程。奥苏伯尔认为应该利用认知结构中已有的知识对新知识加以类推、分析、比较和综合，从而明确新旧知识的区别和联系，消除可能引起的混乱。如果教材或教师的教学不能使学生对自己的认知结构进行综合贯通，往往会使学生把新旧知识分割开来，使新概念和命题成为孤立的实体，而导致机械学习。

2. 先行组织者策略

为实现教学的逐渐分化和综合贯通，奥苏伯尔提出了先行组织者策略。所谓先行组织者，是在呈现教学内容之前介绍给学生的一种引导性材料。先行组织者应该比学习任务本身具有更高一层的抽象性和包摄性，同时能为学生所掌握，且以其熟悉的语言来陈述。先行组织者的主要功能是在学生能够有意义地接受学习新内容之前，在新旧知识之间架设起桥梁，使新旧知识清晰地联系起来，为新知识提供认知框架或固着点。

三、人本主义的教学理论

（一）人本主义教学理论的主要观点

人本主义教学理论主张激发和满足学生的自我实现和自我拥有，认为教育要符合学生人性发展的实际需求。其主要观点体现在以下几个方面。

1. 教师对学生的知觉是有效教学的前提

人本主义认为，知觉是决定个人行为取向的基础。这里的知觉指个体对知觉对象产生的感受，属于情感范畴。知觉是构成信念的基础，不同的知觉产生不同的信念。因此，理解人的行为必须理解行为者知觉的世界，从他的观点去看事物，必须考虑该事物对你和对他可能产生不同的意义；改变一个人的行为，不能仅从行为表现上来矫正，而必须设法改变其知觉或信念。例如，学校不允许学生破坏学校公物，但有的学生仍会这样做。这可能是学生无法以好成绩来赢得教师的青睐，便以这种行为来获得朋友的“赞赏”。

2. 全人教育理念

全人教育指以促进学生认知素质、情意素质全面发展和自我实现为教学目标的教育。罗杰斯认为，现实的教育是一种知、情严重分离的教育，而情感和认知是人类精神世界中不可分割的部分，是彼此融合的。因此，人本主义主张，教育的目的不仅是教学生知识或谋生技能，更重要的是针对学生的情意需求，使其在认知、情感、意志等方面均衡发展，培养健全人格。罗杰斯的教育理想是培养“躯体、心智、情感、心力融会一体”的人，也就是既用情感的方式也用认知的方式行事的情知合一的“完人”或“功能完善者”。

3. 学生中心的教学观

罗杰斯是人本主义心理治疗的鼻祖，在心理治疗中他提出了当事人中心疗法。他认为，作为一名优秀的治疗者有三个基本条件：（1）真诚一致；（2）无条件积极关注；（3）同理心。他将这一理念运用于教学中，提出了以学生为中心的教育主张：将学生视为教育的中心，学校为学生而设，教师为学生而教。他对以往以教师为中心的传统教育模式进行了严厉的批评。他认为每个学生都具有健康成长的潜在条件，都具有向上的潜能，关键是要给他们设置一个良好的学习环境，使其潜能充分发展。

4. 建立良好的师生关系是有效教学的基础

罗杰斯十分重视教学过程中的师生关系，认为促进学习的关键不在于教师的教学技能、课程设计、教学设备资源等，而在于师生关系。因此，教学的重点就是建立良好的师生关系。为了建立良好的师生关系，教师必须具备：（1）充分信任学生能够发挥自己的潜能；（2）表里如一，以真诚的态度对待学生；（3）尊重学生的个人经验，重视他们的感情和意见；（4）深入理解学生的内心世界，设身处地为学生着想。

人本主义教学理论对当代教育产生了广泛的影响，主要表现在：（1）从关注人与环境的关系到关注人与人的关系；（2）从重知识到重人格；（3）从重视外显行为到重视内在世界，强调感受、信念、价值、抱负等内在因素的决定性意义；（4）从单纯看重知识经验到同时重视经验对个人的意义；（5）重视自我概念，强调自我，认为自我概念是决定人的行为的关键变量，是决定个人智慧、适应、成功以及自我实现的重要因素。[①] 在现实的教育实践中，人本主义教学理论推动了教育中的人文精神和对学生全人发展的关注，突出了情感、动机在教学活动中的地位和作用，形成了一种以学生的自我完善为核心，以情感为教学活动的基本动力，以良好师生关系为基础，把教学活动的

① 吴庆麟主编：《教育心理学——献给教师的书》，华东师范大学出版社2003年版，第214页。

重心从教师引向学生，把学生的思想、情感、体验和行为看成是教学主体的教学新模式。

（二）罗杰斯的非指导性教学理论

罗杰斯是人本主义心理学的代表人物，他把在心理治疗中的非指导性治疗技术移植到教学过程中，提出了以学生自发学习为特征的非指导性教学。非指导即放弃传统教育忽视个体要求、替代学生思考的指导。他认为，真正有价值的教是激发学生自我发现、自我拥有，而不是教师的教导。

非指导性教学是基于人本主义的人生来就有学习的潜能的理念的，其教学目标是促进学生的学习和自我实现。非指导性教学是一种无结构的教学。教学目的、内容、进程和方法等由学生自己讨论决定，学生有绝对的选择自由，可以无拘无束地提问和发表意见。课程进行既无终结，也无考察。其操作程序大致是：（1）创设情境；（2）个人或小组选择其学习目标。教师首先引导学生寻求共同关注的问题，经集体讨论确定为集体目标。教师要提供一些可利用的资源，并参与小组目标的发展。

实现非指导性教学的条件有两个：（1）教师以真诚的态度对待学生，把学生的感情和问题放在教学过程的中心地位，为学习创设心理自由和心理安全的教学环境。心理自由的环境指学生敢想、敢说、敢做、不屈服于权威的气氛。心理安全的环境指没有威胁、批评，而且不同意见、想法都能受到重视、尊重与鼓励的环境。（2）教师要帮助学生澄清自己想要什么，帮助学生安排适宜的学习活动与材料，帮助学生发现学习的个人意义，维持有利于学习过程的心理气氛。

四、建构主义的教学理论

（一）建构主义教学理论的主要观点

20 世纪 80 年代末 90 年代初，由于受认知科学、生态学、人类学及社会学等共同影响，教学研究的取向逐渐从认知建构转向了情境性认知，强调有效教学应该统筹考虑学习者、教育者、教学内容和环境等各要素，将学生的学习与发展置于开放性的、与外界不断互动的生态化的系统中来考虑，出现了为情境性认知而教的生态化教学取向。建构主义教学理论即是其中的典型代表，其教学的原则与措施具体表现在以下几个方面。①

1. 创设有助于学生探究、互动和社会化的实践环境

生态化取向的教学力图为学生提供这样一种情境，使学生参与社会实践、进行探究学习，并支持其确立作为一名有价值的社会成员的积极身份。学生主动参与讨论、猜测、探究、解释、评价等活动，形成自己对问题的观点与解决方法，建立社会化的交往方式，而不只是关注答案是否正确。因此，要掌握的内容是嵌在活动情境中的，也只有在活动情境中，学生才真正掌握了内容。

2. 提供包含活动参与方式和现实问题的开放式课程

情境性认知教学观认为，概念和原理等内容的学习不可能脱离具体的活动方式进行，课程内容除了体现学科的基本知识结构外，还应体现学生参与活动的类型与方式。这就需要组织、安排相应的活动，使学生在合作、探究等活动中建构恰当的话语表述系统和学科知识结构。而这样的生态化取向的课程结构是开放式的，表现在两方面：一是现实生活中的复杂问题是课程的主要内容；二是课程内容的呈现方式、学生的学习活动都是在真实的或接近真实的（如借助录像机、计算机等设备）问题情境中进行的。课程内容与活动情境有机融合，既激发了学生的学习兴趣，又提高了学生参与实践的能力。

3. 对学生的探究和参与实践的能力进行多元评价

生态化取向的教学就评价方式而言，强调结合真实的问题解决过程进行评价。就评价内容而言，强调对学生的探究能力以及参与实践活动的能力进行评价，既要评价团队中每个成员的表现，也要评价整个团队的表现。此外，这种教学理论非常强调学生参与评价，认为学生不只是一个被评定者，而是评价的主体之一，应该参与到对自己、对他人、对团体有意义的评定过程中来，进而培养其准确的判断力和责任感，加强对团队做出贡献的自觉意识。

（二）支架式教学

支架式教学的教学模式是：教师引导着教学的进行，使学生掌握、建构和内化所学知识和技能，从而使他们进行更高水平的认知活动；通过支架（教师的帮助）把管理学习的任务逐渐由教师转移给学生自己，最后撤去支架。教师

① 张大均、郭成主编：《教学心理学纲要》，人民教育出版社2006年版，第72—78页。

作为文化的代表引导教学，使学生掌握和内化那些能使其从事更高级认知活动的技能，这种掌握和内化与其年龄和认知水平相一致。但是，学生一旦获得这些技能，便可更多地对学习进行自我调节。支架式教学在实施上可以是先由教师将学生引入一定的问题情境，并提供可能获得的工具。然后，由教师为学生确立目标，用以引发情境的各种可能性，让学生进行探索尝试。这种目标可能是开放的，但教师会对探索的方向有很大影响，可启发引导、演示、提供问题解决的原型、给学生反馈等，并要逐渐增加学生自己对问题探索的成分。最后，教师要逐步让位于学生的独立探索，由学生自己决定探索的方向和问题，选择自己的方法。支架式教学强调学习者是主动的，要对自己的学习活动进行计划、监视、评价和调节。监控学习的任务不应完全由教师完成，学生要对学习过程进行自我监控。

（三）斯皮罗的随机通达教学

斯皮罗（R. J. Spiro）反对传统教学机械地对知识做预先限定，让学生被动地接受。他主张，教学一方面要为学生提供建构理解所需的基础，同时又要留给学生广阔的建构空间，让其针对具体情境采用适当的策略。[①] 他提出的随机通达教学理论认为，对同一内容的学习要在不同时间多次进行，每次的情境都是经过改组的，而且目的不同，分别着眼于问题的不同侧面。这种反复绝非为巩固知识和技能而进行的简单重复，因为各次学习的情境会有互不重合的方面，能使学习者对知识获得新的理解。这种教学避免抽象地谈概念一般如何运用，而是把概念具体到一定的实例中，并与具体情境联系起来。每个概念的教学都要涵盖充分的实例（变式），分别用于说明不同方面的含义，而且各实例都可能同时涉及其他概念。因此，学习者可以形成对概念的多角度理解，并与具体情境联系起来，形成背景性经验。这种教学有利于学习者针对具体情境建构用于指引问题解决的模式。

（四）情境教学

建构主义批评传统教学使学习失去情境化的做法，提倡情境教学。该理论

① Spiro, R. J., et al. (1995). Cognitive flexibility, constructivism, and hypertext: Random access instruction for advanced knowledge acquisition in ill-structured domains. In L. P. Steffe & J. Gale (Eds.), *Constructivism in education*. NJ: Lawrence Erlbaum Associates.

主张，学习应着眼于解决生活中的实际问题，在具体情境中进行，学习效果应在情境中评估等。[1] 情境教学理论认为，知识是情境化的，并且在一定程度上是活动、背景和文化的产物。因此，该理论倡导以下几点。(1) 应使学习在与现实情境相类似的情境中发生，以解决学生在现实生活中遇到的问题为目标。学习的内容要选择真实性任务，不能对其做过于简单化的处理。由于具体问题往往同时与多个概念、理论相关，所以应弱化学科界限，强调学科间的交叉。(2) 教学的过程应与现实的问题解决过程相类似，所需要的工具往往隐含于情境当中，教师并不是将提前已准备好的内容教给学生，而是在课堂上展示出与现实中专家解决问题相类似的探索过程，提供解决问题的原型，并指导学生的探索。(3) 不需要独立于教学过程的测验，采用融合式测验，在学习中对具体问题的解决过程本身就反映了学习的效果，或者进行与学习过程一致的情境化评估。例如，美国范德比尔特大学提出的锚式情境教学就是一种有影响的情境教学理论。

表 4-2　几种教学理论的总结

教学理论	代表人物	主要教学思想	主要教学形式
行为主义的教学理论	华生 桑代克 斯金纳	教学过程只涉及教学操纵和结果操作两个因素，结果操作由教师直接决定，学习结果由强化的历程所控制	1. 程序教学 2. 掌握学习 3. 个别化教学系统 4. 计算机辅助教学 （2、3、4 属于新行为主义的教学形式）
认知观的教学理论	加涅 布鲁纳 奥苏伯尔	教学目标在于帮助学习者把外界客观事物（知识及其结构）内化为其内部认知结构	1. 指导教学 2. 结构教学 3. 同化教学
人本主义的教学理论	罗杰斯	教学针对学生的情意需求，使其在认知、情感、意志等方面均衡发展，培养健全人格	非指导性教学

① 张建伟、陈琦：《从认知主义到建构主义》，《北京师范大学学报（社会科学版）》1996 年第 4 期。

续表

教学理论	代表人物	主要教学思想	主要教学形式
建构主义的教学理论	维特罗克斯皮罗	有效学习是个体基于自己的经验背景建构起来的，因此教学应通过设置问题解决活动来激发学生思维，形成对知识结构的深刻理解，提高问题解决能力	1. 支架式教学 2. 随机通达教学 3. 情境教学

第三节　教学过程

教学过程是教学理论研究的重要问题，主要是对教学过程的基本要素及其内在联系、教学过程的基本环节、教学过程中的规律等问题进行探讨。①

一、教学过程分析

教学过程作为一种以信息交流为中介的主体交互作用过程，除了前面揭示的本质特征外，从其运行过程的宏观和微观模式中也表现出自身的特殊性。

（一）教与学宏观模式中的多变量

图4-1表明，教学过程的宏观模式以教学的四变量（教学内容、学生特点、教师特点和教学条件）为起点，通过教学三过程（教授、学习、评价反

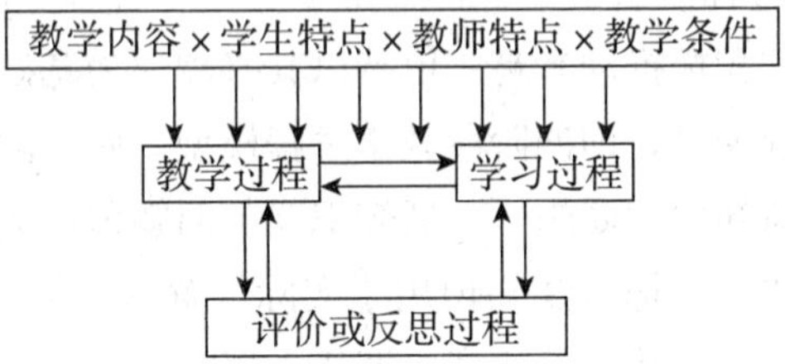

图4-1　教与学过程的宏观模式

① 张大均、郭成主编：《教学心理学纲要》，人民教育出版社2006年版，第78—81页。

思）的运作构成。教学过程的运行状态和水平，不仅取决于四变量的协调，而且受三过程运作的制约。

（二）教与学微观模式中的多环节

图 4-2 表明，微观上将教与学分为教学准备、教学实施和教学评价三个阶段。其中教学准备的主要任务是教学设计（确定教学目标、分析学习过程的特点、选择教学方法）；教学实施是执行教学设计；教学评价是反思评价教与学过程的成效，进行成败得失反省。

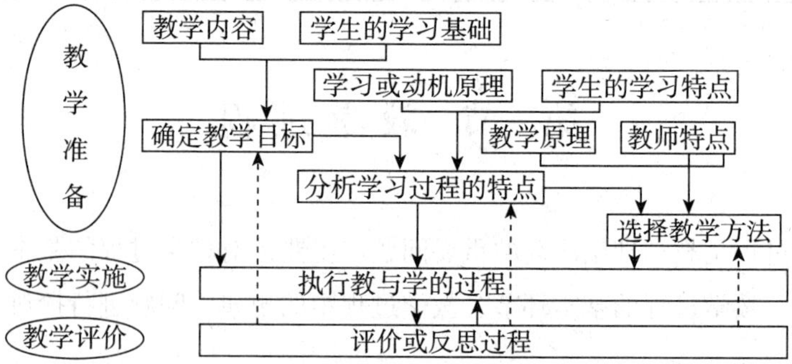

图 4-2　教与学过程的微观模式

二、教学过程阶段理论

教学过程阶段理论是构成教学理论的一个核心问题。[①] 教学过程阶段表征着教学理论的突出特征。

（一）传统教学过程阶段模型

1. 四阶段教学过程模型

教学心理学化的积极推动者赫尔巴特以其兴趣说为基础，提出了教育史上最早的一般教学过程模型，即四阶段教学过程模型。四阶段分别是：明了——给学生明确地讲授新知识；联想——新知识要与旧知识形成联系；系统——形成概括和结论；方法——把所学知识用于实际（解答习题、书面作业等）。同这四个阶段相对应的心理状态是注意、期待、探究和行动。他认为上述四个阶

① 钟启泉编译：《现代教学论发展》，教育科学出版社 1988 年版，序言。

段决定着各种课堂教学的顺序。① 其学生将该模型改进为“赫尔巴特五阶段教学模型”（预备—提示—比较—概括—应用）而成为欧美教学实践中的一套固定格式。赫尔巴特的教学过程四阶段作为传统的教学阶段模型，曾对教学实践产生过巨大影响。

2. 五步骤教学过程模型

在我国，课堂教学的一般过程也称课堂教学结构。课堂教学结构模型是在吸收苏联凯洛夫（И. А. Кайров）的教学论思想和概括我国教学实践经验的基础上形成的。它包括五个基本步骤：(1) 组织教学，目的在于促使学生对上课做好心理上和学习用具方面的准备，集中注意，积极自觉地进入学习情境；(2) 检查复习，目的在于复习已学知识，检查学习质量，弥补知识上的缺陷，为接受新知识做好准备；(3) 讲授新课，目的在于使学生在已有知识的基础上掌握新知识；(4) 巩固知识，目的在于检查学生对新知识的掌握情况，并及时解决存在的问题，使他们基本巩固和消化所学新内容；(5) 布置作业，目的在于培养学生应用知识分析问题、解决问题的能力和自学能力。该教学结构模型对我国教学理论和实践都有很大影响，迄今在中小学教学中仍广泛使用。

（二）现代教学过程模型

赫尔巴特的四阶段教学过程模型建立在哲学基础上，我国流行的五步骤教学结构模型主要基于行为主义和教学经验的总结，都缺乏科学理论和实证的支持。近代认知科学尤其是信息加工心理学的研究进展，为提出符合现代认知学习理论的课堂教学过程模型奠定了科学基础。根据学习的信息加工模型、广义知识学习阶段和分类模型，邵瑞珍、皮连生等人提出了六步三阶段教学模型②。

图 4-3 中步骤 1 至步骤 4 为学与教的第一阶段。这一阶段学与教的目的是解决新知识的理解问题。所谓理解，是新知识（即新信息）进入学习者原有知识结构的适当部位。新知识的理解过程就是学习者认知结构中已有的适当图式同化新知识，使原有图式不断重新建构的过程。这一阶段的学与教必须符合信

① 《中国大百科全书·教育》，中国大百科全书出版社 1985 年版，第 122—123 页。
② 皮连生主编：《学与教的心理学》，华东师范大学出版社 1997 年版，第 220—222 页。

息加工的基本条件，即学生学习过程的步骤 1 至步骤 4。图中步骤 5 代表知识的巩固或转化。步骤 6 代表知识的应用。

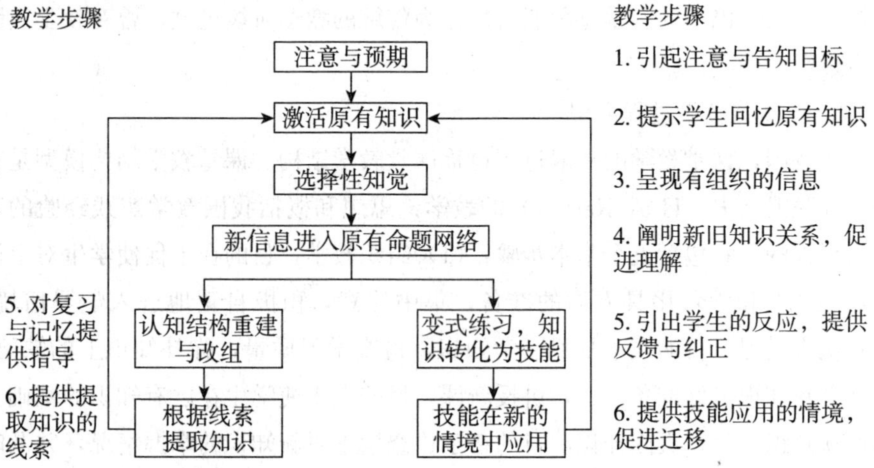

图 4-3　广义知识教学过程模型

完整的教学过程必须符合六步三阶段，缺少任何一步，或者学习不能发生，或者学习虽然发生，但不能持久保持。

新的教学模型与传统教学模型的明显区别有两点。(1) 传统教学模型着眼于教师的行为，新的教学模型着眼于师生双边活动。所以严格地说，新的模型应该称为学与教的一般过程模型。该模型认为，学习有自身的独立过程。教本身无独立过程，它是学习的外部条件，为学服务。离开了学，就没有教。(2) 传统教学模型没有知识分类学习的思想，新的教学模型反映了知识分类学习的思想。自第五步开始，学与教分为两支，左边的一支代表陈述性知识的学与教，右边的一支代表程序性知识的学与教。

三、对教学过程的规律性认识

教学过程是一个十分复杂的系统，其规律还未被完全揭示，但现有研究结果已在一定程度上为我们认识、把握教学过程提供了一些规律性认识。

（一）教学是促进间接经验与直接经验相互转化和联系的桥梁

学生的认识来源于间接经验与直接经验。间接经验指人类在长期的认识过程中积累起来的知识，大多表现为书本知识；直接经验指学生通过亲身实践而获得的知识。在教学过程中，直接经验和间接经验是相互转化的。

（1）学生以掌握间接经验为主。在教学过程中，学生在教师的指导下，通过学习简约化、系统化的教材，可以用最高的效率系统地掌握人类长期积累起来的基本知识和基本技能。掌握间接经验是学生认识客观世界的一条捷径。

（2）学生学习间接经验必须以一定的直接经验为基础。任何知识最初都是来自直接经验，直接经验是掌握间接经验的桥梁。现代认知心理学认为，学生已有的知识经验尤其是有深刻体验和信念的直接经验，对学生学习新的知识经验有重要作用。教师必须在充分了解学生已有知识经验的基础上组织教学。

（3）防止忽视知识传授的系统性或轻视直接经验的积累的倾向。在教学过程中，应防止两种偏向：一是只重视书本知识的传授，不注重引导学生通过实践活动获取感性知识，积累直接经验；二是过于重视学生的直接经验，从做中学，忽视书本知识的学习，使学生不能掌握系统的文化科学知识。这两种偏向都违背了教学规律，割裂了直接经验与间接经验的相互转化和必然联系。

（二）教学以掌握知识与发展智能相统一为基本目标

实质教育学派认为，教学的主要任务在于传授对实际生活有用的知识，发展智能则无足轻重。形式教育学派则认为，教学的主要任务在于训练学生的思维形式，传授知识只是一种训练思维的手段。这两种主张都是片面的，都割裂了传授知识与发展智能的辩证关系。教学应把掌握知识与发展智能协调统一起来。

（1）智能的发展依赖于知识的掌握情况。知识是智能发展的先决条件。没有一定的知识为基础，智能就不可能获得很好的发展。知识作为人类在长期的社会生活实践过程中总结和积累起来的认识成果，是人类智慧的结晶。学生在掌握知识、运用知识解决问题的过程中，通过汲取知识中蕴含的人类智慧，发展了自身的智能。

（2）知识的掌握又依赖于智能的发展水平。个体的智能水平是掌握知识的必要条件，直接影响着个体掌握知识的深度和广度以及学习效率。

（3）知识与智能的辩证关系。一个人知识的多少并不能标志其智能发展水平的高低，因为从知识的掌握到促进智能的发展是一个复杂的过程。智能不仅与掌握知识的多少有关，而且与掌握知识的质量、方法及运用知识解决问题的能力有关。教学中不能只抓知识教学或只重视智能发展。

（三）有效教学以调动智力因素与非智力因素协同作用为前提

现代教育心理学研究表明，调动学生智力因素与非智力因素协同作用是保障教学有效性的前提。

(1) 非智力因素与智力因素的一致性。非智力因素与智力因素往往是在统一、交织的活动过程中发展起来的。智力因素是非智力因素发展的基础，学生的非智力因素是在掌握知识的过程中发展起来的，离不开智力活动。非智力因素积极作用于智力因素。实践证明，学生的非智力因素作为一种动力因素，对智力活动产生重要影响，是个体获取知识、发展智力的动力源泉。

(2) 按照教学目标需要调节非智力因素的活动。在教学过程中，教师要善于根据教学的即时需要，调节学生的非智力因素的活动，以促进智力活动。一方面，根据学生的年龄特征，增进教学的趣味性、启发性，培养学生的求知欲、学习兴趣，促进非智力因素的发展；另一方面，要提高学生自我教育的能力，使他们能够自觉地按照教学要求调节其非智力因素的活动，使智力因素与非智力因素协调活动。

翟艾平在关于智力因素与非智力因素对初中学生学习成绩的影响研究中，对 234 名初中生进行了智力与非智力测验。研究结果发现：学习成绩与智力水平、非智力水平相关均显著，且与非智力因素之好胜心相关异常显著，与抱负相关显著。这表明智力因素与非智力因素两者对教学都起着重要作用，教师应促进二者的协调发展。①

（四）教学过程中主体交互作用水平是影响教学效益的关键

教学是由教师的教和学生的学组成的双边活动，与人类其他活动相比，其独特之处在于主体间的交互作用。

在教学过程中，只有注意并充分发挥教师主体和学生主体的交互作用，才能取得最佳教学效果。在教学过程中，既要防止片面强调和夸大教师的主体作用，忽视学生的主体性，使教学死板、被动，又要防止片面强调学生的主体

① 翟艾平：《智力与非智力因素对初中生学业成绩的影响研究》，《教育理论与实践》2006 年第 24 期。

性，忽视教师的主体作用，使学习陷入盲目状态，缺乏必要的引导。

第四节　教学条件

一、教学环境

教学活动的展开有赖于一定的教学环境。教学环境是指在教学活动中，影响教师的教和学生的学的一切内外环境。从主体构成看，包括教师教的环境和学生学的环境；从内容构成看，包括物理环境和心理环境。分析和研究各种适宜的教学条件，必须充分重视教学环境中各种因素对教学的影响。

（一）教学的物理环境

1. 教学的物理环境及其作用

教学的物理环境是指教学赖以进行的一切物质条件所构成的整体，是教学活动的物质基础。校园校舍，教学设施，教学场所的色彩、光线、温度等均属教学的物理环境。教学的物理环境是一种人为的环境，它的创设要以教学目标和学生心理发展的需要为基本依据。

教学的物理环境对教学活动有着重要影响。首先，教学的物理环境影响学生的认知活动。研究表明，智力活动的效率有赖于适当的物理环境。沃尔特（W. G. Walter）的研究发现，教室内过强或闪烁频率过度的光线会对学生大脑的发育造成极大的危害，如头痛、恶心，产生幻觉，严重的甚至能使3%～4%的正常儿童呈现癫痫状病症。教学环境的温度也会影响学习活动。① 吉利兰德（J. W. Gilliland）的实验证明，最适宜学生智力活动的教室温度是20～25 ℃。环境温度每超过这个适宜温度 1 ℃，学生的学习能力相应降低 2%；教室内气温超过 35 ℃，学生大脑的消耗会明显增加，智力活动水平和活动持续时间会大大降低和减少。因此，保持用脑环境的适宜温度，有助于提高大脑处理信息和解决问题的能力。其次，教学的物理环境影响学生的情绪体验。研究

① 田慧生：《论教学环境对学生学习活动的潜在影响》，《课程·教材·教法》1993 年第 10 期。

发现，教室内的颜色对学生的情绪有显著影响，浅蓝色和浅绿色可以使学生心情平静，而浅红色和浅黄色可使学生情绪激动。最后，教学的物理环境影响学生的学习行为。良好的物理环境有助于产生积极主动的学习行为而提高教学效率，反之则导致消极的学习行为而干扰教学活动。

2. 教学物理环境的构成要素

教学的物理环境主要由教学的自然环境、教学设施环境、教学时空环境等构成。

（1）教学的自然环境。学校的地理位置、校园环境和室内布置等均属教学的自然环境。它对学生学习有重要影响。良好的教学环境应该是校园优美，教室安静整洁，使学生轻松愉快地学习。

（2）教学设施。教学活动所需要的一些基本用具，如课桌椅、黑板、实验仪器、图书资料、体育器材和各种电教手段等都属教学设施。教学设施应同时具备实用性和审美性。传统黑板“黑白分明”，不利于教学效果的提高。因为其黑白色调使人产生冷静的感受，抑制大脑皮质的活动。因此，绿色的“黑板”和白色的粉笔，白色的“黑板”和深灰色的粉笔等相继问世，大大减轻了眼疲劳，而且有利于集中注意，增强记忆，活跃思维。国外有的学校还把课桌面的前三分之一涂成草绿色，以保护视力，产生轻松、舒适的感觉，而靠近身体的三分之二涂成淡黄色，以使人的神经系统兴奋，引发对未来的联想。

（3）教学的时空环境。主要是指教学时间和空间因素构成的特定的教学环境，包括教学时间的安排、班级规模、座位编排方式等。

在教学活动中，教学时间的安排对教学活动有重要影响。研究表明，人的心理活动能力在一天中的不同时间有不同的表现。不同年龄段儿童不产生学习疲劳的学习持续时间也不一样，据研究，6～8 岁为 30～40 分钟，9～12 岁为 40～50 分钟，13～15 岁为 50～60 分钟。

班级规模主要是指班级内学生的人数，它与教室的空间密度紧密相关。班级规模既影响教室环境，又影响学生参与课堂活动的机会，从而影响学生的学习成绩。格拉泽（1979）的研究表明，班级规模与学习成绩之间关系密切：班级规模越大，学生的平均成绩越差；班级规模越小，学生成绩越好，越有助于学生的学习动机、兴趣、自我认识、注意力、创造性等因素的培养。班级规模也是影响青少年健康发育的重要因素之一。白秀岭等（2001）对某小学进行教室空气污染状况监测分析，随机抽取人数为60余人的两个大班以及人数为20余人的小班进行比较。结果发现，在课间及课后时段里，大班的二氧化碳浓度达到0.345%，超过国家环境标准，而小班二氧化碳浓度则保持在国家环境标准之内。[①] 裴闺儒（2001）对部分学校教室空气细菌污染情况的调查显示，随着教室内人数的增加，室内空气受污染率增加，这与人员的活动量有直接关系。[②] 因此，学校应对班级规模进行适当的调控，以保证每个学生有良好的学习环境。

座位编排方式指教室内学生桌椅的排列形式。座位排列和分配既要考虑对课堂行为的有效控制，又要考虑有利于学生之间的正常交往，形成和谐的师生关系，以利于学生个性的发展。

上述是构成教学物理环境系统的基本要素，只有这三者协调一致，才能发挥教学物理环境系统的促进功能。

（二）教学的心理环境

1. 教学的心理环境及其作用

教学的心理环境是指在教学过程中，教学主体之间以及教学主体与教学客体相互作用的过程所形成的一种心理氛围，它是教学活动的心理背景。良好的教学心理环境对教学活动有重要的影响。首先，它有利于沟通教学信息、交流思想，促进师生、学生之间产生心理相容和情感交流。如果教师传递的信息是对学生的热爱、尊重、理解、信任和积极期待的态度，则会使学生对教师产生认可、好感和信任的积极体验，在教学过程中，学生乐于接受教诲，形成情感共鸣和情感交融的效应。其次，它有利于克服和消除学生的生理、心理疲劳。在良好的心理环境中开展学习活动，学生学习动机强烈，容易产生愿学和乐学的渴求，能够体验积极的情感，从而使学生的智力活动和非智力活动保持在最佳状态。最后，它有助于维护正常的教学秩序，完成教学任务。

---

① 白秀岭、贺立路、王平、张杰、杨光娟：《教室空气污染状况分析》，《中国学校卫生》2002年第23期。

② 裴闺儒：《铁岭市部分学校教室空气细菌污染情况》，《中国学校卫生》2001年第22期。

2. 教学心理环境的构成要素

构成教学心理环境的因素十分复杂，主要包括以下几种因素。

(1) 人际关系。学习是在一定的社会环境中进行的，会受到同伴、师长的影响。师生关系对学习活动有重要影响。有研究考察了初中生师生关系的特点及其与学业成绩的关系，结果表明：①初中生师生关系主要表现为亲密性、依赖性、冲突性三个维度；②师生关系与学业成绩有显著的正相关，在冲突性方面差异显著，在亲密性、依赖性方面差异不显著。因此，建立良好的师生关系，有助于减少师生之间的冲突；建立相互尊重、相互信任的师生关系，有利于促进学生的学业成绩。①

同伴关系对课堂教学也有重要影响。研究表明，具有相似学业成绩的学生容易组成同伴团体，而这种团体的气氛、价值规范对团体中学生的行为及学业成绩有重要影响。一方面它通过影响学生的价值观和行为模式来影响教学活动，另一方面它通过影响学生的心态来影响教学活动。庞海波以 365 名中学生为被试，考察了班级环境的特点与学生学业成绩的关系。结果表明，同学关系对学生学业成绩有显著的正向预测作用。②

(2) 集体气氛。不同的集体依据各自规范的独特的作用方式形成一定的集体心理气氛。学校集体气氛对教学活动有明显、直接和具体影响的是校风和班风。

校风表现为学校的集体行为风尚，是学校领导和师生员工共同具有的典型、稳定的集体心理倾向和行为特点。校风主要包括学风、教风、领导作风、师生言谈仪表、精神面貌等，它是一种无形的群体心理环境因素。积极的校风可以促进教师潜心钻研、精心育人，激励学生努力学习、积极上进。

班风是指班级所有成员在长期的教学交往活动中形成的一种共同心理倾向。班风对班级内每个成员均有影响，它影响着学生在教室内的学习活动。良好的班风对教学活动有积极作用。

(3) 教学氛围。教学氛围主要指在课堂教学过程中通过师生之间的相互作

① 张宝歌、姜涛：《初中生师生关系对学业成绩的影响研究》，《心理科学》2009 年第 4 期。

② 庞海波：《中学班级环境与学生学业成绩的关系》，《心理科学》2009 年第 3 期。

用而形成的一种心理环境，主要包括师生的心境、态度、情绪和课堂秩序。积极的课堂教学氛围是指课堂情境符合学生心理特点，师生之间、同学之间和谐相容，形成了满意、愉快的情感体验。积极的课堂教学氛围有利于师生之间的情感和信息交流；有利于教师及时掌握反馈信息，不断调整教学内容和教学策略；学生学习情绪高，思维活跃，有利于教学活动的正常进行。消极的课堂教学气氛则会阻碍教学活动的正常进行。调查发现，同一个班级，在不同的课堂气氛下，教学效果相差悬殊。在良好气氛下，课堂提问 15 个，其中 8 个质量较高；发言 24 人次，其中 7 人次有创见。而在气氛不佳的情况下，提问仅 4 个，发言 10 人次，质量较差，无创见。两周后的测验又表明，前者巩固率 90%，后者仅为 72%。这说明，课堂气氛直接影响学生的学习情绪及学习效率。①

（4）个体心理因素。个体的心理因素也是影响教学的重要心理环境，主要表现为个体智力发展水平、动机、情意以及焦虑水平等对教学活动的影响。美国学者戴克曼（Dykman）和雷斯（Reis）研究发现：自我意识水平低的学生总是选择教室中更为保险的座位（如后面或靠边），不愿意参与课堂教学活动，缺乏自信心。关于焦虑水平的研究表明：高焦虑者较为紧张、忧虑，表现为信心不足，对问题不能做出明确回答；低焦虑则会使人情感冷漠，高估自己，表现为把问题看得过分容易。

二、教学资源

教学资源就是在教学过程中能够帮助教师增强教学效率和效能的一切可供使用的辅助工具。从教学资源的来源看，可分为校内资源、校外资源及社会资源三大类。美国教育传播和技术协会（Association for Educational Communication and Technology，简称 AECT）于 1977 年把教学资源分为两大类：设计的资源和利用的资源。AECT 于 1994 年对教学资源的界定有所修改，主要包括教学材料、教学环境及教学后援系统。② 根据教学活动中认识的指向性指

① 徐世贵：《课堂气氛初探》，《课程·教材·教法》1989 年第 4 期。

② 祝智庭主编：《现代教育技术——走向信息化教育》，教育科学出版社 2002 年版，第 81 页。

标，可将教学资源划分为主观性教学资源（subjectivity teaching resource）和客观性教学资源（objectivity teaching resource）。

（一）**主观性教学资源**

主观性教学资源主要是指在教学过程中，影响教学活动的依存于教学活动主体自身的特征。师生不仅是教学资源的利用者，而且师生自身就是教学资源的重要构成者和开发者。

教师的知识观、知识经验、智力水平、个性、教学观、学生观、教学能力、教学风格、教学态度、教学效能感、教学准备状态、期望等都是依存于教师身上的影响教学活动的主观因素。教师在教学过程中，通过开放式的问题、情境、活动，要求学生联系自己的经验、体验、问题、想法或预习时收集的信息，进行多种形式的交流，开发学生的资源，实现课堂教学过程中的资源利用。

学生已有知识经验、学习兴趣、学习态度、学习方法、学习习惯、在班级中的地位、期望、个性、学习准备状态和班风等都是依存于学生身上的影响教学活动的主观因素。总之，学生学习的起始状态、在课堂活动中的状态和教学结束后呈现出的状态，都是可资利用的主观性教学资源。

（二）**客观性教学资源**

客观性教学资源是在教学过程中，影响教学活动的作为认识对象的教学材料、教学环境和支持系统。

教学材料指符合一定教学目标和教学要求、经筛选可用于教学、促进学习的一切信息及其组织。教学材料作为意义的载体，是师生教学活动中认识的对象，是认识教学资源的对象性视角。教学材料包括教科书、挂图、教学器具、CAI课件、多媒体等。凡是符合特定的教学目标和要求，符合学习规律的，都可以用作教学材料。

支持系统主要指支持教学活动的内外条件，包括教学设施、信息、人员等。支持系统作为教学资源的内容对象与师生沟通的途径，起着媒介的作用，是认识教学资源的结构性视角。它侧重于信息的支持和人力资源的投入，如师资、专业人员以及其他学习者对教学活动的指导和帮助，网络信息对教学内容的补充等。支持系统经过教育化以后就成为教学材料。

教学环境是师生运用资源开展教学活动的具体情境，包括教学过程发生的地点，师生与教学材料、支持系统进行交流过程中所形成的氛围等。它体现了资源组成诸要素之间的相互作用，是认识学习资源的关系性视角。现代教学环境逐渐呈现出一种趋势，即越来越忽略其物理特征，而越来越注重教师与学生、学生与学生、学生与教学材料、学生与支持系统之间实现的有意义的交流。

讨论2 **在教学过程中，人是不是一种教学资源？**

教学资源是教学领域内新兴的研究课题。随着基础教育改革的逐步深入，尤其在多媒体和网络技术的支持下，教学资源得到越来越多的开发和利用，人们对它的认识也日益清晰，但是也存在众多争议。一种观点认为教学资源主要包括物的因素；另一种观点则认为教学资源既包括物的因素，也包括人的因素。你的观点呢？

【要点小结】

本章从教育心理学的视角出发重点介绍了教学理论、教学过程及教学条件三方面的内容。教学理论部分分别探讨了四种取向的理论，即行为主义、认知观、人本主义和建构主义的教学理论。行为主义教学理论强调强化对于学习结果的作用；认知观的教学理论则注重学习者将外界客观事物（知识及其结构）内化为其内部认知结构；人本主义教学理论关注于满足学生的情意需求，致力于培养学生的健全人格；建构主义教学理论主张学习是个体基于自己的经验背景建构起来的，教学应通过设置问题解决活动来激发学生思维，形成对知识结构的深刻理解，提高问题解决能力。教学过程部分主要探讨了教学过程阶段模型（包括传统教学过程阶段模型和现代教学过程阶段模型）以及教学过程中的若干规律。教学条件部分包括教学环境和教学资源两方面。教学环境是教学活动中影响教师的教和学生的学的一切内外环境，可分为物理环境（如教室的温度、面积等）和心理环境（如教学氛围等）。教学资源是教学过程中能够帮助教师增强教学效率和效能的一切可供使用的辅助工具，可分为主观性教学资源

（如师生等）和客观性教学资源（如教材及教学环境等）。

【思考与练习】

1. 观察2～3名你周围的教师，总结他们在日常教学中都运用了哪些教学理论。

2. 结合当前教学改革实际，评价四种教学理论的作用。

3. 回顾自己的学习历程，评价自己熟悉的教师在教学中是否重视教学的有效性。

【拓展性阅读】

1. 张大均、郭成主编：《教学心理学纲要》，人民教育出版社2006年版，第二章。

2. 皮连生主编：《学与教的心理学》，华东师范大学出版社2009年版，第八章。

3. 郭成：《试论课堂教学环境及其设计的策略》，《西南师范大学学报（人文社会科学版）》2001年第2期。

第二编　学 习 心 理

第五章 学习动机

【内容提要】

学习动机是学习活动的驱动力量，学习动机的性质、指向和水平不仅影响学习活动的积极性，而且制约学习活动的效率。本章在概述学习动机的基础上，着重探讨有关学习动机的基本理论以及学习动机的培养与激发。

【学习目标】

1. 知道学习动机的含义，用自己的语言概述各种动机理论。
3. 能鉴别学习动机的类型，分析学习动机的作用及影响因素。
2. 能联系教学实际灵活运用培养和激发学习动机的方法。

【关键词】

学习动机　学习动机理论　学习动机培养　学习动机激发

第一节 概　　述

一、动机和学习动机的含义

（一）动机的含义

动机是引起和维持个体活动，并使活动趋向一定的目标，以满足某种需要的一种内部心理动力。个体的一切有意识的活动都是由动机引起的。构成动机的基本因素是内驱力（drive）和诱因（incentive）。

内驱力是引起动机的内部因素，指有机体在需要的基础上产生的一种内部推动力，是个体需要缺失时有机体内部产生的一种能量和冲动，是作用于行为的内部刺激。在动机实验研究中，内驱力的大小通常用活动的强度来衡量。诱因是引起动机的外部因素，指激发起个体定向活动的、能满足个体某种需要的外部刺激和情境，它是个体活动趋向或回避的目标。动机的构成如图 5-1 所示：

- 动机
  - 内部因素（内驱力）
    - 生理内驱力（第一级水平的内驱力）
    - 社会内驱力（第二级水平的内驱力）
  - 外部因素（诱因）
    - 正诱因（使个体趋向目标的诱因）
    - 负诱因（使个体回避目标的诱因）

图 5-1　动机及其构成

内驱力和诱因有密切联系，没有内驱力就不会有行为的目标；反之，没有行为的目标或诱因，也不会有相应的内驱力。在实际生活中，人的行为往往由内驱力与诱因的相互作用来决定。动机的强度既取决于内驱力的大小和性质，也取决于诱因吸引力的大小。此外，目标的价值和个体对自己实现目标的概率的估计也影响着动机的强度。在动机研究中，通常用活动的强度和持续时间来衡量动机水平。

关于动机的特征问题，学者们的观点尚不统一。张大均等认为，动机的基本特征是活动性和选择性。① 活动性指动机推动有机体进入活动状态，是活动的

① 张大均主编：《教育心理学》，人民教育出版社 1999 年版，第 69 页。

动力。选择性也称指向性，指动机推动有机体选择特定的活动，使行为指向特定的目标。人的动机好比汽车的发动机和方向盘，动力和方向是动机的核心。

（二）学习动机的含义

学习动机是动机在学习活动中的表现。根据动机的概念，我们可以把学习动机定义为引起和维持个体进行学习活动，并使活动朝向一定的学习目标，以满足某种学习需要的一种内部心理状态。学习动机是直接推动学习行为的原因和内部动力。知识价值观、学习兴趣、学习效能感和成败归因是构成学习动机的主要内容。

知识价值观即对知识价值的认识，它反映个体对学习内容是否有用以及作用大小的看法。学习兴趣又称求知欲，是好奇心这一内驱力在学习上的表现，它促使个体主动积极地去学习以满足内心对知识的渴求，同时伴随着相应的情绪体验。它是学习动机中最现实、最活跃、带有强烈情绪色彩的因素。学习效能感是个体对自身学习能力的主观肯定推测，是个体在学习上的自信心，又称为自我效能感，与之相对的另一极则是习得性无助感，它影响着个体学习活动的坚持性、向困难挑战的精神及达到学习目标的耐力。成败归因在这里指个体对学习成败原因的主观分析。将学习成败归结为不同的原因会引起学习期待与情感上的不同变化，从而影响后继学习。

二、学习动机的分类

心理学从不同角度把动机分为生理性动机和心理性动机、内部动机和外部动机、间接的远景性动机和直接的近景性动机、高尚动机和低级动机、主导动机和辅助动机、意识动机和潜意识动机，这些分类方法也适用于学习动机的分类。此外，还有一些专门的学习动机分类法。教育心理学家多主张根据学生在学校生活的实际情况对学习动机进行分类，以有利于学习动机的研究、培养和激发。下面分别列举奥苏伯尔（1977）和布罗菲（J. E. Brophy）的分类[①]（见表5-1、表5-2）。

---

① Brophy, J. E. (1987). On motivating students. In D. Berliner & B. Rosenshine (Eds.), *Talks to teachers*. New York: Random House.

表 5-1　奥苏伯尔对学校情境中的成就动机的分类

成就动机的成分	含义	产生	对学习的意义
认知内驱力	在要求理解、掌握知识，以及系统地阐述问题或解决问题的需要的基础上产生的一种内驱力；指向学习任务本身，即为了获得知识，是一种内部动机	后天产生，有赖于特定的学习经验	是意义学习中最重要、最稳定的动机
自我提高内驱力	在通过胜任某些活动而获得他人尊敬的需要的基础上产生的一种内驱力，其目标是赢得某种地位或名次；把成就看作赢得地位与自尊心的根源，是一种外部动机	从儿童入学即开始产生	产生后日趋重要，是成就动机的主要组成部分
附属内驱力	又称交往内驱力，是在希望获得或保持他人认可、赞许、关心、支持或友谊的需要的基础上产生的一种内驱力，也是一种外部动机	后天产生，有赖于三个条件：1. 学生在感情上对他人有依附性；2. 能从他人的赞许或认可中获得一种派生地位（指不是由学生本身的成就水平决定的，而是从他自居和效仿的某人或他人不断给予的赞许或认可中引申出来的地位）；3. 享受到派生地位乐趣的学生会有意识地使自己的行为符合他人的标准和期望，借以获得并保持他人的赞许，且这种赞许往往能使一个人的地位更确定、更巩固	从小学到中学，附属内驱力的来源逐步从家长和教师转向伙伴，同伴的赞许和认可日益成为重要的动机源

这三种内驱力相对作用的大小和它们在学习动机中的比重通常因年龄、性别、社会地位、种族、人格结构等因素的不同而发生变化。

表 5-2 布罗菲的学习动机分类

学习动机类别	具有此类动机学生的特点
普遍型学习动机	对各项学习任务都认真努力去完成，其学习动机与兴趣、习惯、态度，甚至意志与价值观等心理因素构成了一个协调一致的系统，并且形成了一种独特的性格
偏重型学习动机	只对某一门或几门学科认真学习，其学习动机多半是在求学经验中受学业成败或师生关系的影响而逐渐形成的

三、学习动机的作用

大量研究证实，学习动机可以促进学习活动。学习动机对学习的促进作用表现为决定学习的方向、增强学习的努力程度、影响学习的效果。

（一）学习动机决定学习的方向

学习动机以学习目的为出发点，是推动学生为达到一定学习目的而努力学习的动力，其首要作用在于使学生具有明确的学习目标，知道自己为什么而学习，朝着哪个方向努力。

（二）学习动机能增强学习的努力程度

大量实践经验和研究结果都证实，动机水平高的学生能够在长时间的学习活动中保持认真的学习态度和坚持完成学习任务的毅力，而动机水平低的学生则缺乏学习活动的稳定性和持久性。阿特金森（J. W. Atkinson，1923—2003）的研究得出一个重要的结论：动机水平决定行为的时间分配，某种行为的动机强度与花在该行为上的时间呈线性正相关（见图 5-2）。因此，通过观察和记录学生花费在某种学习活动上的时间可以知道该活动动机的强度，通过观察和记录学生花费在整个学习活动上的时间则可推知其成就动机的整体水平。①

① 陈琦、刘儒德主编：《当代教育心理学》，北京师范大学出版社 1997 年版，第121—122 页。

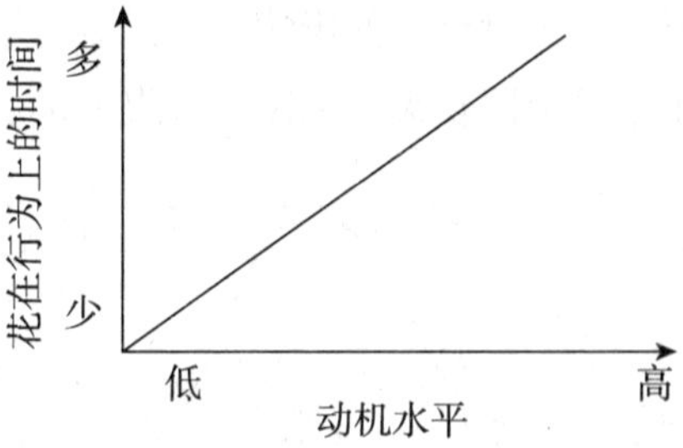

图 5-2　动机水平与花在该行为上的时间的线性关系

（三）学习动机影响学习的效果

大量研究均表明，学习动机能够促进学生取得学业上的成就。王振宏等研究发现，学习动机与学业成就之间存在一定的正相关，高动机者比低动机者倾向于有更好的成就作为。① 张宏如等的研究也表明，学习动机中的自我提高内驱力和认知内驱力对学业成就有较高的预测性。②

动机与学习效果的关系并不总是一致的。有些学生学习动机水平较高，学习成绩却不理想。因为动机只是影响学习效果的众多因素之一，除动机外，知识基础、智力水平、学习策略和方法等都是影响学习效果的重要因素。

进一步的研究表明，动机对学习的影响是通过加强努力程度、集中注意力和对学习的立即准备等去间接地增强与促进学习效果。耶基斯和多德森（Yerkes & Dodson，1908）的研究表明，动机水平与学习效果之间的关系是一种曲线关系：以达到最佳学习成效的动机强度为最佳动机水平，在动机强度低于最佳水平时，随其强度的增加，学习成效不断提高；当动机强度超过最佳水平时，随其强度的增加，学习成效则不断下降。这一研究结果被称为耶基斯-多德森定律（见图 5-3）。③ 学习动机的最佳水平随学习课题的难易不同而变化。学习简单的课题，最佳动机水平为较高的动机强度（见图 5-3 曲线 c）；反之，随学习难度增大，动机的最佳水平则逐渐下降（见图 5-3 曲线 b）。此

① 王振宏、刘萍：《动机因素、学习策略、智力水平对学生学业成就的影响》，《心理学报》2002 年第 1 期。

② 张宏如、沈烈敏：《学习动机、元认知对学业成就的影响》，《心理科学》2005 年第 1 期。

③ Yerkes, R. M., & Dodson, J. D. (1908). The relation of strength of stimulus to rapidity of habit-formation. *Journal of Comparative and Neurological Psychology*, 18, 459-482.

外，动机最佳水平状况也受平时练习的影响，如果某项学习任务曾受到过良好的训练，则动机最佳水平的范围较大（见图 5-3 曲线 *a*）。

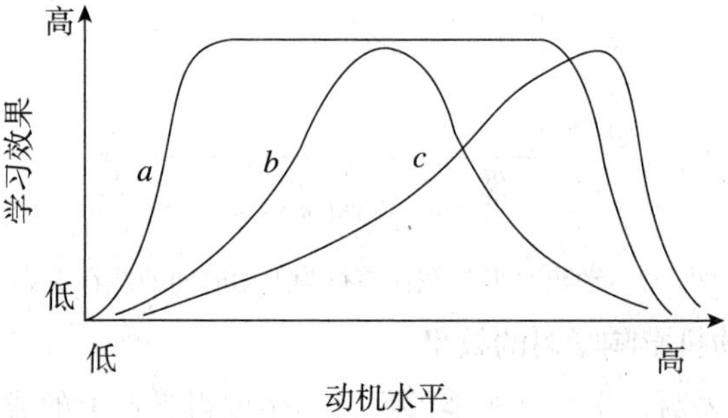

图 5-3　耶基斯-多德森定律曲线（动机水平与绩效之间的关系）

总之，“最佳的激活水平往往因任务及个体的不同而不同……对于大多数的学生来说，中等水平的激活通常是最好的”①。

学习与学习动机的关系是相互依存的辩证关系，学习能产生动机，而动机又推动学习。正如奥苏伯尔所说，动机与学习之间的关系是典型的相辅相成的关系。动机可以促进学习，学习获得的知识又可以增强学习动机。教师要安排好学生的学习，使之能强化学生的学习动机。

讨论 1　**学习动机对学习活动有什么作用？**

通过调查，了解不同学段学生学习动机的区别，在对比中了解不同学习动机的作用。弄清自己的学习动机现状并明确努力方向。

四、影响学习动机形成的因素

（一）主观因素

影响学习动机形成的主观因素主要有学生的需要与目标结构、成熟与年龄特点、性格特征与个别差异、志向水平与价值观、焦虑程度等。

---

① ［美］R. J. Sternberg & W. M. Williams 著，张厚粲译：《教育心理学》，中国轻工业出版社 2003 年版，第 326 页。

1. 需要与目标结构

每个学生认知需要的强度不同，反映在学习动机上也有强度差异。此外，学生的学习目标可分为两类，即掌握目标和成绩目标。以掌握目标为主的学生主要关注掌握所学的内容，而非考分及名次。他们往往不怕困难与挫折，主动挑战，坚持学习，不断进步。以成绩目标为主的学生十分在意自己的行为表现及别人对自己的评价，注重考分及名次，而非学到了什么或付出了多少努力。这类学生往往尽量避免出错和挑战，知难而退。目标定向不同的学生在成败归因上有所不同。掌握目标定向者倾向于把学习的成败归因于学习方法，成绩目标定向者倾向于把学习的成败归因于运气、能力和任务难度。

2. 成熟与年龄特点

年幼儿童的动机主要是生理性动机，随着年龄的增长，社会性动机及其作用也日益增长。“在儿童时期，附属内驱力是一种主要的学习动机，尤其是在儿童早期更为突出，到了少年期和青年期，附属内驱力不仅在强度方面有所减弱，而且开始从家长和教师那儿转向同龄伙伴……认知内驱力随着学生平均年龄的增长、学习目的性的明确和学习兴趣的增加而日益发展。”① 张大均等(2004)认为，在不同的年龄阶段，学习的主导性动机会发生变化和转移。例如，在小学低年级，有些学生努力学习主要是为了让父母满意，有些学生认真学习某门课程主要是觉得这门课程有趣；到了初中，有些学生努力学习主要是为将来考取理想的学校，有些学生认真学习主要是为了在众人面前显示自己的才能。

3. 性格特征与个别差异

学生的兴趣、好奇心、意志品质等都影响着学习动机的形成。张春兴(1998)认为，在心理学上，兴趣的含义有二：其一指个体对某人或某事物所表现的选择时注意的内在心向；其二是兴趣与动机大同小异，相同之处是两者都可视为引起个体行为的内在原因，相异之处是动机引起行为，而行为之后果(获得目标物)又使动机得到满足，多次重复之后，个体就会对该目标物产生

① 李维主编：《小学儿童教育心理学》，高等教育出版社1996年版，第161页。

兴趣。[1] 可见，兴趣可视为动机的定向，而动机之所以定向，是由于行为后果获得了动机的满足。好奇心是一种原始的内在冲动，它与生俱来，不需要学习，被视为人类求知的最原始的内在动力。好奇心不但具有动机的意义，而且与学习动机有密切关系。意志具有促进行为的动机作用，它比动机更具选择性与坚持性。意志可视为人类独有的高层次动机，它可以调整甚至节制较低层次的动机，从而使人克服困难，去追求自认为有价值的目标。

4. 志向水平与价值观

学生的理想与志向水平影响其学习动机和目标结构的形成。一般来说，理想、志向水平越高，学习动机就越强，且越具有持久性。世界观、人生观和价值观直接影响个体对事物的价值判断，进而影响个体是否把该事物作为目标物以及对该目标物追求的强烈程度。如果某一学生认为上学读书没有多大价值，那就很难希望他有强烈的学习动机。

5. 焦虑程度

焦虑指学生担心不能完成任务时产生的不舒适、紧张和担忧的感觉。焦虑程度会影响学习动机和学业成绩。大量研究表明，中等程度的焦虑对学习是有益的，焦虑程度过低或过高都会对学习产生不良影响。焦虑程度过低则学习动力不足，焦虑程度过高则导致神经过度紧张、生理节律紊乱、失眠，甚至恐惧等不良反应，从而对学习带来不良影响。

（二）客观因素

1. 家庭环境与社会环境

学习动机是社会要求在学生头脑中的反映，个体学习动机的形成和结构受社会生活条件的制约和影响。社会要求首先通过家庭对学生产生影响，年级越低的学生，其学习动机受家庭的影响越大。石绍华等以问卷法研究了学习动机与家庭因素之间的关系，结果表明，家庭教养方式以及父母受教育程度等因素会影响儿童的学习动机：权威型教养方式与内部动机相关，而专制型教养方式与外部动机相关；父母受教育程度也与儿童内部动机显著相关，父母受教育程

① 张春兴著：《教育心理学——三化取向的理论与实践》，浙江教育出版社1998年版，第294页。

度较高的儿童，其学习的内部动机越强。①

与家庭的影响相比，随着学生年龄增长和逐渐成熟，社会影响越来越大。社会环境不仅直接影响学生的学习动机，而且通过家庭环境间接地影响学生的学习动机。所以，让全社会形成尊重知识、尊重人才、尊师重教的风气有利于学生形成积极而正确的学习动机。

2. 学校教育

学校教育对学生学习动机的形成和发展起主导作用，它可以强化学生在家庭、社会影响下初步形成的正确的学习动机，也可以纠正学生在家庭、社会影响下形成的错误的学习动机。学校教育对学生学习动机的影响主要是通过教师的作用实现的。首先，教师是学生学习的榜样。教师对工作认真负责的态度会对学生产生潜移默化的影响。其次，教师对学生的期望会对学生的学习动机和行为产生巨大影响，即皮格马利翁效应。教师对学生的期望不同，就会产生不同的对待方式，进而影响学生的自我概念、成就动机水平、抱负水平和行为水平。最后，教师是沟通学校、家庭和社会的教育要求，使学生形成正确学习动机的纽带。学生学习动机的培养和激发主要是通过教师的工作，配合各方面的教育影响而完成的。校风、班风、学风、考风等也是影响学生学习动机的重要因素。

第二节　学习动机理论

不同的教育心理学流派对于学习动机，特别是引起学习动机的原因有不同的看法，即使是同一流派内不同的学者对学习动机也有不同的看法。本节将分别介绍行为主义学派、人本主义学派以及认知学派的有代表性的学习动机理论。

---

① 石绍华、高晶、郑钢、唐洪、虞积生、张梅玲：《中学生学习动机及其影响因素研究》，《教育研究》2002年第1期。

一、强化论

以桑代克、斯金纳为代表的行为主义心理学家不仅用强化来解释学习的发生，而且用强化来解释动机的引起。强化可以使人在学习过程中增强某种反应发生的概率，使刺激与反应之间的联结得到加强和巩固。按行为主义者的观点，任何学习行为都是为了获得某种报偿，因此，在学习活动中，采取奖赏、赞扬、评分、竞赛等外部手段可以激发学生的学习动机，引起其相应的学习行为。人们之所以具有某种行为倾向，完全取决于先前这种行为和刺激因强化而建立的牢固联系。如果学习行为受到强化，就会产生强烈的学习动机；如果学习行为没有受到强化，就会缺乏学习动机；如果学习行为受到了惩罚，就会产生逃避学习的动机。

强化论在学校教育实践中得到了广泛应用。用奖惩手段维持学生的学习动机，的确能收到立竿见影的效果，但强化论只重外在学习动机而忽视内在学习动机，忽视甚至否认了人的学习行为的自觉性、主动性，因而这一学习动机理论有较大的局限性。强化论的局限性主要体现在：(1) 为分数、名次而学，不利于培养主动积极的求知热情；(2) 多数学生没有成就感，用奖惩方式控制学习，学生自然会形成为趋奖避罚而读书的心态，但真正能获奖励的学生只是少数；(3) 阻碍学生人格全面发展，奖优罚劣在实际应用中，往往造成学生以追求高分（特别是学业考试成绩）为目的，素质全面发展的理想成了空想；(4) 学生在应付考试的功利主义心态下很难形成良好的知识结构和能力结构。

二、自我效能论

自我效能论由班杜拉提出。该理论的基本观点是：当一个人面对一项挑战性工作时是否主动地全力以赴，取决于他对自我效能的评估。① 自我效能指个体根据以往多次成败的经验，确认自己对某一特定工作是否具有高度效能，即人们对自己是否能够成功进行某一成就行为的主观判断。当一个人面对一项挑战性工作时，是否接受挑战和全力以赴，受两个因素的影响：一是对工作性质

---

① Bandura, A. (1982). Self-efficacy mechanism in human agency. *American Psychologist*, 37, 122-147.

的了解掌握情况；二是根据经验对自己实力的评估，即自我效能评估。

班杜拉指出，一个人的行为受行为的结果因素和先行因素的影响，行为的结果因素即强化。他的“强化”概念与传统行为主义者的“强化”概念不同。他认为，在学习中没有强化也能获得有关的信息，形成新的行为，但强化能激发和维持行为的动机以调节、控制人的行为。行为的出现不是后效强化的结果，而是由于人认识了行为与强化之间的依存关系后对下一步强化的期望。对强化的期望即是行为的先行因素。班杜拉的“期望”概念也有别于传统的“期望”概念。他认为，除了传统的结果期望外，还有一种效能期望。结果期望指人对自己某种行为将会导致某一结果的推测。如果个体推测到某一特定行为将会导致某一期望的结果，这一行为就会被激活和选择。效能期望指的是个体对自己能否完成某项活动的能力的推测（或判断）。若个体确信自己有能力进行某一活动，则他就会产生高度的自我效能，并会选择该项活动。只有当学生感到自己有能力完成学习任务时，才会努力去学习。学生的自我效能是其学习行为的决定因素之一。它具有四种功能：（1）决定个体对活动的选择和坚持；（2）影响个体面对困难的态度；（3）影响个体新行为的获得和已获得行为的表现；（4）影响个体在活动中的情绪状态。

影响自我效能形成的因素主要有以下几种：（1）直接经验，指个体以往从事同类工作的成败经验。成功能提高效能期望，失败则会降低效能期望。个体对成败的归因方式也会直接影响自我效能感的形成。（2）间接经验，指对别人成败经验的观察学习。个体的效能期望也来自观察他人的替代经验。（3）书本知识和别人的意见，指通过阅读或跟别人交往获得的经验。这种经验若得到直接经验和间接经验的支持，效果会更好。（4）情绪唤醒水平。高水平的唤醒会使成绩降低而影响自我效能感，而当人们不为厌恶的刺激所困扰时更能期望成功。（5）身心状况。个体对自己身心状况的评估也会影响其效能期望。

自我效能论克服了传统心理学重行轻欲、重知轻情的倾向，把人的需要、认知、情感结合起来研究人的行为动机，是动机理论的一大进步。该理论对于教育实践也有深刻启示。自我效能感对学生的学习行为有显著影响，因此，教师应注重对学生自我效能感的培养，以促进其设定合理的、能够实现的目标。在帮助学生设立目标时，教师应注意让学生感受到自己的进步，相信自己能够实现目标，对拟定的目标做出承诺并为实现目标而付出努力，这样学生就能提升自己的学业。具体来说，设定的目标应符合以下几点：(1) 目标具体，且有明确的评估标准；(2) 有一定的挑战性；(3) 是通过努力可以实现的；(4) 长远目标应分割为若干较易实现的子目标。此外，教师应强调学生在实现目标过程中的努力和坚持性。①

三、需要层次论

人本主义心理学的主要创始人马斯洛强调人类的动机是由多种不同性质的需要组成的，各种需要之间又有先后顺序和高低层次之分（见图 5-4）。该理论可以广泛解释行为动机和人格的发展问题。从教育心理学的角度看，需要层次理论不但对学习动机有精辟的解释，而且对其以后学习动机理论的发展有巨大影响。马斯洛认为，人类的众多需要，按其性质由低到高可分为七个层次：(1) 生理需要——维持生存和延续种族的需要；(2) 安全需要——受保护与免遭威胁、获得安全感的需要；(3) 归属与爱的需要——被人接纳、爱护、关注、鼓励、支持的需要；(4) 尊重需要——希望被人认可、关爱、赞许等维护个人自尊心的需要；(5) 认识与理解的需要——探索、摆弄、试验、阅读、询问等，个体对不理解的东西寻求理解的需要，学习动机正来源于这种需要；(6) 审美需要——欣赏、享受美好事物的需要；(7) 自我实现需要——在精神上臻于真、善、美合一的至高人生境界的需要，即个人理想全部实现的需要。② 各种需要之间不但有高低之分，而且有前后顺序之别，只有低一层次需要获得满足（或部分满足）之后，高一层次需要才会产生。需要分为两类。较低的四个层次的需要称为基本需要（缺失性需要），是由于生理或心理上缺失而导致的，是生存所必需的，必须得到一定程度的满足。但一旦得到满足，由此产生的动机就会消失或减弱。较高的三个层次的需要称为成长需要，非生存

① 莫雷主编：《教育心理学》，广东高等教育出版社 2002 年版，第 271 页。

② 马斯洛在不同时间出版的著作中对需要的分层不尽相同，计有五层、六层和七层之别，这里采用近年来教育心理学家们较普遍的看法（Woolfolk，1990；Slavin，1991；Eggen & Kauchak，1992；Gage，1992），将之分为七层。因为，这一分法更便于解释学习动机问题。

所必需，也非人人都具有，但对于人们适应社会有十分重要的意义。成长需要的强度不会因需要得到满足而减弱或消失，反而会增加。基本需要和成长需要相互制约、相互影响。一方面，基本需要是成长需要的基础，基本需要若未能得到满足（或部分满足），成长需要就不会产生；另一方面，成长需要对基本需要有引导作用，特别是居于顶层的自我实现需要，对以下各层次需要都具有潜在的影响力。

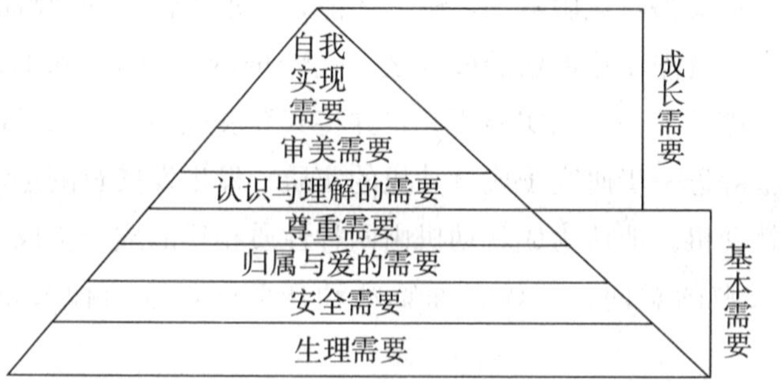

图 5-4　马斯洛需要层次图示

根据需要层次理论，家长和教师应注重为学生创设良好的成长环境，学生只有在各种缺失性需要都获得满足后，才会不断成长，达到自我实现的理想境界。在现实的学校生活中，学生最主要的缺失性需要往往是爱和自尊，只有民主、公正、理解、爱护、尊重学生的教师，才有可能使学生产生学习的热情、克服困难的意志和创造的欲望。

需要层次理论将外部动机与内部动机结合起来考虑对学习行为的推动作用，具有一定的科学意义，被心理学界誉为最完整、最系统的动机理论。但它忽略了个体本身的兴趣、好奇心等在学习中的始动作用。

四、成就动机论

“成就动机指个人在主动参与事关成败的活动时，不畏失败威胁，自愿努力以赴，以期达成目标并获致成功经验的内在心理历程。”① 人们对成就动机

① 张春兴著：《教育心理学——三化取向的理论与实践》，浙江教育出版社 1998 年版，第 394 页。

这一概念下的定义虽不尽一致，但其共同之处有三点：(1) 成就动机促使人追求较高的目标；(2) 成就动机促使人以较高的水平达到其目的；(3) 成就动机促使人追求成功并回避失败。① 简言之，成就动机是个体追求成就的内在心理倾向。

成就动机理论的代表人物是默里（H. A. Murray，1893—1988）、麦克莱兰（D. C. McClelland，1917—1998）和阿特金森。默里最早提出成就需要的概念，并把它定义为：克服障碍，施展才能，力求尽快尽好地解决某一难题的需要。他认为成就需要是人格的成分之一（Murray，1938，p. 177）。② 麦克莱兰对成就需要进行了一系列实验研究，并将其发展成为成就动机理论。在此基础上，阿特金森进一步研究了成就动机的实质、发生发展及测定，并用数学模型来说明成就动机。他认为成就动机由两种性质相反的成分构成：追求成功的意向和回避失败的意向。个体在面临活动任务时，这两种力量通常同时起作用。

表 5-3　追求成功和回避失败两种意向的作用模式

条件	求成意向＞避败意向	求成意向＜避败意向	求成意向＝避败意向
结果	趋向成就活动	迟疑退缩	心理冲突

表 5-4　追求成功和回避失败两种意向的影响因素

	影响因素	表达公式
追求成功的意向（Ts）	达到成功的动机强度（Ms）、成功的可能性（Ps）和成功的诱因值（Is）	$Ts=Ms\times Ps\times Is$ $Is=1-Ps$
回避失败的意向（Taf）	回避失败的动机强度（Maf）、失败的可能性（Paf）和失败的诱因值（Iaf）	$Taf=Maf\times Paf\times Iaf$ $Iaf=1-Paf$

① 张大均主编：《教育心理学》，人民教育出版社 1999 年版，第 89 页。

② Murray，H. A. (1938). *Explorations in personality*. New York：Ford University Press.

成就动机的总强度等于追求成功的意向与回避失败的意向之差，用公式表示为：

$$T=Ts-Taf=Ms\times Ps\times Is-Maf\times Paf\times Iaf$$

当 Ms>Maf 时，T 为正值，且当 Ps=0.5 时，成就动机最大；相反，当 Ms<Maf 时，T 为负值，且当 Paf=0.5 时，成就动机最小。如果 Ms=Maf，T 为 0，这时不会出现追求目标的行为。

根据成就动机理论，成就动机高的人追求成功的倾向大于回避失败的倾向（Ts>Taf），成就动机低的人追求成功的倾向小于回避失败的倾向（Ts<Taf）。成就动机水平不同的人在选择目标和完成任务上也不同。成就动机高的人倾向于选择难度适中的任务，通过完成具有挑战性的任务提高其自尊心和获得心理上的满足；成就动机低的人倾向于选择非常容易或者非常难的任务，选择容易的任务可免遭失败，选择过难的任务，即使失败也能找到借口以减少失败感。麦克莱兰用实验证实了这一点。实验结果表明：追求成功的被试选择距离木桩远近适中的位置，而回避失败的被试选择距离木桩的位置不是非常近就是非常远。

需要说明的是，成就动机不是学生学习活动的唯一动机。因此，有的人 T 为负值或 0 时也会努力学习。

成就动机理论把人的动机的情感方面与认知方面统一起来，用数学模型来简明地表达，揭示出了影响成就动机的一些变量和规律，并用大量的实证研究证实和检验了其理论假设的合理性和客观性，在动机理论研究上取得了突破性进展。但成就动机的理论模型还不够完善，有缺陷，如过分重视内部因素的作用而忽视了外部因素的作用，成就动机与整个人格特征的关系尚缺乏充分的研究。

五、归因论

美国心理学家韦纳提出的归因理论（attribution theory），既是解释学习动机最系统的理论之一，也是最能反映认知观点的动机理论。该理论集中于研究个体在行为之后，对自己行为结果成败的认知解释。韦纳认为，个体对自己的行为及其结果有了解的动机，个体解释自己行为后果时的归因是复杂的，这种归因将影响其今后类似行为动机的强弱。实证研究发现，人们通常将自己行为结果的成败归为以下六种原因：能力强弱、努力程度、任务难易、运气好坏、身心状况和其他（除前五种因素外的外部影响因素，如别人的帮助、教师的教学水平、评分是否公正等）。这六种因素又分别纳入原因来源、稳定性和可控性三个维度之中。原因来源指个体认为导致其行为成败的原因是来自个体内部（内控）还是外部（外控）。能力、努力及身心状况三项属于内控因素，任务难易、运气好坏及其他三项属于外控因素。稳定性指个体认为导致其成败的因素是否稳定。能力和任务两种因素是相对比较稳定的，而其余四种因素都不够稳定。可控性指个体认为导致其成败的因素能否受个人意志控制。努力程度是受意志支配的、可控的，其余各种因素都是不可控的。将失败归因于内部、稳定、不可控的因素时最消极，会产生习得性无助感，使人动机水平降低，并产生认知障碍、情绪失调。

表 5-5　不同的成败归因对个体动机及行为的影响

归因方式 对个体的影响 成败	原因来源		稳定性		可控性	
	内部	外部	稳定	不稳定	可控	不可控
成功	产生自豪感，动机增强	产生侥幸心理	产生自信心，动机增强	产生侥幸心理	积极争取成功	不会增强动机
失败	产生羞愧感	生气	产生绝望感	生气	继续努力	产生绝望感

综上所述，韦纳得出三个基本结论。（1）当个体将成功归因于能力和努力等内部因素时，会产生骄傲、自豪感，增强自信心和动机水平；将成功归因于任务容易、运气好、别人帮助等外部原因时，则满意感较少。当个体将失败归因于能力弱、不努力等内部原因时，会产生愧疚感；将失败归因于任务太难、运气不好或教师评分不公正等外部原因时，则较少产生愧疚感。无论成败，归因于努力比归因于能力会产生更强烈的情绪体验。努力而成功会让人感到愉快，努力而失败的人也应受到鼓励，不努力而失败会让人感到愧疚。这与我国

传统的观点是一致的。(2)在取得同样的成绩时,能力低者应得到更多的奖赏。(3)能力低而努力的人应受到最高评价,而能力高但不努力的人则应受到最低评价。

国内学者(陈琦、刘儒德,1997)在研究中得出与韦纳相似的结论,并归纳出我国学生的特点:(1)中学生理想的归因模式按主次顺序排列为努力、方法、能力、教师水平、家庭环境、任务难度和运气;(2)重点班学生更多考虑能力因素,普通班学生更多考虑努力程度;(3)评价别人注重努力程度,评价自己注重能力因素;(4)总体上,重努力因素胜于重能力因素,但随年龄增长,对能力因素越来越重视。

韦纳的归因理论在教育上的意义在于它能从学生的观点显示出学习成败的原因。了解学生的自我归因可预测其今后的学习动机。学生的自我归因未必正确,却十分重要,教师应注意了解和辅导。长期消极归因有碍学生健康成长。教师的反馈是影响学生自我归因的重要因素,学生的自我归因并不完全以考分高低为依据,在很大程度上受到教师对其成绩的评价和态度的制约。

韦纳的归因理论是对成就动机理论的重要发展,该理论阐明了认知对成就动机的重要作用。韦纳对成败的原因按照三个维度进行分类,具有高度概括性;其研究结论既有科学性,又有实践价值,为教育实践提供了可行的方法和途径。但该理论也有不足。首先,人对行为结果的归因是复杂多样的,六因素三维度归因是否能完全解释人类的归因尚待验证;其次,按照哪些维度对归因进行分类也值得进一步研究;最后,在可控性上,努力程度是否就完全可控,其他因素是否就不可控,也有争议。因此,对各种原因的稳定性和可控性都应持辩证的观点去看待,且不同原因的稳定性和可控性并非截然分为相对的两极。

六、自我价值论

科温顿(M. V. Covington)提出的自我价值论(self-worth theory)① 是从学习动机的负面着眼,探讨有的学生"为什么不肯努力学习"的问题。

---

① Covington, M. V. (1984). The self-worth theory of achievement motivation: Findings and implications. *Elementary School Learning*, 85, 5-20.

科温顿认为，自我价值感是个人追求成功的内在动力，学生自幼就体验到成功使人感到满足、自尊心提高、产生自我价值感，而成功的需要使人克服困难，因此，能力、成功、自我价值感三者之间就形成了一个前因后果的连锁关系：能力使人成功，成功使人产生自我价值感。多次经历之后，对自我价值感的追求，自然就成了个人追求成功的内在动机。学生之所以肯努力学习追求良好的成绩，是因为他希望从求学成功的经验中提升其自我价值。遗憾的是，学生往往视成功为能力的展现，而非努力的结果。将成功归因于能力可使人感到更大的自我价值。但成功者永远是少数，学生在长期追求成功而不能得的情况下，为了维护自我价值或逃避失败的痛苦，就在心理上形成一种应付考试成败压力的对策：不承认自己能力差，也不认同努力即可成功，以达到既维护自我价值又可逃避失败的目的。这就是科温顿学习动机自我价值论的中心论点，它可用来回答“为什么学生有能力但不用功读书”的问题。

科温顿认为，学生对能力与努力的归因随年级升高而变化。研究发现：（1）低年级学生一般相信努力是好学生的首要条件，且认定聪明的学生都更努力；（2）他们相信凡是努力的都是好学生，努力会使人更聪明；（3）他们相信教师喜欢努力的学生，都向“努力才是好学生”的标准去认同；（4）他们虽然将能力与努力看得同样重要，但考试失败后并不感到羞愧；（5）小学高年级（五、六年级）学生在具备多次竞争的成败经验后，对能力与努力二因素与成败的关系有了新的看法，不再把努力和能力看得同等重要，认为努力而获得成功表示能力低，能力低的人才努力。高年级学生认同能力而不认同努力的态度，就是他们学习动机降低的原因。

学生在长期的经验中体验到，付出极大努力后仍然失败时，会感到羞愧和痛苦，而且会因怀疑自己的能力不如别人而丧失自尊心和自信心；反之，未经努力且遭到失败则心理上受到的挫折较小，而且自己还可用“未努力”来掩饰和安慰自己。因此，学生为了逃避努力之后仍然失败带来的羞愧与痛苦，不认同努力是成功的原因，但又担心教师对他存有不努力的坏印象而影响其成绩，于是想出种种办法来应付：在教师面前摆出一副努力的样子，但不必太认真；最重要的是随时准备好一套说辞为自己辩护，用以取得教师的谅解（Covington，1983）。

科温顿的自我价值论有助于对学校现实问题的解释。其研究结果显示，学校教育存在着两个严重的问题：一是能力强的学生未必有强烈的学习动机；二是学生的学习动机随年级的升高而降低。埃克尔斯等人（J. Eccles，et al.）曾收集1964—1983年有关学习动机的专题研究，根据对25篇重要研究结果的分析发现，不但学生对知识性科目（数学、语文等）的学习动机逐年递减，就是对学校的态度、自我观念等人格因素也都随年级升高而向负面发展。① 因此，学校教育应着眼于教育目的，实实在在帮助学生在课业上获得成功而免于失败。自我价值论的意义就在于把指导学生认识学习目的、培养学生的学习动机视为学校教育最重要的目的。

科温顿的自我价值论以实证研究为基础，得到了许多后续研究的证实，有一定的科学价值，且切中教育中的现实问题，有极强的实用价值。但还缺乏系统完整性，从总体上看，它仅仅是成就动机理论和归因理论的补充。

七、目标定向论

20世纪80年代，尼科尔斯（J. Nicholls）和德韦克（C. S. Dweck）等人将成就目标的概念引入动机领域，并形成了相对完善的理论基础。对于成就目标，学术界尚无统一的定义。埃利奥特（E. S. Elliot）、德韦克将成就目标定义为对认知过程的计划，它具有认知、情感和行为结果。② 平特里奇（P. R. Pintrich）认为成就目标是关于个体追求成就任务的理由和目的的认知表征。③ 虽然研究者给出的定义不同，但他们都赞同成就目标是个体对所从事的成就任务的目的或原因的认知。

德韦克最早将成就目标划分为两类：一种是掌握目标，具有此类目标的个

① Eccles, J., Midgles, C., & Adlee, T. (1984). Grade-related changes in the school environment: Effects on achievement motivation. In J. Nieholls (Ed.), *Advance in motivation and achievement* (Vol. 3). Greewich, CT: JAI Press.

② Elliot, E. S., & Dweck, C. S. (1988). Goals: An approach to motivation and achievement. *Journal of Personality and Social Psychology*, 54, 5-12.

③ Pintrich, P. (2000). An achievement goal theory perspective on issues in motivation terminology, theory, and research. *Contemporary Educational Psychology*, 25, 92-104.

体重视掌握知识和提高能力，认为达到上述目标就意味着成功；另一种是成绩目标，具有此类目标的学生将学习视为一种手段，通过成绩来表现自己的能力，认为只有取得好成绩和好名次才算成功。两种目标定向个体的本质区别就在于能力观的差异，掌握目标个体持能力增长观，认为能力可以通过努力和经验来提高，而成绩目标个体则认为能力是固定的、不可控的特质。二者的行为模式也不同，前者积极主动地对待学习，并敢于选择具有一定挑战性的任务，使用深层的加工策略，后者则为了获得好成绩而极力回避那些可能失败的有挑战性的任务。

近些年，埃利奥特等人和平特里奇又分别提出了成就目标的三分法和四分法。在原有二分法的基础上，埃利奥特等人将成绩目标划分为成绩趋近目标和成绩回避目标。前一种目标力求取得积极的活动结果，如获得好成绩；后一种目标试图避免消极的活动结果，如避免考试不及格。平特里奇将掌握目标划分为掌握趋近及掌握回避两种目标，从而形成了四种类型的成就目标（见表5-6）。

表5-6　成就目标的四分法

	趋近	回避
掌握目标	关注知识的掌握和能力的提高，评判成功的标准是自身的进步以及对知识的理解深度（类似于之前的掌握目标）	关注如何避免不能完成任务的情况，判断成功的标准是在任务中不出错
成绩目标	力求在考试中取得好成绩、好名次来显示自己的聪明才智，不太关注对知识的深入理解，只要超过团体中的其他人，就感到满意	力图避免因在考试中分数低或排名靠后而让自己显得愚笨，只要在团体中不是最差的，就感到满意

以往关于掌握目标的研究得到了较为一致的结论，即掌握目标与适应性的行为模式（如适应性的动机、幸福感、求助行为、高水平的认知策略、学习兴趣和学习成绩等）相联系。而成绩目标方面的研究结论则不太一致。大量研究表明成绩目标与较不适应的模式相联系（如与负性情绪呈正相关，与自我效能

感呈负相关等）。然而近年来，一些研究已经证明在教育情境中，成绩—趋近目标也可能促进成绩和与学业相关的行为，而成绩—回避目标则对成绩不利。① 因而有研究者提出了多目标观点，即采取多目标（高掌握—高成绩趋近）可能是最适应的目标。掌握目标可能对情绪较为有利，而成绩目标可能对成绩较为有利。因此，同时采用掌握目标和成绩目标可能带来最好的结果。②

目标定向理论对教育实践有许多启示。掌握—趋近目标有助于学生知识的掌握和全面发展，成绩—趋近目标有利于学生采取积极行动取得较高的成绩。同一学生可能同时具有多种目标定向，而且在不同时期不同情境下每种目标定向的水平不同。在实际的教学情境中，教师要注重对学生掌握—趋近目标的培养。班级心理环境应该强调掌握目标，也应辅以适当的竞争、合作，使学生具有适当水平的成绩—趋近目标。

讨论2　教师应怎样引导学生进行合理的成败归因？

持正确归因观者认为，教师应当引导学生对自己的成败进行正确的归因，以便弄清成败的原因，明确努力的方向。持积极归因观者认为，教师引导学生归因的目的不在于帮助学生找出学习成败的真正原因，而在于增强学生学习的信心和积极性，把学生引导到努力学习和讲究学习方法上去。因此，只要能增强学生对下一次活动成功的期待，能引起学生良性的情绪体验，并由此对下一次成就行为产生积极影响的归因方式，不管归因正确与否都是好的。你持什么观点？为什么？

第三节　学习动机的培养与激发

学习动机的培养是指使学生建立学习动机的过程，是学生的学习动机从无

① 蒋京川、刘华山：《中学生成就目标定向与学习策略、学业成绩的关系研究》，《心理发展与教育》2005 年第 2 期。

② 杨秀君：《国外成就目标研究的新进展》，《心理科学》2007 年第 3 期。

到有，从弱到强，从错误、低级到正确、高级的发展变化过程。学习动机的激发是指通过一定的教学措施使学生已有的学习动机由潜在状态转变为激活状态，成为学习活动直接、有效的推动力量。学习动机的培养与激发既有区别，又有密切的联系，在教学实践中很难截然分开。

一、学习动机的培养

学习动机是在好奇心的基础上，通过后天环境和教育的影响逐步形成的，它不仅是学习的推动力量，而且也是一个人比较稳定的个性特征。学习动机复杂多样，不同的学习动机在培养方式方法上也应有差别。这里我们着重介绍成就动机、成败归因及自我效能感的培养。

（一）成就动机的培养

科尔布（D. A. Kolb）的实验研究结果表明，训练不仅能够提高学生的成就动机水平，而且能够提高学生的学习成绩。[①] 此后，在北美出现了许多以中小学生为对象进行的成就动机训练。近年来，我国教育界也开展了一系列成就动机的研究和实际训练。

成就动机的训练一般采用直接训练和间接训练两种形式。直接训练指学生直接接受研究者的训练；间接训练指教师先接受研究者的训练，然后再去训练学生。

成就动机的训练过程通常可分为以下六个阶段。

（1）意识化。与学生谈话、讨论，使他们意识到与成就动机有关的行为。

（2）体验化。开展游戏或其他活动，让学生体验成功与失败，了解目标与成败的关系、成败与情感的联系，特别是了解为了取得成功所必须掌握的行为策略。

（3）概念化。让学生在体验的基础上理解与成就动机有关的概念，如成功、失败、目标等。

（4）练习。在实际操作上是（2）和（3）的重复，多次重复可以使学生将

---

① Kolb，D. A.（1965）. Achievement motivation training for underachieving high-school boys. *Journal of Personality and Social Psychology*，2，783-792.

感性知识与理性知识紧密地结合起来，不断加深体验和理解。

（5）迁移。让学生把学到的行为策略应用到专门设计的特殊学习场合，这一学习场合要具备自选目标、自己评价、能体验成败等条件。

（6）内化。使取得成就的要求内化为学生自身的需要，学生可以自如地运用所学到的行为策略。

国内研究者（隋光远，2005）用定性和定量相结合的研究方法对中学生学业成就动机归因训练的效果进行了追踪研究。结果显示，与对照组相比，受训者在任务选择、行为强度和坚持性方面均表现出较高水平，成功期望较强烈，对成功或成就倾向于做能力、努力归因。这表明成就动机归因训练对改善动机具有长期效果。①

（二）成败归因训练

归因训练的基本假设是，只要学生相信努力将带来成功，就会坚持不懈地努力学习。因此，归因训练的关键在于使学生反复体验学习的成败，同时引导他们学会并养成将成败的原因归于努力与否的归因倾向。归因训练的过程一般分为四个阶段：（1）了解学生的归因倾向；（2）创设情境，让学生在活动中取得成败体验，特别是要让学生体验到努力就能取得成功；（3）让学生对自己的成败进行归因；（4）引导学生进行积极归因，即增强学生对下一次活动成功的期待，引起良性的情绪体验，并由此对下一次成就行为产生有积极影响的归因方式。归因训练不能一蹴而就，对后三个阶段要反复练习，训练时间从三天到两个月不等。在此期间按照训练程序和训练课程，有针对性地采取说服、讨论、示范（观察学习）、强化矫正等方法进行训练，逐渐使学生形成积极的归因倾向。为了使训练结果长期保持并迁移到其他学习活动中去，还应在训练后，找适当的时机进行多次强化训练，才会取得良好的效果。

归因训练的作用被许多研究所证实。德韦克曾对一些数学成绩差而又缺乏自信心的学生进行了训练，其做法是让他们解一些数学题，如果答对了则告诉他们这是努力的结果，如果不会做则告诉他们是努力得还不够。经过训练后，

---

① 隋光远：《中学生学业成就动机归因训练效果的追踪研究》，《心理科学》2005年第1期。

学生不仅形成了努力归因，而且增强了学习信心和积极性，学习成绩也提高了。① 申克（D. Schunk）认为，在归因训练中，一方面要使学生感到自己的努力不够，把失败的原因归因于努力因素，另一方面要对他们的努力给予反馈，让其知道因努力而获得了相应的结果，使他们感到自己的努力是有效的，这样才能使学生坚持努力去取得成就。② 国内研究者杨秀君等（2005）以初中生为被试进行了归因训练的实验研究，也得出了类似的结果：归因训练可以帮助学生的归因向积极方向转化，有助于提高学习成功感，并可以促使学生的行为向积极的方向转化。③

有些学生在学习上的困难仅靠努力是不能克服的，如果他们用了最大的努力仍然不能取得进步，就会陷入更大的无助感之中。因此，不分条件、对象，把学习上的成败全都归因于努力程度并不合适，甚至还可能带来一定的负面影响。研究发现，当学生学习失败时，引导他们把失败归因于学习方法不对比归因于努力程度不够更能提高学习积极性。因为把失败归因于学习方法，既可以使学生继续努力，又能使他们考虑如何增强认知技能、掌握正确的学习方法、使用各种学习策略和养成良好的学习习惯。因此，应重视学习方法的归因训练。

总之，归因训练的目的不在于帮助学生找出造成学习失败的真正原因，而在于增强学生学习的信心和积极性，把学生引导到努力学习和讲究学习方法上去。

（三）自我效能感的培养

自我效能感的培养应从影响自我效能感的因素入手。

1. 直接经验培训

直接经验对自我效能感的影响最大。通过加强直接经验，培养学生的自我

---

① Dweck, C. S. (1975). The role of expectations and attribution in the alleviation of learned helplessness. *Journal of Personality and Social Psychology*, 31, 674-685.

② Schunk, D. (1984). Self-efficacy perspective on achievement behavior. *Educational Psychologist*, 19, 48-58.

③ 杨秀君、孔克勤：《抱负水平指导和归因训练对提高学习成功感的影响研究》，《心理科学》2005年第1期。

效能感应注意以下三点。(1) 不断成功的经验会使人建立起稳固的自我效能感，而且还会泛化到类似情境中去，多次失败的经验则会降低人的自我效能感。(2) 除能力因素外，一些非能力因素（主要是任务难度、努力程度、外力援助等）也会影响自我效能感的建立。如果任务难、努力程度不够且无外力援助，则成功会增强自我效能感，而失败却不会降低自我效能感；反之，成功则不会增强自我效能感，而失败会降低自我效能感。(3) 个体的成败归因方式对自我效能感形成有直接影响。根据以上三点，在对学生进行训练时要选择难易适中的任务，并引导学生通过努力去获取成功，成功后要引导和帮助他们对成功做出积极的归因。

2. 间接经验培训

当学生看到与自己水平相仿的示范者取得了成功，就会增强自我效能感，认为自己也能完成同样的任务；反之，若示范者失败了，就会降低自我效能感。间接经验对自我效能感的影响是通过两种认知过程实现的：一是比较，即学习者把自己与示范者进行比较，参考其表现来判断自身的效能；二是信息获取，即学习者从示范者的表现中学到了有效解决问题的策略、方法，或了解到解决问题的条件，从而增强自我效能感。

间接经验培训的要点是：(1) 示范者与学习者的一致性程度要高；(2) 示范行为真实可靠且难度适中，学习者经过努力能成功；(3) 示范的行为有价值，能激起学习者模仿的积极性。

3. 说服教育

说服教育即通过书面或口头说服性的建议、劝告、解释及自我引导等方式来增强学生的自我效能感。该方法使用简便，被广泛应用。使用时应注意：(1) 要选择在学生心目中有地位、受尊重的人；(2) 说服要有可信度，令学生心悦诚服；(3) 要用学生的直接经验或间接经验来支持说理。

申克以算术成绩极差的小学高年级学生为被试进行自我效能感培训研究。在为期一周的训练中，每次训练先让学生自学教材，然后由示范者演示如何解题，示范者在解题时一边算一边大声说出正确解题的思路，最后让学生自己解题。在学生自己解题之前，让他们把所有的题看一遍，并判断自己有多大把握解出每道题，以此了解学生解题的自我效能感。结果表明，通过培训，学生的自我效能感逐渐得到增强，而且解题的正确性和遇到难题时的坚持性也都得到了提高。①

二、学习动机的激发

（一）外部学习动机的激发

运用外部强化去激发学生的学习动机时，一定要让学生准确认识强化与相关行为之间的因果关系，否则强化就达不到预期的效果。

强化可分为正强化和负强化，这里要着重强调的是负强化并不等于惩罚。正强化和负强化的共同之处在于都是指某种行为反应频率的增高，但二者又有区别。惩罚也可分为正惩罚和负惩罚，二者均指某种行为反应频率的降低，但它们也有所不同（详见表5-7）。在教育活动中，提倡多使用强化，少用惩罚。因为强化的结果是比较明确的，而惩罚的结果则不能确定。例如，学生因为打架而被罚站，他知道打架是不好的行为，但并不知道什么才是良好的行为，因此很可能以后还会表现其他的不良行为（如吵闹）。

表5-7　正、负强化和正、负惩罚效果的辨析

	强化	惩罚
正性	通过给个体施加积极刺激（如给糖果、表扬、增加课外活动等）来达到增加某种行为反应的目的	通过给个体施加消极刺激（如批评）来达到降低某种行为反应的目的
负性	通过撤销施加给个体的消极刺激（如因在课堂上喧哗被罚站的学生在罚站时表现良好，而被允许坐下，这里罚站就是消极刺激）来达到增加某种行为反应的目的（这里强化的是罚站时表现良好这个行为）	通过撤销给个体的积极刺激（如去游乐场玩的机会）来降低某种行为反应

① Schunk, D. (1985). Self-efficacy and school learning. *Psychology in the School*, 22, 208-223.

对强化频率的控制称为强化的程序，强化程序通常可分为连续强化和断续（间隔）强化两种。在连续强化条件下，个体的反应率很高，只要个体想要获得强化，就会做出反应，但只要强化停止，反应也就不再出现。学校教育中，大量使用的是断续强化，从时间上可将其分为固定时间间隔强化和不固定时间间隔强化。实验表明，后者的效果优于前者。根据强化与反应次数的关系，可将其分为固定频率间隔强化和不固定频率间隔强化。实验表明，后者的效果优于前者。

强化量对行为反应有显著影响，理论上讲，强化量越大，效果越好。但强化量总是有限的，在教育上，应特别注意相对强化量，只要强化量适宜，也能取得显著的效果。一定量强化的影响大小受个体先行所受强化量的制约，曾得到较少量强化者受到的影响较大，曾得到较大量强化者受到的影响较小。

为了激发和维持学生的外部动机，就要有效地利用各类强化，灵活安排好强化的形式、程度。在学校教育情境中，激发外部学习动机的常用措施有以下几种。

1. 设置明确、具体、适当的学习目标

教师要让学生明确学习的目的、任务、要求以及所学知识的价值。学生对学习目标了解得越明确、具体，就越有学习的积极性。学习目标还应难度适中，让学生力所能及，获得成功的正强化。教师既应善于向学生提出学习目标，又应注意教会学生自己设立目标。

2. 及时反馈学习结果

学习结果的反馈能让学生知道自己的学习成绩，从而激发学习动机。研究表明，反馈能增强学习积极性，提高学习效果，即时反馈比延缓反馈效果更佳。罗斯和亨利（Ross & Henry，1939）在研究中将班级分成三组，在每天学习之后都进行测验，对第一组学生每天都告知其学习结果，对第二组学生每周告知其学习结果，对第三组学生则不告知其学习结果。结果显示：第一组成绩最好，第三组成绩最差，且成绩差异随时间推移而增大。八周后，把第一组与第三组的反馈情况调换，即对第三组学生每天告知其学习结果，对第二组学生仍然每周告知其学习结果，对第一组不告知其学习结果。结果显示：第一组成绩明显快速下降，第二组成绩稳步上升，第三组成绩明显快速上升。到第十六周实验结束时，第三组成绩最好，第一组最差。① 后来有不少类似的实验都得到了与此一致的结果。

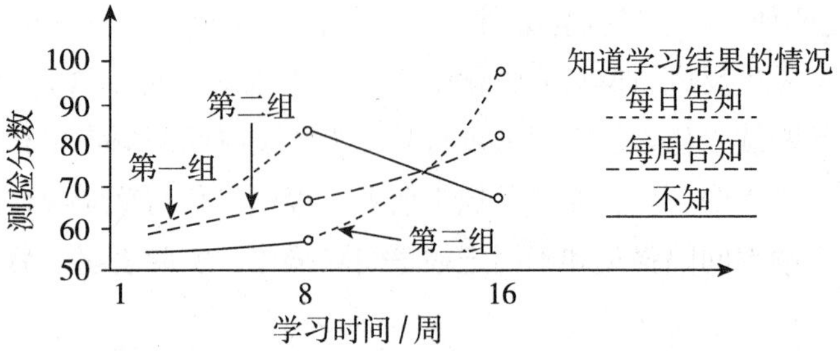

图 5-5　不同反馈的效果比较

3. 进行积极的评价

评价指教师在对学生学习结果除评分以外进行的表扬、批评、下评语、评等级等。实验证明，有评价比无评价效果好，肯定性评价比否定性评价效果好。赫洛克（Hurlock，1924）将四、五年级的 106 名学生分成四个等组，每天进行 15 分钟的加法练习，为期五天。其间，对受表扬组的每个学生在每次练习后都给予表扬、鼓励；对受训斥组的每个学生在每次练习后都指责其缺点和错误；对受忽视组的学生既不表扬，也不批评，也不让他们听到前两个组的学生受表扬和批评的情况。结果见图 5-6。②

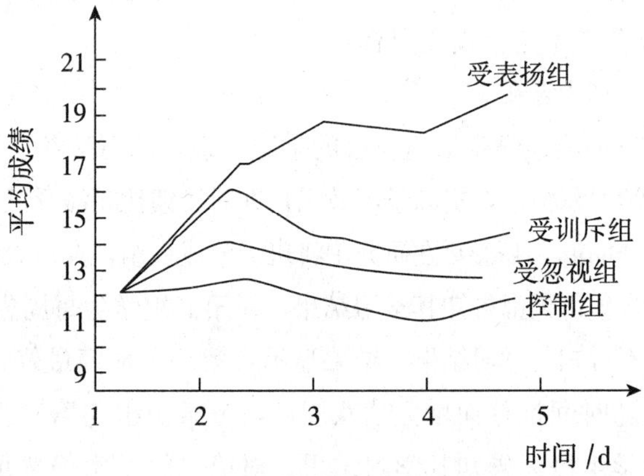

图 5-6　不同评价的效果比较

① 章志光主编：《心理学》，人民教育出版社 2002 年版，第 90 页。

② 李伯黍、燕国材主编：《教育心理学》，华东师范大学出版社 1993 年版，第 253—254 页。

另有实验证明，针对性强的评价比针对性差的评价效果好。实验还表明：经常受表扬的学生对批评的反应比经常受批评的学生反应强；经常受批评的学生对表扬的反应比经常受表扬的学生反应强；经常不断的批评比经常不断的表扬更易失去效果；表扬对女生比对男生有用；批评效果的大小取决于许多中介因素，如受表扬和批评的历史、学生参与活动的积极性及对教师的看法、师生间的关系、评价与归因线索的关系（学生从教师的评价中了解到教师对被评价者能力高低的估计）等。迈耶（J. P. Meyer）等人研究证明：取得同样成功的学生，受到教师表扬者被同伴普遍认为能力差些；相反，遭遇同样失败的学生，受到教师批评者被认为能力强些。

总之，评价不是目的，而是激发学习动机的手段。教师在评价学生及学习结果时，既要客观公正，又要掌握分寸，巧妙运用奖惩策略，才能收到理想的效果。

讨论3 应如何奖励或惩罚孩子？

有的家长在孩子取得高分时便给予金钱或物质上的奖励，在孩子考差了时就责骂处罚，甚至棍棒加身。请分析这种做法的利弊，并提出合理化建议。

（二）内部学习动机的激发

自布鲁纳在《教育过程》① 一书中强调内部动机的作用以来，人们开始重视内部动机对学习的影响，并发现了外部强化与内部动机之间的相互作用。

认知好奇心（又称认知动机）是内部动机的核心，它是一种追求外界信息，指向学习活动本身的内驱力，表现为好奇、探索、操作和掌握行为。波多野谊余夫（1971）把认知好奇心分为一般的好奇心和特殊的好奇心。前者表现为对很多事物感兴趣，但追求的信息没有明确的方向；后者又称为求知欲，表现为对某些事物感兴趣，有选择地接受某方面的信息。特殊的好奇心是人类特有的。

① Bruner，J. S.（1960）. *The process of education*. Cambridge：Harvard University Press.

内部动机不依存于外部强化，但外部强化对内部动机有影响。德西（E. L. Deci）在他的认知评价理论中认为，外部强化能引起两种作用。一种是控制行为的作用，表现为使人按照外部强化的要求去行为，往往无视个人的自我决定，促使人们把自己的行为认知为是由外部所决定的，因此，导致内部动机降低，压制创造性，并使人产生消极情绪以及丧失自尊心等。另一种是提供信息的作用，使人知道行为的正误成败。在这种作用下，人们把自己的行为认知为是内部决定的，从而影响内部动机。[①] 但正负反馈的作用明显不同：正反馈或行为的成功会使人增强自我效能感，从而增强人们对这一活动的内部动机；负反馈或行为的失败会使人降低自我效能感，从而降低或丧失对这一活动的内部动机。

班杜拉则强调如何通过外部强化使内部动机从无到有、从弱到强。他认为，人们的内部动机是后天习得的，是在自我效能感的基础上产生的。当人们掌握了某些知识、技能，显示出自己的能力的时候，外部强化的恰当使用能够促进对自身能力的认知。首先，外部强化会促使人成功，而成功的经验会使人产生自我效能感；其次，外部强化会提供信息，使人们看到自己的进步并产生自我效能感。可见，人们并不是因为受到了强化而提高了能力，而是由于能力的提高才得到了强化。所以，提高内部动机的关键在于外部强化是否增强了自我效能感。

在学校教育活动中，激发和维持学生内部学习动机的措施主要有以下三条。

1. 创设问题情境

引起认知矛盾，使学生产生特殊的好奇心是激发内部动机的有效途径。有效的教学应该创设一种“似懂非懂，一知半解”的问题情境，让学生产生疑惑、矛盾、惊讶等心理状态，以引起求知欲望和学习兴趣，激起学习的主动性。有效设疑的策略有：（1）提出与学生已有知识相矛盾的现象；（2）先教给学生基本法则，在学生理解后，再给他们举出不符合这一法则的事例；（3）提出有几种选择答案的问题。

---

① Deci，E. L. （1980）. *Intrinsic motivation*. New York：Plenum Press.

2. 竞赛与合作

在竞赛中，学生的成就动机更强烈，并能提高学习兴趣，增强克服困难的毅力，表现出更高的学习积极性。查普曼（Chapman，1917）等人以五年级学生为实验对象，将学生分成两个等组，进行为期 10 天的加法练习，每天练习 10 分钟。竞赛组的成绩每天都在墙上公布，并在优胜者和有进步者的名字旁贴上红星；无竞赛组只做练习，不加任何诱因。实验结果表明，竞赛组的成绩明显优于无竞赛组（见图 5-7）。①

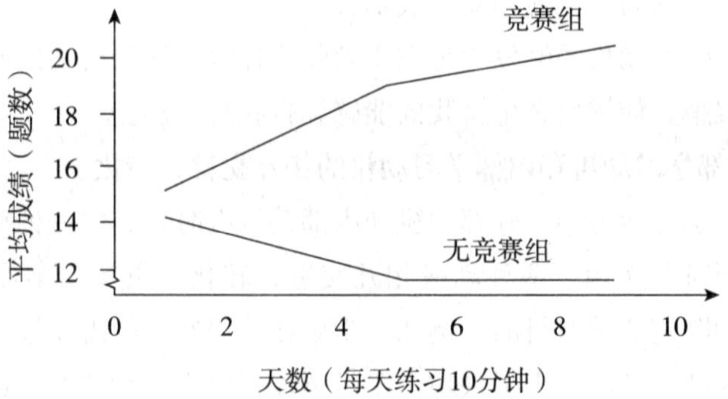

图 5-7　有无竞赛的成绩比较

竞赛若运用不当也会产生一定的副作用，如造成紧张气氛，增加心理负担，常胜者可能产生骄气，常败者可能泄气或不安等。因此，组织竞赛时要注意：(1) 次数要适当，不宜过于频繁，否则会造成长期紧张，加重负担；(2) 增加获胜的机会，使更多的学生有获胜的机会，如按照学习能力和成绩水平分组开展组内竞赛等；(3) 提倡和鼓励个人和团体的自身竞赛；(4) 倡导适当的团体竞赛，以培养学生的合作精神和集体主义精神。

近年来，大量研究表明，合作的学习环境比竞争的学习环境更容易使学生产生成功经验及内部学习动机，使学生努力追求掌握目标。因此，要努力创设一种既有竞争又有合作的学习环境。

---

① 潘菽主编：《教育心理学》，人民教育出版社 1983 年版，第 87 页。

3. 学习动机的迁移

学习动机的迁移是指把其他活动的动机转移到学习上来，或把对某一学科的学习动机转移到另一学科的学习中去。有效地促进学习动机的迁移，应从以下四个方面入手：（1）分析现有动机，看它是否合理、正确；（2）找出共同之处，即现有动机与将要形成的学习动机有哪些相同的地方；（3）强化共同之处，在强化的过程中，一定要让学生体验到新的学习的重要性（即知识价值）和乐趣；（4）导向新的学习，即把强化后的有利因素与新的学习活动联系在一起，并帮助学生在新的学习中获得成功。

学生内部学习动机的激发关键在于教师要让学生体验成功的愉悦，培养学生对学习的兴趣，使学生产生自我效能感和自我决定感。

（三）外部学习动机和内部学习动机的相互交替、转化

在学生的学习活动中，外部动机和内部动机有时是其中一种在起作用，有时是二者在同时起作用，两种动机相互交替、转化，贯穿于学习活动的全过程，直至达到既定的学习目的。例如，学生在获得奖赏的需要推动下进行学习的过程中，渐渐对学习产生了兴趣，于是更加积极主动地学习。这时，外部学习动机便转化为内部学习动机。当学生在学习兴趣的推动下进行学习的过程中，因取得了优秀成绩而获得意外的奖励，这种奖励又使他进一步增强了学习的动力。这时，内部学习动机又引发了外部学习动机。

利用两种学习动机相互交替、共同作用时，教师应注意：（1）在学生没有学习动机时，应创设外部条件，以激发学生的学习动机；（2）当学生有了一定的外部学习动机之后，应当有目的、有计划地培养其内部学习动机；（3）当学生有了强烈而持久的内部学习动机之后，仍然要不断激发其外部学习动机，使内部学习动机和外部学习动机共同推进学习活动。

【要点小结】

学习动机是引起和维持个体进行学习活动，并使其朝向一定的学习目标，以满足某种学习需要的内部心理状态。学习动机的形成受主客观两方面因素影响。学习动机对学习的促进作用表现为能够决定学习的方向、增强学习的努力程度和影响学习的效果。主要的动机理论包括行为主义的强化理论和自我效能理论，人本主义的需要层次理论，认知派的成就动机理论、归因理论、自我价值理论、目标定向理论。学习动机的培养可通过成就动机、成败归因和自我效能感等的培养和训练来实现。内部、外部学习动机的激发需通过不同的途径达成。

【思考与练习】

1. 观察你身边2～3名同学，比较他们的学习动机有何异同。

2. 回顾自己的学习历程，分析自己在学习动机的激发中应用了哪些方法，还有哪些方法可以帮助自己激发学习动机。

3. 调查了解3～5名学生不同的成败归因对后继学习的影响。

4. 为什么随年级升高，学生发言的积极性越来越低？能否改变这种状况？

【拓展性阅读】

1. 莫雷主编：《教育心理学》，教育科学出版社2007年版，第九章。

2. ［美］R. J. Sternberg & W. M. Williams著，张厚粲译：《教育心理学》，中国轻工业出版社2003年版，第十章。

3. 杨秀君：《国外成就目标研究的新进展》，《心理科学》2007年第3期。

第六章　学习策略

【内容提要】

学习策略源于对学习方法的研究，由于它有助于提高学习质量和学习效率，近年来已成为教育心理学研究中的一个热点问题。本章在对有关学习策略的研究成果进行较系统梳理的基础上，着重对学习策略的概况、学习的认知策略、学习的监控策略以及学习策略的教学训练等进行了介绍和探讨。

【学习目标】

1. 掌握学习策略的含义。

2. 了解学习策略的基本类型及其含义、区别。

3. 知道学习策略的训练原则及影响因素，能有效、灵活运用各种学习策略于自己的学习中。

【关键词】

学习策略　认知策略　监控策略　策略训练

第一节 概　　述

一、什么是学习策略

（一）学习策略的概念

关于学习策略的概念，学术界还没有统一的界定。人们从不同的研究角度对学习策略进行了界定，归纳起来，大致可分为三类。

第一类，把学习策略看成是学习过程中信息加工的程序、方法或者规则，即学习策略就是学习方法。里格尼（Rigney，1978）认为，学习策略是学生用于获取、保存与提取知识和作业的各种操作的程序。① 达菲（Duffy，1982）认为，学习策略是内隐的学习规则系统。② 迈耶（Mayer，1988）认为，学习策略是学习者有目的地影响自我信息加工的活动，是在学习活动中用以提高学习效率的任何活动，这些活动包括记忆术、画线、做笔记、概述等方法的使用。琼斯（Jones，1985）等认为，学习策略是被用于编码、分析和提取信息的智力活动或思维步骤。③

第二类，把学习策略看成是对学习过程中的信息加工进行调控的技能。加涅（1985）认为，学习策略是学习者内部组织起来的，用于调节自己的注意、记忆、思维等过程的一般技能。它脱离了具体的学习材料和学习内容，其功能在于指导学习者反省自己的认知活动。也就是说，在学习活动中有两个相互联系的过程：信息加工过程和控制信息加工的过程，其中对信息加工的控制和调节才是学习策略。如在考试时，有的学生拿到试卷后，就从第一题开始顺次往下做，碰到不会的题冥思苦想，耗费时间，临到交卷时才发现后面容易的题；有的学生则懂得调整和分配时间，先做容易的题，最后做难题，这个对时间的

---

①③　史耀芳：《二十世纪国内外学习策略研究概述》，《心理科学》2001年第5期。

②　Duffy, G. (1982). Fighting off the alligators: What research in real classroom has to say about reading instruction. *Journal of Reading Behavior*, 14, 357-373.

调整和分配过程就是对信息加工的调节和监控，是使用学习策略的体现。①

第三类，把学习策略看成是学习过程中信息加工的方法与调控技能的结合。如斯滕伯格（Sternberg，1983）指出，学习中的策略（他称为“智力技能”）由执行的技能（executive skill）和非执行的技能（non-executive skill）整合而成，前者指学习的调控技能，后者指一般的学法技能。他认为，要达到高质量的学习活动，这两种技能都是必不可少的。② 丹塞罗（Dansereau，1985）认为，学习策略包括两个相互联系的策略：基本策略和支持策略。基本策略直接操纵信息，是信息加工的方式方法。支持策略则是一种调控策略，用来帮助学习者维持一种合适的内部心理定向，以保证基本策略实施的有效性。在高质量的学习活动中，两者缺一不可。③

综合前人的观点，我们认为，学习策略是指在学习过程中，学习者为了达到有效学习的目的而采用的规则、方法、技巧及其调控方法的总和，它能够根据学习情境中的各种变量、变量间的关系及其变化，对学习活动和学习方法的选择与使用进行调控。其中，学习过程中用来进行信息加工的学习策略被称为学习认知策略，用来调节与控制学习过程、保障信息加工过程有效进行的学习策略则被称为学习监控策略。

（二）学习策略的特点

1. 操作性和监控性的有机统一

操作性和监控性是学习策略最基本的特性。学习策略实际上是由规则系统构成的程序性知识，学生对学习过程的不断调控，是他们对学习策略的建构和内化的过程。学习策略的操作性体现在学生认知过程的各阶段，它能够为有效认知提供各种方法和技能；监控性则体现在内隐的认知操作之中，因为它具有实施监控的机制。在这种监控机制中，元认知是最主要的动力系统。④

---

① 张大均主编：《教育心理学》，人民教育出版社2004年版，第247—248页。

② Sternberg，R. J.（1983）. Criteria for intellectual skills training. *Educational Research*，12，6-12.

③ Dansereau，D. F.（1985）. Learning strategy research. In J. W. Segal，S. F. Chipman，& R. Glaser（Eds.），*Thinking and learning skills：Relating instruction to research*. Hillsdale，NJ：Erlbaum.

④ 史耀芳：《二十世纪国内外学习策略研究概述》，《心理科学》2001年第5期。

2. 外显性和内隐性的有机统一

首先，从学习者的学习活动和认知过程的可观察性来看，在学生实际的学习中，我们可以直接观察到学习者在使用哪种或哪些外部的学习操作，并对此做出适当的监控，由此可见它的外显性特点；同时，对学习策略来说，它对学习的调控是在头脑中借助内部语言进行的内部意向活动，它支配和调节着外部操作，因而它又具有内隐性的特点。其次，从学习过程的意识性来看，对策略的运用，可能意识得到，也可能意识不到。高水平的策略使用者，策略的使用已相当熟练，达到了自动化的水平，对策略使用的意识水平即便不高，但当要求描述策略的内容，特别是当要求他们注意自己的活动时，也能意识到所用的策略；低水平的策略使用者，往往是随机地、盲目地使用策略，对策略的应用通常处于无意识状态。因此，从意识性上讲，学习策略具有外显性和内隐性的特点。

3. 主动性和迁移性的有机统一

学习策略可以根据学习材料和学习情境的特点以及学习的变化，进行自我调整以适应不同的学习情境。在某种程度上，学习策略是学习者对学习活动的能动把握，是对自我学习活动的一种调整和监控。学习策略的迁移性则是指学习策略作为一套规则系统，是学习者从具体的学习活动和过程中抽象出来的，能够有效地迁移到类似的或不同的学习情境中去。

4. 生成性和指向性的有机统一

生成性指大多数学习策略是在学习活动中由学习者从盲目到有目的的过程中逐步发现、体验而生成的，是一种渐进的、累积的、由量变到质变的过程，具有很大的个别差异。指向性指任何学习策略都指向于一定问题的解决，它决定了学习者在一定目的的引导下去寻求达到目的的途径、方法和手段，也决定了学习策略运用中的有效性和经济性。有效性指能否达到目的，经济性指能否以最小的代价达到目的。①

① 岑国桢主编：《教育心理学》，中国人民大学出版社2006年版，第192—193页。

二、学习策略的分类

尽管研究者们自20世纪50年代就开始关注学习策略的研究，但由于研究者对学习策略本质的看法存在差异，因此有关学习策略的结构和层次也就存在着很大的争议。可以说，有多少种学习策略的定义，就有多少种关于学习策略分类的观点。

（一）麦基奇等人的分类

麦基奇等人（McKeachie，et al.，1990）对学习策略的成分进行了总结。[①] 他们认为，学习策略包括认知策略、元认知策略和资源管理策略三部分（见图6-1）。认知策略是信息加工的策略；元认知策略是对信息加工过程进行调控的策略；资源管理策略则是辅助学生管理可用的环境和资源的策略，它对学生的动机具有重要的作用。

- 学习策略
  - 认知策略
    - 复述策略
    - 精加工策略
    - 组织策略
  - 元认知策略
    - 计划策略
    - 监视策略
    - 调节策略
  - 资源管理策略
    - 时间监管
    - 努力管理
    - 学习环境管理
    - 其他人的支持

图6-1　麦基奇等人对学习策略的分类

（二）丹塞罗的分类

丹塞罗（Dansereau，1985）等人认为，学习活动是一个由多种紧密关联的活动构成的复杂的活动系统。[②] 在学习过程中，认知活动无疑扮演着最为关

① McKeachie，W. J.，et al.（1990）. *Teaching and learning in the college classroom：A review of the research literature*. Ann Arbor：University of Michigan.

② Dansereau，D. F.（1985）. Learning strategy research. In J. W. Segal，S. F. Chipman，& R. Glaser（Eds.），*Thinking and learning skills：Relating instruction to research*. Hillsdale，NJ：Erlbaum.

键的角色，但与此同时，还需要适宜的认知气氛来支持认知活动的进行，使之更为有效。基于这种假设和认识，丹塞罗及其同事提出了 MURDER 学习策略。其中，M 代表情绪的调整（mood-setting）和维持（maintenance），U 代表理解（understand），R 代表回忆（recall），D 代表消化（digest）和细节（detail），E 代表扩展（expand），最后一个 R 代表复习检查（review）。这些策略又可分为两类，其一为基本策略系统（primary strategies），其二为支持策略系统（support strategies）（见图 6-2）。基本策略系统直接用于学生的认知活动，是学生在学习过程中使用的主导性策略。支持策略系统则是帮助学生在学习过程中形成适宜的认知气氛，维持一种合适的内部心理定向，使已有的学习活动得以顺利进行的保证性策略。

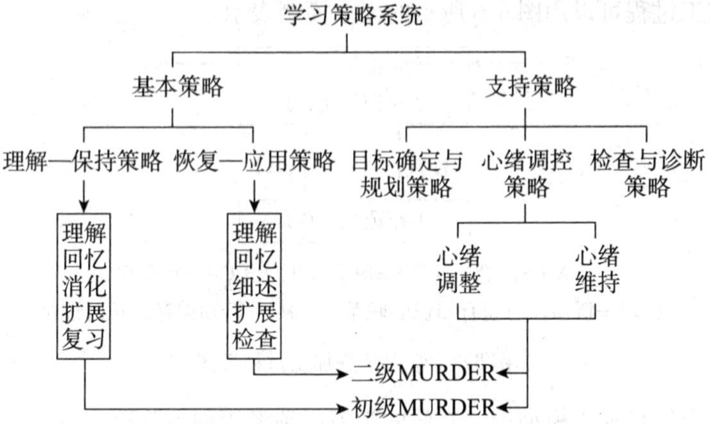

图 6-2　丹塞罗对学习策略的分类

（三）奥克斯福德的分类

奥克斯福德（Oxford，1989）认为学习策略包含五个层面（见表 6-1）。[①]

表 6-1　奥克斯福德对学习策略的分类

名称	作用
元认知策略	用来帮助学生计划、管理以及评估学习过程的策略

① Oxford，R.，& Crookall，D.（1989）. Research on language learning strategies：Methods，findings，and instructional issues. *Modern Language Journal*，73，404-419.

续表

名称	作用
情感策略	用来提高学习兴趣和端正学习态度的策略，例如多给正面鼓励和反馈
社会策略	用来促进学生之间合作的策略，可提高学习兴趣，增强理解能力
记忆与认知策略	用来增强记忆与思考能力的策略
补偿性策略	用来与学生沟通，帮助学生克服知识上的不足的策略

（四）皮连生的分类

皮连生（1997）认为学习策略可依据学习的信息加工模型进行分类，学习的信息加工过程可以用图 6-3 所示的简单模型表示。

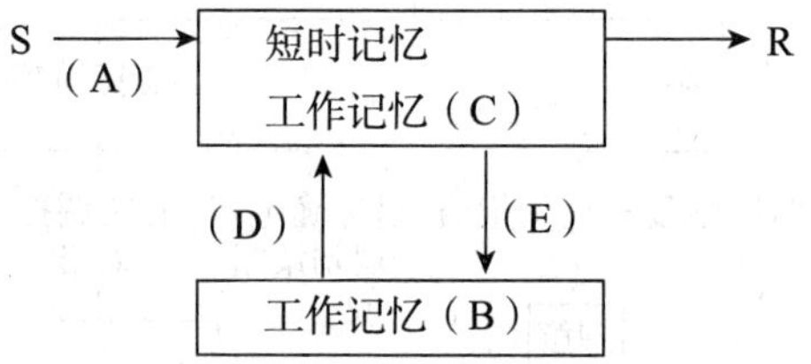

（A）=注意　（B）=原有知识　（C）=新知识

（D）=新知识与原有知识的联系　（E）=新知识存入长时记忆

图 6-3　学习信息加工过程简图

在这个信息加工模型中，有效的学习必须经历如下阶段：（1）学习者必须注意外界的信息；（2）信息必须暂时保存在短时记忆系统中；（3）学习者应主动激活与新信息有关的原有知识；（4）新知识内部形成联系；（5）新知识与原有知识建立联系；（6）将新知识储存于长时记忆中，以便日后提取和应用。

据此可以将学习策略分类如下：（1）促进选择性注意的策略，如自我提问、做读书笔记、记听课笔记等；（2）促进短时记忆的策略，如复述、笔记、将输入的信息形成组块等；（3）促进新信息内在联系的策略，如分析学习材料的内在逻辑结构和组织结构、多问几个为什么等；（4）促进新旧知识联系的策略，如列表比较新旧知识的异同、把新知识应用于解释新的例子等；（5）促进新知识长期保存的策略，如运用记忆术、双重编码、提高加工水平等。

（五）张大均的分类

根据学校学习的不同环节（时段），张大均将学习策略分为学习准备的策略、课堂学习的策略和课后巩固的策略三类。学习准备的策略具体包括制订学习计划的策略、学习心理准备的策略、课前预习的策略，课堂学习的策略具体包括陈述性知识学习的策略、程序性知识学习的策略和听课的策略，课后巩固的策略具体包括课后复习的策略和应用与反思的策略。每种具体策略又包括一些下位的策略，如听课的策略又包括选择性注意策略、自我调控策略和学习资源管理策略等。①

可将以上有关学习策略的分类概括为四种：(1) 偏重于学习活动中有关信息加工的分类，如皮连生的分类；(2) 偏重于调控方法的分类，如加涅的分类；(3) 偏重于按学习不同时段的学习要求的分类，如张大均的分类；(4) 综合性的分类，即将学习策略主要分为与信息加工有关的认知策略以及监控、保证学习的有效性的监控策略。

讨论1 学法是不是学习策略？

20世纪70年代末，我国一部分中小学开始进行学法指导的实验研究，并于1988年和1989年相继成立了全国中学学习科学研究会和全国小学学习研究协会。学法和学习策略是什么关系？学法研究对学习策略研究有什么启示？

三、学习策略的发展差异研究

学习策略作为学习者在学习过程中应用的手段、方法和调控技能，在不同的学习者和不同年龄阶段的儿童身上有不同的发展水平和特点，呈现出较为明显的发展上的差异，这种差异主要包括学习策略发展的年龄差异和不同学习者身上表现出来的水平差异。

（一）学习策略发展的年龄差异

研究发现，年幼儿童身上存在明显的策略生成和策略运用缺陷。米勒

① 张大均主编：《教与学的策略》，人民教育出版社2003年版。

(Miller，1994) 认为，策略运用缺陷现象是普遍存在的，是儿童策略发展过程中的必要一环。① 席格勒 (Siegler，1986，1987) 的研究发现：在获得策略的早期阶段，儿童多使用单一的策略；当儿童的作业从非技能性向技能性过渡时，策略运用的多重性就表现得特别明显了。② 例如，儿童初学一位数加法时，均以数手指的策略解决问题；当对问题完全熟悉时，会采用记忆恢复的策略，直接从长时记忆中提取答案；在其间的过渡阶段，儿童可能采用数手指、记忆恢复、从较大加数起数数、将问题分解为小问题等多种策略。

我国学者在对认知策略和元记忆发展的探讨中同样发现了明显的年龄特征。左梦兰 (1990，1994) 等对 5～13 岁儿童的记忆策略、元记忆和解决问题策略进行了一系列的研究，发现儿童的记忆策略、元记忆和解决问题策略水平随着年龄的增长而不断提高。③ 其中，小学和中学是两个转折点。元记忆的各部分的发展速度不均衡，元记忆知识中对记忆目的的认识发展先于对记忆材料性质的认识发展，记忆监控能力中对记忆效果的评价能力的发展先于对记忆策略的自我认识。左梦兰等的研究还发现，教育这一外部因素对学习策略的发展有显著影响。④ 何进军 (1994) 等对 10～14 岁儿童认知策略的结构及发展的研究也发现，儿童的认知策略具有随年龄增长而发展的趋势，其中从小学升入初中是认知策略发展较为迅速的时期。⑤ 这说明教育对学习策略的发展具有促进作用。庞虹 (1991) 对儿童记忆组织策略和记忆监控的一系列研究发现，儿童记忆组织策略的发展经历了从产生性缺损到成熟运用的过程，一年级儿童不能自发地运用组织策略，五年级儿童已能自发地使用策略。导致一年级儿童产生性缺损的原因主要是对记忆任务和记忆策略缺乏元认知的了解，这表明儿童策略的发展和元认知的发展是密不可分的。⑥

---

① 田学红、方格：《儿童记忆策略研究的近期动向》，《心理学动态》1998 年第 2 期。

② 李雅林：《席格勒策略选择认知发展理论》，《心理学动态》1996 年第 2 期。

③ 左梦兰、于萍、付明弘：《5～13 岁儿童元记忆发展的实验研究》，《心理科学通讯》1990 年第 4 期。

④ 左梦兰、张智：《儿童元认知的实验研究》，《云南师范大学学报（哲学社会科学版）》1994 年第 4 期。

⑤ 何进军：《西方心理学关于学习策略研究的进展》，《教育研究与实验》1994 年第 1 期。

⑥ 庞虹：《儿童有关组织策略知识和记忆监控的发展以及它们与记忆行为的关系》，《心理科学》1991 年第 6 期。

（二）学习策略发展的水平差异

不同能力的学生在拥有和使用学习策略上也存在巨大差异，表现在：（1）学习困难的儿童缺乏策略，他们不能抑制不必要的信息输入，不能有效地选择线索，不能适当地利用编码策略，不能自发地产生解决问题的策略，不能评价使用策略的效果；（2）低水平的学习者由于缺少丰富的相关经验，难以获得和使用高级的、复杂的策略，中等水平或高水平的学习者则容易获得高水平的策略并从中受益。①

牛卫华、张梅林（1998）的研究发现，优秀生的元认知策略在数量上比学困生多，达到显著差异水平，且优秀生和学困生在解题过程中使用的元认知策略有本质区别。学困生在解题过程中虽也使用一些元认知策略，但主要是对任务难度的自我评价或是指向放弃做题，对解决问题帮助不大；优秀生的元认知策略则指向问题解决，对问题解决有积极的指导作用。② 研究者在比较不同水平学习者的英语阅读策略时发现，不同水平的学生使用的阅读策略在数量和质量上均有差异。他们使用策略的根本差异在于使用策略的恰当性，即善学者懂得何时、何地完成何种任务，使用何种策略最合适（Cohen，1998，pp. 14-23）。③

四、掌握学习策略的意义

尽管学术界对学习策略是不是学习的内容、学习策略是不是可以自觉习得尚有不同看法，但学习策略对学习的重要性已充分显现，这也从一个侧面反映了学习者掌握学习策略的重要性。

（一）掌握学习策略是学会学习的必然要求

随着个体面临的社会环境日趋复杂，终身学习的压力越来越大，学会学习成为社会对每个社会成员的必然要求。学习策略有助于提高学习质量和学习效

---

① 姚梅林：《当前外语词汇学习策略的教学研究趋向》，《北京师范大学学报（社会科学版）》2000 年第 1 期。

② 牛卫华、张梅林：《学困生和优秀生解应用题策略的对比研究》，《心理科学》1998 年第 6 期。

③ Cohen，A. D. (1998). *Strategies in learning and using a second language*. NY：Addison Wesley Longman Limited.

率，因此，现代教学应该将学习策略作为教学的重要内容，达到“教是为了不教”的目的。

（二）掌握学习策略是主体性教学的要求

教师在教学中的主体性表现在教师在教学中的主导作用，现代教改的重点之一就是转变学生的学习方式，因此，教师的主体性应体现在其积极引导学生主动掌握有效的学习策略之中。学生的主体性主要表现在发展的主体性和学习过程的主体性两个方面。从发展的角度来讲，学生是教学目标的体现者，要使教学目标得以实现，学生必须具备相应的知识并会学习。从学习的过程来讲，学生是学习活动的主人，他们的学习积极性是保证达到学习目标的基础。只有学生能够主动地学习，主动地对学习内容进行认识，主动地接受教师的指导和帮助，才能实现自己的发展。由此，不难看出，在学生的主体性中，无论是发展的主体性还是学习过程的主体性，都涉及学生对学习策略的掌握。

（三）学习策略的掌握能够有效提高学习的质量

在众多影响学习质量的因素中，学习策略是最重要的因素之一。学习活动和认知活动都涉及相应的效率问题，而学习策略能够使得学习的效率提高，从而提高学习效果。尽管从掌握学习的理论上说，每个学习者都能够达到对学习材料掌握的程度，但这种掌握的效率受到学生学习策略的影响。因此，掌握学习策略有助于提高学习效率，使学生的学习事半功倍。

讨论2　教学是“授人以鱼”重要还是“授人以渔”重要？

在“知识就是力量”的号召下，有效传授知识一直是教师努力的方向，而知识本身也是一个学科的基石，因此它也应当是教学的重要任务。尽管知识掌握是重要的教学目标，但教师的工作并不只是传授知识，对于现代教师而言，是“授人以鱼”重要还是“授人以渔”重要？

第二节 学习的认知策略

一、认知策略与学习策略

（一）认知策略的概念

认知策略这个术语最初由布鲁纳（Bruner，1956）在其著名的人工概念的研究中提出，随后心理学家纽厄尔（Newell，1958）等利用计算机有效地模仿了人类的问题解决策略，从而形成“学习策略”的概念，这引起了心理学家尤其是教育心理学家的极大兴趣。不过，同时对认知策略与学习策略进行研究，也造成了人们对这两个概念的混淆。

什么是认知策略呢？美国心理学家加涅（Gagné，1985）对认知策略进行了系统研究，他认为，认知主要是指人脑对信息的加工过程，如对信息的编码、转换、储存。而认知策略则是如何对信息进行认知加工，即学习者用来调节自己内部注意、记忆、思维等过程的技能，其功能在于使学习者不断反省自己的认知活动，调控对概念和规则的使用。

从信息加工的角度出发，人们的学习过程实质上是信息的解码、编码、识记、保持、提取等一系列过程。而认知策略也就是学习过程中对信息进行加工的方式方法。我们既可以从信息加工流程（如信息的选择、信息的获得、信息的构建、信息的综合等）的角度将认知策略分为复述策略、精加工策略和组织策略三类，还可以从学习的具体任务出发将认知策略分为阅读策略、写作策略、做笔记策略、解题策略、考试策略、复习策略等。

（二）认知策略与学习策略的区别

认知策略与学习策略既紧密联系，又有很大区别。学习策略是比认知策略更广的概念，它针对学习活动的整个过程，而认知策略是学习策略的基础，它仅涉及信息加工过程。尽管学习活动离不开对客观事物的认识，但认知只是学习活动的一个部分或方面，学习的过程除了信息加工外，还表现出许多与信息加工有关的学习者自身生理的、情绪的、社会性的影响因素，学习策略也包括对这些因素的处理和控制的方式。因此，把认知策略等同于学习策略无疑缩小了学习策略的外延。从另一方面来看，学习过程中的主要活动是对信息进行加工和处理，因此，学习活动中的认知策略实质上又是学习策略的主要构成部分。

加涅在论述认知策略的同时，也提到了它与学习策略的关系，认为认知策略与学习策略具有因果关系：认知策略的改进是学习策略改进的原因。

二、学习中的主要认知策略

学习活动中的信息加工过程主要包括对信息进行编码、存储和提取等几个步骤，相应的认知策略则有深入理解、精加工、合理组织和建构、高效练习和保持记忆等。下面我们将从信息加工的过程来探讨学习活动中几种主要的认知策略。

（一）精加工策略

精加工策略是指把新信息与头脑中的旧信息联系起来，寻求字面意义背后的深层次意义，或者增加新信息的意义，从而帮助学习者将信息储存到长时记忆中去的学习策略，其要旨在于建立信息间的联系。联系越多，能回忆出信息原貌的途径就越多，即提取的线索就越多。精加工越深入、细致，回忆就越容易。

1. 人为联想策略

对意义性不强的信息进行精加工的策略叫作人为联想策略，通常也称记忆术，即人为地赋予材料以意义，使其更有利于记忆。人为联想策略对于那些必须记住的学科基础知识，如外语单词、化学符号、植物名称等非常有用。常用的人为联想策略主要有以下几种。

一是形象联想法。这种方法是通过人为联想，使无意义的难记的材料和头脑中鲜明奇特的形象（视觉表象）相结合，从而提高记忆效果。例如，要记住“飞机、大树、信封、耳环”等20个不相干的没有内在意义联系的词语时，可以进行这样的联想：（1）天空飞着一架银色的飞机；（2）飞机突然撞到一棵顶天立地的大树上；（3）这棵大树很奇特，它的叶子形状像信封；（4）信封似的叶子上挂着一个个闪闪发光的耳环。想象的形象越鲜明具体越好，形象越夸张奇特越好，形象之间的逻辑联系越紧密越好。

二是谐音联想法。这种方法是通过谐音线索，运用视觉表象，假借意义进行人为联想。例如，有人将圆周率3.141 592 653 5编成顺口溜："山巅一寺一壶酒（3.141 59），尔乐苦煞吾（26 535）。"运用这一方法时应注意，关键的谐音词只起检索的作用，它不能代替对知识本身的精确感知，应该在谐音和需要学习的材料之间进行有效的转换。

三是首字连词法。首字连词法是利用每个词语的第一个字形成缩写，或者用一系列词描述某个过程的每个步骤，然后将这一系列词提取首字作为记忆的支撑点。在这种策略的应用中要注意，当需要记忆的是操作程序时，需要按顺序记住材料，一般情况下可根据记忆的内容和方便性来决定首字如何组合以形成记忆和提取的线索。如记忆《辛丑条约》的内容可用"钱禁兵馆"（谐音"前进宾馆"）帮助记忆：（1）要清政府赔款（钱）；（2）要清政府保证禁止人民反抗（禁）；（3）容许外国在中国驻兵（兵）；（4）划分租界，建领事馆（馆）。

除了上面讲的这些人为联想策略外，还可利用歌谣、口诀等手段进行人为联想。

2. 内在联系策略

对意义性较强的信息进行精加工的策略则称作内在联系策略。它是通过新旧知识之间的联系，用头脑中已有的图式使新信息合理化。这种认知策略首先要求对新信息进行理解，其次是强调新的学习材料与已有的知识之间的衔接。正是由于它要求在头脑中主动形成一些思想之间的逻辑联系，所以也可以称其为内在生成策略。现代教育心理学充分证明，对新知识能掌握多少，很大程度上取决于你对与它有关的知识知道多少。

3. 生成策略

维特罗克（Wittrock，1974）强调学习是一种生成过程，提出生成策略。实验研究发现，当学习材料是学习者理解之后能够用自己的语言表达出来时，对它的学习效果要比单纯的记忆好得多。而认知策略中的生成策略就强调学习者对学习材料进行提炼和组织，具体而言有以下几种方式。

其一，画线、摘要与做注释。画线是指在学习过程中将比较重要的信息勾画出来，便于理解记忆。区分重要与次要信息是画线的关键。在学习过程中，一般采用下面的程序：首先是对新材料进行理解，在理解的过程中，对不熟悉的地方应想办法理解，如查阅不懂的字词等；其次，在理解的过程中需要对比较重要的信息进行勾画，为了更多地提供思考材料的机会，还可以在画线、摘要旁边做注释。在画线、注释的过程中可以使用一些常用的简写符号，以提高效率。

不过，研究表明，单纯的画线对学习可能没有太大的促进作用（Anderson & Armbruster，1984；Gaddy，1998；Snowman，1984）。其主要问题在于很多学生无法确定什么材料是最重要的，而只是在很多地方都画线。当要求学生画出一段中最重要的一句话时，他们确实能记住更多的内容，这或许是因为在确定哪句话最重要时，学生进行了较高水平的心理加工（Snowman，1984）。① 因此，画线与摘要通常需要同时进行。

其二，给出标题、写提要。给出标题、写提要与摘要不同，是用自己的语言对材料的中心思想进行简短陈述。它们的目的都在于促进对新信息的精加工和整合，是对材料的中心思想重新进行心理加工。写提要时要尽可能用自己的话对学习材料进行组织。

4. 记笔记策略

记笔记策略是生成策略中使用较为普遍的精加工策略，所以将其单独列出来。俗话说：好记性不如烂笔头，心不及墨。研究发现，记笔记的主要作用包括：(1) 保持学习者的注意和兴趣；(2) 有效地组织材料。

记笔记的方法有很多种，其中流传较广的是康奈尔笔记技术，其操作步骤如下。

第一步：听课前的准备工作。准备一个活页式的笔记本，笔记本要足够大，以便有足够的空间做记录和画图表。每页上要有分类标志、编号和日期。如果可能，最好做单面记录，这样便于拆分和归类。记笔记前，先将每页分成两栏：较宽的一栏为主栏，记录听课的内容；较窄的一栏为回忆栏，用于概括主栏的内容（见图 6-4）。听课前，花几分钟复习前面的笔记，以便与新讲的内容建立联系。

---

① ［美］罗伯特·斯莱文著，姚梅林等译：《教育心理学》，人民邮电出版社 2004 年版，第 149 页。

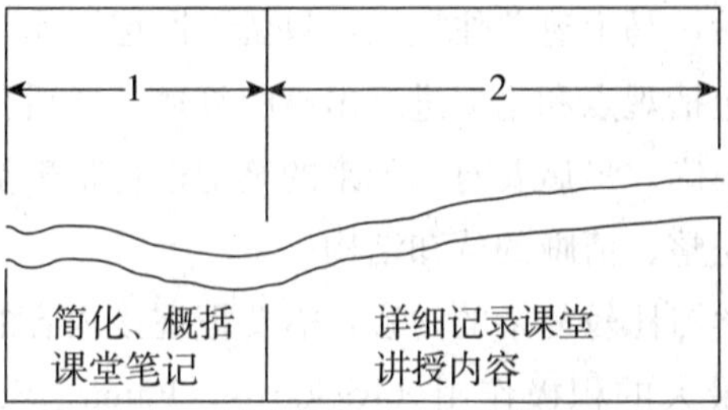

图 6-4　康奈尔笔记模式

第二步：听课中做笔记。尽量抓住重要观点，尽可能记下有意义的概念和要点，这比记下详细例子更重要。记录中可以使用一些缩写和自己明白的符号代码。

第三步：听课后整理。听课后尽早（最好不要拖延至第二天）整理笔记。首先通读笔记，修改潦草字迹使它更清楚，填补听课时有意留下的、来不及记录的空白，找出主要观点并标示出来。然后，在回忆栏归纳出关键词或短语（见图 6-5）。用自己的话归纳出关键词，实际上是在头脑中对听课内容加以组织和建构。

	物质的类型
固体	1. 固体 （1）有一定的形状 （2）有一定的体积 （3）质地比较坚硬的物体
液体	2. 液体 （1）没有一定的形状 （2）有一定的体积 （3）可以流动的物体
气体	3. 气体 （1）没有一定的形状 （2）没有一定的体积 （3）可以流动的物质

图 6-5　康奈尔笔记模式举例

完成以上三步后，马上遮盖住主栏，只留下回忆栏作为线索，尽可能用自己的话对主栏内容包括观点和论据进行出声的复述，然后打开主栏，检查对照自己刚才所说是否正确。最后要对几天来的笔记进行整理复习，对一个单元的知识形成一个相对完整、清晰的认知结构。

研究发现，当学习比较复杂的内容，需要把握该内容的要点时，使用记笔记的策略能够产生最大的积极作用（Rickards，Fajen，Sullivan & Gillespie，1997）。另外，记笔记时如果能够进行心理加工，而不只是简单地记下所看到或听到的内容，那么记笔记会更有效（Kiewra，1991；Kiewra，et al.，1991；Slotte & Lonka，1999）。例如，研究发现（Bretzing & Kulhavy，1981），以改写的方式记笔记（用不同的言辞来陈述要点）以及为教授他人某些内容而准备笔记，这些都是有效的策略，因为这些活动都需要对信息进行高水平的心理加工。①

（二）组织策略

从某种角度来说，组织策略也是一种生成策略。一方面，组织是把信息组合成具有一定意义的整体，而有意义的内容通常是比较容易记住的；另一方面，组织是把学习材料分解成一些较小的单元，再把这些单元归在适当的类别之中，这样，每项信息就都能够同其他信息联系在一起进行记忆，这将大大有助于信息的提取。组织策略主要有以下两种。

1. 归类策略

归类是把材料分成小单元，再把这些单元归到适当的类别里，主要用于对概念、语词、规则等知识的归类整理。例如，要外出购买的东西很多，有盐、葡萄、蒜、苹果、胡萝卜、橘子、胡椒、豌豆、辣椒粉、姜，可以将它们归在“水果”“蔬菜”“作料”的概念下，再分门别类地记忆。研究表明，某一领域的专家的特征之一，就是善于利用归类策略进行知识的记忆和提取。

2. 纲要策略

纲要策略是掌握学习材料纲目的方法，主要用于对学习材料结构的把握。学生学习教材的主要任务是抓住教材的中心思想和支持中心思想的重要细节，

---

① ［美］罗伯特·斯莱文著，姚梅林等译：《教育心理学》，人民邮电出版社2004年版，第149页。

以及它们之间的联系。纲要策略不仅能够减轻短时记忆的负担，有助于阅读和记忆，而且还有助于提高创造性解决问题的能力。

纲要可以是用语词或句子表达的主题纲要，也可以是用符号、图等形式表达的符号纲要。

其一，主题纲要法。试读这样一段话："广场比街道更理想，跑动比走路更好，最好每个人都有很大的空间。虽然鸟类不会靠近它给它带来损坏，但雨水是它的大敌，因此不能选择雨天。"这段话里没有生字，每个句子都很好懂，但我们读了以后，仍然不明白它说的是什么。如果我们知道它说的是"放风筝"，那么这段话立刻就可以理解了。"放风筝"这个词组在这里起到了提纲挈领的作用，促进了理解。使用主题纲要法可分为四个步骤：(1) 学习教材，判断教材学习的主要目标，理解基本思想；(2) 勾画或摘录出要点；(3) 考虑信息之间的关系，可用数字表达它们之间的层次结构（一、二、三……或 1、2、3……）；(4) 记住提纲，使用提纲解答问题。

其二，符号纲要法。符号纲要法是采用图解的方式体现知识的结构，即作关系图。它比主题纲要法更直观形象，但要求学习者对符号相当熟悉。符合纲要法主要有两种形式。一是层次网络法，它由结点（观点）和连线（观点之间的关系）组成。结点的排列分层，似金字塔（如前所述），而连线具有不同的性质，以表达不同性质的关系。二是流程图，它着重说明某个过程之间的要素是如何联系的。它具有方向性和时序性，有助于表达程序性知识的结构。

（三）**复述策略**

复述策略是指在工作记忆中为了保持信息而对信息进行重复识记的过程，它是短时记忆的信息进入长时记忆的关键。下面是一些主要的复述技巧。

1. 复述的时间安排技巧

(1) 及时复习。根据艾宾浩斯的遗忘曲线，遗忘速度开始时最快，学习后的 10 小时内复习 10 分钟，比学习后 5～10 天复习 1 小时的效果好得多。因此要及时复习，特别是对那些意义性不强的学习材料，更需要及时复习。(2) 分散复习。由于消退、干扰等各种原因，学习的材料都会随着时间的推移而出现不同程度的遗忘。因此，还需要采用分散复习来保持对学习材料的记忆效果。例如，如果当天学习了 20 个生词，那么当晚复习 1 小时不如当晚复习 30 分钟、第二天复习15分钟、第四天复习10分钟、一星期后复习5分钟。一天中复习的时间安排也是如此，集中1小时不如将1小时分摊于早、中、晚。(3) 限时记忆。限时记忆主要应用于临时需要记住大量材料的情况。当我们对记忆的时间加以限制时，随着限制时间的来临，大脑的兴奋度就会提高，它的机能因此被调动起来，记忆效果就会提高。

2. 复述的次数安排——过度学习

过度学习是指在“记得”和“学会”的基础上，再增加一些学习的时间，以便对学习材料的掌握达到更高的程度。一般来说，过度学习的次数保持50%～100%最好。超过的次数少，达不到效果；超过的次数多，费时费力，效果却不会因此而提高。所以，过度学习要适当。过度学习最适用于那些必须准确回忆却没什么意义的操练性信息，如乘法口诀表、汉字书写和英语单词的拼写。

复述时应注意以下问题：(1) 注意克服记忆效应。这里所指的记忆效应主要有两种。一是复述过程中不同材料的干扰。这种干扰既有先前学习的材料对后面要复述的材料的干扰，也有后面复述的材料对先前学习的材料的干扰。这就要求复述过的材料在头脑中应该尽量保持清晰的印象。二是首因效应和近因效应，这是指最开始复习的材料和最后复习的材料容易记得牢。这就要求对中间的内容要加以特别的注意，或者将特别难以记忆的内容放在开始或者结尾的时候进行复述。(2) 运用多种感官协同记忆。运用多种感官协同记忆，可在大脑中留下多方面的回忆线索，从而提高记忆效果，如边听边看、边说边写、边听边做、边想边动手等。研究表明，人们获取的信息中1%通过味觉，1.5%通过触觉，3.5%通过嗅觉，11%通过听觉，83%通过视觉。而且，人一般可记住自己阅读的10%、自己听到的20%、自己看到的30%、自己看到和听到的50%、交谈时自己所说的70%。这说明多种感官的参与能有效增强记忆。(3) 多种形式复述。不同的复述形式有利于多角度地理解知识。例如，复述英语生词时，可采取朗读、抄写、默写、看中文回忆英文或相反、用单词造句、同学间互问互答等多种方式。(4) 心向、态度和兴趣的影响。孔子说过，知之不如好之者，好之不如乐之者。如果我们对某事感兴趣，或者对它持积极态度，就会记得牢；反之，则容易忘。因此，我们若想达到良好的复述效果，最好对要识记的材料持积极态度。

第三节　学习的监控策略

一、监控策略及其特点

学习的监控策略主要是指学习活动中的元认知监控策略，即学生对自己学习过程的有效监视和控制。美国心理学家弗拉维尔（J. H. Flavell）于 1976 年在《认知发展》一书中首先提出了元认知的概念。

（一）元认知与认知

元认知也被翻译为反省认知、监控认知、超认知、反审认知等，是指人对自己的认知过程的认知。在学习的信息加工系统中，存在着一个对信息的执行控制过程，它监视和指导着认知活动的进行，负责评估学习中的问题，确定用什么学习策略来解决问题，评价所选策略的效果，并且改变策略以提高学习效果。这种执行控制就是元认知的功能和活动。学习者可以通过元认知来了解、检验、评估和调整自己的认知活动。一般认为，元认知由元认知知识、元认知体验和元认知监控三部分组成。

元认知和认知是两个相辅相成的概念。首先，元认知不是一般的认知。这体现在两个方面：一是两者的作用对象不同，元认知的对象不是一般认知的对象，是主体的认知活动本身，而认知的对象是客观外界；二是两者的发展速度不一样，个体的认知能力（如感知、判断、思维等能力）的发展在婴幼儿时期就已经开始了，而对这些认知过程进行调节、控制的元认知的发展则要晚得多。其次，两者关系密切。元认知指导和调节认知，对认知的发展有不可忽视的作用。而认知则是元认知的基础，没有认知，元认知便没有对象，同时元认知的发展也有赖于认知水平的提高。最后，认知策略和元认知策略有时是相通的。比如，人们为了有效监控自己的认知过程、提高认知过程的效率，常采用提问的方式，如“这段文字到底讲的是什么”，“我已经把它记住了吗”，这些监控认知活动的提问策略在认知过程中也常常被使用。

（二）元认知监控

元认知监控是指个体在进行认知活动的全过程中，将自己正在进行的意识活动作为意识对象，不断对其进行积极的监视、控制和调节。研究者一般从认知活动的阶段来研究元认知监控，将元认知监控分为四个阶段：（1）制订计划，即在认知活动开始之前，根据认知任务的性质、特点，确定完成任务的实际步骤，考虑可选择的策略，并预计执行的结果等。（2）执行控制，即在认知活动过程中，及时评价、反馈认知活动中的有关信息。若与认知目标一致，则继续下去；若与认知目标相背离，则应及时修正、调整认知策略。（3）检查结果，即根据认知目标评价自己的认知结果，是完全达到、部分达到还是根本没有达到。（4）采取补救措施，即根据对认知结果的检查，对存在的问题采取可行的补救措施。

（三）学习过程中的自我监控研究

元认知是对自身认知过程的监控和调整，它适用于人的所有认知活动。一些研究者从学生的学习过程出发，对学习过程中的自我监控进行了探讨，这实际是对学生学习过程中涉及的元认知监控的具体化。

董奇等研究发现，学生学习的自我监控可以分为八个方面（见表6-2）。①

表6-2　自我监控学习能力的成分及其界定

成分	含义
Ⅰ学习活动前的自我监控	
计划性	儿童在学习前对学习活动的计划和安排（如学习之前先做好计划，对学习哪些内容、如何去学以及学习时间等进行安排）
准备性	儿童在学习前对学习活动做好各种具体的准备（如学习之前准备好学习用具，创设好学习环境，调节好情绪）

① 董奇、周勇：《10～16岁儿童自我监控学习能力的成分、发展及作用的研究》，《心理科学》1995年第2期。

续表

成分	含义
Ⅱ学习活动中的自我监控	
意识性	儿童在学习活动中清楚学习的目标、对象和任务（如上课时知道教师为什么要讲这些内容）
方法性	儿童在学习活动中讲究策略，选择并采用合适的学习方法（如在不懂的地方做上记号，听讲时弄清教师讲课的思路，采取理解记忆的方法）
执行性	儿童在学习活动中执行学习计划，排除干扰，保证学习活动的顺利进行（如坚持在完成学习任务后才做其他事情）
Ⅲ学习活动后的自我监控	
反馈性	儿童在学习活动后对自己的学习状况及效果进行检查、反馈和评价（如在完成课后练习后，根据完成的情况评价自己对学习内容的掌握情况）
补救性	儿童在学习活动后根据反馈结果对学习采取必要的补救措施（如一旦发现某一部分内容学得不好时，就多花些时间或想一些办法去学好它）
总结性	儿童学习活动后的思考以及对学习经验和教训的总结（如总结自己或借鉴别人的学习方法和经验，不断完善自己学习的方法）

二、学习过程中的主要监控策略

（一）计划策略

学习中的计划策略包括设置学习目标、浏览阅读材料、编制思考题以及分析如何完成学习任务。合理的学习计划是顺利完成学习活动和提高学习效率的重要前提。学习计划的内容包括学习目标、任务、时间、措施等。一般而言，制订学习计划时应该考虑以下几个方面。

1. 学习目标的制订

学习目标的种类较多，可以从不同的角度对其进行分类，如从学习的层次与类型上可将目标分为记忆的目标、理解的目标、简单应用的目标和综合应用的目标等，从时间上可以将目标分为长期目标、中期目标和短期目标。

目标的制订应该注意以下几个方面。首先，目标应具有可行性，即目标应该是在自己的能力和一定时间范围内能够实现的。要做到这一点就需要做到：一是目标适度，那些可望而不可即的目标和毫不费力的目标均是不适度的目标；二是目标分层次，即将总目标分解为具体的小目标。其次，在学习目标基础上制订的学习计划应有具体性。一般而言，一份好的学习计划应该包括三个“明确”，即目标明确、任务明确和时间明确。特别是对于短期目标而言，计划的具体性更为重要。最后，计划应该有一定的弹性。在制订计划时不应该把时间安排得太满、太死，应该有一定的机动时间应付可能出现的临时任务与活动，这样才便于随时根据学习的具体情况进行适度的调整。

2. 学习时间的分配与管理

学习计划包含要完成的学习任务及所需要的时间。在学习时间的分配与管理上，有以下几种策略：(1) 求实策略。要相对准确地确定自己每天的活动内容及所需的时间，这样就可以精确地获得能够用于学习活动的时间总量，然后就可以将其在学习任务中进行分配。对于时间的管理，可以对自己每天的活动进行分类，确定所需要的时间，然后再进行合理的分配。(2) 差异策略。要按各种学习任务的轻重缓急分配时间，体现三个“优先”：重点任务优先于一般任务；紧急任务优先于不急的任务；见效快的任务优先于见效慢的任务。(3) 充分策略。在一定时间内，把充足的时间分配在某个具体任务上。这是为了突出主攻方向，确保某个学习目标的实现。

（二）监视策略

监视策略是指在认知过程中，根据认知目标及时检测认知过程，寻找两者之间的差异，并对学习过程及时进行调整，以期顺利实现有效学习的策略。具体包括以下几种策略。

1. 领会监控

领会监控是指学习者在阅读过程中将自己的阅读领会过程作为监控对象，

不断对其进行积极的监视和调整。领会是阅读过程中最重要的目标，领会监控则是不断监控自己是否达到了对学习材料的领会。如果没有找到达成理解的重要信息，或者没有理解关键概念，则会出现一种短暂的认知困惑，领会监控策略就会指导认知系统去采取一定的补救措施，如重新浏览材料、仔细阅读难以理解的地方或者学完整个材料之后再回头来看理解有困难的地方等。

SQ3R是最常见的帮助学习者学习教材内容的阅读领会策略，其步骤如下。

浏览（survey）：浏览全书，大致了解阅读材料的主要内容。浏览范围包括：(1) 封面信息，即书名、作者、出版商及出版日期；(2) 目录和内容提要，以确定哪一部分是你感兴趣的；(3) 前言和后记，以了解作者写作的背景和意图。这一步不要超过1分钟，而且要抓住阅读材料的3～6个核心观点，这可以帮助学习者在后续阅读中组织观点。

提问（question）：怎样提问？最简单的做法是将标题转换成疑问句。如标题是“教育心理学的研究对象”，可转换成“教育心理学的研究对象是什么”。将标题转换成疑问句实际上是确定了一个阅读目的，带着问题阅读会帮助学习者在阅读中区分重要信息与次要信息，使学习者更快地理解本章内容。

阅读（read）：首先细读第一部分，回答上一步提出的问题，不要逐字逐句地读，而要积极地寻找答案，抓住实质内容。

陈述（recite）：读完第一部分后，合上书尝试简要回答上面提出的问题，最好能用自己的语言举例说明。如果不能清晰地陈述答案或者举例说明，那么就要再阅读，再尝试陈述。进行这一步时，最好能结合记笔记，摘记一些短语作为陈述的提示。完成第一部分的学习后，按照以上三个步骤（question，read，recite）学习后续的章节，直至完成整本书的阅读。

复习（review）：按以上步骤通读全书后，察看笔记，浏览全部观点以及它们之间的关系，然后合上笔记，尝试回忆主要观点及每一主要观点之下的次级观点。

一些研究表明，从幼儿到大学生，有许多人都缺乏这种领会监控技能，许多学生总是把重复（如再读、抄笔记等）作为主要的领会策略。为了帮助这样的学生，德文（Devine，1987）建议他们使用以下策略以监视并控制自己的领会过程。

（1）变化阅读的速度，以适应对不同性质课文领会要求上的差异。对于比较容易的章节读快点儿，抓住作者的整体观点；对于较难的章节，则要放慢速度。

（2）容忍模糊。如果某些内容不太明白，继续读下去，不要中止，作者可能会在后面填补这一空隙，增加更多的信息，或在后文中会有明确说明。

（3）猜测。当所读的某些事不明白时，养成猜测的习惯。猜测不清楚段落的含义，并继续读下去，看看自己的猜测是否正确。

（4）重读较难的段落。重新阅读较难的段落，尤其是当信息仿佛自相矛盾或模棱两可时，这种最简单的策略往往是最有效的。①

2. 集中注意

心理学研究发现，在信息加工过程中，只有得到注意的信息才能够进入我们的工作记忆，得到进一步的加工，从而获得较好的学习效果。而没有加以注意的信息则会出现自然衰退和主动抑制，从而不为学习者所感知。因此，要提高学习效果，就必须集中注意力。科诺（Corno，1987）发现，注意与学习者的自我管理能力有关，注意力差的学生很难计划和控制自己的学习。应该教给学生抑制分心的策略，以帮助他们进行自我管理和调节，如注意此刻正在做什么，避免接触分散注意力的事物等。

知道并明确自己的学习任务能够使学习者保持学习的心向，随时提醒和监控自己是否完成了学习任务。如果还没有完成学习任务，那么他会让自己将注意力保持在学习材料中。也可以采用自我奖励的方法，如告诉自己，把这部分内容学完之后就可以好好玩一下，这样可能会使自己的注意能够暂时集中。

3. 调节监控

调节监控是在学习过程中根据对认知活动监视的结果，找出认知偏差，及时调整策略或修正目标，在学习活动结束时，评价认知结果，采取相应的补救措施，修正错误，总结经验教训等。例如，当学习者意识到他不理解学习材料的某一部分时，他就会退回去重新阅读困难的段落，在阅读困难的材料时放慢

① 张大均主编：《教育心理学》，人民教育出版社2004年版，第269页。

速度。调节监控能帮助学生矫正他们的学习行为，以补救理解上的不足。

要能够有效进行学习活动中的调节监控，对学习活动进行及时评价是一种重要的策略。学习中的评价是指把学习进程或学习阶段性结果同既定目标比较，以确定学习进展和质量，决定是否接受下一步的学习任务。学习中的评价能够使学习者有效分辨错误，及时获得信息反馈并强化学习成功感，激发学习者的学习积极性。

元认知监控策略的这几个方面总是相互联系在一起而发挥作用的。学习者在学习过程中一般先认识自己当前的任务，然后使用一些标准来评价自己的理解，预计学习时间，制订有效的计划来学习或解决问题，最后是监视自己的进展情况，并根据监视的结果采取补救措施。

第四节　学习策略的教学训练

一、学习策略教学训练的原则

学习策略是判断不同学习者差异的重要指标，让学生学会学习的重要方法之一就是对学生进行有效的学习策略训练。优秀教师不仅会结合教学内容教给学生具体的学习策略，而且还会指导学生积极、适时地选用有效的学习策略，并通过教学训练形成适合学生个体的学习策略。

在学习策略的训练指导中，教师应遵循以下一些基本原则。

（一）主体性原则

主体性原则是指学习策略训练中应该发挥和促进学生的主体作用。任何学习策略的使用都依赖于学生主动性和能动性的充分发挥，如果学生在学习过程中处于被动状态，甚至连学习目标、过程、方法都要由他人来设计甚至监控和评价，那么也就无所谓学会学习了。因此，在学习策略训练中，要提高学生的主体参与性，不仅要向学生阐明策略学习的目的和原理，更要给他们充分运用学习策略的机会，并指导其分析和反思策略使用的过程与效果，以帮助其进行有效的监控。

（二）内化性原则

内化性原则是指在学习策略的学习过程中，学生能够不断实践各种学习策略，逐步将其内化成自己的学习能力，从而能够在新的情境中加以灵活应用。内化过程需要学生将所学的新策略与头脑中已有的相关策略知识整合在一起，形成新的认识和能力。

（三）特定性原则

特定性原则是指学习策略一定要与学习目标及学生的特点相适应。同样的策略，不同的学生使用起来效果是不一样的。教师要针对学生的年龄、已有的知识水平以及学习动机的类型，帮助学生选择适合的学习策略。同时，还要考虑学习策略的层次，必须给学生大量的各种各样的策略，不仅有一般的策略，还要有非常具体的策略。

（四）生成性原则

生成性原则是指在学习过程中要利用学习策略对学习材料重新进行加工，产生新的东西。这要求学习者进行高度的心理加工，即学习者应该利用学习策略对学习材料进行生成性加工，而不是简单利用别人已有的知识经验。要想使一种学习策略有效，进行这种内化的心理加工是必不可少的。

（五）有效监控原则

有效监控原则是指学生应该把注意力集中在学习结果和学习过程的关系上，监控自己使用每种学习策略所产生的学习结果，以便确定所选策略是否有效。经过这样的监控实践，学生就能够灵活把握何时、何地以及如何使用某种策略，甚至在这些策略运作时能将它描述出来。

（六）个人效能感原则

个人效能感原则是指学生在执行某一任务时对自己胜任能力的判断及自信程度，它是影响学习策略选择的一个重要的动机因素。那些能有效使用策略的人相信，只要自己使用某一策略，就会对自己的成绩产生影响。另外，学习策略的作用取决于学生对它的运用，如果学生知道何时以及如何使用策略，却不愿意使用这些策略的话，那么他们的学习能力也不会得到提高。这就要求教师应该给学生创造机会，让学生在完成任务时体会到较高的个人效能感。在学习策略训练中也应该包括动机训练，即让学生相信策略的运用能够提高完成任务的效率。

二、影响学习策略教学训练的因素

策略的学习和训练包括教与学两个方面，因此策略教学的影响因素也相应地来源于这两个方面。

（一）学生因素

学习策略的掌握和运用很大程度上取决于学习者自身。来自学习者的因素主要有年龄特征、原有的知识背景、学习动机、学习归因方式、自我效能感等。

1. 年龄特征

学习策略的发展具有一定的阶段性，同时学习者的认知发展也具有相应的年龄特征，因此学习策略的教学必须要充分考虑策略发展的阶段性和认知发展的阶段性特征，既不能不管不问，也不能拔苗助长。

2. 原有的知识背景

学生原有的知识背景中有两种知识，一种是策略性知识，另一种是非策略性知识（学科领域知识），这两种知识对学习策略的掌握和运用都有非常重要的影响。由于学困生存在缺乏记忆策略、元认知策略的现象，并且他们解决问题的技能和思维技能贫乏，难以建立知识之间的联系，因此，学困生对原有知识背景的利用将更加困难。

3. 学习动机

动机的强度对掌握和应用学习策略的影响主要体现在学生掌握策略的意识性和对学习材料的兴趣以及对材料的敏感程度上。只有具备较强的学习动机，学习者才会积极探索、吸收能够提高学习效率的策略。

4. 学习归因方式

研究表明，当学习者将学习的成败归于自身能够控制的、相当不稳定的因素，如努力程度时，这些学习者的策略水平相对较高。这要求教师能够引导学生恰当归因，以促进学生对学习策略的掌握和运用。

5. 自我效能感

它是指学习者对策略应用效能的信任和自信程度。如果学生注意到，使用某些学习策略确实提高了他们的学习成绩，则他们可能受到激励，继续应用这些策略。因此，在学习策略教学中，教师应该让学生体验到应用策略所带来的成功感。

（二）**教师因素**

教师也是影响学习者掌握和运用学习策略的重要因素，主要包括教师运用学习策略的水平、策略教学经验和策略教学方法。

1. 运用学习策略的水平

这是对教师自身策略知识和能力的要求。通常，运用学习策略水平较高的教师在教学活动中善于识别重要的学习策略，并且能够清楚地认识到哪些学习策略对当前的学习任务最为适宜，他们也最有可能对学生进行策略的教学。

2. 策略教学经验

教师的策略教学经验包括：（1）善于选择适合的学习策略；（2）善于不断寻求新的学习策略；（3）能将学习策略明确地、有意识地教给学生；（4）能提高学生掌握学习策略的意识水平。教师的策略教学经验能够有效地促进学生对学习策略的获得和运用。

讨论3 学习策略是否可以通过教学训练让学生掌握？

教育心理学家对此提出了两种不同的观点。一种观点认为学习策略是问题解决能力的一种类型，虽然构成学习策略的各种态度、概念和具体的学习方法是可教的，但策略性思维能力本身难以直接传授给学生，它是个体在长期的学习实践中自然诱发出来的学习结果。而学生根据学习情境来组织适当的学习策略的认知机制，也只是他们学习经验的伴随结果。因此，学习策略不需要专门的教学。另一种相反的观点则认为，学习策略需要专门的教学，而且是可教的。这种观点认为，策略性思维实际上是受规则指导的行为，这些规则是能够被研究发现的，那么同样可以将其用于改善学习者的学习行为和学习效率。你怎么看？

3. 策略教学方法

教师的策略教学方法影响学生对学习策略的掌握程度。恰当的教学方法体现在：（1）对教学过程的特点有深入的了解，能在关键环节对学生授以必要的策略；（2）能根据学生的年龄特征、认知水平及学习任务，采用多样化的教学方法，提高教学效果；(3) 能运用适当的教学方法、教学手段，有效地揭示内隐的学习策略，把抽象的内容具体化、形象化，便于学生学习和掌握。

三、学习策略的教学训练模式

（一）课程式教学训练模式

这就是所谓的学习策略教学的课程化，它通过开设专门的学习策略课程，讲授教与学策略的有关常识，包括教与学的模式、方法、手段等。

这种策略训练的基础在于学习策略本身具有一定的概括性和抽象性，它能够从具体的学习内容和情境中脱离出来，形成独立于具体认知任务和学习任务的策略，如适合任何课程学习的复述策略、精加工策略、组织策略等。

这种模式的优点在于能够让学习者形成较为科学和系统的学习策略，有助于提高学习效率。不足之处在于，尽管研究者已经总结和提炼出了很多有效的学习策略，但是还没有形成能够实际采用的教材，目前很多所谓的课程式教学往往是一种专题式或者讲座式的策略知识普及，与课程的要求相差较远。另外，这种训练模式因训练时不与专门知识相结合，容易与学生的实际学习或教学进度脱钩，不少学生难以将其主动应用在相关的学习活动中，导致其对学生特定知识领域的学习帮助不很明显。

（二）学科渗透式教学训练模式

它是指将学习策略的训练与特定学科的学习内容相结合，在具体学科知识的学习过程中传授学科学习的方法与技巧。如专门传授语文（数学）学科学习方法与技巧的阅读理解策略（应用题解题策略）就可应用这种模式。学科渗透式教学训练模式可以贯穿整个教学活动，它要求教师在教学前就应该具有教与学的策略观，以教学策略为指导，进行备课、讲课、评课等。该模式尤其适合对学习困难学生的学习策略干预。全体任课教师共同参与，利用设置情境、设问、直接讲授或小组讨论等形式，有助于建构学生的学习策略。①

由于所学的学习策略与学科学习密切结合，因此这种模式对学习效果的影

---

① Bransford, J. (1986). Teaching thinking and problem solving. *American Psychologist*, 41, 1078-1090.

响可以说是立竿见影的。其不足之处在于策略来源于具体学科内容，易使学习者在具体学习之后将这些策略淡忘，难以形成系统的策略观，也不便于学习者把学科学习策略迁移到其他新的学科的学习中去。

（三）交叉学习式教学训练模式

这种模式是为了克服前面两种模式的不足而设立的。这种模式往往是先独立地教授学习策略，包括学习策略的意义、适用范围、条件及具体操作程序等，简短的教学之后，将它与具体的学科内容结合起来，根据具体学习情境的差异，要求并帮助学生把所学的策略运用于具体的学习活动中。这种模式虽然吸收了上述两种模式的长处，舍弃了它们的短处，但它同样有自己的不足，如这类训练可能会减缓教学进度等。

【要点小结】

学习策略是指在学习过程中，学习者为了达到提高学习效率的目的而采用的规则、方法、技巧及其调控方法的总和。它能够根据学习情境中的各种变量、变量间的关系及其变化，对学习活动和学习方法的选择与使用进行调控。学习策略的特点包括操作性和监控性的有机统一、外显性与内隐性的有机统一、主动性和迁移性的有机统一、生成性和指向性的有机统一。对学习策略的结构和层次的分类至今仍存在争议，现有的分类都是以各自对学习策略的定义为依据的。学习策略的发展差异主要体现在发展的年龄差异和水平差异两方面。学习的认知策略和监控策略分别从不同角度对学习策略进行分析。其中，认知策略是学习过程中对信息进行加工的方式方法，主要包括精加工策略、组织策略、复述策略；监控策略主要是指学习活动中的元认知监控策略，即学生对自己学习过程的有效监视和控制，主要包括计划策略和监视策略。对学习策略的训练要遵循主体性、内化性、特定性、生成性、有效监控和个人效能感等六大原则，同时要从学生和教师两个方面考察影响学习策略教学的因素。学习策略的教学训练模式包括课程式教学训练模式、学科渗透式教学训练模式和交叉学习式教学训练模式。

【思考与练习】

1. 观察你周围2～3名同学，总结他们在学习中都运用了哪些学习策略。

2. 儿童刚上小学时，用数手指的办法学习一位数的加减。请你从学习策略的角度解释儿童为什么用这种学习方式。

3. 吴清今年上高二，她学习刻苦但不得法，因而成绩不理想。假如你是她的老师，你应如何帮助她？

4. 回顾自己的学习历程，总结自己在学习中自觉或不自觉地运用过哪些学习策略。

【拓展性阅读】

1. 张大均主编：《教与学的策略》，人民教育出版社2003年版，第一章。

2. 张大均主编：《教育心理学》，人民教育出版社2004年版，第八章。

3. 桑青松、江芳、王贤进著：《学习策略的原理与实践》，安徽教育出版社2006年版，第六章。

第七章 知识学习

【内容提要】

知识的学习和掌握历来是学生学习的主要任务之一，也是学生学业发展的基石。本章首先论述了知识学习的基本原理，主要包括陈述性知识和程序性知识的分类及学习；其次论述了知识的转化和迁移，详细阐述了陈述性知识和程序性知识迁移的原理与方法。

【学习目标】

1. 能依据不同标准对知识进行分类。
2. 能区分陈述性知识和程序性知识学习的基本过程。
3. 能够应用促进知识迁移的主要方法于自己的学习中。

【关键词】

知识　陈述性知识　程序性知识　知识转化　知识迁移

第一节　知识的分类及获得机制

一、知识的含义及分类

传统心理学的知识观受哲学思想的影响，认为知识是人们在社会实践中所获得的认识和经验的总和①。20 世纪 50 年代，行为主义心理学占统治地位的时期，由于行为主义只关心有机体的行为变化，拒绝研究知识，认为研究知识是哲学家的专利，因此对知识的认识仅停留于哲学层面。20 世纪 80 年代以后，现代心理学受信息论、计算机等学科的影响，对知识有了全新的认识，形成了新的知识观。但关于知识的定义，一直存在争论。如加涅（Gagné，1985）认为，知识是用言语符号来标志某种事物或表述某些事实。霍华德（Howard，1995）将知识定义为由信息构成的、储存于长时记忆的表征。我国心理学家则认为："知识是个体通过与其环境相互作用后获得的信息及其组织。"② "知识是个体为适应生活环境所拥有的一切讯息。"③ 尽管心理学家对知识的解释不完全相同，但他们都认为知识是人类所拥有的信息，知识能通过书籍、计算机或其他媒介储存。

根据不同的分类标准，可以把知识分成不同的类型（见表 7-1）。

表 7-1　知识的分类

分类标准	知识类型	特征
根据知识的来源	直接经验知识	个体通过亲身实践活动而获得，如学生通过参观访问、调查或实验所获得的知识
	间接经验知识	个体通过书本和大众传媒等途径而获得的知识

① 中国社会科学院语言研究所词典编辑室编：《现代汉语词典》，商务印书馆 2012 年版，第 1668 页。
② 皮连生主编：《学与教的心理学》，华东师范大学出版社 1997 年版，第 101 页。
③ 张春兴著：《教育心理学——三化取向的理论与实践》，浙江教育出版社 1998 年版，第 170 页。

续表

分类标准	知识类型	特征
根据知识反映事物的层次	感性知识	通过人们的感觉器官直接获得，是对事物的外部特征与外部联系的反映，可分为感知和表象两种水平
	理性知识	通过思维活动间接获得，是对事物的本质特征与内部联系的反映，可分为概念和命题两种形式
根据知识反映事物的范围	一般知识	个体具有的对一类事物的普遍知识，如日常生活知识
	特殊知识	个体对具体事物或专门事物的知识，如心理学专业知识
根据知识传递的难易	编码化知识（显性知识）	易于用言语传递、可以外显的知识，如文字、数据的陈述和处理
	经验类知识（隐性知识）	只能意会的内隐经验类知识，如观念、表象
根据知识解决问题的功能	描述性知识	主要反映事物的形态、内容及变化发展的原因，说明事物“是什么”“为什么”“怎么样”等问题，一般可用言语进行清楚的陈述，也叫陈述性知识
	程序性知识	用于具体情境的算法或一套操作步骤，说明“做什么”“怎么做”的问题，与实践操作有密切联系，解决的是个体从不会做到会做到熟能生巧的过程，也叫操作性知识或过程性知识

二、知识获得的机制

学习者如何获得知识？其心理机制是什么？心理学家提出了不同的理论来解释。

（一）陈述性知识获得的机制

陈述性知识获得的心理机制是同化，同化是指学习者接纳、吸收和合并知识并将其转化为自身认知结构的一部分的过程。所谓认知结构是学生头脑里的知识结构。广义地说，它是学习者全部观念的内容和组织；狭义地说，它是学习者在某一特殊领域内的观念的内容和组织。

“同化”一词来源于生理学，意思是有机体吸收食物并使之转化为原生质。最早把“同化”一词运用于心理学的是教育心理学化的首倡者赫尔巴特。他用同化的概念来解释知识的学习，认为学习过程是新观念进入原有观念团内，使原有观念得到丰富和发展，从而吸收新观念的统觉过程，即新旧观念的同化过程。皮亚杰发展了赫尔巴特的同化思想，他认为，儿童已掌握的知识经验是学习新知识的基础和关键，儿童通过同化和顺应两种方式把新旧知识联系起来进行学习。同化是指新知识纳入原有的认知结构而引起认知结构发生量变的过程。如儿童学会了加法再学乘法，知道乘法是相同加数连加的简便运算。顺应是指新知识的纳入使原有的认知结构得到调节和改造而引起认知结构发生质变的过程。如儿童学习了数学的负数知识以后，认识到数不仅有大小之分，而且有正负之分。

奥苏伯尔进一步继承和发展了皮亚杰的认知同化论思想。他认为，学生的认知结构在抽象性、概括性和容纳性等方面是按照一定的层次和条件组织起来的。新知识的学习依赖于学生认知结构中原有的适当观念，即学习者已形成和掌握的表象、概念、原理和命题，原有的观念为新知识的学习提供了固定点的作用，新意义是通过新知识与起固定作用的观念进行相互作用而获得的，其结果是旧知识发生了变化或得到改造，新知识获得了实际的心理意义，从而促使学生的认知结构不断发展。奥苏伯尔在此基础上提出了有意义的学习理论。

奥苏伯尔的意义学习，指符号所代表的新知识与学习者认知结构中已有的适当观念建立非人为的和实质性的联系。非人为的联系指新知识同原有的旧知识的联系必须符合知识的内在逻辑联系。如教师给学生讲解扇形可联系圆的知识进行讲解，而不能联系其他毫不相干的知识。实质性的联系指不同的符号表达的是同一认知内容。如“三条边相等的三角形是等边三角形”和“等边三角形有三条边相等”是一回事，其本质特征未变。奥苏伯尔认为，新旧知识是否建立这种非人为的和实质性的联系，是划分机械学习和意义学习的标准。陈述性知识的学习从本质上讲就是使学习者获得知识的意义，而意义的获得则是个体的认知结构与外界刺激交互作用情况下的同化过程。

他认为，同化是一个使知识从一般到个别、由上位到下位逐渐分化和横向联系的相互作用过程。同化不仅是知识的量变过程，而且是知识的质变过程。它有三种模式（见表7-2）。

表7-2 同化的三种模式

1. 下位学习（类属学习） A. 派生类属	原有的观念 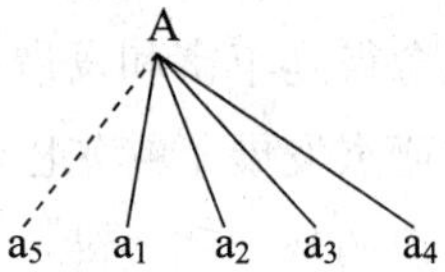 新的内容
B. 相关类属	原有的观念 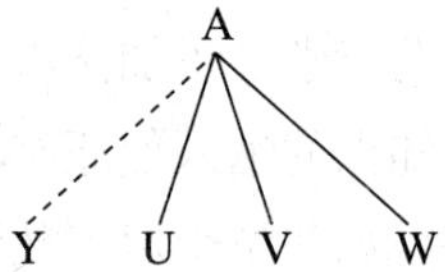 新的内容
2. 上位学习（总括学习）	新学习的观念 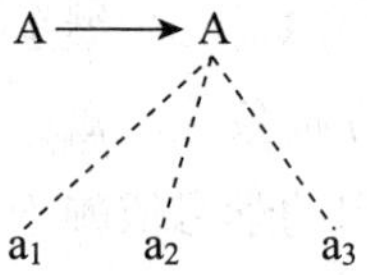 原有的观念
3. 并列结合学习	新学习的观念 A → B — C — D 原有的观念

1. 下位学习

下位学习指学习者认知结构中原有的观念在包摄和概括的水平上高于新知识，在新旧知识之间构成一种类属关系，所以下位学习又称类属学习。

下位学习主要有两种：（1）派生类属学习，即新知识是学习者认知结构中原有观念的特例。如学生先掌握水果的概念，再学习新的概念荔枝，原有概念（水果）的本质属性并没有发生改变。（2）相关类属学习，即新知识的纳入使原有的观念得到扩展、深化、精制或限制。如学生已形成自然数的概念，当新的概念负数纳入后，原有的自然数的概念扩展为有理数。

2. 上位学习

上位学习指学习者在已形成若干观念的基础上学习包摄程度更高的知识，这种学习又称总括学习。如学生学习猫、狗、猪等概念后，再学习哺乳动物的概念。

表 7-3　上位学习和下位学习的比较

	上位学习	下位学习
思维过程	对已学过的知识进行归纳或综合	主要是区分新知识与同化它的原有知识之间的异同
内部条件	学生认知结构中已具备相应的概念、命题或规则等下位观念	学生认知结构中已具备相关的上位观念
外部条件	由教师或教科书呈现结论或反馈信息	由教师或教科书呈现新知识
基本特征	遵循从具体到一般的归纳概括过程，属于发现学习；对学生获得基本概念和一般原理与规则具有重要意义	遵循从一般到特殊的过程，属于接受学习；对于学习新知识效率高

3. 并列结合学习

当新知识与学生认知结构中的原有观念是并列或类比关系时，便产生并列结合学习。如学生学习的新知识是雷达，但他们对雷达利用电磁波反射工作的原理不易理解，而对声波是熟悉的，有关于回声的经验，教师可运用声波知识进行类比，帮助他们理解雷达的工作原理。

并列结合学习的条件是新知识与原有知识有一种一般的吻合性或处于同一层次，新知识可以被原有的知识同化。学生可利用已掌握的知识来理解新知识，使自己的知识得到广泛的迁移。由于并列结合学习缺乏最适当的起固定作用的旧知识，学生只能利用一般的或非特殊的有关知识起固定作用，因此，这种学习比较困难。

（二）程序性知识获得的机制

现代认知心理学运用产生式理论来解释程序性知识获得的心理机制。“产生式”（production）这一术语来自计算机科学，美国信息加工心理学创始人西蒙和纽厄尔（Simon & Newell，1970）首次将它用于心理学来说明程序性知识的表征和获得机制。他们认为，人和计算机一样，都是物理信号系统，其功能都是操作符号。计算机之所以具有智能，能完成各种运算和解决问题，是由于它储存了一系列以“如果……那么……”（if…then…）形式编码的规则。人经过学习，头脑中也储存了一系列以“如果……那么……”形式表示的规则。这种规则称为产生式。

产生式由条件（condition）和行动（action）两部分组成。其基本原则是“如果条件为X，那么实施行动Y”，即当一个产生式的条件得到满足，则执行该产生式规定的某个行动。例如，识别哺乳动物和识别等边三角形的产生式表示如下：

产生式1：	如果一个动物是胎生的，且这个动物能够哺乳，那么这个动物为哺乳动物。
产生式2：	如果已知一个图形有三条边，且这三条边相等，那么这个三角形是等边三角形。

通常解决一个简单的问题只需要一个产生式，而解决一个复杂的问题则需要若干产生式，这些产生式组成了产生式系统。所谓产生式系统，就是人所能执行的一组内隐的智力活动。例如，解决“1/4+1/5”这样的问题的产生式系统如下：

产生式1：	如果求两个分数的和，且分母不同，那么先求出两个分数的最小公分母。
产生式2：	如果求两个分数的和，且已知最小公分母的值，那么以公分母的值分别作为两个分数的分母，两个分数的分子扩大的倍数分别与其分母扩大的倍数相同。
产生式3：	如果求两个分数的和，已知两个分数的分母相同，那么直接将两个分数的分子相加，分母不变。

程序性知识的学习在本质上是掌握一个程序，即在长时记忆中形成一个解决问题的产生式系统。以后遇到同样类型的问题，就可以按照这一产生式系统的程序，一步一步地做下去，直至解决问题。产生式系统理论为揭示程序性知识表征和获得的心理机制提供了新的思路，为程序性知识的教学提供了科学依据。

讨论1 怎样认识现代知识观？

什么是知识？知识有何作用？它在人脑中是如何表征和获得的？这些问题是教育心理学必须回答的理论问题，也是长期困扰教育心理学家的问题。特别是在科学技术飞速发展的今天，知识的价值更加重要，知识观也发生了根本的改变。请查阅有关文献，联系学习和生活现实，谈谈你对现代知识观的理解。

第二节　陈述性知识的学习

一、陈述性知识的种类

教育心理学家对陈述性知识从不同的角度进行了分类。

加涅把陈述性知识视为言语信息，把它由简到繁分为以下几类：(1) 符号 (label)，主要指各种事物的名称或标记。(2) 事实 (fact)，主要指表明两个或两个以上事物之间关系的言语陈述。事实有具体和抽象之分。前者如“北京是举世闻名的游览胜地”，后者如“科学技术是生产力”。(3) 有组织的知识，主要指由多个事实联结成的整体，如学生形成的关于我国地形地貌特点的知识。

奥苏伯尔则把陈述性知识的学习视为意义学习，他对陈述性知识的看法可从他对意义学习的分类中看出来。(1) 表征学习 (representational learning)，指学习单个符号或一组符号的意义，或者说学习它们代表什么。其主要内容是词汇学习 (vocabulary learning)，即学习单词代表什么。表征学习的实质是符号和它所代表的事物在个体认知结构中建立了相应的等值关系。例如，儿童将“猫”这个符号在头脑中与猫的形象建立相应的等值关系。表征学习有利于儿童迅速掌握大量有具体指称对象的词汇。（2）概念学习（concept learning），指掌握以符号代表的同类事物共同的本质特征。如学习“鸟”的概念，就是掌握鸟是“有羽毛”的“动物”这个本质特征，而与它的大小、形状、颜色、是否会飞等特征无关。（3）命题学习（propositional learning），指学习某个句子的意义。由于构成命题的基本单位是概念或词汇，所以，命题学习实际上是学习概念之间的关系。学习者必须先了解组成命题的有关概念的意义，才能获得命题的意义。例如，学习者没有获得“直径”“半径”“倍”的概念，便不能学习“直径等于半径的两倍”这个命题。命题学习以概念学习为前提，但比概念学习更复杂。

加涅和奥苏伯尔对陈述性知识的分类有许多相似之处，如“符号”和“表征学习”，但也有不同之处，加涅只是区别了陈述性知识的不同类型，而奥苏伯尔却在对知识分类的基础上揭示了其内在的心理机制。

二、陈述性知识的表征

知识的表征（representation）是指知识在头脑中储存和转化的方式。现代认知心理学认为，陈述性知识主要是以命题、命题网络和图式等方式在头脑中表征的。

（一）命题

在心理学中，命题是语词表达意义的最小单元。命题一般由论题（arguments）和关系（relation）构成。论题是命题的话题，通常用名词或代词来表示；关系要制约话题，通常用动词、形容词、副词和关联词等来表示。如“小张在教室里看书”，可以分解为以下两个更简单的句子：①小张在教室里；②小张看书。这两个句子各表达一个命题。句子①中的话题是“小张”和“教室”，关系是“在……里”。句子②中的话题是“小张”和“书”，关系是“看”。

认知心理学家常用以下方法来表示命题，用一个圆（或椭圆）表示一个命题，用箭头将命题的话题和关系联系起来。如“小张在教室里看书”包含两个命题，表示如下：

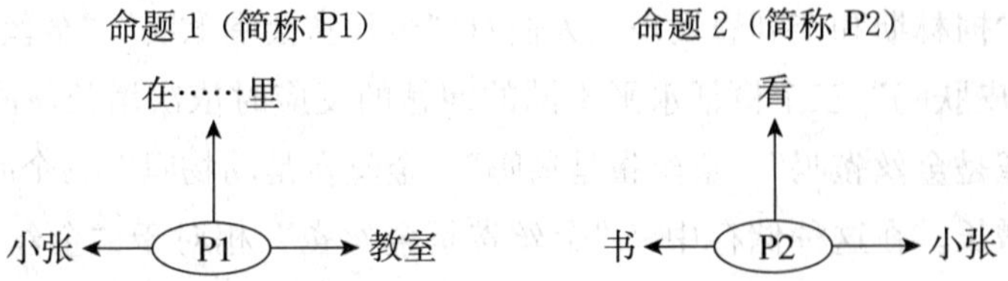

（二）命题网络

如果若干个命题中具有共同成分，通过这些共同成分可以组成命题网络。如上面两个命题中有共同成分“小张”，通过它可以把两个命题联系起来：

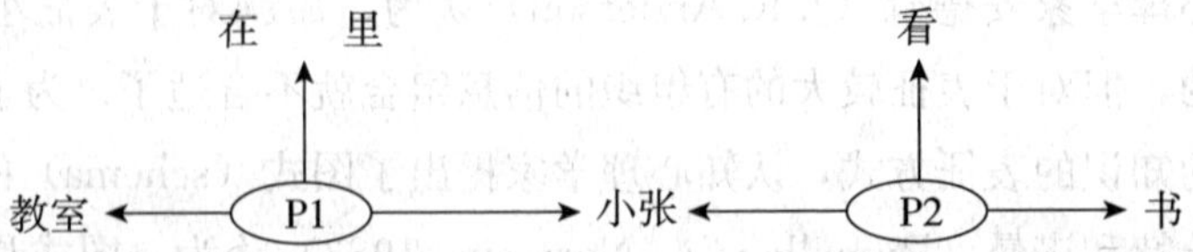

现代认知心理学家运用自由回忆法和反应时法，证实了命题或命题网络是知识表征的重要方式，而且这些命题通常是按一定层次结构进行储存的。一般来说，较为抽象、概括的知识处于高层，而较为具体的内容处于低层。如柯林斯和奎利恩（Collins & Quillian，1969）的一个经典实验发现，有关动物、鸟、鱼方面的知识是按图 7-1 的层次结构在人们头脑中组织和储存的。①

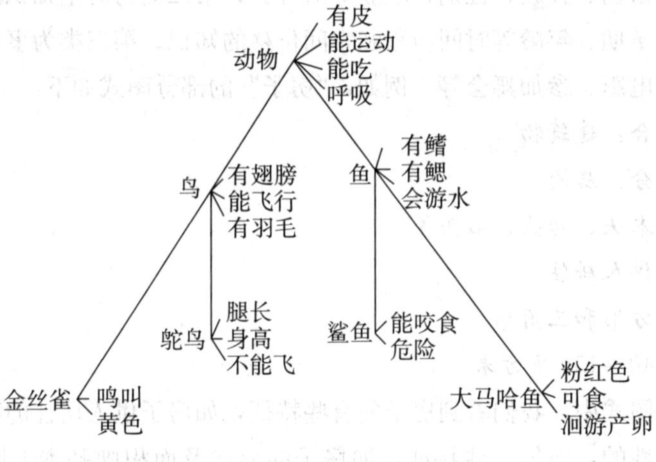

图 7-1　信息按层次组织的网络

① Collins，A. M.，& Quillian，M. R.（1969）. Retrieval time from semantic memory. *Journal of Verbal Learning and Verbal Behavior*，8，240-247.

研究中柯林斯和奎利恩发现，人们对“金丝雀会唱歌吗”“金丝雀会飞吗”“金丝雀有皮肤吗”三个概括水平不同的问题的反应时依次增长。同样，人们对“金丝雀是金丝雀吗”“金丝雀是鸟吗”“金丝雀是动物吗”三个问题的反应时也依次增长。在这种储存中，“金丝雀是金丝雀”相对于“金丝雀是动物”来说所表达的关系较近，所以反应时较短。他们的研究支持了知识信息以命题网络的形式分层次进行组织的假设。

（三）**图式**

认知心理学家安德森（J. R. Anderson）认为，命题对于表征小的意义单元是合适的，但对于表征较大的有组织的信息组合就不合适了。为了探讨具有综合性质的知识的表征方式，认知心理学家提出了图式（schema）的概念。

鲁梅哈特和诺曼（Rumelhart & Norman，1983）认为，图式是表征记忆中业已储存的有关概念的资料结构。安德森指出，图式是对范畴的规律性做出编码的一种形式，这些规律性既可以是知觉性的，也可以是命题性的。大多数的心理学家则普遍认为，图式是人们对客体和事件有关属性组合的知识储存方式。图式按其表征对象的不同，主要分为三类：第一类为客体分类的图式，如有关动物、植物、种族、性别、职业等的分类；第二类为时空知识的图式，如有关季节、学期、年龄等时间历程和空间位移的知识；第三类为事件或做事的图式，如看电影、参加舞会等。例如，“房子”的部分图式如下：

上位集合：建筑物

组成部分：房间

材料：木头、砖头、石头等

功能：供人居住

形状：方形和三角形

大小：40～150 平方米

从上述图式中，我们看到房子的有些特征，如房子供人居住的特征基本上是属于命题性的，而另一些特征，如房子的形状及面积则基本上属于知觉性的。所以，图式是一种组织化的认知结构，是对同类事物的命题或知觉的共性的编码方式。

加涅认为图式具有三方面的特征：（1）图式含有变量。如房子的面积、建材等许多属性是可以改变的。(2) 图式可以按层级组织，嵌入到另一个图式中。如房子的图式中包含有墙壁、房间等子图式，而房子又是建筑物的子图式。(3) 图式能促进推论。如从房子的图式可以推论出房子有屋顶、有墙壁等特征。

应该注意的是，图式不仅适用于陈述性知识，而且在程序性知识中也有图式。

三、陈述性知识的学习与保持

完整的陈述性知识的学习过程包括三个阶段：第一阶段，新信息进入短时记忆，与长时记忆中被激活的相关知识建立联系，从而形成新的意义建构；第二阶段，新建构的意义储存于长时记忆中，如果没有复习或新的学习，这些意义会随着时间的延长而遗忘；第三阶段，意义的提取和运用阶段。与上述三个阶段相对应，学习者要解决的主要心理问题分别是陈述性知识的同化、保持和应用。由于陈述性知识的同化已在本章第一节详细论述，而陈述性知识的应用更多涉及的是如何做的程序问题，这将在程序性知识学习中涉及，所以，这里只着重论述陈述性知识的保持。

认知同化论认为，学习者获得新知识的意义以后，新知识将会被融合到原有的认知结构中，或在改变原有认知结构后成为新的认知结构的一部分。从某种角度讲，保持是指新意义的可利用性的维持，遗忘则是已经获得的意义的可利用性的下降。

那么，可利用性的内在心理机制是什么？认知同化论假设，新的意义在保持的初期既与同化它的原有观念相联系，又可以从原有观念中分离出来，即新旧知识存在着可分离性。所以，人们在新意义获得的初期，能够较好地保持、回忆和区分新旧知识的异同。比如，学生的原有知识为圆概念（A 表示），新学习的知识为扇形概念（a 表示），由于处于下位意义的 a 被 A 所同化，所以 a 和 A 都发生了变化，产生新的复合观念，以 Aa 表示。在 A 同化 a 的初期，a 的意义可以从 Aa 中分离出来，用公式表示为：$Aa \longleftrightarrow A+a$。因而，学生能够区别新旧知识的异同。在保持的后期，若没有新的练习，a 和 A 的可分离性逐渐下降，直至某一最低值，此时，a 不能从 Aa 中分离出来，a 便被遗忘或还原为原有的知识。

当然，我们可以采取必要的措施延长新旧知识的可分离性，如有针对性地复习、提高加工水平、多重编码、过度学习以提高新旧知识的区分度，促进新知识的保持。此外，从动态的角度看，陈述性知识的获得和保持并不是两个截然区分的阶段，而是几乎同时发生的过程。在意义学习过程中，新学习的知识与原有知识建立实质性的和非人为的联系，这本身就蕴含新意义储存和保持的机制。这也是意义学习比机械学习完成得快、保持得好的根本原因所在。

第三节　程序性知识的学习

一、程序性知识的种类

按程序性知识的性质和特点，可以把程序性知识分为智慧技能、动作技能和认知策略三类。

（一）智慧技能

智慧技能也称心智技能。我国过去大部分教育心理学方面的教科书和词典把智慧技能解释为借助于内部言语在头脑中进行的智力活动方式，其中抽象思维因素占据着最主要的地位，并按其内容和概括化程度，区分为一般智慧技能和特殊智慧技能。前者适合于所有的领域，如学生在日常生活中习得的观察、记忆、比较、分析、抽象、概括和解决问题的知识。后者适用于专门领域，如学生在中文学习中利用偏旁结构记忆生字的方法。随着认知心理学的发展，以加涅（1977，1985）为代表的一批西方心理学家对智慧技能的解释成为主流看法。他们认为，智慧技能是将已习得的知觉模式、概念、规则运用于实际情境，从而顺利完成任务的能力。按复杂程度的不同，可将智慧技能分为五个层次（见表7-4）。

表7-4　智慧技能的五个层次

层次	含义	例子
辨别	能区分刺激物的特征，发现事物之间的差异	区分大和小、“人”和“入”等

续表

层次	含义	例子
具体概念	能列举事物的名称	能识别各类轿车的共同属性，并赋予其类别术语
定义概念	能理解以命题或公式表达的事物的本质属性	能理解哺乳动物的本质特征
规则	能按规则进行操作，做出正确的反应	造句、解化学方程式
高级规则	能用简单规则解决较复杂的问题	运用公式 $V=IR$ 来对串联、并联电路的 V、I 或 R 求解

另外，认知心理学家根据自动与受控维度，将智慧技能区分为受意识控制的智慧技能和自动化的智慧技能。前者如学生对作文的审题、立意、选材、确定中心等一系列步骤，受学生的意识控制。后者如人们在说话时，一般只注意说话的内容，对词之间的读音和搭配往往是自动进行的，一般不需要意识注意。

上述对智慧技能的划分，只是指出了每一维度的两极的情况。介于这两极之间，还有许多非典型的中间类型。尽管不同的心理学家对智慧技能的解释不尽相同，但他们的看法中蕴藏着某种内在的一致性：第一，他们都认为智慧技能不是由单一因素构成的，而是由复杂因素构成的；第二，智慧技能也是一种操作方法，其发展存在着从低级到高级、从简单到复杂的过程。

（二）动作技能

动作技能也称运动技能，不同的心理学家对其有不同的解释。例如，克龙巴赫（Cronbach，1977）认为，动作技能是习得的，是相当精确且对其组成的动作很少或不需要有意注意的一种操作。[①] 加涅认为，运动程序性知识是协调运动的能力，或者与运动的选择有关，或者与运动的顺序有关。而我国的传

① Cronbach，L. J.（1977）. *Educational psychology*（3rd ed.）. New York：Harcourt Brace Jovanovich.

统动作技能概念来自苏联，认为动作技能是依靠肌肉、骨骼与相应的神经系统活动实现的活动方式。根据现代认知心理学研究成果，我国有的教育心理学家把动作技能定义为在练习的基础上形成的按某种规则或程序顺利完成身体协调任务的能力。① 尽管心理学家对动作技能的定义不尽相同，但都认为动作技能的构成包括三种成分：（1）动作或动作组。动作并非动作技能，只有当人们用一组动作去完成一项具体任务，如用一组身体动作（舞蹈语言）去表现情感，这时才被称作动作技能。像走路、穿衣、吃饭、摇头、打哈欠等不是动作技能。（2）体能。主要包括耐力、力量、韧性、敏捷性等。（3）认知能力。包括视觉、听觉、触觉、动觉等多种知觉能力。我们认为，动作技能是在练习的基础上，由一系列实际动作以合理、完善的程序构成的操作活动方式。

从不同角度划分，动作技能有不同的类型（见表 7-5）。

表 7-5　动作技能的分类

划分标准	类型	特点及举例
根据动作是否连贯	连续的动作技能	是刺激-反应的一长串联结系统，如开车、打字、滑冰
	不连续的动作技能	刺激-反应的序列短，反应比较精确，便于计数，如射箭、举重、厨师打鸡蛋
按动作过程中外部情境是否变化	开放性的动作技能	需视外部情境的变化而调整动作，随机应变，如打球、开车、滑冰
	封闭性的动作技能	在预先确定的较静态的环境中进行，动作的灵活与变通性不大，如射箭、写字、打鸡蛋
根据动作技能的反馈条件	内循环的动作技能	是一种完全依赖内部肌肉反馈的程序性知识，如在黑板上徒手快速地画圈
	外循环的动作技能	受客观外界环境的控制，不可能仅依靠肌肉的反馈动作加以矫正，如踢足球、骑自行车

① 皮连生：《智育概论——一种新的智育理论的探索》，《华东师范大学学报（教育科学版）》1994 年第 4 期。

上述动作技能的分类既有交叉，又有重叠，每种分类法强调的侧面不同，对学习者而言所需要的陈述性知识和策略也不同。

（三）认知策略

认知策略作为一种对信息的加工方式方法，是个体在信息加工过程中对自己思维过程的调节、控制和选择（关于认知策略详见第六章第二节）。认知策略和智慧技能同属于程序性知识的范畴，但它与智慧技能的主要区别在于认知策略是对内调控的程序性知识，而智慧技能是对外办事的程序性知识。从本质上讲，认知策略是学习者内部组织起来的调控学习、思维等活动的程序性知识。

一些心理学家对认知策略进行了广泛研究，提出了不同的认知策略。如怀特（White）和维特罗克通过研究提出了问题解决过程中的四种认知策略：（1）运用原理解决问题，寻找深层意义的策略；（2）把问题中的许多小目标连成一串目标，逐步接近，承认局部目标的策略；（3）不受一种思维方法局限，灵活探索的策略；（4）将部分综合成整体的策略。加涅认为，认知策略主要可分为注意、检索、编码和思维等几种。但更多的心理学家将认知策略扩展到一切认知过程，凡是涉及人们的感知、记忆、思维和想象等一切认知领域的策略都是认知策略。如李伯黍（1995）认为，认知策略主要有知觉策略、机械记忆策略、目标递归策略和模式策略。①

二、程序性知识的学习过程

（一）智慧技能的学习过程

不同的研究者对智慧技能的形成有不同的看法，其中主要有苏联心理学家加里培林（П. Я. Гальперин，1902—1988）和现代认知心理学的观点。

1. 加里培林的观点

加里培林提出了著名的智慧活动按阶段形成的理论（theory of intellectual act formation according to stages）。他认为，智慧活动是外部的、物质活动的

① 李伯黍、燕国材主编：《教育心理学》，华东师范大学出版社 2001 年版，第 186 页。

反映，是外部物质活动向知觉、表象和概念等方面转化的结果。这种转化要经过下列五个阶段才能实现。

（1）活动的定向阶段。这是智慧活动的准备阶段。在该阶段，学生要了解活动的任务，知道做什么和怎么做，在头脑中构成活动本身和结果的表象，对活动进行定向。因此，这个阶段教师应向学生提供活动的样本，指出活动的操作程序及关键点。以进位加法教学为例，它的定向是在演示这种演算时，使学生知道演算的目的是求两个数量之和，知道运算的客体是事物的数量，运算的关键点是进位、为什么要进位以及如何进位等。

（2）物质活动或物质化活动阶段。这个阶段是借助于实物或实物的模型、图表、标本等进行学习。如学生练习加法时，利用小棍、手指来完成计算活动。加里培林认为，只有物质或物质化的活动形式才是完备的智慧活动的源泉。因为在很多情况下，物质化的形式是最易理解和最方便的教学手段。特别是当学生所学习的对象超出他们感性认识的范围，难以理解时，利用物质化的东西则显得更为重要。

此阶段的关键，一是展开，二是概括。展开即把智慧活动分为大大小小的操作单元，全部展示给学生观察了解。如学生学习 9 加 2 的进位加法时，教师可结合实物的演示，把其运算步骤分为可操作的想、分、算三个环节（见图 7-2）。展开是智慧活动进行压缩的基础，展开工作做得越好，以后的压缩越容易。所谓概括是指在学生初步掌握展开的外部操作的直观水平上，形成关于智慧活动的较为概括的表象，要求学生把操作与言语结合起来（即边做边说），以促使智慧活动向第三阶段转化。

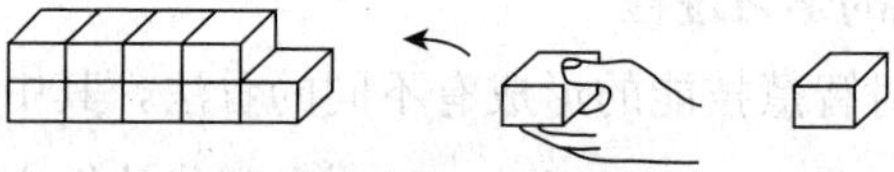

9 + 2 = 11
1 1
10

想：9和几组成10
分：2可以分成1和1
算：9+1=10 10+1=11

图 7-2 9 加 2 的智力活动过程

（3）出声的外部言语活动阶段。该阶段，智慧活动已摆脱了实物或实物的替代物，代之以外部言语为支持物。如学生进行加法运算，不再借助于小棍、手指，而是用言语表现“数位对齐，个位对个位”的运算过程（即口算）。本阶段是外部的物质活动向智慧活动转化的开始，是智慧活动在形式上发生质变的重要阶段。

（4）无声的外部言语阶段。这一阶段，智慧活动的完成是以不出声的外部言语来进行的，即只看到嘴动，听不到声音，如学生心算。与前一阶段相比，它要求学生对言语机制进行很大的改造，即在出声言语时是眼、口、耳、脑同时协调活动，这一阶段则要改为仅是眼、脑同时活动，因而这种言语形式要求学生进行专门的练习。

（5）内部言语活动阶段。这是智慧活动形成的最后阶段。其主要特点是智慧活动的压缩和自动化，智慧活动似乎不需要意识的参与，脱离了自我观察的范围，在言语的结构与机制上都发生了重大变化。在结构上，外部言语必须符合语法，连贯流畅，清晰易懂，而内部言语常常被压缩得不合语法，可以用一个词或词组代替一个句子或想法，是片断和简约的；在机能上，外部言语是与他人交际的手段，是指向他人的，而内部言语则为自己所用，是为调节智慧过程服务的。一旦程序性知识达到内部言语活动阶段，人们就觉察不到自己智慧活动的过程。如“9+2=?”，学生熟练掌握进位加法的运算技能后，会马上报出答案，运算过程已经简化和自动化，他已觉察不出运算的过程。

2. 认知心理学的观点

加里培林主要是从智慧技能形成过程中的外部表现和主要特征来进行阶段划分的，而认知心理学则根据智慧技能形成过程中认知加工活动的不同，把智慧技能的形成分为以下两个阶段。

（1）模式识别学习（pattern recognition），指学习者对某一特定内外刺激模式进行辨认和判断，即学习一个简单的产生式所需要的条件和相应的动作。模式识别具有两种不同的水平：低级水平的模式识别主要是识别事物的外部物理或化学特征，如识字、听声音、辨别味道等；高级水平的模式识别则是识别同类事物的共同本质特征。通过模式识别，我们才能对事物加以分类和判断。

模式识别学习的主要任务是学会把握产生式的条件项，其心理机制是概括和分化。

概括指学习者对同类刺激模式中的不同个体做出相同的反应。如学生根据哺乳动物的关键特征，即胎生和哺乳，判断猫、狗、猪、羊等动物为哺乳动物。概括实质上是在同类刺激模式中抽取出共同的特征。经由概括而形成的模式识别的产生式中，所有的条件项均不可缺少。

分化指对不同类的刺激具有不同的反应。如教师教“鱼”的概念时，要求学生判断一组图片是否都是鱼，学生通常只注意“鱼生活在水中，有鳞和鳍”这一条件，但当教师指向鲸鱼图片时，许多学生才意识到判断是不是鱼必须加上“用鳃呼吸”这一必要条件，而鲸鱼不是鱼。由此可见，分化的主要作用是使产生式的条件项增加，适用范围缩小，有利于提高模式识别中辨别和区分的准确度，避免将“不是”判断为“是”。

（2）动作步骤学习（action sequence procedures），指学习者学会顺利执行一项活动的一系列操作步骤。如学生学习两位数的乘法时，根据两位数的乘法规则进行练习直到运算熟练，达到自动化程度。动作步骤的学习从陈述性的规则和步骤开始，而其执行则从模式识别开始，即只有对需要执行某一动作步骤的情境模式做出准确判别，动作步骤的执行才能有效地解决问题。

动作步骤学习通过程序化和程序合成（composition）来完成。

程序化指动作序列从陈述性知识的表征转换为程序性知识的表征，不再依赖陈述性知识而独立完成动作步骤的过程。这个过程包括两步：一是建立规则和步骤的命题特征。如学习分数加法时，学生通过阅读、教师讲解步骤，逐渐理解分数加法的陈述性知识规则并将它们正确地表征为命题，作为自己演算时的指导和提示。二是将动作步骤的陈述性知识转化为程序性的产生式表征，在执行动作步骤的过程中逐渐脱离陈述性命题的检索、提取和监控。如教师在分数加法的例题示范中，带领学生对照演算步骤逐一进行演算，学生模仿教师的演算，经过反复练习后，能够顺利地依次自动执行每个操作步骤，熟练地完成分数加法。

程序合成是指把若干个产生式合成一个产生式，把简单的产生式合成复杂的产生式。它有两大好处：一是减少了产生式的数量；二是减轻了记忆的负担，使学习者激活知识的时间更短，动作步骤更加流畅。

需要指出的是，将两个产生式的动作项合并成一个复杂的动作项，需要大量练习才能使之成为巩固的产生式，且不是所有的程序都应合成在一起。有的程序合成可能会导致学习者的思维僵化或思维定势而缺乏解决问题的灵活性。只有基础的、变化较少的、能大量使用的产生式才能考虑使其达到合成程度，如基本的读、写、算等产生式。对于那些只在解决特殊问题时才需要合成的产生式，使它保持一定的独立性，将更有利于提高运用它的灵活性和变通性。

（二）动作技能的学习过程

动作技能的形成是通过领悟和练习，逐步掌握某种动作操作程序的过程。复杂运动技能的形成，一般要经历四个主要阶段。在不同的阶段，学习者学习的重点及表现出的特征不同。

1. 认知阶段

这是动作技能形成的开始阶段。从传授者角度看，主要是讲解与示范；从学习者角度看，主要是理解学习任务，形成目标表象（goal-image）和目标期望（goal-expectancy）。目标表象是指学习者了解和认知动作的要求，记住有关动作的知识及事项，在头脑中形成动作的完整表象，以此作为实际操作的参照。目标期望是指学习者根据以往成功与失败的经验，以及自己的能力和任务的难易程度，对自己所能达到的操作水平的估价，即明确自己能做得如何。

在认知阶段，学习者认知的质量和学习时间取决于对现有任务（即动作技能）的知觉和对有关线索的编码，这有助于以后在长时记忆中依据线索提取关于现有任务的知觉信息，以及从长时记忆中激活先前有关的信息并有效地检索、提取出来。

2. 分解阶段

在这一阶段，传授者把整套动作分解成若干局部动作，学习者则初步尝试，逐个学习。由于初学，学习者注意的范围狭小，虽然分解后的动作较简单，容易掌握，但在前后两个动作的交替和过渡上则比较困难，因而导致学习者出现动作忙乱、紧张呆板、不协调、顾此失彼等现象。如儿童初学写字时，往往头部过低，身体歪斜，握笔太紧，用力过大。

3. 联系定位阶段

该阶段重点是使适当的刺激与反应形成联系而固定下来，整套动作成为整体，变成固定程序式的反应系统。学习者首先要弄清刺激与反应之间的步骤，使之形成联系。其次，要增加练习次数和练习时间，加强动觉反馈，以提高动作的熟练性和准确性，提高动作质量。在该阶段，要注意排除过去经验中的习惯干扰，防止负迁移产生。

4. 自动化阶段

这是动作技能的熟练阶段。各个动作似乎自动流出，娴熟协调，得心应手，甚至出神入化，令旁观者眼花缭乱，叹为观止。如熟练的车技演员一边骑车，一边做优美、复杂的动作。

（三）认知策略的学习过程

大量研究证明，认知策略是可以学习的。学习认知策略的根本目的就是使学习者不仅能在学习情境中应用某种认知策略，而且能把习得的策略迁移到未训练的情境之中，用于解决问题。关于认知策略的学习过程，研究较少，但大致有两种情况：一是自上而下的学习，即学习者有目的、有意识地通过对相关认知策略的含义、作用的感知、理解，并在特定的情境中进行具体的练习，进而掌握该策略并能迁移到其他情境之中；二是自下而上的学习，即学习者在大量解决具体问题的过程中，通过不断的经验积累，归纳、概括出具有一定抽象程度的认知策略，作为今后解决问题的一般方法。由于认知策略的学习受个体已有认知发展水平以及不同策略难易程度的影响，其学习过程也有所不同。关于认知策略的学习过程，目前的研究还比较薄弱，还需要今后进一步地探讨。

第四节　知识的转化和迁移

一、知识的转化

这里所说的知识的转化是指把陈述性知识转化为程序性知识，以期提高学生的能力和素质。

程序性知识的形成以掌握陈述性知识为必要条件。陈述性知识转化为程序性知识，主要涉及陈述性知识的概念和规则的运用。陈述性知识转化为程序性知识的重要标志，就是学生能否运用所学的概念和规则去解决问题。教师如何才能促进学生的陈述性知识向程序性知识转化？主要包括以下方法和策略。

（一）学习材料具有逻辑意义，调动学生学习的心向

奥苏伯尔的意义学习理论认为，有逻辑组织的学习材料便于学生理解、保持和应用。而在教学中，有的教师却违背学生学习的规律，向学生呈现一些毫无关系的事实、命题或原理，使学生不得要领，出现呆读死记的机械学习。要克服上述问题，教师给学生呈现的学习教材必须具有逻辑联系，同时还要注意调动和保持学生学习的心向，即指导学生发现新旧知识之间的内在逻辑联系，促进学生认知结构的改组和重构，使其能够产生意义学习，更好地理解新知识。

（二）采用恰当的教学方法，帮助学生形成概念或规则

从教育心理学的角度看，概念是具有一类共同关键属性的人、事物或观念的符号。规则是计算公式和处理事情的法则、科学原理、定律等。奥苏伯尔认为，概念学习通常有两种方法：一是概念形成，即学生通过直接观察某类事物，经过分析、比较、抽象、概括、假设、检验等思维活动，找出这类事物共同的关键特征，并用词表示这个概念；二是概念同化，即在学生已有认知结构的基础上，教师以定义的方式直接向学生讲授概念的关键特征，使其获得概念。

加涅认为，规则学习就是理解若干概念之间的关系。规则学习有两种主要的方法：一是例—规法，即教师先向学生大量举例，要求学生从例子中概括出相应的规则；二是规—例法，即教师先向学生讲授规则，然后举例证明其规则。

为了使学生能顺利掌握概念或规则，教师要注意采用以下恰当的教学方法。

（1）变式，即变换各种直观材料或事例的呈现形式，以突出概念或规则的本质特征。如教师让学生认识物体“热胀冷缩”的性质，不能只用固体物质做实验，还要用液体和气体物质做实验。变式运用的关键是要注意其正确性、典型性，帮助学生摆脱感性经验的片面消极影响。

（2）正例与反例的运用。正例传递了概念或规则最有利于概括的信息，反例则传递了最有利于辨别的信息。学生缺乏对大量的正反例的分析和比较，就不能正确地运用概念或规则。

（3）比较，即帮助学生认识新旧知识异同的主要方法。首先，教师要确立比较的标准。因为事物的本质是多种多样的，不同的比较标准往往会得到不同的结论。其次，要采用正确的比较方法。对相似、相近、相关知识的比较，宜采用同时对比法。对事物的历史形态或发展变化的比较，宜采用前后对比法。

（三）指导学生科学练习，促使学生运用程序性知识

练习是促使陈述性知识向程序性知识转化的必要条件。没有练习，陈述性知识只能以命题及命题网络表征储存在记忆中，无法实现程序化，更无法达到熟练运用。

目前我国的教育现状是，教师讲得太多，留给学生思考和练习的时间太少，使有的学生“习得了知识，没有习得技能”，学生只能背诵一些概念、公式、定理，却不会使用。要避免上述问题的产生，教师就要注意做到精讲多练。“精讲”就是教师上课要突出重点、难点，讲关键，讲主干，讲方法；“多练”不是教师搞题海战术，而是通过适度适量的变式练习、操作等学习活动，增加学生灵活应用知识的机会，促使学生运用程序性知识。

二、知识的迁移

学生在学习中能否做到举一反三、触类旁通，能否运用所学的知识解决问题，这实质上是知识的迁移问题，也是学习的迁移问题。学习迁移是一种学习对另一种学习的影响。如学生掌握了汉语拼音，能更好识字；学生会跳舞，学习体操更快。学生学会知识的迁移，不仅有利于增加学习的内容，而且有利于提高学生适应新情境、解决问题的能力。从这种意义上说，教育的首要任务就是让学生学会知识的迁移。

（一）陈述性知识的迁移

教育心理学对陈述性知识的迁移研究分为两个时期：第一个时期，重视从学习活动的形式、学习活动的共同要素等方面研究陈述性知识的迁移；第二个时期，重视用认知的观点与术语，从认知结构的重要性及认知结构的形成等方面研究陈述性知识的迁移。

1. 迁移的理论

在众多陈述性知识的迁移理论中，对教育界影响比较大的主要有以下几种。

（1）形式训练说（formal discipline theory）。该理论来自官能心理学（faculty psychology），是一种古老的学习迁移理论。它认为人类的心理由许多不同的心理官能，如观察、注意、记忆、想象、思维等组成。这些心理官能只有经过训练才能发挥作用。知识的迁移就是心理官能得到训练的结果。赞成该理论的学者把训练和改进心理官能作为教学的重要目标，忽视学习的内容。这种理论运用到教育上造成的直接后果就是题海战术，偏重所学内容的难度和训练价值。这种学说对近现代教育产生过重要的影响，后来由于通过实验证明缺乏科学依据，而受到许多学者的反对。

（2）共同要素说。桑代克和伍德沃思（Thorndike & Woodworth，1901）通过让大学生判断一系列不同大小和形状的面积的实验发现，学习迁移是由于两种学习情境存在共同要素（identical elements）。[①] 如学生学习“going”的“ing”，就能拼“morning、playing、coming”，且记忆方便。不过共同要素说只能解释部分知识迁移的现象，难以揭示全部知识迁移的实质，如难以解释由于两种学习材料的相似成分越多则干扰越大的前摄抑制和倒摄抑制现象。

（3）概括化理论。贾德（Judd，1908）通过著名的击水下靶实验而得出概括化理论（general theory）。[②] 他让一组儿童学习折光原理，另一组儿童则不学习该原理。然后让两组儿童用镖枪投掷水下的靶子。起初，射击离水面1.2英寸[③]的靶子时，两组儿童的射击成绩大致相等；后来，射击离水面4英寸的靶子时，掌握了折光原理的一组儿童，其射击成绩在速度、准确性上都超过另一组儿童。贾德认为这是由于这组儿童掌握了折光原理并将它进行了迁移的结果。于是他认为，两种学习之间的共同成分只是学习迁移产生的必要条件，概括出两种学习活动的共同原理是学习迁移产生的关键。后来有些心理学家做过类似的实验，不仅证实了贾德的概括化理论，而且发现学生是否善于概括与教师的教学方法、学生的思维水平等有密切的关系。

---

① Thorndike，E. L.，& Woodworth，R. S.（1901）. The influence of improvement in one mental function upon the efficiency of other functions. *Psychological Review*，8，247-261.

② Judd，C. H.（1908）. The relation of special training to general intelligence. *Educational Review*，36，28-42.

③ 1英寸=2.54厘米。

(4) 认知结构迁移理论。奥苏伯尔认为，学习者的认知结构是影响学习迁移的重要因素。在意义学习中，学生积极主动地使新知识与认知结构中有关的旧知识发生相互作用，利用旧知识理解新知识，结果旧知识得到充实或改造，新知识获得了实际意义。这个过程实际上是陈述性知识迁移的过程。认知结构是影响迁移的关键因素。奥苏伯尔认为，认知结构的加强能促进新知识的学习与保持，教学的目标就是使学生形成良好的认知结构。

奥苏伯尔提出了影响迁移的三个主要的认知结构变量：①可利用性，即学生面对新的学习任务时，其认知结构中应具有吸收并固定新知识的原有观念，这样才能够产生意义学习。②可辨别性，指新的学习任务与同化它的相关知识的可分辨程度。两者的分辨程度越高，越有助于迁移并避免因新旧知识的混淆而带来干扰。③稳定性，指学生面临新的学习任务时，其认知结构中原有知识是否稳定巩固。原有知识越巩固稳定，越有助于迁移。奥苏伯尔通过大量实验发现，如果在教学中使用比学习材料本身具有更高的抽象、概括和包容水平，并且能与原有的认知结构相关联的先行组织者作为一种引导性材料，可以有效地促进迁移。奥苏伯尔的研究代表了当代认知心理学从认知角度来解释迁移的主流倾向，随后有的心理学家对迁移的过程、原有认知结构的特性等进行了更为深入而具体的探讨。

2. 促进迁移的措施

根据上述陈述性知识的迁移理论，要促进学生陈述性知识的迁移，教师应注意以下问题。

(1) 科学编排和呈现教材，促进学生形成良好的认知结构。根据奥苏伯尔认知结构迁移理论，学生的认知结构是从教材的知识结构转化而来的。好的教材结构能够简化知识，促进知识的迁移。所以，教材的呈现应体现以下要求：①有序性。由于学生实现迁移的重要条件是发现新旧知识之间的相同点，因此，教材的呈现顺序要合理，尽量在回忆旧知识的基础上引出新知识。最佳的教材序列要反映知识的逻辑结构，体现不断分化和融会贯通的原则，教材的呈现应由浅到深、由易到难、从已知到未知，适合学生的认知发展水平。②概括性。教材中要有较高概括性、包容性和强有力解释效力的基本概念、原理和规则，它们是教材的中心，可以促进学生举一反三、触类旁通。③实用性。教材的内容要考虑有用性，学生通过学习后能经常运用这些知识。如成语、四则运算等知识就具有较高的价值性，有助于学生的迁移且效果好。

（2）重视基础知识的教学，提高学生的概括水平。贾德的概括化理论表明，学生一旦掌握有关的原理并概括化，就能产生广泛的迁移。因此，教师要重视对具有普遍性和概括性的基础知识，即基本概念和原理的教学。学生掌握的基础知识越多，越容易产生迁移。教师要采取多种教学措施，帮助学生理解所学的基本知识，使学生学会概括的方法，提高概括的水平，并在此基础上进行复习和练习，以达到熟练记忆和运用的目的。

（3）注意学习材料的共同性，促进学生知识的综合贯通。根据桑代克的迁移理论，两种学习之间要产生迁移，关键在于发现它们之间的一致性或相似性。而在实际的学习中，知识之间的共同因素往往潜藏于内部，这就要求学生具有一定的辨别能力。要培养学生的这种能力，教师应给学生提供认识事物之间同一性或相似性的机会，使学生形成概括或归纳思维，善于发现事物的共同性。此外，教师要引导学生把课堂知识迁移到其他学习情境中，如数学课同实地勘测相结合，以促进学生知识的综合贯通，学以致用。

（二）程序性知识的迁移

1. 智慧技能的迁移

智慧技能的学习是获得一系列的产生式，运用已获得的产生式去解决新情境中的问题。因此，在智慧技能的迁移中，教师应注意以下问题。

（1）帮助学生形成条件化知识，掌握产生式规则。智慧技能形成的关键是把所学知识与该知识的应用触发条件结合起来，形成条件化知识（conditionalized knowledge），即在头脑中储存大量的“如果……那么……”的产生式。教师帮助学生形成条件化知识的主要途径：一是进行产生式样例学习；二是向学生呈现与实际生活背景相似的知识，提高知识的可检索性和应用性。

所谓样例，是一套通向问题解决的解题程序，其中蕴含“条件—行动”的产生式。样例学习就是学生通过学习或阅读样例，从中找出解决问题的条件，根据条件采取行动，最终形成解决问题的产生式系统。例如，学生学习“9＋2＝9＋1＋1＝10＋1＝11”的例题，就包含了这样的条件化知识：如果两个一位数相加的和超过10，那么将其中较小的一个加数分成两个数，分出来的一个数要和较大的一个数加起来为10……

通过样例学习，学生能得到一个智慧技能习得所必需的信息或步骤，把一些无关的信息排除在知觉范围之外，从而减轻认知负担，促进学生对产生式条件的认知与概括，最终掌握一般的产生式规则。

学生在样例学习中的知识有时会变成僵化的知识。僵化的知识只能在一个有限的背景中才能提取，应用时不能举一反三。这是一种应用性缺陷(production deficiency)。要克服这一缺陷，教师在教学中应注意理论联系实际，向学生呈现与实际生活相类似的知识，把课堂学习与课外生活联系起来，以保持知识的可检索性和活跃性。

(2) 促进产生式知识的自动化，熟练解决问题。产生式知识必须经过练习才能达到自动化，变成一种心智技能。西蒙等对专家和新手的实验证明了这一点。他们向被试呈现的问题是：一颗子弹射出的速度为400米/秒，枪膛长0.5米，假定子弹在枪膛内做匀加速运动，求子弹在膛内的平均速度。结果发现，新手解决问题所花的时间是专家的四倍，新手会出错，专家没有类似错误。尽管专家与新手在有的方面是一致的，比如他们都从阅读问题开始，都能回忆用哪个方程式，都能解决这个问题等，但专家解题时是两步或几步合成一步，且不具体想某个公式、定律或方程，而新手总是先从以前学过的公式、定律中选择某一关系进行解题。这是由于专家对问题所需要的一系列产生式规则已异常熟悉，看到题目即可不假思索，立即做出相应的操作运算。

(3) 加强学生的言语表达训练，促使智慧活动内化。许多学者的研究发现，言语活动能体现人们的内部思维水平，减少思维的盲目性，使注意集中于解决问题的关键因素，提高解决问题的速度和迁移水平。因此，教师要为学生创造一个民主、宽松的课堂心理环境，使学生喜欢、愿意和敢于言语表达。要加强对学生言语表达能力的训练，如要求学生大声报告思维活动、鼓励学生相互讨论等，促使学生智慧活动的内化，促进其思维水平的提高。

2. 动作技能的迁移

动作技能的学习同样存在着迁移问题，即一种动作技能的掌握对另一种动作技能的形成产生影响。动作技能的迁移主要有以下几种：一是两侧性迁移，指身体一侧器官进行的学习向另一侧器官的迁移。人体的对称部位最易于产生两侧性迁移，如左手和右手的迁移；其次是同侧部位的迁移，如左手向左脚、右手向右脚的迁移；人体对角线部位的迁移最弱。二是言语—动作迁移，即事先的语言训练有助于动作技能的形成。如在学习某动作时，首先进行言语指导，提高语言的辨别能力，可加快动作技能的掌握。三是动作—动作迁移。这种迁移在日常生活中十分常见，如学会骑自行车有助于掌握骑摩托车的技能。

根据动作技能迁移的特点，教师在促进学生动作技能的迁移时应注意以下问题。

（1）帮助学生理解任务性质和学习情境。首先，教师要使学生懂得掌握某种动作技能的重要性，形成强烈的学习动机，使学生乐于学习，认真钻研，力求掌握。其次，要向学生明确提出动作技能应达到的目标，使学生明确“做什么”和“怎么做”，形成对自己的正确估计，根据自己的能力与学习任务的目标调控自己的练习过程。

（2）示范与讲解要准确清晰。教师的示范与讲解在动作技能的形成中具有导向功能，使学生能够形成规范性的动作。指导者的示范与讲解不同，学习者的学习效果不同。如汤普森（L. Thompson）曾把儿童分为五组，在不同的示范方法下让其学习装配齿轮的七巧板。由于示范时对各组儿童活动的要求不同，各组儿童独立完成拼装的效果呈现明显的差异（见表7-6）。

表7-6　不同指导方法的不同效果

组别	儿童在观察时的活动	示范者的言语解释	拼容易的七巧板的时间/min	拼困难的七巧板的时间/min
1	连续加2至100	无	5.7	25*
2	说出示范者所演示的	无	3.1	22
3	静默观看	不完整的描述	3.5	16
4	静默观看	完整的描述	3.2	14
5	说出示范者所演示的	纠正儿童叙述中的错误	2.2	12

*　25名儿童中仅有3名完成了任务。

由表7-6可见，教师示范—学习者描述示范动作—教师纠正学生的错误（即第五组）是最有效的指导方法。

根据观察学习原理，教师在示范之初要注意降低示范速度，分解示范动作，以提高学生的注意力，使学生能够准确把握动作结构与特点，并更好地观察与模仿。

（3）加强学生的练习与反馈。任何复杂的动作技能都必须通过练习才能达到熟能生巧的程度。但练习不是简单的机械重复。学生在练习时，必须调动感知、记忆、思维等多种认知成分的积极参与，才能掌握动作技能。

动作技能的练习方法主要有以下几种。①实地练习法，即在实习基地，学生依据所学知识从事实际操作，以掌握动作技能的办法。②程序训练法，即运用程序教学原理，把动作技能划分为若干阶段，要求学生由易到难、由简到繁地学习，教师不断给予强化矫正，以提高动作效率的方法。③动作—时间分析法，即测量每个动作所需要的时间，排除不必要的动作，取得最佳活动效率的办法。④心理练习法，即身体不实际活动，而是在头脑内进行练习的形式。如理查森（Richardson，1967）曾评述了11个有关心理练习的研究，包括打网球、倒车、投标枪、肌肉耐力、理牌、玩魔术等技能。他的结论是，心理练习与作业改进有一定相关，如果将心理练习与身体练习相结合，其效果更佳。① ⑤集中练习与分散练习法。集中练习是指连续练习到掌握为止，分散练习是将练习分为多次进行。一般来说，分散练习可以避免长时间练习所产生的疲劳或厌烦情绪，效果较佳。但怀特利（Whitely，1970）的研究表明，在集中练习的条件下，学习者的动作在一段时间的休息之后能达到分散练习的效果。②

在动作技能的形成过程中，学生会出现练习成绩时而进步，时而退步，难以提高的“高原现象”。究其原因，主要是练习时间过长，练习兴趣下降，注意力分散，产生厌倦或疲劳的消极情绪。要克服上述现象，关键是教师要帮助学生改善练习方法和练习环境，利用他们对未来进步的憧憬，增强其努力的信

① Richardson，M.（1967）. Mental practice：A review and discussion. *Research Quarterly*，38，59-107.

② Whitley，J. D.（1970）. Effects of practice distribution on learning a fine motor task. *Research Quarterly*，41，576-583.

心和学习的兴趣。

练习中提供反馈，学生才能辨别动作的正误，知晓自己的动作是否达到要求。教师采取何种反馈，应根据任务的性质、学生的学习情况而定。伊里翁（Irion，1966）的研究发现：若是连续的任务，如开车、滑冰等，及时反馈很重要；若是不连续的任务，如徒手画一条规定长度的线段、投掷铅球等，则延迟反馈并不影响效果。①

3. 认知策略的迁移

认知策略的学习要经过陈述性知识的获得，然后在相同或不同的情境中应用，转化为程序性知识，认识到一套操作步骤适用的条件，达到反省认知阶段，才有广泛迁移的可能性。因此，教师要注意以下问题。

（1）培养学生树立正确的学习动机。比格斯（J. B. Biggs）的一项研究表明，学生的动机决定他们选择什么策略，决定他们使用这些策略的效果。动机强的学生倾向于经常使用他们习得的策略，动机弱的学生对策略的使用不敏感。所以，教师在认知策略的教学中，应根据学习动机的原理，注意培养学生树立正确的学习动机。

（2）丰富学生的知识背景。策略的应用离不开被加工的信息本身，丰富的知识背景为认知策略的形成提供基础，同时又促进学习者认知策略的应用。如林德伯格（M. Lindberg）要求小学三年级学生和大学生记忆猫、狗等动物单词共 30 个，结果大学生比小学生回忆的数量多，大学生在记忆时应用了群集或归类的记忆策略。但当他们去记忆另外 30 个有关周末电视节目和儿童卡通人物的名字时，小学生比大学生回忆的数量多，小学生同样应用了归类的记忆策略。② 这一实验结果表明，大学生的动物知识远远超过小学生，他们能根据动物的种属关系去记忆，小学生只是随机记忆而已。所以，在第一个实验中大学生的记忆效果比小学生好。但在第二个实验中，小学生在这一领域的知识背景比大学生丰富，更易采用归类的记忆方式，所以小学生的记忆成绩比大学生

---

① Irion, A. L. (1966). A brief history of research on the acquisition of skill. In E. A. Bilodeau (Ed.), *Acquisition of skill*. New York: Academic Press.

② Lindberg, M. A. (1980). Is knowledge base development a necessary and sufficient condition for memory development? *Journal of Experimental Child Psychology*, 30 (3), 401-410.

好。由此可见，学生的知识背景是认知策略学习与应用的一个重要条件。因此，在教学中，教师必须确保学生已具备所需要的知识背景，才能形成和提高学生运用认知策略的能力。学生学习新知识时，教师不妨先进行任务分析（task analysis）或进行诊断性评价，了解学生相关的知识和技能，并针对其知识背景不足的情况给予补充，以加深他们的理解。在讲授教学难度较大、较抽象的新知识时，教师若能帮助学生有效地应用已有知识经验去理解新的、抽象的知识，往往能达到良好的迁移效果。

（3）根据学生的元认知水平进行策略训练。大量的研究发现，学生的认知策略与其元认知水平有关。善于灵活运用多种策略去达到特定学习目标的学生，往往具有较强的元认知能力，并善于控制自己的学习过程（Hannafe & Carry，1981）。麦基奇（1984）通过实验研究同样发现，要使学生学会认知策略必须引导学生掌握元认知。而学生的元认知水平受学生的自我意识水平的影响和制约。小学生由于其自我意识水平较低，要正确掌握并恰当运用认知策略是比较困难的，这也是低年级儿童使用策略效果较差的原因之一。随着儿童年龄的增长，他们的元认知水平也不断地发展和成熟起来。同时，他们利用元认知调节及形成新的认知策略的能力也随之得到了发展。因此，我们对学生的认知策略的训练应考虑学生的元认知水平和自我意识水平的限制，遵循由简单到复杂、由低级到高级的原则，精心选择认知策略，以适合不同年龄的学生，达到事半功倍的效果。

（4）制订一套外显的可以操作的训练技术。尽管认知策略是个体对自己的内在过程的调控活动，具有内隐性的特点，但仍然可以通过个体的认知行为表现和揭示出来。如西蒙等人运用内省法或言语报告法、用录像带进行的刺激回忆法、同伴辅导法等，对学生的认知策略进行诱发、估价和分析，揭示了表现在学习过程中的有关认知策略，概括和总结出一定的可表征的知识体系，从而为教师的认知策略的教学提供了依据。如果教师善于把认知策略转化为一套外显的可操作的技术来控制学习者的认知行为，就能培养他们的认知策略。因此，教师要有意识地提高自己的语言表达能力，通过生动形象的语言描述，将自己的内部加工活动外化并展示给学生。另外，教师要通过具体实例向学生示范策略应用的情形，使学生能够通过仿效逐渐形成自己的内部调控技能。

(5) 变式与练习。促使认知策略从陈述性形式向程序性形式转化的最重要的教学条件是在相似情境和不同情境中的练习。学生在解决一类问题或学习一类课题时，所掌握的一般的认识方法能促使类似问题的解决与类似课题的学习。所以，练习中要保持课题的同一性和连续性，通过一系列彼此联系的练习，促进学生对认知策略的掌握。需要指出，同类或相似课题间的不断练习，会干扰对灵活性课题的学习。因此，练习时要考虑在练习课题的同一性基础上，注重课题变化，告之各种概念、原理、公式的特征和适用范围，帮助其牢固掌握这些知识的特征。教师还需要帮助学生去辨认各种现象或需要解决问题的特点，才能保证学生顺利迁移。

讨论2 如何促进知识的转化和迁移？

我国基础教育课程改革要求教师重视对学生能力的培养，即学生能够解释、推论、组织、综合、评价、应用所学的知识以解决问题。从教育心理学的角度看，这实际上是学生知识的转化和迁移的问题。请联系我国教育的现状，探讨教师在教学中应如何促进学生知识的转化和迁移。

【要点小结】

根据不同的分类标准，知识可分成不同的类型。陈述性知识主要反映事物的形态、内容及发展变化的原因。它是以命题、命题网络和图式等方式在头脑中表征的。有针对性的复习、提高加工水平、多重编码、过度学习以及提高新旧知识的区分度，可以促进陈述性知识的保持。程序性知识是用于具体情境的算法或一套操作步骤。认知心理学运用产生式理论来解释程序性知识获得的心理机制。程序性知识可分为智慧技能、动作技能和认知策略三类。关于智慧技能的学习过程，主要有加里培林的五阶段理论和认知心理学的两阶段理论。动作技能的形成分为认知阶段、分解阶段、联系定位阶段和自动化阶段。关于认知策略的学习过程，目前研究较少，大致有自上而下和自下而上的学习两种类型。

促进知识转化的方法有：使学习材料具有逻辑意义，调动学生学习的心向；采用恰当的教学方法，帮助学生形成概念或规则；指导学生科学练习，促使学生运用程序性知识。

陈述性知识的迁移理论主要有形式训练说、共同要素说、概括化理论和认知结构迁移理论。教师在促进学生陈述性知识的迁移时应注意：科学编排和呈现教材，促进学生形成良好的认知结构；重视基础知识的教学，提高学生的概括水平；注意学习材料的共同性，促进学生知识的综合贯通。

根据程序性知识的特征，教师在促进学生智慧技能迁移时应注意：帮助学生形成条件化知识；促进产生式知识的自动化；加强学生的言语表达训练。教师在促进动作技能迁移时要注意：帮助学生理解任务性质和学习情境；示范与讲解要准确清晰；加强学生的练习与反馈。在促进认知策略的迁移时，教师应注意：培养学生正确的学习动机；丰富学生的知识背景；根据学生的元认知水平进行策略训练；制订外显的可以操作的训练技术。

【思考与练习】

1. 就某门具体学科，如语文的写作，观察成绩优秀的学生和成绩较差的学生，分析他们的知识结构有何差异。

2. 请根据智慧技能形成的阶段和特点，分析如何促进智慧技能的学习。

3. 教师在教学中常常采用题海战术，这种战术对知识的转化和迁移有何利弊？为什么？

【拓展性阅读】

1. 皮连生著：《智育心理学》，人民教育出版社 2008 年版，第五、六、七、八章。

2. 张大均主编：《教育心理学》，人民教育出版社 2004 年版，第四章。

3. 李伯黍、燕国材主编：《教育心理学》，华东师范大学出版社 2001 年版，第十、十一章。

第八章　规范学习

【内容提要】

规范学习是学生学习的重要内容，学生在规范学习中形成一定的社会态度，掌握社会行为规范，形成道德品质，促进社会性发展。学校教育中规范主要表现为纪律、态度和品德。本章在概述规范学习的基础上，着重探讨了纪律的形成与教育、态度的形成与改变、品德的发展与培养等规范学习中的重要问题。

【学习目标】

1. 能用自己的语言说出规范学习的含义、心理过程及影响因素。

2. 掌握自觉纪律的心理结构、形成过程和特点，能举例说明如何促进良好纪律的形成。

3. 知道态度的实质与特点，能用态度形成与改变的方法分析自己态度的形成。

4. 知晓品德发展的基本阶段，能举例说明影响品德发展的因素和品德培育的方法。

【关键词】

规范学习　纪律　态度　品德

第一节 概　述

一、规范、规范学习的含义

（一）规范的含义

规范在现代汉语中被解释为约定俗成或明文规定的标准。心理学研究社会规范内化成个人的意识的规律。规范是对人们社会行为活动的规定，而社会行为的普遍性以及社会组织的多样性使得规范具有广泛性的特点。规范的广泛性在社会中最突出的表现为规章、制度、纪律、道德和法律条文。这些规范渗透到人们生活的方方面面，包括以下基本内容（见表8-1）：

表8-1　规范的基本分类

划分依据	规范的种类	相关特征及举例
依据对人的行为的制约方式	道德规范	不具有强制性，通过社会舆论和自我良心来规范个体的行为，如爱祖国、爱劳动、尊敬父母、举止文明等
	法律规范	具有强制性，是国家机关强行实施的，任何个体触犯法律都要受到法律的制裁
依据适用范围	大型群体规范	在世界范围、民族范围、国家范围等大型群体内使用的规范，如民族风俗习惯、社会公德、政党章程和宗教教义等
	小型群体规范	在小型群体内使用的规范，如家规和校纪班规等
依据社会生活的不同领域	政治规范	如四项基本原则是我国当前社会的政治规范之一
	经济规范	如等价交换是商品经济的基本规范
	社会生活规范	如宽人严己等待人接物的方式属于礼仪规范和社会生活规范
依据存在方式	成文的规范	有明文规定的各种行为准则，像法律、组织章程、公约等
	不成文的规范	风俗、禁忌、习惯和礼节等，具有约定俗成的特点，如日常生活中形成的茶文化、酒文化中的一些规则和禁忌等

规范是随着人类社会的发展而逐渐发展和完善起来的，现代社会已经形成了一个极其庞大的规范系统。在学校规范学习中，学习的内容不仅包括日常行为规范，还应包括思想规范、法律规范、道德规范、生活规范、工作规范和学习规范等。

（二）规范学习的含义

规范学习指的是学生获得一定的规范认识，并努力将规范所确定的外在的行为要求转化为内在的行为需要，从而建构起内部的行为调节机制的过程。

规范学习可以概括为两个方面：一方面，是通过活动不断地将现实规范据为己有的内化过程，如将外部的行为规范要求转化为内部的行为需要；另一方面，是通过活动不断地将已有的规范表现出来的外显过程。从这个过程来看，规范学习不是自发发生的，而是学习者在社会实践中，在主客体相互作用的过程中，通过主体的心理变化而实现的。只有在主客体相互作用的活动中，主体才能完成对社会规范从接触到接受的心理变化。规范学习的心理实质就是通过对规范的内化形成对外部行为的调节。

规范学习既包含规范的认知学习，又包含规范的情感学习和行为方式学习。所谓规范的认知学习，是指对规范意义与内容的学习，获得规范的相关知识，形成规范观念和规范认知能力；所谓规范的情感学习，是指形成与规范相一致的情感体验与需要状态；所谓规范的行为方式学习，则是指通过规范操作性经验的积累，获得与规范相一致的行为方式与行为习惯。规范学习就是在这三类学习的基础上，通过规范自主活动的反复实践，构建以情感为核心的知、情、行的一体化结构，形成对人、对事、对己的基本态度，从而获得参与社会生活的交往经验。①

二、规范学习的特点和作用

（一）规范学习的特点

规范学习是一种让学生“做人”的学习，它与让学生“做事”的知识、技

① 王健敏：《社会规范学习心理与品德建构》，《教育研究》2000年第8期。

能的学习迥然不同。规范学习的特点主要有以下几点。

1. 情感性

规范学习区别于一般的知识和技能学习的本质特征在于其情感性。在规范学习中，情感过程渗透在认知学习和行为方式学习的所有方面，可以说没有情感，就没有规范的内化。没有情感体验相伴随的规范认知是一种僵化的教条，无法实现其对行为的导向功能；没有情感驱动的规范行为是机械被动的盲目行为或虚假行为，失去了规范的本来意义。因而，情感在规范学习中绝不仅是三分之一的成分，而是反映了规范学习的本质特征。

2. 约束性

规范不仅会约束学生的认知与评价，还会约束学生的行为方式。虽然不同群体与社会的规范会有所不同，但从其性质上来说，不外乎倡导性规范和禁止性规范两类。倡导性规范重在唤起个体的某种精神力量，激发起某种强烈的行为动机，促使其产生某种行为。禁止性规范重在制约个体不合理的欲望与冲动，以制止违规行为的发生。但是规范学习的这种约束性并不完全是强制性，现代教育研究、心理研究都表明，规范学习的约束性是学生学习的主动性与受动性相结合的体现。

3. 延迟性

规范学习的目的在于使学生形成良好的行为习惯，促进其身心健康发展。但习惯的养成非一夕之功。规范行为的养成是在社会交往活动中，经过教育、训练而形成的，它的发展显示出不同的阶段和层次。如冯忠良等从社会规范的遵从态度确立的角度，认为社会规范的接受过程体现为由低到高的不同层次，其中依从、认同和信奉是三种最典型的水平。① 曾欣然把规范行为的养成过程分为模仿、依从、遵从、服从、自控、习惯和乐为七个阶段。② 这些都说明规范学习效果的显现需要较长时间，具有延迟性。

（二）规范学习的作用

规范学习是青少年社会性学习的核心，是提高青少年社会适应性的根本

---

① 冯忠良等著：《教育心理学》，人民教育出版社 2000 年版，第 481 页。

② 曾欣然著：《德性培育心理学》，警官教育出版社 1998 年版，第 93—94 页。

途径。

1. 规范学习有助于青少年良好品德和性格的构建

品德和性格是青少年行为的重要调节机制和个性的重要组成部分。良好品德和性格是在一定先天素质的基础上，在社会生活环境中，在规范学习的过程中逐渐形成和发展起来的。离开了规范的学习，青少年不能了解和掌握各种规范，不能形成执行规范必要性的认识，不能产生履行规范的需要和动机，不能获得与规范相关的情绪体验，不能产生规范行为和获得规范行为的动作经验，当然也就不能形成良好的品德。

2. 规范学习有助于青少年社会化的实现

社会化从实质上讲是个体从生物人成长为社会人，具备社会特性并逐渐适应社会生活的过程。社会化对青少年发展极其重要，它主要包括个性的发展、社会文化的传递和社会角色的获得三个基本方面。这三个基本方面都离不开规范的学习。性格是个性的两个核心因素之一，其形成和发展的基础离不开规范学习。社会文化的核心内容包括价值体系和社会规范两大部分，传递社会文化就是传递价值体系和社会规范，而完成社会规范传递的基本保证就是规范学习。社会角色是指与人们的某种社会地位、身份相一致的一整套权利、义务规范和行为模式。每一社会成员在现实世界中都充当着不同的社会角色，因此每一社会成员都需要学习特定社会角色的权利、义务规范和行为模式，这就需要规范学习。

3. 规范学习有助于促进青少年心理健康

心理健康是近来兴起的热点问题。虽然对心理健康的界定众说纷纭，但学者们都强调了心理健康中的社会适应这一因素，如张大均明确提出了“积极适应，主动发展”的心理健康教育目标①。那么，如何提高青少年的社会适应性呢？其实，社会适应性说到底是一种社会规范适应。社会对于个体的作用突出表现在为个体的社会行为制订一套规范系统，一套如何做人、如何与他人相处的规则和准则。这套系统随着社会的发展不断调整和更新。青少年只有通过社

① 张大均：《加强学校心理健康教育　培养学生健全心理素质》，《河北师范大学学报（教育科学版）》2002 年第 1 期。

会规范学习，内化规范系统，以此指导自己的行为，达到良好的社会适应。因此，社会规范学习是提高青少年社会适应性，进而提高心理健康水平的重要途径。

三、规范学习的心理学理论

（一）行为强化论

行为主义学派中的经典性条件作用观点强调，要使规范得以内化就要注意给予中性刺激，接着给出能引起特定反应的无条件刺激，经不断的重复，中性刺激成为条件刺激，从而将会获得原来由无条件刺激所引起的反应。例如，要让学生内化“尊敬师长”这一规则，就可以使它与一个具有肯定意义的观念相联系，经过不断强化，使这一规则也具有类似的肯定性意义。对一些应予反对的不良行为标准，则只需要将其与否定意义的观念相联系，使其在不断强化后获得否定性意义。

行为主义学派中的操作性条件作用观点则认为，个体是否内化规范，内化什么样的规范，总是受到所在环境的影响。如果所在环境赞同这些规范，那么这些规范就容易被内化；反之，这些规范就不容易被内化。因此，内化规范重要的是对环境的操作，而不是经典性条件作用所强调的中性刺激的呈现。

新行为主义者班杜拉则提出社会学习观，认为通过观察和模仿榜样，个体可以习得新的规范。其主要观点为：人类常常通过观察榜样的行为及其结果，获得替代性强化，然后调节自己的行为，使之与被模仿者的行为方式相同。因此，人的行为不是由个人的内在因素或外在环境因素单方面所决定的，而是两者交互作用、相互影响的结果。一方面，人通过其行为创造环境条件并产生经验；另一方面，被创造的环境条件和个人内在经验因素又反过来影响以后的行为。正是在这种相互作用中，各种规范才内化为个体内在心理品质的一部分。

（二）心理动力论

以弗洛伊德为代表的精神分析学派认为，不管是态度的改变还是纪律的养成，都是有其深层的心理动力根源，态度、纪律和品德的功能就在于满足个体特殊的心理需要。因而，这一理论更强调规范养成的情感成分，尤其是内疚感和焦虑感在规范内化中的影响。弗洛伊德认为，个体的社会行为是由本我、自我、超我三种人格成分相互制约、相互作用的结果。自我通过接受现实生活中的各种规范来平衡内心的矛盾，而超我则代表着人格中的品德成分，它是通过社会规范的接受而产生的。当人们违背社会规范时，超我的良心作用会使人产生一种内疚感、犯罪感来惩罚自己。因此，要发展超我，就必须强调内化规范的动机、情感等的作用，强调从调控自我做起。

（三）活动论

苏联社会历史文化学派认为，心理源于活动，在活动中形成，又在活动中发展。例如，包若维奇（Л. И. Божович，1908—1981）提出的动机圈理论，强调反映学生与周围环境关系的泛社会动机（尤其是道德信念、理想和世界观）在品德及人格形成中的作用，还强调人的需要是在活动中产生的，因而是活动的改变导致动机、需要的改变。在社会活动论看来，各种规范总是寓于各种活动之中，因此可以通过活动来促进规范的学习与内化。在学习各种规范时，必须把它作为外部活动教给学生。此时，学生个体以原有的知识经验为基础，通过一系列活动，对外化的实践活动进行逐步改造、概括，使它的各个环节得以压缩，并改变它的执行水平——使之由外部活动转为内部活动，成为完全在人的“头脑内”进行的活动，从而来解决所出现的各种问题，最终达到活动的目标——内化规范。这一理论从人的心理功能发展的社会制约性角度给规范学习以启示，强调了在规范学习中活动尤其是社会活动、群体活动的重要性，同时还指出了外化规范的重要性。

四、规范学习的心理过程及影响因素

（一）规范学习的心理过程

从总体上来说，态度、纪律和品德的发展过程都是内化社会或群体规范的过程。这一过程是逐步完成的，大致经历了依从、认同和内化三个阶段（见表8-2）。

表 8-2 规范学习的心理阶段

阶段	特点
依从阶段	此阶段是规范内化的低层次水平。外界的要求与个体的内在需要并不一致，依从是迫于外在压力或为了满足某种安全的需要。外显行为方面与他人保持一致，但认识和情感体验上不一定与他人保持一致。 针对这种情况，规范学习中就要注意对外部情境进行设计处理，努力使学生将原来用于满足安全需要而依从的规范转化为一种新的需要，促使新的规范态度的形成。
认同阶段	行为主体在认识、情感、态度和行为上与规范趋于一致，不再受外在压力的约束，能自愿、主动地接受规范影响。认同分为偶像认同和价值认同。偶像认同指主体企图与榜样一致，价值认同是个体出于对规范本身的意义及必要性的认识而发生的对规范的遵从现象。 个体已产生了对规范体现者（偶像）的崇敬心理或对规范本身的意义认知，规范已进入个体的知、情心理因素及规范行为的自觉驱动机制之中，其规范内化程度更深入了一步。
内化阶段	个体的态度、观念等与规范准则的要求一致，个体的规范行为动机是以规范本身的价值信念为基础的。以信念为基础的行动通常能带给人一种自我满足感，即能获得“内部奖励”。到了这个阶段，规范意识已相当牢固，且成为人的个性的一部分。

（二）规范学习的影响因素

规范学习作为学习的一种类型，必然会受到学习过程中诸多主客观因素的制约。最基本的影响因素有规范本身的特点、学生的交往需要、学生的认知发展水平、外部反馈等。

1. 规范本身的特点

规范学习必然要受到规范本身的特点的影响。规范从不同角度可分为不同类型。就内容来看，规范可分为思想规范、道德规范、生活规范、学习规范等；从性质上看，规范可分为禁止性规范和倡导性规范。规范的类型与特点不同，学习的侧重点及难易程度也就有所不同。

2. 学生的交往需要

个体社会性发展的基础是个体的交往需要。而学生要获得交往的成功，就必须掌握各种规范，以此作为行动指南。社会心理学的研究表明，每个人都有归属于群体的需要和对偏离群体的恐惧。因此，交往需要是构成学生规范学习的直接动因。

3. 学生的认知发展水平

由于规范学习是认知学习、情感学习和行为方式学习的复合体，规范学习过程中首先需要通过认知学习形成对规范的认识，因此，学生的认知发展水平会对新的态度、纪律的学习产生影响，并决定着学生对规范认识的不同水平与层次。若学生的理解、判断能力处于识记阶段，他们可能会将这些规范背熟，却不能将规范同他们的认知结构相融合，不能产生与规范相一致的情感体验，自然也就不会内化规范并付诸行动了。

4. 外部反馈

个体往往通过观察、体会来了解自身行为对他人所构成的现实影响，进而来修正、改善自我判断，决定以后的行为取向。班杜拉将社会学习的过程分为注意、保持、运动再生和动机四个环节，其中的动机过程就是指个体通过对回收的有关行为的社会反馈信息来决定是否将所学得的行为模式付诸实施。这样，对外部反馈的控制、操作也就会影响学生的规范学习。

第二节　纪律的形成与教育

一、纪律的含义、类型和功能

（一）纪律的含义

林格伦（1975）曾提到，“纪律”一词有多种含义：一个含义是惩罚，一个含义是以强迫顺从或服从命令的行为加以监督，还有一个含义是改正错误与强化的训练。[①] 那么，纪律究竟是什么呢？纪律就是一定的集体为了维护集体的利益并保证工作的顺利进行而制订的、要求每个成员遵守的各种规范和规则。

首先，纪律是为维护集体利益所制订的，是正常教育秩序所必需的，主要指向集体生活和活动的领域。其次，纪律以规范和规则的形式存在，是对学生的外在约束。其终极目的是从他律到自律，从外在约束到自我控制，而不是对人进行压制或管制。再次，规范和规则的获得并不是强制和奴化的结果。如果学生没有主动去理解纪律，就不可能真正懂得纪律的意义，并在纪律中得到良好的发展。最后，纪律不是教师的一厢情愿，也不是僵硬的戒条，随着情况的变化，纪律条文可以而且应该做出相应的修改。

（二）纪律的类型

从不同的角度可以把纪律划分成不同的类型（见表 8-3）。

表 8-3　纪律的类型

划分角度	纪律的类型	特征
从纪律形成的角度	教师促成的纪律	主要指在教师的帮助指导下形成的班级行为规范
	集体促成的纪律	主要指在集体舆论和集体压力的作用下形成的群体行为规范
	自我促成的纪律	即自律，是在个体自觉努力下由外部纪律内化而成的个体内部约束力，是课堂纪律管理的最终目的
	任务促成的纪律	主要指某一具体任务对学生行为提出的具体要求，在学生的学习过程中占有重要地位
从纪律实施的角度	专制型纪律	以惩罚为基础，强迫学生接受的纪律
	放纵型纪律	没有任何限制，使学生有充足的选择自由的纪律
	健康型纪律	提倡有限制的选择，使学生能够自觉遵守纪律；当这种纪律转化为学生的内部要求以后，可称为自我约束的纪律或自觉的纪律，是纪律教育的目标所在

① ［美］林格伦著，章志光译：《课堂教育心理学》，云南人民出版社 1983 年版，第 370 页。

（三）纪律的功能

奥苏伯尔认为，纪律是所有的文化体系中普遍存在的现象，合理的纪律管理对于青少年的发展至少有以下几个方面的作用：一是儿童社会化的需要，儿童需要学习某种社会文化所认可的行为标准；二是个性正常发展的需要，有利于使儿童获得自立、自控、可靠等心理特质，并训练儿童的挫折容忍力；三是道德标准内化的需要，可促使正确道德观的形成；四是儿童获得安全感的需要，如果缺乏清楚的、可与之交流的外部控制的引导，儿童很可能会感到迷惘和忧虑。因此，纪律管理虽然难，却是教师不得不仔细研究的问题。

二、自觉纪律的心理结构、形成过程和特点

（一）自觉纪律的心理结构

自觉纪律是学生纪律性水平高的表现，其成分包括纪律认识、纪律态度、纪律意志和纪律习惯（见表8-4）。

表8-4　自觉纪律的心理结构

成分	特点
纪律认识	主要指个体的纪律意识水平，是对纪律重要性及纪律内容的理解；包括对纪律的感性观念、对纪律的理性理解、纪律评价及纪律信念；纪律认识的最高层次是纪律信念，表现为个体确信纪律的必要性与正确性，并要求自己和他人坚决遵守
纪律态度	自愿遵守、主动执行、积极维护
纪律意志	是学生执行纪律的意志表现，表现为按纪律要求积极行动，或为了遵守纪律而抑制某些违反纪律的行动；是一种约束和控制自己的能力，能促使学生选择正确的动机，排除外部的干扰，控制不良的情绪，最终坚决地执行纪律
纪律习惯	良好的纪律行为习惯是从强制性的被动遵守转变为自觉纪律的关键；稳定的纪律习惯可以使学生遵守纪律的行动容易实现，同时，其受阻也会引起消极体验；纪律习惯是自觉纪律行为的一种动力

（二）自觉纪律的形成过程

学生自觉纪律的形成过程，是从外部纪律要求强制性遵守转化为内心需要，再转化为纪律习惯的过程。这一过程大致分为三个阶段：第一阶段，主要依靠外部教育要求及措施，包括教师的具体规定、提醒、监督和及时的检查；第二阶段，过渡阶段，学生还未形成自觉纪律，但已经体会到纪律要求既有权威的强制成分，又有自己的一定理解，一般能够遵守纪律；第三阶段，把纪律原则变成自觉行动，学生对纪律形成了责任感，开始以自我要求、自我监督、自我检查为主要方式。

（三）自觉纪律的特点

自觉纪律是在正确认识纪律的内容和必要性的基础上，经过多次实践，把遵守纪律变成个人的内在需要，对纪律积极执行和维护，并养成了遵守纪律的习惯，从而不需要外部强制即能自然遵守。自觉纪律表现出如下特点：（1）对纪律出自内心需要而自然遵守；（2）无须外在监督；（3）习惯性遵守；（4）在遵守纪律过程中遇到困难，会做出意志努力去克服；（5）积极维护纪律的执行，能与破坏纪律的表现进行斗争。

三、纪律形成的内在矛盾

在学生将行为规范内化为自己的内在要求，再外化为纪律行为的过程中，需要经过复杂的转化环节与矛盾。这些矛盾是在纪律形成时要特别予以重视的。

（一）外在纪律规范与学生认识之间的矛盾

学习纪律的第一个环节应该是让学生在正确了解、理解纪律的基础上形成正确的纪律观。一般来说，学生理解纪律等行为规范要经历四种水平：（1）具体性理解。此时，学生的纪律认识处于感性观念时期，这是形成正确的纪律意识的最初基础。（2）知识性理解。学生将纪律规范作为一种知识来理解，他们可以背诵，但不能把纪律要求转化为自己的纪律认识。（3）认同性理解。同意并接受了纪律规范的约束，但只是被动遵守。（4）内化性理解。纪律要求成为学生自己的内在行为准则。不同的学生对纪律的理解水平可能不同，因此在进行纪律学习时，恰当地解决外在纪律规范与学生认识水平之间的矛盾就至关重要了。

（二）纪律认识与纪律态度之间的矛盾

学生认识了纪律，了解其意义与要求之后，并不必然就会接受这些要求且表现守纪行为。此时还有一个他们是否愿意遵守纪律的态度问题。只有纪律认识与积极的纪律情感相结合，才会形成正确的行为态度。而在纪律形成过程中有时会出现纪律要求与情感体验相冲突的情况，从而引起学生在道理上畅通而在情感上受阻的情感障碍。因此，要让学生形成正确的态度——自愿遵守、主动执行、积极维护，就必须消除情感障碍，消除对纪律的消极态度。

（三）遵守纪律与个人动机之间的矛盾

有时纪律与个人动机发生冲突，当个人动机相当强烈时，往往会使一些学生产生违反纪律的行为。这种冲突的解决依赖于学生的动机斗争与意志力。此时，引导学生预见自己行为的后果，可以帮助学生在内心战胜个人的动机。研究表明，一个人能在动机斗争中选择正确的动机，起决定作用的不仅是思考和斟酌，更主要的是对自己行为后果的预见能力。此外，学生的意志力在动机斗争中也发挥着重要作用，尤其是在极具诱惑力的情境之下，它可以依据纪律的要求对自己的冲动、欲望等行为倾向进行抑制。但抑制是否成功，则取决于学生意志力的强弱。

（四）遵守纪律与辨识能力低之间的矛盾

学生所学纪律，一般是脱离具体情境的经过抽象的纪律知识，要将这些纪律知识向丰富多彩、充满矛盾的现实生活过渡，就常会出现守纪的态度与学生的实际辨识能力较低之间的矛盾。解决此矛盾的措施是：一要重视纪律情境，使学生在各种不同的纪律情境中领悟纪律的实质，发展自己的纪律辨识能力；二要重视自我纪律评价能力的发展，使学生对纪律的评价从现象到本质、从片面到全面、从情境到原则、从自我到群体、从他人到自己，不断发展。

（五）遵守纪律与不良行为习惯之间的矛盾

行为习惯是逐渐养成的、不需要任何意志与外在监督而能自动实现的行为方式。① 许多教育心理学家强调，教育需要使学生养成良好的行为习惯。然

① 陈安福、曾欣然主编：《小学德育工作心理》，四川教育出版社 1991 年版，第 172 页。

而，处于成长发展之中的学生都或多或少有一些不良行为习惯，如遇事大吵大闹、动辄任性撒娇等。这些不良行为习惯与守纪的要求之间就会产生矛盾，妨碍自觉纪律的形成。

四、良好纪律的形成与培养

针对上述纪律形成过程中所遇到的内心矛盾，在纪律学习中必须有的放矢，才能培养学生的自觉纪律。同时还要注意的是，以社会建构理论的观点来看，纪律是一类互惠性的社会交往知识，它来源于社会的建构。其中，文化和社会情境起着巨大的作用。正是在纪律使用的活动情境以及背景文化下，在师生、学生之间（群体或社会）的社会互动中，学生主动建构起自己对纪律的认识与知识，同时学生的守纪行为习惯也只有在相互作用的过程中才能形成与发展。在此重点介绍两种纪律形成与培养的策略。

（一）情境化策略

情境化的“情境”，实质上是人为优化了的环境。从纪律教育的目标及内容来看，就是精选相应的社会或自然界的典型事例，创设以真实、生动、鲜明的形象为主体的具有浓厚情感色彩的教育场景。这种人为的优化环境，具有“认知与情感、行为的统一”和“运用基本事实说明基本概念和原理”的直接意义。但在纪律教育中运用情境要注意几点：（1）突出形象，寓理其中。在纪律教育情境中，各种人物形象应是真实的，蕴含浓厚的情感，且能说明一个道理或表述一个观点。（2）将情感活动与认知活动结合起来，按照情感本身发展的历程安排情境教育的步骤。一般来说，情感本身的发展历程为：进入情境，产生感情共鸣，启发联想与想象，加强内心体验，深化情感与认知，产生感悟。（3）所营造的情境要和学生现有的经验、知识、情感及思维能力相衔接。（4）采用多种表现形式，加强情境的吸引力、感染力和说服力。

学校的文化情境和自然情境也是一种潜在的教育力量。一个优化的校园环境总是以特有的象征符号向人们潜在地灌输某种思想、规范、纪律和价值观念。置身于这一情境中的每个人会受其浸润，在自我反思中感受到心灵成长的愉悦以及自主的尊严，在社会性交往中获得全面发展。重视校园文化建设也是进行纪律教育的一个重要途径。

情境化教育的有效性要视教育行为发生时的具体情形而定。教育行为在一种情境下有效，在另一种情境下可能就会失效，并且情境化教育的影响因素有环境条件和受教育者的素质等许多方面。因此，一个有效的情境教育者应根据受教育者的具体情况，为受教育者创设各种条件，最大限度地发挥情境教育的效能，使受教育者发挥出他们最大的能力。

（二）自我建构策略

如果说情境化教育重视外部教育力量的运用，那么自我建构重视的就是个体内部教育力量的运用。如前所述，纪律是为了一定群体利益而由群体成员共同生成的。在共同生成纪律规则的过程中，学生个体是积极的参与者，他会主动地根据先前的认知经验来注意并知觉外在的各种相关信息，以建构对当前情境的认识，生成新的纪律规则或更新原来的纪律规则。尽管事物存在复杂多样性，学习情境存在一定的特殊性，个人的先前经验存在独特性，对纪律的建构也会迥异，但通过群体成员之间的社会互动，在主体与主体的相互作用中，最终将构造出符合群体共同利益的纪律行为规范。

纪律的自我建构过程其实也是学生的自觉纪律得以形成与培养的过程。因此，在具体教学中，可采用诸如角色扮演法、共同讨论法、参与规章制度制订等方法，促使学生在自我体验、自我监控、自我剖析、自我生成的建构过程中培养良好的纪律习惯。

虽然有一些约定俗成的纪律规范是学生难以自我生成的，但是在学习这些纪律规范时，学生可以利用原有的纪律认知结构与行为能力，使之与既定的纪律规范产生联系，确保自己对既定纪律规范的理解与内化。

讨论1 如何建立和维护有效的课堂纪律？

纪律是规范学生行为、维护课堂秩序的手段。你认为有效的课堂纪律是什么？如何建立和维护有效的课堂纪律？

第三节　态度的形成与改变

一、态度的含义和特点

（一）态度的含义

什么是态度？社会心理学家奥尔波特（G. W. Allport）将其描述为：通过经验组织的一种心理和神经的准备状态，它对个人的反应具有指导性的或动力性的影响。加涅（Gagné，1985）在其《学习的条件》（第四版）一书中认为，态度是通过学习形成的影响个体的行为选择的内部状态。邵瑞珍将态度定义为习得的、影响个人对特定对象做出行为选择的、有组织的内部准备状态或反应的倾向性。①

从这些定义可以看出，对态度的理解主要是从以下三个方面展开的。（1）态度是一种内部状态。这表明态度仅仅使某些类型的行为的出现成为可能。例如，一个有乐于助人态度的人，只是为他做出外显的助人行动做好了准备，但并不一定做出实际的助人行动来。（2）态度是一种行为选择状态。态度往往表现为对一些类型行为的趋向与回避、喜爱与厌恶、接受与排斥等。它决定人们愿不愿意去完成某些任务。（3）态度是学习的结果。纯生物学意义的人是无所谓态度的，只有在与他人、群体、社会相互交往的活动中，人们才可能形成一定的态度，并根据情况的变化而改变自己的态度。因此，态度是通过经验组织或学习而产生的。

总之，态度是人对客观对象、现象是否符合主体需要而产生的心理倾向，其实质是对外部客体与主体需要之间关系的反映。

（二）态度的特点

从上述态度的界定中可以发现，态度主要具有如下四个特点。

① 邵瑞珍主编：《教育心理学》，上海教育出版社 1997 年版，第 181 页。

1. 态度的对象性

个体所持有的任一态度都是指向某个具体对象的，离开一定的对象，态度就无法孤立地存在。个体对某一对象的态度反应不是凭空而生的，它是以个体所持有的价值观念为基础的。人的价值观念不同，对某一具体对象的态度也就可能不同。

2. 态度的内在性

态度是个体内在的心理状态，它不能从外部直接观察到，而只能间接地推测得知。罗森伯格和霍夫兰（M. Rosenberg & C. Hovland）曾把态度看成是人所接受的刺激（对象）与可观察到的反应（行为）的内在中介。这说明态度作为内隐的结构虽然会影响个体对刺激的反应，却要通过对个体的语言或行为方式的分析来间接地推测。

3. 态度的持久性

态度是个体在后天的社会生活中形成的，一旦形成就具有相对的持久性。稳定的态度可以成为个体人格的组成部分，是不易改变的。但是，在态度形成过程的不同阶段，其稳定程度是不同的。在依从、认同、内化三个阶段中，显然依从阶段的态度是最不稳定的、较易改变的，而内化阶段的态度是最为持久的、难以改变的。

4. 态度的概括性

态度作为一种反应的准备状态，它并不决定特定的行为，而是决定个体一定类型的行为。但个体对一类事物所形成的积极或消极的态度，是对各种具体对象的态度概括化的结果。例如，学生的乐学态度就是对课程、教师、授课、作业、考试等具体对象的态度的概括。态度的这种概括性使得态度会产生较大的迁移。

二、态度的功能和心理结构

（一）态度的功能

1. 过滤功能

态度不但影响个体行为的方向性，也会影响个体对信息的选择。在一般情况下，人们总是接受与自己态度一致的信息，拒绝与自己态度不一致的信息。

而且，在面对一致信息时，也倾向于注意和评价信息中好的方面。这使得在对新对象的认识与判断中，学生的已有态度担负着选择、过滤的作用。

2. 调节功能

人的某些态度具有直接满足情感需要的作用，如一个好学的学生得到教师的肯定性评价，一个乐于助人的学生得到社会的好评等。兰伯特（W. E. Lambert）曾以实验证明，态度会调节个体的语言行为和非语言行为。而之所以如此，是个体为了消除内心的不安全感，为此个体就必须采取与需要相符的态度。

3. 价值表现功能

价值观是人们对某一事物的善恶、是非及重要性的评价。人们常通过表态的方式来表现自己的价值观。学生的价值观往往取决于其需要、动机、理想、信念等个性倾向性。如果个性倾向性与价值观一致，就会产生积极的态度，反之则产生消极态度。所以，态度也是学生价值观的一种反映。

4. 适应功能

人的态度是在对外部环境的适应过程中逐渐形成的，反过来又起着适应外部环境的作用。如儿童在交往活动中学会了什么样的态度是会被同伴集体所接受的，那么反过来，这种态度又会让儿童去适应不同类型的集体的交往活动。

（二）态度的心理结构

关于态度的心理结构，目前比较流行的观点即态度由情感（affective）、行为意向（behavioral）和认知（cognitive）三种成分构成，又称态度的 ABC 模式（见表 8-5）。

表 8-5　态度的心理结构

名称	含义
情感成分	是个体对态度对象的情感取向，也就是态度对象是否满足人的情感需要而引起的主体的内心体验。表现为人对态度对象的喜爱或憎恶、亲近或冷漠等。它伴随着态度的认知因素而产生，通常被认为是态度的核心成分。

续表

名称	含义
行为意向成分	指个体对态度对象可能产生某种行为反应的倾向。它构成态度的准备状态，表现为接近或回避、赞成或反对等倾向。行为意向不等于行为本身，有行为意向也并不等于一定会发生实际行为。
认知成分	指个体对态度对象所持的认识和评价，是态度得以形成的基础。对于同一对象，不同个体的态度中的认知成分是不同的，有些态度是基于正确的信息和信念的，而有些可能基于错误的信息和信念。

通常条件下，态度的三种成分之间的关系是协调一致的。例如，如果学生认为“学习是一件快乐的事”，那么学生就会喜欢学习，并愿意为学习安排时间。但有时，这三种成分之间也会出现不协调的情况。赖茨曼（L. S. Wrightsman）等人在研究中发现，情感成分与行为意向成分之间的相关比较高，而认知成分与情感成分、认知成分与行为意向成分之间的相关就比较低。① 出现这种情况的原因是，虽然认识改变了，情感却没有转变过来，或者认识到了，却没有那样去做。这恰好为我们进行态度改变教学提供了契机。

三、态度形成与改变的心理学理论

态度形成与改变的心理学原理除第一节谈到规范学习的基本原理之外，主要还有以下几种理论。

（一）认知相符论

其基本观点是：人的信念或态度如果与其他观点、自身行为发生矛盾，就会有一种动力倾向性推动其进行自我调整（或改变原有信念、原有态度，或否定其他观点和行为），以达到或恢复认知上的相符和一致。因此，态度系统中诸成分的不一致性是促进态度改变的主要因素。这一理论又有如下两种观点。

① 周晓虹主编：《现代社会心理学》，江苏人民出版社1991年版，第229页。

1. 认知平衡观

由海德（Heider，1958）提出，他认为，认知者对某一对象的态度取决于第三者的态度。如果认知主体对两个对象（态度对象和第三者）的态度趋于一致，则其认知属于平衡状态，态度就不容易改变，否则就会处于认知不平衡状态，人类所具有的追求平衡与和谐的需要使得态度较容易发生改变。纽科姆（Newcomb，1961，1968）对海德的理论予以完善，除态度的方向变量外，还注意到态度的强度变量。奥斯古德和特南鲍姆（Osgood & Tennenbaum，1955）的和谐理论在观点上基本与平衡理论相同，认为态度改变时涉及三种变量（个人对信息源的态度、个人对信息对象的态度、个人对信息源关于信息对象所做断言的态度）的方向，而且也涉及它们的强度指标。

2. 认知不协调理论

由费斯廷格（Festinger，1957）提出，此观点认为，认知失调是态度改变的先决条件。只要认知失调产生，为了恢复认知调和状态，就需要态度的改变。认知失调虽为态度改变提供了条件，却并不必然导致态度改变，为此要及时抓住认知失调的时机，采取有效的措施（如降低失调认知的重要性或数目、提高协调认知的重要性或数目、改变其中的认知要素等）来促使态度发生转变。

（二）信息传播理论

美国社会心理学家霍夫兰等人认为，态度是后天习得的产物，是由学习而来的反应。强化、模仿是态度形成的机制。对个体态度的肯定性强化、给予有力而典型的模仿榜样都可以促使态度的形成与改变。态度改变应强调在信息传递过程中，个体对信息的注意、理解与接受等因素。

（三）心理抗拒理论

20 世纪 60 年代末，心理抗拒现象及抗拒效果被作为一种态度进行研究。该研究发现，在心理抗拒的情况下，事先的说服教育不仅不利于态度转变工作，反而会促使态度向预期相反的方向变化。后来，在心理抗拒理论的基础上发展出心理免疫理论，认为要想促使态度向有利方向转化，事先让被试参与有关的活动是必要的，被试积极参与实验者进行的一系列活动，有助于被试的态度转变。

讨论2 **内隐态度和外显态度对态度改变有什么启示?**

威尔逊等人(Wilson, et al., 2000)提出一种新的态度模型理论。他们认为,人们对于同一态度客体能同时存在两种不同的态度,一种是能被人们所意识到、所承认的外显态度(表面态度),另一种则是无意识的、自动激活的内隐态度(真实态度)。① 这种双重态度模型对态度改变领域的影响较大。以往的态度研究中多使用态度的外显测量,因而可能过分夸大了态度改变的容易程度。人们虽然会在自我报告中提到新的外显态度,但他们仍然保持着习惯化的内隐态度,这些内隐态度在认知压力条件下和其他的间接测量中才能被表达出来。

结合此理论观点,请你谈谈它对态度改变有什么启示。

四、态度形成与改变的条件

态度教学不同于认知教学、技能教学。态度教学既可以使学生形成新的态度,也可以使学生改变已有的态度。影响态度形成与改变的条件可分为主观条件和客观条件。

(一)主观条件

1. 对态度对象的认识

在进行态度教学前,学生的认知结构中首先要有关于新态度对象的观念或认识。例如,要使学生形成对“互敬互谅”这种规范的态度,那么学生必须先了解“互敬互谅”的意义。其次还要有一套关于行为与其相应情境的关系的观念。例如,不接受某种观点可能会受到团体的惩罚、教师和家长的责备等。因为许多态度教学是通过为学生提供模仿的榜样来进行的,此时,榜样以及与榜样特征相关的所有概念都是一种情境的观念。

2. 认知失调

许多态度理论都假设人类具有一种“一致性的需要”,需要维持自己的观

---

① Wilson, T. D., Lindsey, S., & Schooler, T. Y. (2000). A model of dual attitudes. *Psychological Review*, 107 (1), 101-126.

念或信念的一致，从而获得心理平衡。如果处于认知失调状态，个体就会努力改变自己的观点或信念来求得新的平衡。因此，认知失调就成为进行态度教学的必要条件。一般来说，认知失调主要源于四种情况：逻辑上不一致；与社会风气不一致；个人一贯行为倾向与其特殊的行为不一致；新事物与个体的旧经验不一致。因此，教师在态度教学时，就可根据以上情况进行教学设计，有意引起学生的认知失调，使学生产生改变态度的心理需要，以有助于达成态度的教学目标。

3. 有形成或改变态度的意向

具备前两类条件并不能确保学生就能形成或改变某种态度。此时还可能存在的事实是：学生还不能解决生活中的诸多甚至大部分的失调；许多人的愿望、观念与行动根本不一致；很多人不想去努力解决这种不协调。这些情况说明，在特定条件下，学生可能会没有或者失去形成、改变态度的意向。意向是一种习惯性倾向，有着持久的影响，对于态度教学来说是非常重要的。

4. 对教育者的信任度

家庭、学校、社会教育是人形成或改变态度的主要影响源。其中学生对教育者的信任度是关键。对教育者的信任度是指受教育者对教育者的“为师之道”与“授业之道”的信任程度。要提高教育者在学生心目中的信任度，教育者（包括教师及教育管理者）得从提高自身综合素质做起，增强行为的表率性、情感的真挚性与感染性、教育方法的科学性与艺术性等。

（二）客观条件

1. 所传递信息的可信度

态度的形成或改变更多是在沟通中完成的，其基础就是对信息的认知与理解。信息的真实性及价值性决定着主体对所传递信息的信任度。具体来说，信息来源的权威性、信息内容的新颖性、信息组织结构的严谨性、信息表述的鲜明性、信息难易程度的适合性等方面都会影响学生对所传递信息的认知与理解，从而影响学生态度的形成与改变。

2. 榜样人物的选择

许多态度是由模仿他人的行为而习得的。在观察他人态度的形成与改变时，学生获得了关于榜样行为、行为情境以及行为结果的知识，从而获得替代性强化，影响自身的态度形成与改变。为此，在进行态度教学时，榜样的选择就显得至关重要。有较大影响的榜样多具有这些特征：榜样的行为达到了要求并得到了奖励，而其他人也常去效法他们的行为；榜样有权力、有能力奖励学习者，尤其是已经奖励或鼓励过学习者的榜样，如教师、同伴等；榜样与学习者有类似之处，即这些榜样可以反映学习者的自我概念和志向。①

3. 外部强化

外部强化也可导致态度的形成或改变。外部强化可分为两种。一种是直接强化，即一般所说的奖励或惩罚。奖励对态度有正向诱发作用，而惩罚对态度有负向抑制作用。另一种强化是间接强化。特定的环境氛围、群体的舆论、群体成员的评价等以潜移默化的方式影响着人的态度的形成与改变。可以说，外部强化增强了学生对客体趋向的内部准备倾向。

五、态度形成与改变的方法

教师可以综合运用一些方法来帮助学生形成或改变某种态度。通常可应用的方法有提供榜样法、说服性沟通法、角色扮演法等。

（一）提供榜样法

榜样对态度的影响是巨大的。学校所能提供的榜样一般来自教材和教师。就教材而言，有关教材的内容提供了今人、古人的生活方式，或有意或无意地表达了作者的态度以及前人所推崇的态度。就教师而言，学生所仰慕、模仿的教师通常是品德高尚、知识渊博、兴趣广泛、授课得法、关心学生的教师。

在学校情境中，教师应根据学生心目中有关榜样的特点，按照班杜拉的社会学习理论来选择榜样、设计榜样、示范榜样行为，以及运用有关的奖惩，引导学生学习某种合乎要求的态度。

（二）说服性沟通法

在实际教育情境中，教师常常通过言语说服的方法来改变学生的态度。这种方法又称为说服性沟通法。在说服过程中，教师要向学生提供对其原来态度

---

① 邵瑞珍主编：《教育心理学》，上海教育出版社 1997 年版，第 191 页。

的支持性和非支持性的论据，使学生获得与教师要求的态度有关的事实和信息，或深化已有态度，或形成新的态度，或改变原来的态度。有效的说服技巧主要有以下几种。

1. 选择证据

霍夫兰等经研究认为，单面证据即只提供单方面的证据（如正面证据）对受教育程度较低的人以及原来持赞同态度的人更为有效，而双面证据（提供正反两个方面的证据）对受教育程度较高的人以及原来持反对态度的人更为有效。① 因此在态度教学中，对于低年级学生，教师说服时应主要提供正面证据，而对于高年级学生，则可以考虑提供正反两个方面的论据。此外，如果教师提出自己的观点后，学生未产生相反观点，这时，教师只提出正面观点和材料有助于学生形成肯定态度。对于学生本来就反对的观点，教师则应提供正反两个方面的证据，这会使学生感到教师是公正的，从而容易改变态度。最后还要注意的是，如果说服任务是要解决当务之急，只提出正面证据比较有效；若说服任务是培养学生长期稳定的态度，则提出正反两个方面的证据比较有效。

2. 情理服人

教师在说服时，要么以理服人，要么以情动人。20 世纪 50 年代，哈特曼（S. Hartman）的研究告诉我们：说服内容的情感因素对态度的改变容易立即见效，但其影响不能保持长久；说服内容的理智因素对态度的改变容易产生长期的效果。在具体说服时，教师还要注意学生的成熟水平。例如，教师如果期望低年级的学生改变态度，富于情感色彩和引人入胜的说服内容较易见效。对于一般的学生，在开始说服时，加强情感渲染可以引起学生的兴趣，然后可以运用充分的材料进行说理论证，这样的说服效果会长久一些。另外，也可利用学生的情感需要来引起其产生各种情绪反应。如果教师在具体操作时，将情绪反应与明确的指示结合起来，对学生态度的改变可能会更有效。

3. 逐渐缩小态度差距

学生原有态度与教师要求的态度之间是有一定距离的，这一距离是影响态度改变的一个重要因素。因此，为了有效改变学生的态度，必须先了解学生的

① 周晓虹主编：《现代社会心理学》，江苏人民出版社 1991 年版，第 229 页。

原有态度，估计它与要求的态度之间的距离。如果两者悬殊太大，则不能急于求成，应该采取逐步提高要求的方法来渐渐缩小两种态度之间的差距。

（三）角色扮演法

角色扮演指人依照自己的角色来行事，也指模仿别人的角色来行事。由于在角色扮演的过程中，个体有了较多的情感涉入，因而，角色扮演常会在改变个体原有态度方面产生奇效。关于角色扮演的研究也指出，人们在角色扮演中所花费的力气越大，改变态度的效果就越好。在态度教学中，让学生尝试扮演不同的角色，会产生神奇的效果。例如，让一个上课爱捣乱的学生扮演纪律委员的角色，他很快就会产生与纪律委员身份相符的行为模式，对遵守纪律的态度变得认真、积极，甚至学习成绩也有了显著提高。

第四节　品德的发展与培育

一、品德发展的全程性

所谓品德发展，是指个体的整个生命历程中品德的发生发展和变化，即人生历程中品德成分、品德结构及其功能的发展变化。个体品德发展具有全程性的特点。

（一）品德发展全程性的内涵

品德发展的全程性主要体现在以下几个方面。

1. 个体品德发展与完善贯穿于人的生命全程

人从出生到生命的终结，品德发展从没间断。例如，从出生到两三岁，这个时期虽然不存在严格意义上的个体品德，但个体早期发展经验和社会性品质的获得将对品德的萌芽产生重要影响。成年期品德成熟以后，随着生活经验、社会背景等因素的影响，个体品德仍然处在发展变化过程中。例如，阿蒙（C. Amon）在科尔伯格（L. Kohlberg，1927—1987）的理论基础上，研究了5～72岁被试的道德认知发展，提出了三种水平七个阶段的观点。曾欣然对个体德性（品德）结构的发展历程进行了分析，将道德发展划分为十个阶段或水平。张向葵等人采用自然实验法，对儿童（7～15岁）、青年（19～23岁）、中年（40～55岁）和老年（60岁以上）四个年龄段被试的助人行为发展进行了比较研究，发现：儿童被试的助人行为具有最大的情境性；青年被试的助人行为自觉性较高，但责任感较差；中年被试冷漠、不关心他人的行为突出；老年被试助人行为中的仁爱之心最强，社会公益水平最高。①

2. 品德发展既指完整品德心理结构的形成与发展，也指品德结构的功能的发展

品德结构的形成与发展，首先是各种品德心理成分的发展，如品德认识、品德情感、品德动机、品德意志、品德行为、品德自我评价等成分的发展；其次是指由上述成分构成完整的、相对稳定的、由社会道德准则和规范内化并积淀的品德结构的发展。品德结构的功能，主要是指已经形成的品德对社会道德规范的定向选择功能、内化道德价值的功能、发动维持整个品德心理活动的功能、反馈调节品德行为的功能等。品德结构的功能发展的最高目标在于发挥个体的自觉性、自主性、自律性和创造性，实现人的道德价值。

3. 个体品德发展成熟之前存在极大的可塑性、可变性

品德发展存在年龄阶段特征，同时，品德在某一阶段内的变化，甚至阶段之间的过渡转折不完全是单向的、唯一的、线性的。在不同发展阶段，甚至在同一阶段的不同个体，其品德发展方向、速度和水平可能是多样性、多维度的。另外，由于受社会、家庭、学校及个体自身等诸多因素的影响，个体品德发展中出现“倒退”“反复”“暂时停滞”都是可能的。因此，我们应该充分认识品德培育和转化的长期性、艰巨性。当然，在品德成熟之前，品德发展的方向、速度及可能性在较大程度上取决于占主导地位的外部影响源。

（二）个体品德的萌芽与成熟

心理学家从不同侧面对品德的萌芽进行了探索。有的以品德认识或评价的发生为标准，如皮亚杰把规则的习得与遵从作为道德发生的标志，朱智贤认为儿童出现两义性道德判断标志着道德意识的萌芽，具体是1～3岁。有的从道德情感入手考察品德的萌芽，如苏联学者研究发现，儿童羞愧感萌芽于1～3

① 张向葵等：《当代社会形势下儿童—老年助人行为发展的实验研究》，《心理发展与教育》1996年第2期。

岁。墨森（P. H. Mussen）等人明确提出 2 岁左右儿童道德感出现，认为 1.5 岁以后儿童开始产生理想化了的客体表象、事件表象和行为表象，并获得了在特定情境中有关正确和错误的行为标准。① 有的从品德动机是否出现研究品德萌芽，如苏联学者通过实验研究幼儿社会性动机的产生问题。②

综上所述，结合曾欣然等人的实证研究，可以确定个体品德萌芽的年龄是 2～3 岁。③ 品德萌芽的标准，应该综合考察心理学标准、社会学标准、伦理学标准三个方面。一是幼儿在简单的实际品德行动中，初步具有品德认识、品德情感、品德动机、品德行为等品德心理成分。二是表现在幼儿处理个人利益与他人利益的过程中，正如美国儿童心理学家艾森伯格所说："一个人必须在满足自己的愿望、需要和价值与满足他人的愿望、需要、价值之间做出选择。"④ 三是自然客体与社会客体的分化、自我与非我的分化、自然情境与社会情境尤其是道德情境的分化、自然事件与道德事件的分化，能够对社会客体、道德情境、道德事件做出适应性反应。

个体品德何时成熟？如何衡量？这方面的研究极少，林崇德认为，品德成熟的指标，一是较自觉地运用一定的道德观点、原则、信念来调节行为，二是世界观、人生观的初步形成。⑤ 皮亚杰认为，儿童能够进行自律判断，其道德品质就达到了成熟水平，大多数是在 12 岁左右。科尔伯格认为，儿童和青少年道德成熟的标志就在于他能做出正确的道德判断和形成自己的道德原则，首先是道德判断的成熟，其次是与道德判断一致的道德行为的成熟。

衡量个体品德是否成熟，可以综合考虑如下方面：（1）品德心理结构相对定型，可塑性变小；（2）品德结构的自我组织、自我调节能力的成熟；（3）自觉实现社会人的道德价值，这是人的品德功能的最高体现，也是衡量品德成熟的根本标准。

---

① ［美］墨森等著，缪小春等译：《儿童发展和个性》，上海教育出版社 1990 年版，第 174 页。

② 陈帼眉著：《学前心理学》，人民教育出版社 1989 年版，第 359 页。

③ 曾欣然著：《德性培育心理学》，警官教育出版社 1998 年版，第 62—66 页。

④ 转引自张文新著：《儿童社会性发展》，北京师范大学出版社 1999 年版，第 294 页。

⑤ 林崇德著：《品德发展心理学》，上海教育出版社 1989 年版，第 125 页。

（三）品德发展的阶段及关键期

1. 皮亚杰的道德认知阶段论

皮亚杰关于儿童道德判断问题的研究，为儿童道德发展研究领域提供了一个理论框架和一套研究方法，初步奠定了品德心理研究的科学基础。

皮亚杰认为，一个人道德上的成熟，主要表现在尊重准则和社会公正感这两个方面。他认为，发展心理学应着重研究儿童道德发展的过程。他和他的合作者研究了儿童对规则的态度和对行为责任的道德判断，也研究了儿童公正观念以及对成人惩罚的公正性的判断，从而揭示了儿童道德判断的发展进程，把儿童的道德判断区分为他律和自律两种水平，并得到了一些规律性的结论：从单纯的规则到真正意义上的准则；从客观责任到主观责任；从服从的公正到公平和公道的公正；从抵罪性惩罚到报应性惩罚；从他律到自律的发展。

皮亚杰提出道德认知发展有三个阶段。

前道德阶段（5岁之前）：这一阶段儿童没有真正的道德概念，也不能把自己与他人相区分。道德认知不守衡，分不清公正、义务和服从。

道德实在论阶段（5～10岁）：又称他律道德阶段。道德发展表现出如下特征：（1）认为道德规则是由权威确定的，并且是绝对的，不能改变，权威通常是父母、教师等；（2）判断行为的好坏只依据行为的客观后果，不考虑行为的主观动机；（3）认为惩罚是天意，违反规则就理所当然应受到惩罚；（4）单方面遵守权威，有一种遵守和服从成人规则的义务感。根据皮亚杰的观点，两个因素限制了这个阶段儿童的道德判断：一是成人的权力，这种权力认为儿童应该顺应；二是儿童认知的不成熟，尤其是自我中心主义，因为儿童认为所有的人都以相同的方式看待规则，其道德判断是以现实主义为特点的。

道德相对论阶段（10岁以后）：又称自律道德阶段。与道德实在论阶段相反，这一阶段儿童道德判断的特点是能够认识到规则不是绝对的，可以怀疑和改变，违反规则并非总是错误的，也不一定非要受惩罚。判断行为时不仅考虑后果，还要考虑动机和意图。能够把自己置于别人的地位，判断不再绝对化。对权威的遵从既非必要，也不总是正确的。如果实施惩罚，应该考虑惩罚与犯错误者的意向和错误性质之间的补偿性，即儿童开始使用一种互惠性的公平标准。

2. 科尔伯格的三水平六阶段论

继皮亚杰的研究之后，科尔伯格对儿童品德发展问题进行了大量的、卓有成效的研究，提出了道德发展三水平六阶段理论。其要点如下：

（1）道德发展是认识发展的一部分。道德判断能力与逻辑判断能力的发展有关。他认为，逻辑判断能力的发展是道德判断能力发展不可缺少的条件，但也是不充分的条件。因为人的道德发展在很大程度上也受社会环境的支配。

（2）应用道德两难论方法可研究道德的发展。科尔伯格采用了道德两难论的方法，通过虚构一些故事，用问答的方式讨论故事中人物行为的道德性质。最典型的是海因茨偷药的故事。

意大利某城市有个名叫海因茨的人。他的妻子得了癌症，危在旦夕。城里有个药剂师，他研制了一种治癌特效药，但要价极高，每剂要价 2 000 美元。海因茨家穷，他变卖了家产，从亲友中借贷，总共凑到 1 000 美元。他求药剂师降价卖给他一剂药，药剂师不同意。他请求分期付款，药剂师也不答应。妻子病危，药又买不上，海因茨万分焦急。不得已，他在晚上去破门偷药，结果被警察发现，被抓进警察局。

科尔伯格围绕着这个故事提出了一系列问题，让被试参加讨论，从而研究被试进行道德判断所依据的原则及被试的道德发展水平。他提出的问题是：海因茨该不该偷药？为什么该？为什么不该？海因茨犯了法，从道义上看，这种行为好不好？为什么？

（3）道德发展的三水平六阶段模式。从 1958 年起，科尔伯格用两难论方法对 71 名 10 岁、13 岁和 16 岁的青少年进行了实验分析，提出了道德发展的三水平六阶段模式（见表 8-6）。①

① Kohlberg，L.（1969）. Stage and sequence：The cognitive developmental approach of socialization. In D. A. Goslin（Ed.），*Handbook of socialization*：*Theory and research*. Chicago：Rand McNally.

表 8-6　科尔伯格道德发展的三水平六阶段论

<table>
<tr><th colspan="2">道德发展水平</th><th colspan="2">发展阶段</th><th>心理特征</th></tr>
<tr><td rowspan="2">一</td><td rowspan="2">前习俗水平</td><td>1</td><td>避罚服从取向</td><td>只从表面看行为后果的好坏，好坏的判断并没有固定的准则概念；盲目服从权威，旨在逃避惩罚</td></tr>
<tr><td>2</td><td>相对功利取向</td><td>只按行为后果是否能满足需求来判断行为的好坏，带有浓重的互利交换的实用主义色彩</td></tr>
<tr><td rowspan="2">二</td><td rowspan="2">习俗水平</td><td>3</td><td>寻求认可取向（又称“好孩子”取向）</td><td>寻求别人认可，凡是成人赞赏的，自己就认为是对的</td></tr>
<tr><td>4</td><td>遵守法规取向</td><td>遵守社会规范，并认为契约和法律的规定是绝对的、不可更改的</td></tr>
<tr><td rowspan="2">三</td><td rowspan="2">后习俗水平</td><td>5</td><td>社会法制取向</td><td>了解行为规范是为维持社会秩序而经大众同意所建立的，看重法律的效力，认为法律可帮助人们维持公正，但契约和法律的规定并不是绝对的，是可以改变的</td></tr>
<tr><td>6</td><td>普遍伦理取向</td><td>是非判断以普遍的道德原则和良心为准则，认为人类普遍的道义高于一切</td></tr>
</table>

科尔伯格的研究是根据美国的社会情况而进行的。它向我们勾画了道德发展是一种连续变化过程。科尔伯格认为，这些发展顺序是一定的、不可颠倒的，各个阶段的时间可能不相等。同时，有些人的道德发展水平可能只停留在前习俗水平或者习俗水平，而永远达不到后习俗水平。

3. 国内学者对品德发展的研究

此外，国内学者对品德发展的阶段也进行了比较系统的研究。李伯黍等对儿童的公私观念、分享观念等 10 种道德观念的研究发现，多数道德观念的转折期是8～9岁。[①] 李怀美等人的研究表明，小学三年级是道德情感的转折期。[②] 林崇德通过调查，提出小学三年级下学期前后和初中二年级上学期分别是小学、中学阶段儿童品德发展的关键期。[③] 陈旭等研究发现，从出生到青年期至少存在这样几个关键时期：(1) 2～3岁，品德心理成分萌芽；(2) 5～6岁，情境性品德的发生时期，自律性品德开始萌芽；(3) 10～11岁，品德心理由经验水平向原则水平过渡，由依赖性开始向独立性过渡，由外部他人监控开始向内部自我监控过渡，由服从向习惯过渡；(4) 13～14岁，品德心理的独立性与依赖性、自觉性与幼稚性交替并存，各种心理矛盾、冲突极其明显、激烈；(5) 17～18岁，开始关注自己的内心世界，随着理论型抽象逻辑思维的初步成熟，品德的心理成分迅速发展，初步成熟，但品德心理结构未定型，功能发挥程度有限；(6) 25岁左右，品德心理结构成熟、定型，自觉、自立、自主、自律、自评能力迅速发展，开始实现人生道德价值。[④]

品德发展存在着转折、飞跃等关键期，因而只有了解和把握这些关键期，进行有针对性的培育和训练，品德教育才会更加科学有效。

二、影响品德形成的因素

(一) 影响品德形成的外部因素

1. 家庭环境

家庭环境对品德发展的影响可分为客观因素和主观因素两个方面。

(1) 客观因素方面：①父母之间感情破裂而导致的分居或离婚对子女品德的发展有严重的不良影响，家庭主要社会关系也对儿童与青少年品德发展有一定的影响。②家长职业类型与文化程度对子女的品德有明显的影响。

---

① 李伯黍：《中国儿童青少年道德认知发展与教育》，见朱智贤主编《中国儿童青少年心理发展与教育》，中国卓越出版公司1990年版。

② 李怀美等：《中国儿童青少年品德心理发展与教育》，见朱智贤主编《中国儿童青少年心理发展与教育》，中国卓越出版公司1990年版。

③ 林崇德著：《品德发展心理学》，上海教育出版社1989年版，第348页。

④ 陈旭、曾欣然主编：《现代品德情境测评与德育实验》，西南师范大学出版社2000年版，第67—84页。

（2）主观因素方面：①家长的品德。家长是儿童模仿学习的榜样，家长品德不良，会对孩子品德的发展产生不良影响。②家长对子女的教养态度及期望。良好的养育态度和对子女寄予积极期望对孩子品德的发展有积极的影响。③家长作风和家庭气氛。和善的作风有利于儿童的良好品德发展，过于严厉的作风则会使儿童产生敌对和反抗行为；在和睦、平常和紧张三种不同的家庭气氛条件下，儿童的品德发展情况存在着显著的差异。

2. 学校集体

（1）班集体的影响。①班集体信念对集体成员的品德形成有三种作用：一是可以成为个体道德行为的准则；二是促使个体对前景的向往，提高其形成良好品德的自觉性；三是使个体增强集体观念，更好地服从集体利益。班集体信念的上述作用随着年级的升高而日益加强。②班集体情感对集体成员道德情感有很大影响：一是使学生对其行为产生荣誉感或羞耻心、自豪感或内疚等情感体验；二是直接影响个体良好道德感的形成；三是使集体成员之间相互学习，相互模仿正确的道德行为，并产生可接受性体验。③班集体的坚定的意志行动不仅直接增强了集体成员形成良好品德的决心，也提高了他们为形成良好品德而克服困难的自觉性，并使集体成员统一行动，保持和维护良好的道德风尚。④班集体的行为习惯水平。良好的班规与班风对集体成员品德形成的作用表现在：一是促使个体良好道德习惯的形成和定型；二是促使个体道德行为的不断练习和逐步巩固；三是改造个体的不良行为习惯。

（2）学校德育的影响。学校德育是根据一定社会的思想政治观点、道德行为规范和学生的身心发展规律，有目的、有计划地塑造儿童与青少年心灵的教育活动。它主要通过三条途径实现：①学科教学。政治思想品德课是进行品德教育的主要途径。其他学科教学在传授知识、发展能力的同时，也培养着学生的优秀品德。例如，语文、历史、地理课常贯穿着爱国主义和历史唯物主义的教育，数、理、化教学对树立辩证唯物主义和科学精神教育有很大的促进作用。②全校、年级、班级或团、队活动。各级负责人根据学生的年龄特点，有目的、有计划地组织内容丰富、形式多样的德育主题活动，如报告会、演讲会、竞赛等，能够促进学生品德的良好发展。③课外和校外活动。课外活动和校外活动被称为学校教育的第二课堂，比如科技小组活动、军训、社会调查和公益劳动等，可以培养学生严谨的作风、不怕吃苦的精神，以及助人为乐、热爱劳动的高尚道德情操等。

（3）学校集体中其他因素的影响。①教师的领导方式。勒温（K. Lewin，1890—1947）等人研究了教师的领导方式和教师作风对学生反应和自我管理的影响。结果发现：教师以民主的态度对待学生，学生将向着情绪稳定、态度友好和具有领导能力等方向发展；教师采取专制的态度，易于导致学生的紧张情绪、冷淡、攻击性和不能自制；教师采用放任的态度，易使学生向无组织、无纪律的方面发展。这说明教师的态度和作风在一定程度上影响着学生的品德发展。②集体舆论。集体舆论是指在集体中占优势的言论与意见。有关研究认为，集体舆论对成员品德形成的作用表现在三方面：一是对个体的道德行为做出权威性的肯定或鼓励、否定或制止，是一种社会强化的“信号”；二是直接影响个体道德认识的提高；三是集体荣誉感的源泉。③校风和班风。校风和班风是这种群体中成员普遍具有的、占优势的言行倾向性和作风。它对学生良好品德的形成和不良品德的改造具有十分重要的意义。研究发现，良好而稳定的班风对改造学生不良道德行为习惯的效果是明显的。

（4）校园文化的影响。近年来，在校园文明建设过程中，人们深切地感受到，学校文化环境，包括教室、操场、食堂、宿舍等的设备、卫生状况、装饰布置等硬件和软件建设，对学生的精神面貌和行为方式也具有重要的影响。这是值得关注和深入研究的课题。

3. 社会化

社会化是社会心理学的重要概念，它是指个体加入社会系统，通过与社会环境的相互作用，由自然人向社会人转化的过程。品德的形成和发展无疑是在社会化的过程中进行的。

从广义文化的角度来看，社会化也可以看成是人们接受文化的影响、吸收文化的营养不断塑造自己的过程。社会文化对人格和品德形成的影响，明显地表现为三个方面：（1）社会文化是人类创造出来的，是人类适应环境和改造环境的工具，人们在创造自己文化的同时，也就塑造出了自己的人格和品德；（2）人类积累的文化遗产又成为塑造新的人格和品德的依据和范式，并力图用这种文化遗产来塑造新生的一代；（3）新一代是在吸收文化遗产和自己的创造活动中成长的，他们对社会文化有着各自的选择，这就是造成新的人格和各自不同的品德的原因。

（二）影响品德形成的内部因素

社会环境、学校及家庭作为外在因素对品德产生着影响。但是，在大体相同的环境和教育条件下，不同学生品德发展的水平和速度有可能不同，其原因何在？这就不得不涉及影响品德发展的内部因素。

1. 道德认识

人的行为总是受人的认识的支配，人的道德行为也不例外地受到人的道德认识的制约。道德认识不是与生俱来的，而是在实践中逐渐形成的对社会公认的品德准则、社会行为的是非善恶标准的了解与掌握。由于受不同认知特性的制约，每个人的道德认识会呈现出不同的水平。

表 8-7　认知类型与道德认识特点

划分依据	认知类型	道德认识特点
从接受、组织及加工信息的速度与精细程度来看	认知熟虑型	对外界信息进行仔细思考、深入加工后再做出反应，认识、解决问题的速度较慢，但正确率较高；道德认识往往较深刻，道德行为的目的性、指向性较明确
	认知冲动型	对信息迅速做出反应，但往往正确率较低；道德认识有待深化，道德行为的针对性有待加强
从个体加工信息的独立性上看	独立型	独立加工信息，有自我定义的目标；多采用自己的学习策略去进行品德知识的构建
	依赖型	需要高水平的外在强化和指导，在有明确的目标和结构的活动中，品德才得以发展与提高
从接受、组织信息的方式上看	序列型认知	喜欢注意或知觉细节，生活实践中的微小事件会产生较大影响，触动道德意识
	整体型认知	多注意、知觉整体，只有重大事件才会对道德认识发生作用

续表

划分依据	认知类型	道德认识特点
从认知指向性上看	“自我指向”模式	倾向于同化外在信息，或自我褒奖，或自我贬抑，往往以自我好恶作为品德的评判准则
	“外在指向”模式	倾向于顺应环境，对责任、竞争表现出相应的适应性，总是以外在的道德标准来衡量自我的行为举止

建构主义认知观强调学生的主动性，在学生主动建构品德的过程中，个体的认知特性对品德发展尤其是道德认识有着重要的影响。个体总是以已有的、特殊的认知特性为前提，去感受外界信息、理解品德规范与准则，最终形成自己的道德意识。这是我们在进行品德培养时必须予以关注的重要因素。

2. 个性品质

个性对品德发展的作用，主要体现为个性倾向性和个性心理特征对品德发展的影响。

（1）个性倾向性。个性倾向性的不同成分对品德发展的作用有不同的表现形式。有的本身就是动力因素，如动机、兴趣、理想、信念，它们制约着学生品德发展的方向和水平；有的与品德平行发展，但关系密切，如自我意识，它是整个品德结构中的监控结构，有助于提高品德发展的策略性和自我评价能力；有的与品德交叉发展，其中的一些因素是品德的组成部分，甚至是核心的部分，如人生观和世界观等，它们给予品德发展以倾向性、出发点，促使道德行为的习惯化。

（2）个性心理特征。各种稳固的品德特征与能力、气质、性格等个性心理特征的影响也是分不开的。能力与品德发展有密切联系，其中认知能力有着特别重要的作用。认知能力是品德发展的基础，因为个体对社会道德情境及道德知识、规范的学习、理解依赖于其认知能力的水平；认知能力与提高品德修养和矫正不良品德有着直接的关系，只有认知水平提高了，才能产生正确的道德价值判断、健康的道德情感，也才能改变与社会主流规范伦理相违背的观念与认识，从而提高品德修养水平。

气质虽然不能决定个体品德的发展，它却影响着某些品德形成的快慢和难易程度。如胆汁质的人性急、多动、奔放，在社会活动中可以表现为待人热忱，也可以表现为莽撞、不守纪律。可以说，气质直接影响着品德结构、品德过程，特别是道德行为的强度、速度、灵活性、平衡性和指向性。① 研究发现，气质在儿童早期的品德发展中起着调节作用，易恐惧与易愤怒的气质特征调节着儿童品德内化与合作性的发展。② 因此，重视气质对品德的影响，是成功地进行品德培育的一个重要方面。

人的性格和品德有相似的结构，且统一在个体完整的个性中。良好的性格无疑给中小学生良好的品德以经常的、稳固的特征，而不良的性格则给予学生不良品德以经常的、稳固的特征，甚至导致违法乱纪。性格可以表现品德，也可以发挥动机作用，推动个体品德发展。性格培养可以巩固已形成的品德心理特征，也可以改造或矫正不良品德。

3. 适应能力

在社会化过程中，个体通过社会角色的不断变化来掌握相应的社会规范和行为模式，然后形成稳定的道德品质。个体角色的多样性要求人们随角色的变化，依据所在的环境不断调节自身行为模式，力求适应特定的社会角色的要求。个体的品德就是在这种角色的变化与不断适应中被社会所塑造。在复杂的社会面前，缺乏适应能力的人会感到思想上的困惑和行动上的茫然，于是或从众随流，或固步自封，甚至会做出一些有悖社会道德的事情。为此，要使学生在复杂的社会信息与现象中成为独立的、有德的公民，就必须加强对学生适应能力的培养与训练。

三、品德的培育

（一）品德培育的基本目标

品德是个体社会行为的内在调节机制，决定着个体在一定的社会情境中的

① 郭德俊、雷雳编著：《教育心理学概论》，警官教育出版社1998年版，第187页。

② Kochanska, G., Aksan, N., & Carlson, J. J. (2005). Temperament, relationship, and young children's receptive cooperation with their parents. *Developmental Psychology*, 41 (4), 648-660.

价值取向和行为方式，集中体现为对人、对事、对己的基本态度。从教育心理学的观点看，价值取向和行为方式的选择是习得的。为了使儿童将来适应社会，具备社会所要求的伦理与德性，家庭与学校均有意安排学习环境、设计教学活动，希望在教育与学习历程中，使发展中的学生在待人、做事、律己等各种互动关系中，学会辨是非、分善恶、判真伪。这种教育实为品德的培育。其基本目标就是要求学生不做违反道德规范的事，养成独立自主、有所为有所不为的健全品格。

（二）品德培育的基本方法

学生的优良品德不是自发形成的，而是在人与人、人与群体、人与社会错综复杂的相互作用中形成和发展的。这一过程也经历了由简单到复杂、由低级到高级的矛盾运动。许多因素在此过程中发挥了作用，而品德培育就是对各种影响进行选择与调控，力求创设一种良好的环境和条件，使学生向社会所期望的方向发展。常用的品德培育的方法主要有以下几种。

1. 条件反应法

条件反应法是利用经典性条件反应和操作性条件反应的原理来进行品德培育的方法。借助经典性条件反应，在教学中，可以把“助人为乐”“热爱集体”等类似道德要求与教师的赞许、同伴的羡慕、父母的疼爱联系起来，使学生形成对这些道德要求的积极态度。在操作性条件反应方面，教师通常可用的技术是适当地对学生的行为进行强化。当学生对某一对象做出了具体的积极行为时，给学生适当的奖励以增加该行为再次出现的可能性。如果学生对某一对象做出了消极行为时，给予学生一定的惩罚以减少该不良行为再次出现的可能性。许多教育心理学家认为，对学生的强化应该多用奖励手段而不用或少用惩罚手段。此外，在运用奖励手段强化时，要注意奖励的正确选择，以多次奖励但不引起迅速满足为原则，且不必时时运用物质奖励；还要注意把握奖励的时间间隔，对于期望的良好行为，最好立即给予奖励。

2. 自我强化法

自我强化法是个体以自我评价提供的信息为依据所做出的反应。这种反应可以是自我奖赏、自我鼓励，也可以是自我谴责、自我否定。[①] 在教育活动中，个体的这种自我强化常常是内隐的心理活动，如在心里对自己说“我得学习某人的优良品德”，“我怎么能够做出这种打扰他人休息的事”。自我强化能够影响个体的动机状态，对此运用得当，对道德教育活动会产生积极影响。与上面的条件反应法相比，品德培育的自我强化法更加注重个体的能动性，能够有效激发学生品德发展的积极主动性。同时，需要指出的是，品德培育作为一种教学活动，它终究离不开教师的引导和帮助。在品德培育过程中，如果能将自我强化法与教师的指导帮助结合使用，将会取得更好的效果。在自我强化法中，教师的指导帮助主要体现在帮助学生确认需要习得或者避免的行为规范（即自我强化的内容），同时在适当的情境中给予提醒与反馈。

3. 价值辨析法

价值辨析法也称价值澄清法。人们的价值观念往往是一种人们不能清醒意识到的内在价值，它难以用来指导人的行动。要让这些潜在的价值观念发挥作用，就要对它们进行辨析或澄清。辨析的过程可分为三部分：选择、赞赏、行动。因此，运用这一方法进行品德培育，教师要先诱发学生的价值陈述，但是教师对学生的思想、情感、信念等并不做判断，而是向学生提出问题，让他们思考自己的价值观念。此时，学生会对各种价值观念间的关系进行详细梳理，也在与别人交流价值观念的同时，揭示并解决自己的价值冲突。最后，根据自己的价值选择来采取行动。作为一种诱导性的方法，价值辨析法使个体将特定的团体经验渐渐转化为有关自我认识与自我觉知的一般观念。这一方法充分调动了学生自己的理性思维与情绪体验，使学生在慎重思考后的行为更加符合社会道德要求。

4. 群体讨论法

科尔伯格认为，通过对道德两难问题的讨论，可以发展学生的道德判断能力，从而会有助于改变学生的行为。因此，要有效地培养学生的品德，教师可尝试使用群体讨论的方法。在使用这一方法时，要注意几个方面：（1）讨论的

---

① 岑国桢主编：《教育心理学》，中国人民大学出版社 2006 年版，第 131 页。

应该是能引起矛盾的道德问题；（2）分组讨论时，各小组内学生的发展水平要不同，以便发现问题症结所在，同时可相互启发与触动自己原有的道德经验结构；（3）教师要明确而清楚地说明要求，引导学生讨论。教师要注意启发学生思考，鼓励学生在讨论时考虑他人的观点或意见，协调与他人的分歧，使学生的道德认识水平、道德判断能力得到提高与发展。

5. 移情训练法

移情（empathy）是个体在对事物进行判断和决策之前，将自己放在他人位置上，考虑他人的心理反应，理解他人的态度和情感的能力。在品德培育过程中，移情是最具动力特征的因素。一方面它是亲社会行为（如助人、分享等）的动机基础，能激发和促进亲社会行为的发展；另一方面它作为一种替代分享他人情绪情感状态的心理过程，对侵犯行为甚至违法犯罪也具有显著抑制作用。[①] 移情是自我与亲社会行为之间的一个重要的中介变量，儿童在道德情境中的移情能力是他履行道德行为的一个必不可少的条件。因此，道德教育正日益重视移情的培养。研究表明，产生移情必须具备以下条件：一是对他人情绪表达的知觉；二是对他人所处的情境的理解；三是自己具有相应的情绪体验。[②] 因此，我们可以通过创设这些条件来进行移情训练，进而培养学生的品德。

6. 习惯养成法

道德行为习惯是指稳定的、经常的、在一定情境下自然而然出现的道德行为方式。养成良好的道德行为习惯能加强道德行为的自觉性、概括性和稳定性，这是由不经常的道德行为转化为稳定道德品质的重要一步。学生的道德行为习惯，是在生活和教育过程中经过反复练习和实践逐步形成的。道德行为习惯在新的情境中会发生迁移作用，能自动地按照已经习惯化的行为方式行动，从而使品德达到更高境界。培养良好的道德行为习惯需要注意以下几点：使学生了解有关行为的社会意义，产生自愿练习的愿望；创设重复良好行为的情境，避免重复不良行为的机会；提供道德行为练习与实践的良好榜样，让学生

---

① 陈琦、刘儒德主编：《教育心理学》，高等教育出版社 2005 年版，第 351 页。

② 岑国桢主编：《教育心理学》，中国人民大学出版社 2006 年版，第 108 页。

进行模仿；组织各种有益活动，使学生明确练习的目的和要求，并及时给予强化与反馈；最后，要注意矫正不良的行为习惯。

【要点小结】

规范学习是指学生获得一定的规范认识，并努力将规范的外在要求转化为内在的行为需要，从而建构起内部的行为调节机制的过程。规范学习受规范本身的特点、学生的交往需要、学生的认知发展水平以及外部反馈的影响，大致经历了依从、认同和内化三个阶段。

纪律是一定的集体为了维护其利益并保证工作的顺利进行而制订的、要求每个成员遵守的各种规范和规则。自觉纪律的成分包括纪律认识、纪律态度、纪律意志和纪律习惯。良好纪律的形成与培养主要有情境化和自我建构两种策略。态度由情感、行为意向和认知三种成分构成。关于态度形成与改变的心理学理论主要有认知相符论、信息传播理论、心理抗拒理论。态度形成与改变的方法主要有提供榜样法、说服性沟通法和角色扮演法。

个体品德发展与完善具有全程性。关于品德发展的阶段主要有皮亚杰的道德认知发展的三阶段理论和科尔伯格的三水平六阶段论。国内学者对品德发展的阶段也进行了比较系统的研究。品德形成受内外部诸多因素的影响。品德培育的方法有条件反应法、自我强化法、价值辨析法、群体讨论法、移情训练法和习惯养成法等。

【思考与练习】

1. 规范学习的主要类型有哪些？

2. 如何使学生选择更有责任感的纪律行为？

3. 运用有关态度改变的心理学原理，尝试分析改变他人对待某事的态度的方法。

4. 如何利用品德发展的关键期来培育学生的良好品德？

【拓展性阅读】

1. 张大均主编：《教育心理学》，人民教育出版社2004年版，第九章。

2. 岑国桢主编：《教育心理学》，中国人民大学出版社2006年版，第六至八章。

3. 李伯黍、燕国材主编：《教育心理学》，华东师范大学出版社2010年版，第一编。

第三编　教学心理

第九章　教学设计

【内容提要】

教学设计是教师在教学之前根据教学目的和学生特点，对教学的目标、内容、方法、媒体、程序、环境以及评价等要素进行系统谋划，形成教学方案的过程。教学设计作为有效教学的基础，是教学心理研究的重要领域。本章拟在概述教学设计的基础上，着重探讨教学目标、内容和手段设计的心理学理论与方法，为有效教学提供理论依据和实践支持。

【学习目标】

1. 知晓教学设计的含义及类型，能说出教学设计和传统备课的区别。

2. 知道教学设计包括哪些方面，能清楚表述教学设计的内容、功能、操作程序和注意事项。

3. 知道如何有效地进行教学设计，能运用教学设计方法针对某一学科设计一堂课。

【关键词】

教学设计　教学目标设计　教学内容设计　教学手段设计

第一节 概 述

一、教学设计及其类型

（一）教学设计的含义

作为教学实施前的准备性活动，教学设计早已有之。但至今人们对教学设计的概念界定仍然存在一定的分歧。在实践领域，许多教师把教学设计看成是备课，也就是制订教学环节、安排教学内容、选择教学方式的过程，而忽视了对教学主体——学生的分析。在理论界，研究者基于不同视角和研究取向，对教学设计提出了不同的界定。[①] 有的侧重从教学设计的形态描述出发，提出了"计划说""方案说"，认为教学设计是系统规划教学、形成教学方案的过程；有的则着眼于对教学设计的功能和本质判定，提出了"方法说""程序说""技术说"，将教学设计视为预先筹谋教学的系统方法、操作程序或技术。综合这些观点，我们认为，教学设计是教师在教学之前根据社会要求和学生特点，对教学的目标、内容、方法、媒体、程序、环境以及评价等要素进行系统谋划，形成教学思路和方案的导教、促学过程。教学设计具有以下主要特征。

（1）教学设计的主要功能是导教和促学。教学是教师有目的地帮助学生获得知识和技能，形成良好态度和行为的复杂过程。科学可行的教学设计，能够使教师减少教学的盲目性和失控性，避免教学的低效性，提高教学的稳定性和效率。尽管最完善的教学设计也无法消除教学的不稳定性，但是教学设计作为教学实施前的准备环节，它至少可以为教师提供一个相对稳定可控的施教框架。同时，教师的教学设计总是针对特定学生的，教师在制订教学计划时不仅要考虑自己的教学行为，更应考虑如何针对不同学生的不同学习需求，为其提供诊断性的学习设计，对其进行有目的的学习引导，直至所有学生达成教师所预设的学习目标。

---

① 林宪生：《教学设计的概念、对象和理论基础》，《电化教育研究》2000年第4期。

（2）教学设计是将教学诸要素进行系统性谋划的过程。加涅认为，“教学是以促进学习的方式影响学习者的一系列事件”，“教学设计是一个计划教学系统的系统过程”。[①] 教师期望通过对教学活动诸要素的优化组合，创设一种高效率的、具有强烈吸引力的教学，这就需要他们“在教学之前对教学历程中的一切，预为筹划”[②]，不仅要科学确定教学目标和内容，正确选择教学方法和媒体，而且要合理安排教学程序，精心创设教学环境。

（3）教学设计的结果是形成教和学的计划和方案。教学设计是教师对教学活动做预先分析和决策的过程，其直接结果就是形成“教什么”“如何教”“如何学”的教程和学程的双重计划。这种计划常常以教学和导学方案的形式体现出来。以研究学习目标而著名的美国学者马杰（R. F. Mager）认为，教学设计所要解决的问题依次由“我要去哪里”“我如何去那里”“我怎么判断我已到达了那里”三个基本问题所组成。[③] 虽然教师的教学设计风格和所采用的模式可能不一致，但任何形式的教和学的计划都必须严肃而圆满地回答上述三个问题。

讨论1　教学设计和备课有何不同？

有的教师认为，教学设计的过程就是写教案或备课的过程。你赞同此观点吗？教学设计和传统的教师备课有何区别和联系？

（二）教学设计的类型

教学设计是一项多因素、多侧面、多层次的复杂的系统工程，依据不同的标准可对其做不同的分类。

首先，根据教学情境中所需设计的问题范围大小，教学设计可分为宏观设计和微观设计两大类型。宏观设计着眼于教学的总体规划，制订教学体系的远景蓝图，解决教学的宏观方法学问题。其主要内容包括制订教学计划、制订各

---

① ［美］加涅等著，皮连生等译：《教学设计原理》，华东师范大学出版社 1999 年版，第 23 页。

② 张春兴著：《教育心理学——三化取向的理论与实践》，浙江教育出版社 1998 年版，第 437 页。

③ 转引自张大均主编：《教学心理学》，西南师范大学出版社 1997 年版，第 82 页。

门课程的课程标准、编选教材、制订教学成效的考核办法四个方面。① 宏观层次的教学设计涉及面广，设计难度较大，通常需要由课程设计专家、学科专家、教师、教育行政管理人员等组成的设计小组共同完成。而微观设计则是任课教师根据课程标准的要求，针对一个班级的学生，在固定的教学设施和教学资源的条件下，对教材单元教学所进行的预先筹划。当然，有时这种设计也可能包含任课教师所在专业教研组集体筹划的成分或学校教务部门的协调、评估和干预成分。与宏观设计所不同的是，在进行微观设计时，教师的工作重点是充分利用已有的资源，选择或编辑适宜的教学材料和活动程序。

其次，从所涉及的时间上看，教学设计可分为长期、中期和短期三种。长期设计是教师依据课程标准和学科教学要求所制订的年度和学期教学计划，中期设计是指教师把年度和学期教学计划分摊到不同的教学阶段或教学单元的计划，短期设计则指教师为进一步分解落实长期、中期计划所制订的每周、每日乃至每节授课的课时计划。在具体的教学设计实践中，长期、中期和短期三种设计需要协调一致，衔接紧凑。图 9-1 描述了长期、中期和短期教学设计之间

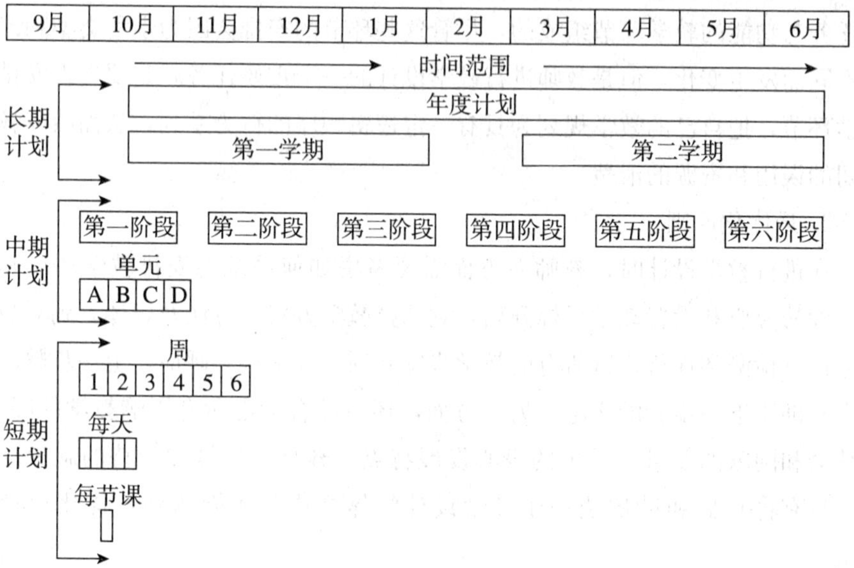

图 9-1　不同阶段的教学计划

① 冯忠良等著：《教育心理学》，人民教育出版社 2000 年版，第 540 页。

的关系。①

另外，教学设计的结果可能以不同的形式呈现出来，既可能是教师上课用的教案、教材，也可能是某种现代化的教学媒体，如教学电影、电视、录像、教学软件等。

二、教学设计的原则和模式

（一）教学设计的原则

为保证教学设计的科学性，遵循教学的规律与特点，教学设计应遵循下列基本原则。

1. 系统性原则

从理论上讲，教学设计是一项系统工程，诸子系统有序地按层级结构排列，且前一子系统制约、影响着后一子系统，后一子系统依存并反制约着前一子系统。根据教学设计的程序性特点，教学设计中应体现出其程序的规定性及联系性，确保教学设计的科学性。从实践上看，每节课的教学是由承担不同教学任务与功能的教学环节组成的，尽管这些环节的安排会因为学科类型和课型的不同而发生变化，但是教师进行教学设计的一个重要任务就是要妥善安排各教学环节，把自己的教学规划为具有一定逻辑顺序的行为系列，从而减少教学时间的误用和资源的浪费。

2. 最优化原则

在进行教学设计时，教师一方面需要考虑如何系统地安排教学环节和程序，即从分析和设置教学目标开始，到选择教学方式、方法及媒体，到对教学目标进行检测和评价，这所有的教学步骤必须相互承接和呼应，上一步骤的完成应有助于下一步骤的实施。另一方面，还应综合考虑所有影响教学的因素，如社会和国家的要求、学生的身心发展特点、教材、教具和独特的施教环境等，只有将它们和谐地统一于教学设计整体之中，才能达到最优化设计的要求。

---

① ［美］D. R. Cruickshank 等著，时绮等译：《教学行为指导》，中国轻工业出版社 2003 年版，第 124 页。

3. 教学目标和内容设计的可接受性原则

在教学设计诸子系统中，教学目标起着制约其他子系统的作用，教师所确立的教学目标是不是学生“应该而又能够接受”的知识、技能或态度，决定教学的成效。一般来说，教师所确定的教学目标应符合学生的心智发展水平，其教学内容的难度和呈现形式应以学生的现实发展水平为基础，其跨度要适中，应落于学生的最近发展区内。“在贯彻可接受性原则的同时，要防止庸俗的‘自然成熟论’和‘儿童中心论’的影响。消极迁就学生的已有水平，过于迎合学生的消极需求，过低评估学生的接受能力，随意降低对学生的教学要求，步子过小，缺乏必要的坡度和难度，也不利于学生的学习与发展。”①

4. 教学手段设计的多样化原则

教学手段设计的多样性指教学活动的组织形式、教学方法以及教学媒体的选择和运用，应依据教学任务、学生的特点以及各种教学方法和媒体的特点，灵活加以选择，相互弥补，配合运用，使教学获得最佳效益。

（二）教学设计的一般模式

一项完整的教学设计究竟应包括哪些程序或步骤呢？持不同教学设计观的研究者曾提出了不同的教学设计过程模式，如以系统论为基础的过程模式、以学习和教学理论为基础的过程模式、以传播理论为基础的过程模式。目前，由美国教育心理学家迪克和凯里（Dick & Carey，1990）所提出的教学设计系统模式（systems approach model for design instruction）被公认是当代最完整、最具系统性的教学设计模式（见图 9-2）。② 该模式从“确定教学目标”起，至“做总结性评价”为止，大致包括“确定教学目标”“开展教学”“评定教学效果”三个板块的九个连续阶段，现概说如下。

1. 确定教学目标

如果把目标定义为事物的理想状态，那么教学目标则是对学生通过教学所能获得的理想状态的规定，即“在教学之前预期教学活动结束之后，学生从教

① 冯忠良等著：《教育心理学》，人民教育出版社 2000 年版，第 550 页。

② ［美］加涅等著，皮连生等译：《教学设计原理》，华东师范大学出版社 1999 年版，第 24 页。

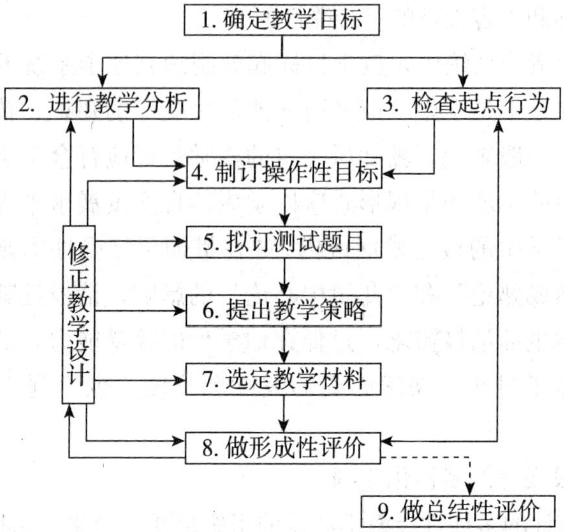

图 9-2　教学设计系统模式

学活动中学到些什么”①。在本阶段，教学设计者的首要任务是明确教学目标是什么，究竟是知识与技能还是态度与观念，这些形态的目标能否通过教学来达成。在明确目标之后，设计者须通过“需要分析”（need analysis），找出学生在学校规定的传统和经验标准与其现有的作业水平之间的差距。从教学实践来看，教师往往需要综合依据课程的需要、学生的能力与个别差异以及自身教学经验确定教学目标。

2. 进行教学分析

图 9-2 中的第二与第三阶段并无先后之分，可同时进行，此处只为阐述方便起见。所谓教学分析（instructional analysis），是指在教学目标之下，对达成目标的过程中学生学习所需技能的分析。主要有三种分析手段：(1) 任务归类分析（task classification），即对预期的学习结果做出类型判断，其作用在于从一开始就提醒教师注意，应当创设与学习结果类型相匹配的最为适宜的学习条件；(2) 信息加工分析（information-processing analysis），其目的是要揭示已经掌握某一复杂技能的人在执行这一技能中将会采取哪些心理操作，这样

① 张春兴著：《教育心理学——三化取向的理论与实践》，浙江教育出版社 1998 年版，第 439 页。

有助于设计人员在对照学生业已掌握的起始技能后，准确地做出哪些心理操作成分是必教技能的决断；(3) 学习任务分析 (learning-task analysis)，其目的是对业已确定的必教技能做进一步的层次分解，从而确定教学顺序。

3. 检查起点行为

与教学分析阶段同时，为了解学生在从事新的学习之前是否具有适当的准备知识、技能和人格特质，设计者必须确定教学的起点行为 (entry behavior)。面对新的学习情境，学生会因起点行为的不同而表现出个别差异。因此，教师在确定好适合大多数学生的起点之后，还须对其他学生进行补救教学。教师不应猜测必教的知识和技能，而应通过口头提问或纸笔测验的方式全面地了解学生，从而设计出适宜的教学起点。教师除应当了解学生的智慧技能外，还应对学生的能力特质和人格特征有所了解，以便决定在教学中究竟该采用何种教学媒体，并监控好教学进度。

4. 制订操作性目标

在进行教学分析和检查起点行为的基础上，教学设计者需要进一步将一般化的教学目标转化为切实可行的操作性目标 (performance objective)。这种操作性目标是教师对学生学习并掌握新的知识和技能的预先估计，它是对教学目标的操作性陈述，而不是以内容提要或教师的活动陈述出来。教学设计者或教师在制订操作性目标的同时，附带确定学生学习成败的标准，即指明达到什么标准才算合格。

5. 拟订测试题目

这是指根据上一阶段提出的操作性目标及其测量标准，编制用以检验教学是否达成目标的测试题目。按操作性目标编制出来的测试题目既可用于学生起始能力的诊断，也可用于对学生在某教学单元或整个课程的学习结果做出检验，从而起到形成性评价或总结性评价的作用。

6. 提出教学策略

本阶段，教学设计者应着重策划怎样为学生提供适当的外部条件以支持其内部的学习加工过程，即通过教学方法与媒体的合理选择、教学环境和氛围的积极创设等多方面的教学策略，帮助学生达到预定的各项操作性目标。教学策略涉及教材的讲解、教学媒体的使用、问题及解答方式、测试及反馈原则、师生间与生生间互动功能的综合发挥等。教师可根据教学的具体内容（如陈述性知识、程序性知识、策略性知识以及态度等）和课型（如新授课、复习课、讨论课和实践活动课等）选择不同的教学策略。有关教学策略的讨论，请参见本书第十章。

7. 选定教学材料

这里所说的教学材料既包括书面文字材料，也包括其他教学媒体。在绝大多数传统的教学系统中，教师无须设计或开发新的材料，他们只需将国家和学校所提供的教材体现在教学设计中即可。但是，国家、地区或学校统一使用的现有教材还难以避免时效性和针对性上的不足，更何况它们并不是为不同的学习结果提供适宜的教学事件来开发的。因此，我国新课程改革明确提出，教材只是教师教学的一种材料而已，在实际教学活动中，教师要发挥自己的创造性，充分使用各种教学资源为教学服务。尤需注意的是，教材上呈现的是固定的知识，在实际教学时，教师如何灵活运用以及怎样使用媒体来加强学习效果等，仍须在方法上加以选定。

8. 做形成性评价

这种评价是指在学科教学未结束之前，为了解学生的学习与进步情况所做的测量工作，其目的在于为改进业已设定的教学提供反馈资料，以使教学能够在最多数的学生身上产生最佳的效果。在教学设计时，教师应预先考虑到形成性评价的时机及方式，及时发现学生的学习困难，随时予以补救。

9. 做总结性评价

这种评价是指在学科教学结束之后，为了解学生学习结果是否达到预期标准，是否符合教学前所订的教学目标而进行的测量。通常以期末测验的方式进行，教师根据测验结果做出评价，并分析教学成败原因，总结经验，以利于教学改进和提高。

迪克和凯里的九阶段教学设计模型主要“把注意力集中于教学设计的三个关键点——操作性目标、教学材料和评价工具”①，反映了教学设计是一个循环系统而非单向流程的思想。确定教学目标虽是教学设计的首要环节，但它往

① ［美］加涅等著，皮连生等译：《教学设计原理》，华东师范大学出版社 1999 年版，第 39 页。

往受制于教学对象和教学内容以及教学效果评价的反馈。假如教师在教学过程中经过形成性评价，发现学生存在学习困难，难以达成预先设定的操作性教学目标，其原因则应返回至教学分析之后的每一阶段去寻找。为了及时予以补救，有必要对原有的教学设计进行修改和补充。需要说明的是，总结性评价是在学科教学结束之后实施，从理论上讲并不包含在教学设计之中，迪克和凯里也将其列出，故而用虚线表示，将其列为第九个阶段，符合学科教学结束后安排有总结性评价的教学实情。

三、教学设计的意义

追求教学的最优化历来就是教学理论研究者和教师追求的理想境界。教学设计的意义主要体现在它对实现教学最优化过程的促进上，具体表现如下。

（一）教学设计可以最大限度地优化课堂教学

阿特金森曾于20世纪70年代初就教学中最优化的处理过程提出了四项基本要求：适当的教学模式，明确的教学目标，详尽的教学活动，相应的经费和效益。① 这些要求正是教学设计所要解决的问题。当教师严肃地思考学生应该掌握哪些内容，应该产生哪些行为或态度以及这些学习需要借助哪些教学手段时，教师就会充分发挥其创造性和想象力，提高教学自信心、安全感和将教学计划付诸实施的热情。② 同时，教师借助教学设计和教学反馈，可以准确地掌握学生学习的初始状态和学习结果，据此有效地监控教学过程，适时地进行教学反思，不断地增长教学智慧。

（二）教学设计是促进学生学习和发展的直接手段

如前所述，系统的教学设计必须立足于对学生的全面分析。经过精心策划的教学设计更有可能切合学生的发展需求，吸引和维持学生的注意力，引导和促进学生的学习，提高他们对教学目标和学习内容的满意度。具有诊断功用的教学设计还能针对学生的个别差异，帮助个别学生解决学习问题，使他们在学

① 李伯黍、燕国材主编：《教育心理学》，华东师范大学出版社2001年版，第269页。

② ［美］D. R. Cruickshank 等著，时绮等译：《教学行为指导》，中国轻工业出版社2003年版，第108页。

习过程中，与其他同学一样达到教师预设的教学目标。从这个意义上讲，教学设计是落实素质教育、提高教育的针对性和实效性、促进每个学生最大程度学习和发展的有效途径。

（三）教学设计是教学评价和教学交流的载体

教学设计不仅是教师教学的蓝图、学生学习的向导，而且是学校管理者评价教师教学成效和教师之间交流、切磋教学技艺的凭借物。学校领导、教务部门和年级组通常要定期检查、考核教师的教学设计产物——教案，以发现教师教学中的优点和不足。新手型教师通过学习专家型教师的教案，揣摩专家型教师的教学设计理念，可以加快成长进程。

第二节　教学目标设计

一、教学目标的含义和功能

（一）教学目标的含义

传统教学理论认为教学目标有广义和狭义之分。广义的教学目标指教育宗旨（aim）和教育目的（goal）。教育宗旨是学校教育完成特定社会要求的指导原则，是对特定学校的办学方向和育人基本要求的笼统规定，较为宽泛，如“为国家培养德、智、体等方面全面发展的高素质人才”；教育目的指国家、地区和社会对学生在校学习生涯中应达到的教育水平的总括性要求，如“提高学生的阅读技能”。狭义的教学目标是教师将国家和地区的教育宗旨以及学校教育计划分解到具体的教学单元和课时的过程中产生的课堂教学目标，是教师对学生在接受教学之后将产生哪些认知、技能或态度变化的理性预期。

（二）教学目标的功能

作为规定教学活动的重要指标体系，教学目标对教学活动发挥着导向、激励和检测等方面的作用。教师能否制订明确、具体、规范、可操作的教学目标，对教学成败具有相当重要的作用。

1. 指导教学方法、技术、媒体的选择与运用

教学目标对教学方法、技术和媒体的选择具有统摄定向作用。当然，教

师还需要经验和理论的支持，才能判断哪些教学方法、技术和媒体是与教学目标相适应的。如果教学目标侧重知识或结果，则宜于选择接受学习，与之相应的教学方法是教师的讲授法。如果教学目标侧重于过程或探索知识和经验，则宜于选择发现学习，与之相应的教学方法是教师指导下的学生发现法。讲授法适于传递信息，讨论法适于改变人的信念或观念，实验操作和演示法有助于矫正学生的认知偏差。所以，离开了目标，就很难比较教学方法的优劣。

2. 指引学生学习

教学目标对学生学习的指引作用主要体现在三个方面。(1) 教学目标有利于学生明确学习的意义、要求和价值，增强学习热情。在开始上课时，教师若能将学习的类型（知识、技能、态度）和掌握要求清晰地告诉学生，则可把学生吸引到当前的学习课题上，使其在正确学习意念的支持下，接受新的学习任务。(2) 教学目标有利于学生抓住学习的主要内容，减少盲目性。以学生上课做笔记为例，不明确学习目标的学生把握不住教师讲授的重点，很可能全盘记录，表现出明显的学习盲目性。(3) 依据学生个别差异所设置的教学目标可指导学生自我调控学习（self-regulated learning)，增强教师教学的针对性，激发学生学习的主动性。优秀教师习惯于在设置一个适合全体学生（通常是以中等生为假想对象）的普遍教学目标外，还为基础较好和较差的学生设计分层目标，从而指导这些学生自行调整学习条件和掌握要求。

3. 促进课堂行为和交流

课堂教学是教师有效监控条件下的多向互动的过程。如果明确了教学目标，教师在课前就可大致预测课堂上会出现什么样的情况，从而选择和创造那些能帮助学生掌握重要目标的活动，在讲授过程中也会有意识地监控自己的教学行为，使自己的言行朝这一方向去努力。这不仅使预期的变化更容易达到，而且会增进师生之间的交流。

4. 指导教学结果的测量与评价

单元教学结束后，为考察教学效果，教师通常需要获得评价信息。作为对学生学习结果的具体描述，教学目标是唯一最可靠和最客观的评价依据。教师只要紧密围绕教学目标提问和编制测验，就足以保证评价的效度。而其他因素，如教学内容的科学性与新颖度、教学语言和媒体的直观性、教学监控的适宜度、学生参与的广度与深度等只能充当辅助指标。

二、教学目标的分类

确定教学目标是教学设计的首要环节。能否科学“定标”，关键看教师能不能谨慎地思考并圆满回答教学目标“究竟有哪些和该怎么表述”两大问题。在众多教学目标分析的理论中，布卢姆关于目标分类的理论和加涅对学习结果分类的理论最具有代表性，两者对教师分析和设计教学目标都具有重要的借鉴和参考价值。

（一）布卢姆的目标分类

20 世纪 50 年代，布卢姆曾领导一个委员会对教育目标进行了系统的分类研究。他们把教学活动所要实现的整体目标划分为认知、情感和动作技能三大领域，并从实现各领域的最终目标出发，确定了一个细化的目标序列。

1. 认知领域（cognitive domain）的目标分类

认知领域的目标分类公布于 1956 年。认知目标包含由低级到高级、由简单到复杂的六级水平。①②③

表 9-1　布卢姆对认知目标的分类

水平	含义	举例
知识（knowledge）	记住所学的材料，包括对具体事实、方法、过程、概念和原理的回忆；可使用的描述动词：定义、叙述、背诵、排列、匹配等	1. 准确地背诵《念奴娇·赤壁怀古》 2. 匹配解放战争三大战役的名称和发起时间

① Bloom, B. S., et al. (1956). *Taxonomy of educational objectives: Cognitive domain.* New York: Longman-McKay.

② 陈琦、刘儒德主编：《当代教育心理学》，北京师范大学出版社 2005 年版，第378—379 页。

③ ［美］R. J. Sternberg & W. M. Williams 著，张厚粲译：《教育心理学》，中国轻工业出版社 2003 年版，第 393 页。

续表

水平	含义	举例
领会 (comprehension)	领悟所学材料的意义，但并不一定将其与其他事物相联系，代表最低水平的理解；可使用的描述动词：解释、辨别、概括等	1. 通过阅读，辨别现实主义与自然主义各自的特征 2. 概括出《老人与海》的故事情节
运用 (application)	将所学概念、规则、方法、规律和理论应用于新情境中的能力，代表较高水平的理解；可使用的描述动词：计算、操作、演示等	1. 演示能量守恒定律在生活中的应用 2. 让学生模拟到商店买东西，由此观察他们能否准确计算
分析 (analysis)	将整体材料分解成其构成成分并理解其组织结构，包括对要素的分析、关系的分析和组织原理的分析，代表了比运用更高的智能水平；可使用的描述动词：分解、说明、推理等	1. 让学生区分一篇报道中的事实和观点 2. 让学生将《荷塘月色》的结构分解出来
综合 (synthesis)	将所学的零碎知识整合为知识体系，强调的是创造能力，需要产生新的模式或结构；可使用的描述动词：创造、编写、设计等	1. 给定一些事实材料，学生能写出一篇报道 2. 请学生设计出科学实验的程序
评价 (evaluation)	对材料（论点的陈述、小说、诗歌、研究报告等）做价值判断的能力，包括按材料内在的标准（如组织）或外在的标准（如材料对目标的适当性）进行判断；可使用的描述动词：评价、对比、证实等	1. 给学生两篇有关某一事件的报道，学生能评定哪一篇较为真实可信 2. 评价孔乙己的价值观

2. 情感领域（affective domain）的目标分类

情感领域的教育目标由克拉斯沃尔（D. R. Krathwohl）于1964年公布，主要与学习者的态度目标、感情目标及价值目标有关。依据价值内化（internalization）的程度，情感领域的目标可细分为接受、反应、价值化、组织和价值体系个性化五级目标（见表9-2）。①②

表9-2 情感领域的目标分类

水平	含义	行为表现举例
接受 （receiving）	对环境中正在发生的事情的低水平觉知	不经意地听 对教师付出的努力做轻微的反应
反应 （responding）	由经验引起的新的行为反应，由学生主动参与	主动举手回答问题 对恰当的观点表示出兴趣
价值化 （valuing）	学生将特殊的对象、现象或行为与一定的价值标准相联系	欣赏文学作品 刻苦学习英语
组织 （organization）	纳入新的价值观，形成自己的价值系统	参加各种俱乐部 改变行为，如早点儿到校
价值体系个性化 （characterization by value）	表现出与新价值观一致的行为	愿意做出牺牲以继续参加活动 过去受到批评的行为有所改进

3. 动作技能领域（psychomotor domain）的目标分类

动作技能领域的教学目标分类比情感领域的教学目标分类公布得更晚，而且出现了好几种分类法。这里介绍辛普森（E. J. Simpson）1972年的分类。该分类将动作技能教学目标分成七级。③

① Krathwohl, D. R., et al. (1964). *Taxonomy of educational objectives: Affective domain*. New York: Longman-McKay.

② [美] R. J. Sternberg & W. M. Williams著，张厚粲译：《教育心理学》，中国轻工业出版社2003年版，第394页。

③ Simpson, E. J. (1972). *The classification of educational objectives: Psychomotor domain*. Urbana, Il: University of Illinois Press.

（1）知觉，指学生运用感官获得信息以指导动作。它包括刺激辨别、线索选择和动作转换，主要了解某动作技能的有关知识、性质和功用等。

（2）定向，指学生对稳定的活动的准备，包括心理定向（心理准备）、生理定向（生理准备）和情绪准备（愿意活动）。知觉是其先决条件。

（3）有指导的反应，指学生在教师的引导下做出反应，包括学生跟随模仿和自行尝试错误。

（4）机械动作，指学习者的反应已成为习惯，能以某种熟练和自信水平完成动作。这一阶段的学习结果涉及各种形式的操作技能，但动作模式并不复杂。

（5）复杂的外显反应，指较为复杂的或包括多种不同反应的动作技能已初步形成，动作的熟练性以迅速、连贯、精确和轻松为指标。

（6）适应，指技能的高度发展水平，学生能修正自己的动作模式以适应特殊的装置或满足具体情境的需要。

（7）创新，指个人的动作技能达到熟练程度之后，能够从事超个人经验的创新设计，即技能达到创造性发挥的地步。这是动作技能形成的最高境界。

布卢姆的教学目标分类理论并非尽善尽美，但有助于我们从多角度、多层次去思考学校的教育教学目标问题。它提醒教师：有效的教学不仅要考虑认知领域目标的实现，还要促进学生态度和情感的发展，使学生能够积极地参与各学科的学习；除了发展学生的认知和情感外，教师还要发展学生的各种身体运动技能，以使其拥有健康的体魄。①

（二）加涅的学习结果分类

加涅在其所著《学习的条件》一书中，将教学可能产生的结果分为五类：智慧技能、认知策略、言语信息、运动技能和态度。

（1）智慧技能，指学生运用符号或概念与环境相互作用的能力。智慧技能构成了学校教育的最基本和最广泛的结构，从造句这样最基本的语言技能到科学、工程和其他学科的高级技术性技能。按智慧技能的复杂程度，它有辨别、具体概念、定义概念、规则和高级规则五个层次，每个层次的学习又与学习条件有关。其学习结果属于程序性知识。

① 莫雷主编：《教育心理学》，教育科学出版社2007年版，第314页。

(2) 认知策略，与思维方式和解决问题有关，指学会怎样学习。例如，学习者学会使用一种归纳方式来解决问题，关于怎样使用归纳的知识就是一种认知策略。问题解决通常是陈述性知识和程序性知识的综合运用。

(3) 言语信息，即学生能以命题或句子的形式来表达所获得的事实性知识。这与布卢姆提出的知识水平是相似的。例如，学生学会了某种物理或化学的原理，在需要的时候，他们在头脑中能重新找到这些原理。其学习结果属于陈述性知识。

(4) 运动技能。虽然加涅没有提到布卢姆或辛普森的动作技能，但运动技能和动作技能是同一种学习结果。

(5) 态度。加涅所说的态度与布卢姆所说的情感领域是相似的。

与布卢姆依据测量学标准所划分的目标分类体系不同的是，加涅等人“在对学习结果进行划分时，不仅考虑了结果的测量，同时阐明了每类学习的学习过程、条件及相互间的层次关系”①。

（三）国内学者对教学目标的研究

我国研究者在借鉴和改造布卢姆等人的教学目标分类理论的基础上，逐步提出了自己的分类。(1) 关于认知领域的教学目标分类，将布卢姆的六级分类转化为中学的“记忆、理解、应用、创新”四级分类和小学的“记忆、理解、运用”三级分类。(2) 关于情感领域的教学目标分类，以行为分类和内容分类相结合的思路，将克拉斯沃尔的五级分类转化为中小学的“接受、反应、爱好、个性化”四级分类，提出中小学情感教育的内容包括情感健康、学习情感、个性情感、社会情感四个方面。(3) 关于动作技能领域的目标分类，将辛普森的七级分类转化为中小学的“知觉、定势、熟练、自动化”四级分类，并结合学科特点做了初步验证。②

三、教学目标的表述

在传统的课堂教学中，教师多倾向于借用描述内部心理状态的词语来表述

① 皮连生主编：《教学设计——心理学的理论与技术》，高等教育出版社2000年版，第56页。

② 张大均主编：《教育心理学》，人民教育出版社2004年版，第460页。

教学目标，但这样的表述不能充分发挥目标的导教、促学和检测功能。针对这一弊端，教育心理学家提出了三套新的目标陈述技术。

（一）行为目标表述技术

基于行为主义的心理学思想，1962 年马杰提出了教学目标的行为目标技术。[①] 马杰主张，教学目标应陈述“学生能做什么以证明他的成绩和教师怎样能知道学生能做什么”，一个陈述得好的行为目标（behavioral objectives）应具有三个要素：一要表述行为，二要表述条件，三要表述标准（见表 9-3[②]）。

表 9-3　马杰教学目标行为观表述举例

要素	中心问题	举例
表述行为	明确学生应该做什么	记住 20 个单词
表述条件	明确学生将在什么条件下完成这些任务	下个星期一之前完成作业
表述标准	明确什么样的行为表现才表明学生掌握了教学内容	在测验中得 18 分以上

从教学目标指导测量和评价的功能来看，行为目标固然有其独到的优点，将学习结果的检测方式和评价标准蕴含于目标之内，但它只强调了行为的结果而未注意内在的心理过程，因此，教师可能只专注于烦琐的教学目标，留意学生表面的行为变化，而忽视其内在能力、态度、品德方面的变化（内在实质），使教学显得机械、呆板。

在教学设计的实践中，有的研究者认为有必要在马杰提出的三要素的基础上，增加对教学对象的描述，即一个规范的教学目标应包括教学对象（audience）、行为描述（behavior）、行为产生的条件（condition）和衡量行为的标准（degree），因此，这种技术又被称为教学目标陈述的 ABCD 技术。例如，开始学习书写的小学二年级学生（对象）在英文练习本上（条件），应能书写草写体的 d、b、g 和 p（行为），每个字母应一笔写成，流畅美观（标

① Mager，R. F. （1984）. *Preparing instructional objectives*. Belmont，California：Fearon.

② ［美］R. J. Sternberg & W. M. Williams 著，张厚粲译：《教育心理学》，中国轻工业出版社 2003 年版，第 391 页。

准）。需要指出的是，在实际运用中，教师不一定要完全机械地按行为目标标准设计和表述教学目标。一般来说，行为表述是基本的部分，不能缺少，而行为产生的条件和标准则可根据教学对象或内容，省略其一或两者全省。

（二）内外结合表述技术

为弥补行为目标的不足，格伦兰（N. E. Gronlund）提出了一个折中的目标陈述技术，即采用描述内在心理过程与外显行为表现相结合的方法来陈述目标。格伦兰主张，在陈述教学目标时，教师首先需用描述内部过程的术语，如记忆、理解、创造、欣赏、热爱或尊重等，来陈述概括的教学目标，然后用可观察的行为作为例子使这个目标具体化。表 9-4 是运用格伦兰结合观进行教学目标表述的一个实例。①

表 9-4 格伦兰教学目标结合观表述举例

要素	例子
一般目标	理解议论文写作中的类比法（内部心理过程）
子目标 A	用自己的话来表达对运用类比条件的理解（行为样例 1）
子目标 B	在课文中找出运用类比法阐明论点的句子（行为样例 2）
子目标 C	对比含有类比法和喻证法的课文，能找出包含类比法的句子（行为样例 3）

格伦兰提出的目标陈述技术既强调了学习的实质在于内在心理状态的变化，而非具体行为的变化，避免了行为目标引发教学的机械性与局限性，同时又提倡用具体行为实例作为评价教学目标的依据，克服了用传统方法陈述目标的含糊性。所以其观点赢得了许多心理学家的支持。

（三）表现性目标表述技术

许多高级的教学目标并不是参加一两次教育活动就能达到的，教师也很难预期在一定的教学活动后学生的内心将会发生什么变化。如高级认知策略和心智技能的提高，爱国主义情感和健康自我意识的培养，都不是通过一两节课的教育教学就能立竿见影的。为此，艾斯纳（E. W. Eisner）提出了表现性目标

① 岑国桢主编：《教育心理学》，中国人民大学出版社 2006 年版，第 211 页。

(expressive objectives)。表现性目标只要求教师明确规定学生必须参加的活动，而不必精确规定每个学生应从这些活动中习得什么。例如，爱国主义教育方面的一个表现性目标可以这样陈述："学生能认真观看学校组织的反映爱国主义的影片，并在小组会上谈自己的观后感。"当然，表现性目标只能作为教学目标具体化的补充，教师切不可完全依赖这样的目标；否则，教学目标的陈述又会回到传统的老路上去。

讨论2 如何使教学目标不变成教学的教条？

教师设置并陈述教学目标主要是为了使教与学有据可循，但在实际教学中，有的教师容易使教学囿于预设的教学目标而束缚教学的灵活性。你认为怎样克服这种现象？

（四）教学目标的表述要求

根据现代教学心理学的研究，教学目标的表述无论采用哪种技术，都应符合下列基本要求。

1. 目标应描述经由教学后学生所达到的学习结果，而非教师的教学过程

从教的方面看，教学目标是教师对学生在接受教学之后应该产生哪些认知、技能或态度变化的理性预期。因此，教师在陈述教学目标时，应重点描述经过一定的教学活动之后学生所产生的学习结果的类型与层次，应避免用描述教学过程、教学要求或具体教学行为的术语代替对学生学习结果的表述。

2. 目标要反映学生的发展水平

从学的方面看，教学目标又是教师对学生在接受教学之后能够产生哪些认知、技能或态度变化的估计和陈述。因此，教师所陈述的教学目标还应是对学生学习经验变化的适宜预期——在规定学生"该干些什么"的同时，准确表述学生"能干什么"，即阐明学生在不同层次或难度水平上要完成的心智和行为操作。在这方面，布卢姆和加涅的目标分类体系给我们提供了参考依据。教师应结合学生的特点及基础、具体的教学内容和情境，准确表述学生在认知、情感和动作技能等领域产生内在能力或情感变化的条件和标准。

3. 目标必须明确、具体，可以观测

要发挥教学目标的导教、促学和检测功能，就必须增强教学目标的明确性和可测程度。为避免教学目标陈述的含糊性和抽象性，教师除可灵活地借鉴马杰和格伦兰所提出的目标表述技巧外，还可参照加涅的五成分目标表述方法①。基于马杰的行为目标，加涅主张用“辨别、鉴定、分类、证明、生成、陈述”等性能动词（capability verb）与“比较、说出、借助、解答、综合”等行动动词（action verb）联合表述学习的内容（对象），并用“情境”和“工具”来表述学生在什么条件下表现目标行为，用“条件限制或特殊条件”对行为标准做出具体的规定。例如：通过比较（行动动词）能辨别（性能动词）汉字“晴”和“睛”（对象）；给出在一操场上建筑工程设计的描述（情境），通过教师口头解释（行动动词），学生能生成（性能动词）有关完成任务所需时间与所需工人数的关系的表达式（对象）。

第三节　教学内容设计

教学内容是教学目标的具体化，是实现教学目标的基本保证。教学内容设计是教学设计的重要一环。一般来说，教学内容的设计总是依据一定的理论观点，对教学内容从宏观和微观两个层面进行设计。教学内容设计的理论是教学内容设计的前提。教学内容的宏观设计就是确定教材内容的取舍和排列顺序的过程。教学内容的微观设计就是在教学对象和教材固定的情况下，科学谨慎地分析教材，重组并改选教学内容。

一、教学内容设计的理论

（一）教学内容的螺旋式组织

布鲁纳认为，教材应该把反映该学科发展水平的最基本的概念和原理作为主体，以达到较强的迁移。在学习的早期阶段就应该使用这样的教材，让学生

① ［美］加涅等著，皮连生等译：《教学设计原理》，华东师范大学出版社 1999 年版，第 149 页。

尽早有机会在不同程度上去接触和掌握某门学科的基本结构，但这样的教材只有与儿童的智力发展水平相适应，才能使基本概念和原理的教学顺利进行。儿童的智慧发展有表演式再现表象、映象式再现表象和象征式再现表象三种水平或阶段。学科的基本概念和原理，均可分别从动作的、表象的、符号的三种不同智慧发展水平出发，加以编撰和组织。年龄不同的儿童，其智慧发展阶段也不同，对他们就应使用不同水平的教材。随着年龄的增长，教学涉及的基本概念和原理可能相同，但教材的具体直观程度逐渐降低，而抽象程度不断提高，从而体现了教材的螺旋式上升的特点，使学生一步步地在较高的认知层次上掌握教学的内容。

（二）教学内容的累积式层级组织

加涅把人类学习分为八类，即信号学习、刺激-反应学习、连锁学习、言语联结学习、多重辨别学习、概念学习、原理的学习和问题解决的学习，它们依次按简单—复杂程度组成一个层级系统。该系统中每个简单层级的学习都是复杂层级学习的先决条件，复杂层级的教学都必须以简单层级的教学为基础。教材内容的组织可采取累积层级方式进行，先安排简单层级的教学，然后在此基础上进行相应的复杂层次的学习。

（三）教学内容的认知同化组织

奥苏伯尔依据认知同化的理论，提出了教学内容的渐进分化和综合贯通的组织原则。渐进分化指按概括性和包容性大小的顺序依次呈现教材，即首先呈现某学科的最一般和最概括的观念，然后按细节和具体性逐渐分化，使学生能将下位观念类属于原有的上位观念。综合贯通是强调学科本身的特定结构、方法或逻辑的整体性，注意学科中处于同一包容水平的概念、原理和章节的异同，清晰地指出它们之间的联系与区别，从而消除学生认知结构中原有知识之间的混淆与模糊，帮助学生真正理解这门学科。可利用“组织者”的编排技术贯彻渐进分化和综合贯通的组织原则。

二、教材的内容分析

（一）教材内容的宏观驾驭

1. 钻研课程标准，准确把握教学内容在课程体系中的地位和作用在开始整个课程的教学之前，教师通过钻研课程标准，既可以领悟所授课程在学校课程中的地位、教学主旨和要求，又能对课程所覆盖的主要课题、要目或章节及其教学要点做到心中有数。在对具体内容的教学时，教师通过钻研课程标准，可以深化对不同层次的事实、概念、原理和规则等教学内容纵横联系的认识，准确把握每一教学单元及其基本概念、基本原理和基本方法的地位和作用，避免“只见树木，不见森林”的教学失误，有分寸地处理好每一教学内容。

2. 了解教材的组织方式，分析教学内容的编排意图和特点

如果明确了教材所依据的编排理论，就能更加有效地把握教材编排的意图和特点，这样，就更易于驾驭教材。教学实践表明，在单元教学的过程中，教师若能将所属篇章乃至全书的整体结构告诉学生，反复强调核心概念、原理和规则，既有利于学生所学知识的结构化，又能激发学生学习的主动性，减少其学习行为的盲目性，增强他们对学习过程的满意度。例如，教师在设计初中“数的开方”时，是这样分析“平方根”一节内容的：教材有层次地引导学生逐步掌握平方根的概念。为了让学生对这一重要概念有比较充分的认识，教材的第一课不出现二次根号，主要集中解决平方根的概念，突出三点：（1）平方与开方的互逆关系；（2）正数的平方根有两个值；（3）负数没有平方根。第二课介绍算术平方根，突出解决平方根和算术平方根的区别与联系，以及正确熟练地使用二次根号。知识呈现由直观到抽象，由浅入深，使学生有充分时间逐步深化对平方根概念的理解和对正数的平方根有两个值的认识。①

3. 紧扣学科核心概念，确定教学中的重难点

在从宏观上把握课程体系以及新知识的地位和作用之后，教师应紧扣学科核心概念，区分教学内容中的重难点。一般来说，教学内容中的重难点往往是课程体系中起上下联系和纵横贯通作用的联结点，即教学必须突破的基本概念、原理、规则和方法。可见，教师分析教学重点和难点的过程，也就是依据课程标准和单元教学目标，逐步分解和剖析教学内容中的基本概念、原理、规则和方法的过程。例如，对于小学“数的整除”单元，求最大公约数和最小公

① 麦曦主编：《教学设计的理论和方法》，新世纪出版社1996年版，第78页。

倍数是重点。求最小公倍数是学习通分的重要基础，而求三个数的最小公倍数是本节的难点，在用短除开方形式找出三个数公有的质因数作为除数后，如果其中两个数有公有的质数时，还应继续分解，并将没有分解的数移下来。学生对此理解有一定的困难，也容易出现错误。为此，本节的教学设计，应侧重于以多种教学方法的最优组合，使学生明确三个数的最小公倍数必须包含它们全部公有的质因数和各自独有的质因数，运用分解质因数的方法，求出它们的最小公倍数。①

（二）教材内容的重组与改选

虽然所有教材都把大多数学生作为适宜的学习对象，但实际上任何版本的教材要完全适应所有学生是相当困难的。因此，教师在进行教学内容设计时，既要立足教材，又要具有改进和完善教学内容的勇气，实现教学内容的重组和最优化组织。我国教师在教材处理方面摸索出了一些独到的方法，如“简、详、增、匡、慎”的五字法②。尽管学科特点和学生特点以及教学目标的差异影响教材处理的路径和方法选择，但是教师在重组和改选教材时，可依据以下思路通盘考虑。

第一，依据学生的知识准备和认知发展水平，灵活调控教学内容的深度与广度，力求使新知识的教学既要有利于发展学生的潜在水平，又要与学生的现有水平相衔接。当教材内容明显超出学生的现有水平时，需要适当降低目标要求，进行铺垫式教学或分散高难教学任务。

第二，增强教学内容的新颖性和多样性，适当补充贴近学生日常学习和生活实践且有新意的材料，或者利用直观多样的教学媒体，以支持、丰富、强化和巩固教材所介绍的新知识，克服教材内容的陈旧性和单一性。

第三，突出重点，化解难点。对多数学生熟悉理解的内容，教师只做提示和点拨，引导学生调动自身认知结构中的有关知识即可；对重点则不惜变换教学方式方法，提供丰富多样的教学活动，增强练习与反馈，确保学生理解并掌握；对难点则应分析其产生的原因，提出针对性的解决措施。

---

① 麦曦主编：《教学设计的理论和方法》，新世纪出版社 1996 年版，第 131 页。

② 刘万钧：《教材处理五字法》，《中学生物教学》2002 年第 10 期。

第四，教学内容的组织、排列、呈现方式要恰当，不同内容之间应过渡自然，衔接紧凑；对教学活动与练习的安排应与教学目标和内容相适应，练习的方式方法应根据内容而精心设计。

第五，注重知识与技能传授的同时，充分挖掘教材中蕴含的有利于开发学生智力、形成良好情意品质的因素，实现传道、授业与育心育德的有机结合。

（三）教材内容结构的微观研析

面对具体的教材单元，为确定适宜的教学目标，选择合适的教学方法，教师需要对教材内容的类型和性质进行准确的判断和层次分析，弄清教材的内容和逻辑结构。这种结构分析可以依据加涅关于学习结果分类体系的论述，灵活采用归类分析、图解分析、层级分析和信息加工分析的方法。

归类分析法是教师对教材所呈现的言语信息进行归类的分析方法，以鉴别为实现教学目标所需学习的知识点。归类时教师可用图示或列提纲的方式，把教材内容归纳成若干方面，形成内容体系和范围。

图解分析法是一种用直观形式揭示教材内容要素及其相互联系的分析方法，主要适用于对认知类教学内容的分析。图解分析的结果是一套简明扼要、提纲挈领的图表或符号，它从内容和逻辑上高度概括了教学内容。如历史教学中，可以用几条带箭头的线段及简洁的数字、符号来剖析一次著名战役的全过程，其起因、时间、地点、参战各方人数、结果等可反映在图中。此法的优点是使教师容易觉察内容的残缺或多余部分以及相互联系中的割裂现象。

层级分析法是用来揭示教学目标所要求掌握的从属技能的一种任务分析方法。其基本过程是，从已确定的教学目标开始逆向分析，要求学生获得教学目标规定的能力，他们必须具有哪些次一级的中介能力和再次一级的支持性条件。通过层级分析，教师可以建构出知识点的难度梯级图。

信息加工分析法是用来揭示掌握教学目标所必需的心理操作过程的分析方法。其特点是按信息流程图的方式揭示达到终点目标所需的心理操作步骤。

第四节　教学手段设计

通过教学目标和内容的设计，教师能够确切地知道“要到哪里去”。但怎样才能准确高效地到达目的地呢？这需要进一步做教学手段设计。教学手段设计的关键在于科学地选择和有效运用教学方法和教学媒体。

一、教学方法选择的影响因素

在教学设计中，当教学目标和内容确定下来之后，教学方法的设计便成为决定教学成败的关键因素之一。需要指出的是，任何一种教学方法都是为促进学生学习和提高学生学习满意度服务的，其本身无所谓优劣、好坏，只有对特定教学目标、教学内容、教育对象以及教育情境适宜程度之别。教师在选用教学方法时可综合考虑以下五个因素。①

（一）教学目标的要求

现代教学理论表明，根据不同的教学目标选用不同的教学方法是走向教学最优化的重要一步。因此，围绕目标的实现来选择方法是一条重要的原则。根据教学目标来选择方法要考虑以下两方面。

1. 特定的目标要求特定的方法去实现

教学目标不同，所需采用的教学方法也不同。在选用教学方法时，教师首先要考虑它与教学目标的协调性，表 9-5②揭示了二者的关系。

表 9-5　教学目标和教学方法的关系

教学目标／教学方法	记忆事实	记忆概念	记忆程序	记忆原理	运用概念	运用程序	运用原理	发现概念	发现程序	发现原理
讲授	△	★	○	★	★	○	□	□	○	□
演示	★	○	○	○	○	★	○	○	★	○

① 张大均主编：《教育心理学》，人民教育出版社 2004 年版，第 470—471 页。
② 乌美娜主编：《教学设计》，高等教育出版社 1994 年版，第 178 页。

续表

教学目标 教学方法	记忆事实	记忆概念	记忆程序	记忆原理	运用概念	运用程序	运用原理	发现概念	发现程序	发现原理
谈话	△	★	□	★	★	○	□	□	○	□
讨论	□	△	△	□	★	□	★	○	△	□
练习	○	□	★	★	□	★	□	△	○	△
实验	★	△	□	○	△	★	□	□	○	★

★：最好　□：较好　△：一般　○：不定

2. 教学目标的多层次化要求教学方法的多样化

特定的方法只能有效地实现某一或某几方面的目标，完成某一或某几个环节的任务，要保证教学目标的全面实现，教学中往往要求选用几种能互补的方法，并把它们有机结合起来。另外，每种方法都有优缺点，都有助于实现一定的教学目标，因此，我们在选用不同的教学方法时要尽可能地扬长避短。如选用发现法，要注意克服其费时、费力的缺点；若用讲授法，则要努力调动学生学习的积极性、主动性。

（二）教学内容的特点

除了教学目标，不同教学内容也制约着教学方法的选择。即便是同样的教学目标，学科性质不同，具体内容不同，所要求的教学方法也往往不一样。例如，同样是为了培养操作能力，物理、化学多采用实验法，而音、体、美则常采用练习法。

（三）教师的素质与个性特点

首先，不同个性的教师使用同一种方法的效果会有差异。这里的个性主要是指在教师个性心理特征基础上表现出来的教学风格、对不同课堂气氛的喜欢程度、与学生的亲疏程度等。例如，一位平时总是表情严肃的教师在使用游戏法、角色扮演法时，可能就不如一位平时和蔼可亲的教师采用这类方法的效果好。其次，教师的素质差异也制约着教学方法的选择。如果一个教师善于根据自己素质的特点，选用某种教学方法来弥补自身素质的不足，会收到意想不到的效果。例如，一个口语较差的英语教师可采用视听法，利用电教设备，如录音机播课文、读单词，来弥补自身的缺陷而取得良好的教学效果。因此，作为教师，要正确地选择教学方法，不仅要正确地认识自身的素质、教学风格，而且还要善于扬长避短，根据自己的特点选用恰当有效的教学方法。

（四）学生的年龄特征和学习特点

教学方法的选择还应考虑学生的年龄特征和学习特点。对处于不同年龄的学生及思维水平不同的学生要采取不同的教学方法。例如，发现法和讨论法对于小学低年级学生或思维水平低下的学生，往往不能达到预期的教学目标。角色扮演法对于低年级学生来说，更有利于激发他们的学习动机和兴趣。学生的思维类型差异和个性差异决定了他们的学习特点，影响着他们对不同方法的好恶和适应性。如有的学生必须在教师讲解后才能清晰地把握知识，也有的学生要通过亲自动手操作后才印象深刻，还有的学生则对经过充分讨论或自己发现的知识才能过目不忘。

总之，教学方法的选用必须以教学目标为轴心，综合考虑学科特点、学生特点、学生类型、教师素质、教学环境、教学时间及技术条件等诸多因素，以反映学生的主体性要求、促成学生最有效学习为宗旨，充分发挥教学方法设计的整体效应。

二、几种主要教学方法的比较

一个世纪以来，学者们根据教学方法的活动主体、实施条件、目标、形态、作用等因素的不同，提出了大量的教学方法。比如，克鲁克香克（D. R. Cruickshank）等人从优秀教师所需具备的复合技能角度出发，鉴别了29种教学方法。在实际教学中，教师最为熟悉和常用的教学方法主要有讲授法、讨论法、自习法、发现法、直接指导法、个别化教学法和合作学习法七种。下面着重介绍讲授法、讨论法和自习法。

（一）讲授法

讲授法属于接受性教学模式的范畴，它是指教师对学生进行信息陈述和展示。讲授的形式可以多样化：可长可短，可中断，也可持续进行；可以是正式的，也可以是非正式的；可以是现场的，也可以是报告式的。精彩的讲授对讲授的准备、实施和结束环节都有一定的要求。在准备环节，教师应确定讲授的概述性和详细的教学目标，广泛收集与讲授课题有关的信息，并对信息传递的方式进行策划。在实施环节，教师首先应巧妙导入课题，吸引学生的注意，呈现、描述学习的类型和目标；其次，使用先行组织者、例证或图解，为学生提供清晰的、结构化的、渐进式呈现的信息；再次，在讲授过程中应加强对学生学习的监控，教师应要求学生做课堂笔记，促进学生之间的互动，要求他们提出从一般到具体的见解，对所学内容进行反思并学会运用；最后，要控制讲授的容量、时间和范围。讲授的内容既不要太多，也不能太少，对最重要部分的讲授应安排在头 15 分钟之内，讲授时应避免跑题。在结束讲授时，教师应对所讲内容进行复习和总结，检查学生对新知识的理解程度。

讲授法之所以备受众多教师的青睐，是因为它有多方面的优点。首先，从效能上看，教师通过精彩的讲授能够把教学涉及的大量新信息、新内容较快地向大多数学生传输。其次，“使用讲授法可能也满足了教师与工作相关的需要，如控制需要、学生成功需要、时间管理需要”①。最后，精彩的讲授还有助于发展学生的倾听、做笔记等学习技能。但讲授法也因其固有的下列局限而招致较多的批评。其一，讲授法对教师的素质和教学风格有较高要求，如教师应是友善的、幽默的、口语流畅的。其二，它主要是一种单向的教学交流，学生间的相互作用较少，学生不容易卷入其中，教师也不能及时地获得学生的反馈信息。如果教师运用不当，容易导致注入式或填鸭式教学。其三，它更适合于传递信息，但不利于促进学生的思考。其四，对有些学生来说，听讲 15 分钟后注意力就会迅速下降，进行到 30～40 分钟时，学生所能接受的信息量就相当有限。其五，它容易使那些缺乏良好的注意、记笔记技能或记忆技巧的学生遭遇学习挫折。

（二）讨论法

讨论法是通过为学生提供一种交谈情境，促成学生之间或师生之间分享信息、观念或见解的教学方法。在教学情境中，讨论法的实施方式比较灵活：既可在教师与学生之间进行，也可只发生在学生之间；既可以全班参与，也可以分组或举办小型座谈会；教师既可以积极主动地作为讨论的引导者或参与者，

① ［美］D. R. Cruickshank 等著，时绮等译：《教学行为指导》，中国轻工业出版社 2003 年版，第 178 页。

也可仅仅作为一个观察者。讨论法对教师和学生都有一定的要求。它不仅要求教师（引导者）能控制自己的讲述，而且要求他是一个富有技巧的促进者、人际关系学家、澄清者和总结者；它要求学生能有效地进行思考，说出他们对某信息、观点、主题或问题的想法，并通过思考和有效的互动获得心智和社会性的发展。教师在运用讨论法时，在准备阶段，应确定好讨论的目的和程序，在分析学生对讨论的准备程度的基础上确定讨论的实施方式、教师应扮演的角色以及讨论的时限。在实施阶段，教师首先应确信学生已理解了讨论的目的、任务和要求，提醒他们在讨论中要遵守的行为准则；其次，教师要加强对学生的组织，鼓励学生积极参与讨论并学会倾听和尊重他人的发言；最后，教师只有在完成讨论任务和相关信息发布以及组织发动任务之后，方可让学生自由讨论。在结束阶段，教师除应对学生经讨论所得的发现、结论、解决方案进行总结外，还要评价学生参与讨论的态度、表现及学习效果。

讨论法既可以发挥教师的主导作用，又能有效地凸现学生的学习主体地位。其优点主要有以下几点：首先，组织得当的讨论一般是富有动机激发性的，能激发和维持学生的学习兴趣；其次，学生在群体思考、人际互动的过程中相互启发，相互砥砺，既可以提高学生的交流能力，又可以发展其分析性和批判性思维，加深对所学知识的理解；最后，讨论在转变学生的态度和促进道德判断上也是有效的，有助于促进学生社会性的发展。但是如果讨论没有得到好的引导，可能会导致无目的的和浪费时间的低效学习。

（三）自习法

自习法是指教师要求学生独立地完成与课堂作业或实践性练习有关的自由学习方法。教师让学生自习的目的主要是为其提供复习、实践以及学会怎样学习的机会。自习法是相当有价值的教学方法，故经常被教师运用。因为“教是为了不教”，学校教学的最终目标是教会学生学会学习，以逐步减少他们对学校和教师的依赖。需要指出的是，自习法既不是完全放任学生，也不是教师和学生互不相干，各干各的事，其有效运用同样有赖于教师的引导和调控。在准备阶段，教师应该确定作业的性质和类型，确保所提出的作业目标符合学生的兴趣和能力水平。在实施阶段，教师应清晰地陈述作业的目的、要求、步骤和时间限制。在结束阶段，教师应及时收集作业，对其进行批改和评价，为学生提供详细的反馈，必要时进行补救教学。自习法的最大优点是可以提高学生对所学知识的理解和巩固程度，可以培养学生的学习自主性。其缺点主要是它的实际教学效果受教师和学生对它的理解和运用程度的影响。如果学生对自习的目的和要求不明白，或者认为它们不合理，就会消极应付或抵制作业任务；如果教师引导、调控或评价不当，也会影响学生的学习成效。

三、教学媒体的选择与运用

教学媒体的选用既是系统教学设计的一个重要环节，也是课堂教学手段运用和环境创设的关键技术之一。

（一）教学媒体概述

教学媒体是指直接参与教学活动，在教学过程中传输信息的手段和工具。从形态上看，教学就是教师向学生传授一定知识、技能、策略、规范等信息的过程。信息本身是既看不见又摸不着的观念性事物，它必须借助于一定的教学媒体才能进行传输。在教学过程中，教师只有运用媒体才可把教学信息传输给学生，学生也只有通过媒体才能接受教学信息。

教学媒体可以从不同的角度进行分类。根据印刷与否，可分为印刷媒体和非印刷媒体；根据信息传播中信息流动的相互性，可分为单向传播媒体（影视、广播、幻灯、投影等）和双向传播媒体（如计算机）；根据工具的先进程度，可分为传统教学媒体（教科书、黑板、粉笔、标本、模型、图表、实物和教具等）和现代教学媒体（幻灯、投影、录音和计算机）。

在不同时期，各种教学媒体在教学中所起的作用也不同。传统的书本、挂图、黑板以及随后出现的录音机、幻灯机、投影仪、电视机等教学媒体在教学中主要是发挥教学手段的作用，辅助教师传递教学的信息。而目前迅速发展的多媒体技术、虚拟现实技术、人工智能技术等不再是单纯的教学手段，它们还可以创设多种学习环境，促进学生对知识的理解和掌握，激发其学习兴趣，形成良好的个性品质，发展多种学习技能。因此，在现代教学中，媒体发挥着越来越重要的作用。

（二）影响教学媒体选择的因素

各种媒体都有自己的优缺点，不存在对任何学习目标和任何学习者都发生最佳作用的媒体。但是对于某些具体的教学目标来说，还是存在某种更适合的媒体。因此，教学媒体的选择是教学媒体设计的关键。在进行媒体的选择时，教师应在综合考虑众多影响因素的基础上做出谨慎的抉择。

1. 特定教学目标

教学目标是贯穿教学活动全过程的指导思想，媒体选择要依据不同的教学目标，选择相应的教学媒体。以外语教学为例，要求学生掌握某一语法规则与要求他们就某一题材进行情景对话是两种不同的教学目标。前者往往通过教师讲解并辅以板书或投影材料，帮助学生在各种实例运用中掌握语法规则；后者则适合采用角色扮演，辅以幻灯或录像材料，让学生在情景交融的条件下获得外语会话技能。

2. 媒体的特点

作用于人体不同感官的媒体各有优劣，可以互相补充，却很少能互相代替。一般来说，广播、录音属于以时间因素组织信息的媒体，它的表现力受到时间先后顺序的影响。其优点是生动、感人，能借助语言、音乐及音响效果的组合，有轻重缓急地表现事物的特征，但瞬时即逝，不便考察。幻灯、投影的最大特点是能以静态的方式表现事物的特性，让学生详细地观察清晰放大的图像或事物的细节。电影、电视的表现力极强，它以活动的画面、鲜艳的色彩、动听的旋律呈现出事物正在变化的过程，形象逼真，能系统地描绘出事物的运动形式、空间位移、相互关系及形状变换。计算机辅助教学软件具有高速、准确、储存量大、能模拟逼真的现场和事物发生的过程的特点，且动静结合，表现力强。因此，教师要善于根据媒体特点，选择符合教学要求的媒体类型。

3. 学习者的特点

教学媒体对信息的传输作用，取决于学习者的信号接收及加工能力。不同年龄的学生因其感知能力、知识状况、智力水平、认知风格、先前的经验、兴趣爱好等不同，对教学媒体的接受能力也不同。因此，在进行教学媒体的选择与设计时，教师必须充分考虑不同年龄阶段学生的上述特点，绝不能套用某种固定的、僵化的模式。例如，小学生的认知特点是具体形象思维占优势，注意力难以持久集中，对他们所采用的媒体应生动形象、色彩鲜艳、富于变化，用动画或木偶角色要比真实角色更能吸引学生。随着年龄的增长、学习经验的增加，学生的抽象思维能力逐渐发展，注意力持续集中时间不断延长，此时可以选择适合用来分析、综合、抽象、比较、概括等思维活动的媒体，其选择范围可以广泛一些。

4. 教学媒体可控性

对教学媒体的选择还应考虑媒体是否便于教师操作。那些操作简单易行、无须专门训练就能掌握的媒体是可控程度高的媒体，这样的媒体就便于教师驾驭。

5. 教学媒体经济实用性

媒体的选择还受媒体花费的代价所制约。一般来说，应选择代价小、功效大、有实效的媒体。如果有两种媒体代价相同，则应考虑功能多的媒体。从经济实用角度考虑教学媒体的选择，是我国当前教学媒体设计必须考虑的一个重要问题，那种不切实际地一味追求教学媒体现代化而不考虑经济实用原则的做法是不可取的。

（三）教学媒体的合理运用

1. 多种媒体的组合运用

鉴于各种媒体具备不同特点，各自都有自己的适应性和局限性，且往往一种媒体的局限性又可用其他媒体的适应性来弥补，因此在可能的条件下最好采用多种媒体组合教学，以使各种媒体扬长避短，互为补充。例如，电视录像在表现动态场景上占有独特优势，但在表现静态放大画面时不如幻灯、投影，若二者结合使用，便既能表现动态场景，又能表现静态放大画面。多媒体组合要发挥良好效果有一定的前提条件。研究表明，在信息有联系的情况下，同时给予两种感觉通道的刺激会提高学习效果。如果信息量太多且超过一定的冗余度时，双通道的呈现并不特别优越，这时用双通道呈现信息还不如只用单通道的效果好。因此我们在采用多媒体组合教学时，要特别注意：(1) 不同通道传递的信息要一致或有联系，否则会产生相互干扰；(2) 不同通道传递的信息并不是越多越好，单位时间内信息量过大，超过了学习者的接受能力，反而会降低学习效果。例如，当学生还在抄写黑板上的图表时，教师就已继续讲后面的内容了，势必会给教学效果带来消极影响。

2. 一定程度的传媒冗余度促进信息整合

学习者对信息进行顺利整合，很大程度依赖于传媒的一定冗余度。因学习者要形成信息的整体印象，前后信息必须同时保存在大脑中，整合才能进行。因此，为了保证信息的分析、整合，一方面媒体传递信息的速度不能太快，另一方面应创造信息分析、整合的有利条件。例如，可利用媒体的优势方便地控制时间顺序和空间距离来强调事物的接近性，利用或强调事物的因果关系、功能关系、种属关系、层次关系等来促进信息的整合。

3. 选择适合学习者思维水平的传媒符码

传媒的显示必须以某一特定的符号（或称符码）为形式。传媒的符码形式可分为语言和非语言两大类，也可分为模拟符码（如芭蕾舞的动作）、数序符码（印刷、语言、文字）、形状符码（图画、图表、图解）。对形状符码的研究已引起研究界的极大注意，因这种符码容易储存，容易追忆，且易于迁移。近十年来，对符码的研究发现，传媒的符码越与学生思考时所用的符码一致或接近，学生就越能有效地思考。这意味着，我们在用某种传媒符码教学时，应考虑学生是否能轻松地处理这种符码，即学生是否能用最有利于自己的形式来解释、储存、提取和使用这种符码。关于这点，在我们的个别教学中尤其应引起注意。

4. 应遵循学生学习的心理规律

由于学习过程中主要的心理活动有注意、知觉、记忆和概念形成，所以对媒体的运用要遵循注意的选择性、新异性、简洁性、适中性和期望性，知觉的整体性、相对性和对比性，记忆的组块性和有限性，要注意用从实例出发、正反例结合、列出属性表来定义等方法来有效地形成概念。

【要点小结】

教学设计是教师在教学之前根据教学目的和学生特点，对教学的目标、内容、方法、媒体、程序、环境以及评价等要素进行系统谋划，形成教学方案的过程，其主要功能是导教和促学。教学设计应遵循系统性原则、最优化原则、教学目标和内容设计可接受原则及教学手段设计的多样化原则。教学设计具体包括教学目标设计、教学内容设计和教学手段设计。其中，教学目标从广义上讲指教育宗旨和教育目的，从狭义上讲是教师将国家和地区的教育宗旨以及学校教育计划分解到具体的教学单元和课时的过程中产生的课堂教学目标。对教学目标的分类以布卢姆的目标分类和加涅的学习结果分类为代表。教学目标的表述技术包括行为目标表述技术、内外结合表述技术和表现性目标表述技术。教学内容设计应从宏观和微观两个层面来进行。宏观设计即确定教材内容的取舍和排列顺序的过程；微观设计就是在教学对象和教材固定的情况下，科学谨慎地分析教材，重组并改选教学内容。教学内容设计可以教学内容的螺旋式组织等作为理论基础，从教材内容的宏观驾驭、教材内容的重组和改选以及教材内容结构的微观研析三个方面进行考虑。教学手段设计的关键在于科学地选择和有效运用教学方法和教学媒体。教学方法的选择应考虑教学目标的要求、教学内容的特点、教师素质与个性特点、学生的年龄特征与学习特点以及学习者的类型。主要的教学方法包括讲授法、讨论法和自习法。教学媒体的选用既是系统教学设计的一个重要环节，也是课堂教学手段运用和环境创设的关键技术之一。

【思考与练习】

1. 为什么说教学设计比传统的备课对教师的要求更高？
2. 如何设置和陈述教学目标？
3. 教师应怎样分析和处理教材？
4. 教学方法和媒体的选择受到哪些因素的制约？

【拓展性阅读】

1. 张大均主编：《教育心理学》，人民教育出版社 2004 年版，第十三章。

2. 张大均主编：《教与学的策略》，人民教育出版社 2003 年版，第二、三章。

3. 皮连生主编：《教学设计——心理学的理论与技术》，高等教育出版社 2000 年版，第一、三、四、六、八章。

4. ［美］G. R. Morrison、S. M. Ross、J. E. Kemp 著，严玉萍译：《设计有效教学》，中国轻工业出版社 2007 年版，第三章。

5. ［美］K. Cennamo & D. Kalk 著，蔡敏主译：《真实世界的教学设计》，中国轻工业出版社 2007 年版。

第十章　教学策略

【内容提要】

广义的教学策略包括教的策略（teaching strategy）和学的策略（learning strategy），狭义的教学策略单指教的策略。教学策略是将教学思想或模式转化为教学行为的桥梁，它既有观念驱动功能，更有实践操作功能，是影响教师教学质量的重要因素。本章从教的角度，探讨了教学策略的定义、制订教学策略的基本依据、教学策略的可教性与有效性，并对主要的教学策略（包括教学准备策略、教学实施策略和教学监控策略）的具体内容及操作方法进行详细介绍，为教师的教学策略选择和制订提供参考。

【学习目标】

1. 了解教学策略的含义，能辨别教学策略与教学观念、教学模式、教学方法之间的区别和联系。

2. 熟悉教学准备、教学实施和教学监控中所包含的各种策略，能清楚表述这些策略的含义、操作程序和实施要求。

3. 能联系某一学科教学实际，探讨将相关策略灵活运用于教学活动的操作步骤。

【关键词】

教学策略　教学准备策略　教学实施策略　教学监控策略

第一节　概　　述

一、什么是教学策略

教学策略可以看成是教和学的策略的综合，但目前的研究中，学习策略领域因其已取得的一些较为成熟的研究成果而相对独立，因此本章着重从教的角度探讨教学策略。

不同的研究者对教学策略含义的看法不同，他们分别把教学策略看成是：（1）为实现某种教学目标而制订的教学实施的综合性方案；（2）一种教学观念或原则，通过教学方法、教学模式和教学手段得以体现；（3）与教学方法、教学步骤、教学模式具有相同含义的概念；（4）为达到一定的教学目标而采取的一系列教学方式和行为。[①] 可见，研究者对教学策略的含义还未达成共识。究其原因，主要是对教学策略与教学设计、教学观念、教学方法和模式等一些与之相关的基本概念间的关系存在分歧。因而，要科学把握教学策略的实质，有必要对这些相关概念之间的关系做清楚的界定。

（一）教学策略与教学设计的关系

从所涉及的范围来看，教学策略主要涉及课堂教学中教师怎样教以及实现怎样教所必需的课堂教学组织、实施、管理等方面的活动方式或行动方针。而教学设计所涉及的范围比较广。加涅认为，教学设计可以分为制订教学目标、进行任务分析、鉴别起始行为、建立课程标准、提出教学策略、创设和选择教学材料、设计与执行形成性和总结性评价等部分。[②] 国内也有学者提出，教学设计包括四大领域，即确定教学目标、了解学生的初始特征、教学策略的选择和制订、教学评价的设计与执行。[③] 因此，教学策略与教学设计的关系是局部

---

① 张大均主编：《教学心理学》，西南师范大学出版社 1997 年版，第 132—133 页。

② Gagné, R. M., et al. (1992). *Principles of instructional design*. New York: Holt, Rinehart and Winston.

③ 杨琦：《教学设计的四个环节》，《教育研究》1994 年第 5 期。

与整体的关系，教学策略仅是教学设计的有机组成部分之一。

（二）教学策略与教学观念的关系

教学策略与教学观念的区别主要表现在：（1）从范畴大小来看，教学观念是一个很宽泛的概念，如学生观、教师观、教学原则等均属于教学观念的范畴，而教学策略的外延相对较窄；（2）从可操作性来看，教学观念是存在于个体头脑中的支配个体行动的思想、原则等概念性的知识，抽象性较强，而教学策略则支配着教师怎样教，对教师的教学行为具有直接的指导作用，可操作性较强。

教学策略与教学观念的联系表现在：（1）教学策略是教学观念中的一个下位概念，教学策略的制订与选择受教学观念的制约；（2）教学策略与教学观念都对教学行为和技巧具有指导与支配作用。

总之，教学策略与教学观念是两个联系十分紧密的概念，但又具有实质性的区别，不能混用。

（三）教学策略与教学方法、教学模式的关系

这三个概念之间的关系较为复杂，目前在教育文献中存在等同、交叉、混用的现象，甚至有人把教学方法和教学模式视为相互包容，其具体内容视为重叠和交叉的关系。

一般来说，教学模式规定着教学策略和教学方法，居于三者的最高层次，策略、方法的选择均遵循模式的要求。三者关系如下表：

表 10-1　教学策略与教学方法、教学模式的关系

	层次关系	稳定性	具体性	外延
教学模式	上位	定型化的教学范式，稳定性高	简化的理论教学范式，不具体	规定着教学策略和教学方法，外延宽广
教学策略	中位	可打破模式束缚，随情境变化而调整，相对灵活	较为详细具体，内涵较丰富	包括教学方法、教学组织形式、教学媒介的选择等，外延比教学方法宽
教学方法	下位	不稳定，可随时随地变化，变通性强	具体的教学行为，可操作性强	具体的教学程序，外延较窄

通过对教学策略与教学设计、教学观念、教学模式等概念关系的具体分析，对教学策略的含义可以做如下表述：教学策略是教学设计的有机组成部分，是在特定教学情境中为实现教学目标和适应学生学习需要而采取的教学行为方式或教学活动方式。这个表述包含三层基本意思：（1）教学策略从属于教学设计，确定或选择教学策略是教学设计的任务之一；（2）教学策略的制订以特定的教学目标和教学对象为依据；（3）教学策略既有观念驱动功能，更有实践操作功能，是将教学思想或模式转化为教学行为的桥梁。①

二、教学策略制订的基本依据

教学策略包括对教学过程、内容的安排，教学方法、步骤、组织形式的选择。在制订教学策略时涉及对这些因素的不同组合。要衡量教学策略是否有效，通常以能否实现教学目标，能否激发与维持学习者的学习积极性和主动性为标准。某些策略有时也能实现部分教学目标，但若未能使学习者的学习积极性和主动性得以激发与维持，这些教学策略也难说有效。由此可见，制订有效教学策略的基本依据主要应从教学目标、教学对象、教学者以及在什么教学情境下使用等方面进行考虑。

（一）教学目标是教学策略制订或选择的决定性因素

教学目标不同，所需采取的教学策略也不同。例如，一门学科教学之初的目标是提高学习者对所学学科的兴趣和信心，然后才是促进学生掌握具体的知识与技能和发展智能的目标。针对前者，可选择有助于了解该学科的最新发展动态或该学科与社会生活的紧密联系等方面的教学策略；针对后者，教学策略的制订或选择则应根据知识与技能内在的逻辑联系、知识与技能掌握对学习者认知结构的促进作用、知识与技能迁移的规律、学习者的主观状态等进行综合考虑。因此，教学目标的分析是制订或选择有效教学策略的关键。

（二）学习者的初始状态是教学策略制订或选择的基础

学生的初始状态主要指学习者现有的知识与技能水平、学习风格、心理发

---

① 张大均主编：《教与学的策略》，人民教育出版社2003年版，第7页。

展水平等。如果仅根据教学目标制订教学策略，无视学习者的初始状态，那么所制订或选择的教学策略就会因缺乏针对性而失效。在具体分析学习者初始状态之后，可以采取两种策略：一是与学习者初始状态的优势或学生偏爱的方式一致的教学策略，称作“匹配”策略；二是针对学生初始状态中的劣势采取补救性措施，并在学生的实际发展水平与潜在发展水平之间找到“教学最佳期”，鼓励学生“跳一跳”，引导他们向着潜在的、最高的水平发展，称作“失配”策略。① 这两种策略的使用都是以认识和把握学习者的初始状态为前提的，因此，对学习者初始状态的分析是制订有效教学策略的基础。

（三）教师自身的特征是有效教学策略制订或选择的重要条件

影响教学策略制订有效性的主观因素主要取决于教师自身特征，包括教学思想、知识经验、教学风格、职业心理素质水平等。在教学过程中，教师是制订和实施教学策略的主体，他们一般都倾向于选择与其教学思想、知识经验、教学风格、心理特征相一致的教学策略。知识经验丰富的教师，能够根据各种具体教学策略的适宜环境及学习者的需要进行选择和运用。因此，在制订或选择教学策略时，还应充分发挥教师自身特征中积极因素的作用，并克服消极因素的不利影响。

（四）教学环境与情境制约有效教学策略的制订或选择

教学环境是教学活动赖以进行的重要因素，它由学校内部有形的物质环境和无形的心理环境构成。在科学技术迅猛发展的今天，学校教学环境日趋复杂和多样化，对教学策略的制订与选择的影响也日益突出。教学情境是被个体所意识到并直接影响个体心理与行为的各种因素的组合体，是在教学环境背景下产生的个体当时所意识到的特定的、具体的情境。如果说教学环境更多地制约着教师对有效教学策略的制订，那么教学情境则更多地影响着教师对教学策略的选择和调整。

三、策略的可教性

对教学策略是否可以像知识与技能一样进行传授或学习的问题尚有争议。

---

① 胡朝兵、张兴瑜：《意义学习的条件及教学策略》，《宁波大学学报》2001年第1期。

争论的焦点集中在两个方面：一是能否用有目的的传授方式教授策略；二是独立的策略教学是否必要。研究者认为，在经验的基础上，经由学习者的练习与实践活动，自然而然地内化学习、诱发策略的建构和使用固然重要，但是，策略的学习和掌握是一种自觉的、自我意识的活动，学习者应该对整个学习情境，包括策略的结构与特点、策略如何使用、策略有何作用、策略的使用条件，以及各种影响学习的因素及其关系有充分的认识。这乃是自觉的策略性学习的基础，而专门的策略教学可以为这一基础做准备。具体来说，策略的可教性理由主要有以下几点。

第一，策略是外显性与内隐性相统一的。尽管作为策略组成要素的学习调节与控制和元认知等是一种内部意向活动，策略的使用却是伴随着某种外部活动的操作过程，是外显的、有形的行为，并可用语言描述。也就是说，我们可以把它转化成一种陈述性知识或程序性知识。这样一来，专门传授策略便成为可能。

第二，教授和学习过程中对调节和控制方法的使用是以元认知为基础的，而元认知包含有关学习情境的知识，以及有关何时和如何使用不同学习方法的规则的知识。这些知识都是可以通过教学直接传授给学生，并通过学生对学习方法的使用而逐渐充实和完善的。学生在教学情境中所获得的元认知体验也能激活他们的这部分认知知识，使策略知识的传授成为可能。

第三，尽管策略具有内隐性的特点，呈现出个别差异，但不同的个体处于同样的社会和时代，具有许多共性，他们在学习过程中所使用或表现出来的策略也应该具有一定的规律性。通过内省法或言语报告法等，可揭示出表现在学习中的元认知、学习的调节与控制和认知技能，并通过对记录报告的分析、概括和总结，形成一定的可表述的知识体系，这就为传授策略提供了可能。例如：西蒙运用言语报告法，对学习者的策略使用进行了分析研究；加纳（Garner，1988）设计了一些用来揭示认知策略和元认知策略的方法，如利用录像带进行的刺激回忆法、同伴辅导法等。研究者用这些方法，对学生的元认知水平和策略的使用进行诱发、估价和分析，从而为策略教学提供了依据。由此可见，只要条件具备，策略是完全可以进行专门教学的，策略教学能够促进学习者对知识的掌握和能力的增强。

四、策略教学的有效性

策略教学的有效性一方面是考察学习者是否掌握了有关策略的知识，但更重要的是考察他们是否能够脱离教师的监控（教学的外部控制），自觉地或自发地将所学策略迁移到相关的教学或学习情境中。林吉尔等人（Ringel & Springer，1980）的研究发现，经过策略教学后，先前不能自发地调节与控制策略使用的学生，在紧随的测验学习中，将会使用已证实为有效的方法。然而，在以后类似的学习任务中，如果不给他们以明确的提示，他们通常会放弃或遗忘这些方法。由此可以看出，能够在即时情境下使用所学的策略，只需“记住”这种策略是怎样的和如何使用就够了。但是，学习者要能够依据具体情境，自发和主动地选择和使用所学策略到相关教学或学习中，则任务更为艰巨。

那么，如何才能使我们的策略教学既能让学生记住有关策略的知识，又能很好地迁移运用到相关的教学情境中呢？有研究者提出，提高策略教学有效性的具体步骤包括以下几部分。

第一，注重策略知识的掌握。问题解决能力的高低很大程度上取决于某一领域所积累的知识经验的多少，尤其是决定于所形成的知识结构的特点。离开了坚实的知识基础和良好的认知结构，也就阻断了提取信息的源泉。因此，进行策略教学和训练必须以策略基础知识的熟练掌握为前提，以策略知识的条件化、结构化、自动化为前提。

第二，教师的策略教学应有技巧。首先，应采用灵活多样的教学方法，激发学习者学习策略的需要。其次，策略教学次序的安排要科学，先易后难，先一般后特殊，符合学习者认知发展特点。再次，及时复述策略。最后，训练不宜密集进行，因为适当延长训练间隔，能使学习者有充分消化、理解的时间，每次训练应围绕一个中心进行，切忌贪多求快。

第三，促进学习者策略的迁移应用。首先，应教给学习者“情境化的知识”（conditioned knowledge），使他们不仅掌握知识的内容，而且了解这些知识的适用条件和运用范围，并激励学习者在不同情境中运用策略。其次，提供足够的练习和反馈，使策略学习达到熟练和自动化。再次，引导学习者对策略学习的有效性进行评价。最后，引导学习者生成新的策略，使他们真正地“学会学习”。①

五、教学策略的分类

教学是一个达成教学目标的活动过程，因而针对教学活动提出的教学策略就有很多种，这对于提高教学的针对性，以及系统、深入地研究教学策略具有重要意义。根据构成教学活动的某一重要因素，可将教学策略分为方法型策略、内容型策略、方式型策略和任务型策略；根据教师在教学活动中教学任务指向的不同，加涅将教学策略分为管理策略和指导策略；根据教学过程的环节，可将教学策略分为教学准备策略、教学实施策略和教学监控策略，后面将分别对这三类教学策略进行具体探讨。

讨论1 教学策略是否可以通过教学形式传授？

教学策略能否像知识、技能一样通过教学形式传授给教学对象，一直存在争议。你认为教学策略能否像知识、技能一样通过教学传授给教学对象？

第二节　教学准备策略

教学准备是教学活动的起始环节，传统教学理论将教学准备等同于备课，而现代教学观认为，教学准备比备课含义更广泛，至少还应包括“备人”（师生）和“备法”（方法和媒体等）。② 因此，教学准备是指教师依据教学目标要求，选择教材、分析自我和学生、钻研和组织教材、选择教法、制订教学计划的过程。教学准备是教师复杂的智能活动过程的重要环节，涉及许多策略问题，主要包括表述教学目标、加工教材、设计教学操作流程等，其中表述教学目标是基础，设计教学操作流程是教学准备的核心。

① 张大均主编：《教与学的策略》，人民教育出版社 2003 年版，第 32—33 页。
② 张大均主编：《教学心理学》，西南师范大学出版社 1997 年版，第 140 页。

一、教材加工策略

在教学活动中，教师如何对教材进行加工处理，会直接影响学生对教学内容信息的理解与接受，是学生能否进行意义学习的重要影响因素。奥苏伯尔提出，学生进行意义学习需要内外两方面条件。外部条件主要是指新学习材料本身应具有逻辑意义，即对学生具有潜在意义。内部条件是指学习者必须具有意义学习的心向，并且积极主动地使新知识与其认知结构中的有关旧知识发生相互作用。因此，教师的教材加工就应从内外两方面加以考虑。针对外部条件，研究者提出了教材结构化策略；针对内部条件，研究者提出了心理匹配策略和超出预期策略。

（一）教材结构化策略

教材结构化策略是指教师根据学生的知识水平、自己的教学风格和教学环境，分析和组织教材内容，使其在本身的逻辑结构基础上对学生具有潜在意义的策略。

教材结构化策略是在对课文形式了解的基础上对课文结构做出的加工处理。课文形式主要有如下几种：（1）问题—解决式；（2）原因—结果式；（3）比较—对比式；（4）群集式；（5）概括式；（6）主题词式；（7）整体—部分式。

根据课文的结构，教师可以采取的结构化方法主要有以下几种。（1）图解。教师可以采用图解的方法表征基本概念或观点与概念之间的关系。（2）框架。教师可根据课文内容列出主题词，形成框架，让学生能从整体把握课文内容。（3）分类。教师可以使用以下几种方法：①比较—对照，表现出相似点与不同点；②问题—解决，呈现问题，逐步解决；③原因—结果，表述结果与事件发生的过程；④表述—列表，包括主要的概念或论点以及支持材料。

教材结构化策略是教师吃透教材的一个方面，是教师教学准备的一个重要环节，有利于学生进行意义学习。库克（Cook，1982）用实验证明，结构化策略虽然对少数优等生帮助不大，但对多数非优等生训练的收获很大。这提示我们，教师对教材进行加工的方法以及总结出的结构应该用来训练学生。

（二）心理匹配策略

心理匹配策略，是指教师在教学过程中恰当处理教材，使呈现的教学内容让学生主观上感到满足其需要，达到教学材料与学生需要之间的统一，从而有效调节学生的学习心向，提高学习的积极性。其实质就是尽可能使教学材料变成激发学生内在学习动机的诱因，以调动学生学习的积极性。①

该策略在教学实践中的应用又可归纳成两种。(1) 认知匹配策略，即教师通过调整学生对教学材料与其需要之间的认知评价来达到心理匹配的一种策略。因为客观事物是否符合人的需要，既取决于人的需要状况，也取决于客观事物本身，但最终要受人对这两者之间关系的认知评价的制约。(2) 形式匹配策略，即教师通过改变教学材料的呈现形式，来达到心理匹配的一种策略。因为有的教学材料可能确实不符合学生当时的需要，但我们完全可以设计一种符合学生需要的教学形式来呈现材料，这便将不符合学生需要的教学材料寓于符合学生需要的教学形式中，从而引发学生的学习心向。卢家楣等人（2001）将认知匹配策略和形式匹配策略分别运用于语文和外语教学中。结果表明，分别运用这两种策略对教材内容进行情感性处理，在调节学生的学习心向、促进学生的认知和情感学习、提高课堂教学质量方面取得了良好的效果。②

（三）超出预期策略

超出预期策略，是指教师在教学过程中恰当处理教学材料，使之呈现的教学内容超出学生的预期，引起学生的兴趣，以有效调节学生的学习心向，提高其学习的积极性，从而使学生产生意义学习的策略。③ 卢家楣等人（2002）将该策略运用于数学教学之中。结果表明，在数学教学中运用超出预期策略对教材内容进行情感性处理，对学生学习心向的调节以及对学生的认知学习有直接的促进作用。④

实践中，教师应尽可能将看似平淡的教学内容出乎意料地与奇异现象联系起来，将看似枯燥乏味的教学内容出乎意料地与生动事例、有趣知识联系起

---

① 卢家楣：《教学心理学情感维度上的一种教材处理策略——心理匹配》，《心理科学》1998 年第 6 期。

② 卢家楣：《认知匹配策略和形式匹配策略的实验研究》，《心理学报》2001 年第 6 期。

③ 卢家楣：《教学心理学情感维度上的一种教材处理策略——超出预期》，《心理发展与教育》1998 年第 3 期。

④ 卢家楣：《超出预期策略的实验研究》，《心理科学》2002 年第 4 期。

来，将看似简单易懂的教学内容出乎意料地与学生未曾思考过的问题、未曾接触过的领域联系起来，将看似教条性的内容与现实社会、生活实际、生产实践、未来工作和事业联系起来，将看似经典性的内容与现代社会、高新科技联系起来，使学生惊奇地发现其中所存在的不可思议的事实、趣味、内涵、实用价值与时代气息，产生要深入领会和探索的学习兴趣。

总之，教师要舍得花功夫去钻研教材，使教材结构化，了解学生，使教材的呈现形式能尽量让学生感到惊奇，并转化为兴趣，进而引导学生产生注意与探究行为。

二、设计教学操作的策略

设计教学操作是指教师根据教学对象和教学内容，确定合适的教学起点和终点，将教学诸要素有序、优化地安排，形成教学方案的过程。这里着重探讨三种设计教学操作的策略，即任务分析策略、单元水平设计策略和课堂水平设计策略。

（一）任务分析策略

加涅（1988）首次将任务分析策略引入教育心理学领域。任务分析策略指在开始教学活动之前，为了实现教学目标，需要对学生习得的能力或倾向的构成成分及其层次关系详加分析，为学习顺序的安排和教学条件的创设提供心理学依据。也就是教师从既定的终点目标出发追问自己，若要达到终点目标，学生必须具备哪些次一级的构成能力；若要获得这些次一级的能力，学生又要具备哪些更次一级的能力……直到把达到终点目标的所有主要下属技能分析完毕为止。具体操作程序如下。

（1）确定学生的起点能力。布卢姆掌握学习教学策略的最重要原则，就是学生必须达到规定的教学目的的85%以后才能进行下一步学习，其目的就是确保学生在接受新知识前已具备适当的起点能力。教师可通过诊断性测验、平时作业批改和提问等方式对学生的起点能力加以确定。

（2）分析中介目标。从学生已有的起点能力到将要达到的终点能力之间，或多或少都有一些知识和技能需要掌握，这些需要学习的知识和技能越多，则中介目标也越多。学生掌握先前所学知识的程度不同，导致了不同学生会有不同的中介目标。从理论上说，教师应该针对不同的学生采取不同的教学起点和确定不同的中介教学目标。

（3）分析学习的支持性条件。有效的学习除了必要条件外，还要有支持性条件。例如，对 $V=\frac{1}{3}Sh$ 这个规则的学习（智慧技能）的必要条件是圆锥体和圆锥体的高这两个概念的学习。而认知策略则是促进这一学习的支持性条件。这里的认知策略是把新知识转化为已有的知识，即用已有的知识来推论或表述新的知识。教师要对这些支持性条件加以分析，让学生能迁移过去所使用过的认知策略等支持性条件。

任务分析是一门需要有坚实的理论基础为指导的复杂的技术，很多教师一般不愿做这样的麻烦事，而是依据个人的经验或者通过模仿进行教学设计，这样的教学设计往往缺乏针对性和有效性，或者由于缺乏系统分析而顾此失彼。因此，在教学设计中，虽然教师的经验是宝贵的，但它不能取代有教学理论指导的任务分析工作。

（二）单元水平设计策略

单元水平设计是基于整体学习比分散学习更有效的理论，研究教师应清楚在一个单元内应教什么内容和用什么方法的问题。这促使教师提前考虑教学目标中的困难而进行全面的考虑，使教学设计更有效。

单元水平设计包含以下六个基本成分。（1）目标，是行为目标、主题词和问题式的非行为目标的结合。（2）内容，即整个单元教学内容的轮廓，而非具体的知识点。（3）技巧。来源于教学内容的技巧主要有：批判性阅读、略读和速读技巧；写作、记笔记技巧；合作和竞争技巧；报告和研究技巧；等等。（4）活动。这里只需把特殊的活动如演讲与辩论、参观与考察、实验与实习等活动写出来，而把常规活动作为课堂设计的内容。（5）手段和材料。根据教学活动以及教师和学生的特点选择阅读材料、视听设备、程序、图表和模型等。（6）评价，包括由教师、学生或两者共同完成的形成性评价和总结性评价，如学生演示、展览、讨论、小测验、考试、讲评、订正和特殊训练等，用以评估目标是否实现和为改进单元水平设计获得反馈信息。

（三）课堂水平设计策略

课堂水平设计是为每天的教学提前设置程序和教学活动。一般来说，课堂水平的设计应围绕典型的学校计划（如每堂课 35～50 分钟），虽然一些特殊的课堂设计也许需要缩短或延长课时，但应提倡设计的活动在规定的时间内完成。

课堂水平设计一般要考虑以下成分的组合，即目标、动因、发展、方法、材料和媒介、概括、总结、作业等。

教师在进行课堂水平设计时应考虑以下因素。(1) 学生的差异，即学生的起始能力和要达到终点目标所需的中介能力的差异。(2) 课堂时间分配。注意选择主要内容的关键点作解释、讨论、训练和总结。(3) 应具有变通性。在设计时，应考虑到实际可能出现的意外情况而留有余地。(4) 让尽量多的学生参与。教师心中应考虑所有的学生，而不是让几个“尖子生”独霸课堂，抛弃那些害羞、内向和低成就的学生。(5) 评价与反思。教师应总结每堂课的成败得失，记录学生对不同方法、媒介和活动的反应，问自己教学目标是否达到，哪些问题与活动设计得好，课堂的哪部分应被省略、压缩和精制，以优化教学设计。

第三节　教学实施策略

教学实施是实现教学目标的关键阶段，涉及教学的组织、内容的传输与深化等。教学实施的策略主要包括组织教学的策略、传输教学内容的策略和深化教学内容的策略等。这些策略的选择应以教学理论为依据，既要符合教学目标、教学内容的要求，适合教学对象的特点，又要考虑在特定教学情境中的必要性和可能性。

一、组织教学的策略

组织教学是指教师依据教学目标和学生特点将教学内容有效处理的过程。它既要符合教材的知识顺序，又要符合学生的认知顺序。因此，有效的教学组织不仅包括对教学内容的科学组织，而且这种组织必须符合学生的认知特点。这里主要介绍三种组织教学的具体策略。

（一）先行组织者策略

奥苏伯尔针对意义学习内部条件中的认知维度提出了先行组织者策略，指学习新知识材料时呈现一种起组织作用的、抽象概括程度较高的材料，把新内容与学生已有的知识联系起来，帮助学生组织要学习的材料。先行组织者具有教学定向的作用，是为学生学习新知识提供的一个要领和概括的参考框架，并以一种有组织的形式把新的内容、观点、概念和事实纳入该结构框架之中。

先行组织者有三种类型，即定义、概括和类推。当学生学习新的或不熟悉的内容时，可用定义作为先行组织者。如学习各种地形时，可用“地形是具有各种独特形状和结构的地面”作为先行组织者。当信息比较多，学生难以把握时，可使用概括作为先行组织者。如用“人类获得的知识和技能越多，自然环境对人们生活的限制性影响就越少”作为先行组织者，就是以学生理解“技术”“限制”“自然环境”为前提的。前面两种组织者属于陈述性组织者，目的在于为新的学习提供最适当的类属者，使之与新的学习产生一种上位关系。当新知识与学生认知结构中的某类知识具有结构、功能、性质上的相似性时可使用类推，即比较性组织者。如把河流系统与血液系统比较，这里假定学生对血液循环系统的活动方式是理解的，两者一比较，可以增强似是而非的新旧知识之间的可辨别性。

在奥苏伯尔先行组织者的理论指导下，乔伊斯（B. Joice）等人在教学实验的基础上，提出了先行组织者教学策略的基本实施步骤和方法。（1）呈现先行组织者。在阐明本课目的之后，教师使用学生熟悉的语言和观念呈现组织者，使学生认知结构中已有的知识经验与组织者相联系，为学生进一步组织学习内容做好准备。（2）逐步分化，即以一种结构化的逻辑组织和层次来逐步展示材料，让学生层层理解和系统把握。（3）综合贯通，即教师帮助学生将新材料与认知结构中的适当知识相互联系和协调一致的过程，可通过让学生回忆认知结构中的有关观念、概括新学习材料的主要特征、复述精确的定义、说出新旧材料间的差异等途径完成。

国内学者张爱卿、刘华山等人（2000）运用自然实验的方法，将先行组织者策略应用于中学历史教学中。结果表明，先行组织者教学策略有利于提高学生的学习效果，促进学生知识的学习与保持，并且该教学策略能提高学生的理解能力，更有利于中差生的学习。①

（二）因材施教策略

因材施教就是针对学生在年龄、能力以及认知风格等方面的差异而采取的有针对性的教学策略，以保证教学目标的实现。

1. 针对年龄差异的教学组织策略

学生的年龄阶段不同，其心理反应和行为表现存在明显差异，教师应针对不同年龄段群体间的差异采取相应的教学策略。如：针对不同年龄段学生对教师的要求和期望，采取“突出关注焦点”的策略；根据不同年龄段学生人际关系的特点，采用外控与内控相结合的组织教学策略；针对不同年龄段学生对地位和威信需要的意识程度，采取“照顾合理需要”的教学策略；针对不同年龄段学生注意保持时间的长短，采取“合理分配教学时间”的教学策略；针对不同年龄段学生的认知发展水平，采用认知促进的教学策略；等等。

2. 针对能力差异的教学组织策略

学生的能力差异可能跟其学习动力有关，也可能跟其对学业成败的归因倾向有关，另外，学习能力不同的学生对教师个性的要求也不同，因而需要教师采取相应的教学策略。如：针对学习动力的差异，采取激发学习动力、增强学习态度系统正向力量的教学策略；针对学生对学业成败归因倾向的不同，采用“发展积极归因倾向”的教学策略；针对学习能力较差的学生，采取“耐心＋个别化”的教学策略。

3. 针对学生认知方式的教学组织策略

认知方式是指知觉、记忆和思维模式上的个体差异，是描述人在感知、储存、转化和提取信息时习惯采用的不同方式，一般分为场独立性和场依存性两种类型。有关实验表明，在知识结构呈现方面，启发程序和算法程序适合于场独立性的学生，而分支程序则适合于场依存性的学生。② 因此，在教学组织过程中，把知识结构与认知方式联系起来考虑，合理组织、安排讲授内容的知识

---

① 张爱卿、刘华山、刘玲玲：《“先行组织者”教学策略在中学历史教学中的实验研究》，《心理发展与教育》2000年第2期。

② 张必隐：《场依存性对于程序教学与常规教学效果的影响》，《心理学报》1982年第1期。

结构，能提高教学效率。

（三）问题教学策略

课堂教学实际是一种提问和回答的循环，但并不是教师的每个问题都提得那么恰当，真正有效的问题是那些能够使学生积极回答并因此而积极参与学习过程的问题（Chuska，1995；Wilen，1991）。因此，教师在应用问题教学策略时要把握好以下几点。

（1）控制问—答间隔时间。玛丽·罗（Mary Rowe）的研究发现，教师问一个问题和学生做出回答的时间间隔平均为1秒。问—答间隔时间增加到3～4秒对学生的反应有几个益处：回答长度增加；主动回答且合适的回答增加；失败的回答减少；自信增加；推理回答增加；学生—学生回答增加；证据—推理回答增加；学生问题增加。[①] 尽管如此，教师在教学实践中却趋向于等待很短时间，且不愿向低成就学生提问。

（2）先提问后点名，即先提问题再点学生的名字的方法。有研究表明，这种方法比先点学生的名字再提问题的效果好。[②] 这种方法也会使更多的学生考虑所提的问题，在低年级和低成就学生中使用效果更好。[③]

（3）变换与探讨问题。当一个学生的回答不正确或不合适时，教师不能就此提供答案，而是变换问题让别的学生回答，或者与这个学生共同探讨。

（4）评论和表扬。通常认为，真诚的表扬、肯定的反应（简单的微笑、点头）或表示赞同、接受的简短的评论（好、正确、不错等）都能增加成就动机。

（5）将问题附加在课文中。据研究，课文中附加问题，学生测试成绩最好。这可能是因为附加问题引起了学生对该知识点的注意。

（6）诱导学生自我提问。学生要成为积极理解和独立思维的主体，就必须

---

① Slavin，R. E.（1978）. Student teams and comparison among effects on academic performance and student Attitudes. *Journal of Educational Psychology*，8，532-538.

② Oakes，J.，& Lipton，M.（1992）. Detracking school：Early lessons from the field. *Phi Delta Kappan*，2，448-454.

③ Hastings，C.（1992）. Ending ability grouping is a moral imperative. *Educational Leadership*，10，14-18.

提出问题来引导注意力和促进思维活动。

最后，教师在实施该策略时要注意优选问题，把握提问的时机，问题的难度应适中并具有不同的层次，以满足不同层次学生的需要。

二、传输教学内容的策略

课堂教学的基本任务就是将教学内容传递给学生，而课堂教学内容广义上是指传授给学生的全部信息，包括在课堂上所传授的学科知识、技能，所表现的态度、情感、价值观念和心理特征，包括一切直接的或潜在的、琐细的或庞大的、浅层的或深奥的信息。如何将这些信息有效地传递给学生呢？这里介绍四种策略：教学言语循环策略、媒体—教学镶嵌策略、板书结构化策略、直接和间接教学策略。

（一）教学言语循环策略

教师的课堂教学言语是整个课堂教学构成的关键要素之一，有效的教学言语策略的使用是产生有效的课堂教学效果的保证。史密斯将教师的言语分为情节言语和独白言语。这两种言语进一步分成定义、描述、名称、陈述、报告、替代、评价、观点。这些成分在教师讲课时形成系列依次循环。这就是教学言语循环策略。

首先，辨别言语，即分清什么是独白言语，什么是情节言语。前者是指站在一组人面前，说话人单个说话；后者是指两个或多个说话人之间的言语交换。最有效的教学言语不是教师—学生或学生—教师，而应是教师—多个学生。

其次，将言语系列化，即将独白言语或情节言语分为八个部分，形成一个系列。(1) 定义：对事物进行界定。(2) 描述：对某事的解释。(3) 名称：对某事的指代与确认。(4) 陈述：对事实、证据、规则、理论等的呈现。(5) 报告：整个内容的摘要。(6) 替代：获得一种符号的操作行为，通常是教学或科学评价，如“谁能在黑板上写出这个等式”。(7) 评价：对某物或某事的价值进行判断或估计。(8) 观点：根据证据得出肯定或否定的结论，并说明为什么。

最后，教师将自己的教学言语的上述八个部分形成一个系列并进行循环（见图 10-1）。这样，教师的课堂教学言语就被定格，使师生交流的逻辑性增强，有利于将问题讲透。

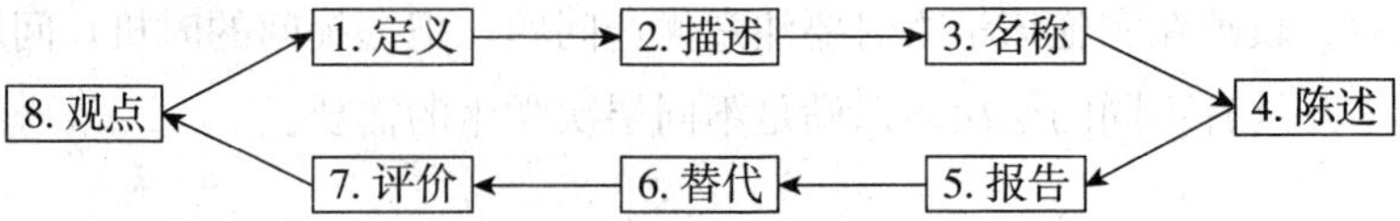

图 10-1　教师的教学言语

总的来说，教师的课堂教学言语不能只停留在定义、描述和名称水平，因为这只能达到知识和事实的教学，不能达到创造性教学的水平。教师要尽量完整地使用教学言语的八个部分，并反复使用以形成习惯。同时在教学时注意表达技巧和对学生反应的敏感性，尽可能为学生提供词义理解的机会，与学生建立合作、和谐的师生关系，为教学信息传递提供良好的条件。

（二）媒体—教学镶嵌策略

教学媒体是指在教学过程中负载信息，向学习者提供交流或教学刺激的事物组合或事物系统，是向学习者传递教学内容的工具或手段。媒体—教学镶嵌策略指教师在教学时把选择媒体和合理运用媒体联系起来考虑，使教学媒体与教学内容统一，与教学方法协调，与学生的认知结构相容。

具体操作程序如下。(1) 填写媒体—教学镶嵌一览表（见表 10-2）。(2) 通过填写此表，总结出媒体的使用方式，即设疑—演示—讲解、讲解—演示—概括、演示—练习—总结、边播放边讲解等，使教学和媒体完全镶嵌在一起，相得益彰。(3) 在设想如何运用教学媒体时，要考虑各种媒体的优化组合。

表 10-2　媒体—教学镶嵌一览表

课题名称	知识要点	目标水平	拟选媒体	媒体内容要点	使用时间	资料来源	媒体的作用	媒体使用方式

良好的多媒体与教学镶嵌的整体结构应具备以下几个特点：(1) 传递的信息量大；(2) 能调动多种感官共同参与，相辅相成；(3) 各种教学媒体的主要优势都得到充分发挥；(4) 各种媒体都唾手可得且使用方便；(5) 各种媒体应

与学生的认知结构、教学内容相互协调。

国内研究者经过近两年的随机调查发现，教师在利用现代化教学媒体授课时，出现了两种不良倾向：一是为媒体而媒体，主体被淡化；二是媒体纯用作装饰，媒体与主体不能有机地结合起来。它们主要表现在以下五个方面：（1）过早暴露教学内容；（2）媒体展示过程中缺乏必要的停顿；（3）重点内容缺乏启发性提问引导；（4）展开内容照本宣科，缺乏必要的拓展；（5）代替学生得出结论。①

为保证媒体的运用效果，运用媒体时应注意以下几点：（1）媒体的应用是为教学服务，只是一种手段，而不是目的，是否需要用媒体要根据教学内容本身来决定，如果不是必需的，不要追求形式。（2）教师应该在媒体的帮助下更多地创设教学情境，促使学生思考，而不是只展示结论。（3）涉及重点内容时教师不能只依赖于媒体展示，而是要通过停顿、提问、启发、拓展将内容深化。（4）演示与讲解相结合，切忌讲解与演示脱节。

（三）板书结构化策略

板书结构化策略是使教学内容的逻辑结构、课堂教学的设计程序、学生的认知结构在板书中达到艺术性和科学性高度统一的方法。该策略适合以讲授为主的班级课堂教学情境。

板书的形式有很多，如总分式、对比式、线条式、雁行式、辐射式、归纳式、网络式、对称式、表格式、阶梯式等。针对不同的教学内容、不同年龄阶段的学生，课堂教学采用的板书设计常常在表现上有所不同。好的板书，不应该只把知识原原本本标示出来，而应启迪学生的思维，锻炼学生独立思考问题的能力。

使用板书结构化策略时要注意以下几个问题：（1）对教学内容要充分理解和加工；（2）板书要有利于学生记忆和思考，特别要突出启发性；（3）板书的字迹要端正和清楚，在黑板四周留空，保持结构美观；（4）书写板书时应站在一边，尽可能让你的视线与学生接触，不要对着黑板讲话；（5）可使用彩色粉笔，使结构化板书更具有艺术性；（6）尽量形成习惯，将黑板分成两部分，一

① 刘金英、李东平：《现代化教学媒体的使用方法问题探讨》，《高等教育研究学报》2001年第1期。

部分是教学内容结构化，另一部分是辅助性板书。

（四）直接和间接教学策略

直接教学策略是指教师通常采取讲演—朗诵的形式，附加解释和举例，并提供练习和反馈的机会，以尽可能直接的方式把事实、规则和动作序列传达给学生。间接教学策略是教师引导学生通过将刺激物转换为一种回答来获取信息，这种回答不同于呈现的刺激物和学生先前所做出的任何回答，即通过概括和辨别过程，调整和提炼刺激材料，获得概念、模式和理论的一种探寻活动。

表 10-3 所列的直接教学法和间接教学法的一些教学事件，对于我们理解和应用这两种教学策略很有帮助。

表 10-3　直接教学策略和间接教学策略的教学事件举例

直接教学策略	间接教学策略
目标：教授事实、规则和动作序列。 教师以复习旧课内容来开始新课。 教师以小步调呈现新内容，并伴有解释和例子。 教师对少量的标准例子给出练习机会，并对学生进行指导。 必要时提示和示范，达到 60%～80%的准确性。 教师根据学生的回答是正确、快速、坚定还是犹豫、粗心或不正确，提供反馈和正确答案。 教师提供当堂独立练习的机会，争取达到 95%准确的自动反应。 教师提供每周和每月的（累积的）复习，并且重新教授尚未掌握的内容。	目标：教授概念、模式和抽象理论。 教师以一种全景式并且利于内容扩展的先行组织者开始新课。 教师运用归纳或演绎来提炼和聚焦普遍性原理，使学生的反应集中。 教师呈现该普遍性原理的正例和反例，辨别本质属性和非本质属性。 教师从学生自己的经验、兴趣和问题入手，引出额外的例子。 教师围绕解决问题，来指导学生发现和澄清该普遍性原理。 教师评价学生的反应时，让学生也参与进来。 当必要时，教师促进和调节普遍性原理，使之巩固和拓展。

三、深化教学内容的策略

教学内容经过有效组织并传输给学生后，就应该将其引向深入，让其尽快融入学生的认知结构，形成学生知识结构中的一部分。这里介绍四种深化教学内容的策略，即同辈教师策略、合作学习策略、个别化程序策略和探究教学策略。

（一）同辈教师策略

同辈教师策略又叫成对学生策略，是在教与学的情境中，安排一个或一组学生去帮助一个或一组学生的方法。包括三种形式：（1）在相同班级里，一个学生是另一个学生的教师；（2）高年级学生辅导低年级学生；（3）两个平等的学生互相帮助。前两种形式是配给需要帮助的学生一个或两个同辈教师，第三种形式中的学生相互平等，也可叫作合作学习。

同辈教师与传统教学方式相比是一项非常有效的策略，因为学生相互之间很少有威胁，学生敢于问同学问题，学生用的解释语言也更容易被同学理解，实施帮助的同学在这个过程中也得到进一步的锻炼。如果对同辈教师进行适当的训练，比如当同辈教师精加工信息、直接注意任务特征、提供程序的帮助、演示如何使用信息时，教给同辈教师一定的教学经验，这样会使同辈教师策略更有效。

教师在使用该策略时应注意：（1）教师要在班集体中营造一种相互学习的气氛，使每个学生认识到任何人都有优点，每个人都能在别人身上学习知识，并且在帮助别人的过程中不但可以使自己的知识更牢固，而且可以锻炼自己的能力，融洽同学间的关系。（2）教师要准确地评估学生的需要，合理地配对。将害羞的学生安排给好合作、友好的同辈教师。好朋友间的配对要注意避免其从认知任务向社会作用的转移。（3）对同辈教师加以指导和训练，使学生明白各自的作用。（4）1个同辈教师和不超过3个学生为一组，最好是1个同辈教师和1个学生为一组，并且在一起学习的时间限制为4～8周。

（二）合作学习策略

合作学习策略就是在教师指导下学生在一个小组内一起学习，共同实现教学目标的过程。维果茨基的最近发展区理论认为，儿童独立解决问题的实际发展水平与在成人指导下或在与有能力的同伴合作中能够达到的潜在发展水平之间存在着差距。实践证明，合作学习能够在一定程度上避免在传统的班级结构中，学生为获得教师的认同和分数而竞争，以及敌对、偏见和失败带来的消极影响，并可能取得如下一些收获：(1) 积极的个性特征；(2) 自我认识和自我尊重；(3) 对别人的信任和了解；(4) 交流；(5) 对别人的接受和支持；(6) 整体观念；(7) 冲突减少。

如何保证合作学习策略的实施呢？戴维（David）等提出了一套操作方案，其主要观点如下：(1) 为促进合作的目标，考虑能力和性别等差异进行分组，并为各组提供必要的学习空间、范围、教学媒体与设备等；(2) 呈现小组目标，并设置奖励结构去促进小组目标实现；(3) 小组成员交流打算和期望，明白教师及其他组员对自己的期望，并在合适的时候按能力进行分工；(4) 鼓励学生共享思想、材料和设备，制止讥笑他人观点的行为；(5) 检查和评估每个人的进步和小组整体的进步，把个人进步和小组进步联系起来，使用奖励或适当的帮助给予及时的反馈；(6) 对合作学习的时间应该有明确的规定，并有充分的保障。

（三）个别化程序策略

个别化程序策略就是允许学生按照自己的步调和水平学习，促使教师教学必须与学生的能力、需要和兴趣相匹配，并及时评估、反馈的方式方法。

从20世纪50年代末期起，西方出现了几个较有影响的个别化教学程序，如匹兹堡大学研制的个别规定教学程序（IPI）、威斯康星大学研制的个别指导教育（IGE）、凯勒的个性化教学系统等。这些程序能够最大限度地促进个体的学习，具体表现在：(1) 诊断学生的成就水平或学习缺陷；(2) 提供一对一的教师—学生或机器—学生关系；(3) 介绍教学资料和结构，并有一定次数的练习和训练；(4) 允许学生按照自己的学习进度超前。但是，个别化设计的实施是昂贵的，大多数学校仍然使用班级教学，故在60年代兴起了个别化教学中的自学程序研究。研究者们认为，一个自学程序应包括：(1) 为学生设置清楚的目标；(2) 提供学生能使用的各种资料和手段；(3) 学生有可以遵从的步骤及方法、图表，以便完成任务和作业；(4) 应在一定的时间间隔检查评估学生的进步与问题；(5) 对学生遇到的问题和可能遇到的问题进行讨论；(6) 按期进行个别的研究和指导；(7) 注意教室内外兴趣区域的安排。在使用该策略时教师要注意以下问题：(1) 自学大多在初中、高中水平使用，因为中学生大多掌握了某些基本技巧。小学生只是在他们有特殊能力、需要和兴趣时，才从依靠教师的学习向自学过渡。(2) 必须让学生明确他们的责任，即知道做什么和怎么做，目标、任务和成就水平应清楚叙述。(3) 基于学生的需要和能力选择材料和媒体，并按照小步调、序列单元的方式呈现。(4) 为高成就学生提供丰富的活动，使他们获得成就感；对低成就学生给予更多的帮助，允许他们按照自己的步调学习。(5) 监控和检查学生的学习，为他们提供直接而及时的反馈。

(四) 探究教学策略

探究教学是一种涉及形成问题、观察、建立假设、分析数据、解释预测、得出结论等多环节和多侧面的复杂的教学活动。在这个活动过程中，教师不直接把构成教学目标的有关概念和认知策略告诉学生，而是创造一种智力和社会交往环境，让学生通过探索发现有利于开展这种探索的学科内容要素和认知策略。

如何进行有效的探究教学？国内有研究者指出要把握好以下几点。

(1) 以学生的已有知识经验为起点。探究教学只有从学生已有的知识经验出发，才能更好地激发学生学习的积极性；否则，就很难达到预期的教学目标。

(2) 让学生充分利用学习资源。学习资源可以从三方面考虑：一是时间资源。探究教学要进行观察、实验、分析、讨论、交流，是一个系统的、相对漫长的教学过程。教师要教给学生制订学习计划，安排好进度。二是空间资源。教师要鼓励学生随时随地注意观察周围事物，积极思考，将生活中积累的点滴运用到探究教学过程中。三是物质资源。教师应给学生提供良好的教学器材、教学设备等学习环境。在网络信息发达的今天，教师鼓励学生可以在网上进行探究性学习。

(3) 要注重理论与实践的统一。教师在探究教学中将理论与实践紧密联系，引导学生从对现实的理解和把握中去提高对理论的认识，鼓励学生积极应用理论知识来解决实际遇到的困难。

(4) 对学生的评价应以形成性评价为主。从评价方法上来说，应针对学生每天的笔记、撰写的报告、绘制的图表与学生面对面交流，了解学生对知识的理解深度和广度，对学生进行客观的评价。从评价的内容上来看，重点应放在学生在探究过程中表现出来的对探究过程和方法的理解和对探究本质的把握上。不能把是否探究出结论或结论是否正确作为唯一或最重要的评价标准。①

第四节　教学监控策略

教师在对教学计划实施过程的检查、评价、反馈、控制和调节中所采用的教学谋略或措施就是教学监控策略。教师运用教学监控策略的水平既受自身对有关策略的熟练掌握程度的影响，又受教师的教学监控能力的制约。教学监控策略主要包括主体自控策略、课堂互动策略、教学反馈策略、现场指导策略等。②

一、主体自控策略

教学监控的实质是对师生行为的监控，而最有效的对人的监控就是促使其自控。教学中，教师根据教学要求和主体状态，激发培育主体自控机制的方式方法，就是主体自控策略的具体应用。主要表现为以下几个方面。

（1）激发主体动机，提高抱负水平。教学中师生的动机、抱负水平越高，教与学的热情就越高，目标趋向就越一致。根据“动机强度＝期望概率×效价”，激发学生的学习动机需要注意三点：①教学内容应难易适度，使学生感到只要努力就能学好；②提供及时清晰的反馈，使学生能体验到成功或进步；③使学生认识到知识与能力的重要性，激发其产生对一定知识和能力的缺失感以及弥补缺失的强烈愿望。

（2）提高主体的自我认知水平。主体的自我认知既包括学生的自我认知，又包括教师的自我认知。提高学生的自我认知，主要是使学生形成正确的自我概念和自尊态度，教师有责任使学生在适合自己的能力水平上体验到学习成功

---

①　沈善良、郭海芳：《对探究教学的探讨》，《陕西师范大学学报（自然科学版）》2004年第9期。

②　张大均主编：《教学心理学》，西南师范大学出版社1997年版，第150页。

的快乐。提高教师的自我认知，主要是要重视教师认知的自我矫正，具体包括：一是多方面收集信息，全面而客观地评价自己；二是要随时消除对学生的片面认识，以发展的眼光看待学生，对学生满怀热情和希望。

(3) 提高元认知监控水平。元认知监控是指主体将自己正在进行的认知活动作为意识的对象，不断地对其进行积极、自觉的监控和调节，主要包括制订计划、实施控制、检查与评价等。为了提高学生的元认知监控水平，教学中教师应将上述方面作为重要的教学内容，教会学生制订计划、自觉控制学习过程、及时检查和客观评价学习效果等方面的策略，并通过教学训练，使之达到自觉运用的水平。

二、课堂互动策略

课堂互动策略是使教学中师生行为有序、积极、多向交往的一系列方式方法的总称。主要包括以下几个方面。

(1) 规范学生行为。教师应在开学的前几星期坚持教授课堂及日常规则，并解释其理由。违反规则的行为应被禁止，教师还应经常提醒学生记住规则。利用适当的规范约束是促进课堂积极互动的策略之一。

(2) 营造课堂气氛。和谐的课堂气氛是适宜的心理环境的体现，也是课堂互动的基本条件。要使课堂气氛和谐，教师平易近人、谈吐诙谐、胸怀大度，师生间高度信任、尊重和诚实相待是关键。为此，教师要努力获得学生的喜爱，实行民主管理，并努力激发学生积极的学习心向，尤其是求知兴趣。

(3) 多向交往与合作。现代教学观主张，教师要变传统课堂教学中师生单向、双向交往为多向的全通道式的课堂交往，教师将教学内容和问题面向全体学生，使师生彼此处在一种心理期待和认同的情境之中，努力提高每个学生的参与度。师生多向交往的有效策略是合作学习，这种策略以“积极的相互依存与个人责任相统一”为精髓，把师生交往改变为师生、生生交往等多种形式，有利于多通道地传输和接受信息。

(4) 行为塑造与矫正。这是指通过对规范行为的练习和不良行为的矫正，保证课堂积极互动的策略。

①随机管理。随机多用于技能学习或其他复杂的行为强化。该方法强调系统地控制强化刺激，使之在特定时间强化所期望的行为反应。居于主导地位的教师决定所有教学活动，以一种直截了当的、有条理的方式工作。教师严格控制交给学生的任务，以培养学生的独立性和自治精神。①

②教给学生自我管理的方法。教师控制学生行为的总方向，引导学生行为达到特定的目标。其主要步骤是教给学生行为的原则和技巧，教给学生自我管理的计划，实施和修改自我管理计划，避免不良的随机行为。具体的方法包括示范、督促、强化和指导。

③规范行为的练习。建立一系列模式化的教师行为，如明确课题目的、环节和内容，呈现新信息，控制练习时间，通过语言提示学生掌握技能，个别指导，提供机会使学生独立练习等。通过对这些模式化的步骤多次练习后，学生不需要征求教师意见即可知道自己该做什么，从而提高课堂教学的效率。

④对不良行为的矫正。教师在对学生不良行为观察分析的基础上，弄清引发不良行为的具体因素，以强化原理为指导，矫正不良行为；同时强化良好行为，并结合行为塑造方法共同使用。

三、教学反馈策略

教学反馈可以使教师正确评价自己的教学效果和学生的学习状况。教学反馈策略包括多种形式。从反馈源上分，有教师反馈、专家反馈、学生反馈、同行反馈等形式；从反馈方式分，有现场言语反馈、摄像反馈、测验反馈等。教学中采取何种形式的反馈策略更有效，需要具体问题具体分析。

提问是为学生创造获得反馈机会的有效方式。研究表明：高成效的教师比低成效的教师更善于向学生提问，他们爱对回答正确的学生提出另一个问题，以鼓励进一步思考；对错误的回答不是简单地否定，而是指出学生错在什么地方、该如何去思考或提出相似的另外一个问题。总之，高效率的教师会给学生

① 张大均、郭成主编：《教学心理学纲要》，人民教育出版社 2006 年版，第 201 页。

创造更多的反馈学习机会。

教学反馈既是教学过程的必要环节，也是实施教学活动和完成教学任务的基本方式与重要手段。有效的教学反馈应该具有以下几个特点：(1) 准确性，教师对学生的反馈信息与学生的实际行为或结果是一致的。(2) 针对性，教师对不同学生的反馈信息应该具有针对性，不能千篇一律。(3) 激励性，教师的教学反馈应该激励学生学习的积极性。(4) 适时性，要根据不同的教学活动及教学任务的需要，在适当的时候提供恰当的反馈信息，以使学生在学习中始终保持适当的行为反应。(5) 多样性，在内容上有知识性结果的反馈、方法性策略的反馈、思想鼓励性的反馈等，在反馈形式上有言语的反馈和非言语的反馈。(6) 交互性，教学反馈包括教师与学生、学生与学生、教师与教师等人与人之间的交互性。①

四、现场指导策略

现场指导策略是指根据不同的教学情境、学生学习的实际状态选择最佳的学与教的策略，以达到最佳的教学效果，使教师和学生最终能达到对课堂教学的有效调节。

加涅的研究表明，有成效的教师一般都善于运用现场教学指导策略，包括对学生给予明确的学习指导和解释、引导课堂活动和讲解家庭作业等。埃默(Emmer) 等人的研究也表明，高成效和低成效的教师在清楚地叙述目的、使用多样化的教材、以资料充实教学、明确的指导、清楚的展示、寻求推理或分析、对课程设计广度的考虑等多方面有所不同。此外，埃弗森（Evertson）等人的研究发现，高成效的教师在教小数、百分数和代数题目以前，比低成效的教师花更多的时间来复习整个数学运算和分数。所以有成效的教师是懂得何时需要复习，何时应该给予指导的。

总之，教学监控策略的使用，是对教师和学生行为的调节和控制。对学生的学习给予现场指导，对教师的教学和学生的学习给予反馈，促进课堂教学中

---

① 彭豪祥：《有效教学反馈的主要特征》，《教育研究与实验》2009 年第 3 期。

师生的多向交往，特别是促使教师和学生的自我控制，都是为了使教与学有序和更有效地进行，达到高效率地教与学的目的。

讨论2 **教师在教学中如何灵活运用教学策略？**

对教学策略知识的掌握是一件相对容易的事情，但如何灵活应用到具体的教学中，是一件让很多教师伤脑筋的事情。如何看待这一现象？如何才能使教师的教学策略知识在课堂上灵活运用呢？

【要点小结】

教学策略是将教学思想或模式转化为教学行为的桥梁，它既有观念驱动功能，更有实践操作功能。教学策略的选择和实施是影响教师教学质量的关键因素。教学策略在教学设计、教学观念、教学模式、教学方法中起着承上启下的作用。教学策略的制订要以教学目标、学习者的初始状态、教师自身的特征、教学环境与情境为依据。研究表明，策略可以进行专门教学，策略教学能够促进学习者对知识的掌握和能力的增强。根据教学过程的环节，可将教学策略分为教学准备策略、教学实施策略、教学监控策略。教学准备策略包括教材加工策略和设计教学操作策略。教学实施策略分为组织教学的策略、传输教学内容的策略和深化教学内容的策略。教学监控策略包括主体自控策略、课堂互动策略、教学反馈策略和现场指导策略。

【思考与练习】

1. 什么是教学策略？它对提高教学效率的价值何在？
2. 制订教学策略有哪些基本的依据？怎样选择或制订有效的教学策略？
3. 什么才是有效的策略教学？怎样才能保证策略教学的有效性？
4. 教学策略知识的掌握与教师的教学水平和能力之间有什么关系？
5. 如何才能把对教学策略知识的掌握转化为教师的教学能力？

【拓展性阅读】

1. 张大均主编：《教与学的策略》，人民教育出版社2003年版。

2. 张大均主编：《教学心理学纲要》，人民教育出版社 2006 年版，第七章。

3. ［美］鲍里奇著，易东平译：《有效教学方法》，江苏教育出版社 2002 年版。

第十一章　问题解决教学

【内容提要】

问题解决是一种高级形式的学习活动，它是对不同类型知识的综合运用。课堂教学的最高目标是教会学生解决问题，同时问题解决能力也是评价教师教学成效及学生学习效果的重要标准之一。本章将阐述问题解决的概念及相关的理论模式，介绍问题解决的过程与常见的问题解决策略，重点探讨教师如何对学生进行有效的问题解决教学，提高学生解决问题的能力。

【学习目标】

1. 掌握问题及问题解决的概念，能根据自己的理解阐述问题解决的各种理论模式。

2. 知道问题解决的一般心理过程以及影响因素，能举例说明如何根据具体情境选择合适的问题解决策略。

3. 熟悉问题解决的通用训练策略，能有效地设计和实施旨在提升学生问题解决能力的教学。

【关键词】

问题解决　问题解决过程　问题解决策略　问题解决教学

第一节 概 述

问题解决既是一个思维的过程，又是一种高级形式的学习。问题解决的性质是什么？怎样去深入揭示问题解决的规律？人们是如何理解问题解决的？这是本节将探讨的问题。

一、问题及其类型

（一）问题的定义

要深入了解问题解决，必须先清楚心理学家是如何看待问题的。近年来，大多数心理学家比较赞同美国学者纽厄尔和西蒙给问题下的定义：问题是这样一种情境，个体想做某件事，但不能马上知道这件事所需采取的一系列行动。

虽然心理学家对问题的理解与表述不尽相同，但有三个基本成分是得到公认的：（1）给定，指问题的初始状态；（2）目标，指问题要求的答案或目标状态；（3）障碍，指给定和目标之间必须经过思维活动才能消除的障碍，这些障碍通常是问题解决过程的中介步骤，也称为算子。因此可以认为，当情境处于某一状态而问题解决者希望能进入另一种状态，而这时又存在某些障碍物阻碍状态转换的顺利实现，这时就出现了问题。

（二）问题的类型

心理学家一般采用二分法对问题进行分类。使用的标准不同，划分的结果也不同。目前得到广泛认可的类型划分主要有以下几种。

表 11-1 问题的类型

划分依据	问题类型	定 义	举例
问题结构的完整性	结构良好问题	问题的给定状态、目标状态以及用于转换状态的方法均已清楚规定	$x^2+2x+4=0$

续表

划分依据	问题类型	定　　义	举例
问题结构的完整性	结构不良问题	问题的给定状态、目标状态以及用于转换状态的方法中的一项或几项缺乏明确的界定	全球水资源短缺
解决者对问题的熟悉程度	常规问题	与问题解决者已经解决的问题相同或非常相似的问题	代数题
	非常规问题	不同于问题解决者已经解决过的问题，需要给出一个新的解决方案	编写一段计算机程序
解决问题所需的算子质量	一般领域的问题	解决问题所需要的特定领域的专业知识相对较少，又称为知识贫乏领域的问题	传教士和野人过河问题、河内塔问题
	专门领域的问题	包含了大量特定学科领域的专业知识，又称作知识丰富领域的问题	心理咨询

（三）问题解决

问题解决一般是指个体通过应用并超越过去所学规则以产生一个新答案的过程。现代信息加工心理学认为问题解决是一种目标定向的搜寻问题空间的认知过程。个体必须对原有知识经验和当前问题的组成成分进行改组、转换或联合，才能达到既定目标。

长期的研究表明，问题解决具有以下四个鲜明特征。

（1）问题解决具有目标定向性。它旨在实现状态之间的转换，以求得问题的答案，因此无目标的幻想不是问题解决。

（2）问题解决具有认知性。它是在个体认知系统内进行的，只能通过解题者的行为来间接推测它的存在。任何问题最终解决的效果都取决于认知活动的强度和质量。

（3）解题活动包括一系列心理运算。它包括了一系列的心理操作，通过选择不同算子达到最终的目标。像回忆电话号码这样的简易活动不属于问题解决。

（4）问题解决具有个人性。在解决同一问题时由于知识、策略、思维定势、元认知等诸多因素的影响，不同个体之间可能会表现出很大的差异，因此问题解决具有较强的个人色彩。

二、问题解决的理论模式

问题解决是教育心理学的传统课题之一。自20世纪初以来，许多心理学家致力于该课题的探讨，迄今已形成了解释问题解决过程和能力的不同理论模式。

（一）行为观

桑代克通过迷笼实验提出了早期的问题解决过程的行为观。该观点认为，问题就是有机体缺乏现成反应可以利用的刺激情境，解决问题也就是有机体获得对新的刺激情境做出适当反应的过程。如桑代克研究中的猫学会抓住连着门闩的金属绳，把笼门打开，逃出迷笼，就是解决了问题。这种观点虽然认识到问题解决过程中存在一系列建立刺激情境与恰当反应新联结的阶段，重视问题解决的系列操作，但没有认清人类与动物解决问题的不同实质，而且否认解决问题中的目的性以及认知因素的重要作用。

（二）完形观

格式塔派代表人物苛勒（W. Köhler，1887—1967）以黑猩猩拿香蕉的经典实验为基础，提出了截然相反的理论观点——完形观。该观点认为，问题是有机体完形上出现的缺口，而问题解决则是弥补完形缺口的过程。完形观非常强调顿悟在个体解决问题中的作用，但顿悟过程在完形观看来是瞬间完成的，而且认为个体的顿悟是一种先验能力，这就否定了考察问题解决过程和培养问题解决能力的可能性。

（三）过程观

过程观则是根据人实际解决问题的过程提出来的，是建立在理论思辨与实践描述相结合的基础之上的。该观点的代表人物是杜威和沃拉斯（Wallas），他们把问题解决描述为循序渐进的分阶段的步骤或程序。比如杜威认为，问题解决由产生困难、对困难的界定、借助已有知识找到解决问题的方法、假设检验、产生迁移五个步骤组成，而沃拉斯认为问题解决包括准备、孕育、明朗、验证四个程序。① 这种观点强调问题解决是一个循序渐进的过程，促进了人们对问题解决重要性的认识，但缺乏理论依据及实证研究支持。

（四）信息加工观

20 世纪 50 年代开始出现的信息加工观将问题解决看作信息加工系统对信息的系列加工过程。以纽厄尔、西蒙等为代表的信息加工研究者首先区分了问题的客观方面和主观方面。问题的客观方面又称任务领域（task domain），指问题的客观陈述。问题的主观方面是解题者对问题客观陈述的理解，称问题空间（problem space）。问题空间由三个成分构成：（1）起始状态，即任务的给定条件；（2）目标状态，即任务最终要达到的目标；（3）中间状态，即任务从起始状态向目标状态转化的若干可能解答途径。每一解答途径又由若干步骤构成。信息加工观认为问题就是给定信息和目标之间有某些障碍需要被克服的刺激情境，问题解决也就是一种目标定向的搜寻问题空间的认知过程。其中原有知识经验和当前问题的组成成分必须重新改组、转换或联合，才能达到既定目标。该观点从信息加工状态转换的角度来理解问题解决，为人们增加了新的认识角度，对于深入探索问题解决的实质和问题解决教学具有重要启示。

（五）现代认知观

受信息加工观的启发，以奥苏伯尔、吉克（M. L. Gick）、布兰斯福德（J. Bransford）为代表的一些学者开始深入探讨人类解决某类问题的实际过程。他们在对上述几种理论观点综合的基础上，运用“认知结构”“图式激活”“问题表征”等术语对问题解决的实际过程进行了更为深入的描述，并且非常注重各阶段之间的动态联系。持这种观点的学者认为，问题解决就是把问题分为几个成分，从记忆库中激活旧有的信息或者寻求新的信息，若失败就会另寻方法或重新定义问题。而且这种问题解决不是线性的，解题者可能会跨步或联合某些步骤（见图 11-1）。这种观点虽然对学生问题解决能力的培养具有直接的应用价值，但由于关注的大多是学科问题，对于如何促进人们现实问题解决能力的提高还缺乏相对有效的指导措施。

---

① 刘儒德：《论问题解决过程的模式》，《北京师范大学学报（社会科学版）》1996 年第 1 期。

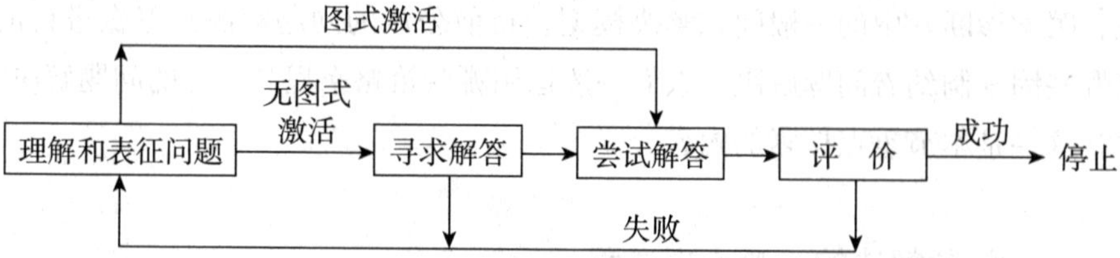

图 11-1 吉克解决问题过程的模式

（六）情境观

近些年来，以乔纳森（D. H. Jonassen）、格里诺（J. G. Greeno）为代表的另一批学者从情境角度对问题解决及其教学进行了重新阐释，认为问题解决实际上是个体在一定社会文化环境中运用原有知识经验与他人分析、讨论真实任务并主动建构问题意义的过程。这种观点非常关注结构不良问题的解决过程及其教学问题，认为学生在学校里应尽可能学会解决那些源于真实生活的日常问题。在情境观的支持者看来，只有正确解决这类问题，才能对学生的社会生活适应产生最广泛的迁移效应。建构主义学者认为这种源于生活的真实问题的解决有一些特殊之处。乔纳森根据以往的研究，提出了这类问题的一般解决过程：（1）清晰表达问题空间和情境限制因素；（2）鉴别并阐明有关成员的其他观点和立场；（3）形成可能的问题解决方案；（4）构建理由来评价其他方案并清晰表达个人观念；（5）监督问题空间和解决方案；（6）实施并监督解决方案；（7）调整解决方案。①

不难发现，人们对问题解决模式的认识经历了一个不断深化的过程，每种观点所强调的方面各有不同。实际生活中的问题解决是复杂多样的，也需要我们从不同角度去探索。

第二节 问题解决的过程与策略

20 世纪 50 年代以后，心理学家们开始尝试建构能应用到不同领域（如物

① Jonassen，D. H. （1997）. Instructional design models for well-structured and ill-structured problem-solving learning outcomes. *Educational Technology Research & Development*，45（1），65-94.

理、医学诊断）中的一般问题解决模型。目前公认的问题解决是怎么进行的？有哪些因素制约着问题解决？人们一般运用哪些策略来提高自己的问题解决效率？这些是本节重点探索的内容。

一、问题解决的一般心理过程

当代心理学家对问题解决大都持阶段论的思想，相信问题解决可以划分成几个阶段。目前已出现的许多描述问题解决一般心理过程的理论模式都非常类似，可总结为五个阶段：（1）发现问题；（2）表征问题；（3）选择恰当策略；（4）应用策略；（5）评价反思。不难发现这五个阶段同杜威的五步模式非常类似，只是在每个阶段中，人们还进一步确认了许多子成分。

（一）发现问题

发现问题是问题解决中最困难也是最富有挑战性的，需要解题者的创造性和坚持性。而只有真正意识到问题的存在，才可能随后出现一系列问题解决行为，因此发现问题就成为解决问题的首要阶段。在发现问题的过程中应注意全面理解情境中的有用信息。国外学者在研究中曾使用这样一道问题：这里有26只绵羊和10只山羊。请问船长的年龄有多大？令人吃惊的是有75％的二年级学生回答是36岁。显然这些学生在发现问题上存在一定困难。

目前研究者已经确认了许多阻碍人们进行有效问题发现的因素。障碍之一就是大多数人并没有养成积极主动寻找问题的习惯。人类的许多伟大发现都是在以前未被意识到的问题被发现之后做出的。一个很好的例子就是疾病的病毒理论。19世纪以前，许多医生相信疾病是诸如恶魔、污浊的空气（如疟疾）以及被污染的血液等因素造成的。这些观念导致出现了许多没有多少治疗效果的措施，如念咒语、鞭打、给病人放血。一直到疾病的病毒理论出现后，医生才正确地认识到了许多可治疗疾病的病源。而学校里的学生尤其缺乏发现问题的经验，这主要是因为课堂上的问题大都属于界定良好的问题，根本就不需要学生辨别。学生虽然学习时间很长，但普遍缺乏发现问题的习惯和经验。

障碍之二就是问题解决者缺乏与问题相关的背景知识。在形成图式、使信息获得意义以及理解的建构过程中，具体领域的背景知识是十分重要的，在问题解决中同样如此。在国内一项研究中，一个文科成绩优良、学习十分努力的女生在学习电学中的电路图知识时一筹莫展，研究者分析之后发现该生缺乏必要的电路图知识表征方面的背景知识。经过专门辅导才使该生茅塞顿开。[①] 因此，教师有必要在要求学生寻找问题解决方案之前对问题进行分析和讨论，以帮助学生获得相关的背景知识。

障碍之三是人们不愿花费大量时间去发现问题，而宁愿去寻找问题解决方案。国外有研究证实，在绘画之前花时间观察对象能使个体产生新颖性更高的作品，因为他们在问题发现的早期阶段就已考虑了更多的选择。而且，用于发现问题的时间同以后的绘画成绩有密切联系。研究也已证实专家比新手更愿意花时间去发现问题。可见，利用充足的时间来思考问题的本质将深化对问题的发现，从而有利于接下来的问题解决活动。而个体的坚持性在面临最初的困难时也会影响是否继续花时间发现问题。

障碍之四是个体存在不愿进行发散思维的倾向。通常课堂上要解决的问题只有一个标准答案，因此这类问题解决都要求学生进行聚合思维。学生往往只把注意力集中在问题唯一解决方案的寻找上。而发散思维则要求学生努力寻找多种可能答案，即使这种答案似乎与问题情境有矛盾。它可以提高学生在解决问题时对可能解决方案的评价水平，有效克服思维定势。因此，教师在教学中需要提醒学生从多种角度思考问题，从多种途径寻找答案。

（二）表征问题

一般认为，对问题的表征是否恰当，直接影响到问题解决的难易和速度。近年来国外的研究表明，问题表征的主要功能包括：（1）引导个体对问题的有关信息做出进一步解释；（2）促使个体根据自身知识结构的特点选择可模仿的解决方式；（3）帮助个体联想并提出一个具体的解决方案图式。[②] 因此，不论是专家还是新手，问题表征（problem representation）都是他们正确解决问题的关键环节。和尚爬山问题就是一个典型的例子。一个和尚要到山顶上的寺庙

① 皮连生主编：《知识分类与目标导向教学——理论与实践》，华东师范大学出版社 1998 年版，第 337 页。

② Savelsbergh, E. R., De Jong, T., & Ferguson-Hessler, M. G. M. (1998). Competence-related differences in problem representations. In M. van Someren, et al. (Eds.), *The role of multiple representations in learning and problem solving*. Amsterdam: Elsevier Science.

朝拜。他早上 6 点出发，下午 4 点到达山顶。在山上住一夜后，第二天早上 6 点开始原路下山，下午 4 点到达山脚。和尚上山和下山的速度没有限制，他可以在中途休息几次。他是否能在每天的同一时刻通过同一地点？如果不借助图形表征，要解决该问题是非常困难的。如果将该题目表征为图 11-2的形式，问题答案就非常清楚了：不管速度怎样改变，上山和下山的路线一定有个交点，交点就是和尚两次旅途相同时间经过之处。

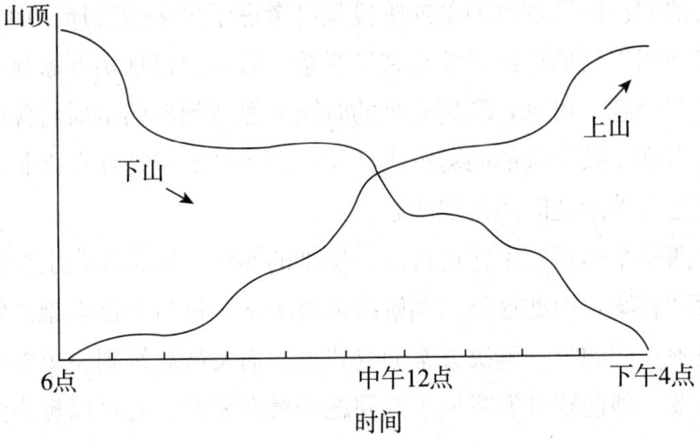

图 11-2　和尚爬山问题的表征

问题表征常以两种形式出现。一种形式就是简单地思考抽象意义上的问题，而不管字面的意义，称为内在表征。另一种形式就是用某种切实可行的形式加以表示，如图画、示意图或者方程等，称为外在表征。用外部具体形式来表征问题有许多优点：能很好地降低在确认和解决问题时需要同时记忆的信息量；可以降低问题解决的难度。有的问题很难在头脑中得到解决，因为我们需要考虑太多的可能方案。而使用一个可见的表征形式往往就能帮助问题解决者更清晰地得到解决方案。常用的外部表征形式主要有以下几种。

（1）将问题记录下来。个体最初构造的表征都是在头脑中的，如果将其写下来，可以减轻记忆负担。比如计算 87×146，如果完全在头脑中计算则相当困难。

（2）绘制图表。在解决一些涉及数学及空间关系的问题时，绘制图表是一种有效的外部表征方式。例如，一个容器中有若干溶液，其中 90%是酒精，

10%是水，溶液总量是1升。问需加多少水才能使酒精变成全部溶液的80%，而水变成20%？如果问题解决者能正确绘出简明示意图（见图11-3），并抓住加水前后酒精量不变这一信息，就能列出正确的方程式。

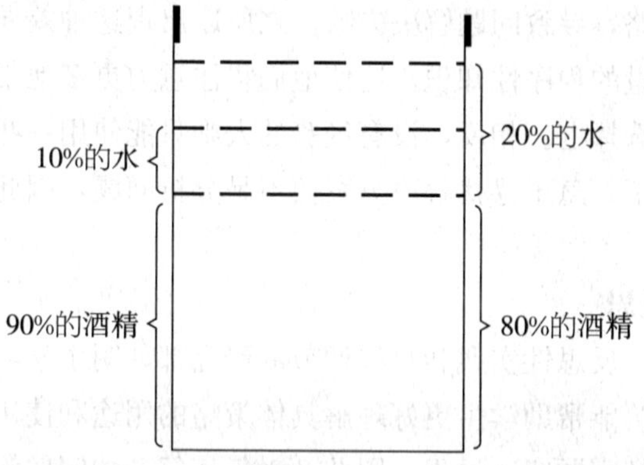

图11-3 溶液问题表征图解

(3) 列出树状图。当要解决的问题相当复杂，每一步还需要同时考虑其他几步时，就要考虑用树状图来表征问题。它主要适用于问题的有关信息存在一定自然层次性的问题中。例如，律师处理家庭成员遗产纠纷时，经常将该家庭成员之间的关系用树状图进行表征，这样成员之间的关系就非常清楚了。

(4) 建立操作模型。当问题中所给定条件的变化决定问题的解决方案时，使用模型比较合适。研究中常用的野人和传教士过河问题就可以使用这一表征方式进行解决。如我们可以用3块橡皮代表3个传教士，3个石块代表3个野人，然后操纵所建立的这一模型。这样问题解决起来就容易多了。

（三）选择恰当策略

选择恰当策略实际上是对问题的表征进行操纵，寻找出一条达到目标的线路的过程。对问题的表征不同，所选择的解决策略也不同。假如一个问题相对简单，在长时记忆中已经储存该类型问题的图式，那么经过模式识别，就可直接提取适当的解决方法，这样对问题空间的搜索时间大大缩短。若问题比较复杂，解决方法不能直接提取或不为问题解决者所知，就要使用更为复杂的搜索策略。

（四）应用策略

个体成功应用某种策略在很大程度上取决于他对问题的表征形式和选择的

策略类型，在这一环节上存在着很大的个体差异。有的人可能应用策略相当熟练，可以迅速而正确地解决问题；有的人则可能首次使用该策略，容易出现一些错误，而且研究表明这样的人在遇到意外情况时往往不改变策略，仍然固执使用不恰当的策略，导致问题解决失败。之所以出现这种差异，主要是由于有经验的人具有大量的程序性知识，这使他们将注意力更多地集中在问题的界定上而不是策略的选择上。相反，没有经验的人则只能使用一些陈述性知识进行有意识的系列加工，急于寻找解决方案而不是分析问题，因此不愿改变不恰当的策略。

（五）评价反思

大量元认知、反思性实践和自我调节的研究都证明了学习的进步是有意识评价的结果。评价能帮助学生更好理解具体策略的用途和使用范围，可使学生在更深层次上理解问题解决过程。因此，对任何复杂的问题解决任务都应该进行反思。评价反思包括两层含义：一是对获得结果的整个思考过程进行检查，检验推理是否合理，答案是否正确；二是从该问题解决活动中得到一些值得以后借鉴的经验和教训。后者往往在实践中容易被师生忽视。进行评价反思的有效方法主要有：（1）找出问题解决过程中的主要困难及关键，弄清楚自己是如何寻找思路的；（2）对解题方法重新评价，以找到更有效的方法；（3）思考问题解决过程中有哪些技巧可能在以后类似场合使用；（4）弄清楚值得吸取的教训是什么；（5）概括出该类型问题的一般结构、特点及所用解题方法的条件范围，以便推广。特别是对于经过一番周折或经指点才完成的题目尤其要认真反思。

讨论1　问题解决心理过程的核心和关键是什么？

人们在现实生活中遇到的问题千奇百怪，解决所有的问题都存在相同的心理过程吗？如果不同的问题有不同的解决过程，那么问题解决心理过程的核心和关键又是什么呢？

二、影响问题解决的主观因素

影响问题解决的主观因素是教育心理学着力探讨的重要方面。学者们认为主要包括以下几个因素：知识基础、思维策略、元认知、心向等。它们在问题解决中相互影响，综合决定问题解决的效率。

（一）**知识基础**

知识基础是个体解决问题的必要条件。没有足够的知识基础，就谈不上培养问题解决能力，但仅有知识的堆砌也不一定能发挥知识的作用。国内有学者认为，只有概念化、条件化、结构化、自动化、策略化的知识才能真正促进问题的解决。① 知识基础主要是通过数量（知识总量）和质量（知识结构）两方面来制约问题解决的效率，这在学科问题解决中表现得尤为明显。

知识总量的多少是影响问题解决的一个重要因素。解决问题实质上就是对有关知识经验的综合运用。与当前问题有关的知识越多，成功解决问题的可能性也就越大。国内学者曾发现，优等生在关于化学中有机合成知识总量的测验中平均正确率为85%，后进生为19%。② 优等生储存的知识显著地多于后进生的知识。这表明对领域知识掌握的多少明显影响学生对学科问题的解决效率。学科知识的学习具有系统性和累积性。前面知识的掌握如果在量上不足，出现基础知识上的漏洞，那么将会对后来的学习产生非常不利的影响。所以，帮助后进生时，要特别注意及时对知识查漏补缺，以免积重难返。

现代心理学研究也认为，并非知识掌握得越多，解题效率就必然越高。有时组织不当的知识反而会阻碍个体正确地解决问题。形成恰当的知识结构就成为问题解决的另一前提条件。这已为具体领域内的专家和新手的对比研究所证实。例如，奇（M. T. Chi）等人曾要求被试对20个物理学术语进行回忆，发现新手（刚学物理一个学期的大学一年级学生）首先回忆那些具体的、表面特征的术语，最后才提到与物理定律有关的术语，而专家（物理学博士生）首先提到抽象的、与物理运动定律有关的术语（如能量守恒定律），紧接着叙述牛顿定律的适用条件，最后才提到具体的、表面特征术语，如高度、长度

① 张庆林、杨东主编：《高效率教学》，人民教育出版社2002年版，第20—29页。
② 黄巍：《优、差生有机合成问题的表征差异及其影响因素》，《心理科学》1994年第4期。

等。[①] 可见，正是由于知识结构上的本质不同造成了不同个体在问题解决质量和效率上的差异。

（二）思维策略

大量的问题解决研究发现，思维策略是影响个体问题解决效率的最直接和最重要的因素之一。某种特定的策略与特定的思维加工过程以及思维成效有着直接联系。它直接控制着个体在什么时候应使用哪些知识和技能，该如何使用这些知识和技能。有人将思维策略按照结构的不同分成了特殊策略、一般策略和核心策略三类。特殊策略是指在特定学科内使用的策略，同学科知识联系紧密，对特定学科的学习有着直接的促进作用。一般策略则是指能在广泛情境中使用的策略。核心策略则是指那些在个体的一般思维活动中作用最为明显的策略。美国心理学家巴伦（J. Baron）认为有三种核心策略：（1）联系性搜索策略，用于发现当前问题与过去知识经验之间的联系；（2）刺激分析策略，用于分析问题情境中各要素的特性及相互关系；（3）检查策略，用于评价自己的认知活动并修正不恰当的问题解决方法。[②] 思维策略种类的这种划分只是相对的，因为在问题解决过程中，个体并不是孤立地使用某种策略，往往是几种策略联合在一起发挥作用。

（三）元认知

由于问题解决的途径经常不止一条，这就需要个体对自己的解题操作进行监控。大量研究表明，问题解决能力差的学生没有明显的元认知监控意识和习惯，解题过程机械呆板，解题受阻时往往不能有条理地分析症结所在，解题之后只关心答案正确与否，很少反思过程和总结方法。而问题解决能力强的学生则表现出主动地监控自己的解题过程，如检查问题表征是否有误，制订解题计划，解题过程中也能监控个人的行为，并做出及时调整。他们在解题之后往往及时反思，分析自己的得失，以优化自己的知识结构。所以人们经常发现能力强的学生能从一道题中得到很多启示，而能力差的学生往往就事论事，不善于

---

① Chi, M. T., Feltovich, P. J., & Glaser, R. (1981). Categorization and representation of physics problem by experts and novices. *Cognitive Science*, 5, 121-152.

② 张大均主编：《教学心理学》，西南师范大学出版社 1997 年版，第 375 页。

及时总结。因此，在教学中教师必须培养学生的元认知能力和自我监控习惯。

（四）心向

心向是指以最熟悉的方式做出反应的倾向。它有时会促进问题的解决，但有时也会给问题的解决带来一些障碍。研究发现，心向主要以两种形式发挥作用：思维定势和功能固着。

人们一般把个体在思维活动中依赖于过去成功运用过的策略的倾向称为思维定势。卢钦斯（A. S. Luchins）1942 年进行的量水实验说明了这种现象。他给出三个不同容量的容器，要求被试量出所要求的水量来（见表 11-2）。前四个问题可按照 B－A－2C 的公式来解决。第五个问题也可用这一公式解决，但还有一个更为简便的方式：A－C。实验中的大多数被试此时没有想到这一简单方法，还是使用以前的解法来解决。可见，思维定势使人解决问题的思维活动呈现刻板化。

功能固着指人们把某种功能赋予某种物体的倾向。功能固着使个体想到某个物体的惯常用途后往往很难想出它的新用途。例如，对于电吹风，一般人只认为它是吹头发用的，其实它还有多种功能，可以做衣服、墨迹等的烘干器等。功能固着和思维定势一样都可能对人的问题解决造成影响。因此，人们经常强调为了克服这种心向带来的影响，要注意多进行发散思维，这也是进行创造性问题解决的关键。

除了上述因素以外，个体的动机强度、态度、情绪、个性、智慧水平等因素也是影响问题解决的主观因素。所有这些因素互相作用，共同影响着问题解决的效率。

表 11-2　卢钦斯的量水实验

	A	B	C	所要求的水量
1	14	163	25	99
2	18	43	10	5
3	9	42	6	21
4	20	59	4	31
5	23	49	3	20

三、问题解决的常用策略

现代认知心理学的研究认为，问题解决活动一般包括两类思维搜索策略：算法式（algorithms）和启发式（heuristics）。算法式需要逐个尝试解决问题的各种可能性，以尝试错误方式解决问题。它可以保证问题得到解决，但费时费力，而且并非所有问题都可以使用算法式。启发式以一定的经验为基础，采用选择搜索方式解决问题。这类策略简单省事，效率高，但不能保证问题成功解决。人类在解决问题时大多运用启发式策略，这类策略也是教学中要着力培养的重要思维策略。目前常用的启发式策略主要包括手段-目的分析法（means-end analysis）、爬山法（mountain climbing）、逆推法（working backward）、联想法（associational thinking）、类比法（analogical thinking）等（见表 11-3）。

表 11-3　问题解决的常用启发式策略

名称	定义	优点	缺点	应用领域
手段-目的分析法	把问题划分为一系列子目标，通过逐个解决子目标，最终达到问题解决	稳当，应用范围广	搜索问题空间时常受到较多约束	广泛应用于各个领域，如完成复杂的工程
爬山法	手段-目的分析法的一种变式，以渐进的步子向目标状态靠近，是一种向前的工作方式	可以评定每一步是否接近目标	常常达到中间状态，有时可能会倒退	在不确定手段与目标的差距时应用，如医生治疗慢性病患者时寻找最佳用药量
逆推法	从目标状态出发，考虑如何达到初始状态的问题解决方法	无须考虑目标状态同当前状态之间的差距	应用范围有限，并且要求解决者具备相应的问题领域内的知识	与目标状态相联系的解决路径明显少于与初始状态联系的路径时应用，如迷宫问题
联想法	联想解决过的相同或类似的问题的思路来解决当前问题的方法，包括相似联想、接近联想、对比联想和因果联想等多种形式	应用广泛，容易转化为具体学科的思维方法	容易被表面特征所迷惑	在解决具体领域问题时常用，通过自我提问以激活过去的相关解题经验，如解代数应用题

续表

名称	定义	优点	缺点	应用领域
类比法	将先前解决问题的经验运用到理解新问题上的策略	跨领域，有利于发明创造	很容易受到问题表面相似程度的影响	在解决不熟悉的问题时常用，如对蝙蝠的类比发明声纳技术

总之，人们在解决问题时可供使用的启发式策略是比较多的，但人们一般不去寻找最佳的解决途径，而是倾向于寻找自己最满意的途径（即西蒙提出的满意原则）。所以，对不同启发式策略的使用尽管可能会受到一些客观因素的影响，但作用更大的还是个体的主观心理因素。

第三节　问题解决能力的培养

由于思维能力集中表现为解决问题的能力，提高学生的问题解决能力也就成为教育家、心理学家非常关注的课题。一个有效的问题解决者具有哪些特征？如何培养学生的问题解决能力？教学中应注意哪些问题？本节将着重探讨这些问题。

一、有效问题解决者的特征

大量研究显示，不同个体在问题解决的效率上存在着极大差异。一个有效的问题解决者应具备哪些特征呢？这是培养学生的问题解决能力首先要了解的内容。国外有学者（Glaser & Chi，1988）认为，专家之所以能够高效率地解决问题，是因为他们具备以下七个显著特征。①

（一）在擅长的领域表现突出

专家一般在解决自己擅长领域的问题时较为出色，而不是在所有的领域。

① Glaser，R.，& Chi，M. T. （1988）. Overview. In M. T. Chi，et al. （Eds.），*The nature of expertise*. Hillsdale，NJ：Lawrence Erlbaum.

我们不可能期望一个出色的化学家同时具有丰富的修车经验。某一领域的专门知识不太容易运用到其他领域里。这种专门知识往往积累起来非常缓慢，而且需要大量精力的投入。因此，专家只能在自己熟悉的领域内高效率地解决问题。

（二）以较大的单元加工信息

研究发现，专家之所以能更有效地组织信息，是因为他们能将信息转换成为更大的、可以利用的单元。例如，有学者就发现象棋大师和新手的工作记忆容量并没有明显差异，但是前者往往能分析并记住大量的信息（如能回忆出一些复杂的实战棋局），因为他们具有出色的分类能力。他们能将当前有意义的信息加工成为自己熟悉的图式，而对于加工无意义的信息（如回忆随机摆放的棋子的位置）则并不比新手表现得更好。

（三）能迅速处理有意义的信息

这是因为专家往往能更有效地搜索和表征问题。例如，在解决数学应用题时，数学家能轻而易举地确认相关信息，选择恰当策略。这主要是因为他们以前解决过大量的类似问题。积累的经验使专家通过回忆类似问题和解决方法并仅凭极少努力就能找到合适的策略。他们已将一些基本技能的执行完全自动化，而且在收集信息的过程中就能进行直觉推理。

（四）能在短时记忆和长时记忆中保持大量信息

专家在解决问题时观念和行动的产生都是高度自动化的，这种自动化操作使专家以更有效的方式运用自己的短时记忆。例如，职业数学家能有效地激活和使用恰当的解题策略，这对他们的认知资源几乎没什么要求。这样他们的认知资源就能用于完成一些更高层次的认知任务，如监视自己解题的进度、评估解决方法等。

（五）能以深层方式表征问题

专家通常将他们的注意力放在问题的基本结构而非表面特征上。许多研究表明，物理学家通常根据物理问题所涉及的力学原理进行分类，而不是像新手那样根据问题的表面特征（如斜面）分类。专家更倾向于将问题分解成子目标并通过顺向推理的方式来最终解决问题（即使用手段-目的分析法）。

（六）愿意花时间分析问题

在许多研究中，人们都发现专家花费了更多的时间来确认和表征问题，而一旦问题得到了理解，在选择解题策略时就耗时甚少。专家为了简化问题，往往会使用一些复杂的分析策略。大多数数学教师都清楚，数学成绩好的学生在解决数学题之前，都会对问题形成一个有意义的表征，而后进生往往是将数字直接代入公式，很少考虑问题和公式的意义。

（七）能很好地监视自己的操作

专家在解决问题之前更可能产生其他的假设，在解题过程中更可能迅速抛弃不恰当的解决方法。而且研究也证实，他们能更为准确地判断出问题的难度，在问题解决的各个阶段能始终保持反思，给自己提出一些恰当的疑问。这表明专家能较好地监督自己的问题解决过程。

综上所述，要想使学生有效地解决问题，必须使他们拥有丰富的、组织良好的专门领域知识。在具体问题解决中，它同一般问题解决策略是互为补充、共同作用的：专门知识促进了解题策略的恰当使用，而一般问题解决策略的运用又促使学生更有效地运用专门知识。只有明确了这一点，才能更好地培养学生的问题解决能力。

二、一般问题解决能力的训练

研究者大多采用通用思维策略训练来提高个体的一般问题解决能力。目前国内外学者已设计出一些专门向个体传授诸如产生假设、设计检验之类策略的课程，并开展了广泛的训练，取得了令人瞩目的效果。这类训练内容一般不涉及特定学科知识，通过单独开设思维训练课，来训练思维的一般方法和技能，向学生传授适于任何学科领域的思维技巧。众多研究表明，这是提高学生一般问题解决能力的重要途径，并且已成为通用思维训练课程的组成部分。目前影响较大的课程主要有以下几种。

（一）CoRT 教程

这是由英国剑桥大学德波诺（E. de Bono）教授提出的思维教程。目前这一课程已在众多国家实施，效果比较理想。它通过大量的日常生活的问题情境，训练学生探讨想法的正反两面、考虑事情的各种因素、分清主次、寻求更多的可能性等多种思维策略，给学生提供解决实际问题所必需的技能。教程中有像这样的问题：如何使电视节目或广播节目更令人感兴趣？一个父亲禁止他

13岁的女儿吸烟，他的理由是什么？你的看法呢？

该课程分为六个单元，每单元包括十节课。例如，第一单元（广度）的内容如下：

（1）处理各种想法：留意检查关于一个问题的各种好的、坏的、有趣的观点，而不是立即接受或拒绝它们。

（2）涉及的因素：尽可能广泛地考虑一个情境所涉及的所有因素，而不是仅仅考虑最先想到的那个因素。

（3）规则：把前两课有机结合起来。

（4）结果：考虑不同策略即刻的、近期的、中期的和长远的后果。

（5）目的：选择和阐明各种目的，要清楚自己的目标，理解他人的目的。

（6）计划：把前两课有机结合起来。

（7）优先：从许多不同的可能性和不同策略中做出选择，将它们排列成一个优先考虑的先后顺序。

（8）求异：产生新的不同策略或选择，而不是囿于先前的考虑。

（9）决策：将前两课有机结合起来。

（10）观点：考虑一个情境所涉及的所有观点。

该课程每一课都集中训练关于如何表征或分析问题情境的一种特定策略。每课开始先由教师简要解释要学习的技能，如结合实例解释什么叫“处理各种想法”，然后将学生分成小组，让他们练习问题的解答，接着由各小组汇报他们的进步，并由教师指导进行讨论。该教程中大多数问题都来自实际生活，对获得如何分析问题、计划解答等一系列问题解决策略有很大的帮助。

（二）工具丰富教程

这是由以色列心理学家福伊尔施泰因（R. Feuerstein）设计的。目前这一课程已在加拿大、美国、以色列等国家广泛实施，影响较大。该课程的主要目的在于提高认知功能低下的学生对新事物进行独立思考的能力，为他们提供独立学习和问题解决所必需的工具、自信心和动机。设计者希望创造一种环境，使学生不会因过去的失败而对自己抱有否定态度。在这种环境中，智力上的操作不需要大量的学科知识，因而过去学习成绩差的学生同样能取得成功，从而使一般问题解决能力得到提高。

这一教程包括一系列专为认知功能低下学生设计的许多练习题，一般每周上3～5小时，持续2年。教程中的练习可以分为15种工具，每种工具包含一种或几种思维策略或认知技能。教程中的问题由易到难逐步加深。每个练习都先由教师引入问题，学生各自解答，然后全班讨论问题解决的方法，最后教师总结。这样学生在接触许多新颖问题的同时能将自己的方法同别人的方法进行比较。由于每个问题都是新颖的，学生不能记住所有问题答案，这样的练习目的就在于教学生如何产生和评价对问题进行表征和解答的各种思维策略。该教程所传授的工具主要包括点的组织、空间定向、时间关系、家庭关系、数字序列、知觉分解、传递性推理、三段论推理、分类、比较等。

工具丰富教程的一个重要原则就是“架桥”（bridging），即在所学工具和实际应用之间架起桥梁，为所学工具的应用提供例子，知道它们可以在什么条件下使用。教师鼓励学生自己发现应用的情境，然后让其他学生来评价是否恰当。“架桥”对发展个体的一般问题解决能力具有重要作用：（1）促使学生思考自己的经验；（2）有助于学生了解自己的生活经验和知识，促进学生之间相互学习；（3）能否想起恰当的应用情境是检验学生是否准确理解问题原理的标准之一；（4）有助于促使学生将所学策略迁移到新的问题领域。

工具丰富教程为学生提供了许多特定的思维工具，这些工具的掌握对于非言语智慧任务的操作是有用的。根据福伊尔施泰因的报告，经过两年的训练后，训练组的学生比接受正常补救训练的学生在许多方面都优秀得多，如认知能力、学业能力等。

（三）创新思维教程

该教程是由科温顿（M. V. Covington）主持开发的。它由15课组成，向小学生传授一般的问题解决技能。每课都由卡通小册子和补充问题构成。小册子中描述两个儿童遇到许多神秘的情况，需要进行回答。在两个成人的指导下，孩子们尝试着解决这些问题。教程以非常形象的方式描述了大量的问题，儿童在成人帮助下试图按照类似于前面提到的五个步骤来解决问题。教程要求儿童去界定问题、收集事实、检查事实、制订计划并做出表征。故事先就某个问题提出一些线索，要求读者回答问题。当读者产生了某些想法后，课文中的两个儿童通过对话提出他们的想法，就像真正的破案一样，他们开始会产生一些错误想法，后来在成人的指导下，最终揭示了答案。每个故事中的成人都会评价一些有针对性的问题解决策略，主要包括以下几种技能：（1）产生最初的念头；（2）以系统的方式思考；（3）受阻后从不同的角度考察问题；（4）专心注意重要的因素和事件；（5）提出一些深化问题解决的问题；（6）避免匆忙下结论等。该教程持续时间为一个学期。相当多的研究表明，参加这一教程的学生在问题解决技能上明显超过控制组的学生，而且所学到的技能可以迁移到不同类型的问题中。

（四）儿童哲学教程

李普曼（M. Lipman）的儿童哲学教程是专门为从幼儿到十二年级的学生编制的，教学生学习“哲理”，学会哲学地思考问题。该教程通过让学习者阅读一系列的故事，参与到所刻意安排的那种思路中，介绍如何进行有效的思维。故事通常选择学生日常生活中的典型事例，每个故事都配有练习。该教程训练的思维技能包括提出因果关系、进行演绎推理、鉴定一致和矛盾、归类、用类比进行思考、进行适当的概括等 30 种。近年来的大量研究也不同程度地证实了该项目的有效性。很多学者指出，这种不与专门知识相结合的一般思维训练，对日常生活问题的解决有良好效果，却很难促进学生在知识丰富领域的学习。因而一般认为，问题解决技能的传授应结合学生的学习内容进行，这样才能促进知识学习的进步。近年来出现了一些直接帮助学生提高学业成绩的学科思维策略训练。相关研究表明，结合学科内容进行思维策略的训练也是提高学生一般问题解决能力的有效途径。只是人们对于这类训练的迁移效果还不十分满意。虽然不少研究者对策略训练模式做了大量的实验，但目前尚缺乏较理想的策略与学科知识相结合的教材，致使策略训练容易受到研究者主观愿望和教师实际水平、教学方式的影响。

（五）专家思维教程

布卢姆的授予新手以专家思维策略的训练方案，是布卢姆为大学生结合学科内容的训练提出的，其具体的训练措施是：在训练之前，先进行一系列与学科内容有关的综合测验，把在测验中表现出色的学生称为榜样组，把不能通过测验的学生称为补救组，两组学生在学习动机、努力程度和智力方面基本相同；然后，让榜样组和补救组学生都大声说出自己解决问题的过程，再让补救组学生找出自己与榜样组学生解题过程的差异。如此经过10～12次的训练，与能力、背景基本相同但未接受训练的学生相比，补救组学生的成绩提高了0.5～0.7个等级点，并且表现得更自信。

第四节　学科问题解决教学

越来越多的心理学研究表明，对学生问题解决能力的培养不能脱离具体学科。因此，学科问题解决也就成为问题解决研究的重要领域，如何塑造学生的学科问题解决能力就成为近些年该领域探讨的核心问题。

一、学科问题解决的教学设计

（一）分析学生的知识基础

在进行问题解决教学之前，首先应检查学生是否掌握了有关的从属概念、规则、图式和问题情境知识等。正如奥苏伯尔所说，学生的已有知识是影响学习的唯一最重要的因素，是组织教学的依据。因而，首先应当分析学生所具有的与问题解决有关的原有知识，包括陈述性知识、程序性知识。如果学生的已有知识基础有缺漏，须准备进行补救教学。如果学生的头脑中存在与所教内容有关的错误观念，还需要运用针对错误观念的特殊教学程序。①

（二）设计问题和问题解决

由于学科问题解决教学设计需要基于问题和问题的解决，要把问题解决策略与学科知识结合来考虑，培养学生“活”的问题解决技能，所以它比一般的课堂教学设计偏难。

1. 设计问题

问题是教学的基础和前提，问题设计得恰当与否将影响教学的进程和效

① 梁平：《论问题解决的教学设计》，《华东师范大学学报（教育科学版）》2000年第6期。

果。设计问题时应该注意以下几点。

(1) 非一般性。设计的问题要高于一般的习题，也就是问题应具有对学生智力上的挑战性。

(2) 应用性。设计的问题或来源于生产实践，或来源于社会实践，或来源于科学实验。也就是说该问题具有一定的价值，反映了某一实际需要，体现了某一实际应用。

(3) 导欲性。设计的问题应能引起学生的兴趣，能激发学生的求知欲，能形成一个大家都期盼这个问题得到解决的好的氛围。

(4) 针对性。设计的问题既要渗透学科内容，又要针对个体，面向全体。无论是基础好的学生还是基础差的学生，都能有所为，有所得。

(5) 一致性。设计的问题要与课程标准相符合，必须按课程标准规定的内容来展开，将知识点转化成问题，使学生通过解决所提出的问题获得所要学的知识。

2. 设计问题解决

对于提出的问题，教师不能简单地把问题的解直接告诉给学生，不能把问题解决课上成答案介绍课。要围绕激发学生的好奇心，促进学生问题的有效表征、策略的恰当选择、知识和技能的成功迁移来进行问题解决的设计。具体来讲，要注意以下几点。

(1) 问题的呈现要注意两个方面。①教师要设计问题呈现的时间。一般来说，若问题的难度太大，宜在课前提出，让学生结合预习尝试解答所提出的问题；若问题的难度不是太大，则最好在当堂课提出。②教师要设计问题的呈现形式。有时一种问题形式可能把学生难住，如果换一种形式，效果将会不一样。

(2) 解决问题的方案的设计也要注意两个方面。①要启发学生思考。要想有效地提高学生解决问题的能力，必须让学生主动地去寻求解决问题的方法，亲历解决问题的实践，充分发挥学生的主观能动性。②教师应当对所提的问题设计好引导解决的步骤，包括问题的理解与表征、思维策略的选择与运用、检验与反思等。

另外，教师所编拟的问题并不要求在一堂课就完全解决，可以只解决其中的一部分而给学生留下悬念，在以后的课中陆续解决。教师还应选编出适当的习题给学生，使学生通过练习及时巩固所学到的知识和方法。

（三）实施学科问题解决的教学

在具体的问题解决教学实践中，教师应把教学的重点放在任务所需要的知识上，放在特定学科的问题解决的逻辑推理和策略上。教师要调动学生的主动性和积极性，创造适当的气氛，并且在必要的时候给予帮助，以利于学生解决学科问题。具体来说要注意以下几点。

1. 促进学生对知识的全面掌握

教学中教师要在深入理解知识的基础上精心筛选、组织该学科的核心内容，有目的、有计划地传授给学生。在保证掌握一定知识数量的同时，要特别重视学生合理知识结构的形成，即实现知识掌握的高效化。在塑造学生知识结构时，不仅要保证陈述性知识的掌握，更要特别重视程序性知识的讲授。首先，要给学生分析陈述性知识和程序性知识的不同，超越陈述性知识的局限性，抓住并突出程序性知识的本质特征，促进不同课题中程序性知识的整合。这样不仅可以减少记忆负担，而且使学生的理解更为深入。其次，在教学中要突出程序性知识的地位，并给学生提供应用这些程序性知识的机会。此外在检查学生的学习成效时，也应对程序性知识给予一定的考核。

2. 培养学生主动提出问题和解决问题的内在动机

学生在学习中所面临的学科问题解决任务通常是由教师和教材提出的，而且往往都是一些界定良好的问题。学生理解这些问题是不难的。但这些问题不能给学生带来判断有关信息和无关信息的机会，而且也由于它们是必须完成的任务，不利于学生从中获得问题解决的乐趣和信心。因此，必须锻炼学生独立地发现和提出问题，从而培养他们主动质疑的内在动机。在课堂上要鼓励学生提问，尽量减少观念上的限制，在班级里形成一种自由探索的气氛。同时，教师也需要多给学生提供一些解决界定不良问题的机会，以更好地激发他们的内在动机。

3. 帮助学生正确地表征问题

教师在进行学科问题解决教学时，要注意帮助学生运用他们已掌握的知识去解释问题，或者用画草图、列表、写方程式等方法来重新表述问题，这对于有些学生回忆起相关的信息有很好的促进作用。经常训练学生从不同的角度、用不同的方法来表征问题可以使他们从中获得对问题灵活有效表征的经验。此外，尤其要重视训练学生尽可能地使用外部形式来表征问题。这样可以大大减轻学生解决问题时的认知负荷，提高其问题解决效率。

4. 帮助学生养成分析问题和策略性思维的习惯

学生应始终注意对问题进行分析、了解，注意把握问题解决的目的和标准。教师要帮助学生养成科学分析问题的习惯。在实践中要注意克服两种不良倾向：一是让学生自己分析问题，进行盲目的尝试错误，而没有必要的分析指导；二是教师过分热心，越俎代庖，将结论先告诉学生。

问题解决基本程序的掌握也能提高学生的学科问题解决能力。近年来结合元认知训练进行的学科问题解决的研究发现，在学科教学中将思维策略训练和元认知训练相结合，能明显地增强学生学习中的自我监控能力，使他们选择合适的思维策略，提高解题能力。这无疑是提高学生学科问题解决能力的一个有效途径。当然也可以结合一些具体实例来训练学生掌握前面提到的问题解决的启发式策略。这也有利于学生提高问题解决的效率，同时这种结合具体学科问题的训练可使这些策略逐渐转化为有效的具体学科的思维方法。启发式思维策略的掌握不仅能保证问题解决的质量，而且能提高问题解决的速度。

讨论2 为什么存在“高分低能”现象？

有的学生考试成绩很好，可是一到解决实际问题时往往显得束手无策。这种现象被人们批评为人才培养的“高分低能”现象。你认为出现这种现象的原因是什么？应该如何解决？

二、有效问题解决的教学策略

学生问题解决能力的提高并非是一蹴而就的，它需要教师多方面的指导。现代心理学研究认为，有许多具体的教学策略可以帮助学生成为更好的问题解决者。这里简要介绍几种目前认为较为有效的问题解决教学策略。

（一）样例教学

样例教学（worked example instruction）是利用样例（又称解答好的习题）促进学生问题解决图式形成的一种有效教学策略。样例是包含特定类型问题具体解决方案的实例，一般认为由对问题的详细说明、解决步骤和最终答案三部分构成。澳大利亚心理学家斯韦勒（J. Sweller）根据认知负荷理论（cognitive load theory）最早提出了这一策略。[①] 他认为学生能否成功地解决问题取决于是否具有构造良好的问题解决图式，而且图式所涉及的规则（定理、法则、公式等）的运用是否达到了自动化水平。该教学策略的实施过程主要包括三个通用步骤：（1）引入新主题，教师首先要给学生呈现该主题所涉及的背景知识、原理和规则；（2）示范证明，教师运用少量的样例向学生展示如何使用所介绍的原理或规则；（3）课堂练习，教师要求学生解决一些目标具体的常规问题来练习如何运用相关解题原理和规则。该策略与传统教学的区别之处就在于前者把样例和常规问题以交叉顺序进行排列，教师必须让学生清楚了解这种安排，提醒他们仔细学习每个样例。教师运用样例教学时，必须考虑到与学生所具有的专门知识密切相关的教学材料的复杂程度。学生具备的专门知识越丰富，改变问题类型的速度就可以越快一些。

大量研究已经证明，样例教学策略能促进学生问题解决图式的形成，并能节约教学时间。例如，朱新明和西蒙（1987）合作的教学实验就表明，采用这种方式可以用三年的时间学完四年的数学内容。[②] 此外，这种策略还有利于提高学生的练习强度，培养他们自主学习的能力，降低学生学习上的自卑感和无助感。但是，必须注意这种策略并不适用于所有学生。近年来的研究揭示，它主要在以下情况下比较有效：（1）对某学科领域不熟悉的新手型学生能从有指导的直接样例教学中受益；（2）随着学科内容对于学生变得更为容易，教师指导的力度要逐渐降低；（3）随着学生相关知识经验的增加，样例要逐渐从特定

① Sweller, J. (1989). Cognitive technology: Some procedure for facilitating learning and problem solving in mathematics and science. *Journal of Educational Psychology*, 4, 457-466.

② Zhu, X., & Simon, H.A. (1987). Learning mathematics from examples and by doing. *Cognition & Instruction*, 4, 137-166.

内容的教学中消失。[①] 在运用样例教学时，教师必须注意以下几点：(1) 该方式主要用于复杂问题的教学，相对简单的问题还是要让学生独立思考；(2) 让学生思考后将自己的思考方式同样例的思路进行对比，并从中得到启发；(3) 提倡进行解题思路总结，真正做到举一反三；(4) 经常复习样例的解题思路，防止遗忘。

（二）基于问题的教学

基于问题的教学（problem-based instruction）又称抛锚式教学（anchored instruction）或课题式教学（project-based instruction），是一种教师促使学生积极主动地解决实际情境或接近实际情境中的复杂问题的教学策略。它是当代建构主义理论提出的一种有效教学策略。这种策略要求教师尽可能采用源自真实生活的问题情境，以此来帮助学生学习学科内容和问题解决的技巧。它主要适用于界定不良领域的问题解决教学。

该教学策略的实施过程主要包括如下步骤。(1) 组织小组。在作为一个小组探索问题之前，学习者和促进者（facilitator，通常为教师）分别自我介绍，互通姓名，形成毫无偏见的氛围。(2) 开始一个新问题。促进者用少量的信息给学习者提供一个复杂的问题，这个问题应该尽量与其在现实世界中的情况相接近，能够吸引学习者。学习者要选一个人做记录员，负责在"白板"（whiteboard）上记录解决问题的过程，包括问题中的事实信息、学习者的想法和假设以及所确定的学习要点和活动计划。在解决问题的开始，学习者和促进者要对问题解决的目标形成共同的理解。在解决问题的过程中，学习者要确定对解决问题而言很重要而他们又不太理解、需要进一步学习的概念，即学习要点。起初，促进者可能会更多地引导。随着学习的进行，学习者能更多地管理他们的学习要点，促进者就要慢慢地"隐退"。(3) 后续行动。小组成员再次集合，沟通他们所学的东西，基于他们新学习的东西生成新的解决问题的假设。(4) 活动汇报。各小组利用各种不同形式来报告自己的结论以及得出结论的过程，如数学分析、图表、口头报告、戏剧表演等。(5) 问题后的反思。促进者引导学习者有意地

① Kalyuga, S., Chandler, P., Touvinen, J., & Sweller, J. (2001). When problem solving is superior to studying worked examples. *Journal of Educational Psychology*, 93 (3), 579-588.

反思问题解决的过程，要求考虑这个问题与以前所遇到的问题的共同点与不同点，这可以帮助他们概括和理解新知识的应用情境。①

国外大量研究已经表明，基于问题的教学是一种相当有效的问题解决教学策略。例如，有学者对采用该教学策略与传统教学方式下医学学生解决问题的过程做了对比，同时与生物化学家和内科医生解决问题的策略做参照。结果发现，传统教学下的学生和内科医生解决问题时采用的是以记忆为基础的方法，而采用该教学策略的学生以及生物化学家则倾向于采用以分析为基础的方法，后者解决问题的准确性更高。②

（三）配对解题

配对解题（pair problem solving）是一种面向高层次思维策略的教学策略，它能给学生及时提供反馈信息，使学生明白在解题过程中自己已经理解的和尚不清楚的信息。这种策略要求学生在解决某个问题时将自己头脑中出现的所有内容大声连续地告诉给他人（教师或其他学生），而配对者要仔细倾听和分析该学生解题时的加工活动和进展，检查并指出其所犯错误。该策略的具体实施过程如下：教师可以让全班学生搭配成对，给每对学生提供一系列问题。在解决每个问题时该对学生轮流承担解题者和倾听者的角色。解题者大声阅读问题并说出问题答案，倾听者要跟踪解题者的解决步骤并察觉出现的任何错误。为了提高倾听的效率，倾听者必须理解解题者每个解题步骤背后的推理过程。当解题者对自己的解题步骤不清楚时，倾听者需要提出一些询问性问题，但必须注意这些问题既不能引导解题者得到答案，也不能明确强调某个具体错误。

国外的一些研究已证明了配对解题策略的有效性。例如，金（A. King）让学生解决几个类似电子游戏的问题。他把学生随机分成三组（有指导的相互提问组、单纯提问组和对比组）。每周训练 2 次，每次 45 分钟，共持续了 3 周。训练后的测验表明，有指导的相互提问组的成绩明显高于另外两个组，表

---

① Hmelo, C. E., & Ferrari, M. (1997). The problem-based learning tutorial: Cultivating higher order thinking skills. *Journal for the Education of the Gifted*, 20 (4), 401-422.

② Boshuizen, H. P. A., Schmidt, H. G., & Wassmer, L. (1994). Curriculum style and the integration of biomedical and clinical knowledge. In P. A. J. Bouhuijs, et al. (Eds.), *Problem-based learning as an educational strategy*. Maastricht, the Netherlands: Network Publications.

明训练学生两人一组对解题过程和认知策略相互提问有助于他们问题解决能力的提高。①

(四)出声思维

出声思维(thinking aloud)是传授高层次认知策略的另一种有效教学策略。出声思维策略和配对解题策略较为类似。它同样需要个体在解决问题时大声说出能意识到的所有解题步骤和心理加工。当学科领域专家使用这种策略时,就可以将他们的思维过程示范给所有学生,从而使学生明白如何着手解决和思考一个具体问题。在教学中由教师或优等生进行出声思维能够给其他学生提供观察“专家思维”的机会。② 教师使用这种教学策略可以帮助监督和改善学生对问题的理解,防止解题时过于匆忙,导致不必要的错误。当教师让学生单独解题时,这种技术尤其有价值。它会使学生在完成学业任务时更清楚地意识到自己头脑中所发生的一切,从而更好地提高自己的成绩。因为出声思维技术能让学生更系统地思考问题,避免解题时在错误的方向上浪费太多精力。

已有研究表明,出声思维策略的使用效果受制于以下因素:(1)学生对机械学习是否过分依赖;(2)学生对问题所涉及的内容是否缺乏背景知识;(3)是否缺乏完成任务所必需的技能;(4)是否习惯使用这种技术。因此教师在使用这种教学策略时,必须事先确定学生是否具有足够的学科知识和技能,以及是否习惯这种方式,并及时予以弥补和提前训练。

该策略的具体实施过程如下:(1)教师或学生将自己头脑中出现的内容(如观念或表象)转化为语言并大声表达出来;(2)解决问题时要讲出所有的思考步骤,无论这些步骤是多么不重要或显而易见,本人都不需要进行任何的检查;(3)在着手解决某个问题之前,就先说出头脑中思考的内容,如准备做什么、为什么要做、如何做、何时做等。即使是猜测,大声报告也是非常重要的,也许会说:“我想应该使用几个星期之前用过的一个复杂的公式,好像是

---

① King, A. (1991). Effects of training in strategic questioning on children's problem solving. *Journal of Educational Psychology*, 3, 307-317.

② Rosenshine, B. (1997). Advances in research on instruction. In J. W. Lloyd, E. J. Kameanui, & D. Chard (Eds.), *Issues in educating students with disabilities*. Mahwah, NJ: Lawrence Erlbaum.

二次方程式……不，不对……应该用昨天课堂上学的那个公式。”

三、问题解决教学中值得注意的问题

（一）必须加强学生解决问题的态度训练

在影响问题解决效率的诸多因素中，许多因素与个体的主观态度有密切关系。有研究者曾将成功解决问题的人和失败者进行比较，发现成功者在态度方面存在如下差别：在解决问题时更有自信心；更重视认真思考和推理，而不是乱猜；精力更集中，而较少分心；更有耐心和毅力，较少烦躁和厌倦；随时愿意抛弃已有的思路和答案，积极寻找更好的思路与答案。① 因此，教师要注意加强态度的训练，至少有三个方面需要注意。一要训练学生积极思考问题。问题解决是学生学习的重要内容，能否主动思考问题关系到学生对所学内容的掌握质量。二要注意培养学生解题的自信心。教师要告诉学生当对解决当前问题快失去信心时需坚持下去，因为很多学生就是在绞尽脑汁后认为自己肯定解决不了这个问题时放弃努力的，而此时往往是新的设想的潜伏期，只要再坚持一段时间，问题往往能够得到解决。另外，教师也可以通过让学生分解问题来逐步增强他们的信心。三是要求学生严谨地思考问题。必须使学生清楚，解决问题时不能太冲动，不能急于求成，下结论不能过于匆忙。很多学生对一些难题总想一步得出答案，但往往事与愿违。

（二）必须注意与学科教学相结合

问题解决能力的培养只有与学科知识的教学相结合才是真正有效的。目前国外的大量训练教材有一个共同特点：与学科教学无关，只进行专门的思维训练。这种做法的最大优点就是不受学科限制，即使是差生也能从训练中受益，因此对不同水平的学生具有公平性。又因为它大多采用日常生活事例为内容，并能学以致用，学生兴趣较浓。但国内外的这类研究都证明，虽然它们能在一定程度上提高学生的问题解决能力，但不能有效提高学习成绩。因此，现代心理学非常强调结合学科教学进行问题解决能力的训练，使学科知识的传授和能

① 转引自张庆林主编：《当代认知心理学在教学中的应用》，西南师范大学出版社 1995 年版，第 215 页。

力训练相互渗透，便于学生领会、掌握和迁移。当然，训练时不能涉及过于高深的学科知识。

（三）必须注重对结构不良问题的训练

学生在学科领域中遇到的问题大多属于结构良好的问题。已知条件是题目编写者提供好了的，不多也不少，而且问题也已非常明确地表述出来。而现实中可能遇到的问题大都是结构不良问题。例如，问题尚未明确提出，需要个体发现问题，已知条件也不充分，需要去挖掘。目前学生所接受的问题解决训练基本上都是结构良好的问题，对于学生实际问题解决能力的提高成效并不显著。因此，教师在实际教学中必须加强对结构不良问题的训练。例如，提供的已知条件偏多，让学生判断哪些条件有关或无关，或提供的已知条件不足，让学生自己补充，也可创设一个问题情境，让学生去发现问题。当然教师也可以只给学生提出问题要求，让他们按照要求自己编制问题。这些都能有效提高学生对结构不良问题的解决能力。

（四）必须强调一般思维方法和具体问题解决技能的结合

心理学的研究表明，当训练内容由具体的和个别的问题解决技能构成时，迁移效果较好，这样个体所习得的能力容易在类似的任务中迁移。因此，问题解决能力的培养必须将一般思维方法和具体技能结合起来，不能脱离对实际问题的解决。应该让学生在获得具体解题技能的过程中掌握一般思维策略，从而最终学会思维。因此，教师需要事先对训练目标进行细分。由于学生问题解决能力的提高是一个长期的过程，国内有学者建议将问题解决训练目标分为三级：能力目标、学科目标和学期目标。① 三级目标相互对应。目标越具体，越便于教师操作；目标的抽象程度越高，迁移范围越广。目前这方面的研究工作正在深入开展中。

讨论3 学科教学能传授问题解决技能吗？

人们对于学科教学应该给学生传授核心知识还是问题解决技能已经争论了很多年。你认为学科教学能够传授问题解决技能吗？

① 张庆林、杨东主编：《高效率教学》，人民教育出版社2002年版，第73页。

【要点小结】

问题解决既是一种高级形式的学习活动，又是综合运用不同类型知识寻找问题答案的能力。迄今为止，已有各种理论模式从不同方面解释问题解决过程和能力。问题解决的一般心理过程可总结为五个阶段：发现问题、表征问题、选择恰当策略、应用策略、评价反思。问题解决包括两类思维搜索策略：算法式和启发式。启发式策略简单省事，效率高。常用的启发式策略主要有手段-目的分析法、爬山法、逆推法、联想法、类比法。此外，个体自身的知识基础、思维策略、元认知、心向等在问题解决中相互影响，综合决定问题解决的效率。

不同个体在问题解决的效率上存在着极大差异，专家之所以能够高效率地解决问题，是因为他们具备加工信息量大、处理信息迅速、记忆量大、能很好地监视自己的操作等七个显著特征。通过单独开设思维训练课是培养学生一般问题解决能力的重要途径，目前影响较大的课程主要有CoRT教程、工具丰富教程、创新思维教程、儿童哲学教程、专家思维教程。对学生问题解决能力的培养不能脱离具体学科。在学科问题解决能力的教学中，教师应该注重问题和问题解决的设计。问题解决的教学策略有样例教学、基于问题的教学、配对解题、出声思维等。

【思考与练习】

1. 在你的班里，成绩优秀的同学是不是解题效率特别高？为什么？

2. 在问题解决教学中，应从学科知识着手还是传授一般方法？

3. 试就某一具体学科问题（如语文中的写作、数学中的应用题等），调查学生在解决问题时存在哪些差异。

4. 如何设计和评价一节成功的问题解决教学课？

【拓展性阅读】

1. 张大均主编：《教学心理学》，西南师范大学出版社1997年版，第九章。

2. 张大均主编：《教学心理学纲要》，人民教育出版社2006年版，第七章。

3. ［美］R. J. Sternberg & W. M. Williams 著，张厚粲译：《教育心理学》，中国轻工业出版社 2003 年版，第九章。

4. 吴庆麟主编：《教育心理学——献给教师的书》，华东师范大学出版社 2003 年版，第九章。

第十二章　创造性培养

【内容提要】

创造性是个体利用一定内外条件，产生新颖独特、有社会和个人价值产品的心理品质。创造性是个体差异和个性化的重要表现，是个体获得成功的一个重要因素。对创造性的正确认识是人类认识和开发自身潜力，能动改造主客观世界的需要。本章在介绍创造性的概念及一般问题的基础上，着重探讨创造性的心理结构、创造活动的心理过程、创造性的发展鉴别以及培养措施等，以期为促进学生创造性的发展和培养提供心理学依据。

【学习目标】

1. 能用自己的话说出创造性的定义。
2. 能举例描述富有创造性的人所具有的典型的心理与行为特征。
3. 知道测量个体创造性的主要方法及操作程序。
4. 能结合教学实际说明如何培养学生的创造性。

【关键词】

创造性　创造性发展　创造性鉴别　创造性培养

第一节 概 述

一、什么是创造性

（一）关于创造性的主要观点

最早对创造心理进行研究的是英国的高尔顿（F. Galton，1822—1911），其《遗传的天才》一书成为世界上创造心理学的第一个科学文献。但是对创造性研究给予极大推动的心理学家当属美国的吉尔福德（J. P. Guilford，1897—1987）。1950 年，吉尔福德回顾了过去 23 年来《心理学文摘》（*Psychological Abstract*）的文献索引，发现在 121 000 篇文献中只有 186 篇涉及创造性这一主题。为此，他呼吁心理学家应该高度关注创造性的研究。从此，创造性研究成为心理学领域中十分活跃的研究领域。虽然人们一直强调创造性对于个体发展的重要性，但是对于什么是创造性，目前并没有一个公认的观点。正如奥苏伯尔所指出的："创造性是当今心理学与教育学中最含糊不明和最混乱的术语之一。"① 日本创造学会（1983）曾概括出关于创造性的 83 种定义。② 有人（Repucci，1988）把创造性的定义归纳为 6 类。③ 通过对众多创造性定义的归纳概括，发现对创造性的理解主要有四种观点。

1. 能力观

依据创造性人才的能力水平，把创造性看成是发现新联系、产生不寻常观念和背离传统思维方式的一种能力。如吉尔福德（Guilford，1986）把创造性看成是以追求多种答案和解决问题的方法为特征的发散思维能力。拉姆斯登（Lumsden，1999）认为创造性是一种发明新事物、获得重大发现的能力。斯

① ［美］奥苏伯尔等著，佘星南、宋钧译：《教育心理学——认知观点》，人民教育出版社 1994 年版，第 710 页。

② ［日］恩田彰等著，陆祖思译：《创造心理学》，河北人民出版社 1987 年版，第 246 页。

③ Repucci，L. C.（1988）. Definitions of creativity. In R. J. Sternberg（Ed.），*The nature of creativity*. Cambridge：Cambridge University Press.

滕伯格（Sternberg，2003）认为创造性是指创造新颖的、高质量的恰当事物的能力。[①] 迈尔斯（Myers，1998，p. 351）认为，创造性就是指能够产生新颖和有价值的观念的能力。[②] 林崇德认为，创造性是根据一定目的，运用一切已知信息，产生出某种新颖、独特、有社会或个人价值的产品的智力品质。

现在多数心理学家同意，创造性是一种创造新产品的能力，这种产品既新颖（独创的、预想不到的）又适宜（不超出现有条件的限制，产品是有用的）（Sternberg，et al.，1999，pp. 3-31）。[③] 但对创造性究竟属于什么能力的看法存在分歧。一种观点认为创造性是一种特殊能力。如拉斯（H. Rase）明确地把创造性看成是七种特殊才能中的一种。另一种观点认为创造性是一种综合能力。如吉尔福德等指出，创造性不仅需要发散思维，还需要其他的思维，乃至知觉、评价等认识过程，独立性、坚忍性等心理特征。我国学者周忠昌（1983）认为，创造性个体所具有的才能是多种多样的，主要包括探索问题的敏锐性、统摄思维的能力等 14 种才能。因此，创造性并不是一种单一的能力，而是由多种不同的能力构成的综合能力。

2. 过程观

依据创造活动的发展进程和个体创造活动的认知过程，将创造性分为不同质的几个阶段。沃拉斯把创造过程分为准备、酝酿、分析、验证四个阶段。托兰斯（Torrance，1962）把创造性视为这样一个过程，即对问题、不足、知识上的缺陷、基本元素的丢失、不协调、不一致等现象变得敏感，并找出困难，寻求解决途径，做出猜想或构成假设，对假设进行检验、修改和再检验，达到最终结果。[④] 就认知过程而言，梅德尼克（Mednik，1967）强调创造性就是已有观念或关系的重新联结与组合过程，并认为在新的情境中，联想与组合的各种因素越是遥远，其创造性越突出。彭聃龄认为，创造性是指人们应用新颖的

① ［美］R. J. Sternberg & W. M. Williams 著，张厚粲译：《教育心理学》，中国轻工业出版社 2003 年版，第 133 页。

② Myers，D. G.（1998）. *Psychology*. New York：Worth Publishers.

③ Sternberg，R. J.，et al.（1999）. *Handbook of creativity*. New York：Cambridge University Press.

④ 汪安圣主编：《思维心理学》，华东师范大学出版社 1992 年版，第 181—186 页。

方式解决问题，并能产生新的、有社会价值的产品的心理过程。①

3. 人格说

人格说强调创造性个体的人格因素，认为创造性的本质在于个体在创造活动中表现出来的不同于一般的某种人格特征。研究发现，具有创造性的人，总是具有好奇、进取、探究、专注、热情、自信、坚忍、自制、挑战和敢于冒险等明显的人格特征。如斯坦（Stein）和米尔（Meer）采用墨迹测验对化学家的人格特质进行研究，发现其人格测验分数与他们的同事对于其创造能力的评定分数的相关系数高达 0.88。有人对建筑工程师的创造性进行研究，发现创造能力强的人具有独特的个性，即不平凡的志趣和自由表现的特点，创造能力稍差的人则有一般的良好品质，如做事有责任感、对人态度友善。②

4. 产品观

近期西方心理学家主要从创造性产品这一角度来界定创造性。关于创造性产品，许多研究者都强调新颖性和恰当性这两种重要特征。珀金斯（Perkins，1988）强调，创造性的成果必须是独创的和恰当的。奇凯岑特米哈伊（Csikszentmihalyi，1996）通过对世界各地 91 位被公认最具有创造性的人物进行访谈后认为，创造性是某种改变现存专业或使某个专业转变成一个新专业的行动、观点或产品。③ 斯滕伯格（Sternberg，2003）也认为个体的创造性活动必须产生新颖的、高质量的恰当事物。“如果一个事物是原创的、出乎意料的，那么它就是新颖的。当一个事物完全符合一个有用的问题解决方案的条件时，它就是恰当。”④ 创造性是深藏于主体内部的心理品质，很难客观评价，但创造主体在某一创造情境下进行的创造活动最终会表现为一定的创造产品，因此，创造产品在一定程度上就体现了主体的创造过程，反映了主体的创造性品质。从创造产品的角度定义和分析创造性的本质，具有相对的客观性。

---

① 彭聃龄主编：《普通心理学》，北京师范大学出版社 2001 年版，第 278 页。

② 张德著：《教育心理研究》，教育科学出版社 1981 年版，第 216 页。

③ ［美］米哈伊・奇凯岑特米哈伊著，夏镇平译：《创造性——发现和发明的心理学》，上海译文出版社 2001 年版，第 28 页。

④ ［美］R. J. Sternberg & W. M. Williams 著，张厚粲译：《教育心理学》，中国轻工业出版社 2003 年版，第 133 页。

上述四种观点从不同侧面和角度看待创造性，都有其合理性，但都各自片面强调创造性中的某一方面，难以全面解释创造性的本质，具有局限性。我们认为，创造性是个体利用一定内外条件，产生新颖、独特、有社会和个人价值产品的心理特性。这种心理特性不是单一的，而是综合的，不是线性的，而是多维的，它包括与创造活动密切联系的认知品质、人格品质和适应性品质。创造性表现于创造活动（过程）之中，其结果以产品为标志，其水平以产品的价值为标准。

（二）创造性与智力的关系

创造性与智力的关系十分复杂，一直是心理学关注的中心（Guilford，1950）。在创造性研究的早期，有人认为创造性就是智力的一部分，不过，现在大多数研究者对这两者做出了明确的区分。巴伦（Barron，1969）在许多学科领域考察了创造性与智力之间的关系之后指出，创造性与智商之间存在着一种门槛效应，即总体而言两者有着中等程度的相关，但当IQ超过120时，其相关会减小，其他因素在预测创造性时会比智力更重要。

门槛效应可谓创造性与智力之关系的最广为接受的观点。其后，珀金斯（Perkins，1988）解释道："智力在某种程度上使创造性能够施展，但并不促进它。"① 斯滕伯格和奥哈拉（Sternberg & O'Hara，1999）也发现，当IQ值为120左右时，发散思维和智商的相关性很小或中等，如高于120，则其相关程度下降。

总之，创造性与智力存在一定的关系，但并不呈线性正相关。其关系主要表现为：（1）高创造力者，智商一定很高；（2）高智商者，创造力可高可低；（3）低智商者，创造力一定低；（4）低创造力者，智商可高可低。结合门槛效应，就是说智商低于120分，可能较难进行有创造性的工作，但智商超过120之后，智商的增加并不意味着更高的创造性，其他因素同样也可能影响个体的创造性。比如，有些高智商的人由于有超常的智力作保证，使得他们很容易学习知识，因此会变得自满、自负，失去了对新事物的好奇心，从而失去怀疑和

① ［美］理查德·格里格、菲利普·津巴多著，王垒等译：《心理学与生活》，人民邮电出版社2003年版，第279页。

改善现有知识的动力。因此，在学校教育中，智力开发并不等同于创造力的培养。我们除了要重视对智力的开发，也要重视对学生创造力的培养。

（三）创造性的研究取向

在心理学领域，存在着三种有关创造性的研究取向。其一是人格特质的研究取向，即从人格心理学角度探讨创造性的本质，把创造性作为个体人格结构中的一个重要因素，关注其在创造性活动中的作用，关心的是识别出具有创造性的人物的人格特质群。其二是认知过程的研究取向，即从认知心理学角度出发以信息加工的观点探讨创造性的本质，通过计算机模拟，寻求理解创造性思维的心理表征和心理过程。该研究取向试图把创造活动看成是认知活动的一个维度，其目的是识别一些导致新异、有效的问题解决方法的认知加工过程，其研究的焦点是创造性过程。其代表人物芬克（R. A. Finke）提出了“生成—探索”模型，认为创造性思维过程包括“生成若干思想”和“对这些思想进行探索”两个阶段，其中包含大量的心理过程，如联想（association）、综合（synthesis）、类比迁移（analogical transfer）和分类归纳（category induction）等。认知研究取向重视对创造性的心理结构和过程的分析，开创了创造性研究的新思路，却忽视了创造性个体的人格因素和社会因素。它严格的实验条件和程序化的计算机模拟与真实个体的创造活动有很大不同，生态学效度并不高。其三是社会心理学的研究取向，其目标是识别特殊的社会环境和条件对人的创造性发挥的积极和消极作用。该研究取向认为，个体所处的社会文化环境和动机因素是人类创造性的源泉。富于创造的个体往往具有强烈的创造动机、成就需要以及良好的社会环境。其中对动机的研究包括内部动机、外部动机等，对社会环境的研究包括文化差异、竞争等。

二、创造性的心理结构

越来越多的心理学家认为，创造性是由多种心理因素构成的复合体，其心理结构具有多维性。我们认为，创造性是由多种心理品质有机结合构成的心理结构系统，主要包括创造性认知品质、创造性人格品质和创造性适应品质。

（一）创造性认知品质

创造性认知品质是指创造性心理结构中与认知加工有关的部分，它是创造心理活动的核心，为众多研究者所强调。如芬克（Finke，1992）提出了创造性认知过程的“生成—探索”模型。沃德等（Ward，et al.，1999）进一步研究发现，生成阶段涉及的主要认知加工包括记忆提取、联想、心理综合、心理转换、类比迁移、分类和归纳等，探索阶段涉及的主要认知加工包括属性发现、概念解释、功能推断、背景转换、假设检验等。结合已有研究，创造性认知品质主要包括创造性想象、创造性思维、创造性认知策略三个方面。

1. 创造性想象

创造性想象是在人脑中对已有表象进行选择、加工和改组，形成独特的新形象的心理过程。创造性想象是人类创造性活动中必不可少的因素。没有创造性想象的参与，就很难创造出新事物。爱因斯坦正是借助于超越时空的想象，创造了相对论；潜水艇的发明正是得益于著名科幻小说家凡尔纳的想象。因此，可以说想象推动了创造，创造得益于想象。芬克（Finke，1990）以成人为被试对创造性想象进行了一系列的实验研究。他利用立体几何图形作材料，让被试运用这些图形进行心理综合，构造出新的形象，并解释这些形象代表了什么。结果发现，在用于想象的材料一定的情况下，限定想象的范畴或限制解释想象结果的范畴比无任何限制的想象更能增加创造性产生的可能性，即指定想象出具有某种具体功能的物体（如想象一种供残疾人用的家具）更能促进创造性的发挥。①

2. 创造性思维

创造性思维是创造性认知品质的核心，它通常与常规思维相对而言。常规思维是指人们运用已获得的知识经验，按现成的方案和程序直接解决问题的心理过程。而创造性思维则是指用超常规方法，重新组织已有知识经验，产生新方案和新成果的心理过程。其主要特征有以下五点。（1）流畅性，是指在给定时间内能产生、联想起更多的观念。它反映了思维的敏捷性。创造性高的人，能在短时间内想出数量较多的观念，即反应迅速且众多。如在规定时间内写出带“土”字旁的汉字，写出的汉字越多，说明流畅性越好。（2）变通性，指能

① Finke，R. A.（1990）. *Creative imagery：Discoveries and inventions in visualization*. Hillsdale，NJ：Erlbaum.

超越习惯的思考方式，在更广阔的视角下开创各种不同的思路，展示众多的思考方向。它体现了思维的广度。如吉尔福德通过非常用途测验来测量思维的变通性：要求被试在8分钟之内列出砖头的用途。结果一类被试只能列出局限在建筑材料范围内的用途，如盖房子、建教堂、砌围墙、铺路面、修炉灶等，另一类被试还能列举出砖头的各种非常用途，如钉钉子、画标记、压纸、支书架等，说明后者比前者思维的变通性更好，创造性更高。(3) 独特性，指善于对信息加以重新组织，产生不同寻常、与众不同的见解。吉尔福德采用命题测验来测验思维的独特性。这种测验方式是给出一段故事情节，要求被试给予一个适当的题目，题目越奇特越好。如有这样一个故事：一对夫妻，妻子本是哑巴，经医生治疗后能像正常人一样说话，但是妻子说话太多，整天与丈夫吵架，丈夫非常痛苦，最后只好要求医生设法把他自己变成聋子，家中才又恢复了安宁。对这一故事，一类被试命名为“丈夫与妻子”“医学的奇迹”“永远不满意”，另一类被试则命名为“聋夫哑妻”“无声的幸福”“开刀安心”等。吉尔福德认为，后一类被试比前一类被试的命名更独特，反映出其创造性更高。(4) 综合性，指创造性思维是各种思维的综合，是抽象思维与形象思维、发散思维与聚合思维、逻辑思维与非逻辑思维相互作用而出现的整体思维功能。(5) 突发性，指创造性思维往往在时间上以一种豁然开朗标志着某一突破的获得，通常表现出一种非逻辑性的特征。这是长期量变基础上的质的飞跃，主要表现形式是灵感和顿悟。

3. 创造性认知策略

创造性认知策略是指有效进行创造性思维和想象的方法和操作程序。近年来心理学家提出了许多有助于创造性思维和想象的认知策略，如属性列举法、幻想法、头脑风暴法、分合法、旁通思维法等。通常认为，创造性认知策略可以通过学校教育传授给学生，如德波诺的思维训练计划在英国、委内瑞拉、加拿大等国广泛推行，分合法也被广泛运用于学校。结果表明，经过这种创造性认知策略训练的儿童在解决问题时所表现出来的创造性明显高于一般儿童。

在创造性认知策略中，元认知策略是一种重要的策略，备受心理学家的关注。有人认为，既然创造性是一个认知过程，那么元认知就将作为它的基础并影响它。有人（Feldhusen，1995）正式将元认知技能作为与知识基础、人格因素相并列的创造性的三方面之一，并认为创造性过程中应当有一系列加工新信息和使用原有知识基础的元认知策略。① 斯滕伯格在其创造力三维模型理论中也强调了元认知的作用。他认为元认知在创造性解决问题的过程中起着计划、监控和评价的作用。首先，它了解、评价、调控创造性的外部表现——创造性活动的各个阶段。例如：在准备阶段，元认知可告诉我们是否真正发现或明确了要解决的问题，是否充分占有了关于该问题的资料；在孕育阶段和明朗阶段，可告诉我们是否提出了所有的可能性方案，是否明确了最佳的方案；在验证阶段，可使我们知道方案是否最佳，我们是否解决了问题。若解决了问题，则使我们产生确信感，反之则产生疑惑感，进而把认知活动重新调整到最初的问题上。其次，它也了解、评价、调控创造性心理结构中的其他成分。例如：通过对我们知识结构的了解而判断它是否合理；告诉我们在创造性思维特征上是发散式占优势或是聚合式占优势，或者二者平衡；告诉我们创造性认知策略是否合理，是否有效。最后，元认知也能对它自身进行了解和评价。

（二）创造性人格品质

创造性人格品质是有创造性的人所具有的人格品质，对创造性的发挥起着极重要的推动作用，包括创造性动力特征、创造性情意特征、创造性人格特质等。

1. 创造性动力特征

创造性动力特征主要表现为创造动机，它反映的是个体从事创造活动的目的和意图。根据对创造活动的不同影响，创造动机可分为外部动机和内部动机。

外部动机是指个体的创造性活动受外界奖赏如获得物质利益、他人表扬或自我保护的需要驱动。这时，其创造活动就是达到某个较长远目标（如使自己成为社会尊敬的人）的手段，而不是目的。克拉奇菲尔德（R. S. Crutchfield）把这种动机称为外部动机或自我卷入动机，是以集中注意力于外部奖励、外部认同、工作的外部方向为标志。内部动机是指个体的创造活动受他的

① Feldhusen, J. F. (1995). Creativity: A knowledge base, metacognitive skills, and personality factors. *Journal of Creative Behavior*, 4, 255-268.

好奇心、探究欲望、认识兴趣所驱使，受所探究问题的感染和吸引，以获得新颖独特的问题解决方法为目的。克拉奇菲尔德把这种动机称为任务卷入动机，是以创造活动本身为目标，以工作本身的挑战性和愉悦性为标志。创造性的内部动机为众多心理学家所关注和强调。例如，阿马比尔（Amabile）认为创造性的内部动机主要包括兴趣、胜任感和自主性。斯滕伯格等也认为内部动机是创造性个体的重要心理成分，并认为主要的内部动机包括浓厚的兴趣和强烈的好奇心、对工作的承诺和胜任感、对所从事的活动的热爱、受挑战性任务的鼓舞等。

许多研究发现，内部动机会比外部动机导致更高水平的创造性，且过高的外部动机会阻碍创造性水平的发挥。阿马比尔认为，外部动机因素将从两个方面引起无创造性的表现：一方面，它可以分散对工作本身的注意以及对环境中与任务有关方面的注意，而把注意指向外部目标；另一方面，它使个人不愿冒风险，因为风险会妨碍达到外部目标，结果使个人沿着无风险的陈规行动。与外部动机相反，内部动机常常促进创造性的发挥，高水平的内部动机是杰出的创造性人才的工作特征。虽然外部动机不如内部动机对创造性的作用大，但也有研究表明，与没有动机相比，外部动机也有助于创造性活动。托兰斯、奥斯本（A. F. Osborn）、布朗（G. I. Brown）等人鼓励用竞赛激发创造性。布卢姆等研究了超级天才钢琴家和数学家后发现，这些天才的早期生活中普遍地存在着各种形式的竞争。由此可见，强调内部动机的作用，不应该否认某些外部动机也能促进创造性，但由于竞争容易把人引向与活动本身无关的目标，故要慎重使用。

2. 创造性情意特征

创造性情意特征主要包括创造性情感和创造性意志两个方面。其中创造性情感主要表现为对创造具有积极的情感体验，有较高的创造热情和强烈的创造欲望。研究发现，高创造性的学生往往表现出情感丰富的特点，他们对创造充满热情，有高度的责任心。创造性意志是指人们自觉调节创造行动，克服创造活动中的各种困难以实现创造目标的心理品质。坚强的意志品质是个体产生创造性思维的有力保证。研究发现，高创造者总是在创造活动中表现出坚强的意志品质，他们不怕失败和挫折，敢于挑战。这种创造性意志品质主要表现在以下三个方面。(1) 明确的目的性。善于创造的人总是具有明确的目标，并集中精力于该目标。(2) 独立性。高创造者总是能够保持独立，坚持自己的信念，不屈从于压力。(3) 顽强性。高创造者遇到挫折和困难时，总是表现出顽强的意志力，敢于正视和勇于克服困难。

3. 创造性人格特质

阿马比尔等指出，创造性个体具有某些特殊的人格特质。巴伦等（Barron & Harrington，1981）为了验证这一假设，将被认为有创造性的名人和普通人进行对比，结果发现他们在某些人格特质上确实存在显著差异，这些特质包括独立性、自信心、对困难的兴趣、审美倾向和冒险性等。① 斯滕伯格研究指出，人格的某些因素在个体创造活动中起着与认知因素同样重要的作用，其中克服困难的意志力、动机、求知欲、冒险精神及对认可的期望等人格特质是创造性个体的典型特征。

创造性人格特质的研究主要在创造性认知研究的基础上，通过把创造性思维测验中得分较高的被试和其他被试进行比较，总结出高创造性被试所具有的典型人格特征。许多研究者都对高创造性个体的典型创造性人格特征进行了研究和总结。如戴维斯（Davis，1976）通过研究，总结出高创造性儿童的典型人格特征是自信心、好奇心、对复杂事物的偏爱、内省等。董奇（1993）认为，创造型儿童的一般人格主要表现为：具有浓厚的认知兴趣；情感丰富，富有幽默感；勇敢，甘愿冒险；坚持不懈，百折不挠；独立性强；自信，勤奋，进取心强；自我意识发展迅速。② 综合多数研究者的观点，高创造者所具有的共同的人格特征为：(1) 强烈的好奇心和求知欲，乐于接受新事物，对智力活动和游戏有广泛兴趣；(2) 想象丰富，好幻想，富于直觉；(3) 勇于探索，渴求发现，不满足于现有结论，具有挑战性和冒险性；(4) 独立，自信，不盲从，不轻信；(5) 自制力强，专注于自己感兴趣的问题；(6) 富有幽默感。

(三) 创造性适应品质

创造性适应品质是指个体在其创造性认知品质和创造性人格品质的基础

① Barron，F.，& Harrington，D. M. (1981). Creativity，intelligence，and personality. *Annual Review of Psychology*，32 (2)，439-476.

② 董奇著：《儿童创造力发展心理》，浙江教育出版社 1993 年版，第 94 页。

上，在自己特定年龄阶段所规定的社会生活背景中，通过与社会生活环境的交互作用，表现出来的对外在社会环境进行创造性的操作应对、对内在创造过程进行调适的创造性行为倾向，具体表现为创造的行为习惯、创造策略和创造技法的掌握运用等。个体内在的创造性认知特性和人格特质是创造性行为倾向产生的内在条件，外在特定性质的社会生活环境是创造性行为倾向产生的外在条件，而个体与社会环境的交互作用是创造性行为倾向形成的决定性因素。其中，创造的技术与技巧是个体进行创造性行为的工具，个体一旦形成或掌握相应的创造技法和思维策略，就有助于使其形成有益于创造的态度和心理习惯，如判断的独立性、探索复杂问题的意愿、超越最初观念的坚持不懈。

创造性适应品质发展较好的个体总是具有较高水平的发散思维策略，他们面对问题常常表现出这样的思维习惯：想出许多观念，即“我能想出多少个办法”（流畅性）；想出多种多样的观念，即“有多少种想法”（灵活性）；想出与众不同的观念，即“努力想出一些别人想不到的东西”（独特性）；为观念增添细节，使其变得更好，即“我应该怎样改进这个观念呢”（精细性）。其实，这些思维习惯就是高创造者所具有的行为习惯，也就是创造性适应品质的具体表现。

有助于创造的思维策略与技法主要包括：头脑风暴法、开放式提问法等有助于发散思维的策略，替换、重组、倒置、续接、扩大、缩小等有助于创造性想象的形态组合策略，创设情景、挑战与对策、分析与设计等有助于促进个体主动探索的解决问题策略，以及类推、比喻、象征、对比、特征罗列等技巧。

总之，创造性心理结构的三要素既互相独立，又相互联系。它们分属于不同的心理范畴，但又处于同一心理结构之中，为创造这一共同的心理机能服务。它们各自在创造中的地位和作用是独特的、不可代替的，任何只强调其中一种因素而忽视其他因素的做法，都将严重阻碍个体创造性的发展和发挥。

三、创造活动的心理过程

人的创造性表现于相应的创造活动过程各阶段中。关于创造活动的阶段有不同观点，其中有代表性的观点当属沃拉斯提出的四阶段理论。其后许多关于创造性阶段的观点都由此演化而来。该观点认为创造性活动主要由准备、酝酿、明朗和验证四个阶段构成。

（一）准备阶段

这是创造过程的基础阶段，包括积累知识、提出问题、调查研究、收集资料、分析别人的经验和数据等。这一阶段的任务，主要是在积累知识的过程中检查和清理问题，确定创造的方向和目标，从主观和客观条件上做好必要的准备。

（二）酝酿阶段

这是创造过程的潜伏阶段。经过长期系统的准备之后，围绕既定的方向和目标，个人在某一方面的知识经验已经有了相当的积累，但一时理不清头绪，甚至好像走进了死胡同。在这种情况下，需要冷静下来客观地分析遇到的问题，甚至可将它暂时搁置起来。这种表面的中断并不意味着思考停止，人在潜意识中还会积极地、断断续续地对它进行探索。在这个阶段，各种观点、想法和意见在潜意识中活动，各种主意和观点有可能产生不同寻常的结合。

（三）明朗阶段

这一阶段又称“啊哈”阶段，是创造过程的顿悟阶段。经过长期酝酿，随着创造活动的深入，主体突然被特定情境下的某一特定启发唤醒，思想豁然开朗，一种新观念油然而生。这一阶段往往伴随着突然的、强烈的、明显的情绪体验，给创造主体以极大的快感。

（四）验证阶段

这是反思和检验解决方法是否正确的阶段。只有通过反思、验证，才有可能证实创造成果的价值。有时可能会全部否定，推倒重来；有时可做局部修正，进一步完善。任何创造过程不受挫折，不经反复，不做修改，一举就能获得圆满成功的可能性是非常小的。这个阶段是最耗费情感、最花时间和精力的阶段，因为此时人们会感到最不确信、最不安全。“这个主意是否具有新颖性?”“别人会怎样想?”这是自我批判、自我探究的阶段，也就是爱迪生所说的“创造就是1%的灵感加上99%的勤奋”。

第二节　创造性的发展与鉴别

一、创造性发展的趋势

创造性和人类其他心理品质一样，也是在先天遗传基础上，随着个体生理的成熟，通过后天环境、教育和个体不断的创造实践活动逐渐形成和发展起来的。这一发展过程表现出明显的年龄特征和性别差异。

（一）创造性发展的年龄特征

创造性与年龄的关系是心理学家十分感兴趣的研究课题，众多心理学家对此进行了深入研究。

1. 儿童、青少年创造性发展的年龄趋势

（1）在婴幼儿时期，个体就有了创造性的萌芽。婴儿的创造性可以追溯到刚刚诞生时就具有的一些无条件反射，如探究反射就是对新异刺激的关注。到了幼儿时期，其创造性得到进一步发展，主要表现在他们的动作、言语、感知觉、想象以及个性特征等各方面，且往往通过诸如绘画、音乐、舞蹈、小制作、游戏等活动表现出来，其突出表现为好奇心和创造性想象的发展。

好奇心在婴儿期就已经出现，如总要用手触摸、抓握或用舌头舔咬新奇事物。幼儿期的个体好奇心更加明显和强烈，如爱提各种问题，刨根问底。在好奇心驱使下，幼儿特别喜欢玩新游戏，接触新事物，这是其创造性发展的最初表现。创造性想象在幼儿初期只是一种无意的自由联想活动，随着年龄的增长，其想象的有意性增强，出现了再造想象并积累了大量的想象形象。这为幼儿创造性想象的发展提供了原始素材。陈红香（1999）对3～6岁幼儿创造性想象的发展进行了研究，被试为幼儿园小、中、大班的幼儿。结果发现：小班幼儿创造性想象的水平很低，基本上属于再造想象；中班幼儿创造性想象有明显的进步，但水平仍较低，有意性在发展，内容逐渐丰富，新颖性有所增加；大班幼儿想象的有意性明显发展，内容丰富，新颖性增加，独立性发展到较高水平。[1]

（2）在小学阶段，儿童创造性活动的意识性、目的性得到了进一步的发展。综合已有研究，小学儿童的创造性发展具有如下特点。①创造性发展具有动态性。托兰斯通过对小学一年级学生至成人的大规模的创造性思维测验发现，小学儿童的创造性发展总体呈上升趋势，但是一个动态的、波浪式前进的过程：一至三年级呈直线上升状态；四年级下降；五年级又恢复上升；六年级至初中一年级再次下降。其中流畅性最高，变通性居中，独创性最低。贝里曼（Berryman，1982）对英国学龄儿童创造性发展的研究同样发现了类似的“四年级突降”现象。[2] 小学生创造性发展的动态性特征还表现在其创造性倾向与创造性态度的发展上。沃建中等（2001）研究发现：小学生的创造性倾向（冒险性、好奇性、想象力、挑战性）的发展有显著的年级差异，从三年级到四年级、五年级到六年级均呈上升趋势，但从四年级到五年级呈下降趋势；创造性态度（任务卷入、自我卷入）不存在显著的年级差异。[3] ②创造性想象和创造性思维水平不断发展。小学儿童的创造性想象有了较大提高，不仅再造想象更富有创造性成分，而且以独创性为特色的创造性想象也日益发展起来。一般来说，低年级儿童的想象还和幼儿差不多，具有明显的复制、模仿的痕迹。到了中、高年级，小学生在学习活动中思考问题的敏捷性、分析问题的深刻性、解决问题的独创性等有了一定的发展，复制和简单再现的痕迹明显减少，对表象的创造性改造明显增多，出现了很多别出心裁、颇具新意的构想与行为。小学儿童创造性思维的发展主要表现在思维的发散性、变通性、灵活性上。朱智贤、林崇德等（1986）关于儿童思维品质的研究结果表明，小学生在运算中思维的敏捷性和灵活性是稳步发展的，尚未发现有突变或转折点，思维的独创性比其他思维品质的发展要晚、要复杂，涉及的因素更多。

---

① 陈红香：《三至六岁幼儿创造性想象发展的调查分析》，《学前教育研究》1999年第2期。

② ［美］朱莉娅·贝里曼等著，陈萍、王茜译：《发展心理学与你》，北京大学出版社2000年版，第170页。

③ 沃建中等著：《走向心理健康：发展篇》，华文出版社2002年版，第119—122页。

（3）在青少年阶段，个体的创造性获得了更大的发展。这个时期是个体创造性发展的关键期。许多人正是在青少年时代取得了颇具创造性的成果。如：伽利略 17 岁发现了钟摆原理；牛顿 23 岁创立了微积分；爱因斯坦 26 岁提出了量子说，建立了狭义相对论；爱迪生 21 岁取得了第一项发明专利；王勃 26 岁作《滕王阁序》；屈原 23 岁写《离骚》；白居易 16 岁吟出流传千古的诗句“野火烧不尽，春风吹又生”；闻一多 24 岁出版第一本诗集《红烛》；曹禺 23 岁写出话剧《雷雨》；等等。从已有研究来看，青少年创造性发展主要表现出以下特点。①创造性发展的不平衡性，即创造性发展不仅表现出年龄上的非直线上升，而且体现出创造性各因素发展的不平衡性。托兰斯等研究发现，青少年的创造性发展是有起伏和波动的，在整个青少年期，其创造性发展存在两个低落期，即 13 岁和 17 岁。[①] 王惠萍、张积家等（1998）对中学生创造性态度的研究发现，从初一至高三，其发展呈波动起伏的状态。从初一至初三，呈上升趋势，初四开始下降，高一又有所回升，高二和高三又出现下降。初一学生创造性态度的得分最低。[②] 宁维卫等（1997）运用威廉斯创造性倾向量表（测查冒险性、好奇性、想象力和挑战性四项创造性特质），对 658 名当代大学生（平均年龄 20 岁）的创造性人格特质进行测查。发现无论男女大学生，他们在四项创造性特质上得分均较高。[③] 这表明当代大学生具有良好的创造性倾向，自身潜在的创造性资源较大。在整个青少年阶段，个体创造性发展在具体内容上主要表现为：创造动机强烈，对创造充满渴望和憧憬；创新意识强，敢于标新立异，不受习惯束缚，敢想、敢说、敢做；想象丰富、新颖；思维敏捷、灵活，情感丰富，善于运用直觉和猜测。②创造性发展的不成熟性。青少年的创造性虽然处于急剧变化和发展的增长期，并且已达到了较高水平，但是由于青少年时期个体知识经验不够丰富，缺乏社会生活实践，其创造性发展还不够成熟，具体表现为：想象脱离实际或不顾现实生活，试图不经过艰苦的努力就在

---

① 董奇：《西方关于儿童创造力发展研究综述》，见赵承福、陈泽河主编《创造教育研究新进展》，山东人民出版社 2002 年版，第 96—97 页。

② 王惠萍、张积家等：《中学生创造力态度发展的研究》，《心理学报》1998 年第 1 期。（该研究中被试的初中学习年限为四年）

③ 宁维卫、高庆：《当代大学生创造力的测试与分析》，《软科学》1998 年第 1 期。

短时间内创造出新的理论或产品；创造性思维的方式单一，变通性不够；不善于捕捉和把握灵感和直觉；不善于利用创造的条件，如较少求教，仅重视书本知识而忽视实践。

2. 科学家产生创造性成果的年龄趋势

一般认为，20～40 岁创造性的发展达到顶峰，即中年期是创造性发展达到高峰的时期；在 40～60 岁保持相对稳定，其后随年龄增长而逐渐下降，且越到老年下降越快。不同学科领域，最佳创造的年龄有所不同。许多研究（Wyman，1918；Adams，1946；Lehman，1953；赵红洲，1984）结果也证明，中年早期和中期是发明创造的最佳时期。赵红洲（1984）根据《自然科学大事年表》，以重大科学成就为标准研究了 1500—1960 年全世界的 1 249 名科学家。结果发现，发明创造的峰值年龄区间是 25～45 岁，峰值年龄为 37 岁，创造成名作的年龄为 33 岁左右。但也有研究（Csikszentmihalyi，1996）发现，个体的创造性并没有随年龄增长而呈必然下降的趋势，相反，到了晚年还会有上升的趋势。如研究发现，在科学领域中，30～70 岁的贡献数量相当，不仅是创造的数量，就连创造的质量也不会随年龄的增长而下降，而且有些最具创造价值的工作正是在晚年做出的，尤其是对文化做出贡献的能力往往会在晚年得到增加。① 因此，创造性发展的年龄趋势随着领域的不同而不同，不存在随年龄增长而必然下降的趋势。诗人、数学家和理论物理学家在 30 岁左右最高产，而小说家、哲学家、社会科学家和历史学家在 50 多岁时其创造性成果还在增加。② 此外，研究者认为，科学家的创造性发展可能存在两个高峰期，第一个高峰期是在 30 岁后半期到 40 岁后半期，第二个高峰期是在 55 岁左右。这一时期他们度过了身心多变故的更年期，迎来了家庭、经济和地位的安定，又重新积累了知识，因此对工作的自信心和完成欲望增强，良好的研究环境为其创造性发展也提供了有利条件。

① ［美］米哈伊·奇凯岑特米哈伊著，夏镇平译：《创造性——发现和发明的心理学》，上海译文出版社 2001 年版，第 209 页。

② ［德］K. P. Mark、［美］R. Rosenzweig 主编，张厚粲主译：《国际心理学手册》（下），华东师范大学出版社 2002 年版，第 266 页。

（二）创造性发展的性别差异

创造性发展的性别差异是客观存在的。在古今中外的杰出科学家、发明家、思想家中，男性通常占大多数。造成这种性别差异的原因是多方面的，既有生理和心理发展类型差异的原因，又有社会环境和文化的原因。如：在生理方面，男女大脑两半球的结构和功能上的差异表现为女性左半球发达，语言能力强，男性右半球发达，空间能力强；在心理发展类型上，女性长于语言表达和形象思维，而男性长于逻辑思维；在学校教育中，要求女孩听话、文静，而要求男孩活泼、灵敏；在人们的性别角色观念中，女性则应该贤惠、依赖，情感细腻，不能抛头露面和好强等，而男性应该积极进取、果断、独立、理智、自信，敢于冒险，善于竞争等。社会环境和性别文化观念的影响是导致创造性发展性别差异的主要原因，且使这种差异在不同年龄段具有不同的表现。

过去的研究认为，学前期和学龄期的女孩的创造性发展优于男孩，中学阶段的男孩的创造性发展开始优于女孩并持续超越女孩。但新近研究发现，男女创造性的发展并不存在水平的差异，而是类型的差异。王惠萍、张积家等（1998）对我国中学生创造性态度的研究发现，男女中学生的创造性态度无显著差异。① 徐青（1999）认为，小学儿童的创造性发展在总体上不存在明显的性别差异，但同年级（年龄）的男女生在数字测验的一些思维维度（新颖性、精细性）上有显著差异，表现出男女生在创造性发展上各有优势。② 施建农等（1995）研究发现，在图形创造性思维（利用图形材料测量被试的演绎、归纳和类比推理的能力）和数字创造性思维（利用数字材料测量被试遵循规则建构数学等式的能力）测验上，女生优于男生，且在图形测验的新颖性、精细性和灵活性上，其差异达到了显著水平。该研究还发现，在创造性思维发展上，年龄较低的智力常态组女性优于男性，而年龄较大的智力常态组男女各有所长。③ 其他研究也发现，创造性的发展水平总体上不存在性别差异，但具体发

---

① 王惠萍、张积家等：《中学生创造力态度发展的研究》，《心理学报》1998 年第 1 期。

② 徐青：《小学三至五年级儿童创造性思维训练的实验研究》，《应用心理学》1999 年第 2 期。

③ 施建农、查子秀、周林：《智力超常与常态学生技术创造性思维的比较研究》，《心理学动态》1995 年第 1 期。

展因素各有优势。①②③

讨论1 如何看待创造性发展的年龄特征？

创造性发展存在着关键期和高峰期。如果已经过了创造性的关键期和高峰期，就不会有什么大的创造性成就了。你怎样看待自己的创造性发展呢？

二、创造性的鉴别

创造性的鉴别主要涉及创造性的测量和评价，它在很大程度上推动了创造性的应用研究，为个体创造性的开发和训练提供了基础。

（一）创造性的测量方法

创造性的测量方法就是测验和评估个体创造性的手段和技巧，主要包括专家评价法、心理测验法、实验法、作品分析法等。

1. 专家评价法

专家评价法是由有关专家按照一定的标准，对受测者的创造性进行评价的一种方法。专家评价法的实施可分三个步骤：（1）组成评价小组，成员为有关专家或有经验的教师；（2）由评价小组成员分别对个体的创造性进行评析；（3）合成总的评价成果，其中包括评价者一致性（信度）的考察。这种方法的优点是较为经济，对未来有预测性。缺点是评价结果受评价者的个人经验、情绪状态等主观因素影响较大。

2. 心理测验法

心理测验法是通过标准化的心理测验工具对个体的创造性进行测量的方法。心理测验法一般采用标准化的题目，按规定的程序施测，然后将测验成绩与个体所在年龄段的常模做比较，从而评定个体的创造性水平。

---

① Scheblanova, H. (1996). A longitudinal study of intellectual and creative development in gifted primary school children. *High Ability Studies*, 7 (1), 51-54.

② Pychova, I. (1996). Fostering creativity in young adults: Some findings on the structure and dynamic of creativity. *High Ability Studies*, 7 (1), 55-64.

③ 施建农、查子秀、周林：《从中德儿童技术创造性跨文化研究结果看性别差异》，《心理学报》1999年第4期。

3. 实验法

实验法是通过给受测者设置一定的问题情境，控制和改变一些条件，记录其反应情况，然后加以分析的一种测量方法。这种方法的突出特征是对个体的行为与环境条件进行了人为的操作，把创造性的某些特定影响因素从复杂的条件中分离出来，使问题简单化，从而使考察这些因素对创造性的影响成为可能。

4. 作品分析法

作品分析法是指通过对被试按要求完成的作品的定性和定量分析，来揭示其创造水平的一种方法。这是一种客观分析法，因为它常利用某些数量化指标来进行较为精细的客观评价。这里的作品限于个体的工艺品、作文、故事、绘画、乐谱及计算机程序等。作品分析法虽然具有客观性且具有分析深入、细致等优点，但是由于编制记分系统难度较大，所以并不经常使用。

（二）创造性测量工具

目前流行的创造性测验主要有从认知成分入手编制的创造性认知测验、从人格成分入手编制的创造性人格测验和从创造性成果入手编制的创造性产品测验三种类型。

1. 创造性认知测验

这类测验关注的是创造性心理结构中的认知因素，大多从发散思维、创造性联想和想象等方面，对流畅性、变通性、独特性等指标进行评价。

(1) 托兰斯创造性思维测验。该测验于1966年编制而成，是目前应用最广泛的创造性思维测验之一，适用于各年龄阶段的人。该测验由言语创造性思维测验、图画创造性思维测验和听觉形象联想测验构成。所有测验均以游戏的形式组织、呈现。言语测验由七个分测验构成，前三个测验是要求被试根据图画（画中有一个小精灵正在溪水里看自己的影子）提问题、猜原因、猜后果，后四个测验是产品改造、不寻常用途测验、不寻常问题、假想。图画测验有三个（图画构造、未完成图画、圆圈或平行线测验），都是呈现未完成的或抽象的图案，要求被试完成它们，使其具有一定的意义。听觉形象联想测验包括声音与想象、象声词与想象两个分测验，指导语和刺激都用录音磁带的形式呈现。这三套测验的记分有所不同，言语测验从流畅性、变通性和独特性三方面记分，图画测验还增加了严密性记分，听觉形象联想测验只记独特性得分。

（2）南加利福尼亚大学发散思维测验。该测验是吉尔福德根据其1957年提出的智力三维结构模型编制的发散思维测验。整个测验由言语测验和图形测验两部分组成。言语部分有10个项目：字词流畅、观念流畅、联想流畅、表达流畅、多种用途、解释比喻、效用测验、故事命题、推断结果、职业象征。图形部分包括4个项目：作图、略图、火柴问题、装饰。这套测验适用于初中生。此外，还开发了一套包含5个言语分测验和4个图形分测验的适用于初中以下学生的测验。这两套测验都是根据被试反应的数量、速度和新颖性记分。

（3）青少年科学创造力测验。青少年科学创造力测验是由德国慕尼黑大学阿迪（P. Adey）等编制而成的。① 该测验属于纸笔测验，测试时间60分钟，主要通过7个维度，即创造性的物体应用能力、创造性的问题提出能力、创造性的产品改进能力、创造性想象能力、创造性的问题解决能力、创造性的实验设计能力和创造性的技术产品设计能力，来测量青少年的科学创造力。所有测验题目均为开放性试题，评分根据答案所反映的被试在解答问题的过程中思维和想象的流畅性、灵活性、独创性进行。此外，还有格策尔斯和杰克逊（J. W. Getzels & P. W. Jackson）编制的芝加哥大学创造性测验、梅德尼克等（Mednik，et al.）开发的远距离联想测验等。

2. 创造性人格测验

这类测验测量个体是否具有好奇心、独立性、挑战性、自信心等创造性人格特质。这类测验经济方便，应用广泛。

（1）发现才能团体问卷（Group Inventory for Finding Talent）。该问卷由戴维斯等在1980年编制而成。其使用范围很广，涉及各种族、各国度的小学生。包括三个类型，初级型用于一、二年级，基本型用于三、四年级，高级型用于五、六年级。该测验主要测量中小学生的独立性、坚持性、变通性、好奇心、兴趣广度、过去的创造活动及爱好等。

（2）创造性态度量表（Creativity Attitude Survey，简称CAS）。该量表由

① Hu, W., & Adey, P. (2002). A scientific creativity test for secondary school student. *International Journal of Science Education*, 24 (4), 384-404.

谢弗（Schaefer）在20世纪80年代编制。1996年，我国心理学工作者周林进行了标准化修订。①该量表由五个分测验组成：对自己观念的信心；对于新奇的欢欣；理论与审美倾向；对于刺激性表达的接受；向往新颖与奇迹。

（3）威廉姆斯创造性倾向量表。该量表是威廉姆斯创造性测验（Williams Creativity Assessment Packet，简称CAP）中的一个分量表，又叫发散性情感测验，适合于小学三年级至高中的学生。该测验共有50道题，可测量被试的冒险性、好奇性、想象力和挑战性四项创造性特质。好奇性包括富有追根究底的精神、乐于接触暧昧迷离的情境、肯深入思索事物的奥妙等，想象力包括视觉化和建立心象、幻想尚未发生过的事情等，挑战性包括寻找各种可能性、能够从杂乱中理出秩序和愿意探究复杂的问题等，冒险性包括勇于面对失败或批评、在杂乱的情境中完成任务和为自己的观点辩护等。

3. 创造性产品的测验

这类测验是通过创造性产品来评定个体的创造能力。它是目前创造性评价和学生选拔的一种趋势。产品评价一般也需要编制一个以特定的创造性指标为依据的客观化的评定量表。如贝西默（Besemer，1981）等发展了一套可以评价许多领域的复杂的创造性产品的程序。评价方法使用了三个明确界定的标准：新奇性、问题解决、综合性。赖斯（Reis，1991）等发展了一个学生创造性产品评价表。该评价表不仅对中小学生创造过程的质量，如创造目的、所用创造资源的适宜性进行评定，还对最后产品的独特性、产品质量是否超过年级水平、工作时间和投入努力进行评价。由于不同领域的创造产品是不同的，如科学论文、新发明、音乐作品、诗歌等都是不同领域的创造性成果，因此，评价产品的创造性应从多个维度进行。同时，产品评价技术的信度、效度与评价标准以及评价者是否有能力做出准确的评价有很大的关系。在进行产品评价时，一般需要邀请多个熟悉该领域的专家对这些产品进行独立的评价，最后达成一致的意见。产品评价法的优点是具有客观性且分析深入、细致，但由于编制客观的数量化的记分系统是其关键，因此该法难度较大。

在创造性的鉴别和测量中需要注意的是，创造性测量是利用各种创造性测

① 周林：《创造力态度测量（CAS）的标准化修订》，《心理发展与教育》1996年第1期。

验对被试施测，依据测验结果评定个体创造性高低的过程。它是一项十分严谨的科学工作，必须本着科学性、客观性的原则，正确利用适宜的测评工具，选择专业的测评者，按照标准化的程序来操作，客观地解释分数，着眼于个体未来的发展，使测评结果具有可信度。

第三节　创造性的影响因素和培养措施

一、影响创造性发展的因素

创造性是个体心理素质结构中的高级因素，也是十分敏感的潜在因素。它的发展受多种因素的制约。

（一）生理基础

个体的神经系统，尤其是大脑所固有的结构和功能是创造性产生的物质基础。（1）神经元精密的结构以及由大量神经细胞所形成的复杂的神经网络为创造性的产生提供了可能性，并影响个体创造性水平发展的高低。许多研究（Brown，1960；Kelak，1983）发现，高创造者的神经活动更活跃，脑皮质功能运用更充分等。王文英、张卿华等对超常儿童的神经类型研究发现，其神经系统的强度非常高，兴奋和抑制过程比较集中，均衡性和灵活性较好。[①]（2）大脑左右半球在结构和功能上的差异影响创造性的发展。大量实验和临床证据表明，人的大脑左半球主管语言、计算和逻辑推理，具有连续性、有序性、分析性等特点，右半球主管想象、创造和形象思维，具有跳跃性、弥散性、整体性等特点。因此，左半球又被称为思维脑，右半球又被称为创造脑。不过这种区分是相对的，其加工活动总是相互补充、协同工作的。人的创造性活动就是左右脑密切配合、协同活动的结果。（3）大脑皮质的激活水平及其可变性影响着创造性。皮质激活使人从沉睡中觉醒。有研究发现：高创造性被试的基本激活水平在某种程度上稍高于低创造性被试（Florek，1973），且表现出更多的皮

① 俞国良著：《创造力心理学》，浙江人民出版社1996年版，第97—98页。

质激活的可变性（Martindale，1975，1978）；而在创造的灵感状态时，高创造性被试的皮质激活水平低于低创造性被试，同时，比低创造性的人表现出较少和较低水平的前额叶激活（Hudspith，1985）。①

（二）知识经验

知识经验与创造性之间的关系问题一直是研究者长期争论的问题之一。许多研究都表明，知识经验与创造之间有着密切的关系，且这种密切关系也是异常微妙的。心理学家克雷奇（Krech，1974）把这种微妙的关系概括为两句相互矛盾的话："首先，一个人过去获得的知识越多，他越有可能对新问题有创见性；其次，一个人过去获得的知识越少，他的创见性便越大。"② 这两句话告诉我们，一方面，我们为了解决一个困难问题，必须具备解决问题所需要的专门知识。大量研究也证明，知识和技能是影响个体创造性的一个主要因素，没有特定领域内的知识和技能，就不可能在该领域取得创造性成果。③ 另一方面，知识也有局限性。很多事例都说明，一些很有学问的人由于被一个物体的传统的或老一套的意义所左右，导致的功能固着可能会阻碍他认识该物的一种新颖甚至奇特的意义，而这个新意义对问题的创造性解决至关重要。

关于知识与创造性的关系在现代心理学研究中形成了两种有影响的理论观点。(1) 张力观。主要代表人物有詹姆斯、吉尔福德、豪斯曼（Hausman）、坎贝尔（Campbell）、西蒙顿（Simonton）等。该理论认为，一个人要想在某一领域有所建树，他必须具备该领域的特定知识。但是，该领域的特定知识太多又会使个体囿于常规，难以创造。因此，对创造性而言，与知识之间应呈现出一种倒U形关系，即中等程度的知识丰富水平才最有利于创造性的发挥。(2) 地基观。主要代表人物有威斯伯格（Weisberg）、奇凯岑特米哈伊和海斯（Hayes）等。该理论认为知识与创造性之间呈正相关，知识越丰富，创造性就越强。知识就如同创造的地基一样，地基越扎实，建起的高楼大厦就越牢固。他们的研究发现，要成长为某个领域的专家，必须经历长时间的准备和知

① 张庆林、R. J. Sternberg 主编：《创造性研究手册》，四川教育出版社 2002 年版，第 238 页。

② ［美］克雷奇等著，周先庚等译：《心理学纲要》（上），文化教育出版社 1980 年版，第 263 页。

③ Feldhusen，J. F. （1995）. Creativity：A knowledge base，meta-cognitive skills，and personality factors. *The Journal of Creative Behavior*，29 (4)，255-267.

识积累，所谓“十年定律”。因此，知识越多越有利于创造性的发挥，只有积累了大量的知识才会有所创造。

虽然目前这两种观点都有一定的经验和实证支持，但都有待进一步的验证和完善。事实上，丰富的知识是创造的必要条件，没有必要的知识基础，就根本谈不上创造。但是，就知识本身而言，不仅其量的多少会影响创造性，更重要的是其质的水平。那些具备了条件化、结构化、自动化和策略化表征的知识，才是高质量的知识，才能促进创造性的发挥。

（三）社会文化和教育观念

社会文化和教育对个体创造性有巨大影响。美国的一项调查表明，一般人在5岁时有90%的创造力，在7岁时具有10%的创造力，而在18岁时就只有2%的创造力了。出现这种现象的根本原因就是因为社会文化和教育的消极观念的影响。① 托兰斯对在9岁和12～13岁时创造性思维测验得分出现下降趋势的原因进行分析，发现这两个年龄正是两个重要的转折点。9岁标志着从低年级到中年级的转变，12～13岁标志着从小学到中学的转变。这两个过渡时期紧张而充满竞争压力，因为儿童被迫放弃他们以往的习惯和态度去适应新的竞争压力，结果导致创造力得分暂时下降。这说明随着年龄的增长，由于文化、教育等外部环境的消极影响，个体的创造性在急剧降低。这在一定程度上说明目前的社会文化和教育环境并不利于个体创造性的发展。比如，倾向于保守封闭、排斥新观念的社会文化环境会导致个体思想封闭，因循守旧，缺乏创造性。学校和家庭教育中一些落后的教育观念，如只重考试成绩、强调标准答案、嘲笑或批评学生的尝试错误、认为听话的学生才是好学生、教学不民主、方法刻板单一、过分强调规矩、过分要求孩子听话等也明显阻碍着学生的创造性，使学生的自主意识、创新欲望在禁锢中磨灭。

（四）个人心态、人格特征和认知习惯

对个体创造性发展起阻碍作用的因素还包括个人消极的心态、人格特征和认知习惯。

个人消极的心态主要表现为以下几个方面。(1) 处理问题的态度被动、不

---

① 岳晓东、龚放：《创新思维的形成与创新人才的培养》，《教育研究》1999年第10期。

积极。大部分有创造性的人都具备一定的冒险精神，并真诚地、乐意地去争取机会。(2) 缺乏自信心。怀疑自己的能力，如害怕与人比较，害怕自己表现愚蠢，怕犯错，怕失败。大部分有创造性的人都坚信自己的理想、工作和能力。(3) 怕别人批评。有创造性的人为了满足，或者为了某种目的，会学习去评估别人的批评。(4) 错误的成功观念。大部分的人都认为得到财富、名誉等实用功利的需求就是成功。事实上成功就是自己对某种事物或经验的自我满足。(5) 比较的倾向。一个有创造性的人往往只和自己先前的创造成就相比较，很少与别人相比较。

个人消极的人格特征主要表现为以下几个方面。(1) 胆怯。胆怯常常导致个体害怕困难，害怕失败，放弃努力，失去许多创造的机会，并在许多有可能获得成功的创造活动中失败。(2) 过分自责，即自我批评。消极的自我概念和较低的自我效能感都可能会使个体的思想过于呆板或缺乏想象力，导致创造力的自行封闭。(3) 懒惰。懒惰不仅使个体无所作为，而且会严重阻碍其创造性的发展。(4) 从众。从众的个体心理承受力较差，易受外界影响，倾向于不独立思考，不相信自己的创造能力和探索的结果及结论。(5) 狭隘。性格狭隘，使个体眼界狭窄，斤斤计较，从而影响创造性才能的发挥。(6) 刻板。刻板、固执和偏见使个体目光短浅、思维僵化，往往不易接受新事物、新观点。(7) 骄傲。骄傲使个体观察力的敏感度和思维的紧张度降低，好奇心、上进心减弱，最终导致缺乏创造需要和创造动机，抑制创造性思维和创造性想象。

个人消极的认知习惯主要表现为以下几个方面。(1) 只抓住一点。多数人在遇到问题时认为，若能及时想出一个点子来解决问题就可以了。创造性的思索是集思广益地从各个角度寻求和比较解决问题的方法。(2) 过早下判断。过早下判断会遗漏一些新消息和新资料，也就限制了创造性的解答。(3) 只关心答案。创造性需要从各个方面去观察问题，即需要关心问题而不只是关心答案。(4) 过分积极。急切的心态可能会导致相反的效果，如只想很快找到线索来解决问题，却轻易地放弃许多更新更好的解决方法，同时也不能全盘观察问题，看不清因素之间的关联性，因而会产生误导。(5) 钻牛角尖。有些人思想固执，以致身心疲惫，未能抓住问题的核心。与其这样，不妨暂时把问题搁置一旁，经过一段时间的酝酿之后，可能会产生一些创造性的方法。(6) 忽略想象的重要性。具有创意的产品，往往需要想象、直觉和灵感。若只专注于具体与实际的功能，往往会阻塞思维的运行。(7) 缺乏深思熟虑的能力。具有创造性思维的人面对问题时，会思考各种可能解决问题的方法，衡量、过滤不同的、矛盾的观念、因素及参考事物等，锲而不舍地追根究底。(8) 没有目标与计划。人如果缺少一个值得他去努力和自我训练的目标，也就缺乏创造的动机。

二、培养创造性的措施

(一) 营造鼓励创造的环境

环境主要包括社会环境、学校教育教学环境和家庭环境几个方面。阿马比尔通过实验证实，很多环境因素诸如外部评价、监督、外部奖赏等都有碍于人的创造性。罗杰斯指出，有利于创造活动的一般条件是心理安全和心理自由。有高度创造性的人常偏离文化常模，而社会对个人的奖励常常以顺从为条件，这就会导致创造者偏离常模的思想受到压抑。若社会舆论是赞成、奖赏创造活动，能支持或高度容忍标新立异、偏离常模的人，创造者则可感到心理安全和心理自由，这种社会心理气氛将有助于保护和激发个体的创造性。当代著名神经病学家阿列蒂 (S. Arieti) 认为，最有利于创造性培养的社会环境是：(1) 能够充分接触和使用各种文化手段；(2) 具有对文化刺激的积极接受性；(3) 注重发展而不仅仅着眼于眼前；(4) 任何公民不受歧视，一律平等；(5) 在受到严酷的压迫和排斥之后，能享有自由；(6) 能正视不同的甚至相反的文化刺激；(7) 容忍不同的观点；(8) 接触有价值的人；(9) 提供刺激和奖励。

学校本身是发现、培养学生创造性的场所，然而现实并非如此。大多数学校太注重学科知识传授或考试而排斥了其他方面，这样就压制了学生创造性才能的发挥。因此，营造有利于学生创造性发展的学校环境是促进儿童、青少年创造性发展的必要条件。就学校和家庭教育环境而言，首先，应倡导民主式的教育和管理，放弃权威式的教育和管理，给学生思想和行为的自由，鼓励儿童积极探索并尝试用不寻常的方式理解事物，形成利于创造性人才成长的气候与土壤。托兰斯的研究发现，一些具有创造性的儿童往往以“愚蠢”和顽皮著称。其次，改革考试制度，为学生创造宽松的学习环境，使有创造性的学生有时间干自己想干的事，有机会干自己爱干的事。大量事实表明，我国学生与欧美学生相比，往往是基础知识强，创造性较差，这与我国学校教育对学生的束缚过紧有关。如：课时安排较多，课业负担繁重，几乎没有闲暇及独立钻研的机会；考试形式单一，考试内容较为死板；考再现知识多，考创造性知识少，考陈述性知识多，考综合、应用的程序性知识少。这样导致死记硬背，形成“只有一个标准答案”的思维观念，求异、质疑精神受到严重压抑，其结果是“孩子们入学时像个‘问号’，而毕业时像个‘句号’”，创造性受到压抑。再次，增加自主选择课程的机会和有针对性的课程设计。过早分科会导致理科生不重视形象思维能力的培养，文科生则忽略逻辑思维能力的培养，这种思维发展的严重不平衡性极大地影响了学生的创造性。为此，应加强对学生进行全面教育，尤其是科学精神和人文素养的教育，以保证创造性发展所需要的最基本的抽象思维能力和形象思维能力。最后，为学生提供创造性人物的榜样，通过榜样人物的激励，使学生潜移默化地受到影响。如给学生提供不同领域中的创造性人物，包括科学家、艺术家、文学家、数学家、物理学家等，让他们以这些楷模为榜样，通过社会观察学习，潜移默化地影响自己，以形成一些创造性个性特征。

（二）培养创造型的教师队伍

现行学校教育尤其是课堂教学中教师忽视学生创造性培养的现象仍大量存在。比如：课堂教学时间被大量的知识灌输占用，学生很少有发挥创造性思维和想象的机会；教学内容的规定过于详细、琐碎，且重点强调讲解、说明而不注重创造性的激发；学生一些体现创造性的个性特征常常被作为课堂纪律或问题行为而受到压抑；缺乏有利于创造性发挥的民主平等、宽松和谐的课堂氛围；等等。这一切在相当程度上与教师有着直接和密切的关系。研究表明，教师对创造性的态度、意向，是否具备相关的知识、技能和素养，与学生创造性的激发和培养有显著相关。在一项对大学生的调查中，随机抽取428名大学生，让他们对自己、同学和教师的创造力水平进行评价。结果表明，大学生认为自己和同学的创造性显著高于他们的教师，大部分学生对教师的创造性给予低水平的评估，认为除了艺术类教师，大部分教师对创造性不感兴趣，普遍不具有为创造性的显示、发挥创设有利环境和氛围的能力。[①] 这种状况导致大学教师不能为学生提供表现机会，不能满足学生的创造欲望，而且有意无意地压抑了这种需求。另一项研究对一所小学的教师有关创造性的认识及实际应用进行了调查分析。结果发现，教师中普遍存在三大问题：(1) 对创造性思维的定义缺乏了解和认识，表现为理解和解释的多元化和困惑感；(2) 教师对具有创造性天赋和行为表现的学生的个性特征的了解十分有限且缺少一致性；(3) 教师缺少促进学生创造性思维发展所需的具体教学策略和技能。[②] 这种状况加剧了教师不能在教学中自觉、主动地为创造性思维大开绿灯，不能正确地识别、激发、引导和评价学生的创造性，从而不能为之提供充分的机会和条件。因此，教师创造性的高低对学生创造性的培养至关重要，要培养学生的创造性，教师首先必须具有创造性。托兰斯研究发现，那些善于培养学生创造性的教师所具有的典型特征是：(1) 尊重与众不同的疑问；(2) 尊重与众不同的观念；(3) 向学生证明他们的观念是有价值的；(4) 给予不计其数的学习机会；(5) 使评价与前因后果联系起来。

为此，要培养学生的创造性，必须对教师进行有关创造性的培训和专门指导。(1) 要转变教师的教育教学观念，使教师形成理解并鼓励学生的创造，把培养创造性作为一种教学目标等现代教育理念。(2) 要教给教师必要的创造技法和思维策略，提高他们自身的创造意识和创造能力。(3) 要为教师提供比较明晰的具有实际应用价值的关于创造性的操作定义、相应的评价标准和程序、有效的教学策略和技能。(4) 鼓励教师使用创造性的教学范例和模式，如针对语文、外语教学的情景教学法[③]，针对数理学科的尝试教学法[④]，以及把实验与教学相结合的实验探究教学法[⑤]。作为一个教师，应不断学习关于创造性的

---

① Alencar, E. M. S. (1996). University students' evaluation of their own level of creativity and their teachers' and colleagues' level of creativity. *Gifted Education International*, 11 (3), 128-130.

② Morgan, S., & Forster, J. (1999). Creativity in the classroom. *Gifted Education International*, 14 (1), 29-43.

③ 陈美心：《情景教学法在小学英语对话教学中的应用》，《教育评论》1997 年第 5 期。

④ 李力红等：《两种教学方法对不同认知风格 11 岁儿童数学学习效果的影响》，《心理发展与教育》2002 年第 2 期。

⑤ 周湘：《“酶与代谢”一节的实验探究法教学》，《生物学通报》1996 年第 7 期。

心理学知识，有意识地根据心理学的理论去指导自己的实践，并在教学实践中熟练运用那些已被证明是卓有成效的创造性认知策略，从而促进学生创造性的发展。

（三）培育创造意识，激发创造动机

创造意识和创造动机是创造活动的强大推动力。只有当个人具有自觉的创造意识、强烈的创造动机，才易产生新思想、新方法、新观点。如果一个人从事自己感兴趣的作业，具有完成该作业的较高的动机，那么他就会在这方面取得成就。因此，对创造的兴趣和动机会影响一个人的创造性水平。施建农（1997）的研究发现，无论是超常儿童还是常态儿童，其创造性思维与创造兴趣和动机之间有显著相关。具有较高兴趣和动机的学生的创造性成绩明显高于兴趣和动机水平较低的学生。① 因此，培养学生的创造性，尤其是中小学生的创造性，关键是要培育其创造的意识，激发其创造的动机。

培养创造意识，主要就是增强创造的动机和欲望，养成自觉创造的思维习惯。其教育策略就是经常鼓励和引导学生的创造活动。例如，当学生在某个方面有独到的见解时，教师应及时地给予肯定、鼓励，使其维持浓厚的兴趣与较高的动机水平。当学生的想法异想天开时，不是进行指责、讽刺、挖苦，而应当首先肯定其大胆的设想，然后对其进行合理的引导。如何才能有效培养学生的创新意识和激发创造动机呢？关键是要做到以下几点。（1）破除创新的神秘感，使每个人都敢于创造，从而树立学生创新的自信心。每个正常人生来都有创新细胞，关键是能不能发挥出来。陶行知在20世纪40年代就提出了“人人是创造之人”的论断。（2）激发创造热情。创造热情是对创造活动表现出的一种积极的情绪体验，它突出地表现在进行创造活动时的情绪振奋和活动的持续进行。积极的情绪状态促进创造性的发挥。卢家楣等研究发现，学生在愉快情绪状态下的创造性总体发挥水平显著高于难过情绪状态下的表现，且主要体现在流畅性和变通性两个方面。② （3）磨砺创造意志。创造意志是创造者自觉地

---

① 施建农、徐凡：《超常与常态儿童的兴趣、动机与创造性思维的比较研究》，《心理学报》1997年第3期。

② 卢家楣等：《情绪状态对学生创造性的影响》，《心理学报》2002年第4期。

确定创造目标，克服创造困难的心理品质。它表现为创造活动的自觉性、果断性、坚忍性和自制力等方面。(4) 培养创造勇气。创造需要勇气。创造者要提出新思想、新观点、新见解、新工艺、新技术，难免遭人非议，如果没有勇气，就将寸步难行。心理学研究表明，创造最危险的敌人就是畏惧：畏惧权威、畏惧困难、畏惧失败。培养学生敢于创新的勇气就是要鼓励学生从畏惧转变为不怕：不怕权威、不怕困难、不怕失败。

(四) 开设创造性课程，教给创造技法

开设创造性课程已成为国内外开发创造性的有效途径。创造性课程有以下几种。(1) 创造发明课。该课程一般分为三个阶段：第一阶段是学习科学发明的历史，通过丰富多彩、引人入胜的历史故事鼓励学生进行发明创造；第二阶段，让学生学习科学家、发明家的个性，把自己当作一个发明家；第三阶段，在发明课中让学生真正像一个发明家去动手从事发明创造活动。(2) 自我设计课，包括一般设计和重要设计。一般设计是在短时间内 (1～2 节课) 能够完成的设计，如节假日设计问候卡。设计结束后，让学生互相交流各自的创造成果，以互相启发、激励。重大设计是根据学生的兴趣和知识经验选择有一定价值的课题。对此，教师要花较多时间和精力帮助学生选题，题目的大小、深浅要适中，并遵循从易到难的原则，以帮助学生成功，增强创造的积极性。(3) 推测课，即通过对某件事物某些方面的推测，来发展学生的想象力和对事物的敏感性。(4) 假设课，即创设一种设身处地的问题情境，然后提出解决问题的办法。(5) 发散思维训练课，这是训练创造性思维最常见的方式。如：用途扩散，即以某件物品的用途为扩散点，尽可能多地设想它的种种用途；结构扩散，即以某种事物的结构为扩散点，设想出利用该结构的各种可能性；方法扩散，即以人们解决或制造物品的某种方法为扩散点，设想出利用该种方法的各种可能性。实际上，从我国学校教育现状来看，创造性思维的训练主要应通过各科教学，结合学科特点进行。无论是语文还是数学，自然科学还是美术音乐等，都可结合学科特点来训练学生的发散思维。如数学中的一题多解、补条件、补问题，语文课中的词语发散、续写故事等，都有助于培养学生的发散思维，提高创造性。

在创造性课程的教学中，注重教给学生基本的创造技巧与方法是培养创造性的有效措施。其中，促进创造性发展的主要创造技法有以下几种。(1）头脑风暴法，即像暴风骤雨一样给头脑以不同观念的冲击。通过多人集体讨论，在相互激励、相互启发、相互感染的集体氛围中，摆脱固有观念的束缚，逃出僵化的习惯思维，激发想象力，从而引起创造性思维，形成创新思路。(2）系统探求法。为打破传统思维束缚，对问题的解决进行系统设问、特性列举等来培养和提高学生的创造性思维。如有5W2H系统设问，即why（为什么）、what（做什么）、who（何人）、when（何时）、where（何地），以及how to do（如何做）、how much（多少）。(3）联想类比法，即由一个事物想到另一个事物，如接近联想、类似联想、对比联想、因果联想、从属联想、遥远联想等。(4）组合创新法，即按照一定的技术需要，将两个或两个以上的技术因素（如性能、原理、功能、结构或模块等）通过巧妙的组合，去获得具有统一整体功能的新技术产物的过程。(5）对立思考法，即从事物的对立面来考虑问题，得出新的观点。(6）转换思考法，是一种在没有直接解决问题的通路时，走间接的通路巧妙绕过问题解决障碍而实现问题解决的方法，也就是平常说的“换个角度想想”“另辟蹊径”等。如曹冲称象，不是直接称象，而是先称石头，最后达到称象的目的，就是一个转换思考策略的典型例子。

（五）发展和培养创造性思维

关于创造性思维的培养，霍尔曼（R. Hallman）建议：(1）使学生主动地学习，自己发现问题，进行试验和提出假设；(2）在班上形成相互合作的民主作风，避免权威态度；(3）使学生不断接受新信息，鼓励过度学习；(4）采用专门的创造性思维训练法，如鼓励回忆与自由联想，区别不同的问题并找出彼此的关系，琢磨不寻常的思想和奇异的猜想，鼓励提出（哪怕是不寻常的）主张，更多地注意视听对象，鼓励采用不为人知的方法去使用熟悉的物体，鼓励编故事、讲笑话和做智力游戏，鼓励以不寻常的方式使用材料和概念；(5）应推迟对学生的意见的判断；(6）促进智力灵活进步和成绩；(7）培养对问题的敏感性；(8）认真对待学生提出的问题，教师的提问不应局限于书本；(9）让学生与不同事物积极接触；(10）培养学生忍受挫折的能力；(11）引导学生抓住事物的整体结构。戴维斯还提出了四种培养创造性思维的教学策略：(1）局部改变法，要求学生改变事物的局部结构或属性；(2）棋盘法，要求学生使用方格式棋盘，做纵横交错的组合性思考；（3）检核表法，要求核对事物的各种属性是否有任何改变的可能，并考虑如何改变；（4）认同法，要求学生提出类似问题的已知解决办法。同时，还要注意加强直觉和灵感等非逻辑思维的培养。我国现行的教学对非逻辑思维的培养重视不够，有时甚至背道而驰。结合我国的教学现状，非逻辑思维的培养应注意以下几个方面：（1）加大思维的“前进跨度”，提倡大步骤思维，培养思维的跳跃能力；（2）加大思维的“联想跨度”，使学生敢于把人们容易忽略的习惯上认为毫不相干的、表面上看来微不足道的问题联系起来或进行移植；（3）加大“转换跨度”，引导学生敢于否定原来的设想，善于打破固有的思路；（4）给学生大胆探索与推测的体会，教师授课不要总是给予清晰、明确的答案，而应有意识地给予一定的模糊度，留给学生推测与探索的空间。

（六）塑造创造性人格

创造性人格是创造性的重要组成部分，培养学生的创造性人格是培养创造性的重要内容。关于如何塑造学生的创造性人格，心理学家提出了种种建议，概括起来主要有以下几点。一是保护好奇心。研究表明，好奇心、自尊心与创造性有正相关。好奇是创造活动的原动力，它促使学生对未知的东西进行主动的尝试与探索。但是，如果学生的好奇心、求知欲在早年未得到支持与扶持，就会衰退，其创造性就会降低。因此，学生的好奇心、求知欲以及由此引起的各种探索活动，应该受到鼓励和奖赏，不应受到摧残而过早夭折。二是解除对错误的恐惧心理，培养冒险性和挑战性。怕犯错误的焦虑会严重阻碍独创性。学生怕犯错误，就会放弃新的探索与尝试，就会泯灭创造性活动所需要的冒险、敢于挑战的可贵精神。三是鼓励独创性与多样性。创造就是要出新东西，它是独创性与多样性的表现。在教育活动中，应注意培养学生独立自主的能力，重视学生与众不同的见解、观点，支持学生以不同的方式理解事物，以多样的手法表现同一主题，发展学生的个性和独创性。此外，自信与乐观、忍耐与有恒、合作、严谨等也是创造性人格培养的重要方面。

【要点小结】

对于创造性的本质既可以通过各种心理学理论来理解，也可以从创造活动的过程及创造性与智力的关系等方面来理解。对于创造性的发展趋势通常从年龄特征和性别差异两方面入手分析。对创造性的测量主要包括专家评价法、心理测量法、实验法和作品分析法等。学生创造性的培养措施包括：营造鼓励创造的环境；培养创造型的教师队伍；培育创造意识，激发创造动机；开设创造性课程，教给创造技法；发展和培养创造性思维；塑造创造性人格。

【思考与练习】

1. 如何客观评判一个有创造性的学生或同事？

2. 假如你是一位幼儿园教师，你将如何培养幼儿的创造性？假如你是一位中小学教师，你又将如何培养学生的创造性？

3. 你认为在现实社会、家庭环境和学校教育中，要培养学生的创造性应具备哪些必要条件？

【拓展性阅读】

1. 郭有遹著：《创造心理学》，教育科学出版社2002年版，第五、七、十一章。

2. 张大均主编：《教育心理学》，人民教育出版社2004年版，第八章。

3. ［美］A. J. 斯塔科著，刘晓陵、曾守锤译：《创造能力教与学》，华东师范大学出版社2003年版，第一、三、五、七章。

4. ［美］R. J. Sternberg & W. M. Williams著，张厚粲译：《教育心理学》，中国轻工业出版社2003年版，第四章。

第四编　制约教与学的因素和条件

第十三章　教师心理

【内容提要】

教师心理是指教师在教育教学中表现出来的心理活动特点及规律。客观认识教师心理活动规律，无论对于培养高素质的学生，还是对于形成高素质的教师队伍以及促进教师个人的职业生涯发展都具有重要意义。本章将在介绍教师职业特点和教师职业发展的基础上，重点探讨教师的职业心理素质、职业角色以及如何成为教育教学的行家里手——专家型教师。

【学习目标】

1. 知道教师职业的特点，能清楚表述教师职业发展的各个阶段及各阶段关注的核心问题。

2. 知道教师职业心理素质的含义和结构，能结合教学实际认识到教师职业心理素质的重要性。

3. 知道教师职业角色的特点，能掌握职业心理压力调试的策略。

4. 知道教师威信的含义及教育功能，能在教育实践中形成和维护教师的威信。

5. 知道教师专业成长的概念及途径。

【关键词】

教师职业发展　教师职业心理素质　教师职业角色　教师威信　教师专业成长

第一节　教师职业发展与职业心理素质

一、教师职业特点

任何职业都有属于该职业的与众不同的特点。教师这一职业的劳动对象是发展中的人，劳动产品是按一定规格培养的人，这决定了教师职业活动的特有性质。作为一种专门职业，教师职业与其他职业相比，主要有以下特点。

（一）教师职业的规范性

教师这一职业的规范主要包括两方面：一是职业道德规范；二是制度规范。① 首先，就职业道德规范来看，相对于其他职业，人们对教师的道德要求更为严格。在中国传统文化中，“学高为师，身正为范”是我国历代教师基本的精神操守，也是社会评定、衡量教师的重要依据之一。其次，就教师制度规范来说，主要来自国家的教育制度以及由此衍生的各种制度、法规等。现代社会和教育制度规范规定了教师职业的义务、教学内容、教育要求和教育目的，并相应制定了一套考评体系，作为一种监控机制对教师的职业行为绩效进行评定，同时也作为一种动力机制推动教师为不断提高自身的教学效率而努力。教师职业规范在方向上统整着教师的行为，成为教师群体共有的职业理想。

（二）教师职业的复杂性和创造性

教师职业的复杂性主要表现在教师的任务是培养德、智、体、美、劳全面发展的人。教师职业的创造性则体现在其工作方式和方法的灵活性。虽然教师职业规范和教育教学理论成体系，但教学本身并非简单、机械的过程，教师的劳动没有固定不变的规范、程式或方法可以套用。教师工作的对象是学生，每个学生都有不同的个性、爱好、禀赋、知识经验、家庭环境、生活背景，随着年龄的增长、阅历的增加，学生的心理处于不断发展变化之中，因此每位教师

① 吴惠青：《论教师的个体生活方式》，《教育研究》2003 年第 6 期。

在面对不同的学生时，其教育教学方法、手段、策略和要求等都应因人而异、因地而异、因时而异。所以说，虽然教育理论成体系，但教育本身无定法，这就决定了教师职业的复杂性和创造性。

（三）教师职业的专门化

教师作为一门专门职业，有其专业标准，要求从业人员经过严格、持续的学习，获得并保持相应的专业知识和专业技术，这就需要对他们进行专业培训。教师的专业教育通常包括职前、入职和在职教育三个环节，其中在职培训时间最长，持续教师整个职业生涯，是促进教师专业成长的关键。教师的专业发展水平可以从内容和程度两个方面来衡量。其中内容是指教师专业发展包括的教育理念、知识结构和能力结构等方面，而程度是指教师专业发展所达到的层次。教师专业发展水平的高低，需结合内容和程度两个方面来判断。

（四）教师职业的自我发展性

教师职业的自我发展性是指教师职业具有促进教师自我实现的功能。应该看到，教育学生与教师自身发展并非不可调和，教学过程并非教师牺牲、消融、失去自己的过程，教师在燃烧自己、照亮别人的同时，也点燃了自己的人生。教师个人的自我发展愿望和生存意向由教师每天亲历的教学实践来承载，因而教师创造性地教育教学的过程也正是教师自己人生价值和生存意义得以实现的过程。一方面，课堂是教师获得主动发展的最佳场所，在课堂上肩负的期望和责任、遇到的挑战和机会、遭遇的矛盾和冲突为教师提供了智慧发展和人格完善的外部氛围和条件，促使教师将自己的内在需求与现实要求融合起来，激发教师自我发展的潜能。另一方面，教师在日常教学中担当和完成教学任务，就是教师解决问题的实践，是创造性、灵感和智慧的展现和提升，是自己的职业信仰、人生理想的落脚处。因此，谋求教师自我实现与有效完成国家培养高素质人才的任务在本质上是统一的，二者不可剥离。① 这正是教学相长的体现。

---

① 吴惠青：《论教师的个体生存方式》，《教育研究》2003年第6期。

二、教师的职业发展

20世纪80年代以来，国内外诸多研究者探讨了教师职业生涯的发展过程，发现在不同的年龄阶段和职业发展阶段，教师群体表现出不同的心理和行为特征，关注着不同的核心问题。

（一）教师职业发展的阶段

关于教师职业发展的阶段，主要有以下几种影响较大的理论。

费斯勒（Fessler）提出教师职业发展八阶段论：（1）职前教育阶段，即教师角色的准备阶段，多指在师范院校接受教育，也包括教师担任新角色或工作时的再培训；（2）实习引导阶段，指教师适应学校环境，学习教师角色，学做教学日常工作，希望被学生、同事和上司接纳；（3）能力养成阶段，指教师尽量改善教学技能、充实教材、尝试新方法和策略以提高教学效果，参加各种继续教育培训，寻找机会提高自己；（4）热情和成长阶段，教师持续发展自己，以求突破现状、创新、改进和丰富自己的教学，其工作积极性和满意感较高；（5）挫折阶段，指工作压力增大，满意感降低，对教学生涯的意义产生怀疑，是教学受挫时期；（6）稳定停滞阶段，指教学态度敷衍，不求进取，只求做分内之事；（7）低落阶段，指教师准备离开教育岗位前的低潮期，回首往事，有人欣慰，有人黯然；（8）退出职业阶段，指退休或离开教师岗位。①

斯特菲（Steffy）将教师职业发展过程分为五个阶段：（1）预备阶段，教师初入职或重返岗位，适应与准备新的角色，精力充沛，有创造性，开放而上进。（2）专家阶段，教师具有丰富的专门化的知识，并能有效运用，能高效率解决教学领域中的各种问题，富有敏锐的职业洞察力，有创造性。（3）退缩阶段，又分三个小阶段：①初期退缩，表现为较少参与活动，创造力下降，反应不积极；②持续退缩，批评性质的言语增加，人际不和谐，对教学上的探讨消极对待；③深度退缩，教学行为不当，无意留在教育领域。（4）更新阶段，设法采取积极的反应方式，依赖外在支持克服困难。（5）退出阶段，离开教育教学领域。②

---

① 王以仁、陈芳玲、林本乔著：《教师心理卫生》，中国轻工业出版社1999年版，第262—279页。
② 叶澜等著：《教师角色与教师发展新探》，教育科学出版社2001年版，第199—267页。

休伯曼（Huberman）则把教师职业周期分为七个时期：（1）入职期，教龄为1～3年，与费斯勒的实习引导阶段和斯特菲的预备阶段类似；（2）稳定期，教龄为4～6年，教师不断改进教学技能，形成自己的教学风格；（3）实验和变化期，教龄为7～25年的教师尝试在教材、教法和课堂管理等方面进行改进，不断寻找新的观念挑战自己；（4）再评估期，在实验和变化之后，可能会导致自我怀疑危机，教师会重新评价自己；（5）平静疏远期，教龄为26～33年的教师在经历了自我怀疑危机后平静下来，在教学上较为轻松自信，但志向水平开始下降，职业投入开始减少，师生关系逐渐疏远；（6）保守抱怨期，50～60岁的教师变得较为保守，抱怨新教师工作不认真、学生纪律差、社会对教育的态度消极；（7）脱离期，教龄为34～40年的教师为退出教育教学领域做准备。休伯曼的研究提出了每一时期的发展主题，并依据不同教师解决各阶段主题的不同情况区分出不同的发展路线，比较真实地反映了教师的实际发展变化轨迹。他归纳出三种教师职业发展路线：（1）和谐发展路线，即变化—平静—平静退休；（2）再评估—痛苦退休；（3）再评估—保守—痛苦退休。后两条路线是有问题的发展路线。①

从时间维度来展开教师职业发展的研究还有很多，例如：纽曼（Newman）等人将生命周期与教师职业结合起来研究，提出了教师职业生涯的确立、高涨和下降三阶段论；佩特森（Paterson）研究了不同年龄阶段教师生涯发展的重点，提出入职、扩展、变故、重振和衰退五阶段论；皮戈尔（Pickle）则认为教师自从教开始到退休为止均在专业、个人和思想三个方面寻求发展，在不同的时期，三方面的发展并不同步；黄炳煌根据职业精神的发展历程，提出教师职业发展的五阶段，即接触、参与、兴趣、认同和专心致志；傅道春提出角色转变期、开始适应期和成长期三阶段；殷国芳等提出适应、稳定和创新三阶段；张向东认为高中教师的职业成长分为角色适应、主动发展、最佳创造、缓慢下降和后期衰退五阶段。

以上所述是教师职业发展的一般过程：职前培训—入职适应—职中发展—退出职业。但每个教师的发展轨迹会受多种偶然因素影响，既可能依次经历职

① 张大均主编：《教学心理学》，西南师范大学出版社1997年版，第25—80页。

业发展的每个阶段，也可能跳过某些阶段直接进入下一个时期，也可能会长期停滞在某个阶段，甚或在某些阶段之间不断进行小的循环。因此，具体到每个教师，个体的职业发展是顺序式还是跃进式，是停滞式还是循环式，就要视其自身特质与经历而定了。

（二）教师职业发展各阶段关注的核心问题

以上的论述粗略地勾勒出教师职业发展的变化过程以及各阶段教师的基本状态。以下将涉及教师职业发展各阶段所关注的核心问题和需要特别注意的方面。

美国学者富勒（Fullor）通过文献分析、深度访谈和问卷调查对教师在不同成长阶段所关注的问题进行了研究，认为一个教师在其职业发展的历程中大约需要经历四个阶段：(1) 职前关注期，指学生时期对教师的观察，往往持批判或敌意的态度；(2) 关注生存期，是新教师进入教学的最初阶段，最关心的问题是自己能否管理好班级，能否顺利进行教学，对教材熟悉与否，以及上司的评价等，因此常处于焦虑、担忧和紧张状态；(3) 关注情境期，虽然仍然关注前一阶段的问题，但更关注与实际教学相关的事情，如怎样上好每堂课，时间如何安排，备课是否充分等；(4) 关注学生期，在适应教学压力和教师角色之后，教师真正体现出对学生的关怀，考虑到学生的个别差异，认识到不同的学生有不同的需要，教材和教法并不一定适合每个学生，在教学中会因材施教。

维恩曼（Veenman）归纳了 1960—1983 年有关教师教学问题的实证研究，提出了初任教师最常遇到的 24 个问题，按发生频次，排在前面的 12 个问题依次是课堂纪律、激发学生动机、处理个别差异、评价学生作业、与家长的关系、组织班级活动、欠缺教材和设备、处理个别学生问题、教学负担过重、与同事的关系、制订授课和教学工作计划、有效运用各种教学方法，后 12 个问题依次是对学校政策和规则的意识、确定学生的学习水平、学科知识、行政工作负担、与校长或行政人员的关系、学校设备不足、处理学习困难的学生、处理不同文化背景和贫困的学生、有效利用教科书和课程指南、缺少闲暇时间、缺少指导和支持、班级规模大。在我国现实的教育情境中，这 24 个问题同样普遍存在，值得教师注意。

富勒和维恩曼都是从“问题”角度探讨教师职业发展的核心问题，而利思伍德（Leithwood）则从“成长”角度提出教师职业能力发展的三个层次：（1）获得教学基本技能；（2）拓展灵活性，依照学生个体差异和不同的教学目标、教学情境灵活应用教学技能；（3）进一步扩展，在教学上有所创新，辅助同事进行职业发展，职业活动范围扩展到校外。他认为教师职业能力发展与其个人发展及社会发展交织在一起，相互依赖，逐渐演进。贝尔（Bell）和吉尔布瑞特（Gillbrert）将教师职业发展阶段的界限模糊化，代之以教师职业发展中可能遇到的三种情境：（1）确认与渴望变革；（2）重新建构；（3）获得能力。

综上所述，主要有以下几类问题可能会困扰处于职业发展不同阶段的教师。

一是适应问题。教师进入新环境，面对新问题，会产生心理和生理困扰。“不适应”不只在新教师身上才会发生，任何年龄、处于任何发展阶段的教师都会在每个职业发展的转折期或多或少出现适应问题。比如，新教师会觉得在学校里学到的专业知识与实际教学是两回事，与不同类型的学生、家长、同事和上司很难相处等。不过，处于成长期的教师，问题则可能是这样的：需要改变习惯的教学方法，新教材很难把握。此外，教师还容易在职业生涯中出现职业生涯“高原现象”，具体表现为教师职业承诺动摇、教师职业情感萎缩、教师职业角色模糊。① 所有这些问题都会影响教师的教学效果和身心状况，而这又会间接影响学生的学习成绩与心理状态。因此，教师适应问题应当引起研究者的广泛关注。

二是工作压力问题。适当的压力有利于提高工作绩效和满意感，是有益的，压力过大则会起反作用。教师的生活充满了各种压力，其压力主要来源于工作要求和教师个人特征。教师工作要求指教师所从事的工作任务的数量和困难程度，如工作负荷、角色冲突、竞争机制、升学率要求、人际矛盾等；教师个人特征指能力、性格、抱负水平、对工作的控制程度、自我效能感、家庭等个人因素。教师个人所感受到的压力大小是压力源与个人特征交互作用的结果，即对于同样的压力，不同的教师会有不同的心理感受，有的游刃有

---

① 寇冬泉、张大均：《教师职业生涯“高原现象”的心理学阐释》，《中国教育学刊》2006年第4期。

余，自信满意，有的则紧张忧虑，甚至产生职业倦怠。这在各阶段都可能出现，新教师的压力可能与教学能力、人际关系及专业能力有关，成长阶段的教师可能担心无法发挥能力和施展抱负，中年教师的压力可能涉及婚姻、家庭生活或经济。

三是拓展和创新问题。教育教学的理念、课程、教材和教法虽然会在短时间内有较大变化，但社会的变迁、新的文化观念、新的科技成果无时无刻不在影响教育教学中的主体：教师和学生。加之教师在教学中面对的学生大都处于相对固定的年龄，如中学生多在12～19岁，而教师自己的年龄却在逐渐增大，因此教师与学生在思想观念、行为方式各个方面的距离会逐渐拉大。如果教师不注意与时俱进接受新的思想观念，善于用新的科技成果和新的资讯来充实自己的教学内容、改进教学形式，而是因循守旧、思想僵化，则会引起职业发展的危机。

三、教师职业心理素质

随着社会的发展，人们不仅关注学生的心理素质，也关注教师的心理素质，这既是教书育人的需要，也是教师自身成长发展的需要。教师的心理素质对学生素质的发展将产生重要影响，它包括教师一般心理素质和教师职业心理素质。教师一般心理素质是基础，它是指教师应具备的基本心理品质，由认知品质、个性品质和适应能力构成。教师职业心理素质是教师一般心理素质和特定职业结合的产物。

（一）教师职业心理素质及其特点

关于教师职业心理素质的定义，教育界和心理学界的学者们提出了多种观点。综合各种论述，我们将教师职业心理素质定义为：教师职业所要求的、在教师专业发展过程中形成的、在教育教学工作中培养并表现出来的、直接影响教育教学效果的相对稳定的心理品质。一般而言，职业心理素质具有稳定性、基础性、综合性和发展性的特征。① 具体就教师职业心理素质而言，则有以下

① 张大均主编：《师范大学生职业心理素质特点与教育》，西南师范大学出版社2002年版，第53—54页。

特点。

（1）教师职业心理素质是多维度而非单一维度的结构，包括多个相互关联的要素。教育是为了促进学生的发展，而发展不仅指获得知识、掌握技能、形成人格品质，还包括懂得生活、适应社会、不断创新等。因此，教师作为学生发展的促进者，应具备该角色所要求的一系列心理素质。

（2）教师职业心理素质处于动态发展之中。社会对教师群体心理素质的要求在不断变化。随着时代发展，学生心理素质教育的含义和内容在变化，作为素质教育的操作者，教师的心理素质在某种程度上制约着学生心理素质的发展。

（3）教师心理素质的形成具有个别化、阶段性特点。随着教师教育实践活动的深入、教师本人专业化程度的提高，教师心理素质在教师步入职业生涯及专业发展过程中逐步形成、不断提高并渗透于日常教育教学行为之中，教师个体心理素质构成的各方面在教育实践中的表现、比例等会有所不同。

（4）教师的心理素质具有可培养的特点。心理素质虽然是内在的品质，但它可以通过外显的行为来表现。因而通过对教师的行为优化训练，就能够提高教师的心理素质。教师心理素质是教师搞好教育工作的重要条件，有显性和隐性两种作用。显性作用是指具备良好心理素质的教师能够更好地向学生传授知识、技能，以及促进学生智能、个性的发展。隐性作用是指具备良好心理素质的教师能潜移默化地影响学生，这是其他任何教育手段都无法替代的。

（二）教师职业心理素质的结构

教师职业心理素质主要包括教师的教学效能感、教师的教学能力和教师的人格特点三个方面。

1. 教师的教学效能感

教师的教学效能感是指教师相信自己有能力对学生的学习产生积极影响的一种知觉和信念。它属于教师的教育观念，是教师从事教育工作的心理背景，影响着教师的知觉、判断，进而影响其教育行为及教学质量。大量研究表明，教师的教学效能感是学生学习成绩好坏的重要预测变量，是专家型教师区别于新手型教师的重要指标。①

教师的教学效能感包括个人教学效能感和一般教学效能感。一般教学效能感是指教师对教与学的关系、教育在学生发展中的作用等问题的一般看法。个人教学效能感是指教师在对自身教学能力的认知基础上形成的关于自我教学能力的信念。该信念一旦形成就渗透到个体的各种活动中，成为稳定的人格特征，影响着个体目标的确立、行为的选择和坚持，并通过行为结果得到不断的激活和强化。个人教学效能感直接决定教师的教学行为，影响教学效果及学生的学习成绩和学习动机等，因而成为心理学家研究教师素质的关注点。

教师的教学效能感具有以下作用：影响教师工作的努力程度；影响教师的工作经验总结和进一步提高；影响教师在工作中的情绪；影响学生的自我效能感，进而影响其学习能力和学习成绩。此外，教师的教学效能感还影响教师的职业压力应对策略，在职业压力与职业倦怠之间起调节作用。如有研究者发现，教学效能感高的教师面对职业压力时更可能采取较为积极和理智的应对策略②，改变职业压力的作用，减少职业倦怠的程度③④。刘毅等研究者进一步发现，一般教学效能感和个人教学效能感在职业压力影响职业倦怠过程中所起的调节作用不同，个人教学效能感表现出线性调节作用，一般教学效能感表现出曲线调节作用，两种调节作用的性质取决于不同的压力源。⑤

教师的教学效能感不是先天形成的，也不是一成不变的，而是教师在教学实践中逐渐形成和发展的。它受环境和教师自身因素影响，如教师的工作发展条件、所处学校的条件、学校风气、师生关系，以及教师的价值观、自我概念等。

① 罗晓路：《专家—新手型教师教学效能感和教学监控能力研究》，《心理科学》2000 年第 6 期。

② 徐富明、申继亮：《教师的职业压力应对策略与教学效能感的关系研究》，《心理科学》2003 年第 4 期。

③ 刘晓明：《职业压力、教学效能感与中小学教师职业倦怠的关系》，《心理发展与教育》2004 年第 2 期。

④ 李志鸿、任旭明、林琳、时勘：《教学效能感与教师工作压力及工作倦怠的关系》，《心理科学》2008 年第 1 期。

⑤ 刘毅、吴宇驹、邢强：《教师压力影响职业倦怠：教学效能感的调节作用》，《心理发展与教育》2009 年第 1 期。

2. 教师的教学能力

教师的教学能力涉及教学认知能力、教学操作能力和教学监控能力三方面。

（1）教学认知能力。教学认知能力是指教师对所教学科的知识的概括能力以及对所教学生的心理特点和所使用的教学策略的理解能力。它是教师在长期教学过程中积累的知识经验的基础上形成的。

（2）教学操作能力。教学操作能力指教师在教学中使用教学策略的能力，即教师如何管理组织课堂、引导学生、测评教学效果、组织教材、选择教学技术和方法等方面的能力。教学策略的运用是教师教学能力的重要成分之一①，是影响教师教学行为和衡量教学行为水平的另一个重要指标。教师可以把课堂教学策略的训练作为提高自身教学能力的突破口。如有实验研究发现，在中学历史教学中使用奥苏伯尔提出的先行组织者教学策略，能提高学生的学习效果，促进学生知识的学习与保持，而且它对学习的帮助主要是通过提高学生的理解能力而实现的。②

（3）教学监控能力。教师的教学监控能力是指教师为了保证教学成功，实现预期教学目标，在教学全过程中将教学活动本身作为意识的对象，不断地对其进行积极主动的计划、检查、评价、反馈、控制和调节的能力。可以说，教学监控就是教师以一定的元认知知识为基础，对自己的教学活动进行认知监控的过程和自觉反思的过程。它体现了教师的整体思维水平，通过影响教师教学认知水平和教学行为，最终影响学生学科能力的发展③、学生的学习成绩和学习监控能力的发展④，从而成为教师素质的核心成分。

教师的教学监控能力有多方面的内容和多样化的表现：一是教师对自己教学活动的事先计划与安排；二是对自己实际教学活动进行有意识的监督、评价和反馈；三是教师对自己的教学活动进行调节、矫正和有意识的自我控制。教

---

① 黄高庆、申继亮、辛涛：《关于教学策略的思考》，《教育研究》1998年第11期。

② 张爱卿、刘华山、刘玲玲：《“先行组织者”教学策略在中学历史教学中的实验研究》，《心理发展与教育》2000年第2期。

③ 申继亮、辛涛：《论教师教学的监控能力》，《北京师范大学学报（社会科学版）》1995年第1期。

④ 刘宝才、齐国贤：《教学监控与学习监控的培养》，《心理发展与教育》1997年第3期。

师在教学过程的不同阶段，其教学监控能力有多种表现形式，包括课前计划与准备、课堂的反馈与调节、课后反思与评价。①

3. 教师的人格特征

影响教师工作成就的因素很多，人格特征是其中不容忽视的重要因素之一。研究表明，教师人格特征影响着教育过程，不仅影响着教师自身的行为、情绪及心理健康水平，而且影响着教育教学效果和学生的发展。教师人格特征对学生的影响主要通过两条途径：一是教师的人格特征影响学生人格的发展；二是教师的人格特征影响学生学业成就的发展。陈益和李伟（2000）通过对南京市五所小学毕业班教师人格特征与所教班级学生学业成绩的相关研究发现：小学教师的某些人格特征与学生的学业成绩有着较高相关，其中兴奋性与学生的语文成绩呈显著负相关，相关系数为−0.39，聪慧性、稳定性、实验性与学生的数学成绩的相关达到显著水平，相关系数分别为0.42、−0.36、−0.36，但教师的人格特征对学生不同学科的学习有不同的影响。②

在教育实践中，教师逐渐形成其职业角色所需要的某些人格特征。概括已有的研究，优秀教师的典型人格特征主要有以下三大方面。③④

（1）热爱教育事业，热爱学生，富有事业心、责任感。没有爱就没有教育，爱是教师教育学生的基础和开始，这是教师最基本的个性心理品质。首先，教师要热爱教育工作。教师只有热爱教育工作，才会乐于献身教育事业，而这又与教师的责任感、义务感、荣誉感、自豪感等联系在一起。其次，要热爱学生。只有对学生充满诚挚的爱，教师才会真心去关心学生的成长。教师对学生的爱包括：了解学生，因材施教；尊重学生，公平对待；信任学生，对学生怀有积极的期待。

（2）情感成熟而稳定，情绪自控力强。由于各种因素的影响，教师会产生

① 申继亮、辛涛：《论教师教学的监控能力》，《北京师范大学学报（社会科学版）》1995年第1期。

② 陈益、李伟：《小学教师人格特征和学生学业成绩的相关研究》，《南京师范大学学报（社会科学版）》2000年第4期。

③ 郭成、阴山燕、张冀：《中国近二十年来教师人格研究述评》，《心理科学》2005年第4期。

④ 蔡岳建、谭小宏、阮昆良：《教师人格研究：回顾与展望》，《西南师范大学学报（人文社会科学版）》2006年第6期。

不同的内心体验。情感成熟而稳定、较强的情绪自控力是教师顺利完成教育教学工作的重要条件，主要表现为：①能够预料行为的后果，控制环境和自己的反应，谋求自我情绪稳定；②能够在遇到不良情况产生消极情绪时，既延缓自己消极情绪的发作，又不压抑自己的情绪表现，而是以恰当而有效的方式及时宣泄自己的不良情绪，如选择及时表达愤怒的策略或升华、转移的策略进行自我调节。

（3）耐心、自制、有恒。教育对象是青少年，教师日常工作非常琐碎，这要求教师有耐心、自制和持之以恒的品质。首先，能够坚持不懈地了解和关注学生的成长，对学生严格要求、不断督促与检查。其次，能够控制自己的惰性，穷尽自己的所有资源来获得职业和专业的成长。

第二节　教师职业角色与威信

一、教师的职业角色

教师职业角色是指教师自身和社会（包括国家、学校、家长、学生等）对教师群体行为模式的一系列期望，它是由一系列角色构成的角色系统。

（一）教师职业角色的特点

教师职业角色有两方面的主要特点：（1）教师职业角色的突出特点是角色组合。任何一位从事过教学实践的教师都深有体会：教师职业工作的内容并非单一、纯粹的教书工作，要成为一名合格的教师，不仅需要在课堂上传授知识，还需要做许多看起来与课堂教学无直接关系的事情，如疏导学生情绪、塑造学生品格、组织班级活动等。（2）教师角色组合还处于动态变化的过程当中。世界快速发展，时代赋予教学更多更高的责任，人们对教师角色的期待和要求也在发生着变化，相应地，教师角色组合也随之在数量和内涵上有所改变。下面我们具体说明教师角色组合的变化及特点。①

① 吴明霞、张大均、郭成：《教师职业角色组合变化及角色压力调适》，《西南师范大学学报（自然科学版）》2004年第3期。

1. 从知识的传授者到学习的促进者

一直以来，传道、授业、解惑是教师最显著的标志。教师的功能就是把人类已有的知识经验传授给年轻一代，使其在较高起点上发展。因此，教师作为知识的传授者不仅要有广博的基础知识、精深的专业知识及相关学科知识，还要时刻把握所教学科的最新研究成果和发展趋势。不仅如此，还必须懂得如何传授知识，是学科教学法与学科知识的双重专家。同时，由于科学技术的高速发展，多媒体和网络技术的运用拓展了人们获取知识的途径，教师作为唯一信息源的作用日趋减少。教师不能再把单纯的知识传递作为教学的主要任务，而应把使学生形成正确的学习态度、方法以及灵活的知识迁移能力作为教学的主要任务，担当起学习的促进者的角色，即从传统的知识的传授者转变为学习的促进者，实现“教”学向“导”学的转换。如有研究者对新课程背景下上海市中小学教师职业角色认同进行了调查研究，发现“教师是文化的传播者”“教师是学生学习能力的培养者”“教师是学生人生的引路人”在调查的十个教师职业角色中排在前三名。①

2. 从严格的管理者到灵活的组织者

大部分学生的活动都以集体方式进行，因此，教师还需要扮演严格的管理者角色，成为学生集体的领导者和纪律的执行者。教师在扮演管理者角色时，要顾及学生身心发展的群体特征及个体差异，这就要求教师懂得管理心理学的知识，具备良好的领导作风和心理素质。同时，由于社会多元化的发展带来学生个性的多样化，时代的发展也使学生的主体意识被进一步唤醒，这促使学生平等、民主意识增强，导致师生关系更多地向平等的方向发展。因此，在师生交往中，教师将更多地引导学生进行活动，严格的管理者角色将转变为灵活的组织者角色。教师组织者角色的职责包括：（1）组织学科教学的讲授内容、自己及学生的课堂行为，使教学产生最佳教学效果，促进学生文化知识和技能的掌握；（2）组织学生进行课堂内外各种活动，如游戏、劳动等，将心理素质训练和思想品德教育渗透到各种活动中，以期达到提高学生心理素质、培养学生良好的道德品质的作用。

---

① 沈之菲：《新课程背景下上海市中小学教师职业角色认同的研究》，《心理科学》2005年第3期。

3. 思想品德教育者结合心理咨询者

教师肩负着在思想品德方面促进学生社会化的任务。这类教育问题，通常是通过教师言传身教的影响，促使社会意识和道德规范转化为学生的内在品质。因此教师要扮演好思想品德教育者的角色，注重自己的道德修养，成为学生的好榜样。同时，学生成长中的问题，多数属于心理问题，而非绝对的道德品质问题，这些问题不能单纯依靠道德教育的方法来解决，必须结合心理咨询的方法由教师辅助学校咨询人员加以指导、帮助或治疗，从而促进学生心理的社会化过程。因此，教师还要扮演好心理咨询者的角色，教师对学生的咨询辅导是超越课本的教学，不仅是必要的，更是必需的。当然，教师要扮演好咨询者的角色，并不是使自己成为专业咨询员，而是学习一些基本的咨询知识、技术，形成积极关注、尊重、真诚、感同身受的咨询态度，为学生提供心理安全的氛围和支持性的心理环境，从而发现学生潜在的问题，为之提供建议和咨询，并在自己力所不能及时转介到专业人员那里进行咨询和治疗。

4. 从经验积累者到行动研究者

教师的专业发展过程有其周期和规律，一般要经历五个阶段：新手、熟练新手、胜任型、业务精干型、专家型。① 专家型教师是教师专业发展的最高目标。单纯的经验积累不足以造就教育教学的专家，教师角色还应该从经验型向研究型教师转变。教师成为研究者是指教师参与研究并成为研究的主体。教师成为研究者并不是使教师成为专门的研究人员，而是教师在自己的教育教学实践中去发现问题、研究问题和解决问题，研究的对象是自己的教育教学活动，包括教材、教法、教学手段和教学策略的选择等，研究的问题来自教师自己教学中亲身经历或直接感受到的问题，目的是为了改善自己的教学效果，而不是纯粹的学术研究。这样的研究就是教育教学实践研究，即教育行动研究。

（二）教师职业角色压力

教师职业特点和工作内容决定了教师在教育教学过程中扮演多种角色，这

① 黎琼锋：《教师培训与教师专业发展》，《云南师范大学学报（教育科学版）》2003 年第 3 期。

是教师职责和教师职业的价值所在。而教师角色的多重性和高要求必然产生教师的角色压力。研究发现，教师职业角色压力主要来源于角色冲突和角色超载。

1. 角色冲突

当教师不能同时满足对其有意义的多种角色期望，或对某一特定角色的期望不一致时所产生的矛盾或紧张心理，就是角色冲突。角色冲突有多种形式：一是角色间冲突。这既可能是教师需要同时扮演几个角色（如教师的职业角色与其他社会角色、女教师的家庭主妇角色与职业角色之间的冲突），也可能是几个角色同时对教师提出相互矛盾的行为要求（如慈爱的母亲与严格的班主任）所引起的冲突。二是角色内冲突。不同群体对同一角色持有相互矛盾的期待（如校长和学生期望教师管理的态度不同），使教师很难同时令二者都满意，或教师对角色行为的理解与他人的期待不一致，甚至看法相反（如个别教师认为科研不是教师的职责），但又必须履行时，就会发生角色内冲突。适当的角色冲突有助于教师适应工作的要求，促进教师学习。冲突的解决使教师体会到成功的乐趣，但冲突也会影响教师的身心健康、工作积极性，影响教师职业的稳定，诱发部分教师的角色转变行为。① 教师体验到的角色冲突与多种因素有关，通常取决于角色间的差异和个体的角色扮演能力。如果各种角色之间的差异很大，角色期望越高、越清晰，角色冲突也越大；如果教师的角色扮演能力越强，协调各种角色的能力越强，角色冲突的可能性就越小。

2. 角色超载

教师因缺少时间、精力或资源，无力实现角色的要求，这叫作角色超载。角色超载来源于两方面：一是时代发展导致对教师的要求提高，使教师角色组合中的角色数量和各角色的工作内容增加；二是班级人数膨胀、过多的测验等大大增加了教师的工作负荷，使教师感到自己几乎丧失了休息时间。② 不过一名教师是否感到有角色压力，不只与其实际的角色负荷有关，还与该教师的个

① 王俊明：《近年来国内关于教师角色冲突的研究综述》，《教师教育研究》2005 年第 3 期。

② 李江霞：《国外教师职业倦怠理论对我国的启示》，《教育科学》2003 年第1 期。

人特点有关。这些个人特点包括对教师角色所持有的观念、应对职业角色压力的策略、个人的工作自我效能感等。同样的工作负荷，对于一个自我效能感高的教师来说，更能够采取有效的应对策略，从而避免自己因工作负荷过大而感到倦怠。

（三）教师职业倦怠和职业压力调适

教师职业被公认是一种高强度、高压力的职业，教师是职业倦怠的高发人群。①

1. 教师职业倦怠

（1）教师职业倦怠是教师不能顺利应对工作压力时的一种极端反应，是教师长期压力体验下所产生的情绪、态度和行为的衰竭状态，典型症状是工作满意度降低、工作热情和兴趣丧失以及情感的疏离和冷漠。② 职业倦怠包括三个核心成分：①情感衰竭，指个体情感处于极度疲劳状态，工作热情完全消失；②去个性化，指个体以消极、否定或麻木不仁的态度对待工作；③个人成就感降低，指个体评价自我的意义与价值的倾向降低。教师职业倦怠心理的产生，不是对某一特定事件的即时反应，而是在较长一段时期内，对工作中所遇到的压力在情绪上产生的一种递进的反应过程。

（2）教师职业倦怠产生的心理紧张源有很多，归纳起来有：①社会因素，即教师职业的声望压力；②职业因素，即教师担当的多种角色所产生的角色职责压力、角色冲突和角色超载压力；③工作环境，即教师与学生、家长、领导、同事之间的人际关系压力，学校的考评、聘任制度所带来的压力，特别是人际消耗与冲突对教师职业倦怠具有重要的预测作用③；④个人因素，如角色模糊、自我效能感、社会比较方式、集体自尊、应付方式、创造

---

① 伍新春、曾玲娟、秦宪刚、郑秋：《中小学教师职业倦怠的现状及相关因素研究》，《心理与行为研究》2003 年第 4 期。

② Byrne, B. M. (1993). The Maslach Burnout Inventory: Testing for factorial validity and invariance across elementary intermediate and secondary teachers. *Journal of Occupational and Organizational Psychology*, 66 (3), 197-212.

③ 甘怡群、王晓春、张轶文、张莹：《工作特征对农村中学教师职业倦怠的影响》，《心理学报》2006 年第 1 期。

性等因素①。

（3）职业倦怠心理的存在直接影响教师的身心健康：①生理上，经常疲劳、失眠、食欲不振、喉咙嘶哑、背痛、头晕，甚至全身酸疼、内分泌功能紊乱、血压升高等；②心理上，觉得工作无意义、无价值、枯燥、重复、琐碎，感到自己前途暗淡，没有希望，常产生厌倦、抑郁、压抑、焦虑、烦恼等负性情绪；③行为上，对工作敷衍了事，不思进取，不愿钻研，甚至产生辞职意向和行为②。教师职业倦怠不仅可能严重影响教师的身心健康，还会阻碍教师的专业发展，甚至会引发家庭冲突和危机。不仅如此，它还直接影响其教学品质，使其创造性降低，危害学生的学业，不利于学生身心健康的发展和健全人格的形成。

2. 教师职业压力的调适

教师在面对由职业工作所引起的诸多压力时，可以采取一些有效的应对策略来缓解职业心理压力，避免职业倦怠感的产生。这些应对策略包括认知和行为改变以及情绪调控等一系列措施。③

（1）勇于面对，客观看待，换个角度思考问题。人们一般认为是外在不良事件引起了自己的情绪反应，实际上引起什么样的情绪反应不完全取决于外因，而主要是由当事人自己对该事件的认识、评价和解释引起的。认识、解释不同，产生的个人体验也就不同。任何事情都有积极面和消极面，教师职业角色压力及生活中的压力也是这样，若能换个角度思考问题，往往能茅塞顿开、柳暗花明。

（2）进行职业发展规划，使用问题解决策略和具体的放松策略。首先，处于任何发展阶段的教师都需要进行职业发展规划，尤其是新教师，要在教师职业生涯开始时就为自己设定发展目标，把目标细化，利用所有资源来实施这些目标，并定期审查目标达到的情况以调整发展计划。其次，在出现问题时要使

① 张丽华、王丹、白学军：《国外教师职业倦怠影响因素研究新进展》，《心理科学》2007年第2期。

② 刘晓明、李冬梅：《中小学教师的职业倦怠与辞职意向的关系》，《中国心理卫生杂志》2005年第9期。

③ 徐富明、申继亮：《教师的职业压力应对策略与教学效能感的关系研究》，《心理科学》2003年第4期。

用问题解决策略，包括及时合理地宣泄情绪、寻求社会支持、立即处理问题、转移注意力和重新调整等。[①] 最后，运用具体的放松策略来调节生活，包括适度的体育运动、休闲，以及在感觉紧张时使用肌肉放松、冥想放松等方法来松弛身心。

二、教师的威信

（一）教师威信的含义

教师的威信是指教师以优良的个性心理品质，获得学生的信赖与尊敬。教师的威信是教师教育影响力的重要成分，是教师知识、能力、品格和情感等因素在学生心理上产生的非权力性影响力（见图 13-1）[②]，它自然地影响学生，使学生自觉自愿信服、尊重教师。因此，威信并不等同于威严，那种以教师的职权威慑、压服学生，只能使学生产生惧怕和回避的心理，不仅不能在学生心目中产生威信，反而会压抑学生的身心发展，有损教师的形象，对教育教学起负面作用。

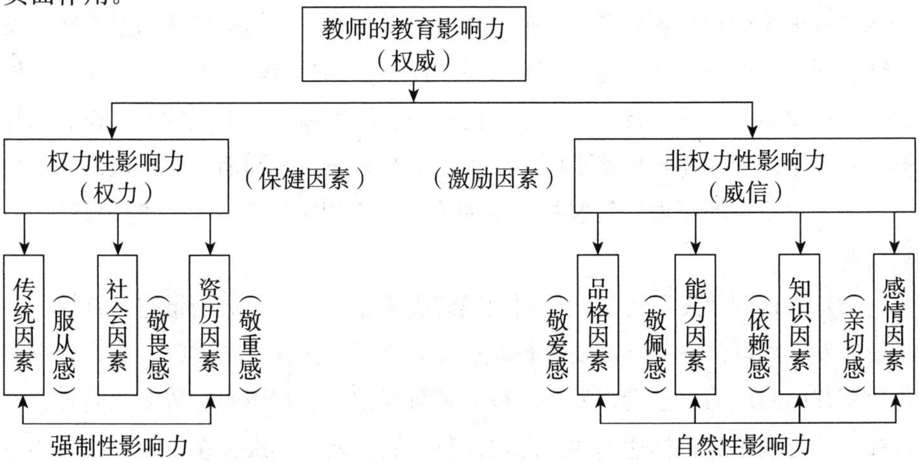

图 13-1 教育影响力的组成

① 赵国秋、王义强、徐琴美、孙艳建：《中学教师与医护人员职业心理紧张及其影响因素的研究》，《中国心理卫生杂志》1996 年第 4 期。

② 胡朝兵、张大均：《论教师的权威、威信与教育影响力》，《教育理论与实践》2004 年第 2 期。

（二）教师威信的教育功能

教师威信的高低，是直接影响教育教学效果的重要因素之一，会在教育教学中产生以下作用。

其一，教师的威信影响学生的认识，是学生接受其教诲的前提。有威信的教师能使学生产生信任的心理感受，对于他们的指导，学生会更积极主动地接受。而对于威信较低的教师，学生往往持不大信任的态度，甚至会有抵触情绪，因而学习效果一般较差。

其二，教师的威信影响学生的思想品德和行为习惯。有威信的教师常常被学生自觉或不自觉地视为心目中的榜样而加以模仿，所以有威信的教师一言一行都能起到教育作用，这样的“言传”和“身教”无形当中塑造着学生的思想品性。

其三，教师的威信影响学生的情感体验。有威信的教师的表扬能让学生感到愉快和自豪，其批评能让学生感到悔悟、自责和内疚。这样的情感体验有利于强化学生的行为方式，对思想和行为的塑造具有推波助澜的作用，因而能够放大教育的效果。

由此可见，有威信的教师能够在认知、情感和行为上影响学生。不同年龄、性别、个性特点的学生对教师的期望不同，所以教师的威信对于不同的学生来说有不同的深度和广度。

什么样的教师在学生心目中才有威信呢？教师的威信主要表现在六个方面：(1) 教育热情——热爱、尊重、关心学生，待人耐心、和蔼、亲切，师生关系融洽；(2) 思想品格——文明，真诚，言行一致，有修养，以身作则；(3) 知识水平——不仅了解所教学科知识，对其他学科也比较了解，一专多长；(4) 教学能力——教学有方，语言表达力强，讲课生动有趣；(5) 工作态度——尽职尽责，严格要求，认真勤恳，治学严谨；(6) 教育作风——公正无私，不偏不袒，作风民主。不同年龄的学生对这六个方面的重视程度不同。小学生喜欢的教师是：教学方法灵活；活泼，开朗，能与学生一起学习和游戏，对学生宽容、热心。小学生不喜欢的教师是：教学方法呆板；好训斥人，有偏心。中学生（尤其是高中生）喜欢的教师是：知识渊博，讲课生动，逻辑性强，品德高尚，有事业心。中学生不喜欢的教师是：教学枯燥无味，经常责骂学生，对学生没有同情心，处理问题不公正，自私。其中初中生更偏重于教师对学生的态度，高中生更看重知识与教学方法。这既与学生的身心发展程度有关，也与学生所处的发展阶段及该阶段的发展任务、发展需求有关。

（三）教师威信的形成与发展

1. 影响教师威信形成的因素

任何教师在教育教学活动中都有可能建立较高的威信，但实际上并不是每个教师都有较高的威信，这是由于教师威信的形成取决于多种因素，既有非教师自身的因素，如教师的社会地位、学生家长和学生对教师的态度等，也有教师自身的因素，如教师的身心素质。其中教师自身的因素对教师威信的形成起着决定作用，具体表现在以下几个方面。

（1）教育教学技能和心理素质是教师获得威信所必需的因素。随着时代进步和科技发展，社会对教师的教育教学技能和心理素质都提出了更高的要求。教师不仅要有丰富的知识，还要有效地传递知识，这就需要教师提高现代教育技术的应用能力，不断改进教学艺术。同时教育又是一项复杂的、高负荷的工作，面对困难，难免会产生挫折感，这又反过来影响教学工作。因此，教师只有树立终身学习的意识，积极进取，其威信才能提高。

（2）良好的道德品质是教师威信形成的基本条件。教师作为社会文化价值与道德准则的传递者，极易被学生看作代表与具有这些价值和准则的人。一个表里不一、华而不实的教师会对学生产生不良影响。良好的道德品质还体现在教师对教育工作的态度上，具有敬业精神，对自己所教学科有着浓厚兴趣和热情，这样的教师才能得到学生的尊敬。

（3）教师的仪表、生活作风和习惯也在影响威信的形成。教师的仪容姿态、作风、生活习惯并非微不足道的细枝末节。教师仪容不整、生活懒散、不讲卫生以及自己习惯性的不雅观的语言动作会损害教师的威信。教师可以通过录像、录音，看到自己上课时的言语、教态、仪容、表情等，从而意识到自己言行的不当之处，并有效地纠正自己的缺点。

（4）教师给学生的第一印象对其威信的形成有重要影响。在头几次见面的关键时期，学生会根据教师的表情、态度、声音、语调等形成初步印象和评价。如果教师给学生的第一印象很好，则有利于今后的交流与沟通；反之，则使学生失望，今后也很难改变这种印象，教师威信就难以建立。因此教师应高度重视第一次与学生见面，力争一开始就从各方面给学生一个良好印象，初步建立起在学生心目中的威信。

(5) 师生关系、师生情感对教师威信的获得也有相当大的作用。师生关系并非只限于课堂教育教学中，在日常的生活交往中，教师与学生交流思想、兴趣、情感等，也能增进双方的了解，融洽师生关系，使学生对教师产生亲近感、认同感，从而增强学生对教师的信赖和尊敬。

2. 教师威信的变化

教师的威信一旦形成，就具有相对的稳定性。随着主客观因素的变化，教师的威信也会相应发生改变。引起教师威信变化的因素，既有客观因素，如社会的变迁、学生的发展等，又有主观因素，如教师的知识面、生活态度、教育教学技能等。教师自身素质的提高或降低，决定着教师威信的变化方向。其中影响教师威信降低或丧失的主观因素有以下几点：一是安于现状，不思进取，求知欲弱，导致知识面窄，既不重视本门学科的发展趋势和最新的科研成果，更不注意了解其他学科的知识，在信息时代这样一个闭目塞听、孤陋寡闻的教师的威信肯定难以维持；二是思想保守，因循守旧，故步自封，导致不敢创新，不能自我扬弃，自以为威信一如既往，实际上威信早已下降；三是随着年龄的增长，教育观念变得消极，教育态度变得冷淡，导致教学质量下降，引起学生反感。总之，教师如果不是经常处于积极的发展状态，行为表现不合乎教师角色的要求，其威信就有可能降低或丧失。教师想要恢复已失去的威信，要比最初获得威信困难得多。因此，教师需要注意维护和发展自己的威信。

3. 教师威信的维护和发展

教师威信的维护和发展指以下几方面：一是巩固已有的威信，防止威信的下降和丧失；二是发展不全面的威信为全面的威信；三是发展低水平的威信为高水平的威信。

教师威信的维护和发展，主要取决于教师自身具有的特征。(1) 教师要有坦荡的胸怀、实事求是的态度。教师勇于承认自己的错误，并能够为自己的过失承担责任，及时纠正，这不但不会降低威信，还会赢得学生的尊重。(2) 教师要正确认识和合理运用自己的威信。要对威信有正确的认识，威信不是威严。只有认识到威信的实质，妥善处理师生关系，才能有效地维护和提高自己的威信。(3) 不断进取的敬业精神。教师要有不断进取的敬业精神，不断更新自己的知识，完善自己的各种素质，以满足学生不断发展的需要，从而激起学生的敬佩之情，提高其威信。(4) 言行一致，做学生的楷模。一般来说，每位教师在学生心目中都有一定程度的威信。在学生看来，教师是知识丰富的人，是举止文明的典范。如果教师的言谈举止和学生心目中的教师形象有云泥之别，其威信就会降低。同时，教师言行一致，则“言传”和“身教”并行，不仅增强教育效力，而且会赢得学生的信赖与尊重，提高威信。

第三节　教师的专业成长

一、教师专业成长的概念和教师专业结构

（一）教师专业成长的概念

教师的专业成长是指教师内在专业结构不断更新、演进和丰富的过程。可以从内容和程度两个方面来衡量教师的发展水平：内容是指教师专业成长的结构，即教师的专业发展包括哪些方面；程度是指教师专业成长所达到的层次。判断教师专业成长水平的高低，需要结合内容和程度两个方面。

（二）教师专业结构

教师核心的专业结构包括教育理念、知识结构和能力结构。其中教育理念是指教师在对教育工作本质理解基础上形成的关于教育的观念和理性信念，反映了教师对教育、学生以及学习等的基本看法，一经形成，即具有相对稳定性，会随着教师个体的生活背景和阅历的不同而发生改变。教育理念既可能是外显的，也可能是内隐的。它在教师的专业结构中处于较高层次，统摄并影响着教师专业结构的其他方面，左右着教师自身各个方面的成长。

目前，教师专业知识结构有多种分类。舒尔曼（Shulman）认为教师的知识包括：一是所教学科的知识；二是教学方法和理论，以及适用于各学科的一般教学策略；三是课程材料，以及适用于不同学科和年级的程序性知识；四是教特定学科所需要的知识，以及教某些学生和特定概念的特殊方式；五是对学

生性格特征和文化背景的了解；六是对学生学习环境的了解，包括了解其同伴、小组、班级、学校及社区；七是关于教学目标的知识。伯利纳提出教师知识结构分为学科内容知识、学科教学法知识和一般教学法知识三类。而博尔科（Borko）等人则认为教师知识结构包括一般教学法知识、教材内容知识和学科教学法知识。

事实上教师的知识结构相当复杂，合格教师最基本的知识结构应该包括：（1）陈述性知识，即具有普通文化知识以及所教学科的专业知识，这是正常教学的基本前提；（2）程序性知识，即如何把学科知识和其他知识教给学生的操作方法的知识，即前面所说的关于如何教学的一般教学法知识和学科教学法知识，这是有效教学的保证；（3）策略性知识，即有关教师在特定的教学情境中为完成教学目标和适应学生需要而做出的教学谋划和采取的教学措施方面的知识，这是教师专业知识结构必不可少的一部分。教学问题的判断和解决需要教师具备良好的教学策略，高水平的教学策略是有效解决教学问题的核心所在。① 教学策略实质上是教师在教学情境中策略性知识的运用，这部分策略性知识是将程序性知识和陈述性知识结合起来的实践知识，它检验、修正并补充着前两种知识，使之成为活的知识，因而策略性知识的水平制约着教师教学水平的高低。

教师的专业能力结构是一个复杂的体系，既包括维持正常教学的基本保证——一般能力（智力），还包括教师专业特殊能力。而专业特殊能力又分为两种。（1）教学能力，包括教学认知能力、教学操作能力和教学监控能力。（2）人际沟通能力。从沟通对象上来分，教师的沟通能力包括与领导、同事、学生及家长沟通的能力，其中教师与学生之间的沟通是教育过程中最重要的方面；从沟通形式来分，包括言语和非言语沟通能力。良好的人际关系是教师适应环境、做好教学工作、实现自我价值的需要。

二、专家型教师

教师的专业发展是个动态过程。如果教师的教育教学能力充分发展，就会

① 连榕：《新手—熟手—专家型教师心理特征的比较》，《心理学报》2004 年第 1 期。

转变为专家型教师。什么样的教师是专家型教师？专家型教师与新手型教师有何区别？

（一）专家型教师的基本特征

斯滕伯格在《专家型教师的教学原型观》中提出了专家在总体上不同于新手的三个基本特征。①

1. 有丰富的、组织化的专门知识，并能灵活应用

斯滕伯格提出专家型教师具备的知识包括：要教的学科内容知识；各种教学法知识（如怎样激发学生动机的知识）；与具体内容有关的教学法知识（如怎样阐明某一概念的知识）；与教学相联系的社会和政治背景知识，这类知识使得专家型教师能够对所在领域的实际限制因素随机应变。在拥有这些知识以外，专家型教师还能将广博、可利用的知识组织起来灵活地运用在教学中。

2. 高效率解决教学领域的问题

根据现有研究，可做如下解释：首先，专家型教师善于利用认知资源，他们的知识经验丰富且高度组织化，某些教育技能已程序化、自动化。这些程序化、自动化的技能和熟练的知识经验占用的认知资源很少，使专家能够在有限的认知资源内做出较少的认知努力就可以完成更多的任务，同时，专家型教师又能将节省的认知资源投入到更高水平的认知活动中去。其次，专家型教师善于监控自己的认知执行过程，在接触问题时具有计划性，善于自我观察，主动自我评价并随时进行自我调整。因此，在教学领域内，与非专家型教师相比，专家型教师解决问题的效率更高。

3. 善于创造性地解决问题，有很强的洞察力

创造性解决问题过程中的洞察力与斯滕伯格等提出的认知的“选择性编码”“选择性联合”“选择性比较”是相对应的。选择性编码旨在区分与问题解决相关的信息和无关的信息。选择性联合以有利于问题解决的方式将一些信息结合起来，如两项信息分开是不相关的，而联系起来考虑对于解决手边的问题却是相关的。选择性比较涉及将所有在另一个背景中获得的信息运用到手边的

---

① 肖映雪：《论中小学专家型教师的基本特征与培养》，《云南师范大学学报（人文社会科学版）》2001年第3期。

问题解决上来。基于选择性比较的洞察力是通过注意、找出相似性、运用类推来解决问题。选择性编码、选择性联合、选择性比较三种认知机制为有洞察力的解决问题的方法提供了心理基础。

综上所述，专家型教师指那些在教学领域中具有丰富的、组织化的专门知识，能高效率解决教学中的各种问题，富有职业的敏锐洞察力的教师。以上所述是专家型教师共同的典型特征，现实中的专家型教师并非只有完全统一的一种模式，不同年龄、性格、兴趣与能力特征的专家型教师可能有相当不同的教学风格、教学方法和态度。因此，专家型教师是一个“类”概念，就个体而言，专家型教师常常会因人、因地、因时而不同，呈现出多样性与差异性。任何教师都可能成为专家型教师，只要善于学习和反思，并结合自身特点发挥优势，不断探索教与学的规律并付诸教育实践。

（二）关于专家型教师的新近研究

专家型教师是教师专业成长的理想目标。在某一特定时期，专家型教师有一些被广泛认可的共同特征，但这些特征会随着时代发展、教师整体水平提高而变化，因而专家型教师的特征是动态发展的。目前国内外许多学者运用“专家—新手”研究范式对教师的教学行为、教学效能感和教学监控能力进行了大量研究，发现专家型教师和新手型教师相比有诸多差异（见表13-1）。

表13-1　专家型教师和新手型教师的特征

相关变量		专家型教师的特征	新手型教师的特征
教学效能感	一般教育效能感	认为自己能克服外在环境的负面影响，有能力克服学生个体差异；对学生行为和成就抱正向期望；教学目标和实现目标的策略明确。	认为自己克服外在环境负面影响的能力和克服学生个体差异的能力都不高；对学生行为和成就不抱正向期望；教学目标模糊，缺少实现目标的策略。
	个人教学效能感	认为自己的专业、教学能力高，教学的个人成就感高，对学生学习的个人责任感高，教学活动中情绪稳定，教学信念坚定。	认为自己的专业、教学能力不高，教学的个人成就感不高，对学生学习的个人责任感不高，教学活动中情绪不稳定，缺乏坚定的教学信念。

续表

相关变量		专家型教师的特征	新手型教师的特征
教学监控能力	计划与准备性	课时计划全面，有预见性，结合教学目标与学生实际；结合要教的内容知识与教学法知识。	预见性差，难以结合学生问题与课时目标；课时计划较简单、孤立；在与课程无关的任务上花较多时间。
	评价与反馈性	课堂教学中能随时通过观察、提问、练习等途径把握学生的掌握情况；能及时了解学生的反应，并评估自己的教学行为。	把提问、练习等活动看作教学过程的必经阶段，而不是从这些活动中获得学生的掌握情况及对自己教学的反馈；无意识地把注意力集中在少数学生身上，较少获得全体学生和整个课堂的信息。
	控制与调节性	能根据学生的反馈或具体教学情境灵活调整教学行为；能根据遇到的困难修正课程计划。	只能按课时计划按部就班地进行教学，很少能根据学生的理解和兴趣对教学行为进行调整。
	课后反省性	课后及时反思教学过程，包括教学和学生的反应，检讨教学得失，作为修正教学活动的依据。	注重课堂中发生的具体细节，注重自己的某个具体教学行为是否成功，忽视对学生反应的思考。
教学行为	课前准备	考虑到教学中的突发事件，充分了解学生和教材，花在准备教学细节上的时间较少，教学计划简洁，以学生为中心，有预见性。	把大量时间花在课时计划的细节上，课时计划过于烦琐，囊括了教学过程的每个环节，缺少预见性和灵活性，很少能把课时计划与学生的特点联系起来。
	课中互动	课堂规划明确；能用各种方法把学生注意力集中在教学活动上；能机智处理突发事件；教材呈现方式新颖，教学策略运用自然、灵活；及时了解学生的理解情况和兴趣，根据实际对教学计划和行为做适当调整。	课堂规则含糊且不能持久坚持执行；无法有效利用教学时间，把较多精力花在与课堂教学无关的事件上；不能灵活运用教学策略，很少根据实际情况调整教学行为；注意力集中在自己的教学上，忽视学生的反应；不能通过各种途径获得学生的反馈信息。

教师的专业成长是一个长期的、持续的甚至是终生不断努力的过程。许多研究证实了在由新手型教师向专家型教师转化的过程中，有一个重要的阶段，即熟手型教师，这是能按常规熟练处理教学问题但教学创新水平不高的教师。熟手是昨天的新手，但不一定是明天的专家，许多教师往往停滞在熟手阶段，这也是目前教师专业化水平不高的重要原因。① 教师要从熟手发展为专家，一方面需要通过正式的教师教育来提高专业水平，另一方面还需要通过多种途径来进行自我培训，成为自己专业成长的主人。

三、教师专业成长的途径

教师如何在专业结构的各方面获得成长，成为一名专家型教师呢？什么是教师的成功之道呢？格拉特托恩（Glatthorn，1995，p. 41）认为获得教师专业发展的途径是一个连续体：一端是经由职业发展各个阶段顺其自然地获得专业成长，这是基于经验累积被动地发展，即教师职业发展的一般规律，称为职业发展（career development）；另一端是有组织地促进教师成长的在职教育，称为教师培训（staff development）。② 教师培训又分为校方组织的培训及教师个人的自我培训。自我培训指教师个体有意识地主动发展、自我更新，采用各种方法关注学生的理解程度和兴趣，很少谈论自己的教学是否成功，关心那些对完成教学任务有影响的活动。

各国普遍认识到教师的态度、知识、能力和现实表现并不能通过行政命令或标准课程得到改变，学校简单地规定教师参加专业培训也不一定能达到预期目标。在教师自我培训中起决定作用的是扩展专业特性的意识和能力。正是这种意识使教师不只是依赖正式的教师教育来获得专业成长，而是主动寻找各种机会，通过多种途径来进行自我培训，并为自己的专业发展负起责任。

教师自我培训的途径很多。英国课程论专家斯滕豪斯（Stenhouse）曾明确提出教师专业发展的三条途径：系统的理论学习、研究其他教师的经验和在

---

① 连榕：《新手—熟手—专家型教师心理特征的比较》，《心理学报》2004年第1期。

② Glatthorn, A. (1995). Teacher development. In L. W. Anderson (Ed.), *International encyclopedia of teaching and teacher education*. Oxford: Elsevier Science Ltd.

教室里检验已有的理论。[1] 这几条途径几乎囊括了教师专业发展的所有方面，但过于概括和抽象，不具有操作性。目前有关教师专业成长的资料虽多，但在发展途径和方法的讨论上又显得过于琐碎、凌乱。因此，我们以斯滕豪斯提出的三条途径为基本框架，结合目前的最新研究结果，对教师专业成长的途径和方法进行梳理，提出以下四条途径。

（一）**理论学习**

教师理论水平的提升、知识的积累和能力的增强，除了在高等院校的学习，还必须在日常教学生活中不断进行系统的理论学习。这是由于：首先，理解和把握教育教学的真谛、确立新的教学观念，需要一个不断将外在的教育教学理论内化的过程；其次，教育教学实践中反映出来的问题只有上升到理论层面，才能知根知底。有的教师忽视理论学习，希望学习现成的、直接能用于实践的操作方法。他们认为理论没用，也没时间听，只要知道做什么、怎么做就行了。实际上，具体的操作方法常常是在特定的背景中使用才行之有效。若缺乏理论根基，只知道做什么和怎么做，而不知道为什么要这样做，也不知道情况有所改变时是否需要改变，在实践中不仅易出偏差，而且操作方法也不能灵活迁移到类似的教育教学情境中，更不会在教育教学实际中加以创新和发展。再者，正如联合国教科文组织《1998 年世界教育报告——教师和变革世界中的教学工作》中所说："人们逐渐认识到，教育职业同其他职业不一样，是一种'学习'的职业，从业者在教师职业生涯中自始至终都要有机会定期更新和补充他们的知识、技巧和能力。"[2] 因此，教师只有不断系统学习理论，才能在较高层次上更新知识结构、提升专业能力。

理论学习的内容既包括陈述性知识（有关"是什么"的知识，如自然科学中的新发现、新理论，人文学科中的新思想、新观念），也包括程序性知识（有关"如何做"的知识，如教学策略、教学技能等）。[3] 这样才能随时了解教育教学的新近发展动态，掌握新的教学方法，学习使用最新的教学技术，及时

① 张艳丽：《谈教师的专业成长》，《教育探索》2003 年第 4 期。
② 黎琼锋：《教师培训与教师专业发展》，《云南师范大学学报》2002 年第 3 期。
③ 尧新瑜：《试论教师专业化的三个向度》，《教育理论与实践》2003 年第 2 期。

吸纳所教学科和教育学科的最新研究成果，扬弃自己知识结构和观念系统中陈旧和不合时宜的成分，进行知识和观念的更新与重构。在理论学习时应对各种新观点和现象保持开放的心态，把自己现有的教育教学理念、理论和教学方式方法的合理性放在接受挑战和审视的位置，对其检查、修订和改进。理论学习的方式多种多样，如阅读专业书籍、报纸杂志，利用互联网，参加为教师举办的培训班等。

（二）研究其他教师的经验

教育教学工作中充满了各种不确定性，在实践中遇到的问题多数属于结构不良问题，从书本上得来的理论并不一定就能解决实践中的疑难问题。系统的理论学习对于一名教师来说是必要的，但也是远远不够的，还必须在实践中学习活的教育教学知识和技能。案例教学和课题观察就是两种典型的研究其他教师经验的“做中学”的专业发展途径。其着眼点在于教师实际解决问题能力的发展，而不仅是获得不变的原理、规则。

1. 案例教学

案例教学最突出的特征是案例的运用。案例是包含有问题或疑难情境，同时也包含有解决这些问题的方法的真实发生的典型事件。[1] 案例教学法（case method of teaching）就是运用案例进行教学的方法，是通过对一个个含有问题的具体、真实的教育情境的描述，引导学习者（这里主要指教师）对其进行讨论的一种教学方法，在一定意义上与讲授法相对立。教师先要选出适当的案例，并撰写出来，然后讨论。选择案例有几个基本要求：第一，要突出事件中的矛盾、对立；第二，要有完整的情节；第三，叙述要具体、明确；第四，把事件置于具体的时空背景中；第五，揭示教师与学生复杂的心理活动。一句话，案例来自于真实的教育教学实践，是发生在教师身边的事情。教师对撰写出的案例中涉及的各种问题进行分析、讨论，提出解决问题的各种策略并加以演示、比较。通过讨论案例，教师学会如何去分析问题，遇到类似的情境或问题如何对待，从哪些方面着手去处理，同时也就学会反思自己的教学实际，能设身处地地从实际的情形出发，设想可能遇到的种种障碍、自己有可能产生的

---

① 郑金洲：《案例教学：教师专业发展的新途径》，《教育理论与实践》2002 年第 7 期。

种种偏见以及解决问题的多种可能方案等。

案例教学是传递理论、原理的强有力的方式。在案例教学中，教师分析讨论案例中的教学情境和师生的各种反应，辨别其中所包含的基本原理和规律，把案例中隐含的有关理论展示出来，并通过讨论说明为什么这个事件应该这样处理而不应那样处理，就能促使教师对理论运用的方式、原因等做更深入的思考。不仅如此，还要考察情形已有所变化的案例，讨论如何把先前案例中的理论转变成解决新情形、新问题的变式。这样，理论就可以迁移。因此，教师在选择案例前，先要确定哪些基本原理是要通过案例教学揭示的，然后再选择能够说明这些原理、理论的案例；在讨论分析案例时，针对案例中的重点难点（如教学策略、教学技巧等）进行分析；不要停留在具体的事实上，而要挖掘事实背后的规律；对不同的观点不要持批判的态度，鼓励表达观点；总结放在讨论的最后进行。

2. 课堂观察

课堂观察又称观课或听课。① 观课不但要注意“听”，还要着重“看”。其目的是促进教师专业发展而非考核考评，因而常常是同事、同级之间的互助指导。它包括三个环节：观课前的共同准备、观课过程、观课后的共同讨论。其中讨论是重要的一环，不是去评价，而是有充分切磋的交流。由此可见，观课的意义在于互助指导，使教师共同感兴趣的问题得到分析，从而共同提高。因此观课者要在教案的设计上提出建议，帮忙收集资料和进行课前准备，共同商定课后将要讨论的问题或范围。这既减轻了授课者的压力，也可以使观课者参与教学而非置身事外。可见，被观课教师的教学过程就是一个活的教学案例，观课后的讨论实质上是案例分析，因此，观课活动同样具有案例教学的作用。

（1）观课内容的确立。教师要根据不同的观课目的来确定观课的重心。若观课的目的是探讨学生对课题的掌握情况，则观课重心就放在授课教师的讲解情况、提问及回答问题的情况等；若观课的目的是探讨教师如何照顾到差生，则观课时要留意的是教师的讲解是否深入浅出、目光在差生身上停留的时间、布置的练习是否切合差生的能力等。

---

① 邵光华、王建磐：《教师专业发展取向的观课活动》，《教育研究》2003 年第9 期。

（2）观课方法。根据观课目的采用适当的定量或定性方法。若采用定量方法，则要对课堂事件计数，如教师提问的次数；若用定性方法，就要关注意义、影响及个体和群体对某事件的理解。

（3）观课记录。观课后的讨论要有所依据，这需要进行观课记录。观课记录有多种方法，各有利弊，应综合使用。其中笔录最简便易行，但较浪费时间，有所遗漏。录音能提供可重复的声音信息，但丢失了视觉信息。同步录像既不影响听课，又能如实记录下可重复的声音和图像，但可能遗漏镜头之外的情形，甚至可能影响师生的教学活动。

（4）课后讨论。讨论的要求与案例分析的要求相同。需要注意的是：①不持批评批判的态度，鼓励不同见解，以开放的心态共同探求答案，避免权威意见；②针对课前商定的关键问题、重点难点或双方感兴趣的问题或范围进行，先罗列资料，如实报告观课记录，然后讨论分析；③从具体的言行上总结出理论和规律及规律的变式，以提高理论水平及迁移能力。

（三）行动研究

当前，“教师即研究者”（teacher as researcher）的理念备受重视，这一理念产生于行动研究（action research）理论。行动研究指教育工作者独自或与专业研究人员、其他教师合作，在教育教学中，通过行动与研究的结合，创造性地运用教育理论研究和解决不断变化的教学实践情境中的具体问题，从而不断提高专业水平。其特点是：（1）教育行动者开展的研究，即研究者与行动者（即教育教学实践者）合二为一，研究者即行动者；（2）对教育行动开展的研究，即研究问题来自教师教育教学工作中遇到的具体的实际问题，研究的对象通常限于任教的班级；（3）为教育行动开展的研究，即研究目的是为了解决教育教学实践中的实际问题，以改进教育工作质量；（4）在教育行动中开展的研究，即在真实的课堂教学环境中把研究与实践合二为一，教学不是单纯的教学活动，而是被研究着的教学活动。[①] 可见，行动研究正是斯滕豪斯提出的“在教室里检验已有理论”的具体应用。

行动研究有别于传统意义上的研究。传统意义上的研究是专家或学者的工

① 傅树京：《构建与教师专业发展阶段相适应的培训模式》，《教育理论与实践》2003年第6期。

作，是以科学的方法研究别人的问题，目的在于发现普遍规律，研究者多为大学或研究所的科研人员。而行动研究则是中小学教师以科学的方法研究自己的问题，本质上是个实践问题，目的直接指向发现现实问题和解决现实问题。[①]行动研究能够避免研究者与实践者、理论与实际、科研与教育教学之间的分离现象。行动研究并不需要教师另起炉灶，在教室以外专门拿出大量的时间、精力来进行，教室既是教学的场所，也是教师天然的实验室。[②] 教师在正常的教学过程中发现的问题，又在这个过程中得到解决。

（四）教师专业成长的反思

有研究发现，“从新手型教师到熟手型教师主要是一个教学程序熟练化的过程，而从熟手型教师到专家型教师则主要是一个不断反思的过程”[③]。波斯纳（Posner）曾提出教师成长公式：“经验＋反思＝成长”。林崇德也提出“教学过程＋反思＝优秀教师”的公式。教师的自我反思是以自己的实践过程为思考对象，来对自己的行动、决策以及由此产生的结果进行审视和分析。反思不仅是一种能力，更是一种意识，是教师职业生活的态度和方式。这种生活态度和方式能够促进教师的自我觉察水平，有助于教师向专家型发展。

1. 反思的对象、内容和目的

反思涉及两个不同层面：一是指向教师专业行为与活动，目的是促进教师对专业行为的改进，提高教学成效；二是指向教师专业成长过程，把教师自身的专业发展作为对象，以改进其专业结构和推进专业发展进程为主要目标，对目前自我专业发展状况、水平以及当前所处的职业发展阶段进行思考，使教师更清楚今后的专业发展方向。前一种反思内容涉及教师平时的教学知识、技能、风格，以及教学过程中隐含的教学假设、教育理念等；后一种反思内容涉及教师专业结构发展阶段和目标。

2. 反思的方法、工具和方式

针对以上两种反思，可使用不同侧重点的反思方法和工具。针对第一种反

① 范诗武：《新世纪教师专业能力与教育行动研究》，《外国教育研究》2003 年第 5 期。

② 尧新瑜：《试论教师专业化的三个向度》，《教育理论与实践》2003 年第 2 期。

③ 孟迎芳、连榕、郭春彦：《专家—熟手—新手型教师教学策略的比较研究》，《心理发展与教育》2004 年第 4 期。

思，可以通过分析文献、写传记、写教学日记、记录关键事件的方式，反思工具包括教学录像、教师教学经历和自传、教学日志、角色模型简介等。针对第二种反思，则需要列出教师专业结构的发展序列表，并将自己目前的专业发展阶段和发展水平与之相比较，找出自己薄弱的方面，制订提高的计划。可使用测试工具，如国内外已标准化的专家测试量表，或教师自行编制的调查问卷，来了解自己目前专业发展状况。反思方式有多种，如自我反思、交流反思、实践前反思、实践中反思、实践后反思、随机反思和阶段反思，教师可以根据自身情况自行选择。反思既可单独进行，也可与他人合作。

以上所述反思内容、方法和工具等都属于反思能力的范畴，教师进行自我反思，最重要的是提高反思意识。反思意识是反思能力的前提，只有具有强烈的反思意识的教师才会努力去提高其反思能力。提高反思意识的方法有归因法和自我提问法。(1) 不同的归因导致不同的行为。若某教师认为学生成绩差是由于学生不认真学习，那他就不会从自己的教学方式方法上着手改善。若归因为自身的教学观念和教学方法，那么他就会努力改进自己的教学理念和行为。同时，归因的过程也是自我分析的过程，因此归因法有利于自我反思能力的提高。(2) 反思是从发现问题开始的，反思能力的提高通过发现问题、解决问题来实现。因此，培养问题意识，发现教育问题是提高反思意识的关键。在教师职业发展的各个阶段，问自己以下问题将有助于专业发展：我目前处于职业发展的哪个阶段？这个阶段的职业发展计划是什么？同事和学校对我有何期待？我的教学工作目标和抱负是什么？我有什么可以利用的资源（包括人和物）来达成我的发展计划？教师的专业发展就存在于提出问题与解决问题的过程中。

【要点小结】

教师职业与其他职业相比，具有规范性、复杂性和创造性、专门化及自我发展性等主要特点。教师职业发展的一般过程是职前培训—入职适应—职中发展—退出职业。适应问题、工作压力问题、拓展和创新问题困扰处于职业发展不同阶段的教师。教师职业心理素质是教师的一般心理素质和特定职业结合的产物，主要包括教师的教学效能感、教师的教育教学能力和教师的人格特点三个方面，它是多维度而非单一维度的结构，包括多个相互关联的要素，处于动态发展之中，其形成具有个别化、阶段性特点，并具有可培养的特点。教师职业角色是指教师自身和社会（包括国家、学校、家长、学生等）对教师群体行为模式的一系列期望，它是由一系列角色构成的角色系统。教师角色的多重性和高要求必然产生教师的角色压力。教师职业角色压力主要来源于角色冲突和角色超载。教师职业倦怠是教师不能顺利应对工作压力时的一种极端反应，是教师长期压力体验下所产生的情绪、态度和行为的衰竭状态，典型症状是工作满意度降低、工作热情和兴趣丧失以及情感的疏离和冷漠。它包括情感衰竭、去个性化及个人成就感降低三个核心成分。教师的威信是指教师以优良的个性心理品质，获得学生的信赖与尊敬。教师的威信影响学生的认识，是学生接受其教诲的前提，同时还影响学生的思想品德、行为习惯及学生的情感体验。教师的专业成长是指教师内在专业结构不断更新、演进和丰富的过程，可以从内容和程度两个方面来衡量其发展水平。教师核心的专业结构包括教育理念、知识结构和能力结构。教师可经由职业发展各个阶段顺其自然地获得专业成长，也可以参加有组织的教师培训。教师培训又分为校方组织的培训及教师个人的自我培训，其中教师自我培训的途径和方法包括理论学习、研究其他教师的经验、行动研究及教师专业成长的反思等。

【思考与练习】

1. 教师心理素质与教学质量有什么关系？

2. 你身边那些威信高的教师与威信低的教师有何不同？

3. 教师如何成为教育教学的专家？

4. 教师如何在日复一日的教学工作中完善自我、超越自我、自我实现？

5. 你认为有哪些可行的办法可以减轻教师的职业压力，提高其身心健康水平？

【拓展性阅读】

1. 张大均主编：《教育心理学》，人民教育出版社2004年版，第十二章。

2. 张大均、江琦主编：《教师心理素质与专业性发展》，人民教育出版社2005年版，第一、二、四、七章。

3. 张大均、郭成主编：《教学心理学纲要》，人民教育出版社 2006 年版，第三章。

4. 陈琦、刘儒德主编：《教育心理学》，高等教育出版社 2005 年版，第十七章。

5. 莫雷主编：《教育心理学》，教育科学出版社 2007 年版，第十三章。

6. 岑国桢主编：《教育心理学》，中国人民大学出版社 2006 年版，第十六、十七、十八章。

第十四章　心理素质教育与学生心理健康

【内容提要】

心理素质教育是学校素质教育面临的新任务，旨在帮助学生解决生活、学习、交往中出现的心理问题，促进心理健康。本章尝试探讨与心理素质教育、学生心理健康及健全心理素质培养的理论和实践相关的若干问题。

【学习目标】

1. 知道心理素质的含义和结构。

2. 知道心理健康的含义及判断标准。

3. 知道学校心理素质教育的根本目标、基本任务、内容、原则。

4. 知道学校心理素质教育设计的基本要求和学校心理素质教育的基本途径，能灵活运用学校心理素质教育的基本策略，科学评价学校心理素质教育的效果。

【关键词】

心理素质　心理健康　心理素质教育

第一节 概 述

一、心理素质及其教育

（一）心理素质的含义

心理素质是伴随着中国推行素质教育而产生的本土化概念，对其含义国内心理学界尚未形成共识。从现有文献分析，主要有以下观点。（1）心理素质是一个由心理能力素质（智力因素）、心理动力素质（人格因素）和身心潜质三个亚系统交互作用的、动态同构的自组织系统。①（2）心理素质是多类别、多要素、多品质系统的动态综合体，包括智力因素、非智力因素、心理健康与潜能因素。②（3）心理素质就是人格或个性，包括需要、动机、兴趣、理想、信念、世界观、能力、气质、性格等。③（4）心理素质是一个人的性格品质、心理能力、心理健康状况及心因性行为的水平或质量的综合体现。④（5）心理素质是以生理条件为基础的，将外在获得的东西内化成稳定的、基本的、衍生性的，并与人的社会适应行为和创造行为密切联系的心理品质。⑤

上述观点对深入探讨心理素质的含义有启发作用。我们认为，心理素质的基本含义可做如下概括：心理素质是以生理条件为基础的，将外在获得的刺激内化成稳定的、基本的、内在的，具有基础、衍生、发展和自组织功能的，并与人的精神活动和实践活动密切联系的心理品质。⑥ 这个定义的理论依据是：（1）现代心理科学关于人的心理品质形成和发展的有关论述；（2）对我国心理学家关于心理素质的观点的综合分析和借鉴；（3）对现代素质含义的思考和探

① 钱含芬：《学生心理素质与学生成就相关的研究》，《心理发展与教育》1996年第1期。
② 王极盛：《中国中学生心理素质量表的编制及其标准化》，《社会心理学》1997年第4期。
③ 刘晓陵：《中学生心理素质调查表的编制》，《上海教育科学研究》1998年第2期。
④ 肖仕汉：《心理素质的结构及其内外关系》，《中国教育学刊》1999年第4期。
⑤ 刘华山：《试析学校心理素质的特征与结构》，《教育研究与实验》1999年第4期。
⑥ 张大均等：《关于学生心理素质研究的几个问题》，《西南师范大学学报（人文社会科学版）》2000年第3期。

讨。这个定义的实践依据是对专家和一线教师的咨询问卷的分析。这个定义体现了心理素质形成的生理、心理和社会条件，揭示了心理素质的稳定性、基本性和内在性等特征，明确了心理素质是一个具有基础性、衍生性、发展性和自组织功能的复杂的、动态的、同构的自组织系统。

（二）心理素质的结构

心理素质的结构是指心理素质的构成成分。研究表明，学生心理素质由认知品质、个性品质和适应性（或适应能力）三个基本维度构成。

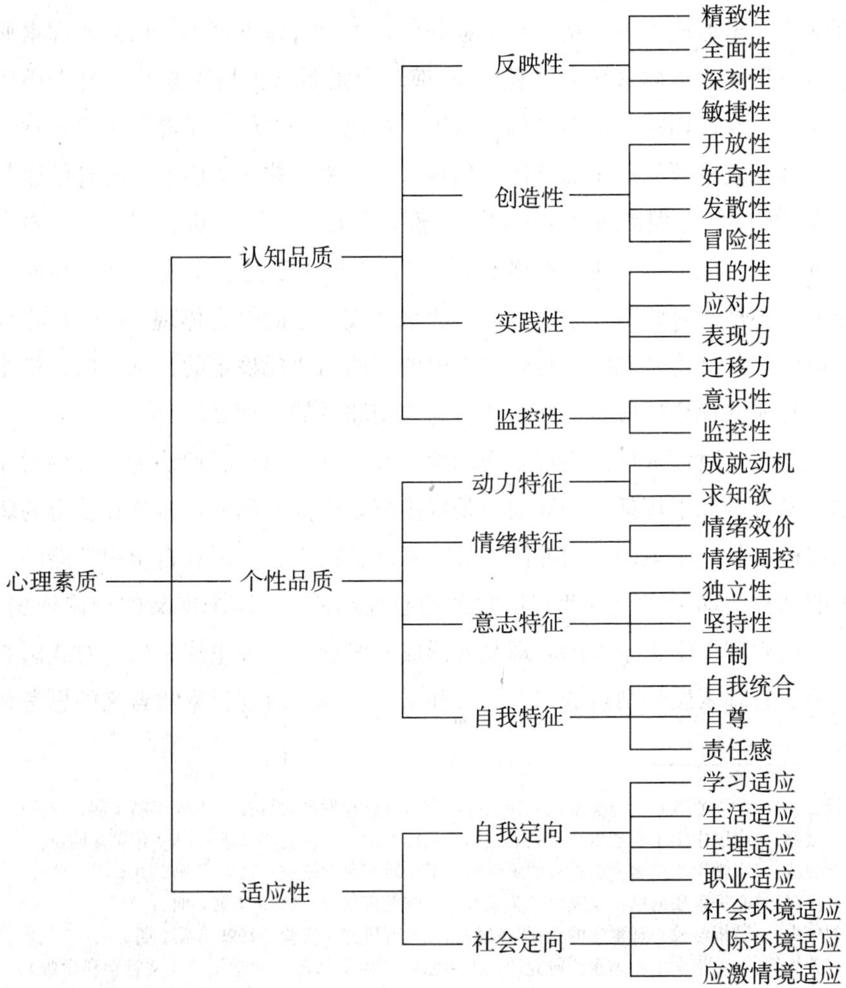

图 14-1　心理素质的结构

1. 认知品质

认知品质是指人对客观事物的认知活动中直接参与具体操作的认知特性，是心理素质结构最基本的成分。认知品质始终是在认知活动过程中表现出来的，因此我们也只能在认知活动的过程中揭示认知品质的各个方面。人的认知过程是怎样展开的呢？根据现代认知心理学的研究成果，首先，人的认知活动表现为对现实世界的信息反映，集中表现为对问题的知觉和分析；其次，认知活动表现为对信息的加工，以创造出新的信息，集中表现为提出解决问题的办法；最后，认知活动表现为信息加工的行为延伸，集中表现为解决问题方案的具体实施。与此同时，人的认知监控始终是与上述三种认知活动相伴随的一个独特的认知活动，对认知活动中的反映、创造和实践三个环节起着评估和监控作用，可以说是认知活动中一个相对独立的环节。

2. 个性品质

个性品质是指人对客观事物的对待活动中的个性心理表现，虽不直接参与对客观事物认知的具体操作，但是具有动力和调节机能，居于心理素质的核心地位。它是一个人区别于其他人的独特的精神面貌和心理特征。个性品质主要由个性的动力特征因素、意志特征因素、情绪特征因素和自我特征因素所构成，具体表现为进取心、成就动机、乐观倾向、情绪调控、自制、坚韧性、独立性、自我统整、自信心、责任感等因素。

3. 适应性

适应性是个体在认知品质和个性品质的基础上，在人特定年龄阶段所处的社会生活背景中，通过与社会生活环境的交互作用，对外在社会环境进行学习、应对和防御，对内在心理过程进行控制、理解和调适所表现出来的习惯性行为倾向，是心理素质结构中最具衍生功能的因素。在这里，个体内在的认知品质和个性品质是适应性产生的内在条件因素，外在特定性质的社会生活环境是适应性产生的外在条件因素，而个体与社会环境的交互作用是适应性形成的决定性因素。所以，适应性是个体生存和发展必要的心理素质之一。

根据上述认识可以认为，适应性形成于个体与社会生活环境交互作用过程中，主要表现在两个方面：一是对外在社会环境的学习、应对和防御等适应过程；二是对自己内在心理过程的控制、理解和调适等适应过程。[①] 当然，在很多情形下，这两个过程是同时出现的。但是，在个体的社会适应过程中，根据个体心理与行为在个体自我和外在环境之间的指向性程度的差异，我们还能把个体的适应性解剖成自我定向适应性和社会定向适应性两个方面。譬如，享受孤独就是自我定向适应性，积极参与社交团体就是社会定向适应性。

综合上述对心理素质结构成分的理论分析，依据对数万名大、中、小学生心理素质的测量结果，我们得出了学生心理素质结构的维度和层次。

（三）心理素质教育

学校心理素质教育是指以培养学生健全心理素质为目标的教育活动，是一项具有全面性和全体性、活动性和互动性、主体性和发展性等特征相协调的素质教育形式。

学生健全心理素质是指：（1）心理素质整体和各要素发展水平达到相应年龄阶段的基本要求；（2）心理素质结构和功能协调一致；（3）心理素质具有开放性和发展性特征；（4）心理素质具有自我调节机能，即是一个自组织系统。

1. 为什么要进行心理素质教育

素质教育的根本目的在于全面提高学生的素质。学生素质包括生理素质、心理素质和科学文化素质（含思想道德素质），其中心理素质在个体素质中处于核心地位，心理素质制约着其他素质的形成与发展。“良好的心理素质是人的全面素质的重要部分”[②]，心理素质决定着各种素质的质量水平，甚至决定着学生最终能否成才[③]。众多研究表明，心理素质与学生的学业成就高度相关，优化学生心理素质结构是全面提高教育质量的关键。[④⑤⑥⑦] 现实学校中

---

① 张大均等：《关于学生心理素质研究的几个问题》，《西南师范大学学报（人文社会科学版）》2000年第3期。

② 中华人民共和国教育部：《中小学心理健康教育指导纲要》，人民教育出版社2002年版，第3页。

③ 林崇德、李虹、冯瑞琴：《科学地理解心理健康与心理健康教育》，《陕西师范大学学报（哲学社会科学版）》2003年第5期。

④ 钱含芬：《学生心理素质与学生成就相关的研究》，《心理发展与教育》1996年第1期。

⑤ 王极盛、赫尔实、邱炳武：《中学生心理素质与学习成绩的关系》，《中国学校卫生》1999年第1期。

⑥ 张大均、刘衍玲：《高中生心理素质与学业成绩的相关研究》，《心理科学》2001年第1期。

⑦ 张大均、刘衍玲、郭成：《小学生心理素质与学业成绩的关系》，《心理发展与教育》2004年第1期。

所实施的教育有德育、智育、体育、美育、劳动技术教育，唯独没有心理素质教育。这种无“心”的教育，极不利于发展中主体——学生的健康发展，直接影响学生素质的全面提高。近几年来许多研究表明，大、中、小学生中存在着不同程度、不同类型的心理问题，心理问题的平均检出率大多在20%左右，且元分析研究表明“中学生在SCL-90上的得分可能有随年代增加的趋势”①，而“心理健康教育的关键在于提高学生的心理素质”②。因此，无论从学生素质的全面提高还是从学生心理发展的需要来看，学校开展心理素质教育势在必行。

再从素质的发展和功能看，学生的整体素质并非总是循着生理—心理—社会的顺序发展的，在多数情况下三类因素相互影响、相互作用、相互促进，共同影响个体素质的形成。素质的结构越完善，整体的功能就越强，因此学生素质的发展要求全面实施素质教育，心理素质教育理应包含在“全面实施”之列。心理素质教育有其独特的教育功能，是知识教育或规范教育无法代替的。强调学校心理素质教育在素质教育中的重要地位和作用，并不是说它是孤立的。实际上，全面实施素质教育必须通过加强心理素质教育这一重要形式，才能保障其他素质教育效率的提高。

2. 学校心理素质教育的基本特点

和其他教育形式相比，学校心理素质教育具有以下突出特点。

(1) 教育目标的全面性和全体性。心理素质教育在目标上特别强调一个“全”字，它不只是针对有心理问题的学生而开设的，也不只是侧重某一方面(如智力或情绪)的培养，它是以全面提高全体学生的健全心理素质为目标的。学生心理素质是一个由多因素构成的复杂的系统，不仅包括认知品质，还包括个性品质和适应性。因此，心理素质教育不仅要教学生会学习，而且要教学生会生活、会做人、会交往；不仅要重视学生智力品质的发展，更要重视其个性、社会性和创造性的发展；不仅要关注有心理疾病的学生，而且要考虑大多数学生的心理发展需要，关注全体学生心理素质的健康发展。

(2) 教育方式的活动性和互动性。心理素质教育在方式方法上十分重视突

① 范会勇、张进辅：《过去十年中学生SCL-90调查结果的元分析》，《心理科学》2005年第6期。

② 林崇德：《心理健康教育的关键在于提高学生的心理素质》，《思想政治课教学》2000年第1期。

出一个“动”字，即活动性和互动性。活动性是指心理素质教育的教育方式应以创设各种形式的活动（如游戏、角色扮演、讨论、辩论等）为主。与以获取间接经验为主要任务的学科教育不同，心理素质教育强调让学生获取直接的经验。它不是向学生传授系统的心理学知识，也不强调知识的逻辑性，而是注重从学生生活和学习的实际情况出发，创设各种情境，让学生在丰富多彩的活动中获得直接的体验和感悟，促进其心理素质的发展。学校心理素质教育活动是以群体动力学理论为基础的一种集体教育模式。群体动力学认为，影响人的行为的因素有环境和个性两大方面，而人际环境尤为重要。好的人际环境将有助于个体良好行为的形成。因此，心理素质教育同时也具有互动性的特点，即它强调在活动中通过师生互动、生生互动来创设良好的人际氛围，调动学生多向沟通、积极参与，从而促进学生良好行为和心理品质的形成。

（3）教育对象的主体性和发展性。主体性即心理素质教育必须以学生的心理需要为教育的出发点，尊重学生的主体地位，发挥学生的主体作用，鼓励学生自我选择和自我指导，促进学生自知、自觉和自助。这是因为，首先，心理素质教育的目的在于促进学生成长和发展，而成长和发展从根本上说是一种自觉和主动的行为，如果学生没有主动意识和精神，处于被动的地位，心理素质教育就成了强制性行为，失去其原本的意义和价值。其次，心理素质教育的过程实质上是个“助人自助”的过程，“助人”是手段，而“自助”才是目的。而要达到“自助”的目的，除必须尊重学生的主体地位，充分发挥其主体作用外，同时还应充分认识到，心理素质教育的对象是发展中的主体。因此，心理素质教育不仅应充分发挥学生的主体性，而且应高度重视培养、发展学生的主体性，促进学生的全面发展。

二、心理健康的含义及判断标准

学生心理健康水平以其心理素质为基础，反映其心理素质的水平，因此，学校心理素质教育的重要任务之一就是促进和维护学生的心理健康。

（一）心理健康的含义

究竟什么是心理健康，国内外尚无公认的界定。认识分歧的根源主要是学者们判断心理健康的依据不同。因此，揭示心理健康的含义，必须基于对心理健康标准的判断依据的科学认识。目前学术界关于心理健康的判断依据主要有以下几类。

（1）临床模式。持这一依据者假定，心理不健康的人会有一些异常的临床表现，如失眠、紧张、注意力不集中、强迫行为等。该模式从医学的观点出发，根据当事人是否出现某些异常症状来判断其心理健康状况，认为心理健康就是没有心理疾病。此模式看似简便、客观，却存在如下一些问题：其一，当这些异常症状出现时，当事人的心理健康已经受到比较严重的损害，易使治疗被动、消极。其二，很多情况下，不健康的心态可能是以潜在的方式隐藏着的，要通过某种诱因才能发作和表现。其三，症状和病因不是一对一的关系。同一症状可以由不同种类的心理异常引起，而同一种心理异常也可通过不同的症状来表现。①

（2）统计常模。持这一依据者假定，人的各项心理特质的测量值在人群中接近正态分布。当一个人的心理特质的测量值接近总体平均数时，就认为他心理是正常的、健康的；若一个人心理特质的测量值偏离总体均值，就认为他的心理是异常的、不健康的。这一判断依据意味着，与多数人一致的心理与行为才是健康的，偏离大多数人的心理与行为则是不健康的。若按此观点来看，极聪明的人、极快乐的人都是“偏离总体均值较远的人”，都属于“心理不健康”的人。显然这种看法失之偏颇。

（3）社会常模。持这一依据者认为，一个人的心理与行为如果符合社会规范，得到多数人的认可，其心理与行为是健康的、正常的，偏离社会规范的心理与行为就被判断为异常的、不健康的。由于符合社会行为规范的心理与行为通常也是多数人的心理与行为，故社会常模和统计常模有相当程度的一致性。不过根据对某个社会的顺从性来判断心理健康与否也失之偏颇，因为被一个社会视为正常的心理与行为，也可能被另一个社会视为异常的心理与行为；即使在同一个社会中，社会规范也会随时间推移而发生改变。此外，在社会中不只是个人可能心理不健康，而且有时社会群体心理及其主导价值、规范也可能出现病态，在这种社会情况下的社会常模显然是不宜为据的。

① 严海辉：《心理健康与心理健康评价标准》，《教育探索》2001年第7期。

（4）生活适应。持这一依据者认为，生活适应良好者的心理是健康的，适应困难、干扰了个人或社会康宁者的心理是不健康的。照此观点，现实中那些满足于现状，不思进取，“逢人说人话，逢鬼说鬼话”，既图个人安逸，也无碍社会安宁的人，就是心理健康的人。生活适应只是人的适应的一个方面，所以这一判断依据是片面的。

（5）心理成熟。这是从发展角度对心理健康做出判断的观点，即心理发展与生理发展协调者是心理健康的，而心理发展落后于生理发展或落后于同龄人平均水平者则是不健康的。事实上，人的心理成熟不仅与生理发展有关，而且与社会性发展也密切相关，所以此类依据的理由亦不够充分。

（6）主观感受。持这一依据者主张按照当事人主观体验到的是满意感、幸福感还是痛苦与不适，来判断一个人的心理健康状况。这类依据难以客观把握，因为人的主观感受是千差万别的，有些只有轻度心理障碍（如神经症）的人常有强烈的不适感，并伴有失眠、食欲减退等躯体症状，而有些严重的精神病人（如狂躁发作病人）却显得精力充沛、情绪高涨、自我感觉良好，并未感到痛苦。

上述种种观点都是从某一角度去判断人的心理是否健康。心理健康是一种复杂的心理状态，应从多角度、多层面综合判断：（1）从个体的成长角度看，适应与发展是主要的判断依据；（2）从人的社会化角度看，统计常模和社会常模是主要的判断依据；（3）从个性发展角度看，心理结构的完整与功能的匹配是主要的判断依据。由此看来，在确定人的心理健康标准依据时，应从实际情况出发，具体问题具体分析，只存在统一的基本依据，不存在统一不变的具体依据。依据这一认识，从学校教育的根本目标是促进学生健康成长出发，可以把学生“积极适应，主动发展”作为判断其心理健康的基本标准。依据这一标准，可将学生心理健康界定为一种良好而持续的心理状态，不仅是没有心理疾病，还要有正常的智力、完善的人格、和谐的人际关系，能积极适应学习、生活、交往和环境，能主动寻求、探索自我发展途径，能有效地发挥个人的身心潜能和积极的社会功能。

（二）心理健康的判断标准

心理健康标准是心理健康含义的具体化。由于国内外学者确立心理健康标准所遵循的依据不同，因而对心理健康的判断标准的认识也存在差别。

1. 自我实现的人就是心理健康的人

这是马斯洛对世界近代史上38位成功人士（包括富兰克林、林肯、罗斯福、贝多芬、爱因斯坦等）的人生历程进行研究而归纳出来的。他认为这种人应具有以下心理与行为特征：(1) 了解并认识现实，持有较为实际的人生观；(2) 悦纳自己、别人以及周围的世界；(3) 情绪与思想表达比较真实自然；(4) 有较宽广的视野，以问题为中心，而不是以自我为中心；(5) 有超凡脱俗的本质、静居独处的需要；(6) 有自主的、独立于环境和文化的倾向性；(7) 有永不衰退的欣赏力；(8) 曾有过引起心灵震动的高峰体验、浩瀚澎湃的心理感受；(9) 爱人类并认同自己为全人类的一员；(10) 与为数不多的朋友建立深厚的个人友谊；(11) 有民主风格，尊重他人意见；(12) 有高度德行，能区别手段与目的，决不为达到目的而不择手段；(13) 带有哲学气质，有幽默感；(14) 有创见，不墨守成规；(15) 对世俗和而不同；(16) 对生活环境有时时改进的意愿与能力。由于马斯洛的研究采用的是人类的“尖端样本”，从中归纳出来的心理健康标准明显带有理想主义色彩，也许只适合精英人群。

2. 适应良好的人是心理健康的人

这是中国传统文化中隐含的心理健康标准。综合我国传统文化中隐含的心理健康标准，可概括为以下几个方面：(1) 具有良好的人际关系；(2) 适当约束自己的言行；(3) 保持情绪的平衡与稳定；(4) 正确认识周围环境；(5) 抱有积极的生活态度。这里不难看出，中国传统文化非常强调人与人、人与社会的关系，强调适应，而对人的独立人格和创造性有所忽视，即忽视人的发展。

3. 适应与发展和谐统一的人是心理健康的人

这是比较公认的现代心理健康标准——综合标准。这一标准具体化为以下几点。(1) 对现实的有效知觉。在认识与解释周围的事物时，能持客观态度，重视证据；对他人内心活动有较敏锐的觉察力，不会总是误解他人的言行；很少有错误的知觉。(2) 自知、自尊和自我接纳。对自己有正确的认识，并能接纳自己；在对事尽力、对人尽心过程中体验自我价值；不过于掩饰自己，不刻意取悦别人，以保持自己适度的自尊。(3) 自我调控能力。有控制自己行为的能力，能承担个人责任和社会责任，对自己的抉择和行动负责；必要时能遏制自己的非理性冲动；有调节自己心理冲突的能力；有成长的意愿，能有效地调动自己的身心力量，在有关领域实现较高水平的目标。(4) 与人建立亲密关系的能力。有正确的人际交往态度和有效的人际沟通技能，关心他人，善于合作；不为满足自己的需要而苛求于人；人际关系适宜，有知心朋友，有亲密家人。(5) 人格结构的稳定与协调。各项心理机能健全并有较高整合水平，如人格结构中本我、自我、超我处于动态平衡，理想自我与现实自我差距适度，认识与情感协调，行动、手段与目标相适应；由于形成了稳定的内部调节机制，故个人具有独立的抉择能力，行动上表现出自主性。(6) 生活热情与工作高效率。热爱生活，乐于工作；有从经验中学习的能力、创造性地解决问题的能力，工作有成效；有独立谋生的能力与意愿；能在学习、工作、娱乐活动的协调中追求生活的充实和人生的意义。

在理解和把握心理健康标准时，应主要考虑以下几点。首先，判断一个人的心理健康状况应兼顾个体内部协调和对外良好适应两个方面。从内部来说，心理健康的人各项心理机能健全，人格结构完整，能用正当手段满足自己的基本需要；从对外关系来说，心理健康的人能适应周围环境，有较强的人际交往能力。其次，心理健康具有相对性。不妨把心理健康和心理疾病视为人类精神生活状态连续体的两端，我们大多数人实际上位于这个连续体上的某个位置，因此心理健康就有层次之分。杰何达 (M. Jahoda) 曾提出“积极的心理健康”的概念。① 一个人即使没有任何行为问题或情绪紊乱，也可能是一个没有目的的躯壳，这样的人至多可以说是“消极的心理健康”。高层次的（积极的）心理健康不仅是没有心理疾病，而且能充分发挥个人潜能，发展建设性人际关系，从事具有社会价值的创造，追求高层次需要，寻求生活的充实与意义。再次，心理健康既是一种适应状态，也是一种发展状态。心理健康不是无失败、无冲突、无痛苦，而是能在这些情况下做出有效的自我调整，且能保持良好的工作效率，促进自身发展。最后，心理健康作为一种整体的心理状态，反映出一个人健康的人生态度与生存方式。心理健康的人对生活抱开放态度，乐于吸取新经验，以积极的眼光看待周围事物，富有利他精神，有积极进取而又现实

① Jahoda, M. (1958). *Current concepts of positive mental health*. New York: Basic Books.

可行的生活目标，能放弃做“完人”“超人”的念头。总之，心理健康的人在生活中多持有一种积极的、开放的、现实的、发展的、辩证的、通达的人生态度。

三、心理素质和心理健康的关系

从根本上说，心理素质和心理健康都是人的心理现象，但二者处在人的心理现象的两个不同层面。心理素质是一种稳定的心理品质，而心理健康则是一种积极、良好的心理状态。从心理素质的功能来看，心理素质的高低和心理健康的水平有直接关系。一般情况下，心理素质健全且水平高的人，较少产生心理问题，其心理处于健康状态；相反，心理素质不健全或水平低的人，容易产生心理问题，其心理极有可能处于不健康状态。也就是说，心理健康是心理素质健全的功能状态和外显标志之一。从心理测量和评定的角度看，心理素质的测量常常包含许多心理健康的指标，如情绪方面的测量和人际关系方面的测量，而心理健康的测量标准也包含许多心理素质的成分，如正常的认知能力、坚强的意志品质、积极的人格特征等。从心理素质的内容要素与功能作用的统一性意义来看，心理健康只是心理素质的表现层面，即功能性层面。我们考察心理素质不仅要考察心理素质的内源性的基本人格层面，而且要考察心理素质体现在个体与社会交互作用中而达到和谐的行为习惯和心理状态层面，即心理健康层面。所以，大多数研究者都把心理健康看作心理素质的一个重要方面。心理素质包含从稳定的内源性心理品质到外显的行为习惯的多层面的自组织系统，而心理健康作为外显的表现和心理状态是心理素质的一种功能性反映，同时亦可通过人的心理健康状况去了解人的心理素质。因此，从总体上看，心理素质和心理健康的关系是“本”与“标”的关系。

第二节　学校心理素质教育的基本理论

学校心理素质教育是近年来在学校开展起来的一项重要的素质教育活动，有一系列理论问题需要探索和明确。

一、学校心理素质教育的根本目标和基本任务

（一）根本目标

学校心理素质教育是学校素质教育的重要组成部分。素质教育的根本目标是培养学生的整体素质，包括生理素质、科学文化素质（含思想道德素质）和心理素质。心理素质作为学生整体素质的重要组成部分，它通过什么途径来提高呢？结合我国教育的实情，当前，学生心理素质培养的主要途径就是心理素质教育，即通过学校心理素质教育培养学生健全的心理素质。所谓健全的心理素质主要是指学生心理素质水平符合年龄特征，心理素质结构与心理素质功能相匹配，同时心理素质系统具有开放、发展的特征。因此，学校心理素质教育的根本目标就是通过心理素质教育，培养学生健全的心理素质，使学生心理素质的各成分都得到健康的发展，使其形成正常的智能、完善的人格和良好的适应能力，为促进学生整体素质的发展奠定良好的心理基础。

学校心理素质教育的根本目标是学校心理素质教育目标的整体概括。由于教育是一个复杂系统，心理素质教育也不例外，不同学校、不同年级、不同学生个体和群体，甚至不同地区、不同文化背景、不同教育形式或任务在具体教育目标上都是有差异的，因此，各级各类学校开展心理素质教育不能简单照搬根本目标，而应在学校心理素质教育根本目标的统摄下，具体情况具体分析，制订切合实际的教育目标，这是实现根本目标的基本要求。

（二）基本任务

任务是与目标相联系的，从学校心理素质教育的根本目标出发，学校心理素质教育的基本任务主要体现在以下五个方面。

1. 促进和维护学生心理健康

心理素质教育的首要功能是促进和维护学生心理健康。学校心理素质教育运用现代心理科学的成果，针对学生心理素质发展中出现的问题，采取有效的干预措施（咨询辅导、心理训练等），消除学生的心理障碍或矛盾，使其处于心态平和、情绪稳定、积极进取、思维灵活、是非分明、举止适度这样一种有利于正常成长的态势之中，即首先使学生成为一个心理健康的人。从这个方面来看，心理健康教育可以视为心理素质教育的一个方面。

2. 开发智力，促进能力发展

现代心理学的研究表明，儿童、青少年时期是个体心理素质形成的关键期，且可塑性大，如能及时给予心理辅导或训练，有利于开发其大脑的智慧潜能，形成正常甚至超常的智能。

3. 提高德性修养，培养良好品德

个体良好品德的形成不但与社会道德规范的教化有密切的关系，而且与学生（主体）对社会道德的认识、情感、态度和行为评价等心理因素的水平紧密联系。此外，心理素质教育从学生具体心理需要入手，强调的针对性、主体性与自我内化体验等策略可以迁移到品德教育之中，能提高学校德育的效果，有利于学生良好品德的形成。

4. 培养主体意识，形成完善人格

学校心理素质教育坚持以人为本，强调尊重、理解、信任学生，使学生感受到自身的存在与价值、优点与缺点、现实与未来，能更有针对性地确立人生目标，选择自己的成才道路，找准自己的位置，在学会处理与社会、他人的关系中，使自己的人格得到升华和完善。

5. 养成良好行为习惯，提高社会适应能力

心理与行为是不可分的，良好的行为习惯总是受良好的心理素质支配的，同时良好行为习惯又可内化积淀为一定的心理素质。人的心理素质一经形成，在相应情境中，会产生条件性反应，表现出与之匹配的行为，进而形成一定的适应能力。心理素质教育可以根据学生心理或行为中出现的问题，采取科学有效的教育方式，使其养成良好的行为习惯，提高其相应的社会适应能力。

二、学校心理素质教育的基本内容

教育内容是实现教育目标的载体。学校心理素质教育的根本目标是培养学生健全的心理素质，学生心理素质健全与否以学生心理素质结构的完善程度为指标，因此，确定和选择学校心理素质教育的内容应该从完善学生心理素质的基本结构出发，根据学生心理素质结构的现有发展水平进行有针对性的教育。

（一）认知品质培养

认知品质是学生心理素质结构的基本维度。从实证研究结果看，认知品质

主要包括监控性、意识性、迁移力、表现力、应对力、目的性、深刻性、开放性、精致性和发散性等因素。学校对学生认知品质的培养也应从这些因素出发，确定教育内容。

（二）**个性品质培养**

个性品质是学生心理素质结构的核心部分。从实证研究结果看，个性品质主要包括成就动机、求知欲、独立性、坚持性、自制、自我统合、责任感、自尊和情绪调控等因素。学校对学生个性品质的培养也应从这些因素出发，确定教育内容。

（三）**适应性培养**

适应性是学生心理素质结构中认知品质和个性品质在行为中的综合表现。从实证研究结果看，适应性主要包括社会环境适应、人际环境适应、应激情境适应、学习适应、生活适应、生理适应和职业适应等因素。其培养也应从这些因素出发，确定教育内容。

三、学校心理素质教育的基本原则

学校心理素质教育的原则既是心理素质教育工作的基本指导思想，又是处理心理素质教育过程的基本矛盾和各种教育要素的基本准则。学校心理素质教育工作除了遵循素质教育的一般原则外，有其自身的特殊原则。活动性原则、情境性原则和主体性原则是心理素质教育应该遵循的主要原则。

（一）**活动性原则**

活动性原则是指心理素质教育必须通过创设活动情境，调动学生参与活动，促进主体将内外活动协调整合，进而形成健全的心理素质。活动是心理素质形成和发展的条件，通过活动可促进学生心理素质的发展。学生主动参与活动是心理素质教育成功实施的前提，也是区别于学科教学的主要特征。活动对人的心理素质发展具有决定意义，但并非所有的活动对学生都有发展价值。活动对人的发展的影响取决于活动主体因素和活动客体因素的交互作用。心理素质教育中的活动可以分为两类：一是外部的行为操作、感性的实践活动，它表现为人的行为系列和行为模型，而不是单一的、具体的行为动作；二是内部的心智操作活动，主要体现在对自己的认知、对一些心理和行为情境的体验与反思、对一些心理事件和心理现象的领悟等。

（二）**情境性原则**

情境性原则是指在心理素质教育过程中，创设互动式情境，以激活或唤醒学生的心理活动，诱发学生的行动愿望，使学生的心理素质在学生与教师、学生与学生、学生与家长相互作用而构成的心理环境中得到培养和锻炼。情境具有移情与感染作用，各种形式的情境能够以自然、直观、形象等特点吸引学生感受事物，获得体验。通过设置问题情境，可以诱发学生的好奇心与求知欲，激发认知矛盾与冲突，领悟事物或人生真谛。在学校心理素质教育中，情境作用主要有两种：一是通过创设或利用模拟情境，让学生在模拟情境中活动，领悟主题，产生真实的感受与情感体验；二是通过提供真实的活动情境，引导学生参与活动，在活动中达到入境入情。情境创设尤其是互动式情境的创设是心理素质教育的基本特色。

（三）**主体性原则**

主体性原则是指在心理素质教育中，充分认识学生的主体地位，调动学生参与教育的积极性、主动性，把学生作为认识和发展的主体，充分发挥其能动性。学生是自己心理素质发展的主体，各种心理素质教育形式必须作用于主体才能产生效果；培养其自我教育、自我完善的能力是实施心理素质教育应遵循的重要指导思想。同时，心理素质教育不同于其他教育，它更强调平等、尊重的原则，不能用强制手段去逼迫学生，要求充分尊重每个学生的人格和发展潜能，发挥个体的主体作用，保证各种教育措施产生整合效应。故在心理素质教育的实践中，能否发挥学生的主体作用是心理素质教育成败的关键，学校心理素质教育比其他教育更需要学生的主动参与、积极配合。

四、学校心理素质教育的基本模式

学校心理素质教育模式是一种体现某种心理素质教育思想和目标定向，促进其功能发挥的操作思路或范型。从学科划分，学校心理素质教育模式可以分为医学模式、社会学模式、教育学模式和心理学模式等。在信息时代，由于刺激源的丰富多彩，学生心理问题日趋复杂，以某一学科理论为依据的单一模式很难适应心理素质教育的要求，需要探索和构建新的心理素质教育模式。经过理论探索和实验验证，学生心理素质培养模式不应是单一的模式，而应是一个模式系统。从学校心理素质教育的总目标出发，针对全面心理素质培养，可以把学校心理素质教育模式概括为整合模式；从心理素质教育的分层目标出发，针对某方面心理素质培养，可以把学校心理素质教育模式划分为适应层面的模式、发展层面的模式和创造层面的模式；从心理素质教育的分段（年龄段）目标出发，针对学龄段的心理素质培养，可以把学校心理素质教育模式概括为分段培养模式。

（一）整合模式

整合模式是从心理素质教育的多层次、多侧面、全方位出发，构建出适合各级各类学校心理素质教育基本要求的基本模式。整合是指多方面的整合，如学生—家庭—学校—社区的整合、生理—心理—个体经验的整合、专题训练—学科渗透—咨询辅导的整合。整合模式的基本内涵包括：以培养学生健全的心理素质为基本目标，遵循积极适应和主动发展两条基本原则，综合运用专题训练、学科渗透、咨询辅导等基本教育途径，有效发挥学生、学校、家庭、社区等基本教育要素的作用，着眼于自我认知—晓理动情—行为导向—反思内化—形成品质等学生心理素质形成的内部过程的基本环节，重点突出学会学习、学会生存、学会交往、学会做人、智能发展、个性发展、社会性发展和创造性发展等方面的基本内容。该模式综合了各学科模式的优点，克服了单一模式的不足，明确了学校心理素质教育的基本目标，提出了具有普遍适用的两条原则，并对心理素质教育途径、要素、环节及内容做了较清晰的规定。

（二）分层模式

心理素质教育的分层目标是根据对学校心理素质教育的根本目标，依据发展阶段提出的。学校心理素质教育可分解成三个层次的目标，即适应—发展—创造，与之相应可概括出三种不同的培养模式：适应层面的培养模式、发展层面的培养模式和创造层面的培养模式。它们分别从指导学生积极适应、促进学生主动发展和激发学生勇于创造等不同的教育目标出发，采用不同的教育内容，对学生进行有针对性的培养和训练。具体而言，结合心理素质教育的分段目标，小学生心理素质培养的重点应是指导适应，中学生心理素质培养的重点应是促进发展，大学生心理素质培养的重点应是激发创造。

（三）分段模式

心理素质教育的分段模式是根据学生心理素质发展的年龄特征和不同年龄段心理素质发展的需要，以及不同年龄段心理素质教育的目标不同而提出的。学校教育是一个复杂的系统，不同学段教育内容、方式和策略有所区别。因此，学校心理教育素质应建立适合大学、中学、小学的多级培养模式，即以大、中、小学生的生理、心理、社会性发展的水平、特点及具体的教育培养目标要求为出发点，针对学生学习、生活、交往、成长中普遍存在或可能出现的心理问题，进行各有侧重的培养和训练，有机地安排各年级的心理素质教育要求和内容，灵活地采用丰富多彩的教育途径和训练策略。

第三节　学校心理素质教育的实施

学校心理素质教育方兴未艾，既不像学科教育那样内容、途径、方法比较稳定，又不像学科教学那样教师驾轻就熟，因此其有效实施有一些值得注意的问题。

一、学校心理素质教育设计的基本要求

学校心理素质教育设计是教师对心理素质教育活动进行规划和形成指导方案的准备过程。它涉及对教育目标、学生状况分析、教育内容、教育方法、教育评估、教育环境等一系列因素构成的整体谋划。与学科课程比较，心理素质教育的设计既要遵循教学设计的一般原则，注重系统性、程序性和可教性，又应体现自身的特殊性，突出以下特点。

（一）目标设计的综合化

与其他学科教育一样，确定适宜的教育目标是心理素质教育设计的首要任务。但心理素质教育比其他学科教育更注重教育目标的综合性。一方面，心理素质教育的基本目标是培养学生健全的心理素质。学生的心理素质总是以整体的形式体现出来的，需要进行系统而综合的培养和训练。另一方面，学生存在的心理问题或行为障碍和学生的心理素质也是多方面的。因此，教师所确定的

心理素质教育的具体目标不应是单一的，而应是多元综合的。心理素质教育目标既应包括认知目标（主要是自我认识、对训练策略的领悟和评价）和情感态度目标（主要是训练过程中的感受与体验、反思与检查），也要有行为习惯目标（主要指训练中的行为反应和训练后的行为改进与完善）。

（二）内容设计的生活化

学生的心理素质是在其日常的学习与生活实践中形成和发展起来的，进行心理素质教育也要紧扣学生心理生活的热点、焦点和难点来组织材料。实施教育前，教师要深入了解学生的心理生活实际，通过调查师长和学生本人，或者查阅有关文献资料，广泛收集涉及教育主题的材料。教育过程中，教师呈现准备材料，引导学生判断、鉴别、分析、评价自己的心理素质发展现状与水平，引发学生认知上的认同感、缺失感，激发学生提升自己心理素质的强烈愿望，使他们积极参与训练活动，主动探索心理调整和问题解决的策略。同时，教师再通过精心设计一系列的心理素质教育活动，让学生在模拟的或现实的学习与生活情境中，获得充分的心理体验，形成正确的认知观念、思维方式，掌握并运用心理调控的策略，养成良好的行为习惯，进而让其在体验心理生活、产生认同和克服困难的过程中培养健全的心理素质。

（三）方法设计的多样化

心理素质教育强调在主题明确、形式多样、教师主导、学生主体的互动活动中培养学生的健全心理素质。根据教育内容、情境和学生的特点，心理素质教育可以有多种多样的组织形式或教育方法。概括起来，主要有下列八种。

一是认知法。这种方法主要靠调动学生的感知、记忆、想象、思维等心理过程来达到教学目标。它可以派生出有指导的阅读、听、讲故事，观看幻灯片、图片、录像、电影，欣赏音乐、美术、舞蹈等艺术品，以及案例分析、判断和评价等形式。

二是游戏法。竞赛性游戏能够调动学生参与活动的积极性，培养学生的竞争意识和团结合作精神；非竞赛性游戏可缓解学生的紧张和焦虑程度，再现原有的生活体验，使学生获得新的体会与认识。

三是测验法。通过智力、性格、态度、兴趣和适应性等各种测验，帮助学生自我反省、自我分析，了解自己某方面心理素质的发展现状，形成正确的自我认识和自我评价。

四是交流法。通过学生之间的交流活动，各自介绍自己的心理优势或个体经验，促进学生对训练策略的认同、领悟和掌握。交流有多种组织形式：既可以是口头的，也可以是书面的；既可以让交流者在课前有所准备，也可以要求他们在课堂上临场发挥；既可以是个人交流，也可以是小组或团体交流。

五是讨论法。通过师生、生生间广泛、激烈而深入的思想交流，引导学生积极思考，步步深入，提高认识，转变思维方式和看问题的角度，掌握科学的行动步骤。讨论法可分为全班讨论、辩论、小组讨论、脑力激荡、配对交谈、行动方案研讨等多种形式。

六是角色扮演法。教师提供一定的主题情境并讲明表演要求，让学生扮演某种角色，演绎某种行为方式方法与态度，达到深化学生的认识、感受和评价"剧中人"的内心活动和情感的目的。实践表明，只要运用得当，这种方法对培养学生健全的心理素质能够收到较为满意的效果。

七是行为改变法。这是以行为主义的强化学习理论为依据的心理素质训练方法。通过奖惩等强化手段帮助学生建立某种良好的行为或消除、矫正不良的行为。此法可分为代币法、契约法、自我控制法等多种形式。

八是实践操作法。这是让学生亲自动手，完成某种操作任务的方法。这种方法常用于验证某种心理效应，达到加深体验和增强认同感的目的。

（四）环境设计的互动化

心理素质教育主要是通过师生、生生之间民主、平等的多向交流活动来实现的，它要求高度互动化的教育环境。教师可从物理环境与心理气氛的创设和加强教学监控等方面来实现教育环境的互动化。

1. 物理环境的互动化

教育社会心理学研究表明，"秧田式"的课桌布局最不利于学生主体之间的多向交流，对课堂教学的效果存在消极影响。心理素质教育适宜采用四边形、环形、马蹄形或双四边形、双环形、双马蹄形等教学物理环境形式设计。

2. 和谐心理气氛的创设

民主、自由、愉悦、和谐的心理环境是心理素质教育活动得以顺利、深入而持久地开展的重要条件。心理素质教育只有充分发挥学生的主体作用，让学生以“主人”的姿态积极而自觉地参与各种训练活动，将自我完全开放，自由表达，尽情倾诉，充分宣泄，才能收到预期的训练效果。为此，教师要设法打消学生参与训练活动的种种顾虑，接纳、尊重学生的已有思维和行为方式，合理引导学生积极参与课堂讨论、表演、游戏等训练活动，诱导学生主动反思，领悟正确的行为方式方法和行动步骤。此外，为落实因材施教原则，对部分或个别的弱势学生（群体）还要采取鼓励、安慰、保密等特殊保护措施。

3. 教师的有效监控

心理素质教育提倡为学生提供宽松和谐的心理气氛，注重学生主体性的发挥，但这并不意味它排斥教师的主导作用。相反，学生高度自主的训练活动需要教师高效、自然的监控。这种目的明确、形式多样的监控自然应从设计、组织心理素质教育活动到反馈与调节等教师的指导活动中体现出来。

二、学校心理素质教育的基本策略

教育设计是教育实施的前奏，教育实施是把教育设计具体化和现实化的过程。它们是同一教育过程中两个紧密联系的阶段。教师要将教育设计付诸实施，需要制订或选择一系列的教育策略。

（一）和谐互动策略

心理素质教育是面向全体学生，整体优化每个学生的心理素质的教育。在心理素质教育中，营造和谐互动的气氛是实现这一目标的重要措施。在心理素质教育中，实施和谐互动策略，主要应从两个方面着手。(1) 营造和谐的课堂气氛。其操作要点是：教师以尊重、平等、爱与关怀的态度对待学生，无条件接纳学生；教师实行民主领导和民主管理；激发学生参与教育活动的积极性、主动性和创造性。(2) 促进多向交往与合作学习。既然心理素质教育不把知识传授作为首要教育目标，那么，教师完全可以放下“担心学生学不到知识”的思想包袱，精心研究教育活动的组织与开展，改变传统课堂中师生单向、双向交往的狭隘和低效局面，实现师生之间全通道的多向交往。实现多向交往的关键在于，教育活动的内容、形式和难易程度要适合全体学生，努力提高学生的参与率，使师生共处于一种心理期待和认同的情境之中。采用分组教学、合作学习的形式是实现师生间多向交往的有效办法。合作学习的主要方式有游戏竞赛法、切块拼接法、小组探究法和共同学习法。合作学习的精髓是“积极的相互依存与个人的责任相统一”。

（二）**行为改变策略**

行为改变在心理素质教育的内容体系中占有很大的比重。在帮助学生更新认识、端正态度、调节情绪和调整行为方式方法的训练过程中，教师必然要借助心理学中涉及行为塑造或行为矫正的方法和技术，实施行为改变策略。这一策略主要包含三方面的技术。（1）学生自我管理。教师控制学生行为的总方向，引导学生通过自我控制和自我管理实现行为改变目标。具体方法包括示范、督促、强化和指导。主要步骤是：教给学生改变行为的原则、方法和技巧；学生制订、实施和修改自我管理的计划。（2）行为练习。学生通过实际练习掌握行为改变的方法。实施步骤是：交代行为训练的目的、环节和要求；控制练习时间，提供技术指导；提供独自练习的机会。（3）矫正不良行为。教师引导学生认清不良行为的危害，分析引发不良行为的具体因素（刺激源），提示、指导不良行为的改善措施，学生制订合理的矫正方案并在实施过程中做出调整和修改。实施本策略应以强化理论为指导，分别对不良行为和正确行为给予恰当的正强化或负强化，同时把它们与行为塑造技术结合起来。

（三）**体验内化策略**

研究表明，体验内化在学生心理素质形成过程中起关键、定向的作用。当前在一些学校的心理素质教育实践中，不同程度地存在着“重行为训练、轻体验内化”的倾向。有些训练活动表面上热热闹闹，实质上由于忽视学生对训练内容和策略的体验与内化环节，致使训练效果不佳。体验内化策略的内涵是在学生积极参与训练活动和了解、接受训练策略的基础上，强调对内容和策略等的反思体验的过程，保证内化的效果。在实施这一策略，教师应注意以下几个操作要点。（1）视体验为学生心理素质形成的重要环节。它是训练策略传授与练习迁移的发生和巩固的环节，是实现从教师“言传”到学生“意会”的顺利过渡。（2）强调心理素质教育中的体验应是学生的积极主动的体验，避免消极被动的体验。（3）明确体验活动的外部行为与内部过程之间的关系，通过布置适量的外部操作任务或提出恰到好处的问题把握学生感受、体验与反思的方向，借助外部活动促进、深化内部体验。

（四）合理监控策略

合理监控策略是指在教育活动中教师为了保证达到预期的教育目标，完成既定的训练任务而对训练的全过程积极、适度、主动地进行计划、检查、反馈、评价、调节和控制所做出的谋划。心理素质教育的合理监控策略突出地体现在教师对训练活动进行设计和开展的“三导”技术上，即编导、引导和开导技术。(1) 编导。教师依据培养目标和学生的年龄特点，结合本地、本校、本班实际，选择训练活动的内容和形式，编辑活动的具体步骤，控制活动的进展，组织并指导学生做好活动准备。(2) 引导。在训练活动过程中教师应做到“两点”：一是“点醒”学生的缺失和不足，激发学生参与活动的积极性，引导学生深入活动的程序之中；二是及时“点拨”，教师应适时启发学生从多角度思考、多层面领悟策略，引导学生积极主动地感受、体验与反思。(3) 开导。当学生被疑难问题卡住难以深入问题的核心时，教师要选择适当的时机，采取恰当的方式，给予必要的点拨和开导，帮助学生克服困难，寻求问题解决的办法，使训练活动得以顺利进行；教师不能仅仅满足于学生对训练策略的领悟，还要画龙点睛式地予以点化策略训练的关键之所在，就是使学生把掌握的策略性知识条件化，促进其策略的迁移。

三、学校心理素质教育的基本途径

教育途径是依据教育模式而选择的。根据学校心理素质教育整合模式的要求，学校心理素质教育的基本途径主要包括心理素质专题训练、心理辅导和学科渗透三种基本途径。

（一）专题训练

心理素质专题训练过程一般由判断鉴别、训练策略、反思体验三个彼此衔接的基本环节构成。

1. 判断鉴别

判断鉴别是通过多种形式的心理检测和评估，让学生了解自己某方面心理素质发展的现状，自己是否具有该方面健全的心理素质，以此引起学生的认同感或缺失感，唤起情感共鸣或引起震撼，激活心理能量，思考问题根源，进而体会、感受该种心理素质对自己学习、生活、交往及成长的意义，激发接受训练的积极动机。判断鉴别强调情境化、生活化，即鉴别一定要把学生置于具体、生动的情境之中，鉴别的内容一定要和学生的生活紧密联系。

2. 策略训练

策略训练就是针对该课主题和在判断鉴别中所发现的问题，提出若干解决该问题的具体而有效的方法和技巧，通过组织学生参与讨论和操作活动来感受、理解，进而选择。其步骤是：（1）引思，引导学生思考该方面涉及的问题，提高认识，转变思维方式、角度，确立新观念；（2）导行，通过活动参与，协调心理与行为；（3）激情，在思考、行动中唤醒其情感体验，发挥积极情感的动力作用；（4）练习，按照策略规定的方式方法进行练习，掌握基本的思维过程、思维方法及行动方法。一次训练可安排 2～3 种训练策略。策略训练在形式上强调操作性、主体性和教育性。具体形式主要有：（1）学生自己讲

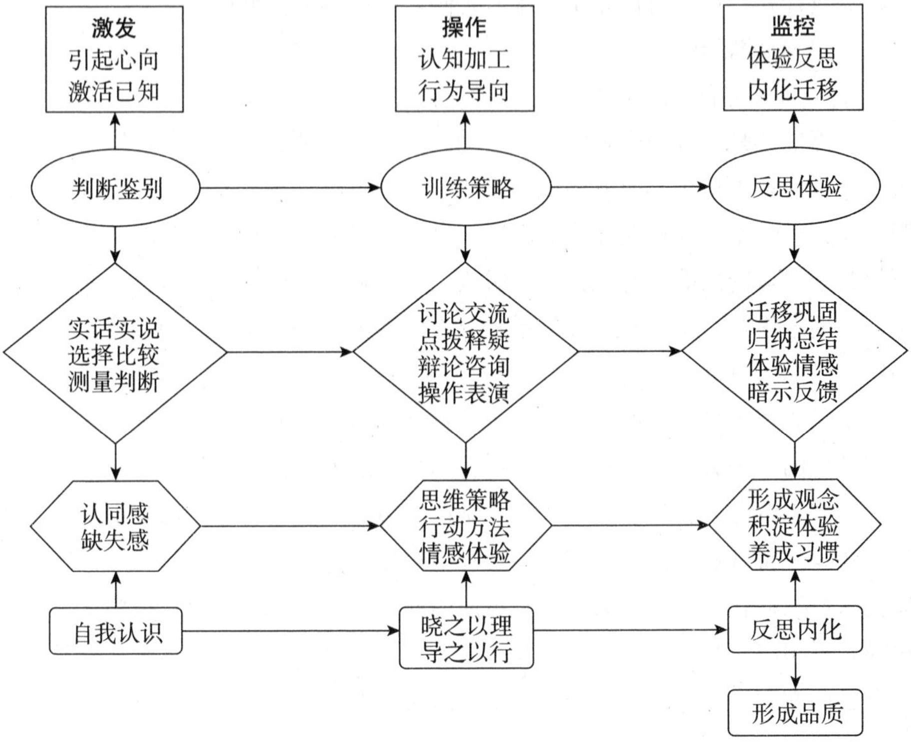

图 14-2　中小学生心理素质训练课教学模式

解；(2) 角色扮演、角色换位；(3) 讨论；(4) 辩论；(5) 生生之间、师生之间、亲子之间交流（口头交流、书面交流、电话交流）；(6) 动手操作；(7) 参观、访问；(8) 教师辅导或咨询。

3. 反思体验

反思体验就是对训练中的心理感受、情感体验、行为变化、活动过程及效果等进行反思、强化、内化，强化训练效果，促进自我认知与评价。反思环节一定要强调“三自”，即自觉、自发、自控。其目的一是对训练过程、方式进行反思，将训练中掌握的方法、步骤延伸到类似的其他情境，二是对训练结果进行总结。反思体验的内容以训练目标、内容为依据，考察训练目标的达成度。在形式上主要有：(1) 针对问题，前后对比，发现变化，增强信心；(2) 设计情境，实际操作，发现问题，掌握策略；(3) 分析案例，由此及彼，归纳总结，促进迁移；(4) 言语暗示，箴言提醒，自我感悟，形成观念。

（二）**心理辅导**

1. 心理辅导的含义及特点

心理辅导是一种心理上的助人活动，是指在一种新型的、建设性的人际关系中，辅导教师运用其专业知识和技能，给学生以合乎需要的心理上的协助与服务，帮助学生处理他所面临的问题，发展其未能充分利用的潜能与机遇，进而使其获得自助的能力与意愿，克服成长中的障碍，增强与维持自身的心理健康，以便在学习、工作与人际关系各个方面做出良好适应。心理辅导的最简单的定义是助人自助。

学校心理辅导的一般目标与学校教育目标是一致的。但心理辅导毕竟只是学校教育的一个方面，其目标应有自己的独特之处。其重点是：帮助学生认识自己、接纳自己、管理自己；认识、掌握、适应周围环境，帮助学生解决面临的问题，应付危机，摆脱困难，并增强应对环境与压力的能力和勇气；使学生能去除特殊症状，改善行为，化解负向的或冲突的思想与情感；指导学生自主抉择，承担起对社会和个人的责任；鼓励学生通过自我探索寻求生活意义，认清自己内在潜力与资源，充分发挥个人潜能，使其能过健康的、有意义的、充实的生活。

根据我们对心理健康层次的理解，可以把上述心理辅导的一般目标归纳为两个方面。第一是学会调适，包括调节和适应。“适应”处理的是人与周围环境的关系（包括人际关系）问题，调整的重点是人的行为。“调节”处理的是个人内部精神生活各方面及其相互关系，调整的重点是人的内心体验。第二是寻求发展，就是要引导学生确立有价值的生活目标，担负起生活的责任，扩展生活方式，充分利用自己的潜能与机遇，发挥主动性、创造性以及作为社会一员的良好的社会功能，过积极而有效率的生活。这两个目标中，学会调适是基本目标，以此为主要目标的心理辅导可称为调适性辅导（adjustive guidance）；寻求发展是高级目标，以此为主要目标的心理辅导可称为发展性辅导（developmental guidance）。简言之，这两个目标也就是分别要引导学生达到基础层次的心理健康和高层次的心理健康。

2. 建立有效辅导关系的基本条件

辅导关系是心理辅导过程中师生之间建立起来的、对学生心理健康状况有改善功能的一种特殊的人际关系。同感、尊重和真诚是建立良好辅导关系的促进条件。

（1）同感（empathy）。同感，也译作共感、共情、同理心、神入等，指进入受辅导学生的内心世界，通过他的眼睛看事物，体察他的思想与感受，了解他观察自己与周围世界的方式。罗杰斯曾把同感界定为“一种非评判的同在方式”。他解释说，同感是指能体会当事人之秘密世界，仿佛身临其境，但别忽略了“仿佛”二字。

同感的特征包括以下几点。一是设身处地，即将心比心，从受辅导学生的角度看问题。二是保持客观。客观，指不以自己的逻辑推理去想当然地推测对方的思想与感情，不使自己完全陷入对方的情绪状态之中而不能自拔（如对方哭，辅导教师也跟着哭），而是以一种客观心态去分析“如何才能协助对方解决问题与发展他未利用的机会”。三是传达感受，即把自己对对方的了解与体察准确地反馈给对方，以引起他的互动。

（2）真诚（genuineness）。真诚指教师在辅导过程中诚实、自然、自由、开放，去掉保卫式的伪装或戒备心理，以“真正的我”的面目出现，做到表里如一、言行如一、前后如一。

辅导教师的真诚表现在：在个别谈话中，他可以全身心投入地聆听受辅导学生的倾诉，不必盘算如何对学生的倾诉做出“完美的回答”而中断倾听。在辅导过程中，他可以表达自己真实的想法和感受；如有必要，他也可以对学生做自我暴露，坦诚地说出自己的经历、遭遇与感受，与学生分享。但是，真诚并不意味着辅导教师可以毫无顾忌地表达自己的每种想法和感受，也并不意味着教师可以自由放纵、任意行事。

真诚在辅导活动中具有多方面的意义：辅导教师的真诚、开放，可以为受辅导学生提供一个良好的范例，使他也能去掉伪装，放下思想负担，自由自在地表达心中的喜悦、悲伤、焦虑和恐惧；教师真诚的态度可以增强受辅导学生对他的信任，减少沟通中的混淆和含糊不清，提高沟通的质量；真诚可以为学生提供一种安全、无须设防的心理环境；坦诚的态度能减少师生双方的精力消耗，因为一个人如果要把自己伪装起来，处处设防，必定要耗费大量的心力。在辅导关系中要体现真诚，必须考虑到两点。其一，接纳自己是真诚开放的前提条件。只有充分自信、具有安全感的人，才会以真诚态度待人，表里如一。其二，不可过分地强调专业角色。一个真诚坦白的辅导教师，不需要依靠专业角色来显示自己的权威地位。他能以“真正的我”的面目出现，与学生进行深层次的交谈。

（3）尊重（respect）。尊重是指尊重受辅导学生的人格、价值、自我选择的权利。尊重表现在对受辅导学生的承诺上（遵守约定的时间、对对方倾诉的高度专注、恪守为对方保密的承诺），表现在对学生谈话内容的准确理解上，也表现在对受辅导学生的非评判的、非批评的、不贬抑的态度上。尽管我们并不同意或并不支持对方所说与所做的一切，也应做到避免谴责对方。

尊重以接纳为条件。这种接纳是对一个人的整体接纳，既接纳他的长处，也接纳他的短处。接纳一个学生，意味着承认他是与其他人不同的个体，承认他的独特性。

尊重受辅导学生对辅导过程能产生促进作用。尊重可以为受辅导学生提供一种安全的环境，使他可以自由地袒露内心世界，相信不论他有什么错误和不适应行为，都会有人真心地帮助他。同时，辅导教师尊重学生，可以促使学生尊重自己，相信自己是一个有价值、能发展的人。

（三）学科渗透

学科渗透是指教师在进行常规的学科教学时，自觉地、有意识地运用心理学的理论、方法和技术，让学生在掌握知识、形成能力的同时，完善各种心理品质，特别是诸如情感、意志、个性品质等方面。

心理素质作为个体全面发展的一个重要素质，绝不是通过一门课程就可以培养出来的，它需要借助各个学科、各个教师的协调配合。学校里如果只有个别教师赞同并注重在教学中渗透心理素质教育，而其余的教师对此持怀疑或否定的态度，那么心理素质教育就很难开展起来。各科教师对学生的影响都是巨大而重要的，只有教师全员参与，在教学中渗透心理素质教育的原则、方法，才能保证学生形成良好的心理素质。

以学科渗透的方式开展心理素质教育具有潜移默化的特点，学生在进行具体知识的学习时，不知不觉中受到了教育和点化。并且，目前中小学的课程体系已相对稳定，单独增加心理素质教育课有较大的难度，而学科渗透的形式则在不增加人力、物力及时间的条件下实现目标，符合经济、实用的要求。

教师如何才能把握好这种教学形式，需要专业化的训练和实践。教师首先应在思想上重视心理素质教育的目标，进而找到与教材的适当切合点。其次，要营造和谐的、具有情趣的、使学生体验到成功的良好的教学氛围，这是实现学科教学目标和心理素质教育目标的前提条件。最后，在教学中应采取灵活多样的形式，调动学生主动参与，使他们在积极的活动中既掌握有关的知识、形成相应的技能，又能有所反思和体验，逐渐形成各方面健康的心理品质。

四、学校心理素质教育的科学评价

学校心理素质教育作为教育活动的一种类型，同样需要教育评价。心理素质教育的评价既是对心理素质教育有效性的评价，也是对学生心理素质发展水平的评价，其结果无论对学校心理素质教育还是对教师和学生，都具有非常重要的作用。

（一）学校心理素质教育评价的基本标准

评价心理素质教育主要依据以下几个方面的实施或者完成情况。

1. 目标达成情况

学校心理素质教育作为教育活动的一种类型，同样遵循教育评价的基本规律。在教育评价中，教育目标是教育评价的起点和评价标准，整个评价活动实际上是对教育目标的完成情况进行判断。心理素质教育也不例外，进行心理素质教育或者制订心理素质教育工作计划时所确定的目标既是心理素质教育评价的起点，也是心理素质教育评价的基本标准，即心理素质教育目标的达成情况是整个评价的基础。

2. 学校心理素质教育效率的高低

作为一项教育活动，心理素质教育需要在人力、物力等方面的投入，相同的投入能够达到什么样的教育效果就涉及心理素质教育活动的效率问题。教育效率是指在单位时间内所取得的心理素质教育效果与所付出的物质代价和精神代价的比例。评价心理素质教育效率的高低可以通过评估实施某个具体的心理素质教育目标所需要投入的人力、物力、财力和时间来进行判断，比如在两个平行班中，要达到相同的心理素质培养目标，各自投入的人力、时间、物力是多少，从而得到判断两个平行班心理素质教育活动效率的资料。

3. 学生的接受性

学校心理素质教育需要通过相应的教学或者活动来完成，它与其他文化知识的教学不同，在教学或者活动过程中涉及很多情感体验或者认知内化的行为，因此就要求我们的教学设计和教学过程要能够适应学生的特点和需要，能够为他们所接受，这样才能达到较好的教学效果。我们既追求活动的结果，同样也重视整个过程的可接受性，让学生在一种轻松、愉悦、富有情感体验的环境下进行心理素质的教育。

（二）学校心理素质教育评价的基本过程

一个完整的学校心理素质教育评价过程应该包括以下一些基本步骤。

1. 确定评价目标

评价目标实际上是指在心理素质教育评价中到底要评价什么。只有在确定相应的评价目标之后，才能够确定采用什么方法和手段来进行评价。根据目标的不同，心理素质教育评价也有很多种类型：既有对整个学校实施心理素质教育方案执行状况的评价，也有对单个心理素质教育活动的评价；既有形成性评价，也有总结性评价。因此，评价工作的开始是要确定评价的目标是什么。

2. 确定评价指标体系

恰当的评价指标体系是整个评价工作的关键。良好的评价指标既是对心理素质教育成效的有效和可靠反映，也应该具有具体和可操作的特点。对学校进行的心理素质教育进行评价的指标很多，如心理素质教育工作的组织和运作、心理素质教育的工作计划、心理素质教育的师资培养、心理素质教育的经费和设备、心理素质教育资料与档案、心理素质教育活动实施的情况等。这些指标既包括直接的指标，即通过心理素质教育直接产生的效果，诸如学生心理素质的变化和适应行为的增加等，也包括间接的指标，即由于整个心理素质教育提高了学生的心理素质和心理健康水平而带来的学风、班风、校风和教师队伍等的变化。

指标体系由指标、权重和标准构成，它是评价者进行评价活动的依据，也是评价信息的主要来源。我们根据自己和一些相关研究总结出一套学校心理素质教育评价的指标体系，包括领导重视程度、师资状况、活动场所与设施、教育内容、教育过程和教育质量六个方面，并对这六个一级和二级指标的权重进行了合理设置，可作为心理素质测评的参考。

3. 选择评价方法

评价方法是指采用什么方式来收集有关心理素质教育的评价信息。评价方法需要根据我们的评价目的来确定。如果在评价时主要采用的是指标项目表的形式，那么观察法就是一种比较适合的方法，让评价者通过观察，对照评价表进行评价。如果评价的目的主要是对学生的心理素质变化进行考察，那么就可以考虑采用心理测量、心理实验和调查等方法来实现。在选用具体的评价方法时，要注意考虑不同评价方法的不同要求。

4. 挑选评价人员

评价人员应该具有一定的专业水平，而且对于心理素质教育有一定的经验和公正客观的科学态度。同时在进行评价之前，还应该对评价人员进行相应的培训，不仅要求他们掌握评价的标准，还应该明确评价的意义、方法和过程等。

5. 实施评价计划

当我们评价时所需要的工具、相关的评价人员等都准备好之后，就可以依据相应的评价方法，进行评价信息的收集。不过在评价过程中要注意的是，不同的评价方法各有优缺点，因此应该尽量选用最合适的评价方法。对于一些不容易收集的评价信息，应该尽量采用多种方法进行资料的收集。比如有关教育效果的评价，它相对于设备、经费投入、教育者资格等外在条件要难以评价得多，特别是在分析评价结果的产生原因时，更应该注意要多方面收集资料。

6. 分析评价资料，写出评价报告

对于收集来的信息，需要进行相应的分析处理，那么在这个阶段的主要工作就是进行整理。由于评价主要依赖评价者的主观判断，因此应该尽量控制和减少评价中的各种误差，比如对标准掌握过严、过宽，或者不愿给出极端分值，以及光环效应等。这就要求做到评价前进行相应的训练和对评价者的专业背景有一定的要求。最好能够进行多人评价，并对评价过程中出现的差异进行民主评议，说明评价的依据。

分析整理完评价资料之后，应该写出相应的评价报告。在评价报告中要注意的是，对评价结果进行解释和分析时应该客观，在某些时候甚至还需要进行进一步的资料收集，如对一些评价结果的解释上。

7. 评价资料的运用

评价资料的运用指应用评价资料来判断心理素质教育的成效，发现和解决问题。在评价资料的运用过程中，应该注意两个问题。首先是要慎重对待评价结果。一个评价结果出来之后，应该对结果的真实性和可靠性进行考察，特别是对于出现的问题，应该采用多种方法进行确证和相应的原因分析。其次是要用发展的眼光看待评价结果。虽然评价有鉴别的功能，但不是简单地给一个分数或者给出一个等级就行了，评价更重要的功能在于发现心理素质教育过程中存在的不足，以便今后的教育活动能够更加有效地展开。

（三）学校心理素质教育评价的类型

根据评价的时间和评价的目的，学校心理素质教育评价可以分成三种既相互联系又相互区别的类型，三种类型的评价又有不同的侧重点。

1. 起始评价

起始评价是指在进行心理素质教育之前或者在实施某个方面的专题训练之前，对学生心理素质发展状况和相应的心理素质教育准备情况的评价。

对学校心理素质教育活动前的学生心理素质水平的评价主要是通过一些专门的学生心理素质测评系统来完成的。如由张大均等开发的学生心理素质测评系统，主要包括心理素质测量工具、智力测量工具、人格测量工具、学习心理测量以及职业兴趣等方面的测量工具，应用这套工具能够对学生心理素质的发展状况进行比较全面的测评。

对学校心理素质教育活动准备情况的评价主要包括以下几个方面。首先是对心理素质教育计划的评价。学校心理素质教育是一个连续的、系统的教育工程，因此应该有一个详尽的工作计划。对心理素质教育计划的评价主要包括评价计划是否符合学生的需要、兴趣和接受能力，计划是否考虑了学生心理素质测评中表现的突出问题，是否被纳入了整个学校教育的教学计划并进行了很好的衔接等。其次是对心理素质教育活动准备情况的评价。这是指在具体进行心理素质教育活动时，需要进行的一些必需的准备工作。它包括教育活动场所、设施、资料的准备，师资的准备，心理素质教育环境的准备。

根据我们前面描述的评价过程，可以为起始评价的两个方面分别实施评价。不过需要注意的是，对学生心理素质发展状况进行评价的评价项目是心理素质测试题，而评价方法是心理测量法，对学校心理素质教育活动准备情况的评价则是采用评价表的方式进行。

2. 过程评价

过程评价是指在心理素质教育活动进行过程中实施的评价。它的目的是收集有关教育与教学活动过程的信息，从而为心理素质教育与教学提供及时的反馈信息。过程评价一般表现为对心理素质教育计划部分目标或阶段性目标的达成度的评价，也可以指对整个心理素质教育过程实施状况、效率等的评价。

根据心理素质教育活动效果的及时性和完成目标的大小，我们将过程评价的内容分为两类：一是对心理素质教育活动或教学过程的评价；二是对心理素质教育阶段性目标或单元目标的评价。心理素质教育活动或教学过程的评价内容主要包括以下几个方面：（1）教育活动设计评价，主要是对心理素质教育活动的目标、过程、策略等的评价；（2）教育活动实施评价，包括教学活动环节是否完整，活动导入是否能够引起学生的兴趣，活动过程是否让学生产生了认同、接受、缺失或者震撼的感受，活动环节的转换是否平稳，对偶发事件的处理等；(3) 课后的及时评价，包括教师对心理素质教育活动的自评和学生的评价。在评价时，可以将上述内容转换为评价中的项目表，通过观察等方法来对心理素质教育的整个过程及其成效进行及时的评价。有关单元目标或阶段性目标的评价，可以参照前面有关心理素质评价的一般过程。

3. 总结性评价

总结性评价通常是在心理素质教育活动结束时或者结束一段时间之后所进行的评价，包括对学生心理素质发展变化和问题解决状况的评价，以及对心理素质教育活动过程的成效进行评价。其中以学生心理素质的变化，特别是心理素质教育给学生在学习、生活、个性、人际交往等方面所带来的变化为主。

对学生心理素质发展变化状况的评价，主要是采用学生心理素质测量系统进行评价。收集评价信息的方法主要有心理测量法和实验法等。而对学校心理素质教育成效的评价，可采用前面提到的评价项目表来进行，还可采用观察等方法获得相应的评价信息。

总结性评价有助于对学生的心理素质变化及其原因有比较完整和全面的把握，需要注意两个方面：(1) 要采用多种方法收集评价信息，采用多种手段、从不同的角度和来源收集评价信息。(2) 对心理素质教育效果的原因探究应该深入、客观。心理素质教育实验研究本身属于教育实验，在得出因果结论方面应该谨慎；在做出心理素质教育有效或者无效判断时，需要考虑各方面的影响因素。

【要点小结】

心理素质是以生理条件为基础的，将外在获得的刺激内化成稳定的、基本的、内在的，具有基础、衍生、发展和自组织功能的，并与人的精神活动和实践活动密切联系的心理品质。学生心理素质由认知品质、个性品质和适应性(或适应能力) 三个基本维度构成。学校心理素质教育是指以培养学生健全心理素质为目标的教育活动，是一项具有全面性和全体性、活动性和互动性、主体性和发展性等特征相协调的素质教育形式，其重要任务之一就是促进和维护学生的心理健康。活动性原则、情境性原则和主体性原则是心理素质教育应该遵循的主要原则。学校心理素质教育的基本模式可分为整合模式、分层模式和分段模式三种。目标设计的综合化、内容设计的生活化、方法设计的多样化及环境设计的互动化是学校心理素质教育设计的基本要求。学校心理素质教育的基本策略包括和谐互动策略、行为改变策略、体验内化策略和合理监控策略。学校心理素质教育的基本途径主要包括心理素质专题训练、心理辅导和学科渗透三种。目标达成情况、学校心理素质教育效率的高低和学生的接受性是学校心理素质教育评价的基本标准。根据评价的时间和评价的目的，学校心理素质教育评价可以分成起始评价、过程评价和总结性评价这三种既相互联系又相互区别的类型，三种类型的评价又有不同的侧重点。

【思考与练习】

1. 为什么说心理素质教育是素质教育的重要组成部分?
2. 学校心理素质教育与其他教育（如德育、智育）有什么关系?
3. 你认为学校心理素质教育中亟待解决的理论问题是什么？为什么?
4. 你认为学校心理素质教育中亟待解决的实践问题是什么？为什么?

【拓展性阅读】

1. 张大均主编：《教育心理学》，人民教育出版社 2004 年版，第十章。

2. 张大均主编：《学校心理素质教育概论》，西南师范大学出版社 2004 年版，第二、三、四章。

3. 张大均等：《关于学生心理素质研究的几个问题》，《西南师范大学学报(人文社会科学版)》2000 年第 3 期。

4. 张大均：《加强学校心理健康教育　培养学生健全心理素质》，《河北师范大学学报（教育科学版)》2002 年第 1 期。

5. 张大均主编：《当代中国青少年心理问题及教育对策》，四川教育出版社 2010 年版，导论。

第十五章　学生心理差异与因材施教

【内容提要】

心理差异是指在认知和人格等心理活动过程中表现出来的相对稳定的个体心理特征方面的差异。因材施教是针对学生心理差异，采用有差别的教学方法，使学生获得最佳的发展。本章在分析心理差异一般问题的基础上，着重阐述学生心理差异在学校情境中的表现，提出针对心理差异的因材施教原则，具体分析针对认知差异、人格差异的教育理论和方法。

【学习目标】

1. 知道心理差异和因材施教的含义以及影响学生心理差异的因素，能举例说明针对学生心理差异进行因材施教的重要性。

2. 知道学生认知差异的特点及表现，能联系教育实际说明针对认知差异应采取的教育措施。

3. 知道学生人格差异的特点及表现，能联系实际说明针对人格差异应采取的教育措施。

【关键词】

心理差异　认知差异　人格差异　因材施教

第一节 概 述

莱布尼茨（G. W. Leibnitz）有句名言：世界上没有两片相同的树叶。同理，世界上也没有两个完全相同的人。人与人之间既有生理层面的差异，更有心理层面的差异。学生的心理差异是因材施教的依据和根本要求。本章在阐述心理差异的一般理论基础上，着重具体分析针对学生认知差异、人格差异的心理学教育理论和方法。

一、心理差异及其成因

（一）什么是心理差异

心理差异是指人在认知、情感、意志等心理活动过程中表现出来的相对稳定而又不同于他人的心理特征方面的差异，它包括个体心理差异和群体心理差异两个方面。群体心理差异是指不同社会群体之间由于生活环境、社会文化、历史传统、经济状况等差异造成的各自不同的群体心理特点，主要有民族心理差异、阶级心理差异、性别心理差异、教育心理差异、文化心理差异和年龄心理差异等。个体心理差异又称个别心理差异，是一个人在先天生理素质的基础上，通过后天的文化知识教育、社会环境影响以及个体的具体实践而形成基础的、稳定的、持续的、不同于他人的心理方面的特点。个体心理差异集中表现为认知差异和人格差异。认知差异包括认知水平、认知类型、认知结构、认知过程等方面的差异。人格差异包括人格倾向性差异和人格特征差异等。

（二）心理差异的成因

心理差异的形成原因多种多样，有生理、心理、家庭、学校以及社会等各因素的单一作用，更有这些因素的综合作用。现代心理学研究证明，个体心理差异是个体在遗传与环境交互作用下逐渐形成和发展的。

1. 生理因素

（1）神经系统。神经系统，特别是中枢神经系统发展的差异是心理差异形成的物质基础。大脑是心理的物质基础，神经系统的发展状况会直接影响个体心理的发展水平，特别是神经系统的损伤和缺陷会导致严重的心理功能缺陷。例如，大脑皮质一定区域的损伤会引起特有的语言活动功能障碍，大脑左右半球的功能和发育程度不同会导致智力活动类型的不同，神经类型不同决定个体气质类型的差异。

（2）生理疾病。生理疾病会改变个体的生理特征，造成生理上的差异，同时生理疾病还会引发个体心理上的困惑，从而造成心理上的差异。例如，由于妊娠期、围产期感染疾病或受到化学药物、高强度X射线等物理因素的伤害，或出生后头部外伤等造成脑的器质性病变，都可能引起儿童的智能衰退，导致儿童出现脑器质性痴呆。此外，个体还会因为生理上的缺陷，像残疾等，带来心理上的自卑、偏激、抑郁等问题。

2. 家庭因素

家庭是个体成长和发展的第一外部环境。家庭结构、家庭氛围、家长的教育方式、家庭教育资源、家庭经济状况等因素对个体的认知、个性、社会性、心理健康等的影响重大而深远。因此，家庭因素是造成个体差异的重要原因之一。

（1）家庭结构。家庭结构对个体心理发展的影响主要表现在两个方面。一是影响个性发展。一项调查表明，家庭不完整会对子女个性发展带来不良的影响。在这些单亲家庭（如丧偶或离异）中，情绪正常的只占26.42%，而有孤独、闷闷不乐、烦躁、易怒、冷漠、自卑、逆反等心理的却占73.58%。① 二是影响心理健康。有关留守儿童的研究表明：留守儿童较非留守儿童更容易出现心理问题，他们在躯体化、恐怖、敌对、偏执、强迫和人际关系敏感问题上的得分较高；留守儿童自尊较低，有严重的自卑感，对自身的评价明显偏低，特别是在对自己的智力、外貌和幸福满意度方面。②

（2）家长的教育方式与教育态度。家长的教育方式与教育态度对个体心理发展的影响主要表现在以下三个方面。一是影响个性形成。从教育方式来看，

---

① 广州市家庭教育研究促进会：《广州市841户单亲家庭子女教育问题的调查》，《青年研究》1994年第11期。

② 罗静、王薇、高文斌：《中国留守儿童研究述评》，《心理科学进展》2009年第5期。

溺爱型家庭的子女主要表现为任性、娇生惯养、依赖等特点。严厉型家庭的子女主要表现为自私、心胸狭窄、胆小、焦虑、敌对等特点。放任型家庭的子女主要表现为感情用事、娇气、自我中心等特点。忽视型家庭的子女主要表现为冷漠、自卑、抑郁、自我封闭等特点。二是影响社会性发展。心理学家鲍德温（Baldwin）、鲍姆林德（Baumrind）等人的研究表明，宽容、民主的教养方式对儿童的社会化有积极的影响：宽容、民主的家庭中的儿童是活跃的，其社会行为是爱憎分明的；儿童在其所属的团体中处于领导地位，他的攻击行为和领导行为是亲社会的；儿童具有较高的社会责任感、合作感和成就动机。而不宽容的家庭中的儿童则表现出与此完全相反的特点：缺乏社会责任感、冷漠、有攻击行为等。三是影响心理健康。不良的教育方式会给学生造成比较严重的心理问题。高艳华等（1995）的研究发现，家长采用"以打骂和放任自流为主""歧视""态度不一致"等不良的教育方法和不正确的教育态度，其子女心理健康问题查出率为89.39%，而家长采用说服教育和正确的教育态度，其子女心理健康问题查出率为5.92%，前者显著高于后者。①

（3）家庭氛围。家庭氛围是指家庭中长期积累起来的一种精神状态和情绪状态，主要从父母关系、亲子关系和家庭情感互动上体现。家庭氛围对个体心理发展的影响主要表现在以下两个方面。一是家庭氛围对儿童智力的影响。父母与儿童之间的亲密联系对于儿童的智力发育十分重要。我国学者研究发现：父母与儿童讲故事、做游戏的时间越长，儿童的智商越高；父亲与儿童同桌进餐的次数越多，儿童的智商越高。② 二是家庭氛围对儿童个性的影响。和谐的家庭氛围对于儿童良好个性的形成和发展具有积极的作用。因为生活在和谐、温馨的家庭氛围中，儿童会感到安全、愉快，容易接受父母的积极影响；相反，生活在紧张、敌对、争吵不休的家庭氛围中，儿童就会出现情绪不稳定、焦虑、忧郁、神经质等心理问题，严重的甚至会导致心理变态和反社会行为。

此外，家庭的经济状况及家长的职业、受教育程度、期望等家庭因素也会影响学生的心理差异。

---

① 高艳华、王敏：《中小学生心理健康影响因素的研究》，《健康心理学》1995年第4期。

② 张玲萍、季成叶：《家庭环境对儿童智力的影响》，《中国公共卫生》1995年第6期。

3. 学校因素

（1）教师。教师对学生心理差异的影响主要表现在以下三个方面。一是教师期望对学生学业的影响。教师期望效应是指教师在教学活动中根据自己对某个学生的认识而形成的一定的期望，这种期望会促使学生向着教师期望的方向发展。伊莱亚斯（Elias）等人的研究发现，教师期望比性别差异、种族差异对学生学业成绩的提高影响更大。在某种情况下，教师抱有高期待或低期待会使同一水平的学生成绩出现一个标准差的浮动。① 二是教师的人格对学生的影响。国内外的大量研究以及实践经验证明，教师的人格特征是影响学生心理的重要变量。首先，教师的人格影响学生人格的形成和发展。有研究发现，在教学过程中，教师的人格会影响学生人格的变化，尤其是学生人格形成的早期，会引起学生情感、行为动机的变化和态度的转变。研究还发现，不同的教师人格对学生人际交往有很大的影响。② 其次，教师的人格影响学生的学业成绩。研究发现，教师的人格可以通过影响班级心理环境和社会气氛、影响人际行为和角色期望而间接地影响学生心理与行为的发展和学业成绩。③ 三是教师的教育方式对学生的影响。教师的教育方式可以分为专制型、民主型、放任型，三类教育方式对学生的影响见表 15-1。

表 15-1　不同教育方式下的教师特点和学生特点

	专制型	民主型	放任型
教师特点	教师对待学生时经常自作主张，绝对维护自己的权威，对学生的错误有较多的指责、训斥和体罚，对学生要求严格	教师尊重学生的个性和独立性，鼓励学生表达自己的看法和意见，对学生的错误较宽容，以理服人	教师对学生经常漠不关心，放任自流，同时又有过分迁就、保护的倾向

① ［美］J. H. 麦克米伦主编，何立婴译：《学生学习的社会心理学》，人民教育出版社 1989 年版，第 112—113 页。

② Novojenova, R., & Sawilowsky, S. S. (1999). Measurement of influence of the teacher's personality on students in the classroom. *Social Behavior and Personality*, 27 (5), 533-544.

③ Fisher, D. L., & Kent, H. B. (1998). Associations between teacher personality and classroom environment. *Journal of Classroom Interaction*, 33 (1), 5-13.

续表

	专制型	民主型	放任型
学生特点	学生容易形成服从、胆怯、自卑、敌对、创造性和独立性差等特点	学生的思维活跃，学习的主动性和积极性较高，容易形成乐观、开朗、自信的个性品质	学生的独立性和创造性较好，但是学生容易形成自由散漫、随心所欲、缺乏责任感等特点

此外，教师的角色意识、威信、气质、心理健康、知识等因素都会影响教师对学生的态度和方式，影响教师的教学效果和质量等，因此也会造成学生的个别差异。

（2）学校环境和氛围。这两者都会对学生的心理差异产生一定的影响。一是学校环境对学生的影响。良好的学校环境对学生的审美情趣、行为方式、道德观念、智力开发、个性发展、学业成绩等有积极的作用；反之，学校的环境恶劣，学生处于一种混乱、无序、肮脏、压抑、自卑的环境中，就可能使学生产生较为严重的心理与行为问题。二是学校氛围对学生心理健康的影响。良好的学校氛围对中小学生的心理健康的发展起着积极的作用。一些研究发现，对于那些面临学业、情感和行为困难的“高危个体”而言，积极的学校氛围可能会有一定的保护作用，为他们提供“安全的避风港”，促进其健康发展，同时也会抑制其一些消极行为。①② 大量研究表明，学生感知的高质量的学校氛围与其高学业成就和动机之间存在正相关。③

此外，学校的管理方式、建筑设施、教学条件、领导素质等因素都会影响

① Haynes，N. M.，Emmons，C. L.，& Woodruff，D. W.（1998）. School development program effects：Linking implementation to outcomes. *Journal of Education for Students Placed at Risk*，3，71-85.

② Kuperminc，G. P.，Leadbeater，B. J.，Emmons，C.，& Blatt，S. J.（1997）. Perceived school climate and difficulties in the social adjustment of middle school students. *Applied Developmental Science*，1，76-88.

③ McEvoy，A.，& Welker，R.（2000）. Antisocial behavior，academic failure，and school climate：A critical review. *Journal of Emotional and Behavioral Disorders*，8，130-140.

学校的教育教学风格以及校风、学风，从而引起学生的个别差异。

二、心理差异在学校情境中的表现

心理差异在学校情境中主要表现为学生的智力差异、学习差异（学习方式差异、学习策略差异、学习兴趣差异、学习动机差异等）、性别差异、知识背景的差异、心理素质差异等。在这里着重介绍学生的学习心理差异、学习的性别差异，以及学业优秀生和学业后进生的心理差异。

（一）学生学习心理的差异

1. 学习风格差异

学习风格（learning style，又译为学习方式）是学习者持续一贯的带有个性特征的学习方式。[①] 它是由学习者个体差异构成的独特的学习方式。学生的学习方式包括许多方面。从知觉反应来说，视觉型学习者喜欢通过图片、文字材料等学习，听觉型学习者喜欢通过教师的讲解、与他人的讨论等方式学习，动觉型学习者喜欢通过操作模型、做实验等学习。从信息加工的风格上说，有的学生喜欢在同一时间对多个信息进行整体加工，有的学生则喜欢对信息进行逐一的加工。从问题解决上看，有的学生解决问题倾向于冲动行事，有的学生则非常谨慎。教师如果能够分辨学生的学习风格之间的差异，并根据其学习风格提供有针对性的教育措施，则会较大地提高学生的学习效果。

2. 学习策略差异

学生在学习策略上的差异主要表现为学生对学习策略的掌握和使用上的差异。(1) 高水平的策略使用者能够熟练地、有意识地选择和使用恰当的策略，低水平的策略使用者则是随机地、盲目地使用策略。(2) 学生在策略的应用水平上也有差异。例如，同样是复述策略，低水平的学生只是简单地重复学习材料，高水平的学生则会有选择性地挑选重点或难点进行复述。(3) 高水平的学生能够很快获得并使用高级的、复杂的策略，低水平的学生则难以获得并使用高级的、复杂的策略。由于学习策略与学生的学习效果紧密联系，因此，教师

① 谭顶良著：《学习风格论》，江苏教育出版社 1995 年版，第 9 页。

应该提高学生对学习策略的掌握和使用水平，从而提高学生的学习质量。

3. 学习兴趣差异

学习兴趣是指学生对学习活动的一种积极的认识倾向与情绪状态。学生的学习兴趣差异主要表现在以下两个方面。(1) 学科兴趣的差异。不同的学生会喜欢不同的学科，有的学生对数学、物理感兴趣，有的学生则对语文、政治感兴趣。(2) 学习兴趣的品质差异。一是学习兴趣的广博性差异。有的学生兴趣广泛，对许多事物都乐意探索；有的学生则兴趣狭隘，只对某些事物或活动感兴趣。二是学习兴趣的持久性差异。有的学生学习兴趣稳定，能够保持很长时间；有的学生的兴趣不稳定，朝三暮四，学习兴趣经常变化。三是学习兴趣的效果性差异。有的学生学习兴趣只停留在头脑里，并未付诸行动，这样的学习兴趣是不能推动学习活动的；有的学生学习兴趣则成为他们的强大学习动力，对学习活动产生了积极的影响。

（二）学生学习的性别差异

1. 学生智力的性别差异

关于智力的性别差异，世界各国的心理学家和教育学家都进行了很多的研究，但是由于研究观点、方法、对象、文化、评价标准等的不同，研究的结论有所不同。较为一致的看法是：(1) 男女两性在智力发展的总体水平上是平衡的，男性智力分布的离散程度比女性大，即很聪明和很笨的男性都比女性多，智力中等的女性比男性多。(2) 男女两性在智力结构上表现出不平衡性，如男性在数学能力、空间能力、抽象推理上占优势，女性在言语能力、听觉能力、记忆能力上占优势。(3) 男女智力差异在不同的年龄阶段有不同的表现。学龄前男孩和女孩的智力差异不太明显，特别是乳婴儿时期，几乎无差异。幼儿期虽然显示出一定的差异（女孩的智力略优于男孩），但差异不显著。从童年期开始，男女智力差异开始明显，女性智力明显优于男性；初中阶段，男生智力优异和差的人数均超过女生，处于中等智力发展水平的女生人数较多于男生。高中阶段，这种情况稍有变化。

2. 学习动机发展的性别差异

研究发现：小学阶段，女生的成就动机、认知动机都显著高于男生，说明女生较男生更愿意学习、喜欢学习，倾向于通过学习增长知识、提高能力等；

男生在附属动机上显著地高于女生，主要表现在为满足家长的要求、为执行教师的指示而学习。中学阶段，男生成就动机中所含的竞争性、新奇性等成分显著高于女生，女生成就动机中的获取知识因素显著高于男生，说明中学女生较男生更倾向于通过学习增长知识。此外，在学习是为了提高自我威信和班级威信方面女生略高于男生，而在得到他人尊重和有社会影响方面男生略高于女生。在诸如执行教师要求、挣大钱等附属动机上男生也显著高于女生，说明附属动机对男生学习的支配作用较女生大。①

3. 学习归因的性别差异

学生对学习的归因会影响学生对待学习的态度、动机、情感等心理因素，从而影响学生的学习。一般来说，女生比男生更容易把失败的原因归结为自己内部的因素，如努力程度不够、自己的学习能力较低等。男生则更多地归结为外部环境的因素，如学习内容困难、学习任务重、教师教学方法有问题等。

（三）学业优秀生和学业后进生的心理差异

1. 学业优秀生和学业后进生的认知差异

（1）智力差异。智力是影响学生学业成绩的一个重要的原因。学业优秀生和学业后进生之间在智力水平上存在差异是公认的事实。研究发现，学业优秀高中学生的智力等级位于90%以上（智商为120以上）的有63.2%，学业后进高中学生的智力等级位于75%以下（智商为80以下）的有69.7%。学业优秀生的智力显著高于学业后进生。这说明，学业成绩好的学生的智力相对较高，智力水平偏低是造成学业落后的重要原因。②

学业优秀生和学业后进生除了在智力水平上有差异外，在智力结构上也存在差异。季卫东等人的研究发现，学业后进生的言语智商（VIQ）、操作智商（PIQ）及全量表智商（FIQ）均低于正常学生，VIQ和PIQ分离现象普遍，且多数存在注意缺陷。③ 鹿瑞云等人的研究也指出：学业后进生言语智力水平

---

① 王有智：《城乡中小学生学习动机差异的比较研究》，《陕西师范大学学报（哲学社会科学版）》2003年第2期。

② 刘衍玲：《学业优秀与学业不良高中生心理素质的比较研究》，《西南师范大学学报（人文社会科学版）》2000年第3期。

③ 季卫东、杜亚松：《学习困难儿童智力结构对照研究》，《健康心理学杂志》2000年第4期。

的发展落后于操作智力水平。学业后进生言语能力较差，记忆力与注意力差，导致学习成绩低下，这说明智力结构对学生的学业成绩是有影响的。①

（2）元认知差异。研究表明，学业优秀生和学业后进生在思维或认知上的差异主要表现在元认知方面。研究发现，表现出高元认知水平的学生比低元认知水平的学生更能成功地解决问题，甚至低才能、高元认知水平的学生也要比高才能、低元认知水平的学生强。② 学业优秀生和学业后进生在元认知上的差异主要表现在两个方面。一是元认知计划性的差异。学业后进生不能很好地预期或计划自己的学习，总是被动地完成教师交给的学习任务；学业优秀生则能够根据自己的学习情况确定学习的目标，并积极主动地寻找更多有关的信息，实现知识结构的完善、发展和改进。二是元认知监控性的差异。学业后进生缺乏对学习的有效监控，难以及时获取反馈信息并及时调节自己的认知过程；学业优秀生则善于根据问题的性质和难度选择有效的策略，分析和发现解决问题的方法，并在这一过程中及时根据分析过程中出现的问题进行相应的调整。

（3）知识量与知识结构的差异。学生解决问题能力的高低跟他所掌握的知识量以及知识的组织形式有关。有人（Lawson & Chinnappan，1994）曾对愿学而成绩不佳者的问题解决行为进行了研究。他们让学生在考试后进行自由回忆和提词回忆，发现学业优秀生能够唤起大量的相关知识并能有效地利用，学业后进生不仅唤起的知识量少而且也不能有效地利用之。③ 在解决问题的时候，学生需要从长时记忆中提取相关知识，并将它们与当前的问题情境建立联系，因此学生的知识量越大则建立联系的可能性就越大。在某个领域落后的学生，往往伴随着在该领域内有关知识的积累量的不足。另外，解决问题的能力还与知识结构有关。解决问题时，头脑中的知识能否迅速、准确、顺利地被提

① 鹿瑞云、聂晓东、高翠琴、周继重：《儿童学业成绩与智力的关系》，《健康心理学杂志》2001 年第 1 期。

② Swanson，H. L.（1990）. Influence of metacognitive knowledge & aptitude on problem solving. *Journal of Educational Psychology*，82，301-314.

③ Lawson，M. J.，& Chinnappan，M.（1994）. Generative activity during geometry problem solving：Comparison of the performance of high-achieving and low-achieving high school students. *Cognition and Instruction*，12（1），61-93.

取出来，与知识的存储方式直接相关。组织不良的知识结构会妨碍学生成功搜索与问题相关的知识。

（4）认知加工的差异。学业后进生和学业优秀生在认知加工上的差异主要表现在以下几个方面。一是加工深度的差异。学业优秀生对信息的加工多是深加工，而学业后进生则多是表浅加工。二是加工容量的差异。研究发现，学业后进生的加工容量显著地低于学业优秀生。① 三是加工策略选择的差异。学业优秀生善于选择加工所需要的策略，并善于根据加工的反馈情况来调节。研究发现，学业后进生的学习策略（认知策略、目标管理规划策略、元认知策略）明显低于学业优秀生，特别是元认知策略。② 四是认知加工的监控性差异。学业优秀生在认知加工过程中能够随时根据加工反馈的信息进行调节，而学业后进生改进自己认知加工过程的愿望较低，常常是“一条道走到黑”。

2. 学业优秀生和学业后进生的人格差异

（1）气质差异。气质是人格因素的重要组成部分。中小学生的学业成绩与气质类型的相关极其显著。研究发现，在多血质和多血—黏液质学生中，学业优秀生明显多于学业后进生，而在抑郁质和胆汁—抑郁质学生中，学业后进生明显多于学习优秀生。这说明，多血质和多血—黏液质中小学生在学习活动中表现出明显的“气质优势”。③ 在另一项研究中进一步发现，在气质的情绪性维度上，学业优秀生属情绪稳定型气质（占 52.34%），明显高于学业后进生（12.5%），而学业后进生属情绪不稳定型气质（占 32.5%），明显高于学业优秀学生（1.87%），差异极其显著。④

（2）动机差异。学业后进生的学习动机水平低于学业优秀生。研究表明，中学生的学习动机、学习策略、学业成绩两两之间呈显著正相关，而学习动机中的深层动机、学习策略中的动机策略与学业成绩的相关程度最高。学习动机

① 金志成、隋洁：《学习困难学生认知加工机制的研究》，《心理学报》1999 年第 1 期。

② 周永垒、张奇、韩玉昌：《学习困难学生的学习策略研究》，《中国特殊教育》2003 年第 3 期。

③ 张履祥、钱含芬：《气质与学业成就的相关及其机制的研究》，《心理学报》1995 年第 1 期。

④ 袁忆达、姚昉：《气质与学业成绩的关系》，《中国心理卫生杂志》1996 年第 5 期。

除对学业成绩直接影响外，还通过影响学习策略从而间接影响学业成绩。[①] 在学习动机中对学业成绩起主要作用的是成就动机。阿特金森发现，具有高成就动机的学生一般来说学习成绩更优秀。这是因为高成就动机的学生在学习愿望、学习态度、学习主动性、学习坚持性以及学习归因方面比低成就动机的学生更好。

（3）自我意识差异。自我意识与学生的学习成绩密切相关，学习成绩被认为是影响学生自我意识的重要因素。对学生学业成绩产生影响的重要因素是自我意识中的自我效能。班杜拉等人的研究发现，学业自我效能水平可以准确地预测学生学业成绩的高低。高学业自我效能感的人具有较高的成绩，低学业自我效能感的人的成绩则很低。另外，在一项英语学困生的调查研究中发现，英语学困生的自我效能感在高一时与学优生之间无显著差异，但高二、高三年级时，学困生的自我效能感呈明显下降趋势，而学优生的自我效能感则呈明显上升趋势。[②] 另外，关于学业自我概念与学业成绩的因果关系，当前的研究大致形成了几种理论模型，即自我增强模型（self-enhancement model）、技能发展模型（skill-development model）、交互影响模型（reciprocal-effect model）、发展观（development perspective）等。[③]

三、针对心理差异的因材施教

（一）因材施教的含义

因材施教是指教师在教育教学活动中应从学生的实际情况出发，根据学生的不同特点和个性差异，采用不同的方法进行有差别的教学，使学生获得最佳的发展。

1. 尊重学生的个体心理差异

不同学生拥有不同的年龄特点、个性特点，拥有不同的家庭背景、生活经

---

① 刘加霞、辛涛、黄高庆、申继亮：《中学生学习动机、学习策略与学业成绩的关系研究》，《教育理论与实践》2000 年第 9 期。

② 李红娟：《高中英语学困生自我效能感研究》，南京师范大学硕士学位论文，2008 年，第 26 页。

③ 郭成、何晓燕、张大均：《学业自我概念及其与学业成绩关系的研究述评》，《心理科学》2006 年第 1 期。

验和价值标准，这种个别差异是客观存在的。教师要提高自己的教育水平和教育质量，就必须尊重这种事实，在教育教学过程中关注和重视学生的个别差异。

2. 了解和发现学生的个别差异

了解和发现学生的个别差异是实施因材施教的前提和基础。教师应该充分了解每个学生的发展情况，了解他们的兴趣、爱好、能力、学习成绩、成就动机、性格、气质等，发现他们的特殊才能和不足之处，然后制订相应的培养计划和方案。

3. 根据学生的个别差异实施有针对性的个别教育

对于不同的学生，教师要采用不同的教学方法和教学措施，切忌一刀切。例如：对于学困生，教师要适当降低学习难度，给予他们更多的学习机会，激发他们的学习兴趣；对于学优生，教师要给他们较高难度的学习任务，充分挖掘他们的智慧潜力。

（二）因材施教的原则

1. 可接受性原则

可接受性原则是指教学的内容、方法、分量和进度应该是学生能够接受但又有一定的难度的，需要学生经过努力才能完成学习任务。实施可接受性原则的前提是对学生发展水平的了解，关键是要让学生的新旧知识之间建立联系。因此，教师教授的新知识必须以学生现有知识水平和生活经验为基础，教师根据学生可接受的情况“量力而教”。另外，可接受性原则在强调教学要适应学生的发展的同时也重视教学走在学生发展的前面。简单地说，可接受性原则就是给学生一个“跳起来才可以摘的桃子”，教学不应仅仅停留在学生的现有发展水平，而是看到学生未来发展的可能性，教学的内容、分量和进度应该高于学生的现有发展水平，对学生而言是有一定难度的。

2. 可选择性原则

可选择性原则是指教师要尽可能地为学生提供多层次、多类型的发展目标和培养方式，以满足每个学生的发展需要。在传统的课堂教学中，教师常常对所有学生都采用同样的教学内容、教学手段，教学针对班上的大部分中等学生，很少考虑少数后进生的基础条件和接受能力，使他们难以跟上教学进度，而少数优秀生也因教学内容较浅而“吃不饱”。对学生实施因材施教要求教师根据学生的实际接受能力，设计多个教学目标，采用多种教学方法，准备多套教学内容，让学生能够根据自己的条件和基础去选择和接受适合自己的教学信息，自主安排学习的方式和进度，使所有学生都能在认真学习之后有所提高。

3. 主体性原则

主体性原则是指教育要充分发挥学生的主体性，使教育由“教师主动灌输，学生被动接受”改变为“教师主动引导，学生主动接受”的状态。学生的主体性是学生作为学习活动的主体所具有的独立、自觉、能动和创造的内在特性。个别差异的教育重视学生自觉参与教育行为，主动缩小自己与他人的差距。主体性原则首先要求教师要充分尊重学生的主体地位，要改变过去的“教师中心”的观念，树立“教师主导、学生主体”的新型教育观。其次，教师要培养学生的主体意识，即学生主动发展自身的意识。如果学生没有主体意识，就不能自觉和主动地追求自我的发展，而常常被迫在教师的指导和要求下成长，这就使教育成为一种强制性和被动性的行为。一般来说，学生的主体意识越强，其主体性的发挥就越好，学生主动参与自身发展、开发自身潜能的自觉性就越高。最后，教师要充分发挥学生的主体作用。教师在教学中应尽可能地提供和谐、民主、开放的教学环境和教学氛围，激发学生的学习兴趣，调动学生的主动性、自主性、能动性和创造性，使学生自己主动探索和获取新知识。

讨论1 ***教师应该如何对待学业优秀生和学业后进生？***

从教育心理学的角度看，学业优秀生和学业后进生在认知、人格等方面存在明显的差异。根据因材施教的原则，请你谈谈教师在教育教学中应该如何正确对待学业优秀生和学业后进生。

第二节　认知差异与教育

一、认知差异

（一）认知类型差异

认知类型又叫认知风格，是人在信息加工的过程中所偏好的相对稳定的态度和方式。认知类型差异就是人们在感知、理解、记忆、思维等过程中采用的与众不同的方式。

1. 知觉类型的差异

（1）分析型、综合型和分析—综合型。根据知觉时分析和综合所占的比重，知觉可以分为分析型、综合型和分析—综合型。分析型学生的特点是善于分析，他们容易察觉事物的细枝末节，但对事物的整体感知较差，常常“只见树木，不见森林”。综合型学生的特点是善于概括，把握整体。他们不善于分析感知对象的局部，而是注意观察事物的整体，常常“只见森林，不见树木”。分析—综合型学生则兼备上述两种类型的特点，即同时具有较强的分析能力和概括能力，观察时既能注意事物的整体，也能把握事物的细节，是一种较为积极的类型。

（2）场依存型和场独立型。根据知觉受外界环境影响的程度，知觉可以划分为场依存型和场独立型。美国心理学家威特金发现，人在感知和抽象方面存在着个别差异：有的人知觉时容易受外界环境信息的影响，有的人则容易受身体内部感觉的影响。威特金把前者称为场依存型，把后者称为场独立型。他认为场依存型的人倾向于把外在参照系作为心理活动的依据，而场独立型的人则倾向于利用个体内在参照系（主体感觉）作为心理活动的依据。这两种认知风格都是中性的，没有孰好孰坏之分。

场依存型和场独立型学生在学习上有以下差异。①在专业上的差异。场依存型学生较喜欢人文科学和社会科学，而场独立型学生对抽象和理论的东西更感兴趣，较喜欢自然科学。②在学习能力上的差异。在记忆活动中，场独立型学生善于记忆缺乏组织的材料且效果较好，而场依存型学生更擅长记忆和学习包含社会性内容的材料。在问题解决方面，场独立型学生更能打破思维定势，从习惯的解题模式中摆脱出来，采用新的解题方法。③在学习动机上的差异。场依存型学生较易于接受别人的暗示，他们学习的努力程度往往受外来因素的影响，而场独立型学生在内在动机作用下学习，时常会产生更好的学习效果。

2. 记忆类型的差异

根据记忆过程中的知觉偏好，记忆可以分为视觉型、听觉型、动觉型和混合型。知觉偏好是指记忆过程中哪种感觉系统的记忆效果最好，学生就偏向于使用哪种感官来进行学习。视觉型学生主要通过视觉来学习，阅读、观察、记笔记等方式容易使他们吸取知识。对视觉型学生来说，加大阅读量，多读课外书，扩大自己的视野，在阅读的同时动手记下重难点加深记忆，可以发挥自己的优势。听觉型学生偏好以听的方式学习，对于他们来说，声音含有丰富的意义，他们对语言、声响、音乐的接受能力和理解能力特别强，因此，听觉型学生能从教师或他人的讲授中吸收到更多的信息。动觉型学生好动，善于通过触摸物体，如写、画、运动、动手操作来学习。实际上，绝对的视觉型、听觉型、动觉型的学习者是很少的，大多数学生都是综合型的，即使用多种感觉通道。所以，只有多种感觉通道相互协调与配合，学习效果才会好。

3. 思维类型的差异

（1）艺术型、思维型和中间型。根据思维的概括性，思维可以分为艺术型、思维型和中间型。艺术型的人具有知觉印象的鲜明性、记忆的形象性、高度的情绪易感性、想象的丰富性等特点。他们善于识记图形、颜色、声音等直观材料。作家、诗人、画家、演员等多属于这种类型。思维型的人具有较强的分析能力、概括能力和抽象思维能力。他们在数、理、哲等学科方面有优势，善于抽象、分析、逻辑推理。中间型的人处于艺术型和思维型之间，兼有两者的特点。在现实生活中，艺术型和思维型的人数较少，大多数人都属于中间型。

（2）整体型和序列型。英国心理学家帕斯克（G. Pask）于 1976 年在研究学生学习策略差异时发现：有些学生在面临问题时，倾向于把问题视为一个整体，注重全面看问题，采取整体性策略；有些学生在面临问题时，倾向于把重点放在一个个的子问题上，一步一步地分析这些子问题。他把前者称为整体型学习者，把后者称为序列型学习者。①整体型和序列型学生在思维上有差异。整体型学习者倾向于事先预测整个问题将涉及的各个子问题的层次结构以及自己将采取的方式，他们总是试图把一系列的子问题组合起来进行整体思考。而序列型学习者则重视这一系列子问题的逻辑顺序，第一种假设成立后再进一步考虑第二种假设，逐步推导出问题的结果。他们解决问题的过程如链状，一环扣一环，当这些子问题快要解决完的时候，他们才会对学习内容形成一种比较完整的看法。②整体型和序列型学生在性别上有差异。男生一般擅长整体型的认知方式，而女生一般擅长序列型的认知方式。由于数学操作、空间问题的解决更多地依赖于整体型加工方式，因此，男生的数学能力和空间能力比女生好一些。而言语操作、记忆等更多地依赖于序列型加工方式，因此，女生的记忆功能、言语功能相对来说比男生好。

4. 认知反应类型的差异

根据学生认知反应和情绪反应的速度，认知反应可以划分为冲动型（impulsivity）和思考型（reflection）。卡根及其同事（J. Kagan, et al.）在学生寻找相同图案和辨认镶嵌图形的实验中发现：一些学生能够简单而迅速地做出选择，但错误率较高；另一些学生在每次选择前都会经过仔细的考虑，错误率较低。卡根把前一种认知方式叫作冲动型，把后一种方式叫作思考型。

首先，冲动型和思考型学生在问题解决上有差异。思考型学生在解决问题时，总是小心谨慎，在解决问题前，他们会设想各种解决方案，检查各种假设，在确认没有问题的情况下才会给出答案，答案一般都很准确，不过反应较慢；冲动型学生在面对问题时总是急于求成，他们有时甚至没有弄清楚问题的要求就急于回答，不习惯对解决问题的各种可能性进行全面考虑，因此很容易出错。其次，冲动型和思考型学生在学习上有差异。与思考型学生相比，冲动型学生在阅读能力、记忆能力、推理能力、创造能力等方面都表现较差。在阅读时，冲动型学生往往只以一些外部线索为基础，未加仔细考虑就急于回答问题，因此会出现阅读困难。而思考型学生则仔细思考，对问题进行理解、深究，因此阅读、推理和记忆的成绩较好。在创造性方面，思考型学生表现出深思、酝酿等倾向，冲动型学生则表现出随时行动的倾向。

（二）认知水平差异

认知水平差异主要表现为智力水平的差异，而智力水平的差异又表现为智力发展水平的差异和智力发展速度的差异。

1. 智力发展水平的差异

智力发展水平的高低是通过智力测验所得到的智商来体现的。智商是智力年龄与实足年龄之间的比值。智商的计算公式为：

$$智商=智力年龄/实足年龄\times 100$$

例如，一个实足年龄8岁的学生经过智力测验鉴定智力水平为8岁，那么他的智商就是100。如果一个实足年龄8岁的学生智力水平为6岁，那么他的智商就是75。心理学家推孟（L. M. Terman，1877—1956）按照智商的高低，把智力分成9类。后来，韦克斯勒参照推孟的分类，标明了智力个别差异的群体分布（见表15-2）。智力按发展水平的高低，可以分为超常、正常和低常三种类型。一般认为，智商在130以上为超常，智商在70以下为低常，智商在100左右的为正常。智力超常是指智力发展水平大大超过同龄人的水平。智力低常是指智力发展水平远远低于同龄人的水平，表现出学习和社会适应的障碍。从表15-2中我们可以看出，智力的发展是呈正态分布的，即智力超常和智力低常的人数极少，智力偏高和智力偏低的人数次之，智力中等的人数最多。

表15-2　智力个别差异的群体分布

智商	类型	百分比/%	
		理论分布	实际样例
130以上	极优秀	2.2	2.3
120～129	优秀（上智）	6.7	7.4
110～119	中上（聪颖）	16.1	16.5
90～109	中等	50.0	49.4
80～89	中下（迟钝）	16.1	16.2
70～79	低能边缘	6.7	6.0
70以下	智力缺陷	2.2	2.2

2. 智力发展速度的差异

智力的发展有早晚的差异。有的人天生聪慧，在很小的时候就表现出较高的智力水平。有人对301位诺贝尔奖获得者进行统计，结果表明，30～45岁是人的智力发展最佳年龄区。当代世界上杰出的科学家取得成就的年龄峰值在36岁。莱曼（H. C. Lehman）进一步研究了从事不同学科的人最佳创造的平均年龄（见表15-3）。①

① 王雁主编：《普通心理学》，人民教育出版社2002年版，第319—320页。

表 15-3　不同学科最佳创造的平均年龄

学科	最佳创造的平均年龄/岁	学科	最佳创造的平均年龄/岁
化学	26～36	声乐	30～34
数学	30～34	歌剧	35～39
物理	30～34	诗歌	25～29
使用发明	30～34	小说	30～34
医学	30～39	哲学	35～39
植物学	30～34	绘画	32～36
心理学	30～39	雕刻	35～39
生理学	30～39		

讨论2　认知类型的差异有无优劣之分？

认知类型的不同，意味着学生在信息加工、问题解决等过程中采用的方式方法、策略等方面存在着差异。这些差异有无优劣之分？结合自己或熟悉人的认知类型特点谈谈你的看法。

二、针对认知差异的教育

（一）针对认知类型差异的教育

1. 教师必须帮助学生识别自己的认知类型

不同的认知类型具有不同的学习特点，教师应该充分认识到这种由认知类型带来的差异，从而对不同认知类型的学生采用不同的教学方法。教师对学生认知类型的识别不仅仅在于调整自己的教学方法，还应该帮助学生分析和认识自己的认知类型。只有当学生充分了解和认识自己认知类型的优劣时，学生才会针对不同的学习任务，以主动、积极的方式采用不同的学习方法、学习策略来调整自己的学习。这样，学生才真正学会了学习。

教师应该如何提高学生对自己认知类型的了解和识别呢？首先，在课堂教学中教师要经常给出与认知风格相关的知识，运用调查表、日记、周记、自我评价表等，使学生逐渐对认知类型产生了解和兴趣。其次，教师要帮助学生明确每种认知类型的优势和不足，并指出针对不同认知类型的优势和劣势应该采用的不同的学习方式和学习策略。最后，针对学习者的反馈帮助他们解决所遇到的困难。

2. 教师要明确适应认知类型的两类教学策略

不同的认知类型有不同的优势和劣势，教育的目的就是要充分发挥学生在认知类型上的优势，弥补认知类型的劣势对学习的不良影响。因此，适应认知类型的教学策略可以分成两类：一类是采取与学习者认知风格一致的教学策略，又叫匹配策略；另一类是采取对学习者缺乏的认知风格进行弥补的教学策略，又叫失配策略。前者对知识的获得非常有利，它能使学生学得更快、更多，但无法弥补学习方式上的欠缺；后者在开始阶段会影响学习者对知识的获得，但是，它能够弥补学习者在学习方式和学习机能上的缺陷，使学生获得更全面的发展。

(1) 采取与学习者认知风格一致的教学策略，即匹配策略。匹配策略是要根据学习者的认知风格设计与之相匹配的教学策略。例如，场依存型学生喜欢讨论学习，对他人的意见和情感比较敏感，因此，教师就可以采用小组讨论的教学方法，并给予他们及时的指导和肯定。而场独立型学生喜欢一个人学习，不易感受他人的情感，因此，教师可以给予他独立的学习任务，充分发挥他的独立性和主动性。另外，场依存型学生更善于完成社会性的任务，场独立型学生更喜欢有难度的、新颖的任务，教师可以针对不同的学生布置不同的任务。不过，这种采用与学习者的认知类型相一致的教学策略也有负面作用：①可能剥夺了学生学习其他智力技能的机会，这样便加大了学生间的差异而不是缩小差异；②可能将学生刻板化，把他们的认知风格与学习任务相匹配，可能会限制学生在其他方面学业成功的机会。

(2) 采取对学习者缺乏的认知风格进行弥补的教学策略，即失配策略。失配策略是为了弥补学生在认知类型机能上的欠缺。在具体的教学情境中，教师提供的教学内容和教学方式往往只能顾及某种认知类型的学生，这样，有些认知类型的学生就难以学会这些内容，这就造成了学生的学习困难。例如，讲授法对于听觉型和视觉型的学习者有利，而对于动觉型的学习者不利。小组探究学习法对于听觉型和动觉型的学习者有利，而对于视觉型的学习者不利。因此，在教学的时候，教师就要针对不同的认知类型采用不同的失配策略。例如，视觉型学习者主要通过视觉，其劣势是听觉和动觉，因此，教师可以有意识地使用探究学习、合作学习，要求学生在活动中认真听小组成员的发言（刺激听觉），要求学生积极参与动手活动（激发动觉）。而对动觉型学习者，教师可以先采用讲授法，刺激学生的听觉和视觉，再采用探究学习或动手实验，让学生对教师讲授的内容产生更直观的理解。

3. 教师要调整自己的教学风格，提供多模式教学

从两类教学策略的分析可以看出，教师的教学既应考虑学生认知类型的优势，提供适应学生认知类型的匹配策略，让学生尽快地掌握知识，同时也应考虑学生认知类型的劣势，提供失配策略，让学生弥补认知类型的缺陷，促进学生的全面发展。这两个任务看似矛盾，其实是互补的。怎样在课堂教学中完成这两个任务呢？简单地说，就是教师要调整自己的教学风格，提供多模式的教学方式。学生认知类型的多样性要求教师必须改变单一的教学风格，采用各种教学方法，组织多样化的教学活动来满足和弥补不同学习者不同层次的需要。

（二）针对认知水平差异的教育

1. 按能力分组

中小学生存在智力因素上的差异是不可否认的事实，因此教育者必须针对学生在智力上的个别差异进行因材施教，解决这个问题的方法之一就是能力分组。能力分组一般是根据学生的智力和学业成绩进行的。能力分组有三种方法：一是班级间分组（between-class grouping）；二是班级内分组（within-class grouping）；三是重新分组（regrouping）。

（1）班级间分组。班级间分组是指将同一个年级的学生打乱分组，按照学生的智力或学业成绩将学生分成不同等级的班级。这种分组的方式将能力相近的学生编排在一起，因此也叫同质性分组。它缩小了班级内学生的差异，但是增大了班级间学生的差异。这种分组的好处是教师只需要选择适合某一水平学生的教学途径和策略就可以了，这使教学更具有针对性和简便性；不足之处是教师对于不同等级组的学生的观念、态度、期望、教学行为和方式可能有所不同，这些不同可能会导致学生的心理问题。对能力较高的班级，教师对他们产

生的高期望既可能加速学生的发展，也可能导致学生的高压力。对能力较低的班级，教师的“标签效应”会给全班学生都贴上“差生”的标签，从而使学生产生自卑、抑郁、焦虑、沮丧等。

（2）班级内分组。班级内分组是指将同一个班的学生按照学科能力或学科成绩的差异分成不同的小组。这种分组的方式又叫异质性分组。这种分组带来的好处是各学科的教师可以根据学生的差异进行因材施教，适应不同学科能力的学生的需要；不足之处是增加了教师的教学难度。在同一节课中教师要根据不同的学生准备不同的教学内容、教学方法、教学进度和教学任务，这只有在学生人数很少、教学内容不多的情况下才容易实现。另外，低能力组的学生更多地接受较容易的教学任务，受到的创造性和批判性思维的技能训练的机会较少，因而学生难以获得高质量的发展。

（3）重新分组。班级内的学生大多是在一个班级中学习，但是，在某些学科的学习中，不同班级甚至不同年级的学生会按照学科能力的不同重新分成不同的班级，这就使得同一个学生可能被编排在几个班级中。重新分组是将前两种分组两种方法结合起来的一种分组方式，这种分组的好处是可以针对学生的个别差异进行因材施教，又不需要增加教师的额外负担；不足之处是学生的班级较多，在学校行政和教学安排上有困难。在以上几种分组编班方式的基础上，有的学校又提出了无年级分组的方式，即将所有的学生按照学科能力进行分组编班。比如有七门学科，同一个学生就会根据他在这七门学科中的学习能力被编进七个班级中。这种编排方式打破了传统的年级限制。同时，教师会根据学生的学习情况随时调整学生的班级，这就使能力不同和发展速度不同的学生能够体验到学习的连续进步，使每个学生都有体验成功的机会。

2. 设置不同的教育目标

对智力超常学生的教育目标是进行多元智能的充分开发，对其进行高学历教育和个性优化教育。对智力落后学生的教育目标是根据智力低下的类型来确定的。对于轻度智力落后学生，教育目标是通过训练使其能够掌握较高的生活能力，较好地适应社会生活。对于中等智力落后学生，教育目标是通过训练使其能够掌握一些简单的生活技能和社交能力。对于重度智力落后学生，教育目标是通过训练使其掌握一些简单的生活技能。

3. 选择不同的教育方式

对智力超常学生的教育方式主要有以下几种：（1）采用提早入学或跳级的形式，让智力超常学生在较短的时间内完成学业；（2）提供常规课程以外的课程，满足学生“吃不饱”的需要；（3）提供难度更大的学习材料和学习任务；（4）提供更多的充满挑战的课外活动。对智力落后学生的教育方式主要有以下几种：（1）给予智力落后学生更多的机会，让他们从简单的小事做起；（2）传授生活、劳动必需的基本知识，加强智力落后学生生活自理、自助技能的培养；（3）以活动课程为主，活动可以帮助智力落后学生积累丰富的感性经验，加快思维活动，激发学习兴趣，促进他们智能的发展；（4）激发学生的学习动机，鼓励他们学习他们感兴趣的内容，增加学习的信心。

第三节　人格差异与教育

一、人格差异

（一）气质差异

心理学家把人的气质分为多血质、胆汁质、抑郁质和黏液质四种类型。一般认为，气质无好坏之分，每种气质都有其长处和短处。不同的气质类型有不同的典型表现。多血质的学生活泼好动，热情大方，思维活跃，行动敏捷，善于交际，情绪变化快而多变，行为敏感，善于表现自己，适应环境能力强，但注意力易分散，做事轻率不踏实，兴趣容易变化。他们心理活动的明显特点是，有很高的灵活性，可塑性强，容易适应变化的生活环境，但情感体验不深刻。胆汁质的学生精力充沛，直爽热情，好胜心强，但脾气暴躁，不稳重，情绪产生快而强；能以极大的热情投入工作并积极克服各种困难，但是常常缺乏耐心，难以坚持完成一项工作。他们心理活动的明显特点是兴奋性高，不均衡，带有迅速而突发的特点。抑郁质的学生情绪发生慢而强，胆小怯弱，多愁善感，反应速度慢，刻板不灵活，性格非常内向，不容易合群，但情感细腻，观察细致，体验深刻，考虑问题比较周到，自制力强，善于忍耐。黏液质的学生思维比较迟缓，反应速度慢，性格比较内向，不善于表达自己，不喜欢交际，多愁善感，但注意力集中，兴趣稳定，能够深入思考，富有想象，对自己力所能及的任务能够坚持，心理活动的明显特点是迟缓。为了便于观察学生的气质类型，有人对四种气质类型分别提出了10条观察指标（见表15-4①），教师可对照观察指标来确定学生的气质类型。

表15-4　四种气质类型学生的观察指标

胆汁质的观察指标	多血质的观察指标	黏液质的观察指标	抑郁质的观察指标
①有强烈的情绪色彩 ②各项课外活动积极参与 ③完成作业匆忙 ④工作效率高 ⑤学习的理解能力和接受能力很快，但不求甚解 ⑥喜欢与同学争辩 ⑦容易激动 ⑧喜欢在公开场合表现自己 ⑨表情丰富而敏捷 ⑩喜欢看小说和电影	①内心体验会在面部表情中表现 ②积极参加学校的活动，但有始无终 ③学习新功课容易产生兴趣，但很快厌烦 ④学习疲倦容易恢复 ⑤理解问题比别人快，但学习容易见异思迁 ⑥希望做难度大的作业，但不耐心细致 ⑦容易产生骄傲情绪 ⑧容易激动，但情绪表现不强烈 ⑨情绪变化迅速 ⑩善于交际，但缺乏知心好友	①不易激动，情绪少外露 ②遵守纪律，生活有规律 ③理解问题比别人慢 ④学习认真严谨 ⑤容易集中注意力，但注意的转移困难 ⑥学习需要安静的环境 ⑦有耐久力，能承担长时间的繁重工作 ⑧沉默寡言，说话没有感情渲染 ⑨善于克制忍让 ⑩反应较慢，不做没有把握的事	①感情不易变化 ②学习时不愿和许多人在一起 ③学习容易感到疲倦 ④做作业花费时间多，怕教师提问 ⑤喜欢复习过去学过的知识 ⑥对新知识接受能力差，但是弄懂之后就很难忘记 ⑦不爱表现自己，在陌生人面前怕羞 ⑧感情比较脆弱，容易神经过敏 ⑨遇到挫折会很痛苦 ⑩爱看感情细腻、富有描写心理活动的小说和电影

① 陈仙梅、杨心德著：《性格心理论》，湖南人民出版社1988年版，第136—139页。

（二）性格差异

性格差异主要表现为性格类型的差异。性格类型是指在某一类人身上共同具有的某些性格特征的独特组合。心理学上对性格的分类主要有以下两种。

根据心理活动的倾向，将性格分为外向型和内向型。不同性格的学生在学习、工作和生活中的表现是不相同的。外向型学生爱交朋友，乐于助人，开朗大方，兴趣广泛，关心集体活动，独立性强，爱参加娱乐活动，对新事物比较敏感，社会适应力强。内向型学生爱安静，不爱与人交往，常常一个人待在教室，比较孤独、沉闷，对新事物反应迟缓，社会适应力差。在现实生活中，绝对的外向型或绝对的内向型是很少的，大多数人都是中间类型，同时兼有外向和内向的特点。有的时候人们表现得比较外向，有的时候人们表现得相对内向。

根据个人独立性的程度来划分，性格分为独立型和顺从型。独立型和顺从型的性格与人的认知方式中的场独立型和场依存型是紧密联系的。独立型的人的认知方式是场独立型，他们不容易受别人的暗示和环境的影响，独立能力强，有自己的主见，善于发现问题和解决问题。顺从型的人的认知方式是场依存型，他们容易受别人的影响，常常在别人的多次暗示下做出与自己意志相悖的选择和决定，独立性差，对困难和意外事件的处理缺乏主见。在学校生活中，独立型学生善于自己思考问题、解决问题，对学习、生活上的事情都非常有主见；顺从型学生则常常向教师或同学求助，往往难以独立完成一项学习任务，对教师的话常常言听计从，不会自己发现问题和独立解决问题。

（三）动机差异

1. 目标性动机的个别差异

学习的目标性动机是指学生在学习时所要达到的学习结果，当这个结果成为驱使学生学习的动因时，学习目标就转化为学习动机。学习的目标性动机是从目标定向理论的角度来划分动机的，包括掌握目标动机和成绩目标动机。具有成绩目标动机的学生为了获取社会的赞许或避免消极评价而去追求高成绩。具有掌握目标动机的学生重视自己能力的发展，强调对学习任务的完成和自己的进步，不太考虑他人对自己的评价。因此，他们在学校学习中更重视自己感兴趣和他们认为有价值的学科，偏重课程对自我成长的帮助。米斯

(J. L. Meece)等人研究发现，根据学习目标的不同可将学生分为三类：第一类学生以掌握目标为主，即内部动机更强，这类学生占33%；第二类学生掌握目标与成绩目标并重，即内外动机的强度大致相当，这类学生占40%；第三类学生以成绩目标为主，即外部动机更强，这类学生占27%。①

2. 成就动机的个别差异

成就动机是学生人格中非常稳定的特质，是学生重要的学习动机之一，指学生愿意去做自己认为重要的或有价值的事情，并力求获得成功、达到完美的内在推动力，对学习具有定向、维持和动力作用。教育心理学研究表明，成就动机与学生的学习效果有密切关系。在智力、经验、性别、年龄等条件相似的情况下，成就动机较强者，其学业成就较高。成就动机强的学生比成就动机弱的学生更能坚持学习，因此学习成绩也好。洛厄尔(E. L. Lowell)曾选择两组其他条件相等但成就动机不同的大学生为被试。两组被试的实验结果表明，成就动机强的被试能够不断进步，而成就动机弱的则没有明显进步。② 反过来，学习成绩高的学生其成就动机和志向水平一般也较高。研究表明，成就动机是影响学业成绩的因素之一，与学业成绩呈显著正相关。③ 此外，成就动机也表现出性别差异。研究发现，中学生在成就动机、追求成功的动机及避免失败的动机上没有显著的性别差异。大学生却有明显的性别差异：男生的成就动机强于女生；男女生追求成功、避免失败的动机差异也显著，男生追求成功的动机强于女生，避免失败的动机弱于女生。④

二、针对人格差异的教育

(一) 针对气质差异的教育

学生的气质类型存在很大的差异，因此，教师要充分考虑学生的气质类型

---

① Meece, J. L., Blumenfeld, P. C., & Hoyle, R. (1988). Student's goal orientations and cognitive engagement in classroom activities. *Journal of Educational Psychology*, 80, 514-523.

② 田云兰：《成就动机与学生学习》，《教育理论与实践》2002年第8期。

③ 张兴贵：《初中生成就动机与学业成绩相关性研究》，《宁波大学学报（教育科学版）》2000年第1期。

④ 张积家、陈俊：《大学生的成就动机和成功恐惧研究》，《应用心理学》2002年第2期。

进行因材施教。

对于胆汁质的学生，教师要鼓励他们气质中的积极方面，如勇于进取、爽朗、敢为等品质。同时，要对他们严格要求，帮助他们养成遵守纪律、约束自己任性和粗暴行为的习惯。在生活上，常常给予他们一些需要耐心的任务，锻炼他们的自制力。在学习上，常常给他们一些有难度的学习任务，克服他们急躁和不求甚解的毛病。

对于多血质的学生，教师要根据他们活泼开朗、好表现等特点，引导他们积极参与各项活动，在活动中给予他们一些需要耐力和持久性的任务，对他们的积极表现要给予及时反馈和奖励，对他们的粗心、轻浮、注意力不集中等特点要进行批评和惩罚，引导他们培养专一、坚持、踏实和耐劳的品质。此外，在教学中，教师还要注意多血质学生好动、注意力易改变等特点，采用多种教学方法和多样的教学内容来激发和培养学生的学习兴趣。

对于黏液质的学生，教师要利用他们冷静沉着、稳重实干、情绪不易激动、解决问题妥当圆满等优良品质，放手让他们参与班级的管理工作，同时帮助他们克服冷漠、固执的不良品质，培养他们的集体荣誉感和助人为乐的品质。在学习上，黏液质的学生思维刻板，反应慢，注意稳定且不易转移，因此，教师要给他们充分考虑的时间。同时，在教学中，教师还应鼓励他们一题多解，从多个角度考虑问题等，拓宽他们的思路，培养他们思维的灵活性和创造性。

对于抑郁质的学生，教师要鼓励他们积极参与学校和班级的活动，在活动中增强他们情绪的稳定性和自信心。同时，多给予他们一些与他人交往的任务，鼓励其他同学多关心、帮助抑郁质学生，使他们克服交往中的多疑、敏感和自卑心理。在生活中，教师要注意保护抑郁质学生的自尊心，不要在公开场合批评、指责他们。对抑郁质学生的错误或问题要有足够的耐心，采用单独谈话、举例说服等形式进行启发和循循善诱。在学习上，抑郁质学生反应慢，缺乏学习的主动性，教师要帮助他们制订合理的学习计划，激发他们的学习动机。

当然，具有以上典型气质类型特征的学生是少数，大部分学生的气质是混合型的，因此教师对学生的教育要落到学生个体身上。一个优秀的教师必须在仔细观察、量表测试、调查了解的基础上充分掌握学生的气质特点，并制订适应学生气质特点的教育措施。

（二）针对性格差异的教育

1. 根据学生的性格类型进行因材施教

要通过观察、调查、测量等方法综合判断学生的性格类型，根据学生的性格类型的特征寻找相应的教育对策。例如，对于外向型学生，教师要支持他们广泛地参与社会活动，使他们的性格优势在活动中得到充分的体现。同时，外向型学生容易出现的问题是急躁、粗心、大大咧咧、不思考、冲动等，教师就要在活动中提醒学生细致、沉稳、三思而后行等，或者直接交给学生那些需要细心、精加工的任务，使学生的性格劣势得到锻炼和培养。对于内向型学生，教师在平时的生活、学习中要积极鼓励他们参与集体活动，交给他们那些需要慎思、稳重的任务，使他们看到自己在集体活动中起的作用，正确认识到自己的价值。同时，鼓励他们与别的同学交往，增强他们的人际交往能力。另外，教师还要在判断学生性格类型的基础上注意学生在性格上的一些细小差异，进行量体裁衣。例如，同样是外向型学生犯了错误，教师应根据他们的性格差异采取不同的方式：对于开朗直率的学生，教师就应该直接批评，语气可以严厉一些；对于自尊心强的学生则应该委婉一些，点到为止；对于粗暴急躁的学生则应避开锋芒，坚持疏导。

2. 发挥集体的作用

由于学生的大部分时间都是在学校，因此，学校中的校风、班风、学风、纪律、舆论等对学生的性格形成起着直接的促进作用。特别是班集体，更是直接影响学生性格的形成。第一，良好的校风、班风、学风是一种无形的精神力量，对培养学生关心集体、团结友爱、诚实正直、遵守纪律等性格特征有重要作用。第二，学生很容易在集体中体验合作与竞争。合作可以培养学生信任、体谅、相互帮助、宽容、团结等性格特征，竞争可以培养学生拼搏、进取、责任感和荣誉感等性格特征。第三，教师可以通过集体活动来塑造和培养学生的良好性格。例如，有的学生性格内向孤僻，没有朋友，对这样的学生，教师除了发动学生与他们交流外，还可以组织一些需要集体合作才能完成的活动，让他们学会交往和合作。第四，教师可以利用班集体的舆论，引导学生形成健康的性格。例如，通过黑板报、班会等对学生中的一些不良性格进行讨论和评价，建立正确的舆论。第五，学生在集体中都有与他人保持一致的从众心理，因此，良好的班集体有助于学生不良性格的改造和优良性格的强化。所以，有经验的教师总是培养坚强、团结、民主、有纪律的集体，使学生在班集体中潜移默化，形成良好的性格特点。

3. 引导学生进行自我教育

学生性格的形成是从“他律”向“自律”发展的，即通过教育者的努力将人格教育、品德教育的目标、要求内化为学生内在品质的过程。这就要求性格教育要从被动向主动转变，让学生通过自我教育和自我调节将外在的教育影响转换为内在品质。因此，教师引导学生进行自我教育是培养学生良好性格的重要途径和方法。要实现学生性格的自我教育，教师首先就要帮助学生学会自我分析和自我评价。自我分析是自己对自己性格的基本认识、分析，这种分析要客观和实际。自我评价是自己在分析的基础上对自己的性格进行评价判断，找出性格的优势和劣势。性格的自我分析和自我评价的过程是一个自我认识的深化过程，是性格不断完善与发展的重要环节。其次，教师要帮助学生学会自我教育。自我教育包括自省、自警和自炼。自省，就是经常反思自己的思想和行为，总结自己性格的优势和劣势，并思考对自己性格劣势进行改造的方法。自警，就是自我警示，经常对自己的缺点和不良行为进行自我提醒、自我警戒。自炼，就是有意识地给自己创造一些磨炼的机会，使自己的性格品质获得锻炼，特别是艰苦的环境更能培养学生乐观向上、勇于拼搏、不畏艰苦的良好性格。最后，教师要帮助学生学会自我调节的方法，及时消除学生的不良情绪，使学生保持积极的、良好的性格品质。

（三）针对动机差异的教育

1. 根据学生学习动机的类型进行因材施教

对以外部学习动机为主的学生，教师主要是通过创设各种外部条件（如获得物质奖赏、父母或教师的精神鼓励、取得好成绩以及避免惩罚或痛苦的经历等）来激发和保持他们的学习动机。首先，教师要奖惩得当。奖励是对学生积极行为的正强化，是教师教学中常用的激发学生学习动机的方法，特别是对学业不良学生来说，奖励比惩罚更有效。教师在实施奖励时要注意：奖励要与学生的实际努力一致；奖励要以精神奖励为主，物质奖励为辅。惩罚是用不愉快的刺激抑制或消除学生消极行为的发生。在实际教学中，惩罚能够使学生改正一些错误的行为，但是使用不当会引起学生的对立情绪。其次，教师要适时表达对学生的期望，即对学生取得好成绩的希望。教师和家长的适当期望能够对学生的学习起促进作用，心理学上的皮格马利翁效应就是教师的期待效应。但是，期望应该与学生的能力、水平一致，过低的期望起不到推动作用，过高的期望又会让学生产生心理压力。最后，教师要为学生创设既有竞争又有合作的良好学习环境。只有竞争，容易诱发学习困难学生的自卑、自弃心理；只有合作，容易使部分学生产生不思进取的心理。因此，良好的学习环境既要有适当的竞争，又要有合理的合作。

对以内部学习动机为主的学生，教师主要是通过激发和调动学生的各种内部心理因素（如需要、求知欲、爱好、自尊、自信等）来激发和维持学生的学习动机。满足学生的需要、提高学生的自我效能感、引发学生的求知欲等都是激发学生内部动机的有效方法。满足学生的需要，是指教师在教学中必须顾及和满足学生各个方面的需要。在生理层次上，教师要满足学生的饮食、睡眠等需要，使学生不会因为疲劳、饥饿等问题而影响学习；在安全层次上，教师要让学生对物理环境和心理环境产生安全感；在归属与爱的层次上，教师要帮助学生形成良好的人际环境，建立团结的、互助的、和谐的、温暖的班集体；在尊重的层次上，教师要和学生平等、和谐相处，使学生获得别人的尊重并充满自信；在自我实现的层次上，教师要引导学生积极追求，开发潜能，表现自我，获得成功。学生的自我效能感是指学生对自己在某一活动领域中的能力的主观判断或评价。当学生具有较高的自我效能感时，他就会对自己将要完成的任务充满信心。提高学生的自我效能感需要教师在教育教学中多给学生正面的鼓励、强化和支持。引发学生的求知欲，主要是通过增加学生的知识积累和创设问题情境来实现的。

2. 激发学生的成就动机

成就动机是学生重要的学习动机之一，能够推动学生获得学业的成功，因此激发学生的成就动机能有效提高学生学习的自觉性和主动性。激发学生的成就动机可以通过以下两条途径来实现。

（1）让学生获得成功的体验。这是指让学生在自己的能力范围内完成一定的任务，使他们体验到学习成功的愉悦感，从而产生学习兴趣，激发学习动机。研究表明，成功的体验能增强学生的成就动机，而过多的失败则会大大削弱学生的成就动机。对于学习不良的学生来说，他们常常经历学业上的挫折和失败，容易体验焦虑不安、气愤等消极情绪。这些消极情绪会妨碍他们努力学习，使他们严重缺乏成就动机。所以要改变学业优秀学生和学业不良学生之间的差异，就要使学业不良学生也能获得成功的体验。要想使学生在学习中获得成功的体验，教师首先要了解学生的学习能力、学习兴趣、学习方法等。其次，要给学生提供与他的能力水平相一致的任务，即任务的难易程度要适合学生的现有状况，使学生可以通过努力完成它，从而体验到成功的乐趣。再次，在学生胜任的学科创设成功的机会，帮助学生认识自己的能力，提高自信心。事实上，大多数学习不良学生并不是每科成绩都差，教师要尽可能让他们在自己胜任的学科中获得成功的机会。最后，教师要及时发现、表扬和鼓励学生的点滴进步，使他们获得成功的体验。

（2）进行归因训练，让学生学会正确归因。教师可以通过对学生的归因进行训练来提高学生（特别是学业不良学生）的成就动机。我国学者王重鸣曾经归纳了三种比较实用的归因训练方法：团体发展法、强化矫正法和观察学习法。① 团体发展法的归因训练步骤是：以团体讨论的方式进行，小组成员（一般为 3～5 人）分析和讨论学习成败的原因，再由教师或辅导者引导他们做出正确的归因；小组成员制作归因量表，并对几种主要因素（能力、努力、任务难度、同伴帮助等）所起的作用做出评定；教师或辅导员对归因结果进行统计分析，并及时向小组成员做出反馈，鼓励积极的归因。强化矫正法是让学生在规定时间内完成不同难度的学习任务，然后，要求学生在归因因素表中做出选择，对完成的情况做出归因。当学生做出比较积极的归因时，就给予鼓励或奖励，并对那些很少做出积极归因的学生给予暗示和引导，促使学生形成正确的归因倾向。观察学习法是让学生观看归因训练的录像，引导他们把完成任务的成功与失败归因于自身的努力。

---

① 吴增强：《论学习困难学生的动机激发》，《中国教育学刊》1996 年第 2 期。

【要点小结】

心理差异是指在认知和人格等心理活动中表现出来的相对稳定的个体心理特征方面的差异。因材施教是针对学生的心理差异，采用有差别的教学策略，使学生获得最佳的发展。心理差异的形成有生理、心理、家庭、学校以及社会等各因素的单一作用，更有这些因素的综合作用。现代心理学研究证明，个体心理差异是个体在遗传与环境交互作用下逐渐形成和发展的。学生心理差异主要体现在学生学习心理的差异、学生学习的性别差异、学习优秀生与学业困难生的心理差异三个方面。针对个体心理差异实施的因材施教应遵循可接受性、可选择性、主体性三个原则。个体心理差异集中表现为认知差异和人格差异。学生的认知差异又可分为认知类型差异和认知水平差异。学生的个性差异表现在气质类型差异、性格类型差异和动机类型差异三个方面。针对学生的心理差异进行有针对性的教学是因材施教的基本要求。

【思考与练习】

1. 学生的个别差异主要表现在哪些方面？依据是什么？
2. 认知方式差异对学生学习有哪些影响？为什么？
3. 以学生的气质、性格和动机为例，谈谈你对因材施教的理解。

【拓展性阅读】

1. 顾海根主编：《心理差异与教育》，学林出版社 2002 年版，第一、三章。

2. 谭顶良著：《学习风格论》，江苏教育出版社 1995 年版，第一、三、四、十章。

3. 高玉祥著：《个性心理学》，北京师范大学出版社 1989 年版，第一、四章。

第十六章　教学交往与课堂管理

【内容提要】

教学是教师的教和学生的学相互影响的过程，教学交往和课堂管理是制约和调节这一过程的重要因素。有效的教学交往以良好的班级人际关系为基础，而教学交往的功能又通过积极的课堂互动来实现。因此，本章从这两个方面及其相互关系来阐述课堂教学交往的理论和方法，以课堂教学秩序的建立与维护作为课堂教学管理的核心。

【学习目标】

1. 知道班级人际关系的内涵、类型和影响因素。

2. 理解课堂管理的概念、内容、目标、功能和类型。

3. 知道教学交往和课堂互动的内涵、特点和功能，能从实际教学情境出发提出促进课堂互动的实施方案。

4. 知道如何制订课堂规范，能针对学生的课堂问题行为提出保证教学有序进行的方法。

【关键词】

教学交往　班级人际关系　课堂互动　课堂管理　课堂秩序

第一节　班级人际关系与课堂管理

一、班级人际关系

（一）班级人际关系的内涵

班级人际关系是指班级中师生之间、学生之间所形成的比较稳定的心理关系。班级人际关系的好坏不仅影响教学效果和班集体的形成与发展，而且影响学生的社会化程度和心理品质的发展。

班级中的人际关系是一种多维关系的综合体，可以从两个维度去分析。其一是根据交往中的组织关系划分，可将其分为正式关系和非正式关系。正式关系由在组织形式上已明确的正式群体中的角色所决定，如教师、班干部是班级的领导者；非正式关系一般是在相互之间具有某些相似性并以情感为基础形成的，如班级成员自发组织的业余兴趣小组等。其二是根据交往者之间的角色划分，可分为师生关系和同伴关系。上述两种划分是相对的，也存在相互交叉，即师生关系有正式和非正式之分，同伴关系也有正式和非正式之别。究竟怎样去划分班级人际关系应视具体问题而定。

班级中的每个成员都在班级人际关系中扮演着某个角色，角色不同，班级对其行为的要求也不一样，这体现了班级中的角色期待。符合角色期待的个体行为会得到班级中多数成员的认可和赞许，如人们评价某个教师的行为“像个教师样儿”，某个学生的行为“像个学生样儿”等。当班级成员认识到自己在某一时期所担当的角色和相应的角色期待时，便产生了角色意识。角色意识会调节成员的角色行为，使其表现出符合相应角色要求的行为来。

（二）班级人际关系的心理成分

班级中的人际关系是由认知因素、情感因素、行为因素构成的动态系统。

认知因素是班级人际关系的最显性层次。在师生交往中，教师对学生有一定的认知和评价，包括群体评价和个体评价；同样，在每个学生的头脑中也有对教师的认知和评价，学生之间也有相互的认知和评价。

情感因素是班级人际关系的重要成分，是一种交往双方的内心情感体验，表现为师生之间和生生之间在情感上的相互认同、接纳，学生之间的合作互助，集体的情感共鸣等。情感成分是班级人际交往和谐性与有效性的隐性前提。

行为因素是指具体的交往行为，它直接反映人际交往的价值取向和情感倾向，以行为方式一致性程度作为交往关系亲疏的判断标准。行为成分是班级人际关系的最直接层面。

（三）班级人际关系的类型

1. 同伴关系

同伴关系是在同学之间进行交往和互动的基础上建立起来的同学之间的心理关系，包括学生个体之间的关系、学生群体之间的关系以及学生群体与个体之间的关系。

（1）同伴关系的类型（见表16-1）。正确认识同伴关系，是教师建立和改善班级人际关系、实现良好教学效果的必要条件。

表16-1 班级中同伴关系的类型

分类标准	类型	定义或特征描述	备注
根据学生之间心理的相容程度	友好型	同学之间在心理上彼此相容、相互吸引的关系，表现为融洽、信任、亲密、友好	既有健康、积极的友好关系，也有不健康、消极的友好关系
	对立型	同学之间在心理上彼此不相容、相互排斥的关系，表现为摩擦、反感、冲突等	既有原则性的对立，也有非原则性的对立；既有公开的、剧烈的冲突，也有非公开的、一般性的排斥
	疏远型	同学之间在心理上相互忽视，情感淡漠，很少交往或几乎没有交往	如果一个班级中疏远型的同伴关系过多，那么这个班级就会缺乏凝聚力

（2）同伴关系的作用。班级中的同伴关系对于教学目标的实现具有重要作用，主要体现在以下四个方面。

一是对学生学业成绩的影响。研究表明，在不考虑其他因素的作用时，学生的学业成绩与同伴接纳和拒斥之间存在着密切的关系，学生的学业成绩越高，他们的同伴接纳水平越高而同伴拒斥水平越低，相反，学生的学业成绩越低，他们的同伴接纳水平就会越低而同伴拒斥水平就会越高。① 原因之一在于，学业成绩通常是学生描述同伴的重要维度，因此，在赋予学业成绩极高社会期望的文化环境中，学生学业成绩的好坏很可能在一定程度上直接或间接影响到他们是否为同伴所喜欢。② 陈会昌（2000）等人的研究表明，学习优秀的学生同伴接纳水平最高，学习中等的学生同伴接纳水平居中，学习困难的学生同伴接纳水平最低。③

从“学”的角度分析，良好的同伴关系使学生感到和谐、愉快、安全，避免了因同伴关系不良而带来的紧张、焦虑、攻击等消极心理状态，进而促进学生的学习。从“教”的角度分析，良好的同伴关系也有利于教师获得愉悦的工作体验，更能全身心地投入教学，教学的效率也会提高。

二是对学生社会化的影响。同伴间的交往为学生的社会化提供了演习、观摩及模仿的机会、榜样和强化途径。在学生间的彼此交往中，言语的沟通、情感的互染、人格的影响、行为的约束，会最终“积淀”成学生群体的内在心理品质，其中包括社会所认同和共同遵守的价值观、道德观、行为规范等，这对学生的人格成熟、个性发展会产生极大的影响。④ 研究证实，良好的同伴关系对儿童追求亲社会行为目标有积极预测作用。⑤ 学生感知到的班级人际和谐与亲社会行为之间存在显著正相关，与攻击行为之间相关不显著，与儿童的羞怯—敏感性有显著负相关。⑥

---

① 王美芳、陈会昌：《青少年的学业成绩、亲社会行为与同伴接纳、拒斥的关系》，《心理科学》2003年第6期。

② 杨海波：《同伴关系与学生学业成绩相关研究的新视角》，《心理科学》2008年第3期。

③ 冯维著：《现代教育心理学》，西南师范大学出版社2005年版，第428页。

④ 王小凤、袁俏：《试论教学交往中的生生交往》，《继续教育研究》2009年第3期。

⑤ Wentzel, K. R., Barry, C. M., & Caldwell, K. A. (2004). Friendships in middle school: Influences on motivation and school adjustment. *Journal of Educational Psychology*, 96 (2), 195-203.

⑥ 陈斌斌、李丹：《学生感知的班级人际和谐及其与社会行为的关系》，《心理发展与教育》2009年第2期。

三是对学生换位思考能力的影响。从某种意义上说，同伴交往也是一种信息互动的过程。实验研究表明，同伴间的相互作用提高了儿童从他人角度看问题的能力。特别是在小组合作活动中，儿童不得不根据他人的看法重新考虑自己原来的想法。与同伴的交往过程，正是克服自我中心主义和获得观点采择能力的主要途径；如果缺少与同伴共同参与活动的重要经历，许多亲社会的价值观和承诺就不能得到发展，也就谈不上从成人那里获得态度、价值观、技巧和信息。① 因此，同伴交往对学生换位思考能力的形成有积极影响。

四是对学生自我概念和人格发展的影响。同伴为个体逐渐理解合作与竞争的社会机制构建了基本的认识框架，儿童、青少年时期的良好同伴关系是形成健康的自我概念所必需的。② 如果儿童在交往中体验到同伴的接纳与友谊，将使他们第一次“通过他人的眼睛看自己”，并感受到与另一个人的真正的亲密。这类学生的性格将更加外向、乐观、自信。如果儿童被群体孤立和拒绝，将导致自卑人格和自我概念偏差，如表现出高焦虑、低自尊、情绪不稳及出现退缩或攻击行为等。这类儿童在进入青春期后，出现过失行为和犯罪行为的比例远远超过同伴关系良好的儿童。

2. 师生关系

（1）交往方式与师生关系。师生关系是在师生互动过程中形成和发展起来的。师生之间的良好关系也是通过师生交往建立的，而且不同的交往方式对师生关系及教学效果有不同的影响。根据课堂教学中信息传递的方向和渠道，可将师生交往分为单向交往、双向交往和多向交往三种基本形式（见图 16-1）。

单向交往是指师生之间仅仅保持“授—受”的单线信息联系，其特点是信息传递的单向性、学生学习的被动性，师生缺乏良性互动，课堂气氛单调、沉闷，教学效果差。

双向交往是指师生之间进行双向的信息联系。这种交往模式能保持师生间的往返联系，在一定程度上克服了学习的被动性，课堂教学气氛相对比较活

---

① ［美］D. W. Johnson 等著，伍新春等译：《合作学习》，北京师范大学出版社 2004 年版，第 231 页。

② 沃建中、马红中、刘军著：《走向心理健康·发展篇》，华文出版社 2002 年版，第 207 页。

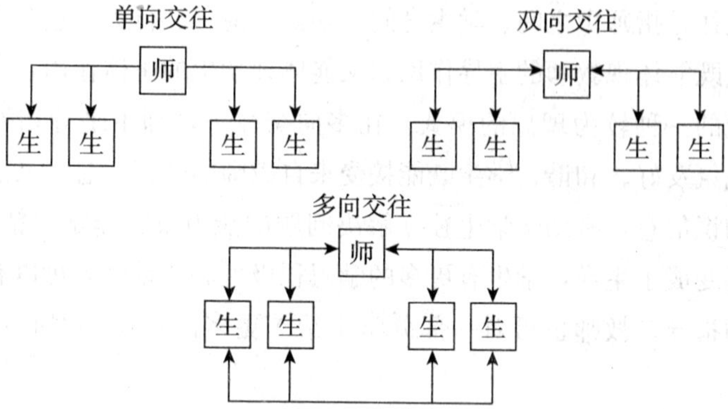

图 16-1　师生交往的三种形式

跃，但不能满足学生之间的交往需要。

不同的交往形式适用于不同的场合。莱维特（Leavitt，1972）在一个实验中将被试分为单向组和双向组。单向组的信息传递者向接受者发出指示，不许接受者提问或出声；双向组允许接受者提问并得到回答。结果发现，单向组在速度和秩序上优于双向组，但在正确性、增进了解与建立良好关系上不如双向组。① 对于双向交往的类型，有研究将其分为链式、轮式和环式（见图 16-2）。

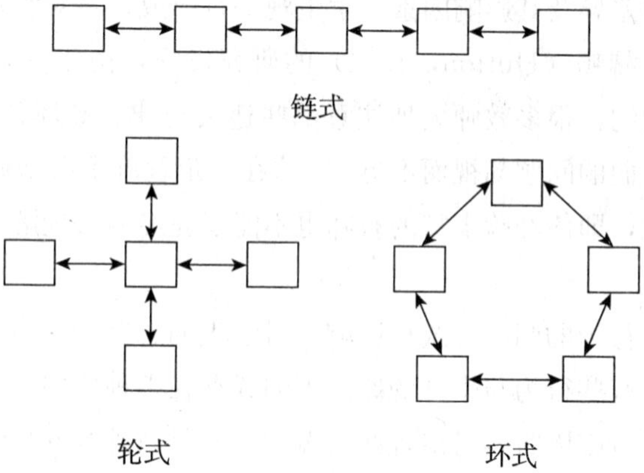

图 16-2　双向交往的三种方式

① 章志光主编：《心理学》，人民教育出版社 2002 年版，第 443—444 页。

多向交往是指师生之间、学生之间在知识、情感、行为信息等方面进行广泛交往，它既能体现教师的主导作用，又能体现学生的主体作用，是提高教学与管理效能的一种较为理想的模式。在多向交往中，师生平等相处，良性互动，学习气氛友好、和谐；学生既能接受来自教师的知识信息，又能够接受来自同学的知识信息，有助于学生独立解决问题的能力及合作学习精神的培养；教师由主讲变成了主导，学生有更多的学习积极性和主动性，可以有较多机会获得教师的指导，教师也可对一部分学生给予更多的点拨，因而有助于因材施教。

（2）教师对学生的影响。在师生关系中，教师对学生的影响主要通过教师对学生的理解、对学生的期待、对学生的指导三种渠道来影响学生的认知、情感和行为。

一是教师对学生的理解。教师要正确理解学生，就必须对每个学生不持任何偏见或成见，并从整体上对学生进行客观、合理的评价。教师能否正确地理解学生，是关系到师生关系能否协调、教师能否形成正确的学生观的必要前提。

学生观所包含的内容很多，其主要内容是如何看待学生及其学习与发展、智力与人格上的差异及其影响因素。学生观一旦形成，将对教师理解每个学生具有定势作用。赫顿（Hutton，1984）的研究发现，由于受教师的教育经验和相关知识的制约，很多教师更加注意那些违反纪律、破坏公共秩序的行为，而对儿童心理层面的问题却视而不见。① 这在一定程度上会妨碍教师形成正确的学生观，因此，即使经验丰富的教师也不能仅凭经验去理解富有鲜活生命力的学生。

教师对学生行为的归因方式也影响其对学生的态度和行为，从而影响对学生的正确理解。有些行为与事件的原因不明或存在多种原因，从而导致教师在对学生的行为进行归因时容易出现两类偏差。一是教师容易把学生出现的问题归结为学生自身的因素，而不是教师方面的因素。如学生成绩不好，就归因于

① Hutton，J. B.（1984）. Teacher ratings of problem behaviors：Which student behaviors "concern" and "disturb" teachers? *Psychology in the Schools*，21（4），482-484.

学生学习能力偏低。这种归因偏差的危害在于教师放弃了教育者应负的责任。二是教师对优秀生和后进生的归因不一样。当优秀生取得优异成绩时，就归结为个人的能力、品质等内部因素，但当他们出现问题时，就往往归因于外部因素。相反，当后进生同样干了好事或取得好成绩时，却往往被教师归因于任务简单、运气好等外部因素，而后进生出现问题时却总是被归因于其自身的内部因素。

教师要正确地理解学生，首先必须了解学生身心发展的规律，形成按规律教育学生的科学态度；其次要认真学习心理学和教育学知识，积极探索学生发展与教育的规律。

二是教师对学生的期待。教师在理解每个学生的基础上，会形成对某个学生未来发展潜力的推测，这被称为教师对学生的期待。教师对不同的学生会有不同的期待，而这种期待对学生未来的发展将产生重要影响。

罗森塔尔等人（R. Rosenthal & L. Jacobson）最早对教师的期望进行了研究。他们在开学初对小学生进行了一个非言语智力测验，并告诉教师这个测验能预测学生的智力发展。研究者随机选取了20%的学生，然后将学生的名单告诉教师，并称这些学生是最有发展潜力的。8个月后，当再次对这六个年级的学生进行智力测验时，奇迹出现了，被说成是发展潜力大的学生的智商与其他学生相比有了提高，而且教师对这些学生的评价是“求知欲很强”“更有适应力”。① 我们把教师的期望对学生行为的影响称为罗森塔尔效应或皮格马利翁效应。

尽管对这一研究存在争议，但后来许多研究结果表明，教师的期望对学生行为的影响是存在的。一般来说，教师是根据学生的外貌特征、家庭背景、年龄特征、学习成绩、平时表现等各种信息形成对学生的期待，然后通过社会情绪性氛围、言语输入和反馈等形式将期望传达给学生（Rosenthal，1974）。学生也接受了教师对自己的看法，履行着教师对自己的期望，逐渐地使自己的行

① ［美］D. H. 申克著，韦小满等译：《学习理论：教育的视角》，江苏教育出版社2003年版，第412页。

为表现符合教师的要求，而学生的行为表现又进一步影响教师的期待。[①] 如教师对高期望的学生，就更易于创造一种较为温暖的社会情绪氛围，与高期望的学生有更多的交往，讲授更多较难的学习材料，给予更多的表扬与指导，从而对学生行为产生深刻影响。

教师应该充分理解每个学生，并对他们建立起积极的期待。首先，要善于发现学生的优点，并给予积极的赞扬和引导；其次，教师要树立公平意识，以免因偏心而贻误学生的发展；最后，要以移情的态度设身处地地理解学生的感情与行为。

三是教师对学生的指导。教师在完成教学目标的过程中，要对学生的各个方面进行指导。教师对学生的指导主要有认知示范和说教式的指导。据研究，教师的认知示范和说教式的指导对学生自我效能感都有着重要影响，但示范性的讲解比说教式的指导更有效。因为认知示范包括示范性的讲解、用言语说明榜样的思路及采取某种行动的理由（Meichenbaum，1977），学生可以在教师示范性的讲解中，明确容易犯错误的原因，掌握识别和处理错误的方法。

讨论1 如何建立新型的师生关系？

在现代教育十分关注学生主体地位的背景下，你认为应该如何建立新型的师生关系？

二、课堂管理

（一）课堂管理的内涵

关于课堂管理的概念，不同的学者有不同的看法（见表16-2）。

① Rosenthal，R.，Baratz，S. S.，& Hall，C. M.（1974）. Teacher behavior，teacher expectations，and gains in pupils' rated creativity. *Journal of Genetic Psychology*，124，115-121.

表 16-2　课堂管理的定义

学者	定义
古德 (Good，1973)	课堂管理是为了实现教育目标而处理或指导课堂活动所特别涉及的问题，如纪律、民主方式、教学资料、环境布置及学生社会关系
埃默 (Emmer，1987)	课堂管理是指一套旨在促使学生合作和参与课堂活动的教师行为与活动，其范围包括物理环境的创设、课堂秩序的建立与维持、学生问题行为的处理、学生责任感的培养和学习的指导
莱姆莱希 (Lemlech，1988)	课堂管理是一种提供能够开掘学生潜在能力和促进学生学习进步的良好的课堂生活，使其发挥最大效能的活动
沙弗里茨 (Shafritz，1987)	课堂管理是教师运用组织和程序，把课堂建设成为一个有效学习环境的一种先期活动和策略
张大均 (1997)	课堂管理的任务就是维持良好的课堂纪律、营造和谐的课堂心理气氛、协调师生之间的人际关系
张春兴 (1998)	课堂管理就是教室管理，指的是在师生互动的教学活动中，教师对学生学习行为的一切处理方式，包括消极地避免学生违规行为的发生与积极地培养学生遵守团体规则的习惯，以形成良好的教学环境
斯滕伯格 (Sternberg，2003)	课堂管理是帮助教师有效控制学生的一套方法和技巧，目的是为所有的学生创造一个良好的学习环境
莫雷（2005）	课堂管理是指为了实现预定的教学目标而建立并维持课堂秩序的师生互动过程
陈琦、刘儒德 (2007)	课堂管理是指教师为了有效利用时间、创造愉快的和富有建设性的学习环境以及减少问题行为等，而采取的组织教学、设计学习环境、处理课堂行为等一系列的活动与措施

从表 16-2可以看出，不同的认识导致不同的课堂管理的定义。近年来，研究者对课堂管理越来越倾向于采用一种更宽泛的定义，甚至将课堂教学也纳入到课堂管理中来，这也反映出课堂管理这一活动的复杂性。为了把课堂管理

与课堂教学区分开来，我们将课堂管理定义为：课堂管理是建立有效的课堂学习环境、保持课堂师生互动、促进课堂生长和目标实现的管理活动。

（二）课堂管理的功能

课堂管理是影响课堂活动效率和质量的极其重要的因素。良好的课堂管理是保证课堂活动顺利进行和促进课堂不断生长的动力；不良的课堂管理则会阻碍课堂活动的顺利进行，影响课堂活动质量。

1. 创立良好的课堂环境，维持有效的课堂秩序

课堂是学生获得知识与技能的主要场所，良好的课堂秩序是顺利开展教学活动的基本前提。然而由于师生对课堂情境的定义存在一定的冲突，有时会导致课堂秩序处于不和谐状态，因而阻碍了课堂活动的正常进行。教师要重建有效的课堂秩序就应该做到：转变教学观念和课堂管理方式，提高与学生的沟通技能，变革教学策略，以及师生之间通过协商达成有效的共识等。①

2. 促进成员间的有效交流，保持积极的课堂互动

交流是课堂互动的前提，它涉及课堂上每个人。交流的过程是寻找和发现共同点的过程，也是情绪情感相互濡染，人格、思想相互贯通的过程。② 在课堂互动中，无论是学生知识经验的获得、心智的开启、能力的发展还是教师课堂教育教学质量的提高，都有赖于课堂活动中信息的有效传递和交流。多伊尔（Doyle，1986）等人提出了课堂的生态系统观，认为教师和学生就是生活在教学环境里的“居民”，因而课堂乃是由“居民”和“环境”交互作用而形成的生态系统。③ 课堂中人与人之间、人与环境之间的关系和相互作用构成了课堂情境中的互动，它是有效课堂的基本标志。

3. 激发课堂的生命活力，促进课堂持续生长

课堂的组织、生成和建构均是由作为课堂主体的教师和学生两个生命主体来共同完成的。因此，课堂应该唤起生命气息和生命活力。所谓生命力，它是一种不断发展自我、完善自我和超越自我的能量的激活状态。只有这种能量被

---

① 李德显：《重建课堂秩序》，《教育研究》2004年第6期。

② 吴捷：《课堂教学的交往及情感效应》，《教育探索》2008年第8期。

③ Doyle，W.（1986）. Classroom organization and management. In M. C. Wittrock（Ed.），*Handbook of research on teaching*. New York：Macmillan.

激活之后，师生双方的生命活力才能被完全激发，个体的自我价值才能被充分挖掘，个体生命的潜能才会得到最好的释放。这就要求教师的使命不仅是传授知识，更重要的是在课堂上营造蓬勃向上的心理氛围，把学生的潜在力量诱导出来，从而使师生体验深层心理的共同成长。①

因此，课堂管理需要调动各种因素，培养学生的学习兴趣，调动学生的学习激情，发挥学生的主体性和创造性，确保课堂的生命力在活力中生长，充分开掘课堂资源的不断再生和繁殖，为学生的持久发展创造条件。

（三）课堂管理的目标

一般而言，现代课堂管理的目标至少有以下三点。

1. 争取更多的时间用于学习

课堂管理的一个重要目标是尽量争取更多的时间用于学习，使有限的时间发挥最大的效用，以增强管理的作用，提高课堂活动的效率。一般来说，在不考虑学生个体差异的情况下，学生用于学习的时间越多，学习成绩越好。尽管课程表分配给课堂学习的时间对于所有学生来说都是均衡的，但学生的有效学习时间相差甚远。研究表明，学生真正投入学习的时间只占指定学习时间的1/3，那么更多的时间流向了哪里呢？原来，教师的教学时间一共划分为四个层次：（1）分配时间，是教师为某一特定的学科课程设计的时间，由课程表决定；（2）教学时间，是在完成常规管理以及管理任务之后所剩的用于教学的时间；（3）投入时间，即学生专注于学业的时间；（4）学业学习时间，指学生确实学有所得的时间。

古德拉德（Goodlad，1984，p. 30）指出，不同的教师在时间运用上的差异会造成学生学习机会的不均等。② 在课堂上，由于各年龄阶段学生注意持续的时间不同，有效的学习持续时间也各不相同，因而在时间安排上应有所体现。可见，为学生争取更多的学习时间的真正含义，就是使学生投入有价值的学习活动，从而提高所用时间的质量。因此，课堂管理良好意味着有效学习时

① 杨燕：《课堂生命力的构建——情感互动》，《教学与管理》2006年第6期。

② Goodlad, J. I. (1984). *A place called school: Prospects for the future*. New York: McGraw-Hill.

间更多，而有效学习时间则意味着产生了更多的学习行为。

2. 争取让更多的学生投入学习

一个有尽可能多的学生的学习环境可增强学习气氛。让更多的学生投入学习的一个最重要途径是鼓励学生参与学习活动。另外，教师教非常有趣、有参与性、与学生兴趣有关的课程并善于营造鼓励学生提问的气氛，用欣赏和赞美的方式来对待学生的观点，让每个学生充分体验成就感，时时监控学生的课堂参与情况等，也会吸引更多的学生参与教学活动。①

课堂活动都有自己的参与规则，有时候这些规则教师会有明确表述，但有些规则常常是没有明确表述的。因此，使所有学生都顺利投入学习活动的另一个途径就是确保每个学生都知道如何参与每项具体的活动，使他们知道规则与期望是什么。

3. 帮助学生自我管理

著名教育家叶圣陶先生有句名言“教是为了不教”，意思是教师教学的根本目的在于培养学生的自我管理和自我发展能力。戈登（Gordon，1989）认为，良好的课堂管理最终要培养学生内心的自我控制感。教师要让学生知道如何管理自己，并向学生展示怎样内化那些有益于学习的规则与程序。通过自我监控，学生会在不侵犯他人权利和需要的时候表现出勇于承担责任的能力。在某种程度上，帮助学生成熟的目标，就是了解如何把发展重点放在学生的学习责任感上，而不是发展学生温顺、服从的一面。尽管帮助学生实现自我管理可能会花掉教师大量的时间和精力，但这种努力是值得的。正如有研究者（Ridley & Walther，1995，p. 121）所说的：“当教师学会在课堂上与学生共同分享自我控制的乐趣、尊重学生，并且把学生看作自我指导的学习者的时候，他就能够成功地培养出更加负责、自治和独立的学生。”②

如何让学生对自己的课堂行为进行自我管理呢？登博（Dembo，1994，p. 633）建议：首先，让学生参与课堂规则的制订；其次，用较多的时间要求

① ［美］Kenneth Shore 著，曹绍炼编译：《促进学生课堂参与的八种策略》，《教育科学研究》2007 年第 1 期。

② Ridley，D. S.，& Walther，B. （1995）. *Creating responsible learners：The role of a positive classroom environment*. Washington，DC：American Psychological Association.

学生考虑制订某些规则的原因以及他们自己不良行为的原因；最后，应当给学生机会考虑他们将怎么计划、监视和调节自己的行为。[①]

（四）课堂管理的内容

一般来说，课堂管理主要包括课堂常规管理、环境管理、秩序管理和活动管理。

1. 课堂常规管理

课堂是由师生及环境组成的，其事务也会涉及与师生、环境相关的各个方面。课堂常规管理通常包括设定课堂管理目标、制订管理计划、活动的组织与协调、资料管理等方面。

明确课堂目标可以促进课堂成员间的协调，引导课堂发展的方向，且还可作为考评的依据。为保证目标的实现，师生应共同参与拟订一个周密、适宜、可行的课堂管理计划。这样不仅可以获得学生的认同与支持，还能激发学生的积极性与责任感。由于影响课堂的因素的多样性，在实施计划时需要进行一定的组织与协调工作。一方面需要对各种活动以及活动所需的设备、场地、人员合理安排，另一方面也需要对参与活动的人员与团体之间的关系进行协调。这样，当发生突发事件时，优秀的课堂管理者才能灵活应对。与课堂活动有关的档案资料也是课堂管理不可缺少的一项内容。学生基本信息、课堂记录、课堂规范等都是重要的资料，教师要真正管理好课堂，就必须熟悉并善于利用这些资料。

2. 课堂环境管理

课堂是一个复杂的环境。课堂环境管理包括物理环境管理和心理环境管理。

（1）物理环境管理。研究发现，个体的工作绩效会受到物理环境的微妙影响。例如，教室墙壁和天花板的颜色将潜在地影响学生的学业成绩。[②] 虽然到目前为止还缺乏统一的研究结论来揭示工作环境影响工作效率的内在机制，但

---

① Dembo，M. H. （1994）. *Applying educational psychology*. New York：Longman Publishing Group.

② 李森：《论课堂的生态本质、特征及功能》，《教育研究》2005 年第 10 期。

是在颜色柔和、温度适中、光线充足、设施布置合理、班级规模适中的教室环境中开展教学活动，师生必然心情舒畅，精神饱满，学习效率提高；反之，学习效率则降低。

在课堂物理环境中，教室座位编排方式内在地决定了师生之间的沟通方式和范围，间接地影响着学生的学业成绩。大量研究表明，坐在行动区内的学生的课堂行为更加积极，更有利于师生间正常交往关系的展开。行动区（action zone）是指教室中教师与学生互动程度最高的区域。亚当斯和比德尔（Adams & Biddle，1970）发现，教师与学生之间的言语交流集中在教室的中央靠前部分，即中央靠前以及垂直于这条线的中线上。坐在行动区外的学生，由于较少得到教师的关注，加上更容易受无关刺激干扰，因此比起坐在行动区内的学生，他们参与教学活动的机会更少，成绩也更差。①

课堂物理环境管理要求教师对教室内所有空间因素进行科学规划与整合。为此，教师需要遵守以下几点：减少教室内的拥挤；保证教师能清楚地看到每个学生；确保学生能观察到全班进行的活动；学习环境要与学生学习活动相匹配。②

（2）心理环境管理。课堂不仅仅是一个由简单设备拼凑而成的物理空间，它还包含一个由人际因素构成的心理环境。课堂心理环境的建构与维持对课堂管理来说也极为重要。课堂心理环境是师生或学生彼此之间交互作用而形成的一种特殊的社会环境。研究表明，当个体处在一个刺激丰富、身心各方面都得以调动的情境中时，工作效率才会提高。因此，心理环境管理应该着重为学生创设丰富多彩的课堂活动和教学情境来刺激学生的情感体验，并通过尊重与信任学生、关注学生的情绪变化及师生和谐互动来营造积极的心理氛围。

3. 课堂秩序管理

缺乏秩序的课堂就谈不上高效的教学。课堂秩序管理主要侧重于课堂冲突、课堂问题行为及课堂规范等方面。

---

① ［新加坡］陈允成等著，何洁、徐琳、夏霖译：《教育心理学》，上海人民出版社2007年版，第281—282页。

② ［美］J. W. Santrock著，周冠英、王学成译：《教育心理学》，世界图书出版公司北京公司2007年版，第471页。

所有学生，包括优秀生和后进生，都或多或少地存在问题行为。据研究，典型的课堂中，有80%的学生能够表现出适当的行为，很少违反规则；15%的学生只是偶尔违反规则；5%的学生会经常违反规则，他们大部分时间都处于无法控制的状态。① 在课堂上，教师与学生通过社会性互动，建构着独特的社会关系。师生冲突和问题行为就是由于师生双方互动过程中在需要、行为和观念等方面的不一致而引发的。这些冲突和问题行为能否得到缓和或解决，除了教师对课堂中的冲突和问题行为有正确的认识外，还要受师生间的交往与沟通、师生双方需要的满足、教师管理行为与方式恰当与否的影响。

为了更有效地建立课堂秩序，教师须运用一套系统的课堂规范和课堂管理策略来引导和约束学生的课堂行为。

4. 课堂活动管理

课堂活动管理主要包括课堂活动的设计、活动内容的选择、活动方法的运用、活动资源的统合等方面。

研究发现，课堂活动的多样化是课堂活动管理取得成功的重要因素。对中小学生的一项问卷调查结果也显示，学生认为他们喜欢课堂活动的重要原因是课堂活动的多样化。这种多样化包括活动内容、活动形式、活动方法、活动标准、活动主体、活动评价等方面的多样化。

课堂活动的推进也属课堂活动管理范畴。面对来自不同环境、处于发展过程中的学生，在课堂活动中必然会不断出现各种干扰事件。有些教师采用惩罚方式来推进活动，有些教师运用鼓励方式来推进活动。近年来，如何有效地运用鼓励的方式来激励学生、推进课堂活动日益成为人们关注的课题。同时，如何合理运用奖惩也成为课堂管理的重要内容。

（五）课堂心理气氛的营造

课堂心理气氛以师生间的心理互动为前提条件，其形成依赖于学生对课堂教学环境的知觉，尤其是对课堂教学过程中师生之间、学生之间感情的相互影响以及人际关系的知觉。② 通常情况下，课堂心理气氛可以分成积极的、消极

---

① 胡谊主编：《教育心理学——理论与实践的整合观》，华东师范大学出版社2009年版，第333页。

② 张大均、郭成主编：《教学心理学纲要》，人民教育出版社2006年版，第376页。

的和对抗的三种类型，不同类型的课堂心理气氛下学生心理活动的特点会有所不同（见表16-3①）。

表16-3 不同类型的课堂心理气氛下学生心理活动的特点

课堂心理气氛 学生的心理活动	积极的	消极的	对抗的
注意状态	师生注意稳定且集中	学生呆若木鸡、打瞌睡、分心、做小动作	学生的注意指向与课堂内容无关的对象，且常常是故意的；教师为了维持纪律而被迫中断教学
情感状态	积极、愉快，情绪饱满，师生情感融洽	压抑的、不愉快的，或无精打采、无动于衷	学生有意捣乱，敌视教师，讨厌上课；教师不耐烦，发脾气
意志状态	坚持，努力克服困难	害怕克服困难	冲动
思维状态	学生思维活跃，开动脑筋，理解和解答问题迅速而准确；教师言语生动、有趣、逻辑性强	思维出现惰性，反应迟钝	不动脑筋

为了创设和谐的课堂心理氛围，教师可以在以下几个方面做出努力。

（1）对学生多表现出接受、尊重和关爱。已有研究表明，受欢迎的教师总是热情关心学生，并通过各种言行来表达对学生的尊重和体恤。当学生相信教师是关心和支持他们的时候，他们会有更高的自我效能感。

（2）建立没有威胁性的课堂气氛。教师应多引导学生进行合作学习，这样

① 胡谊主编：《教育心理学——理论与实践的整合观》，华东师范大学出版社2009年版，第331页。

不仅可以使他们在良好的学习氛围下取长补短、共同进步，而且能满足他们在安全感和归属感等方面的心理需求。

（3）让学生对课堂教学产生控制感。通过给学生独立的探索机会和自由选择完成任务的方式，从而提高学生的自我决定感，这对学生积极动机的形成是至关重要的。

（4）引导学生在班级中建立集体感。学生集体感是创造良好班风、学风及和谐人际关系的前提和归宿。其形成主要得益于群体规范的形成和正确舆论的导向。教师可通过班会引导学生对规范进行修正、完善，或对本班学生的某些风气（如学风、追星风气）、学生的不良行为（如迟到、早退）等进行全班讨论，以此形成健康的集体价值观和积极向上的舆论氛围，为课堂机制的稳步有效运行奠定良好的思想基础。①

讨论2 **在课堂管理中，教师的角色是什么？**

在课堂教学各环节中，教师和学生扮演着与各自目标任务相符合的角色。就课堂管理而言，教师究竟应扮演什么角色？

第二节　教学交往与课堂教学互动

一、教学交往

（一）教学交往的内涵

教学交往是指在教学情境中师生相互交流信息、思想、感情和共享信息的人际沟通活动。② 由于教学活动有着不同于其他社会实践活动的特殊性，这就决定了教学交往和其他交往在交往主体、交往目的、交往方式等方面的不同。

---

① ［美］J. E. Ormrod 著，彭运石等译：《教育心理学》，陕西师范大学出版社 2006 年版，第 513 页。

② 张大均主编：《教育心理学》，人民教育出版社 2004 年版，第 559 页。

1. 教学交往是教学情境中的人际交往

在教学过程中的交往与教学是密切联系的，只有发生人际交往的教学，才是真正意义上的教学，才能实现教学的育人功能。所以，教学交往的发生必须以教学情境中的人际交往活动为前提，离开了教学情境的人际交往不属于教学交往。因此，教学情境中的人际交往是教学结构的重要组成部分。

2. 师生是教学交往的主体

教学活动中师生相互作用的复杂性，教育者、受教育者自身本质力量及他们的目的、需要的差异性，使教学交往中的主客体地位以及构成的主客体关系具有不同的表现形态。在教学过程中，教育者和受教育者都是有意识、有目的、有主观能动性的人，他们始终处于有交往自觉性的主体意识状态，从而使教学交往的内容和形式产生一种动态变化。其中，师生主体性发挥的程度将直接影响交往活动的质量。

3. 教学交往是师生间的信息交流与共享活动

教学情境中的师生交往，涉及教师和学生在教学的各个环节、各个层面上的认知、情感、技能、人格、社会适应性等方面。以上各方面信息的交流与共享，使师生彼此了解、交互作用并形成共同的观点和思想，达到师生间的沟通，进而协调学与教的认知活动、情感活动，保证教学目标的实现。

另外，根据思考角度及所持立场观点的不同，教学交往也可以具有不同的层面，如作为单纯的教学背景条件的交往，教学手段和方法的交往，教学内容、对象和目标的交往，教学本身的交往等。①

（二）教学交往的主要特点

1. 主体之间的互动性和连续性

教学交往是主体间动态的活动和交流，教师与学生、学生与学生之间均以语言、行为、思想等信息作用于对方，导致双方观念或行为的适应和调整，进而促进人际沟通和互动。师生作为教学交往的主体总是根据自己的交往需要、交往对象的特点和反应来确定和拓展交往的主题，通过相互讨论增强双方的相互理解。同时，师生间的这种双向、交互影响不是间断的，而是连续的、循环

---

① 帅飞飞、李臣之：《教学交往研究30年回顾与展望》，《教育科学研究》2009年第8期。

的，不但对当前互动的双方产生较大影响，而且还会对后继的互动行为产生影响。

2. 信息整合的能动性和创造性

师生交往涉及主体的精神世界，精神从本质上看是一个有机的整体，包括知识的、思想的、情感的、人格的、生活经验的等多元信息的相互影响和相互协调。这就意味着教学交往中的信息内容将会是全面的和有效的，是在相互倾吐与接受的过程中实现精神的相遇、生命的融合。只有从整个思想去寻找其意义，表达的内容才会丰富，才能获得全面的理解。同时，师生在教学交往中从主题的提出到对话内容的理解，以及从理解中产生的新问题到新问题的解决，都反映了双方对信息整合的能动性和创造性。

3. 情感体验的愉悦性

交往是人的基本需要，教学交往能够给人以身心发展需要的满足，使人产生愉悦的情绪体验。在教学交往中，教师不是空洞地传授知识，而是运用自己的心智、精神和情感唤醒、激励、期待学生，调动学生的视觉、听觉等，以促进其心理技能的成长，最终将被经验化的材料充分地纳入到学生个体生命的历程之中。① 在这个过程中，师生之间的情感壁垒已被打破，交往双方的情感得到不断释放与张扬，从而形成“视界融合”，达到“共识”与“共享”，使师生双方的情感与认知需要得到相互满足。②

4. 教学效益的互惠性

交往中存在普遍的个体差异性，人们总是希望通过交往满足自己某些方面的需要。在教学中师生之间存在知识、能力、智慧、个性等方面的差异，这为实现交往双方的互补互惠提供了前提条件。③ 在教与学的互动中，一方面，教师通过教学设计与组织，对学生的思维、情感进行启发、引导，教师以自身的知识才学、人格魅力对学生进行潜移默化的熏陶；另一方面，学生在积累和提高的基础上不断产生新问题、新要求，又促使教师继续学习，以不断更新的知

---

① 吴捷：《课堂教学的交往及情感效应》，《教育探索》2008 年第 8 期。

② 杨燕：《从“主体间性”看新课程中的师生关系》，《教学与管理》2006 年第 6 期。

③ 宗岚：《关于教学交往的认识与思考》，《云南师范大学学报》2000 年第 1 期。

识来满足学生的不断发展。教师以教的力量作用于学生学的力量，学生以学的结果反馈于教师教的手段，教与学互相弥补、互相促进，构成了教与学的互惠互进关系。正如吴康宁曾经指出的，学生是具有超越性的“受教育者”，在教学互动的具体场景中，学生常常会在实际上变为“非受教育者”，并有可能在实际上充当“教育者”。师生之间应由静态的“师教生学”关系转变为动态的“共生互学”关系。①

5. 师生人际关系的可控性

教师处于领导者、组织者和教育者的地位，在教学活动中起主导作用，教师完全可以根据教学目标、学生身心特点和教学情境，通过创造或调节某些影响因素来引导教学交往的方向。从这一意义来说，教学交往中的师生人际关系具有可控性的特点。因此，在教学交往中，教师的教学行为往往能影响或改变师生人际关系的基本倾向，决定师生人际关系的性质。当然，这种可控性也有一定的局限，因为教学交往中人际关系还受到其他诸多因素的影响。②

（三）教学交往的功能

在学校教育情境中，教学交往主要表现为师生交往。因此，教学交往的功能也主要是师生交往的功能。

1. 师生交往的交互影响功能

师生交往的交互影响，主要指目标、态度和规范等因素的交互作用对交往效果的影响。

（1）目标追求的交互影响。师生教与学的积极性主要受各自内在动机的驱使，而内在动机又是在相互满足需要的目标的共同作用下产生的。可见，需要和目标追求一致是师生积极性趋向同一方向的心理条件。在这种情况下，师生交往顺利，教学效果好；反之，如果师生的需要和目标不一致，那么二者相差越悬殊，交互影响的正效应就越难以发挥。因此，确定师生都能接受的目标，是师生有效交往的前提。

---

① 吴康宁：《学生仅仅是“受教育者”吗？——兼谈师生关系观的转换》，《教育研究》2003 年第 4 期。

② 任绪斌：《试谈教学过程中师生人际关系的内涵与特点》，《山东教育科研》2000 年第 1 期。

（2）教与学态度的交互影响。师生对待教与学的态度，尤其是教师的态度，直接影响教学交往的效率。在教学交往中，教师主导作用的发挥通常存在两种截然不同的态度：一种是专制主义的态度，另一种是民主的态度。前者强迫学生接受影响，可能引起学生的对抗；后者对学生怀着真诚的爱和尊重，因而将学生引向认识世界并完善自我的正确方向。

（3）群体规范的交互影响。师生都生活在特定的群体之中，各自群体的规范会影响彼此的交往行为，进而制约彼此交互影响的效果。学生群体的非正式规范，有许多是与教育者群体的规范相矛盾的。例如，学生向教师报告伙伴的违纪行为（教师群体制订的规范），可能被其所属的非正式群体视为"告密"而受到该群体的心理制裁。因此，许多学生不敢按学校要求向教师报告同学的缺点。即使一些优秀生，在公开场合（尤其是非正式场合）也会顺从非正式群体的规范，否则就会受到孤立。

2. 师生教学交往的相互认同功能

相互认同是指彼此在相互认知基础上的相互接纳。关于师生教学交往中的相互认同问题，陈枚（1986）进行了较全面的概括，对我们分析该问题颇有启发。①

（1）师生相互认同的过程。师生相互认同是一个复杂的社会认知过程，这一过程要顺利完成，一般需要在头脑中形成"四个形象"和"一种关系"的认知。"四个形象"是：①双方各自客观存在的本来形象；②双方通过自省形成的自我形象；③对方在自己头脑中的形象；④自己在对方头脑中可能的形象。"一种关系"的认知即对双方人际关系的认知。一般来说，如果这"四个形象"比较同一，双方的交往关系就比较稳定，教学交往协调，成效高；反之，交往关系就易产生障碍，教学交往不协调，成效低。因此，师生相互认知对其交往的影响，取决于师生自我认知和对对方认知的同一程度。

（2）个性因素对师生相互认同的影响。在教学交往中，师生不时表现出喜欢或厌恶对方的某些品质。如有研究表明，中学生喜欢耐心、温和、可信赖、公平、负责、学识广、上课生动有趣、守信用、讲民主、人格高尚、教法好的

① 陈枚：《试论师生交往的社会心理结构》，《心理学报》1986 年第 3 期。

教师，他们厌恶经常训人、情绪不稳定、布置作业过难过多、要求过高、没有耐心、缺乏同情心、不接近学生、体罚学生、不公正、缺乏知识和修养、教法不好的教师。师生间相互喜爱的个性品质越多，彼此关系就越融洽；反之，则容易发生矛盾。

教师对学生的认知也受其个性的影响。比如对同一问题的处理，不同个性的教师采取的方式也不同。教师对学生的认知也可能受人际知觉心理效应的影响，如以貌取人、以点代面。这些可能是第一印象和刻板印象等人际知觉效应所致。

（3）角色扮演对师生相互认同的影响。在教学交往中，师生都在扮演与自己地位和作用相适应的角色，并根据对方的角色表现去认知对方。例如，教师因意识到自己的角色地位和作用，就会在学生面前率先垂范，以身作则，往往使表面自我比真实自我在形象上更高大些。当学生以其自身的角色身份来观察和评价教师时，是以教师的角色身份为信息来源，对教师的期望就可能特别高，对教师的要求可能特别苛刻，不允许教师有任何缺点和过错。

（4）所属群体对师生相互认同的影响。学校和班级群体的声誉影响着师生的自我认知和相互认知。教师对一个学生群体若已形成印象或成见，就难以认清这个群体中的个人的真实面貌。同样，学生群体对某个教师有了评价倾向，群体中的个人无形中也会如此评价这个教师。此外，参照群体也会影响人际认知，如教师一般总是对优秀生产生好印象，对后进生产生坏印象。

3. 师生教学交往的信息交流功能

（1）师生信息交流的基本任务和运作程序。教师对学生的影响，在教学过程中主要是通过师生间的信息交流来实现的。教学过程中的信息交流有三项基本任务：①把信息转换为学生头脑中的知识；②学生将已掌握的知识转化为能力；③促进学生人格的良好发展。对教学信息交流而言，教师即信源，学生即信宿，中介即信道，其主要形式为语言、板书、模型等。在教学信息交流程序中，教学效果取决于在特定时间内教师发送的信息中有多少被学生接受，以及学生对接受的信息是否理解。一般情况下，教师发送的信息不可能全部转换成学生的知识和能力。这里存在教学信息交流中的信息流失问题，解决这个问题的关键是弄清教学交往中信息流失的主要原因。

（2）师生交往对教学信息流通量的影响。在教学中信息不足或过多都会影响教学效果。而教学信息的流通量不仅取决于教师发送信息量的多少的影响，而且受师生个性、角色、群体气氛、学风、规范等因素的影响。从个性层面上看，学生在教学中接受的信息量受多种个性因素的制约。学生的学习兴趣、注意力和智能水平有差异，因而造成各人的信息接受率不等，流失量各异，如冲动型学生在接受与理解信息上就与反思型学生有差异。从角色扮演层面上看，教师倾向于依据国家规定的课程标准来决定信息流通量。而学生处在成长期，对信息的需要常出现角色矛盾：一方面好奇心强，希望教师多增加新鲜信息；另一方面，因受某些心理因素的限制，又要求教师减少信息量。例如，当学生期望在考试中获得高分或免遭考试失败时，他们可能要求教师仅把与考试有关的信息发布出来才好。

（3）师生教学交往对学生理解教学信息意义的影响。在教学中，学生对信息的理解决定教学效果。从个体发展水平上看，学生不能理解或不能更高水平地掌握信息，是因为存在以下问题。①智力操作系统的问题。教师发送信息须经过以下过程：理解教材信息的含义—进行信息编码—用一定方式发送教学信息。学生理解教学信息的过程为：感知和接受信息—进行信息译码—理解信息的含义，并逐步提高抽象水平。教学实践证明，师生双方在智力操作过程中的任一失误，都会影响信息的有效转换。②文化和知识系统问题。师生有不同的文化习俗背景，因而有不同的语言和非语言的表达系统，有不同的习惯和偏好。学生接受新信息的动机和知识准备不同，师生双方社会观的差异和共同语言的多寡等都制约着学生对信息的理解。③性格系统问题。师生双方存在的性格差异会制约信息交流的效果。④角色层面问题。从师生扮演的角色来看，教师负有把学科的系统理论知识传递给学生的责任，因而在教学中注意理论的系统性、深刻性和准确性，而学生的角色地位使其喜欢接受趣味性、实用性和思考性的知识，这种角色差异也可能影响对信息内容的理解和掌握。⑤群体层面问题。积极、开放、互动的群体心理氛围有助于个体对教学信息的理解与概括。因此，教师要允许学生群体间多向交流或广泛讨论，要杜绝教师讲、学生听的传统的单向信息流通方式。

因此，为确保课堂教学的正常进行，教师应提高自己输出信息的技能，疏通师生信息传递的通路，改善学生感知和处理信息的心理准备状态，并进行师生信息交流的适应性训练，把握教学信息的最佳流通量和教学的最适节奏。①

（四）实现教学交往的条件

1. 教学交往主体的心理条件

教学交往必然产生主体（教师和学生）之间的交互作用。交往主体的心理水平、心理状态、心理特征，对交往的质量有极为重要的影响，是教学交往的心理条件。从学生的角度来看，学生的学习心向和学习风格对教学交往有重要的影响。学习心向主要包括学习动机、学习积极性和学习态度。学习动机是推动学生进行学习活动的内部动力，表现为学习的意向、愿望或兴趣等形式。学习积极性是学生的一种自觉的心理状态。教师教学目标的实现须以学生积极主动地加工、内化教学信息为基础。学习态度具有指导性和动力性作用，积极的态度倾向会提高保持的效果，消极的态度倾向会降低保持的效果。学生的学习风格存在着两种方式：一种是采用深度加工的方法，以寻求活动和课程的深层概念或意义；另一种是采用表层信息加工的方法，侧重于记忆。前者倾向于学习的过程，不太关注外在的评价，而后者则倾向于外在的评价和学习成绩回报的激励。② 不同的学习风格将对师生教学交往的方式和深度，以及信息内容和信息传递方式等产生深刻的影响。从教师的角度来看，教师的人格特征对教学交往有重要影响。教师良好的人格特征具体包括强烈的责任心、中等程度的焦虑、较强的挫折忍受力等。

此外，师生关系是学校教学中最主要的人际关系，教学过程是教师和学生在理智、情感和行为诸方面进行的动态人际交往的过程。有效的教学交往必须以融洽的师生关系为前提。

2. 教学信息的有效传输

教学交往的过程实际上是主体间信息的输出、传递、转换、加工和储存的过程。教学信息传输的程序、转换的特点影响教学信息传输的效能，而教学信

① 唐芳贵、彭艳：《教学交往的社会心理结构探析》，《当代教育论坛》2008 年第 2 期。

② ［美］R. J. Sternberg & W. M. Williams 著，张厚粲译：《教育心理学》，中国轻工业出版社 2003 年版，第 133 页。

息传输的效能又制约着教学交往的成效。

（1）确保教学信息传输的畅通性。这取决于以下几点：①教学信息明确、清晰，语言表达准确、鲜明；②教学信息的传输必须有序，确保教学信息分层次、有系统；③教师和学生心理上同步，不仅要求学生适应教师，也要求教师适应学生；④排除干扰，疏通信道，及时调控。

（2）提高教学信息传输的效率。应注意以下几点：①简化信号，合理编码。认知心理学的研究表明，信息一般以组块为单位储存在人脑中。增大组块信息容量的有效措施就是教师根据各门学科知识的特点，化繁为简，减少信息组块的数量，增大每个组块的信息容量。②多通道传输信息。③重视非语言信息在教学交往中的作用。④传输的教学信息要适量。学生在单位时间内所能接受的信息量是有限的。过多，超过学生的心理负荷，欲速则不达；过少，学生“吃不饱”，造成智力资源浪费。

（3）提高教学信息传输的有效性。要注意以下几点：①教师在教学交往中要增加有效信息，减少无效信息；②确保传输的教学信息要能够为学生所接受、理解；③遵循教学信息有效性的条件进行教学。

3. 教学反馈功能的有效发挥

反馈就是某一系统将信息传出后，将其作用的结果返回原系统，用以调控传输信息的过程。教学中有无反馈信息，其效果大不一样。为了充分发挥教学反馈的功能，教师在教学交往中应注意以下几点。

（1）主动接受教学反馈信息。教师传输的信息是否被学生接受、理解，只有通过教学反馈信息来了解。要想取得好的教学效果，教师应主动积极地去收集教学反馈信息，不断改进自己的教学：①在课堂上设计不同层次的提问来了解学生的知识掌握情况；②通过课堂讨论或探究来收集反馈信息；③练习和考试分析是获得反馈信息的重要途径；④与学生家长保持信息沟通等。[①]

（2）善于接受教学反馈信息。教师要善于捕捉学生对教学的反馈信息，善于从他们的目光、表情、姿态、答问中了解学生对教学信息的接受情况，进而判断教学内容是否适度、教学方法是否得当，并根据自己的判断灵活调整教学

① 薛新建：《浅究搭起师生信息反馈桥梁的途径》，《科学教育》2008年第1期。

进度和教学内容。

（3）分清主次，及时反馈，恰当调控。教师将学习结果及时反馈给学生是提高教学效果的重要条件。教师获得反馈信息之后，应分清其主次，抓住主要问题，根据教学的任务，进行调节控制，达到教学交往的最优化。亨利（L. K. Henry）等的实验证明，不仅反馈在学习上的效果显著，而且每日的及时反馈比每周反馈效率更高。

教学信息的反馈很少是一次性的，一般都要经过多次反馈，但教学反馈并非越多越好，只有数量得当，才能起到调控作用。

4. 教学交往风格的灵活运用

教学交往风格是指教师在长期教学交往实践中逐步形成的富有成效的、较稳定的交往观念和交往习惯，是交往作风的综合表现。美国学者诺顿（Norton，1977）的研究结果表明，教师的教学交往风格特征与教学有效性息息相关。[①] 一般认为，有效的教学交往风格应具有的特点是：关心学生的态度、情感、学习的进展情况；在整个教学过程中密切注意学生的反应，根据学生的不同反应对教学计划进行相应的调整；教学富有特色。学生认为富有成效的教师的教学交往风格在具备以上三个方面的特点之外，还应该是放松的，即教师要对学生表现出友好的态度，为学生的学习创造一个宽松愉悦的环境。

由于受教学内容、教学环境、学生心理发展水平以及教师的个性特征等多种因素的影响，每个教师在教学交往过程中的交往风格存在差异。研究发现，目前我国中小学教师的教学交往风格主要有权威型、逻辑型、争论型、放任型和民主型五种。权威型教师对学生而言是绝对权威，学生只能言听计从，师生沟通不畅；逻辑型教师注重知识的内在逻辑结构，按照知识的内在联系进行有层次的讲解；争论型教师注重与学生对话，通过提出各种具有启发性的问题，让学生思考，并引起争论；放任型教师对学生放任自流，教学缺乏完善的计划、目标，师生缺乏沟通；民主型教师的主导作用与学生的主动性结合较好，在教师引导下，学生能积极主动地学习，师生情感沟通流畅。不同的教学交往

① 陈旭远、张捷：《有关教师教学交往风格的实验研究》，《东北师范大学学报（哲学社会科学版）》2001年第1期。

风格有不同的优点和缺点，选择什么样的教学交往风格应该根据具体情况而定。

二、课堂教学互动

（一）课堂教学互动的内涵

在社会学领域，互动首先是一个过程，是一个由自我互动、人际互动和社会互动三个阶段组成的过程。其实质是主体与客体之间的往返活动，是主体与客体之间的沟通。① 在传播学领域，它一方面指信息的相互沟通、相互交换、相互创造、相互分享，另一方面指各种传播要素之间的相互制约、相互影响和相互作用。②

我国教育社会学学者马和民（1998）认为，课堂教学过程就是一种人际互动过程，这种互动是师生为了达成各自的目标，力图发展各种策略以迫使对方接受自己特殊的情境定义的过程。③ 这种观点与建构主义学习理论相通：强调学生中心，主张学生成为信息加工的主体、知识意义的主动建构者，要求教师成为学生主动建构意义的帮助者、促进者，以便师生在和谐、愉快的情境中实现互动。

从心理学的角度来看，欲使“教”有效地作用于“学”，不但要找准知识结构与认知结构的结合点，更要把握学生的接受心理，科学地组织教学过程，让外因通过内因发生作用。课堂教学作为一种特殊的信息传播与影响的过程，正是通过教师与学生的特殊社会互动来实现教学目标的。

因此，我们将课堂教学互动理解为：在课堂教学环境中，师生之间、学生之间及人与环境之间，在教学过程中通过对信息的交换、沟通、分享、创造而产生的相互影响、相互作用的方式和过程，它以教师的“教”与学生的“学”为主线。

（二）课堂教学互动的基本类型

从不同的角度可以把课堂教学互动划分成不同的类型。

---

① 《中国大百科全书·社会学》，中国大百科全书出版社 1991 年版，第 65 页。

② 邵培仁著：《传播学导论》，浙江大学出版社 1997 年版，第 95 页。

③ 马和民、高旭平著：《教育社会学研究》，上海教育出版社 1998 年版，第 102 页。

1. 外互动和内互动

从课堂教学互动的范围来分，可以将其分为外互动和内互动两种类型。

外互动是指其中一方与外界信息传递的过程，是人际互动、人与媒体及环境互动的综合。其中人际互动中的生生互动是教学中非常重要的人力资源。心理学研究表明，学生之间的关系比其他任何因素对学生的学习成绩、社会化和发展的影响都更强有力。[①] 小组学习是课堂教学中生生互动的有效形式，它有利于扩大参与面，能激发学生的学习动机，并促进互帮互学。

内互动是互动主体内部的信息交流活动，是人内互动，主要包括感知、记忆、思维、想象、情感等心理活动。互动主体大脑信息库中存储信息的多少，在很大程度上取决于其内互动的活跃程度。

学习的过程正是学习者在已有结构的基础上，不断进行外互动和内互动，以及两种互动相互转化的过程。

2. 认知互动和情感互动

从课堂教学互动的内容来看，主要有认知互动和情感互动两种类型。

认知活动是教学的实质所在，它是师生教学互动的第一目标——知识的传授、探索与获得。认知互动可使学生的智能得到发展，它更多通过精巧的教学设计来体现。

教学过程不但是认知信息交流的过程，也是情感信息交流的过程，苏霍姆林斯基认为，心理学意义上的教学是人和人心灵最微妙的相互接触。认知互动为求共识，情感互动为求共鸣，在课堂互动教学中，二者不能截然分开，教师应特别注重情感互动在教学中的作用。

3. 正互动和负互动

从互动的性质来分，课堂教学互动可以分为正互动和负互动两种类型。

正互动是指师生双方在良好的人际关系氛围中进行积极的认知与情感交流。一般来说，学生的课堂交往需要主要有社会接纳、决策及亲和需要三种。若得以满足，学生则能在很大程度上愿意和教师、同学交流，积极参与各种教学活动，最大限度发挥自身潜能。教师的课堂交往需要主要有尊重与认同的需

---

① 李允：《培养元认知能力，教学生学会学习》，《中国教育学刊》1994 年第 4 期。

要，它们的满足激励教师更灵活自如地指导、调控学生的学习，发挥正面影响，达到最佳教学效果。

负互动是在教学过程中，由于反馈延迟、错误，师生或学生间关系不友好、相互排斥，或者教师控制不当，相互传递错误信息等因素造成的不利影响，使互动无效或产生消极影响。这是在教学过程中应尽量避免的。

4. 平等互动和不平等互动

按课堂教学互动中双方的地位来分，可以分为平等互动和不平等互动两种类型。

平等互动是指在和谐民主的教学氛围中，所有学生都有机会参与各项活动，教师不因成绩好坏而对学生有所偏爱或轻视。在班级中，平等互动体现为：多种思想观点共存，有双向或多向交流的信息网络。对于个人而言，平等互动则体现为：每个学生根据自己的水平和经验，可以选择不同的学习方式和方法，以及不同长短的学习时间；教师对学生应产生与其能力相应的结果期望。

不平等互动是指教师在课堂教学中表现出权威倾向，使学生在沉闷的气氛中不敢发言，或者是教师对学生表现出不同的偏爱或漠视，给予学生参与的机会不均等，使一部分学生因厌学而掉队。

（三）课堂教学互动的认知偏差与实施策略

1. 课堂教学互动的认知偏差

在课堂教学中，教师总是基于对学生的基本认知做出判断，并据此确定相应的教学行为。然而，教师对于学生的认知并不总是正确的，也可能出现偏差，其中突出的有：由首因效应、晕轮效应、投射效应、近因效应形成的认知偏差。① 教学交往中的认知偏差所导致的结果是：妨碍学生积极自我概念的形成；对学生产生消极的教师期望；影响和谐师生关系的建构；影响教师对学生课堂行为的解释；影响教学意义的生成；影响学生对学校价值观的接受。②

---

① 王守恒：《教学交往中的认知偏差及其矫正》，《教育发展研究》2001 年第 6 期。

② 颜丙峰、刘辉：《教学交往中的认知偏差及其矫治》，《当代教育科学》2003 年第 7 期。

在课堂教学中，教师应力求消除认知偏差，以实现良性教学互动。为此，教师应注意：客观地了解学生，收集全面、准确的信息来对学生进行判断；形成对学生的积极态度，用发展的眼光看待学生现有的缺点与不足；提高对学生的期望与评价。

2. 课堂教学互动的实施策略

（1）以内容为主的互动策略，包括认知互动策略、情感互动策略、人格互动策略。

认知互动策略指通过教学主体间的知识交流，以实现特定认知目标的教学策略。主要的认知互动策略有：一是创设问题情境。创设特定的问题情境，可激发学生的学习兴趣，使学生主动参与教学过程。二是科学提问。提问常被当作激发学生参与的手段。有效的提问应该是：在内容上融合新旧知识；在难度上处于学生的最近发展区；在方式上循序渐进，由浅入深；在对象上以一名学生为主，面向全体，调动所有学生思维的积极性。此外，教师还可下放“提问权”，鼓励学生自己发现问题、解决问题。三是适时适度。当学生有了充分的心理准备与求知渴望，对问题发生兴趣，无法自行解决问题，或者需要确立新目标才能完成当前任务时，深层的认知互动就发生了。因此，教师一方面要善于创设适时的教学情境，另一方面还要恰当地把握互动的度，以免超过学生的认知负荷，造成心理焦虑和厌学情绪。四是因材施教。因材施教就是要针对不同学生的不同学习心理进行恰当的教学。认知互动中，教师不仅要熟悉学生所长，扬其所长，还应了解学生所短，补其所短。

情感是认知活动的动力与润滑剂。教学过程中的情感互动策略主要有：一是优化班级心理气氛。良好的班级心理氛围既是情感互动的基础，又是情感互动的结果。置身于尊重、理解、支持、友好、关爱的心理场之中，师生更易于相互激励、配合默契。二是激发理智感。理智感是个体在获取知识的过程中产生的情感体验，总是与个体的求知欲、兴趣和解决问题的需要密切相连。教师以新颖、别致的方式呈现问题，可激发学生的好奇心、求知欲；将其引入欲罢不能的状态，可使其产生痴迷感；目标设定恰当，可以激发学生自信，促其产生胜任感；创造条件，使学生获取成功，助其产生成就感与自我效能感。作为认知活动的强大内驱力，理智感可以激发起学生探求真知、学做真人的持久热情。三是积极的教师期待。只有相信每个学生都有积极向上、自我完善的愿望和能力，教师才能以极大的热情去唤起学生的主体意识，鼓励学生充分挖掘潜力。师生积极的情感互动从教师的期待中开始，在学生的积极回应中得以延展，同时又反过来强化师生的积极情感，从而形成一个良性循环。

教师应把对学生的人格培养放在首位。教学过程中的人格互动策略主要有：一是引导自我评价与自我认同。教师的评价与态度极大地影响着学生的自我评价。因此，互动中教师应采取积极的、肯定的态度，促进学生自尊心、自信心的建立。同时，教师还可让学生通过客观、全面地评价自我，来充分认同自我，形成积极向上的人格特征。二是通过自身的人格魅力促进人格互动。教师的言行、处世方式与态度都对学生产生着深刻的影响。因此，教师可有意识地与学生接触，以影响、感化学生。教师热情、严谨、创造的个性风格可促进学生形成豁达、探索、进取的人生态度。在引导学生的互动时，要引导学生以宽容、友善、合作的态度去接纳同伴，帮助同伴形成良好的“镜中自我”概念。

（2）以条件为主的互动策略，包括背景创设策略和互动调控策略。

背景创设策略是针对开展教学互动所需要的教学物理环境和心理环境而言的。就教学物理环境而言，从课桌椅的摆放到整个教室的布置，教师都要仔细思考，以创设有利于双向甚至多向沟通的互动背景。从教学心理环境的营造来说，要注意两个方面：一是师生关系，融洽、合作的师生关系是教学互动的重要条件；二是互动技巧，具备相应的互动技巧是顺利互动所必需的条件。

互动式教学要求学生具有较强的主体参与意识和参与教学的能力。教师可通过下列互动调控策略来培养学生的参与意识和参与能力：一是激发主体意识。只有学生的主体意识调动起来了，才会使教学情境发生质的改观，由“要我学”一跃而成为“我要学”。二是合作学习。教师可通过多种途径组织学生合作学习，这样不仅能提高学生的课堂参与程度、努力程度与竞争意识，而且也可增强学生的好胜心、成就欲。三是角色转换。通过角色互换，教师能体验学生的心理与行为，更好地引导学生发展；同时学生亦能加深对教师工作的理解与支持，增强配合、参与意识。这种“师亦可为生，生亦可为师”的互动方式，更能体现师生关系的平等性，促进教学相长。

总之，在具体教学过程中，以内容为主和以条件为主这两类策略是紧密联系、协同作用的。以内容为主的互动策略侧重于具体教学内容的实施与教学任务的完成；以条件为主的互动策略则用来激发、维持、调控教学进程，它贯穿于教学过程的始终。二者相互影响，共同推进教学过程，促使教学活动顺利进行。

讨论3 ***师生在课堂教学互动中如何避免晕轮效应？***

晕轮效应影响教师和学生的相互知觉与评价。你认为师生在课堂教学互动中如何避免晕轮效应？

第三节 课堂秩序的建立与维护

一、课堂秩序的含义

现代课堂管理中人本主义理念与行为主义手段的结合点就是课堂秩序，即在课堂秩序上达到两者的结合。课堂秩序是指学生在可接受的限度内遵循的、对于特定课堂事件取得成功所必要的行为（Burden，1995，p. 3）。[①] 它直接关系到教学活动的效率和教学任务的完成。以前，课堂秩序被理解为“教师控制＋学生服从”，而现代课堂管理则赋予课堂秩序以新的内涵，即师生平等，共同参与教学，共同制订并遵守规范，以营造均衡、和谐、理想的课堂情境。

二、课堂秩序的结构

通过对有效课堂管理和课堂秩序新内涵思想的分析，将课堂秩序的基本结构划分为三个部分：秩序的建立、秩序的维持、秩序的完善（见图 16-3）。

---

① Burden，P. R.（1995）. *Classroom management and discipline*：*Methods to facilitate cooperation and instruction*. New York：Longman.

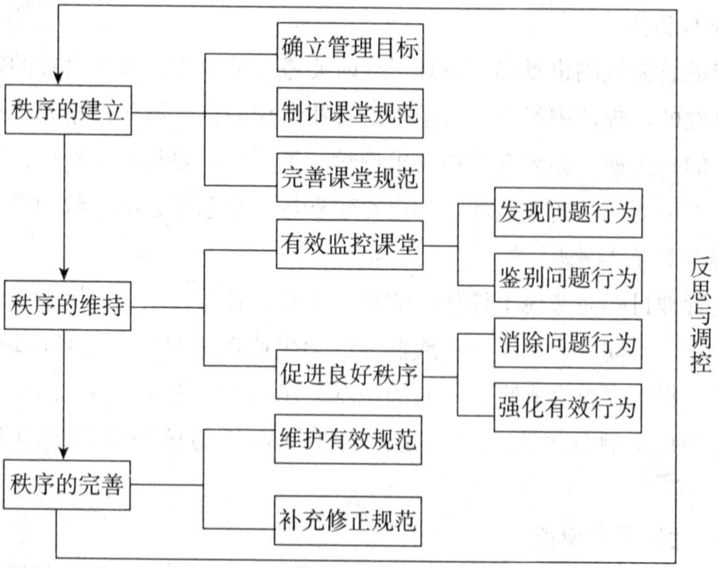

图 16-3　现代课堂秩序基本结构

这三个步骤再经过师生双方的反思与调控而构成一个闭合回路。管理学观点认为，完备意义的管理应该是一种有灵活调控机制的全过程的回路管理，并且经过不断的有效重复和沉积，形成一种可供模拟的运行模式，其一经形成将会使课堂管理目标的实现得到根本保证。下面，我们将详细分析这三个步骤，尽量为教师的课堂管理提供操作性指导。

三、课堂秩序的建立

在建立课堂秩序时，可遵循以下三个步骤。

（一）确立管理目标

教师在确定管理目标时要考虑以下因素。

1. 学生的年龄与成熟水平

随着年龄的增长，学生的成熟水平在不断提高，他们理解周围世界变化的方式也随他们认知能力、推理能力等的发展而成熟。因而，适合小学生和中学生的管理目标就会完全不同，即使同为中学生或小学生，低、中、高段也有不同的管理目标。这就要求教师在制订管理目标前应充分了解学生。

2. 学校氛围

学校的总体氛围也是确定管理目标时要考虑的要素。有些学校的氛围基本上是许可性的，规范中纪律约束很少。有些学校的氛围属于严格要求型，约束就是每日的口头禅。如果在严格要求型学校氛围中，要想拥有宽松、随意的规则体系是不可能成功的。因此，一定要建立与学校总体氛围一致的秩序规范。

3. 学生特点与来历

确定管理目标时考虑上课学生的来历亦非常必要。例如：城乡学生对秩序的理解会有所不同；来自少数民族群体的学生或者来自某些地理区域的学生，与其他学生相比，也会表现出不同的特点。在由不同背景、特点的学生构成的课堂群体中设立秩序规范时，一定要对不同群体的孩子的期望和需求保持敏感。

（二）制订课堂规范

在课堂管理目标确定后，教师则可根据课堂管理目标，确定期望的学生行为和不期望的学生行为，将其转化成课堂规范，并确定违规行为的后果。事实上，课堂秩序是在建立有序的课堂规范的过程中实现的。所谓课堂规范就是学生进入课堂、参与课堂各种活动时应遵守的一种规范，通常表现为规范学生课堂行为的一般性期望或标准。[①] 将期望转换成课堂规范要注意以下问题。

1. 区分规则和程序

规则和程序都是关于行为规范的明文规定，但二者有区别。[②]（1）规则可被认为是对学生行为设立的必要限制，它会促使一个面向全体学生的最佳学习氛围的产生。与程序相比，规则的数量较少，但更明确。“一般来说，制订一串适合于许多情形的、清晰而简洁的规则，比制订一大堆无人能记得住甚至教师自己也会忘记的规则要有用得多。”[③]（2）程序是以有序的方式完成课堂活动的步骤。程序要向学生详细说明应该怎样完成教师要求的任务。订立程序步

① 陈时见著：《课堂管理论》，广西师范大学出版社2002年版，第178页。

② ［美］J. W. Santrock著，周冠英、王学成译：《教育心理学》，世界图书出版公司北京公司2007年版，第477页。

③ ［美］R. J. Sternberg & W. M. Williams著，张厚粲译：《教育心理学》，中国轻工业出版社2003年版，第364页。

骤时，先要把活动分解为单个需要完成的步骤，再看哪些步骤可能出错并提出防护措施，以预防问题的产生，使秩序得以维持。还要探寻学生的反馈意见，修正程序使之更适宜。程序的呈现方式采用口头解释或书面形式均可。

2. 正面表述为主

规范的内容表述应坚持正面引导为主，多用积极的语言，要表达教师对学生的积极期待，多用“做……”，少用“不准或严禁做……”之类的表达方式，以免引起学生的抵触情绪。如应该这样来陈述，“在别人讲话的时候要安静地听”，而不是说“严禁插嘴”。

3. 充分讨论，共同制订

规范应通过师生的充分讨论并达成共识。研究表明，教师和学生共同制订规范会提高学生对于所做决定的责任感和义务感。① 教师应抓住学期开始的机会，和学生一起共同制订课堂规范，一则可使学生自觉遵守并乐于承担责任，二则可促进学生综合思维能力和社会性认知的发展。

（三）完善课堂规范

课堂规范并不是一经制订出来，就会被学生自动地接受，它还需要一个逐步完善的过程。为此，一要确保每个学生都清晰地理解规范。二要在课堂规范确立后的几周内不断予以强化。在此过程中，教师应对破坏规范的行为及时处理、及时反馈。三要不断调整课堂规范。课堂规范不可能一次就尽善尽美，需要在实施过程中不断加以补充、修改或调整。这一步的关键是将制订好的课堂规范予以公布，最终使学生了解和掌握这些规范。

四、课堂秩序的维持

课堂秩序一旦建立，就要设法予以维持。

（一）有效监控课堂

监控课堂的目的：一是防微杜渐，免得一些不适行为逐步演化成主要的行为问题；二是要澄清学生对教师的期望所做出的任何误解。因此，有效监控课

---

① ［美］J. W. Santrock 著，周冠英、王学成译：《教育心理学》，世界图书出版公司北京公司 2007 年版，第 480 页。

堂又包括发现问题行为、鉴别问题行为两方面。

1. 发现问题行为

所谓课堂问题行为是指与课堂行为规范和教学要求不一致，影响正常课堂秩序及教学效率，给教师教学、学生学习带来消极影响的课堂行为，主要表现为上课漫不经心、情感淡漠、逃避课堂活动、与教师关系紧张、容易冲动、上课乱插嘴、交头接耳、坐立不安或活动过度等。我国的研究发现：(1) 课堂问题行为具有普遍性。调查显示，91.5%的中学生有不同程度的课堂问题行为(高中生有课堂问题行为的比例达 97.2%)。其中，经常有的占 21.7%，有时有的占 69.8%。① (2) 课堂问题行为以轻度为主。调查显示，中小学生出现的课堂问题，轻度的占 84%，比较重的占 14%，非常严重的仅占 2%。②

发现课堂问题行为是有效维持课堂秩序的关键。具体来说，教师主要应做到以下两点：(1) 明察秋毫，即教师要对每个学生进行目光接触，而不是只关注少数几个学生。(2) 一心多用，指教师应该具有同时跟踪和监控几个活动的能力，而不是顾此失彼。③

2. 鉴别问题行为

接下来，教师要进行的是判明问题行为的性质、程度和后果。对此，我们可考虑以下几个因素：(1) 频率，该行为是否经常发生；(2) 维度，该行为是否影响了其他学生的正常学习，影响面有多大；(3) 强度，该行为对个体及他人的干扰到了何种程度；(4) 时间，该行为持续多长时间；(5) 态势，该行为有无自然消失的可能。根据这几个因素可以确定学生的课堂问题行为是消极、积极抑或是中性的，程度是强还是弱，后果是严重抑或轻微。

然后要分析问题行为产生的原因或背景，形成对问题行为的正确态度。一般来说，可将课堂问题行为归因于学生和教师两个方面（见表 16-4）。④

---

① 侯志阳、洪天阳：《中学生课堂问题行为的成因及其对策分析》，《山东教育科研》2001 年第 9 期。

② 胡淑珍等编著：《教学技能》，湖南师范大学出版社 1996 年版，第 169—170 页。

③ 陈琦、刘儒德著：《教育心理学》，高等教育出版社 2005 年版，第 516—517 页。

④ 莫雷主编：《教育心理学》，教育科学出版社 2007 年版，第 372 页。

表 16-4　课堂问题行为的原因

学生方面的因素		教师方面的因素	
1. 挫折和压力	学业成绩不良、跟同伴关系不协调、不能适应教师的要求等，都会导致学生人际和学习方面的挫折和压力，从而引发紧张、愤怒、焦虑、恐惧和不合作行为	1. 缺乏威信	缺乏威信的教师很难维持正常的课堂秩序
2. 寻求注意	学生的心理要求得不到满足，往往故意在课堂上制造事端，以引起大家的注意；这样的学生自尊感较强，但因成绩不良而受到教师及同学冷落	2. 教学不当	备课不充分，表达或组织能力差，教学设计不科学，对学生提出不合理要求等
3. 人格因素	内向型学生常常表现出退缩行为，自我意识较强，并避免成为众人目光的焦点，他们即使不愿听课也不会在课堂上捣乱；外向型的学生性格活泼，好动，胆子也大，自我控制力弱，很容易给教师惹出麻烦	3. 管理不当	管理方式简单、生硬，采取强制政策，主观臆断，不听取学生意见，滥用惩罚等

（二）促进良好秩序

一般来说，促进良好的课堂秩序包括消除问题行为、肯定有效行为两方面。

1. 消除问题行为

消除问题行为不仅指对性质轻微的问题行为的消除，也包括对性质严重的问题行为的矫正。

（1）消除问题行为的方法有：①非言语暗示。如果学生的不当行为并没有影响到正常教学，教师可以走近那个学生，也可以采用手势、眼神等非语言形式暗示学生停止错误行为。②言语提示。教师可以重申课堂的基本规范，以及为什么要制订该规范，并向学生表达期望的行为。③暂停上课。如果课堂上发生较为严重的捣乱行为，教师可停止上课，发动全班讨论发生了什么事，为什么会发生这种事，以及这样的行为对全班同学带来什么影响，让捣乱的学生承受集体舆论的压力，然后对学生采用适当的批评和引导。④恰当地运用惩罚。当所有的方法都不能奏效时，就需要使用惩罚措施了。在运用惩罚时教师需要注意：惩罚要及时；确保惩罚与问题行为的严重性相匹配；惩罚要与说理相结合；避免使用体罚；不要对各种类型的问题行为都采用相同的惩罚措施。

（2）在消除学生的问题行为时，教师需遵循以下原则：①奖励多于惩罚的原则。实践证明，奖励的作用远远大于惩罚。动辄惩罚不仅会对问题行为起强化作用，而且还会导致学生为逃避惩罚而产生新的问题行为。过度惩罚也会使学生变得粗暴和具有破坏性，产生更为严重的对抗性问题行为。②公正一致性原则。对不同学生的课堂问题行为应公正地运用课堂规范，应公正一贯地处理，不能有偏颇。③与心理辅导相结合的原则。课堂问题行为的根本矫正不仅在于改变学生的外部行为表现，而且要把良好的行为模式内化为学生的自觉意识与行动。这就要求在矫正过程中做好学生的心理辅导工作，调整学生的自我意识，排除自我潜能发挥的心理障碍，帮助学生正确认识与评价自己，从而真正转变问题行为。④积极倾听原则。教师要积极地倾听学生对行为的解释，理解学生行为背后的需要与情感，并鼓励学生寻找办法加以解决。如果学生的行为能够被一位年长的权威人士理解，这件事本身就会让这个学生感觉好受一些。[①] ⑤最小干预原则。教师应该采用能发挥作用的干预策略中最简单、副作用最小的一种策略对学生的不良课堂行为进行干预。如果教师为了解决一个学生的问题而让其他学生无事可做，这实际上造成了学生学习时间的不均等。⑥多方支持原则。课堂问题行为的产生是由多方面因素引起的，因此，课堂问题行为的矫正就不能仅仅考虑单一因素，最好同家庭、社会等因素联系起来。必要的时候可以寻求家长和学校领导的帮助，以避免各自为营、互相抵消矫正效果的不利倾向。

---

① ［美］R. J. Sternberg & W. M. Williams 著，张厚粲译：《教育心理学》，中国轻工业出版社 2003 年版，第 374 页。

2. 强化有效行为

通过运用斯金纳的强化理论，可达到控制课堂问题行为和塑造学生良好行为的目的。教师可以采用以下强化方式。①

（1）社会强化，即教师利用面部表情、身体接触、语言文字等各种措施来鼓励所期望的行为。社会强化包括的内容很多，主要有以下几种：①契约强化。契约指教师和学生事先达成的、旨在鼓励和强化课堂期望行为的协议。契约可以是口头的，也可以是书面的，但必须经由教师和学生的共同认可，而且一旦确定，就要坚决落实。②代币强化。代币可以是分数、记号、卡片上打的孔、圆形筹码和其他任何可以充当学生财产的东西。学生可以定期用这些代币换取想要的奖励。③集体绩效强化。教师承诺只要学生集体达到一定的分数就可以给予学生一次奖励（如郊游、聚会等），以此激励全班为获得一定的总分来满足他们的某种要求。

（2）活动强化，即当学生在教学活动中表现出教师所期望的行为时，允许学生参与其最喜爱的活动，或提供较好的机会和条件。教师在采用活动强化时应考虑学生的年龄、活动动机、兴趣、特长和实际活动能力等多种因素。

（3）榜样强化，指教师为学生提供某种具体的行为范例，让学生在潜移默化中学习或模仿，并使其在行为上朝这一方向努力。如有个别学生正在做小动作，不认真听讲，这时教师可以通过表扬其他认真听讲的学生，让不专心的学生在这一特定的情景中通过观察、模仿和学习榜样的行为，从而起到弱化和纠正自身问题行为的作用。

实践证明，强化理论的确能帮助教师从外在的形式上达到行为矫正和塑造的目的，但在具体运用过程中需要注意以下几点：

第一，要以正强化为主，负强化为辅。研究表明，负强化运用不当会强化不良行为，过度负强化会对学生心理产生负面影响，使学生产生明显的对抗性行为。

第二，要注意与学生的具体情况相结合。教育对象的复杂性决定教育手段的选择应该因人而异，不能一概而论。作为教师，需要通过细心的观察，综合

① 张越、王杲哲：《试论强化理论在课堂行为管理中的应用》，《教学与管理》2007年第6期。

考虑学生的生理特点、个性特长、学习习惯、行为特征，甚至家庭状况，只有这样才能有针对性地实施强化。

第三，要及时和正确强化。强化理论最重要的就是及时原则。在不良行为产生的初期，教师就应该采用各种强化手段加以弱化或制止，让学生明白什么是合适行为，什么是不合适行为，并通过积极采用正强化措施，引导学生运用良好行为代替不良行为。

第四，要明确提高学生的自控能力才是强化的最终目的。不管采用哪种强化方式，都只是教师对学生变换外在的约束形式和作用方式，运用强化措施来改善学生行为的最终目的是要将外在的约束与期望内化为学生的态度和价值观念。因此，教师应通过外在的强化来激发学生的学习兴趣和学习动机，最终使学生在自我激励和自我强化中体验学习的快乐。

五、课堂秩序的完善

课堂秩序需要逐步完善，因此，课堂秩序建立后教师还要对课堂规范进行维护、调整。

（一）维护有效规范

当课堂规范初步建立后，要想让这些规范长久地发挥作用，就要让课堂规范得到有效维护。教师不要认为，学生知道和理解了课堂规范就会时刻遵守它，课堂规范建立是一个由外在契约向内在信念转化的过程。因此，教师要多向学生解释并引导其认识规范的合理性和重要性，促进规范的内化并形成习惯。为此，教师还需要适时地、明确地向学生传达课堂规范行为标准，始终如一地给予正强化，同时也有必要对破坏课堂规范的行为进行相应的、有效的处理。

（二）补充修正规范

课堂规范不可能一次建立就尽善尽美，它需要教师在实施过程中不断加以补充、修改或调整。在课堂实践中，如果教师发现既定的课堂规范不合理、不可行或不完善，教师要及时征求领导、同事和学生的意见，对规范加以修改、补充和完善，从而确保课堂规范适应教学需求的变化并得以有效实施。

讨论4 **教师在矫正课堂问题行为时应如何恰当地运用惩罚措施?**

惩罚是矫正课堂问题行为的常用措施之一，但如果运用不当，则会影响教育效果。你认为教师在矫正课堂问题行为时应如何恰当运用惩罚措施?

【要点小结】

教学交往和课堂管理是影响教与学交互作用的重要因素。班级人际关系是在教学交往和课堂互动的过程中形成的，同时也反过来制约着教学交往的纵深发展和课堂教学的有效进行。同伴关系不仅影响学生的学业成绩，而且对学生的社会性发展产生潜在影响。教师主要通过教师的学生观、对学生行为的归因和教师期望来影响学生的学习成绩和个性。在教学交往层面上，教师应该充分认识到同伴交往和师生交往对学生发展的重要性，并采用一定策略有效促成课堂的良性互动；在课堂管理层面上，教师不仅要为学生创造一个宽松舒适的学习环境，而且要通过科学的管理方式营造积极向上的课堂心理氛围。同时，教师要切实履行好课堂监控职能，积极预防问题行为的出现。面对扰乱课堂的不良行为，教师要采取灵活多变的策略予以消除，以维护正常的教学秩序，保障课堂教学的顺利进行。

【思考与练习】

1. 什么是班级人际关系？班级人际关系包括哪些类型?
2. 师生交往方式有哪几种？师生关系对学生的影响体现在哪些方面?
3. 什么是课堂管理？课堂管理的含义、目标、功能、内容分别是什么?
4. 什么是教学交往？如何在课堂教学互动中减少认知偏差?
5. 什么是课堂规范？如何制订和完善课堂规范?

【拓展性阅读】

1. 张大均主编：《教育心理学》，人民教育出版社2004年版，第十五章。

2. 张大均、郭成主编：《教学心理学纲要》，人民教育出版社2006年版，第十、十一章。

第十七章　美育心理及其效应

【内容提要】

美育心理是主体在审美或美育活动中的心理特征及规律的总称，是美育心理学的研究对象。美育心理学是教育心理学的新领域，许多理论和实践问题都在探索之中。本章在概要分析美育心理理论的基础上，着重探讨学校美育心理效应以及学生美育心理形成的重要途径——教育审美化的基本原理与实施策略。

【学习目标】

1. 能说出美育心理的含义和个体审美心理结构的组成。

2. 能描述美育心理效应的具体表现。

3. 能说出教学审美设计的内容，并能结合实际进行教学审美设计。

【关键词】

美育心理　美育心理效应　教学审美化

第一节 概　述

一、美育心理的基本概念

（一）什么是美育

关于什么是美育，目前我国学术界主要有如下界定。（1）美育是审美教育，即美育具有培养人的审美能力的独特功能。“美育是培养学生认识美、爱好美和创造美的能力的教育，也称审美教育或美感教育。”① “美育又称审美教育，是运用艺术美、自然美和社会生活美培养学生正确的审美观点和感受美、鉴赏美、表达美、创造美的能力的教育活动。”② （2）美育是情感教育，即把美育视为激发和培育情感的教育。“美育者，应用美学之理论于教育，陶冶感情为目的者也。”③（3）美育是美学的教育，即美育是一种运用美学理论来培养和提高人们审美素质的特殊教育活动。（4）美育是完整人格的教育，是促进人的素质全面和谐发展的教育。“美育是通过各种美的事物培养学生审美感知力、审美理解力、审美评价力和审美创造力，同时有助于培养良好的人格品质和启迪智慧的一种教育活动。”④ 上述观点从不同角度探讨了美育的含义。其实，美育不是一般意义上的情感教育或人格教育，也不是一般的艺术教育或美学理论教育。美育是有目的、有计划、有组织地通过各种美的事物，培养和发展学生的审美心理，提高学生认识美、欣赏美、表现美和创造美的能力的特殊教育活动。美育的目标就是要以自然美、社会美、艺术美和科学美等为基本内容，促进学生审美心理素质发展和整体心理素质全面和谐发展。

（二）什么是美育心理

美育心理是主体在审美或美育活动中的心理特征及规律的总称，是美育心

① 《中国大百科全书·教育卷》，中国大百科全书出版社 1985 年版，第 250 页。
② 张藩编：《教育学教程》，科学技术文献出版社 1992 年版，第 205 页。
③ 高平叔编：《蔡元培美育论集》，湖南教育出版社 1987 年版，第 208 页。
④ 赵伶俐著：《人生价值的弘扬——当代美育新论》，四川教育出版社 1991 年版，第 121 页。

理学的研究对象。什么是美育心理学？美育心理学就是“研究进行美育过程中学生的心理活动规律和心理品质形成问题”① 的学科。其主要内容是：“探讨如何以音乐、美术、文学的艺术美，大自然、社会生活美，学校生活中的现实美为教育手段，发展他们的美感和欣赏美、创造美、评价美以及识别美与丑的能力，培养他们高尚的情操和文明的习惯，促使他们智能和身体健康发展。”② 韩进之把美育心理学定义为研究儿童在美育或审美过程中心理活动的特点和规律，其主要内容就是探讨儿童的审美经验、审美过程特点、审美心理结构，以及儿童审美心理品质形成和发展的规律。……还要进一步探讨对儿童进行美育的途径和方法，为提高美育效果提供科学依据。③《中学百科全书》把美育心理学界定为：“属于教育心理学的一部分，研究在美育过程中学生的心理活动过程及心理活动的特征，探讨学生审美能力的构成、形成、发展规律以及培养的途径。”④ 其研究目的是使学生的审美心理和谐地全面发展，审美、创美能力不断提高，健康人格不断完善。郭成、赵伶俐（1998）把美育心理学界定为：“美育心理学是研究美育过程中师生心理活动的特点、规律（美育心理特点和规律）和美育活动对师生心理品质及结构产生影响（美育心理效应）的学科。”⑤

综合上述可知，美育心理学就是研究美育心理的学问，是研究美育过程中教育者和受教育者心理活动的规律及心理品质的形成和发展的科学。美育心理学作为教育心理学的一部分，填补了传统教育心理学体系较少关注和研究美育活动中的心理问题之不足，使教育心理学的学科体系与完整的教育体系相适应。

（三）美育和美育心理的关系

美育和美育心理有着紧密的联系。美育心理研究不能离开美育实践活动。美育心理学的理论体系是建立在美育活动的基础之上的，它是对美育实践活动

---

① 刘兆吉主编：《美育心理学》，西南师范大学出版社 1990 年版，第 2 页。

② 车文博主编：《心理咨询百科全书》，吉林人民出版社 1991 年版，第 736 页。

③ 韩进之主编：《教育心理学纲要》，人民教育出版社 2003 年版，第 349 页。

④ 邵瑞珍、张人杰主编：《中学百科全书·教育学、心理学卷》，华东师范大学出版社 1994 年版，第 219 页。

⑤ 郭成、赵伶俐著：《美育心理学》，警官教育出版社 1998 年版，第 4 页。

中理论研究总结和美育对人的心理作用的抽象概括。美育心理的研究要符合美育或教学审美活动的需要，并与美育实践活动紧密结合，才能保证其效果，否则就会失去美育心理研究的应用价值。“美和美育是构成美育心理学的重要内容。正确理解美和美育的本质是研究美育心理的前提条件。”① 美育心理的研究有助于正确认识美育过程中师生心理活动的特点和规律，揭示美育的本质、规律和作用机制，加深对美育科学性和实践性的理解，从而促进现代美育的实施。只有科学地掌握了美育过程中心理活动的规律，才能有针对性地选用美育材料和手段，提高美育的实际效果。“研究美育的本质和规律，不研究美育心理是难以深入的。”② 因此，美育心理的研究需要分析美育过程中的各种审美心理现象，阐述美育过程中师生心理活动的特点和规律以及各种美育措施的心理效应，使美育活动建立在美育心理活动规律的基础上，从而提高美育及教学审美活动的科学性和有效性。

美育心理和美育的研究各有侧重。美育研究更着重于美育的基本原理、原则、方法和作用等问题的探讨，而美育心理研究更强调美育活动中主体心理活动的过程和规律、美育效应发生的心理机制等问题的研究。所以，美育心理的研究和美育研究不能相互取代。从某种意义上说，美育心理的研究必须以美育活动为前提，而美育功能的发挥又必须通过美育心理效应起作用。

二、美育心理学的形成和发展

（一）美育心理思想源远流长

美育心理学独立成为一门新兴学科的时间虽然短暂，但美育心理的思想源远流长。古今中外，众多教育思想家、哲学家和美学家对美育或美学问题的论述中，包含着丰富的美育心理思想。中国古代孔子、孟子提出了具有美育思想性质的诗教、乐教理论，强调了诗和乐的教化作用，认为诗、乐是实现情理协调、个人与社会融合的最佳途径。如《乐记》中对音乐对人心理的影响有较深刻的论述：“凡音之起，由人心生也，人心之动，物使之然也，感于物而动，

① 刘兆吉主编：《美育心理学》，西南师范大学出版社 1990 年版，第 11 页。
② 刘兆吉主编：《高等学校教育心理学》，北京师范大学出版社 1995 年版，第 244 页。

故形于声。”孔子提出了“中和之美”，“乐而不淫，哀而不伤”。孟子则提出了“充实之谓美”的理想人格境界，认为人格美的理想境界是内心仁义充实、仪表言行和润，而要达到人格美，就要充分重视乐的美感作用，通过欣赏“入人深也”的“仁声”来实现。中国古代民间流行的启蒙读物，如《三字经》《百家姓》《千字文》等也包含丰富的美育心理思想。这些读物一般多用三言四言或五言七言的韵语编成，形式工整，读起来抑扬顿挫、朗朗上口，富于音乐美和节奏美，使人在明白道理的同时得到了美的享受。因此，我们可以认为美育心理思想与美育思想是同时诞生的。但是，古代美育思想中多把美育视为培养理想道德品质的手段，即强调的是以美育人的功能，尤其是着眼于美育为伦理道德教育服务的功能。事实上，美育不应只是道德教育的手段，而应有自身独特的价值，即具有培养人的审美能力、促进人的审美心理结构形成的独特功用。在我国，最早认识到美育具有独特价值的当为近代教育家王国维和蔡元培，他们都看到了美育对情感培养和发展的独特作用，提出了美育就是情感教育的主张，初识美育的心理效应。

（二）美育心理学的创立和发展

美育原本同德育、智育、体育一样都是学校教育的有机组成部分，但长期以来，美育未受到足够的重视，其作用被忽视。20世纪80年代以前出版的教育心理学书籍都没有美育心理学的内容。“美育心理学在教育心理学中还是空白，有许多心理学工作者对美育心理学这个名词还感到陌生。”① 1979年，刘兆吉率先提出在教育心理学的学科体系中增加美育心理的内容。1981年，他在中国心理学会第三次全国代表大会上首次提出了“美育心理学”的概念。1983年，他撰写了美育心理学的第一篇论文《试论美育心理学中的几个问题》②，这标志着美育心理学的诞生。1985年，他撰写的“美育心理”词条载入《中国大百科全书·教育卷》，标志着美育心理学正式得到国家承认。1989年，韩进之主编的《教育心理学纲要》首次在国家级教育心理学教材中增加了“美育心理”一章，使美育心理学在教育心理学中有了一席之地，并成为教育心理

① 刘兆吉：《创建美育心理学刍议》，《心理学探新》1987年第2期。

② 刘兆吉：《试论美育心理学中的几个问题》，《西南师范大学学报（自然科学版）》1983年第2期。

学研究的重要领域。随后，刘兆吉主编的《美育心理学》《美育心理研究》《中学美育心理学 12 讲》相继出版，标志着美育心理学学科体系初步确立。

美育心理学至今走过了三十余年的发展历程。在理论上，初步建构了美育心理学的学科体系；在实践上，对大、中、小、幼各段美育心理教育进行了初步的探索，对美育心理效应的发掘和发挥进行了实验研究。这些研究拓展了美育心理学的研究领域，促进了美育心理学的发展。

三、美育心理学的意义

（一）理论价值

美育心理学作为教育心理学的一个分支学科，其研究对丰富和发展教育心理学的基本理论、促进心理学科的发展具有重要的理论价值，对建设中国特色的心理科学，尤其是对建设中国特色的教育心理学体系具有重要的理论意义。同时，美育心理的研究有助于揭示美育的本质、规律和作用机制，为美育的研究和发展提供理论指导和方法启示，对于深化美育研究、促进现代美育研究的发展具有重要理论价值。

（二）实践意义

美育心理学对美育活动中师生心理活动及效应产生的基本规律的探索和研究，有助于为美育和教学审美实践活动提供心理学依据和方法指导，促进学校美育的科学化。美育心理学要分析美育过程中受教育者心理现象的各个方面和各个环节，阐明学生在美育过程中的心理特点和各种美育措施的心理效应，揭示学生的审美心理发展水平对各种美育条件的依存关系，从而使美育工作能够始终建立在美育心理学的基础上，并根据美育心理发展的基本特点和规律来指导美育活动，从而提高美育效应，促进师生素质的发展，实现由应试教育向素质教育的转轨，为培养全面和谐发展的人才服务。

讨论1 怎样看待美育心理学的学科地位和作用？

美育心理学作为教育心理学的分支，正处于发展之中。你怎样看待它在教育心理学中的地位和作用？

第二节　美育心理活动与美育心理效应

一、审美心理结构及其发展

（一）审美心理结构

审美是一种特殊的心理活动，它是在客观现实中的美的事物作用下，个体头脑中产生的对美的事物的认知加工、情感体验和行为反应活动。审美心理活动是外部事物的审美特征和个体内部审美心理结构交互作用的结果，既由外界美的事物所引起，又受到个体内部审美心理结构的制约。研究发现，个体的审美心理结构如图 17-1，主要包括以下四个方面。①

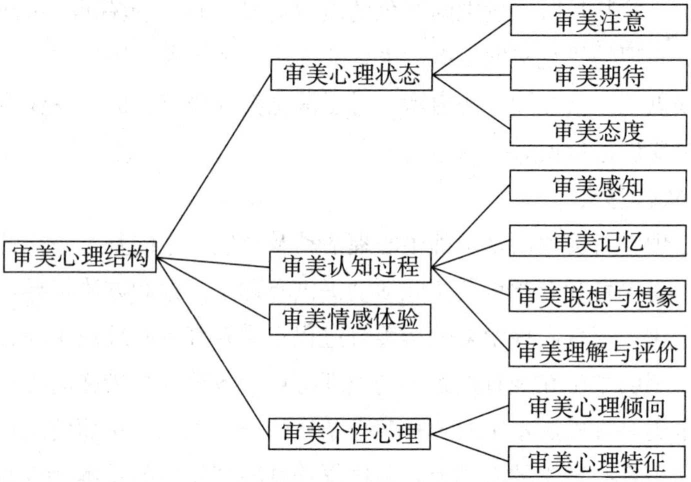

图 17-1　审美心理结构

1. 审美心理状态

个体从接受审美刺激到产生审美认知、情感体验等心理反应，依赖于特定的心理准备状态，即审美心理状态。构成审美心理状态的主要因素包括审美注意、审美期待和审美态度。

---

① 郭成、赵伶俐著：《美育心理学》，警官教育出版社 1998 年版。

（1）审美注意。审美注意就是在审美过程中，审美主体对审美对象的指向和集中，是审美主体被审美对象所吸引并专注于审美对象而产生的一种特殊的心理状态。它是进行审美心理活动的积极准备状态，是审美心理过程的预备阶段。审美注意的产生是由于审美对象具有的种种审美特质，如色彩、节奏、结构、形状等，使审美主体把心理活动完全指向于审美对象的审美特征，把注意力完全倾注在审美对象的这些特质上，表现出主体的选择性和主动性特点。与一般的注意相比，审美注意更关注审美对象的外在特征而不是内隐品质，具有充分的直觉形象性；审美注意具有更大的范围、更强的稳定性，因为知觉对象排列得越集中、越有规律则不仅越被注意，而且具有形式美；审美注意具有明显的情感色彩和非功利性质，愉悦性强而意志控制少。

（2）审美期待。审美期待是指审美主体在审美注意状态下产生的主观上希望审美对象出现或审美活动发生的一种心理状态，是精神上对美好事物的渴求。审美期待的结果是使主体的审美需要得到满足，获得情绪上的愉悦和精神上的享受，因而产生促使人行动的内在动力。审美期待是积极而富有活力的，具有非功利性。它一旦产生，主体就会对审美活动表现出积极主动性和渴望感。

（3）审美态度。审美态度是审美主体从对客观对象的实用功利性的关注或理性认识转变为对对象的感性特征进行直观把握，从而体味其蕴含的情调、韵味和精神的一种观照态度。它是审美注意和审美期待的有机结合。它的出现标志着从日常心理活动向审美心理活动的过渡，既意味着审美主体对审美对象形式结构、特征的感知和关注，又意味着主体与对象形式的情感交流。审美态度中的情感倾向成分更为强烈，决定着人们对审美对象感知和评价的方向和强度，为审美活动提供了更强大的动力。艺术家和常人的重要区别在于艺术家善于用审美的态度去看世界。

2. 审美认知过程

审美认知过程就是个体审美心理活动发生发展的一系列信息加工程序，即审美主体面对审美对象的刺激，在审美注意、审美期待和审美态度等积极的心理状态和审美情感的影响下，充分激发和运用审美感知去识别、关注对象的审美形式特征和内容属性，并展开审美想象的翅膀，促进审美理解的发生，从而体会、感悟审美对象的审美价值的过程。审美认知过程主要包括审美感知、审美记忆、审美联想与想象、审美理解与评价等。

（1）审美感知。审美活动同其他认识活动一样，也是以感性认识为基础的。审美感知包括审美感觉和审美知觉，它是审美心理活动的基础。审美感觉是人脑对直接作用于感觉器官的审美对象的单个审美属性的直接反映，是审美心理活动的初始环节。审美知觉是指人脑对作用于感官的审美对象的整体属性的直接反映，它是在审美感觉的基础上产生的对审美感觉信息的整合和解释。人在美的事物或现象的直接刺激下，把事物所具有的线条、色彩、光线、空间、音色、响度、节奏、质感、张力等若干单个审美属性整合起来，组成一个完整的形象并对其所具有的种种含义和情感表现进行整体把握，做出合理解释，就产生了对该事物的审美知觉。与一般感知相比，审美感知具有更强的整体组织性和生动愉悦性，即在审美感知活动中，审美主体总是全神贯注于审美对象，达到入迷状态，并根据相似、接近、闭合以及连续等知觉原则对感性材料进行选择处理，从而强化对象的审美表达功能。

（2）审美记忆。审美记忆是人脑对审美对象的识别、保持、再认或回忆，是审美心理活动展开的基础和条件。任何审美刺激都依赖于个体头脑中已有的知识经验，才能被理解、同化。学生头脑中原有的审美图式越丰富，审美活动就越易于发生，并顺利进行。与审美活动关系最为密切的记忆是形象记忆、情绪记忆。审美对象总是以其审美特征的感性显现而具有鲜明的形象性，并由此使人的审美心理活动具有明显的认知形象性特征，即凡是那些具体形象的材料更易为学生所感知、识记并牢固地保持、有效地回忆。它保持的是事物的感性特征，具有鲜明的直观性。情绪记忆也是一种重要的审美记忆。情绪记忆是以体验过的情绪情感为内容的记忆。审美对象的刺激常常能激发审美主体深刻的情绪情感体验，这种积极的情绪记忆对人的认知活动产生强大的激励作用，使审美认知比一般认知更具效力。

（3）审美联想与想象。审美联想主要指由一种审美对象的刺激而联想到与此相关联的另一事物而产生的审美心理活动。通过审美联想，可以把审美对象表现得更为鲜明生动，使审美体验更强烈、更丰富，从而对美感的产生和深化起着重要作用。在审美活动中，审美联想主要有相似联想、空间联想、对比联想、因果联想等。审美想象是通过对审美表象进行加工改造，形成新的审美形象的过程。审美想象是审美能力结构中的高级要素。因为审美想象可以对客观事物留在头脑中的表象进行不同程度的加工，以创造出一种更丰富、审美特征更突出的新形象。没有审美想象的参与，审美对象就总是以静止的形式或僵硬的物态而存在。正是审美想象激活了审美对象，使其灌注的生命力被释放出来，复活并充满生气，从而使审美主体进入内心交流的审美境界。不仅如此，审美想象还扩大了审美对象的内涵，使审美主体从有限的形式中体会无限的寓意。审美想象包括再造性审美想象和创造性审美想象。审美想象比一般想象更鲜明、更生动、更具感染力。

（4）审美理解与评价。审美理解是在审美感知的基础上，运用审美联想与想象，对审美对象的意味、内容以及象征意义的整体把握，是探求审美对象内部联系的理性认识活动，具有直觉性和领悟性。审美理解是一种不脱离具体形象的感受和体会，它给人的是欣赏而不是推理，是领悟而不是说教。个体的审美理解一般具有两个层次，即表层理解和深层理解。前者是指对审美对象的形象及特征本身的理解，即认知审美对象的“形”和“象”，明确对象是什么，有哪些。这种对对象的表面理解是对审美对象的形式的整体知觉，却是进入深层理解的前提。深层理解就是对审美对象所蕴含的意味的挖掘和把握。它依赖于主体对审美对象的“细读”，即对审美对象进行认知活动的精加工，从而发现、感受、体会对象所具有的表现某种审美特征的意味。审美理解的深度取决于主体的审美能力和审美对象的性质特点。审美评价是指在审美活动中，主体通过对审美对象的感受、体验和理解之后，对其外在表现形式和思想内涵等审美属性所做的理性判断，是对审美价值的主观认识及把握，如该事物为什么美，美在哪里。它是审美心理活动的调控环节。在不同的审美活动中，审美评价的表现是不同的。

3. 审美情感体验

审美情感体验也称美感体验，是个体在审美过程中形成的、与审美认知过程密切相连的、个体对外部事物是否满足审美需要的心理体验。事物或现象或者使人感到赞叹，或者使人感到悲伤，或者使人感到崇高，由此形成的优美感、壮美感、悲剧感、喜剧感、崇高感等均属于审美情感。从本质上看，审美情感首先是一种愉悦的体验。伴随审美情感而发生的对客体的认识与理解具有享受、欣喜的特点，主体是自觉自愿、轻松愉快、潜移默化地接受教育和影响的。其次，审美情感还是一种带有倾向性的体验，这种倾向性一方面表现为个体对美好事物的肯定，对丑恶事物的强烈反抗和否定，另一方面表现为它是符合社会的审美标准而产生的审美体验，同道德感紧密联系，体现为美和善的统一。因此，审美情感既是审美过程的产物，又影响审美过程的进行。

根据引发审美情感的对象的性质不同，可把审美情感分为材料情感、形式情感和内容情感。材料情感是指由审美对象的物质材料所具有的物理特性激发的情感。如绘画的基本材料是具有不同物理特性的色彩，色彩的强弱与明暗同相应的神经反应相联系，唤起的情感体验也不同。红色往往给人以热烈、跳跃，唤起人们热情、兴奋的心理感受；绿色则使人感到青春、和平与宁静。又如，音乐的物质载体是声音，不同的声音引起的情感体验也有差异。黄鹂的鸣叫悦耳，使人愉快；号角之声高昂，使人亢奋。所有这些，都是由于审美对象的物理特性不同而造成了人的情感体验的差异。形式情感是由审美对象的形式结构所唤起的情感体验。例如，红花与绿叶会引起主体对比的美感，行书与草书所产生的审美情感体验就截然不同。形式情感的强弱依赖于对审美对象的物质材料进行有规律的组合和设计，即营造形式美。内容情感则是对审美对象内在意味或思想内容的把握和占有而产生的更为深沉、持久的情感体验。它是欣赏者关注的焦点和核心，也是以美寓德的重要表现。

4. 审美个性心理

审美个性心理是个体在审美实践活动中形成的对审美对象的稳定倾向和习惯化的行为方式。有研究认为，审美既交织个人的情感体验，又反映个人的人格特质，也就是说，审美可能成为个体的一种人格特质。这在斯普兰格（Spranger）的审美型和霍兰德（Holland）的艺术型人格类型中得到了证实。国内学者通过因素分析方法的研究发现，个体确实存在着“追求谐趣、注重欣赏、推崇时尚、迷恋悲剧、显示与众不同”五种重要的审美倾向。[①] 因此，审美个性心理总是以其独特性和稳定性体现着个人的艺术风格，是审美心理结构

① 郑涌、李宏翰、黄希庭：《审美倾向初探》，《心理科学》1996年第4期。

的核心。它主要包括审美心理倾向和审美心理特征。

（1）审美心理倾向。审美心理倾向包括审美需要、审美兴趣、审美价值观等成分，它使个体倾向美的事物和回避丑的事物。审美需要是个体对审美活动的一种内在的情感欲望和要求，表现为对审美对象的形式、结构、秩序和规律的把握和感受的强烈愿望。马斯洛把审美需要看作人对对象的结构、秩序、规律、对称性的需要。① 它是个体审美活动的动力源泉。审美兴趣是个体追求美、向往美、积极地理解美和评价美的审美认知的倾向性。审美价值观是个体根据自己的审美需要对事物的美丑做出评价时的观念系统，它是个体审美心理倾向的核心，具有规范性、导向性的特点。事物对个体而言是美的或是丑的，主要取决于个体的审美价值观。

（2）审美心理特征。审美心理特征主要包括审美性格类型和审美能力。审美性格类型分为主观欣赏型、客观欣赏型、联想欣赏型、性格欣赏型。主观欣赏型的人在审美欣赏活动中以情感活动为中心，易出现各种带有强烈感情色彩的生理和心理反应，较少对审美对象采取一种有距离的观赏态度。客观欣赏型的人一般以客观冷静的审美态度对待审美对象，在欣赏过程中较少发生情感的波动，对审美对象在形式及技巧上的特点特别敏感。一些专业艺术工作者多属于这种类型。联想欣赏型的人对审美对象的欣赏偏重于通过联想来加强审美体验，由当前的刺激形象引出与此相关的人物、事件或情景的联想。性格欣赏型的人常常把审美对象拟人化，对审美对象的欣赏着重在对对象所具有的内在意蕴的领悟和把握上。审美能力是影响审美活动得以顺利完成的心理能力，即主体发现、感受、欣赏和评价自然界和社会生活中各种事物、现象的审美特征和价值所必需的心理能力。具有较强审美能力的人对美具有敏感性，能迅速发现美，准确辨别美、鉴赏美的种类，发掘和理解蕴藏在审美对象内部的审美价值。个体审美能力是在先天遗传素质的基础上，经过后天的审美实践活动和教育训练形成和发展起来的。审美能力有较大的个别差异。

（二）审美心理的形成和发展

个体审美心理的形成和发展是遗传和环境交互作用的结果。虽然审美心理

---

① ［美］马斯洛著，许金声等译：《动机与人格》，华夏出版社 1987 年版，第 59 页。

的形成和发展依赖于遗传的物质基础，但环境和教育起着十分重要的作用。由于遗传、环境和教育的交互作用，随着个体年龄的增长，其审美心理的发展既有量的积累，又有质的变化，表现出年龄特征与个别差异的统一。① 其发展主要经历了以下几个既相互区别又相互联系的阶段。

1. 审美心理的萌芽期

个体在什么时候出现审美的能力，是一个尚未解决的问题。一般认为，人的审美心理在婴儿时期就表现出一定的倾向性，即对鲜艳的颜色、和谐的声音、规则的形状等简单形式美具有积极的定向反射或初步的感知倾向，表现为一种本能或潜能。这也反映出个体的审美能力最初来自于遗传的普通感知能力，尤其是其感受性的高低。一些研究表明：3～4 个月的婴儿就能够分辨彩色和非彩色，4 个月时就表现出对某种颜色的偏爱，如特别偏爱红色；4～8个月的婴儿最喜欢波长较长的温暖色（如红色、橙色、黄色），不喜欢波长较短的冷色（如蓝色、紫色等），喜欢明亮的颜色，不喜欢暗淡的颜色。对形状知觉的研究表明：很小的婴儿也喜欢看有图案的模式，不喜欢看没有图案的模式；喜欢看清晰的图像，不喜欢看模糊的图像；喜欢看活动的图像，不喜欢看静止的图像；喜欢看轮廓多的图像，不喜欢看轮廓少的图像；喜欢看曲线，不喜欢看直线和角；喜欢看人脸图像，不喜欢看非人脸的图像；喜欢看结构复杂的图像，不喜欢看结构简单的图像。② 关于听觉的研究发现，6 个月以前的婴儿已能辨别音乐中的旋律、音色、音高、调性及其转换模式的不同，并初步具有了协调听觉与身体运动的能力。③ 到 1 岁左右，婴儿已经具有分辨各种音乐、旋律、色彩、形状的能力。④ 这些研究没有指明婴儿的上述“喜欢”是生理上的快感还是审美意义上的快感，但许多研究都指出，个体最初的美感与生理快感难以截然区分，美感最初就来自于生理快感。一些研究者还从动物进化

---

① 李红、刘兆吉：《儿童青少年审美心理的发展》，《西南师范大学学报（哲学社会科学版）》2000 年第 2 期。

② 李丹主编：《儿童发展心理学》，华东师范大学出版社 1987 年版，第五章。

③ 林崇德著：《发展心理学》，人民教育出版社 1995 年版，第 156—157 页。

④ 黄澄海著：《系统论控制论信息论美学原理》，湖南人民出版社 1986 年版，第 240 页。

的角度提供了美感来自于最初的生理快感的证据。① 这些研究表明，个体审美心理萌芽于婴儿期，即个体在婴儿期就已经具备了初步的感知美的事物的能力。

2. 审美心理的发展期

进入幼儿期，个体开始学习简单的绘画、音乐、舞蹈、体操和手工等，他们在这些活动中能够明显地感到与生理快感不同的审美快感。4 岁以后的幼儿，其图画已经摆脱了最初的涂鸦期，表现出善用多种鲜艳的色彩涂染，喜爱装饰性的形象并在构图中力求和谐、统一、完整。研究表明：幼儿音乐审美能力的发展较早，3 岁左右就显示出音乐能力，且此年龄段的音乐审美能力无性别差异；5 岁以前是幼儿音乐能力发展的关键期，其显露音乐能力的比例，男性占 49.3%，女性占 53.3%。尽管如此，幼儿的审美评价能力还较低，他们常常根据自己的审美倾向，用“好看”“像不像”“好人与坏人”等简单的标准来评价审美对象。② 其实，幼儿这种强调“好看”“像不像”的审美评价实际上是一种初级的美感——“悦耳悦目”美感水平。到小学阶段，随着学习活动的不断丰富，其感知、想象能力得到了较快的提高，加上文体娱乐活动的日益增多，其审美能力也逐步提高，尤其是高年级儿童，已经能在文艺表演、讲故事、语文阅读中有意识地表达思想情感并加入感情色彩，开始主动、有一定自觉性地欣赏美。这些均表明，小学儿童已经具备了初步的审美欣赏能力和一定程度的审美表现甚至创造能力，但他们的这种能力仍然是有限的。研究发现，小学儿童选择审美对象总是倾向于优美、趣味、夸张的事物，并以神奇的想象和幻想为基础来欣赏和表现对象。这一时期，儿童对艺术的审美情趣主要集中于武打片、童话、流行歌曲、儿童歌曲、漫画、风景画、动物画、连环画等方面，对戏剧、古典音乐和较抽象的绘画等高深的艺术美还不能接受和理解。这也反映出他们多是结合自身的经验来感知、欣赏和表现美，还不能理解高深的艺术语言和抽象的艺术符号。

---

① 刘骁纯著：《从动物快感到人的美感》，山东文艺出版社 1986 年版。

② 谢秀丽著：《学前儿童美术教育——原理与应用》，西南师范大学出版社 1997 年版，第 175—177 页。

3. 审美意识的形成期

到少年时代，由于个体知识范围的扩大、思维能力和想象能力的提高，加上情感的丰富和性的成熟，其审美心理结构有了飞速的发展，包括审美感受、审美评价、审美欲望和审美理想在内的审美意识初步形成了。其审美心理的发展表现出以下特点。(1) 审美范围日益扩大。在儿童期，儿童的审美对象范围是有限的，只能欣赏简单的艺术美和自然美，对社会美、复杂的艺术美、复杂的自然美以及科学美尚无法欣赏。到少年时代，学生接触到大量的文艺作品，已经能够欣赏和评价诗歌、散文、小说等作品，对通俗的音乐作品、绘画作品也能较好地欣赏。这时，他们不仅能够欣赏到作品的语言美和再现内容美，也能欣赏到作品所表现的较深刻的内涵或意境美，较准确地把握作品的情感特征。由于道德规范的学习，学生也能初步判断社会中的真伪、善恶、美丑，表现出对社会生活美的体验。(2) 审美评价的形成。由于自我意识的形成，青少年表现出审美评价的自主性，即自觉地选择审美对象，自觉地对作品中的人物进行评价，明显地流露出对美的不同追求，如对服装、发型等表现出强烈的自我选择。审美评价的成熟不仅表现在自主性上，也表现在审美评价的深刻性上。青少年已经开始理解了形式和内容的关系，并开始从对审美对象的外部评价转入到对美的内涵、意境的评价上。(3) 审美感受增强。青少年的审美感受是强烈的。他们在阅读艺术作品时，在动情处往往热泪盈眶，在精彩处往往拍案叫绝，对崇高的形象虔诚地崇拜，对喜欢的作品爱不释手，对丑恶的形象恨之入骨。例如，有的青少年喜欢某首歌曲，往往百听不厌、百唱不倦，把自己的整个身心都投入其中，表现出强烈的审美情感。①

4. 审美鉴赏能力的提高期

到青年时期，由于知识的进一步丰富、想象力和创造力的增强，个体对美的理解大大加深，审美鉴赏能力也不断提高，逐步接近成人水平。但由于审美是一种高级的精神活动，对审美对象的感受、理解和评价是没有止境的，对美的追求是没有尽头的，所以，虽然青年人的审美鉴赏能力得到了提高，但对一些高深的艺术作品还缺乏鉴赏能力，对一些专业性较强的艺术领域也无法真正

---

① 张大均主编：《教育心理学》，人民教育出版社 2004 年版，第 381—382 页。

欣赏。例如：有的青年人喜欢交响乐，但对交响乐的丰富内涵不太了解；有的青年人热爱艺术，但对艺术大师的精湛作品常常表示“欣赏不了”。可见，青年人的审美鉴赏能力虽然较儿童、少年时代有了较大的提高，但其发展和提高是一个毕生的过程。

二、美育心理活动

（一）美育心理活动过程

在美育活动中，个体的心理活动从开始到结束可分为以下三个阶段。

1. 审美准备阶段

审美准备阶段是指个体进入审美活动的预备阶段，又叫初始阶段。其突出特点是审美主体将自己的心理活动指向于审美对象，引起审美注意，产生审美期望，即形成对审美对象的一种渴求状态；其典型特征是中断日常意识，而转向景色意识，即为对象的形式特征所打动。它主要包括静态的审美素养准备和动态的审美心理状态准备两个方面。前者指个体已有的审美能力、审美知识、审美策略和审美价值观等内隐的心理成分。它是个体实际的审美活动的心理保证。后者指当美的事物出现时，个体把已有的审美素养调动起来，为实际的审美认知加工提供的积极心理状态。它是静态审美素养的现实化，涉及的心理因素主要有审美注意、审美期待和审美态度等。在审美准备阶段，主体虽然还没有对审美对象进行认知加工，但它是实际审美活动得以顺利完成的必要前提。

2. 审美实现阶段

审美实现阶段是个体对审美对象的认知加工和情感体验阶段，反映的是主体对审美对象的感知、识别、联想和理解以及由此而产生的审美情感活动。它是个体审美心理活动的主体，其突出特征是认知活动与情感活动的交织融合、交互作用。根据审美心理活动的水平不同，审美实现可表现为审美直觉、审美领悟和审美超越三个层次。审美直觉来自于审美感知对审美对象的形式结构、节奏韵律、色彩式样的直接把握、选择和组织，是主体对审美对象的外在形式特征的直接感知而获得的审美第一印象，属于审美实现的较低层次。随着对对象外在形式及其意味的直观把握的不断深化，个体审美心理活动的加工水平不断提高，便进入到审美领悟层次。审美领悟是指在审美理解的基础上，对审美对象形式蕴含的意味的领会和品味。这一阶段，审美想象和审美理解因素更加突出，属于较高层次的审美实现。例如，听音乐不是仅仅感知音响的旋律，而是更深入领悟音响旋律所体现的韵味。审美实现的最高层次是审美超越，包括超越对象和超越自我。前者指主体主动改造、战胜和升华对象引起的心理感受，从而激发主体更自由地活动。如欣赏文学作品时，有时会出现因某种恶势力的暂时强大而引起压抑、渺小和痛苦的心理感受，但超越对象之后，往往会引发主体去战胜和克服困难，激发主体强大的生命力，产生激越之情。超越自我则是审美实现的最高境界，它来自对生命永恒不朽的精神追求和体验。在这里，没有个体感性对生命的局限，没有社会伦理对人格的强制，也没有心灵对宗教的依赖，而是一种人和自然的融合。当然，要达到这一境界是很不容易的。总之，审美实现过程就是审美感知、审美联想与想象、审美评价与判断、审美情感体验等一系列心理活动的同步展开过程。

3. 审美效应阶段

在审美活动中，当审美对象离开审美主体时，审美对象的现实加工就宣告结束，随之进入到审美效应阶段。审美活动的效应是多方面的，一是对当前审美活动的直接效应，二是对个体未来审美活动的间接效应。① 直接效应是对审美对象的继续评价和审美欲望的强化。在直接效应活动中，审美的兴奋感逐渐减弱，主体常常根据自己的愿望和经验对已经消失的审美对象的各个部分或各个方面进行理性的分析，判断出这部分是好的、美的，那部分是不好的、丑的。如果该审美对象是艺术品，则还可能要评判作者的创作技巧、表现手法等，还要分析作者通过艺术品所表现的深刻寓意，甚至还要将该艺术品和其他艺术品进行比较，发表自己的看法。这一系列活动，尽管还有情绪性的认知因素的参与，但主要是理性认知活动的结果。审美活动的间接效应主要是对未来的审美活动的影响。这种影响主要表现为该次审美活动强化了主体的审美需要，提高了主体的审美能力，丰富了主体的审美知识经验，培养了主体的审美意识，从而发展和完善了主体的审美心理结构，使未来的审美活动变得更加有效。

① 李红、刘兆吉：《论美育及其心理功能》，《课程·教材·教法》1999年第5期。

（二）教学审美心理活动的特征

1. 认知形象性

认知形象性指教学审美活动强调以激发和调动学生的形象思维来参与学习和问题解决。一般的教学活动更重视利用和培养人的逻辑思维，但是人的形象思维也是一种重要的思维形式。有时，复杂的问题借助于形象思维更易掌握。在抽象的数学、物理、化学等学科教学中是这样，在富于形象的语文、地理、外语等学科教学中更是如此。美总是以其生动的形象来感染人。我国著名美学家蔡仪先生指出，美的规律就是"以非常突出、生动、鲜明的形象，充分而有力地表现出事物的本质或普遍性"①。"形象在美的领域中占统治地位。人们欣赏各种美的事物而产生美感的时候，总是从直观的形象开始的。只有通过生动具体的形象，才能深入领会它的内在本质，从而得到情感的愉快。"② 因此，教学要实现审美转化，就要以美的形象吸引人、感染人，令人感觉生动、活泼、有趣，从而在生动有趣的形象体验中实现教学目标，达成教育目的。

2. 情感激励性

情感激励性一方面指教学要以情激思，以情启智，通情而达理，即审美化教学追求的是以情感人而不仅仅是以理服人，强调情感因素在教学活动中的动力作用，另一方面指审美化的教学有利于培养学生积极而稳定的情感，实现教学促进学生积极情感发展的目标。在教学活动中，无论是教师教的思维活动还是学生学的思维活动，都离不开情感的激励与推动。情感与思维的关系愈来愈被心理学家所重视。已有研究表明，情绪与情感是人的智力活动不可缺少的组成部分，其缺乏会导致思维功能的障碍。情能激思、启智，人的思维需要情感去滋润和培养。当代国内外教学改革实践也证明了情感对于教学的积极作用，如以人本主义心理学为基础的美国情感教学思想强调创造师生情感交流的教学环境，苏联教学论专家提出了教学的积极情感背景原则，我国学者卢家楣提出了教学的情感激励策略等。事实上，教师不以积极而饱满的情感投入教学，绝不可能使课堂充满爱，充满亲切和和蔼的气氛，就绝不可能使学生体验到教学

---

① 蔡仪主编：《美学原理》，湖南人民出版社 1985 年版，第 48 页。

② 北京大学哲学系美学教研室编著：《西方美学家论美和美感》，商务印书馆 1980 年版，第 251 页。

令人愉悦的美感，也就不可能产生教学的美育心理效应。

3. 自由创造性

自由创造性指在教学审美活动中，教学具有自由创造的特性，其教学影响不是强制的，而是在自由与安全的心理空间中，通过对情感的熏陶、感染，潜移默化而实现的，表现为师生体验愉悦、主动参与，思维不受传统和陈规的约束，敢于创造，善于创造。可以说，自由创造是教学美育心理效应产生的心理背景。只有在自由创造的心理背景中，教师和学生才能感受、体会到教学的美，才能促进学生审美能力和一般心理能力的发展和提高。教学审美的自由创造性主要表现为心理安全和心理自由。前者是指必须感到被人承认，避免消极和指责性评价，在努力争取创造时感到自己被人理解。后者是指表达、思维、感觉的自由，塑造自我的自由以及承认和尊重他人的心理自由。因此，学习活动中的创造性被苏霍姆林斯基称为“美育中的精灵”。

三、美育心理效应分析

美育心理效应是指美育和审美活动对个体心理发展产生的影响和实际效果，它是通过多次美育或审美实践活动的影响而不断积累或沉积的结果。美育心理效应是一个多因素、多层次、多水平的系统。

（一）美育心理的认知发展效应

1. 提高审美能力，完善审美心理结构

美育对于个体的影响，首先表现为促使个体审美心理结构的形成、发展和完善，即以美育美。这是美育心理的主效应或直接心理效应，具体表现为以下方面。(1) 完善审美认知结构。审美认知结构是审美心理的认知加工机制，负责对美的信息的加工。其主要构成包括一般审美认知能力、审美认知策略与方法、特殊审美认知能力、审美知识经验、审美元认知。这些成分有些是个人的天赋能力，但更多的审美认知成分是后天学习的结果。只有通过有目的、有计划、有组织的美育活动，才能有针对性对学生的审美认知结构进行系统的训练和有效的影响，更好地促进个体审美认知结构的发展和完善。实验证明，经过美育训练的学生，其视觉和听觉审美经验丰富而敏感，其审美欣赏、审美表现和审美创造的水平明显优于未经训练的学生。没有经过训练或审美经验较少的学生往往难以产生正确的感知，而且感知不够丰富、生动，显得贫乏、机械、牵强。① (2) 丰富审美情感。审美情感是个体对审美对象满足审美需要而引起的愉悦体验。个体的审美情感有三种不同的层次，即"悦耳悦目""悦心悦意""悦志悦神"。"悦耳悦目"是一种直觉审美情感，表现为感官对对象形式的直观把握而获得的满足和愉快体验，它即刻、表浅、短暂；"悦心悦意"是对审美对象形式蕴含的深沉意味的品味、领悟而获得的满足和愉快体验，它稳定、深刻、持久；"悦志悦神"是超越审美对象和自身而带来的愉悦体验，表现为一种超然的人生态度、理想人格和心灵境界的快乐，如崇高感、理智感等，它是更加高级的情感体验。在有目的的美育活动中，学生面对丰富多彩的审美刺激，不断对它们进行感受、欣赏甚至玩味，这不仅有助于积累丰富的审美经验，而且促进了审美情感的发展和深化。可以说，对情感进行理性塑造是美育影响情感发展的主要方式，正是美育引导着人的情感超越感性的自然生理层次而上升到理性的社会文化层次，从而引发人们对真理的渴求，尤其是美感总是给人们带来惊奇和喜悦，从而丰富了情感的内涵，培育和发展着人的情感。(3) 形成正确的审美价值观。审美价值观是个体对事物的美丑做出判断的观念系统，主要包括审美趣味、审美判断和审美理想，它是个体审美心理结构的核心。个体的审美价值观对其审美行为具有重要影响。一方面它决定着审美对象的选择，另一方面它还制约着对审美对象所持的态度以及支配审美联想与想象的加工内容。可以说，个体对某事物的美丑判断，主要取决于其审美价值观。学校通过开展符合美育心理规律的美育活动，对学生的审美价值观进行有目的、有计划、系统而正规的教育，有助于矫正个体在社会文化背景中自发形成的一些错误的审美价值观，形成正确的审美价值观。

2. 促进知识掌握，提高学习效率

美的对象与人的大脑神经系统的活动存在一定的对应关系。凡是美的刺激就更易激活大脑的高级中枢，引起大脑对该刺激的精加工，导致对该刺激的深刻理解，从而提高学习效果。美的对象，因其审美特征、属性同人的生理节律

① 郭成：《审美教育对高中生审美欣赏能力发展影响的实验研究》，《西南师范大学学报（哲学社会科学版）》1998 年第 1 期。

有一定的和谐关系，使人更易关注并给予优先注意和信息加工。所以，美育能促进知识的高效掌握，且使学生学得愉快。研究证明，美育能有效促进学科教学效果的提高。凡是重视学科教学中的美育因素，进行学科教学的审美转化，其学科教学效果就好，学生学习成绩就高。如关于中小学美育与智育、德育成绩的相关研究发现：美育与智育成绩的相关系数为 0.5～0.8，达到显著水平；美育与德育成绩的相关系数为 0.4～0.8，达到显著水平。① 在美育或教学审美活动中，由于激发和调动了学生审美心理活动，提高了学生智力活动的加工水平，从而提高了学科学习的效率。

3. 开发认知潜能，促进一般认知能力的发展

美育不仅能塑造和完善个体的审美心理结构，而且能够实现个体感性的解放，使个体对认知对象进行自由观照和自由创造，实现认知的自由和思维的发散，从而开发认知潜能。美育就是通过造就“有音乐感的耳朵”、训练“能感受形式美的眼睛”来训练人的审美感知能力，从而训练认知机能，促进一般认知能力的发展。研究表明，与对照组相比，接受音乐训练的幼儿在处理空间信息时脑电活动较低。按照认知效率高则大脑耗能低的理论，这意味着他们的大脑加工过程效率较高。研究人员认为这一结果是由音乐训练促成的。② 陈红（1997）研究发现，审美教育对小学生的创造性思维能力有极大的促进作用，对低年级学生思维的流畅性、变通性，中年级学生思维的流畅性和独特性以及高年级学生思维的流畅性、变通性、独特性具有明显的促进作用。③ 因为在审美活动中，审美对象以其直观形象性为学生提供了丰富的表象，能促进形象思维的发展，并使形象与抽象相互融合，这就充分调动和协调了大脑左右两半球的功能，从而开发了大脑的潜能。所以，审美活动是开发儿童智力的最佳途径，正如里德（H. Read）所说：“人的个体意识，尤其是智力和判断力是以审美教育——各种感受力的教育为基础的。”④

---

① 刘兆吉主编：《美育心理研究》，四川教育出版社 1993 年版，第 517、534 页。

② 冉祥华：《美育心理神经机制研究视角》，《心理科学》2009 年第 2 期。

③ 陈红：《审美教育对小学生创造性思维能力的影响》，《西南师范大学学报（哲学社会科学版）》1997 年第 2 期。

④ ［英］里德著，吕廷和译：《通过艺术的教育》，湖南美术出版社 1993 年版，第13 页。

（二）美育心理的人格培育效应

美育心理的人格培育效应主要表现为美育对个体良好品德的形成、健全人格的塑造具有积极的促进作用。

1. 培育良好品德

通过美育能丰富学生的道德情感体验，促进道德评价能力的发展，培养良好的道德品质，实现以美促德的功能。以美促德的思想历来被教育家、心理学家和美学家所重视，要求教育应该美善结合，符合“寓德于乐”的原则。如孔子评价《韶》（舜乐）是“尽美矣，又尽善也”，而《武》（武王乐）则是“尽美矣，未尽善也”。① 狄德罗认为：“真、善、美是紧密结合在一起的。在真或善之上加上某种罕见的令人注目的情景，真就变成美了，善也就变成美了。”②事实上，美和善具有本质上的一致性。通过美育，能有效培养学生对美和善的事物更为喜爱和向往，对丑恶对象的厌恶和蔑视，从而促进了学生道德品质的发展，使其道德情感更加丰富、稳定。陈小容对小学四、五年级学生进行审美道德表象训练，结果显示审美道德表象训练能有效提高四、五年级学生的道德表象水平，以及四年级学生的道德认知水平，并有效地促进了四、五年级学生道德认知向道德行为的转化。③

2. 塑造健全人格

美育的人格培育效应更重要的是美育或审美对人的精神和人格的净化与升华作用。美育的最终目标是发展人的精神，建构人的人格，培养人们美好、和谐、完善的心灵。重视美育对理想人格的培育无论在教育领域还是在美学领域都是一致的。儒家理想人格的核心是“仁”，它是一种内在美，是极高的人格美。孔子理想人格的基本规定是“礼”和“仁”。“礼”是外在的行为规范，是行为美的具体表征；“仁”是内在的精神原则，是心灵美的表征。他认为，理想人格的塑造需要一个艰苦的修养和磨炼过程。孟子说：“故天将降大任于是人也，必先苦其心志，劳其筋骨，饿其体肤，空乏其身，行拂乱其所为，所以

---

① 《论语·八佾》。

② ［法］狄德罗著，张冠尧等译：《狄德罗美学论文选》，人民文学出版社1984年版，第429页。

③ 陈小容：《审美道德表象训练对小学生道德行为影响的研究》，西南大学硕士学位论文，2007年，第48页。

动心忍性，曾益其所不能。”[1] 但如果从美入手，通过艺术来感化人的心灵，使人们乐于行“仁”，则是创造完美人格的最佳途径。事实上，当人处于感性冲动和理性冲动的分裂和矛盾中时，必须通过审美来弥补这一分裂，从而使人性得到圆满完善。18 世纪德国美学家席勒（Schiller）面对人性的完整遭到分裂和破坏的现实，就开出审美和艺术的良方。他认为，只有通过美育才能实现人格的完善与人性的自由，才能实现由“感性的人”向“理性的人”的提升。通过审美塑造出来的具有完美人格的是“既有丰满的形式，又有丰富的内容；既能从事哲学思考，又能创作艺术；既温柔，又充满力量”[2] 的人，在他们身上，内容和形式、感性和理性、情感和意志是和谐发展、相互统一的，形成了完善的审美心理结构。研究发现，对小学生进行一年以上系统的审美教育明显促进了小学生的抱负水平、独立性、好奇心、坚持性、求知欲、自我意识等个性心理品质的发展。[3]

（三）美育心理的行为习惯养成效应

美育心理的行为习惯养成效应主要表现为美育能优化个体的生活趣味，美化言谈举止。趣味就是一个人的生活态度和爱好。趣味高尚，其思想就会高尚，其行为就会文明而优雅；反之，思想就会低下，其行为就野蛮而粗俗。言谈举止是一个人内心思想、情感、态度的外在表现，它往往以生动、直观的方式反映出一个人的内在精神。具有审美素质的人，其言谈举止总是既符合道德规范，又符合审美范畴，显示出高雅而高尚的生活情趣，表现出文明而优雅的社会行为。因此，审美既使个体行为中感性冲动的盲目性得以净化，走向理性自觉，又使行为中理性冲动的强制性得以弱化，趋向感性自由，从而使社会成员的道德行为习惯更和谐、自由、有序。这正是“以美助行”效应的表现。具体来说，美育心理活动对个体行为习惯的养成效应表现为：提高个体行为习惯的优良性，使个体行为习惯更文明，行为举止更优雅，具有亲社会性；促进个体行为习惯的自觉性，使个体自觉自愿表现良好的行为习惯。

---

① 《孟子·告子下》。

② ［德］席勒著，徐恒醇译：《美育书简》，中国文联出版公司 1984 年版，第 49 页。

③ 陈红、余立新：《审美教育对小学生非智力因素的影响》，《西南师范大学学报（哲学社会科学版）》1998 年第 1 期。

第三节　以美育心的基本途径——教育审美化

一、教育审美化的含义

（一）什么是教育审美化

教育审美化是指在教育过程中，按美与审美的规律来设计和实施教育活动，实现教育活动向审美活动的转化和融合，从而促进师生身心愉悦且健康发展。教育审美化要求教育教学活动既要深入挖掘和科学揭示教学内容本身所蕴含的美，使学生感受、体验到教育内容的美，又要充分运用教育艺术形式的外在美来改造教育活动，采用具有审美属性的教学手段，科学设计艺术化的教学形式来组织教学过程，充分激发和调动学生学习的积极情感体验，使学生在“美”和“艺术”的形式中有效地接受“教”的影响，使教育达到“立美于教”和“施教于美”的和谐统一。

具体来说，教育审美化主要包括三个方面的转化。(1) 将教育要素转化为具有审美品质或审美价值的审美对象。教育教学活动是教师通过各门学科知识和技能的传授引导学生获得各种学习经验和促进其发展的过程。这一过程至少包含教育内容、教育方法、教育评价四大基本因素，因此，将各教育因素转化为审美对象也就至少包括了教育目标、教育内容、教育行为、教育评价的审美转化。其中，至关重要的就是教育内容的审美化。因为有效的教育审美活动必须具有审美的对象，而教育内容如教材往往是教学过程中最为直接的审美对象。(2) 将教学过程转化为师生共同进行的审美活动，即审美欣赏、审美表现与审美创造活动。如对于教师来说，教学过程是对教学内容逻辑美的审美表达，是对学生学习的评价、赞美与欣赏，是按照理想目标对学生进行刻画与塑造的审美创造活动与过程。对于学生来说，则是对教学内容美、教师教学行为美的欣赏，是在学习活动中充分施展个性，发表独到见解和做出成就的审美创造活动与过程。(3) 将纯粹的教学关系转化为师生共同欣赏的审美关系。审美化教学需要一种与审美活动相适应的独特的教学关系，就是将原本生硬、呆板、紧张的教学关系转化为师生共同欣赏、共同发展的审美关系。

教育教学活动一旦实现了这三个方面的审美转化，就意味着实现了审美化，即教育教学达到了外在形式美和内在逻辑美的高度统一。外在形式美是指教育因素及教学过程直观部分在内在逻辑控制范围内尽可能地舒展和多样化，形、声、色兼具，充分显示出形象、生动、丰富的美学特质。形象，指充分运用视、听方式对有关教学因素及过程的外部轮廓形态或逻辑形态进行充分描绘，以利于学生接受并形成表象在大脑中储存、提取和进行再加工。生动，指有关教学因素及过程充满动感和趣味，有助于学生保持良好的注意力和积极的信息加工状态。丰富，指教学材料、教学实例、教学方法等在合乎教学意图和内在逻辑需要前提下的尽量充分。内在逻辑美指教学因素及其相互关系以及教学过程内在关系的清晰化，排列有序，层次分明，环环相扣，充分显示出简洁、缜密、雅致的美学特质。简洁，指以最简单、清晰的面貌呈现教学因素及过程的内在逻辑关系。缜密，指教学各部分、各因素、各环节之间关系谨严。雅致，指一个相对完整的教学活动的内在逻辑在整体上给人以清新、优雅的状态。

（二）教育审美化的条件

1. 教师必须充分了解学生审美心理发展的水平和特点

这是进行教育审美化的前提。不同年龄阶段的学生，其审美心理发展水平和特点不同；相同年龄阶段的学生，由于其接受的教育影响和已有的知识经验不同，也可能表现出差异。如：教师生动形象的表演性教学，可能会引起中小学生的审美感受和体验，而对于大学生则可能会相反；中小学生可能喜欢教师工整板书的整洁美，而大学生则更会欣赏教师板书的潇洒和流畅的动态美。

2. 教育教学活动要注重引导学生进入审美心理状态

心理状态尤其是注意状态是学生认知过程的积极准备状态。审美心理状态是在审美需要和愿望的基础上产生的一种积极的心理准备状态，尤其审美需求和愿望本身就是个体产生审美实践活动的内在动力，更是激发其认知活动的加速器。只有激发了学生的审美需要和愿望，教学审美活动才能启动、维持。因此，教育审美化必须注重激活学生的审美需要和愿望。

3. 教育教学要输入审美信息和审美化的教学信息，使学生产生审美体验

审美信息和审美化的教学信息是教育审美化的基础和前提，是产生美育心

理的具体刺激物。输入的教育信息越是审美化，其所包含的审美信息越多，其信息传递和被接受的效果就越好。没有审美信息和审美化的教学信息的输入，教育审美活动就不能发生，教育审美化就难以实现。

（三）教育审美化的作用

教育审美化是教育的一种理想境界，对个体的发展具有巨大的促进作用。具体来说，教育审美化的作用主要表现在以下几个方面。

1. 丰富的审美刺激使学生感受美、体验美、欣赏美，提高其审美能力

在教育审美化过程中，存在着教师和学生两个审美主体。作为审美主体的教师，其主要任务是揭示教学内容的美育因子，设计审美化的教学方法，组织和谐有序的课堂秩序和气氛，体现自身语言、姿态的审美形象，调动积极的教学情感来实施教学，按照美的规律把教师形象所体现的美、教学内容所蕴含的美、教学手段所表现的美等审美信息传递给学生。作为审美的另一主体，学生的主要任务是接受和理解教师所创造和体现的审美内容和审美形式。学生只有在教育审美活动中，其审美心理素质才能得到发展。

2. 有效调动教与学的潜能，提高教学效率

教育审美化通过各种美的教学形式、手段，挖掘、揭示教材内涵，科学组织教学内容、结构，使其以美的形式展示。这种具有美感的刺激易于被学生接受，更能激发、调动学生学习的主动性，引发其学习的积极性，从而提高学习的效率。同时，审美化教学能激发教师积极的教学情绪和学生积极的学习情绪，从而提高教学效率。

3. 有利于集中注意、陶冶情感、开发智力

教育审美化强调为教育教学活动提供具有审美价值的刺激材料，这种刺激不仅能够高度集中学生的注意力，而且能激发其积极的情感体验，如产生乐观的情绪、良好的心境、饱满的热情等，还能够增强思维的灵活性与敏捷性。审美化的教育材料易于引起大脑的深加工，激励学生积极思考，大胆探索，从而提高思维的效率。相反，消极情绪，如悲观、对抗的情绪，烦乱的心境，冷漠的态度都会妨碍思维的顺利展开，削弱思维的灵活性，降低思维活动的效率。

4. 减轻教与学的心理压力，促进心理健康发展

审美化的教育强调鼓励、表扬等积极的审美评价，使学生产生自由、愉悦

的学习心理体验，从而减轻学习的心理压力，有效促进学生心理的健康发展。在目前学生学习负担过重、心理健康问题增多的情况下，强调教育审美化就显得尤为重要。

讨论2 能否将学海无涯“苦作舟”变为“乐作舟”？

无论是教师还是家长，经常告诫学生说：书山有路勤为径，学海无涯苦作舟。根据教育审美化的思想，可以将学海无涯“苦作舟”变为“乐作舟”。你认为可能吗？为什么？

二、教学审美化设计

教学审美化设计指在课堂教学中运用美与审美的思想、方法和手段，改进教学活动，实现教学的审美转化，使整个教学活动成为内在逻辑美和外在形式美的高度统一的审美活动（审美欣赏、审美表现、审美创造），从而提高教学效益，促进师生素质和谐发展。它是教育审美化的主要表现，是提高教学效率的有效途径。

（一）教学审美化的原则

要实现教学审美化，必须坚持教学要按美的规律来进行，以促进学生素质全面和谐发展为目标，遵循以下原则。

1. 审美施教原则

审美施教原则是指教学要按美的规律来进行，要受审美规律的支配。其基本内容包括按美的规律设计教学环境、呈现教学内容、展开教学过程、进行教学评价，实现教学的审美发展目标。教学活动集科学性和艺术性于一体，是最具创造性的活动。按审美的规律进行教学是人们探索教学规律的结果，是对教学规律的科学揭示。人们早就提出了教学不仅是一门科学，更是一门艺术的观点。这表明教学既要遵循科学性原则，再现科学的教学内容，体现教与学的基本规律，追求教学的真，又要体现美的原则，深刻揭示教学内容所蕴含的美，并艺术化地表现教学内容，使教学具有美的特征，实现“真”与“美”的有机结合并按美的规律育人，达到善的境界。在教学实践中，众多教育工作者在探索教育教学规律时，提出了教学艺术、教学审美化、教育美学、教学美育心理、教学美学等概念，其实质都体现了教学要按美的规律来塑造人。

2. 和谐发展原则

和谐发展原则是指教学要以促进学生审美素质和其他素质的完美和谐发展为目的。人的全面和谐发展是教育教学的伟大理想，是其审美性的主要表现，它本身具有巨大的审美价值。学生的发展是多方面的，既有智力因素的发展，又有非智力因素的发展。全面发展是教育教学遵循的基本规律。教育审美化追求的是通过教育教学活动促进师生素质的全面和谐发展，体现发展的和谐美、多样统一美。

3. 艺术化原则

艺术化原则是指通过审美化的方法和技术，科学组织教学过程，使教学过程具有审美特征，达到艺术化境界，从而实现教学审美化，产生教学审美心理效应。通过艺术化的手段，把一般的教学信息传递过程变成为审美欣赏过程，常常能够激发师生积极的情感体验，产生情感共鸣和情感移入，从而使单纯的教学活动转变成为审美欣赏、审美表现和审美创造的活动。大量的教学实践也表明，当教师的教学达到了艺术的境界，学生的学习效果最好，学习的情感体验最积极，“以学为乐”就成为现实。可以说，教学活动的艺术手段就是教学审美化的载体和体现者。教学过程的艺术化要求教师运用艺术的表达手法来揭示教学内容，组织教学活动。因为，艺术手法首先可以使教学表达自由流畅、清晰准确，加强教学效果，优化教学过程，改善教学氛围，使教学成为培养学生表达能力的过程。其次，艺术手法可以提高教学的吸引力、感染力，调动学生积极学习和热爱学习的情感，增强教学内容的可接受性。最后，艺术表达既可以升华文学艺术中的理性，又可以活化理论中的感情，实现文理交融，使教学的每个环节都充满着审美的魅力。

（二）教学审美化设计的内容

1. 教学目标审美化设计

教学目标的审美化就是通过有效的手段使教学目标具体、清晰、生动，使之成为可测量、可观察和可体验的具体行为，激发学生对教学的最终结果产生向往和期待之情，进而感受到学习目标的诱人性和吸引力。教学目标是多种多样、丰富多彩的。教学目标中不仅包括知识、技能、思维方法和策略，还包括情感领域的目标，尤其是学科教学目标中的情感、态度、价值观备受关注。大量教学实践证明，不同学科的教学内容蕴含着丰富的审美因素，充分利用这些因素就能有效促进学生审美心理结构的形成和发展。教学目标的审美化设计就是要使一般教学目标同审美发展目标有机结合起来，即教学不仅要达到育德、启智的效果，而且要实现育美的目标。

教学目标的审美化设计需要注意以下几点。(1) 目标全面，各有侧重，即教学目标要着眼于学生素质的全面和谐发展，既要传授知识和技能，又要开发智力，还要进行思想品德教育和发展审美能力。但不同学科、不同内容，其目标有所侧重。(2) 目标适中，着眼发展，即教学目标既要适合学生的发展需要，又能最大限度地促进学生的发展，即适应学生的最近发展区，体现因材施教的原则。(3) 表述行为生动。表述行为就是指在表述教学目标时，应明确指出教学活动中学生必须做什么，有哪些行为，这是教学目标生动化的关键。增强教学目标的生动性就是通过教学目标的具体行为描述，从动手、动脑、动口等多种感官的参与动作规定来增加学生的活动机会，使行为的表现多样化。同时，利用情感体验的描述动词来表达学习中的情感体验，使内在的丰富感受和情感体验外显化，进而激发其积极的情感。

2. 教学内容审美化设计

教学内容审美化是教学审美化的基础。事实上，各科教材都蕴含着丰富的审美内容，如自然美、社会美、艺术美、科学美等。教学中，教师要充分挖掘并通过各种直观方法呈现出学习材料中的各种审美因素。教学内容的审美化设计需要注意以下几点。(1) 教学内容结构化，即对教学内容所包含的知识精心组织，通过抽象、概括和归类，形成一定的层次网络结构或图式结构，以直观形象和具体化的形式呈现于教材之中。这样的教材内容利于学生学习和接受，也有助于知识的检索和提取。(2) 教学内容条件化与策略化，即要注重教学内容所揭示的知识发生发展的背景和过程，以及使用的条件，同时要把教学内容本身和如何学习这些内容的方法性知识相结合。(3) 教学内容形象化，即要求教学内容要形象生动、直观可感，引起学生的审美注意，产生审美期待，调动学习的认知潜能，达到最优化的教学效果。

教学内容审美化的主要技术有：（1）提要与精炼，使教学内容体现简洁美、表述美；（2）系统化、结构化、网络化，使教学内容体现形式美、和谐美；（3）形象化，使教学内容生动直观，充分体现视觉审美效应；（4）归纳与概括，揭示内在联系，使教学内容体现规律美。

3. 教学手段与方法审美化设计

教学手段与方法审美化是教学审美化的载体，是教学审美化的外在条件。没有教学手段与方法的审美化，教学过程的审美展示和教学内容的审美传递都不可能实现。主要表现在以下方面。（1）教学语言的审美化，它是教学审美化的基本技术。在教学中，教师要善于运用声调，以便准确、生动地表达思想和情感，要善于把教学语言的科学性和教育性用艺术化的优美形式和方法表达出来。如：讲解抽象的知识要尽量用直观形象的语言，让学生在言语刺激下唤起表象或产生联想和想象；对问题的点拨、提醒要注意语言的启发性和思考性，使学生产生一种似隐似现、若明若暗之美感；在讲解、谈话时语言要快慢适度，尤其要注意启发性、情感性、生动形象性、节奏性、哲理性和幽默性。（2）教学板书的审美化，它是教学审美化的有效形式。板书将教学内容系统化、条理化、形象化、简洁化，有助于突出重点，使学生在感受板书的简洁形式美的过程中受到美的感染和熏陶，潜移默化地接受知识。教学板书设计要注重形式（结构）美、简洁美、对称和谐美。（3）教学体态的审美化。教学体态又称教学行为语言，是指教学过程中，教师用来传递教学信息的各种动作、手势、表情等。审美化的教学体态要求：表情开朗、和蔼，手势准确、适度，眼神亲切、聪慧。（4）现代化教学媒体设计的艺术化。现代化教学媒体技术不仅能形象生动地表现教学内容发生发展的动态过程，而且具有声、形、色、光等的不同变化和恰当配合，产生丰富的视觉和听觉的审美效果。它是教学审美化的有效手段，也是提高教学效果的重要途径。

4. 教学评价审美化设计

教学活动的有效性依赖于教学评价的反馈。审美化的教学评价是以学生的发展而不是以教师教学任务的完成为标准，即注重以学生素质的全面发展来评价教学活动的效果。在设计审美化的教学评价体系时要注意：（1）教学评价的指标要具体，且以教学目标为依据；（2）重视形成性评价，即学生发展过程的评价，以不断反馈和矫正教学目标的达成；（3）注重正面、积极、肯定的评价，以激发学习的积极情感体验，培养学习的自信心，使学生把学习活动视为审美欣赏、表现和创造的活动，从而调动学习的积极性和主动性。

5. 教学过程审美化设计

教学过程审美化主要指教学过程、教学环节的审美设计，它是教学审美化的具体展现，体现了教学的动态美。它把教学的动态美通过具体的教学环节和灵活的教学结构具体、生动地展示出来，使学生不知不觉地获得了知识，培养了能力，并受到了美的陶冶。教学过程的审美化设计具体表现在以下几个方面。（1）教学环节的整体合理，即开讲、中间过渡和结尾三者要合理安排，形成整体结构。开讲要求妙趣、简洁。好的开讲能一下子抓住学生的心，营造良好的课堂气氛，激发学习的兴趣和欲望。具体方法有故事吸引法、创设疑问法、直观演示法、事实震撼法、表扬鼓励法、对比评讲法、温故知新法等。中间过渡要灵活而严密。结尾要精炼概括，留有余味。教学的结尾是另一节课教学的前奏，是课外活动的铺垫，是连接前后内容、联系课内课外的纽带。（2）教学氛围的自由愉悦，即师生之间形成一种热爱、尊重、愉快、平等合作的互动性课堂气氛，营造一种审美化的课堂教学心理场。主要表现为：恬静与活跃统一，既有良好的纪律、高度集中的注意、专注的思维、稳定的情绪，又有旺盛的求知欲、饱满的情绪、活跃的思维，形成静中有动、动中有静的和谐统一；热烈与凝重统一，既有活跃的教学气氛，如兴趣浓厚、情绪热烈、发言踊跃、思维敏捷，又有冷静的分析、思考与欣赏，形成有张有弛、有起有伏的和谐统一；宽松与严谨统一，既有民主融洽的教学关系和轻松愉快的教学气氛，又有严谨的教学作风，形成宽松而不涣散、严谨而不威慑的和谐统一。

【要点小结】

美育心理学是教育心理学的分支学科，是一门研究美育心理活动及规律的学科。个体的审美心理结构主要包括审美心理状态、审美认知过程、审美情感体验和审美个性心理四个方面。个体审美能力的形成和发展要经历审美心理的萌芽期、审美心理的发展期、审美意识的形成期和审美鉴赏能力的提高期四个时期。美育心理活动过程包括审美准备阶段、审美实现阶段、审美效应阶段。

通过美育和审美活动，个体会产生美育心理效应。美育心理效应是一个多因素、多层次、多水平的系统，涉及认知发展效应、人格培育效应、行为习惯养成效应等。以美育心的主要途径是教育审美化。教学审美化设计是教育审美化的主要表现，是提高教学效率的有效途径。

【思考与练习】

1. 你认为现在的学校教育在培养学生的审美能力方面做得怎样?

2. 你认为现代化教学媒体技术在实现教学审美化过程中扮演着怎样的角色?

3. 有人说，实施教学审美化对于音乐和美术教师来说更为容易。你同意这个观点吗? 为什么?

【拓展性阅读】

1. 刘兆吉主编:《美育心理学》，西南师范大学出版社1990年版。

2. 郭成、赵伶俐著:《美育心理学》，警官教育出版社1998年版。

第十八章　教与学的评价

【内容提要】

教与学的评价历来都是教育心理学的重要内容，它既是对教学效率的评估，又是课堂教学的一个重要环节。教师课堂教学评价是对教学质量进行宏观管理的重要手段，也是对教师教学过程进行检查并促进教师发展的有效措施。学生学习成效的评价是课堂教学的出发点和落脚点，教学的最终目的就是促进学生的学习成效。因此，本章着重对教与学的评价涉及的主要理论和实践问题进行探讨。

【学习目标】

1. 知道教与学的评价的内涵和作用。

2. 知道教师课堂教学评价的定义、标准和内容，能结合具体教学情境初步设计课堂教学评价方案。

3. 能阐述学生学习成效评价的定义，能结合具体学科制订测评目标。

4. 能说出测评结果报告的作用，能依据具体测评结果撰写一份测评报告。

【关键词】

教师课堂教学评价　学生学习成效评价　标准化测试　替代性测试

第一节 概　述

一、教与学的评价的含义

（一）与评价有关的概念

在对教与学的效率和目标达成度进行评价的过程中，涉及多个相关概念。

1. 测量

任何事物都是质与量的统一体，测量就是根据某些法则与程序，用数字对事物的属性进行量化的过程。比如用尺子量一个人的身高，用智力量表测量一个人的智力发展水平等。

2. 测验

测验是测量的一种工具或者方式，它能够引起人的有代表性的行为，以便对人的行为特性或心理特性进行测量和评价。在教育情境中，教师和研究者通常是用测验这种能够主动诱导学生相关行为反应的方式来评定学生的心理品质。测验的方法主要有考试、问卷、量表等。测验的目的是得到有关知识掌握的状况、能力水平等特性上的量化指标，如用考试分数来表示学生对某方面知识的掌握情况。

3. 评价

广义的评价是指对事物的价值进行衡量和判断。在学校教育领域，评价往往是在测量的基础上进行的，也就是说，评价是基于测验分数做出判断。这也就是为什么我们的教育会有很多考试，而且这些考试都非常重要。

评价的结果可以用一个形容词、一个短语或一句评语来表示。评价要回答的问题是“某生的某门学科成绩好到什么程度”，即“有多好”或“等级多高”。例如，某生的历史考试得分为 87 分，其百分等级为 97，说明参加该历史测验的常模样本中得分小于或等于这个学生的得分的人数百分比是 97%，则可以评价该生在此次历史考试中成绩优异。

（二）什么是教与学的评价

教与学的评价是指对教师的教和学生的学所进行的价值判断的过程，即所谓教得如何和学得如何。它包括两个方面：一是对教师的课堂教学进行评价；二是对学生的发展状况是否达到教学目标的要求进行评价。其实质是对学校教育中教学效果和效率的关注。

教与学的评价应强调以下几个方面：强调以教学目标为标准的价值判断过程；强调运用多种方法来收集评价所需要的资料与信息；强调评价内容的广泛性，即评价不仅包括教学过程，还包括教学效果。

（三）**教与学的评价的作用**

1. 诊断学生的优势和不足

了解学生的优势和不足是进行教学评价的重要目标，教师在进行教学之前需要对学生的特点进行分析，以便为教育决策提供信息。这种分析既包括学生的一般心理特征（如智力发展水平、学习动机、认知风格等），也包括特定的与学科内容学习有关的初始能力。这种评价因为发生在教学活动之前，所以通常也称为教学前评价或诊断性评价。

2. 监控学生的进步

教学评价能够及时监控学生的学业进步状况，及时获得有关教与学的目标是否达成的信息，以便教师和学生对教学的进程进行评估和改进，提高教与学的成效。

3. 对学生进行等级评定

这是教学领域中评价的最主要功能之一。比如，通过高考选拔不同优秀等级的学生进入不同的高等学校进一步深造，或通过考试给学生一个分数，让他们知道自己的学习在全班大体上处于什么样的位置等。用教学测评的方法来给学生的学习、品德、智力发展、劳动技能、个性品质、心理素质等一个分数等级，是教育实践中的常事。由于这些评价资料将被作为学生成长过程中的基本档案资料，对学生的发展有着重要的影响，因此要求在对学生做出这些等级评定时必须通过多方面的测评，多渠道收集信息，然后给出一个准确的等级评价信息。

4. 评价教师的教学效果

教学评价为教师提供有关教学工作效果与效率的必要反馈，如呈现教材与组织教材的效能怎样，说明各种观念的清晰度怎样，与一般的学生进行交谈的妥善性怎样，以及某种教学技术或材料的效果怎样等。来自考试的反馈则有利于认识需要进一步说明、澄清和评述的地方。

通过对学生的学进行评价可以了解教师的教学效果，而通过对教师的教进行评价则可以让教师客观地看待自己的教学过程，为提高自己的教学水平和教学能力提供反馈信息。当然，从教师的教这个方面来评价教师的教学效果有一定的困难，因为教学本身是一种艺术，没有固定的程序和模式，它不像对学生的学进行评价那样有效和客观，所以过去教育心理学中有关教与学的评价主要是对学生的学进行评价，或者通过对学生的学的评价来反映教的效果，较少直接对教师的教进行评价。

（四）教与学的评价的局限性

在教学活动中进行的评价往往是借助测量进行的，因此教与学的评价往往也称为教学测评。当前，许多教学测评已经变成了高利害测验（high-stakes test），即把测验分数作为重要决策的唯一依据。这些测评对被评者（如教师、学生）的发展有重要的影响。其实，这里面主要涉及两个方面的问题。

一是评价的应用，或者说应用评价的目的。以往的教学测评过分强调评价对被评者的区分作用，也就是过分强调评价给被评者的分数等级。这个等级往往被用于教师评优、晋级和学生升学的依据，这就必然使教育教学活动向评价的方向转化，从而使得教学测评成了教育教学活动的“指挥棒”。其实，教学测评除了有给被评者分等的作用之外，更重要的作用在于对教学情况进行及时诊断并提供反馈信息，为教学水平和教学效率的提高提供资料和帮助。目前，在我国基础教育中兴起的发展性评价就是对教学测评这一功能的强调。

二是评价目标的设置。在我国的教学测评中，测评目标主要是学业成就，而学业成就的测评也以知识的掌握和运用为主。造成这种现象有其历史的原因：一是基础学科知识的掌握对于未来的学业成就有重要的作用；二是这方面的测评有相对较为成熟的方法。当然，目前也在开始拓宽教学测评的目标，如引进加德纳的多元智力理论，在教学评价中不仅注重对学科知识的测评，而且对其他的一些重要的教育结果，如认知风格、创造性、问题解决能力、个性、心理素质等品质与能力也进行评价。同时在评价方法上也开发了除标准化测验之外的很多其他测量方法，如档案袋评价法等。

二、有效测评的条件

教与学的测评是教育领域一项频繁的活动，而且测评的过程和结果对被评者而言具有重要的作用，因此这就要求测评必须有效。有效测评包括哪些必要的条件呢?

（一）信度

信度是指一个测验测量其所要测量的东西前后一致的程度。这种一致性反映了测量结果的可靠性程度。如果某个学生在能力保持不变的情况下，在不同的时间、地点、评分者状态下重复参加关于同一内容点的不同题目取样组成的考试，其成绩基本相同，就说明这个测验的信度较高。如果每次结果都不一样，则说明信度较低。当然，无论什么样的测验，给同一个被试施测两次之后，得到的结果都不可能完全一致。实际上，每次测验结果包括两个部分：被测属性的实际水平和测量误差。好的测试，意味着误差小，多次测量之间的一致性程度高。测验的信度指标通常以相关系数表示，这也被称为信度系数(coefficient of reliability)。信度系数乃是同一样本所得的两组资料间的相关，用来作为测量一致性的指标。

在实际的教学测评中，通常用三种方法来对测验的信度进行估计：（1）测验编制者可以用同一个量表（测验或评价表）对同一组被试施测两次，以确定测验的重测信度；（2）测验编制者可以用同一个测验内容的稍有不同的版本对同一组被试施测，得出该测验的复本信度；（3）把被试在测验某一部分的表现与另一部分的表现进行相互比较以确定测验的内部一致性信度，一般是计算分半信度，如按题号的奇偶分半、按题目的难易程度分半、按题目的内容分半等。

影响信度的因素很多，被试、测验内容、主试、测验环境等内外部因素都能引起随机误差，导致分数不一致，从而降低测验的信度。一般来说，测验越长，信度值越高。测验难度水平使分数分布范围最大时，测验信度才会最高，通常这个难度水平是0.5。

（二）效度

效度是指一个测验测量其所要测量的东西达到了多高的程度，即一个测验或量表实际能测出其所要测量的特性的程度。越来越多的教育评估专家认为，效度关乎测验自身的有效性和测验分数推论的准确性两个部分。

在教学测评中，通常采用的效度有以下几种。

一是内容效度（content validity），指测验的题目在多大程度上代表了应测的内容。例如，如果一份语文成就测验的题目涵盖了语文教学所要达到的各项教学目标及教材的重要内容，那么这份测验就具有较高的内容效度。要考察测验题目是否对应测内容有较好的代表性，首先就需要对应测内容有明确的界定和相应的层次结构划分。在教学测评中，通常采用双向细目表来考察测验题目的内容效度。其中教学目标和教学内容是这个表的两个维度，进行内容分析时可以对照双向细目表和测验题目，对两者之间匹配的程度进行逻辑判断，也可以采用四点量表判断测试题目和双向细目表之间的相关程度。

二是效标关联效度（criterion-related validity），包括同时效度（concurrent validity）和预测效度（predictive validity）两类。同时效度是指测验分数与当前的行为或作业标准之间的关系。比如，初三化学测验分数与该学生本学期化学成绩一致，则说明该测验有很高的同时效度。预测效度是指测验分数对于未来的行为或作业的预测能力如何。例如，用学习能力测验去预测大学生的平均成绩，用机械能力测验去预测一个人从事汽车机械工作的成功率等。预测效度的高低与效标有重要的关系，因此这里有一个寻找适当效标的问题。

三是结构效度（construct validity），涉及的是一个测验所测量的心理特质或属性，这个心理特质或属性可能具有一个潜在的结构维度，结构效度就是测验题目对这个结构维度的吻合程度。在测验的编制和验证过程中，确定心理特性或属性的结构是一项极其重要的工作。这可以通过理论建构和实证调查的方式来获得，并且可以通过因素分析或者验证性因素分析来加以确证。对结构效度的考察，大致可以从三个方面来进行。首先，可以从测验内部寻找证据，主要是用双向细目表进行内容分析和用因素分析进行结构判断，了解测试题目的结构与理论结构之间的拟合程度。其次，可以从测验之间的关系进行结构效度的判断，这种判断是通过看要考察的测验同测试相同特质的已有测验之间的聚合效度以及测试不同特质的测验之间的区分效度。最后，可以通过实证的方法来考察测验的结构效度，主要方法是看测验对效标人群的区分程度，如一个测量抑郁症的工具应该在正常人群和典型的抑郁症患者身上得到不同的分数。

我们先前曾指出，在确定测验的效度时，不仅要考察测验的主旨，同时还要考虑测验分数推论的正确性。例如，某学校决定将学生的高考成绩作为评定教师教学能力的指标，但这种做法会引发一些效度问题，如是否学生成绩越好就意味着教师的能力越强。

效度和信度是相辅相成的。效度高则信度一定高，信度高的测验却不一定有效。被试对某测验产生一致的反应，但该测验可能并没有测量到它希望测到的内容。类似于你投掷三支飞镖，三支飞镖在靶上相距不远代表有一定的信度，但是只有当三只飞镖都投中靶心才代表有一定的效度。

（三）评价偏见

评价偏见（assessment bias）是指由于被评者的性别、民族、社会经济地位、家庭背景等个人特征的不同，评估方法或过程可能会冒犯被评者或不公平地对待被评者。在多数情况下，这种歪曲可能会降低学生的测验分数。一个英语阅读能力测验中包含了许多运动方面的知识，女生的成绩可能会低于男生，这并不意味着女生的英语阅读能力低于男生，而是这种测验偏向男生。在这种情况，基于这种测验得出来的结论，其有效性是值得怀疑的。克服评价偏见的方法通常是通过设立特殊的审查小组来对整个测验及其具体项目是否存在偏见进行判断，特别是当测验的结果能够区分不同的亚群体时，对测验结果的解释就需要小心了，这就需要结合测验的目的来具体判断测评是否存在偏见。

讨论1 为什么测评要有明确的标准？

我们经常会看到一些测评结果，如一个学生学习成绩好，智力发展水平高，一个教师的教学水平高等，这些结论是如何得出来的？别人采用这种方式能否得到相同或者类似的结论？当用不同的方法测评同一种事物的属性时，出现了结论之间的不一致，我们用什么标准判断哪个结论更可靠？

三、教学评价的类型

教学评价的种类很多，可以从不同的角度来进行分类，如从评价对象上可以分为主要针对教师课堂教学状况的评价和对学生学习成效的评价，从评价方法的科学性、可重复性上可分为正式评价和非正式评价。

（一）正式评价

正式评价是指在评价信息的收集方法、程序、评价标准等方面有较为系统、严格的规定，评价的结果相对客观公正，受评价者的主观影响比较小。如在对学生学习成效测评中采用的标准化测验，是经过标准化程序编制的心理与教育测验，这些程序包括测试题的代表性、被试的代表性、相应的常模、信度与效度检验等，还包括施测程序和计算分数的方法等基本内容。对教师的课堂教学进行评价的教师教学行为评定等级量表，是通过全面、客观记录教师的课堂教学行为，并把这些行为与学生的学习结果进行比较，从而区分出有效教学行为和无效教学行为的评价体系和标准。

（二）非正式评价

非正式评价主要是指那些评价过程和评价标准存在一定模糊性的评价方式。比如档案袋评价法，它是通过在不同时期选取学生的作品来评价学生在某个方面的进步状况，在这种方法中，学生作品的选取就存在一定的主观性。现在，人们也把这种档案袋评价法用在教师的课堂教学中，用档案袋这种方式来记录教师在课堂教学中的点滴进步。此外，说课等方法也属于对教师课堂教学的非正式评价。

第二节　教师课堂教学评价

一、教师课堂教学评价概述

（一）什么是教师课堂教学评价

教师课堂教学评价即对教师的课堂教学所进行的评价，它主要是对教师课堂教学的行为及效果所进行的价值判断。

对教师的课堂教学进行评价通常有三种方式：一是对教学过程进行评价，这种评价主要是对教学过程的构成要素，如教师、学生、教学方法和教学环境等进行评价；二是对学生活动进行评价，它是以学生的心理发展为评价中心，要求对学生在课堂教学中是否得到了认知、情感、动作技能等的发展和进步进行评价，是以学生在课堂上的行为表现作为基础；三是对教学效果进行评价，往往是在教学结束之后对学生的进步所进行的评价。对学生活动进行评价主要是通过学生课堂上的行为表现来推测其可能的收获，而对教学效果进行评价则往往是在课堂教学之后通过考试等测量手段来进行的。

在这三种评价方式中，第三种方式往往同学生评价相联系，因此我们将其放到学生评价中进行阐述。第二种评价方式目前还处于探索之中，是针对学生的整体表现进行评价还是对每个学生的课堂行为进行评价？是课堂教学过程中进行评价还是课后进行评价？对教学过程进行评价则是目前主要采用的、相对较为成熟的教师课堂教学评价，下面主要探讨这方面的内容。

（二）教师课堂教学评价的类型

表 18-1　教师课堂教学评价的类型

划分依据	类型	定义	简评
评价目的	奖惩性评价	将课堂教学评价的结果与对教师的奖惩结合起来，并将其作为对教师进行晋级、嘉奖、降级、解聘等的依据	运用较多，但存在一定弊端，比如难以调动教师的积极性等
	发展性评价	是一种形成性评价，以促进教师专业发展为最终目的，以实现学校的奋斗目标为导向，以面向未来为着眼点	具有发展导向性、多元主体性、动态性、定性分析和定量分析相结合的特点
评价主体	外部评价	不参与课堂教学活动的人员对教师的课堂教学进行的评价	不同评价者的评价标准可能会有所不同
	内部评价	直接从事课堂教学活动的教师本人和学生群体所进行的评价	

续表

划分依据	类型	定义	简评
收集评价资料的手段	现场观察评价	评价者进入课堂，实时实地听教师讲课并及时进行评价	具有强时效性、强现场体验性的特点，但是会受到评价者注意力分配和记录速度等的限制，而且评价者的出现往往会使得被评教师和学生的心理与行为发生变化
	监视监听评价	利用单向玻璃或摄像设备等手段进行的实时课堂评价	自然真实，但是无法全面观察
	录像评价	利用录像将教师的教学过程和学生的活动记录下来，进行课后评价和分析	可反复观摩，被评者也可以参与，客观准确
	问卷评价	采用事先编制好的评价问卷，由教师和学生根据他们对教学过程和效果的主观印象来进行回答	简单易行，但易受评价者主观倾向的影响

无论是何种评价主体或何种收集评价资料的手段，其目的都是期望通过客观的评价更好地促进教师的发展。当前关于发展性评价的研究很多，虽然发展性评价是更高境界的教师评价，但它也必须以教师绩效评价（奖惩性评价）所达到的严格、精确为现实基础。① 由于我国现阶段教师管理中面临的最严重的问题是科学化不足，因此，在强调发展性评价的基础上也应当认真对待教师绩效评价。成功的教师评价制度，一是必须保持教师的绩效压力，二是能够保持

① 张俊友：《客观对待教师绩效评价和发展性教师评价》，《教育学报》2007年第1期。

对教师的内在激励，促进教师专业成长和发展。①

实践表明，对于不同的情况、不同的教学模式，要想使评价客观、科学，就应该综合几种评价类型，做到外部评价与自我评价相结合、定性评价与定量评价相结合。

二、教师课堂教学评价的内容和标准

对教师教学评价的研究由来已久，评价的内容和标准也处在不断的发展过程之中，其中有关有效教学的研究对教师课堂教学评价的内容和标准影响很大。

（一）对教学有效性的考察

研究者从提高课堂教学效果的角度出发，对教师教学的有效性进行了长期的研究，这种研究大体上可以归为两种范式。

一种范式是探讨有效教学中教师的教学行为特征，即探索卓有成效的教师的个人心理品质和行为特征。例如，瑞安斯总结了有关有效和无效教师的特征：（1）理解、友好、敏感，或冷淡、自我中心；（2）负责、有条理、有组织，或逃避责任、漫无目的、松懈涣散；（3）善于激励、富于想象、勇于创造，或枯燥无味、墨守成规；（4）对待行政人员和其他人员的态度；（5）对待学生的态度；（6）对待民主的课堂秩序的态度；（7）持有儿童中心的开放教育观，或持有学习中心的传统教育观；（8）言语理解；（9）情感的稳定性等。②

另一种范式则是从课堂教学的过程、结构或结合两者来对教学的有效性进行探讨。例如，李蔚采用因素分析的方法，将课堂教学分为目标因素、学生因素、教师因素、教材因素、教学方法和课堂管理因素五个子系统，并分别确立各自的指标。③

除了不同的研究范式对教师课堂教学评价的内容和标准有不同的看法，不

---

① 张其志：《对发展性教师评价的审视与思考——与王斌华教授商榷》，《教育研究与实验》2005年第1期。

② 中央教育科学研究所比较教育研究室编译：《简明国际教育百科全书·教学》（上），教育科学出版社1990年版，第146页。

③ 李蔚著：《提高课堂教学质量的心理学问题》，教育科学出版社1992年版，第143—155页。

同的学习理论也对这个问题有不同的看法。如学习的认知理论重视知识的加工与理解，强调学习者原有认知结构的作用，在此基础上，提出有效教学就是指导学生进行有意义的学习，不管这种学习是接受学习还是发现学习。建构主义学习观则强调个体的主动加工和意义建构，认为真正的教学在于使学习者形成对知识的深刻理解，重视建立有利于学生主动探索知识的情境。在这些不同理论的影响下，对有效教学的构成要素、师生之间的课堂行为关系等的评判将会有很大的差异。

（二）三种不同的教师课堂教学评价的内容和标准

评价的内容和标准实质上涉及评价什么的问题，在前面我们也讲到了由于受不同的研究范式和理论的影响，评价的内容和标准差异很大。目前，对教师课堂教学评价的内容和标准主要有以下三种。

1. 以教学过程和结构为主的评价内容和标准①

这种评价内容和标准一般包括以下几个方面：(1) 教学内容，包括教学目标的明确度、讲授内容的科学性、重点和难点的处理、课堂练习的难易程度；(2) 教学艺术，包括启发学生思考、照顾个性差异、学习方法上的指导、教学语言和板书；(3) 课堂结构，包括教学环节的设计、复习提问与新课的衔接、讲授与练习的比例；(4) 课堂管理，包括按时上下课、严格要求学生、课堂纪律状况、正确评价学生；(5) 教学效果，包括课时计划的完成情况、学生当堂对知识和技能的掌握程度、学生作业或练习的质量、学生负担是否合理。

2. 以学生活动和参与情况为主的评价内容和标准②

这种评价内容和标准主要针对课堂教学中学生的参与状况和参与水平以及相应的课堂行为。例如，南京琅琊路小学在课堂教学评价中采用了以下评价指标：学生的参与状态、学生的参与广度、学生的参与时间、学生的参与方式、学生的参与品质和学生的参与效果。这种方式突破了原来课堂教学评价集中在教师身上的弊端，但对指标的定义仍然采用的是传统的模糊综合评定的方法，在可操作性上还需要进一步改进。

---

① 刘本固著：《教育评价的理论与实践》，浙江教育出版社2000版，第448—450页。

② 唐晓杰等编著：《课堂教学与学习成效评价》，广西教育出版社2000年版，第28页。

3. 两者结合的评价内容和标准

这种评价内容和标准主要针对课堂上教师的活动、学生的活动以及师生之间的互动情况。例如，刘志军提出的评价内容和标准分为三个层次。[①]（1）基础层次，主要评价师生的下列典型行为：利用多种方式激发学生的兴趣和求知欲；有明确的教学目标，能够根据教学目标安排和组织教学；学生学懂、会用，知识、能力目标都有较高的达成度；以知识结构为中心，教师在创造性使用教材的基础上灵活组织教学内容；重视教学内容的实践性，强调学生动手实践能力的培养。（2）提高层次，评价师生的下列典型行为：把学生作为学习的主人，充分调动学生主动学习的积极性；教师上课情绪饱满，并注意调动学生的情绪；为学生参与教学和合作学习提供充分的时空条件；教师根据教学情况，主动有效地调节课堂节奏；学生积极听讲，认真思考，踊跃发言；师生和生生在充分的认知和情绪交流中，形成良好的课堂心理气氛。（3）体验层次，评价师生的下列典型行为：鼓励学生创新，并采用多种措施为学生创新提供条件；尊重学生差异，面向全体学生；学生敢于并善于提问，发表不同见解；师生共同体验课堂生活的乐趣。

三、教师课堂教学评价的方法

（一）课堂观察和听课法

这种方法是由评价者进入课堂进行观察和听课，并对教师的课堂教学进行评价。在具体的操作过程中又有两种模式。

一是对课堂教学进行实录和评价。它要求首先进行课堂教学实录，即在听课的时候，以教学过程作为主线，将教学进行过程中的师生语言、行为、活动等记录下来，侧重对教师的导入和过渡语、教师的提问、教师的独特见解、教师对学生回答问题或完成情况的反馈、学生的提问、学生独特的见解、学生的典型错误、学生在听课时的表现、各项教学活动的用时等的记录；然后在课后整理听课记录，理清课堂教学的结构和思路，补充重要的细节，同时对课堂教

① 刘志军著：《课堂评价论》，广西师范大学出版社2002年版，第181—184页。

学的质量进行定性的评价。

二是在听课的过程中，采用相对较为完善的评价量表进行定量评价。这种方法是在听课之前，将评价内容分为二到三级指标，每个具体的指标又从不合格到优秀分为五个等级，制成评价表，让评价者在听课的过程中对教师的教学进行相应的评价。采用这种方法对教师的教学进行评价时需要注意，首先是评价表的制订要相对科学，其次是这种评价具有模糊性和随意性，受评课人个体的主观经验、学识影响较大。随着教育评价中对人文特征的重视，也需要对教学的情况加强质的描述。

（二）录像评价法

随着教育技术水平的提高和学校教学设备的完备，采用录像对教师的教学进行评价成为一种现实而科学的办法。录像评价通常由准备工作、课堂教学过程纪实、教师访谈纪实和录像分析四个步骤构成。

（1）准备工作。前期的准备工作除了在课堂观察和听课中需要准备的东西之外，还需要注意环境条件，特别是光线、声音，此外还需要选用较好的录像设备。

（2）课堂教学过程纪实。由于评价是基于录像资料进行的，因此录像的内容和质量就非常关键。在摄制的过程中，要注意两点：一是对教师纪实，即拍下教师向班级授课的每个细节；二是对一个理想学生纪实，由于理想学生的活动与教师的活动基本一致，因此可以较为完整地体现整个教学的过程与相应的活动。当然，摄像时也不可能没有遗漏，有条件的话，最好有一两位观察员在现场观察、记录，以弥补摄像的不足。

（3）教师访谈过程纪实。摄像结束后，将事先准备好的访谈提纲给上课教师，然后将访谈过程摄录下来。访谈主要是了解教师的教学设计、教学目的、教学背景，以及教师对课的自我评价等。

（4）录像分析。一般需要通过几个步骤来完成：首先是将录像资料转化为文字；其次是根据录像和文字资料将课堂教学过程划分为几个有机的环节，对每个环节的教学活动进行概括性的描述；再次是制作课堂记录表，内容包括教学环节、学生活动描述和教师活动描述；最后是进行定量评价和定性评价，包括对学生参与情况、教学反馈活动、教师教学活动、教学时间与教学目的的关系的定量与定性分析。

（三）问卷法

问卷法即采用问卷对参与教学的教师和学生进行调查和评价。一般而言，教师和学生的问卷问题是不相同的。教师自评问卷通常包括对基本教学能力、备课准备情况、教学过程中的创新、教学内容的熟悉程度、课堂教学气氛、学生参与积极性、教学效果的评价；学生评价问卷不仅可以包括对课堂教学各方面和教学效果的评价，还可以设计成建议型的，即让学生对教师的课堂教学提出自己的希望。

讨论2 *应该如何客观评价教师的课？*

对同一堂课，不仅听课的学生会对课的好坏得出不同的结论，而且其他测评者也会得出不同的结论。你认为应该如何客观评价教师的课？

第三节　学生学习成效评价

一、学生学习成效评价概述

（一）什么是学生学习成效评价

学生学习成效评价是对课堂教学效果的评价，它不仅体现为学生在学科学习中的认知发展成就，也体现在态度、兴趣、个性等非认知领域的发展和成就上。

学习成效评价是教学评价的重要组成部分，课堂教学的实质就是想通过课堂教学这种方式达到学生身心有效和高效发展的目的。因此，任何形式的评价，包括对教师教学过程的评价，都离不开对学生学习成效的评价，学生的学习成效是课堂教学的出发点和落脚点。

学生学习成效评价可以在不同教学阶段进行。教学前的评价可以了解学生的知识与能力准备状况，为教学设计奠定基础；教学中的评价则可以对教学目的的达成与教学任务的完成提供依据，同时也可以提供有关学生学习状况的诊断性信息，为教学的调整提供依据；教学后的评价则可全面评价教学目标的达成度，对学生的身心发展状况进行全面的了解。

（二）学生学习成效评价的目标

学生学习成效评价的目标实际上就是评价什么的问题。传统的学习成效评价中非常注重学业成就的发展，在实施素质教育和新课程改革的今天，这种测评的缺陷就逐渐显露出来。其实问题的实质是学生的学习成效到底体现在什么地方，或者我们所期望的教育结果到底是什么。当然以前对这个问题并不是没有研究，而是随着研究的深入，人们发现以前对这个问题的思考和实践过于狭窄。

1. 传统测评的思考角度——教学目标

教学目标是对学习结果的预期，它是对课堂教学特别是学科教学可能给学生带来的变化的思考。目前，教学目标的规定和陈述主要有两种趋向：一是行为目标趋向；二是认知目标趋向。

行为目标是指清楚地陈述学生在教学结束时应能做到的事。马杰（Mager，1962）认为，教学目标应该是可操作的、行为化的和可测量的，即它应陈述得非常明确具体，既要说清行为目标中的规定条件，又要说清可接受的最低的作业水准。例如，“在 10 分钟内解答 10 道不用借位的三位数减法题，学生至少答对 7 道题才算通过”，这样规定的目标便容易进行测量。“学完本单元后，学生应能知道‘数’在我们社会中的作用”，这样的目标就太笼统了，没有清楚地说明期望学生达成的行为目标，因而很难测量。

认知目标是教学最重要的目标之一，对认知目标的分类以 1956 年布卢姆等人的研究影响最大。他们将认知目标由低到高划分为六级。第一级为知识：对思想或事物的简单回忆，如对某具体事物或普遍原理的回忆，对方法和过程的回忆，或对一种模式、结构或框架的回忆。第二级为领会：最低级的理解，如用自己的语言陈述一个概念的定义或一条原理。第三级为运用：将抽象概念用于特定的、具体的情境中，如合理地用某公式解决数学题。第四级为分析：把获得的信息分解成各种要素或组成部分，弄清其间的内在联系。第五级为综合：把各种要素或组成部分组合成一个整体，以构成一种新的形式和结构。第六级为评价：为了特定的目的对材料和方法做出判断。判断所依据的准则，可以是学生自己制订的，也可以是别人为他制订的。这六级目标，每一级又各分若干亚级，这一系列目标能作为一门课程或一个单元的测评指南。而且，为便于测量，还应尽可能将各级目标具体化。

2. 对学生发展的新理解

在我国教育评价的实践中，比较强调德、智、体三个方面的评价。现代学生评价则从学生发展的角度来探讨如何对学生进行评价，在这方面，突破较大的是“德”，它从传统的思想品德进入到学生心理素质发展的方方面面，如情感、道德、性格、世界观与价值观、自我意识等。新课程标准的培养目标也反映了这个趋势，在其评价中有三大领域，即：知识与能力，情感、态度、价值观，过程与方法。

从学生的发展角度来探讨学生评价的问题，首先要弄清楚的就是学生的发展包括哪些方面。在这方面最有影响的是美国心理学家加德纳的多元智力理论。加德纳认为，智力是解决问题或制造产品的能力，这些能力对特定的文化和社会环境是很有价值的。人的智力并不像传统的智力理论所认为的那样，以语言能力和数理能力为核心，以整合的方式存在，相反每个人身上都存在相对独立的、与特定的认知领域或知识范畴相联系的多种智力。每个人都同时拥有多种智力，它们在每个人身上以不同的方式、不同的程度组合，使得每个人的智力各具特点。这些智力可以培养和加强，也可能被忽视或削弱。他认为每个人拥有以下七种智力。

（1）言语智力（linguistic intelligence），指运用语言、文字进行倾听、阅读、写作、讨论，达成有效的沟通、理解、说明、创造新知识、建构意义的能力。

（2）逻辑数学智力（logical-mathematical intelligence），指对环境中的事物进行抽象思考，形成思考模型，运用统计计算、推理、逻辑思考、实验研究，以解决问题、创造新的数学或科学思考模式的能力。

（3）肢体运动智力（bodily-kinesthetic intelligence），指巧妙地控制身体和处理物体的能力。

（4）空间智力（spatial intelligence），指准确地感觉视觉空间并把所感觉到的加以表现的能力。

（5）音乐智力（musical intelligence），指能够创造和欣赏节奏、曲调的能力。

(6) 人际智力(interpersonal intelligence),指对他人的情绪、动机和愿望进行察觉并做出适当反应的能力。

(7) 内省智力(intrapersonal intelligence),指自我意识以及统合内在情感、价值、信仰和思维过程的能力。

他在1999年的《智力再构:面向21世纪的多元智力》(*Intelligence Reframed: Multiple Intelligence for the 21st Century*)中增加了两种智力,即自然观察智力和生命存在智力。

(8) 自然观察智力(naturalist intelligence),指观察、辨认和洞悉自然,对自然界的动植物和其他物体加以认识和分类的能力。

(9) 生命存在智力(existential intelligence),指具有解决人存在的深层问题的能力和灵敏性,如生命的意义、人为何会死亡、人何以存在等问题。

多元智力理论的影响不仅在于其提出了学生的发展有哪些重要方面,而且它可以成为有效的课堂教学模式和评价方法。例如在光合作用的教学中,可以设计如下的教学活动。①

言语:阅读描述光合作用过程的课本章节和适当词汇。

逻辑数学:制作一个反映光合作用过程的时间表。

空间:用水彩描述光合作用的过程。

肢体运动:通过角色扮演表现光合作用过程中所涉及的特征。

音乐:用能够表现光合作用顺序中各个步骤的音乐素材创作一个音乐作品。

人际:小组讨论光合作用中叶绿素的转换作用,描述与此类似的学生生活。

内省:写一篇日记,开头时分析个人的转换经验,并和光合作用进行比较。

自然观察:比较种子在阳光充足和没有适当的光线时的生长状况。

---

① [美] L. Campbell等著,王成全译:《多元智能教与学的策略——发现每一个孩子的天赋》,中国轻工业出版社2001年版,第393页。

对学生的评价则要求学生能以空间、逻辑数学、言语或音乐等方式解释光合作用的过程，并将转换和改变的概念与他们自己的生活联系起来。

二、学生课业评价中的标准化方法

课业发展是学生学习成效中最重要的目标，因此，它也是教学中应用最广泛的评价对象。对学生课业进行评价主要有两种方式：一是传统的标准化测试方法；二是新兴的非标准化的测试方法。

标准化测试一般采用纸笔测验，题目的形式主要有客观性试题和主观性试题。

（一）客观性试题

客观性试题，即按预定客观标准记分的试题。其题目形式多样，主要有再认式，如选择题、是非题、匹配题，还有回忆式，如填空题、简答题等。除了这些典型的客观性试题外，还有诸如名词解释、简单计算题、阅读理解题等客观性较强的试题。

客观性试题，特别是其中的选择题是一种具有良好测量功能的测试题型。它不仅能测试简单的学习成就，而且能够测量诸如理解、应用等更为复杂和高级的学习成就。客观性试题的编制较困难、费时，需要经过较为严格的开发过程。不过这种测评方法在学校里很流行，因为它具有一定的优势。首先，它能够排除评分的主观性与不确定性，评分客观而迅速；其次，试题一般经过仔细选择和分类以构成一个有代表性的样本，这样可以提高测验的效度；最后，各个试题的分量又可有轻重之别。一般来说，客观性试题取样的广泛性与系统性是其他试题所不及的，而这一点有助于测验信度的提高。

可以说，客观性试题对学习成就与能力的测量是一种高效和有用的题目类型，可以测量学习成就领域中从简单到复杂、从低级到高级的广泛的学习结果。它具有效率高、信息量大、信度高、评分与记分误差好控制的优点，有很好的应用前景。

当然，客观性试题也有缺点。除了编制不易之外，客观性试题难以有效地直接测量学生在语言表达、思维分析过程以及创造技能等方面的高级学习成就。一些缺乏编题技巧、有粗制滥造嫌疑的客观性试题不仅不能发挥其优点，反而会突出其缺陷，如学生凭借编制者无心的暗示去猜测正确答案。

（二）主观性试题

主观性试题允许学生根据自己的思想认识自由作答，主要包括论述题、作图题、作文题等。与客观性试题一样，它要在试题中设置问题情境并提出作答任务和要求，不同之处在于它允许学生自由作答。

主观性试题在学校的测评工作中占据着较为重要的地位，原因主要有三点：第一，它更适合于测量学生对学科结构和材料内容领会和理解的深度，尤其在某些学科知识领域还不甚稳定、简单的“正确答案”还找不到的情况下；第二，它有利于测量学生组织各种观念、整理各种证据、构思确凿论据的能力，以及批判性地评价各种观念和清楚而令人信服地表述这些观念的能力；第三，它还能使教师窥探学生的独立性与创造性思维，洞察学生的认知风格对问题的敏感性和解决问题的策略。

正是由于主观性试题适合考察学生的分析与综合能力、组织表达能力、计算推理能力等高级学习成就，所以与客观性试题一样，它也是课业成就测试的重要类型。但是，它也同样存在一些缺陷：一是试题通常只有几个，内容的样本常常缺乏广泛性和代表性，特别是评分困难，且有主观色彩，测试的信度和效度往往难以令人满意；二是测试过程有大量的书写任务，学生往往忙于书写而无心思考；三是主观性试题有可能促使学生弄虚作假，东拉西扯，离题太远。

两种类型的试题具有互补性，两者的结合能够有效避免各自的缺点，所以大多数课业成就测验是采用上述两种试题的结合。

三、学生课业评价中的非标准化方法

标准化测验由于编制相对比较困难，而且无法做到评价主体的多元性和被评者的参与，特别是测试内容与现实社会的真实情境相差较远，因此近年来出现了一些替代性的非标准化的评价方法。

（一）表现性评价法

1. 什么是表现性评价法

表现性评价法也被称为真实性评价法，是标准化测试的一种替代形式，主要由真实性任务（authentic task）和量规（rubric）两个部分组成。真实性任务是指现实生活中或模拟现实生活中的任务，学生可以用他们所学的知识和技能去解决这类任务。量规主要由评价项目和评价等级组成。

与传统的标准化测试相比，表现性评价法具有以下特点：(1) 不仅能够评价学生知道什么，而且还能评价学生能够做什么；(2) 强调学习和思考的方法，特别是解决实际问题的高层次思维能力；(3) 任务必须是与真实生活情境相联系的；(4) 过程和作品是评价的重点，如科学课程中所设计的表现性评价既需要评定学生的观察、提问、实验设计等认知过程，也需要评定学生所做的科学产品；(5) 要事先确定评价学生作业表现的规则和标准。

2. 表现性评价的类型

学生课业评价中通常采用的表现性评价主要有以下几种类型。

(1) 口头报告与答辩。口头报告是用口头语言对学习内容进行反应，有时采用难度更大的答辩，在答辩过程中不仅要求对学习内容进行口头表述，还要求对自己的观点和逻辑做出较为详细的解释。此外，还可以在口头报告之后，由教师或其他学生提问，对所提出的问题进行进一步的解释、回答。

(2) 项目调查。项目可分为如下几种：①个人项目，即学生个人完成的项目，如对市民不文明习惯的调查，项目通常需要有创造性、新颖性和美感；②小组项目，这通常需要两个或两个以上的个体合作完成，可对合作水平和成果质量进行评价；③个人—小组项目，这种项目通常耗时较长，完成之后每个人撰写一个报告。

(3) 角色扮演。一般是为配合或代替真实情境中的表现，局部或全部模拟真实情境而设立的，如在社会学习课程中，学生采用角色扮演的方法模拟法庭审判、市政会议、招聘等活动。通常，这种模拟情境下的表现可作为今后真实情境的一种准备。

(4) 小论文。要求学生对某个现象、问题或者观点进行描述、分析、解释、总结、评价或论证，它不仅可以有效地评价学生对某个问题或学科的理解程度，也可以测量学生的观点和论证的清晰性、表现出来的批判意识和批判能力以及内容的新颖性等。

(5) 学习日志。这是让学生收集和留下有关学习活动的相关资料，如让学生做一本“酒与乙醇”研究的学习日志，学生在日志中可以包括以下内容：写下他们对活动的设计及活动过程的反思；用图形画出他们进行活动时的构想、认识或实验图；创作或寻找一首与酒有关的歌曲；列出或记录探索过程中发现的有趣规律；写下活动过程及感想；将他们希望与他人分享的内容写下、录音或录像；将代表学习所获得的某种原理或概念的身体动作或手势拍成照片；等等。

（6）科学实验。它是结合教学过程要求学生操作实验设备直接去感知事物的一种综合性的评价方法。它不仅有助于发展学生的高层次认知技能，而且给他们提供了直接感知和体验事物的机会，从而促进动作技能、心智技能和问题解决能力的全面发展，如寻找控制水土流失的办法等。

（7）艺术作品。让学生进行艺术创作，包括诗歌、文章、图画或者其他形式的艺术作品的创作。

3. 表现性评价的实施

一般包括以下几个步骤。

第一步，确定评价的目的。评价目的是确定要评价学生哪些方面的进展和表现，从而为确定相应的活动类型和标准奠定基础。如想考察学生对问题的辩证思考与评判性思考的能力，则可考虑采用小论文或者口头报告。

第二步，设计任务，也就是具体考虑采用什么样的任务来达到表现性评价的目的。

第三步，确立评价的标准。评价标准尽量要求表达清晰、简要，内容涉及可观测的行为。

第四步，制作量规。师生可共同参与制作量规，基本步骤包括：

（1）观看作品，即学生观看一些好的和不好的作品并讨论造成好或坏的原因；

（2）列出标准，即列出优秀作品的一系列必要特征；

（3）标明质量等级，即找出最好的和最差的质量等级，然后根据自己所掌握的知识和讨论结果，找出中间的质量等级。①

第五步，评价及反馈。根据制订的量规，对学生完成任务的情况进行评

① 张继玺：《真实性评价：理论与实践》，《教育发展研究》2007 年第 2 期。

价，并及时反馈评价结果，不断修正教师的教和学生的学。

表现性评价法在实际运用的过程中需要注意以下方面：一是信度，可以通过对评分者进行认真训练及制订评分规则来提高信度，同时，可以通过增加评定任务数量及增加评分者人数适当解决重测信度问题；二是效度，可以通过调查学生完成任务时所经历的过程来加强表现性评价的结构效度。

（二）档案袋评价法

随着多元评价理论的盛行，档案袋评价法逐渐成为一种重要的记录学生成长和进步的方法。

1. 什么是档案袋评价法

档案袋评价法是有目的地汇集学生的作业和作品，以展示学生在一个或几个领域学习中的进步与成就的方法。它必须包括作品选择过程中学生的参与、选择的指南、评分的标准以及学生自我反思的证据等要素。

档案袋评价法的基本特征是：（1）档案袋的基本成分是学生的作品，而且数量很多；（2）作品的收集是目的、有计划的；（3）应提供学生发表意见和对作品进行反省的机会。这种评价方法能实现以下功能：（1）通过自我反思与自我评价，加强学生在学习过程中的能动性；（2）有助于学生多元能力的培养，并通过彰显自己在某方面的独特能力，提升自尊，获得成功感受；（3）更好地发现并诊断问题，为反馈提供扎实的基础；（4）加强师生沟通，使教师更全面地了解学生。

2. 档案袋的类型

主要包括两类：展示型档案袋，主要收集能够反映个人成就的材料，如自己的最佳作品、自己的代表性作品、自己的获奖证书、奖章等；过程型档案袋，主要收集反映不同时间段的个人表现的材料，其中不仅有自己最满意的作品，也有最初的、不太成熟的作品，如一篇文章的初稿、修改稿和定稿都可以放在档案袋中。

3. 档案袋的构成

档案袋中通常包括以下几个方面的内容：（1）封面，包括作者介绍和对自己学习过程与进步的总结。（2）目录。（3）内容，包括必选内容和可选内容。必选内容是每个学生都有的，提供了评价的共同基础；可选内容反映学生的独特性，学生既可以选择自己最好的作品，也可以选择有问题的作品并分析原因。(4) 日期，每个作品都应记录时间。(5) 作品的初稿和修改稿。(6) 反思（可以出现在不同阶段），包括对个别作品的反思和对整个档案袋的反思。对个别作品的反思可涉及以下问题：我通过这个作品学到了什么？我哪些方面做得好？我为什么选择这件作品？在这个作品中，我还要提高什么？我对我的表现感觉怎样？存在哪些方面的问题？

4. 档案袋评价法的特点

这种评价方法的优点是强调以个体为主的评价标准，突出正面的鼓励性评价。一位小学教师发现，激励性评语有着意想不到的好效果，甚至可以说许多“好学生”是“评价”出来的。①

但是它也有局限性，主要表现在以下两个方面：(1) 增加了教师的工作量，增大了评价难度；(2) 由于缺乏有效的评定标准，难以评定分数。目前，这种方法只适用于过程性评价，不能发挥筛选功能。②

（三）概念图

概念图（concept map）作为现代认知心理学的一种测评方法，能够测评学生的陈述性知识，并且克服了传统测评方法的一些缺陷。

1. 什么是概念图

概念图是一种评价学生认知结构的工具，让学生根据自己对某个知识的理解，用图的方式来表现其中的概念以及概念之间的联系。一个概念图就是由结点和连线构成的结构性的表征，其中结点对应某领域中代表各种概念的重要名词术语，连线代表一对概念（结点）之间的关系，而连线上的标注则说明这是什么样的关系。两个结点与一个带标注的连线共同构成了一个命题。通过让学生把某领域中的概念连起来，并标明这种联系的性质，可以说明某知识领域的关键概念在学生的头脑中是怎样组织起来的。概念图测验的理论基础是认知心理学关于人的语义知识表征的理论，即人的知识是以层次网络的形式储存在长

① 傅道春编著：《新课程中教师行为的变化》，首都师范大学出版社2001年版，第239页。

② 张莉莉：《质性评价的有效尝试：通过学生成长记录袋实现评定的发展性功能》，《比较教育研究》2003年第1期。

时记忆中的。

2. 概念图的测试任务

它的测试任务有两种类型：(1) 限制性任务，即已经给定一串概念和连接词，学生的任务是将它们画成概念图；(2) 开放性任务，即只给出少数几个提示性的概念，学生可以充分发挥，将自己头脑中所有的相关概念画成一幅概念图。

3. 概念图的评分方式

概念图的评分方式大体上可分为三种：(1) 就学生概念图的成分来评分，概念图的成分主要包括命题（如数量、准确性、横向联系）、层次水平和实例；(2) 通过比较学生的概念图和专家的标准图，给它们之间的重叠部分赋予分值；(3) 综合前两种方式。①

4. 概念图的作用

用概念图这种测评方法可以有效探查学生的内部认知结构，不仅能够评价学生的预备知识，而且能够有效确认学生知识的“裂缝”，可以反映出学生头脑中的误解（misconception）、错误观念（incorrect conception），还能帮助教师确定学生经过教学后所建立的概念联系的广度与质量。

四、非认知领域的评价

除了对学生的学习成效和认知发展进行评价之外，在多元评价观的影响下，往往还需要对学生的非认知领域进行相应的评价。教育教学领域应用较多的非智力因素评价，主要是对学生的学习兴趣、学习态度、学习热情、学习习惯、自学能力与学习方法、注意力、意志力等的评价。评价的方法既有传统的学生自评，也有教师综合性评定（主要通过观察学生的表现进行评定）。

随着学生心理素质教育的发展，目前研究者还主张采用心理素质测评量表来对学生的心理素质进行综合评定，如张大均等人开发的学生心理素质测评系统等。

---

① 杜伟宇、季春阳、梁红：《概念图在测评中的应用——一种现代认知心理学的测评方法》，《宁波大学学报》2004 年第 1 期。

另外，采用一些专项评定量表或者自编量表对学生的非智力因素进行测量也是通常的做法，如编制五级评分的态度量表，或者采用强迫选择法或语义差别测量等方法编制兴趣量表等。

除了对学生的非智力因素进行相应的评定外，还可对学生的特长进行评价。这种评价主要是对学生在各种活动中的表现进行评价，包括礼仪与交往、家庭与理财、健美与健身、科学与生活、运动与休闲等。通常组织各种竞赛和展示，请家长参与，共同评价学生特长的发展，同时根据学生实际参加各类活动的成绩和表现情况做出记录。

此外对学生的操行进行评价也是我国学生评价中的重要内容。操行评价的方法有很多种，有人提出操行评价可采用以下四个步骤：第一步，学生自我评价；第二步，小组评议，互相找优点，不谈缺点；第三步，班主任向其他任课教师收集学生的信息；第四步，在班主任主持下，所有任课教师共同参与写评语。

第四节　测评结果的报告

一、为什么要报告测评的结果

学生学习成效的测评实际上包括两个部分：一个部分是对学生的学习成效进行测量，主要方法包括前面我们所谈到的标准化和非标准化的测试，以及非认知领域的测评等；另一个部分则是要对学生的学业成效进行评价，如语文考了 85 分，这个 85 分是什么含义，学生的学业成就是进步了还是退步了。

对于测评的结果，不仅测评人员要知道它的含义，更重要的是要向一些有关人员，如教育管理者、家长等进行解释，以便让他们清楚课堂教学的效果到底怎么样。一般而言，测评结果的报告有以下几个方面的作用。

（一）改善教学，激发学习动机

我们需要随时监控学生学业成效的进步，而对学生学业成效的报告通常包括较为详细的教学目标、学生学习中的优点和不足、有关学生个性—社会性发展的信息以及通过测评获得的其他资料等。这些资料直接将教学目标与学生的进步对照起来，可以较为清晰地显示学生的进步状况和教学目标的达成状况，对于教学而言是一种重要的督促。同时，它也可以与学生的学习目标结合起来，通过反馈让学生知道自己一段时期的进步状况，以激发其学习动机。

（二）向家长报告，协调家校教育

将测评信息向家长进行解释，让他们知晓学生在学校中的进步状况，将有助于家长理解学校的教育教学目标，了解学生在某一课程领域中预期学习结果的实现程度。这有非常重要的意义：首先，了解学校要达到的教育教学目标，家长就能够更好地与学校合作，共同致力于学生的发展；其次，了解学生在学校中的发展状况，可以促使家长在许多方面给予学生更多的支持和鼓励；最后，了解学生的优点与不足，有利于家长为学生制订发展规划和就业规划。

（三）便于管理和指导

测评结果不仅可用于确定学生是否能继续升学、获得相应的奖励，还能为教育管理部门监控学校教育教学的状况提供信息，有助于教学管理的完成。同时，学生的学习进步报告和其他的相关信息能够使咨询辅导人员获得有关学生的情况，方便他们指导学生制订相应的发展计划。

二、测评结果报告的方法

对学生在学校中的进步状况进行报告的方法通常有两种：一是对学生进行等级评定与解释；二是写评语。

（一）等级评定与解释

等级评定与解释是对学生的发展与进步进行等级判断和相应解释的方法，即通常采用字母来表示学生在学业或其他方面的发展等级，然后对这个等级进行相应的解释。

等级评定与解释有不同的参照依据，即依据不同，等级的划分与对等级的解释也相应不同。表 18-2是三种等级评定的依据及相应的解释和含义。①

① 唐晓杰等编著：《课堂教学与学习成效评价》，广西教育出版社 2000 年版，第 130—131 页。

表 18-2　三种等级评定的依据及含义

等级＼分类	绝对标准（任务参照、标准参照）	相对标准（群体参照、常模参照）	进步量表（自我参照、变化大小）
	相对于课程的具体目标	相对于班内其他学生	相对于来此地学习时所具备的能力和知识
A	◇ 非常出色地掌握了学习目标要求的概念、原理和策略 ◇ 学习目标达成，技能的掌握好 ◇ 对更高级学习任务的准备很充分	◇ 大大超过班级平均水平	◇ 进步非常显著 ◇ 表现显著超过教师期望水平
B	◇ 学习目标要求的概念、原理和策略的掌握超过最低要求 ◇ 学习目标要求的表现和大部分技能的掌握良好 ◇ 对更高级学习的准备良好	◇ 超过班上平均水平	◇ 进步很大 ◇ 表现超过一点儿教师所期望的水平
C	◇ 概念、原理和策略的掌握达到最低要求 ◇ 表现能力和使用基本技能的能力达到最低要求 ◇ 对后面学习有几个方面准备不足	◇ 接近或处于班级平均水平	◇ 进步大 ◇ 达到教师所期望的水平

续表

等级＼分类	绝对标准（任务参照、标准参照）	相对标准（群体参照、常模参照）	进步量表（自我参照、变化大小）
D	◇ 大部分概念、原理和策略没有掌握 ◇ 没有达到一些重要的学习目标要求，没有掌握一些重要的基本技能 ◇ 对后面学习有几个方面准备不足	◇ 低于班级平均水平	◇ 有些进步 ◇ 没有达到教师所期望的水平
E	◇ 大部分概念、原理和策略没有掌握 ◇ 多数重要的学习目标没有达到，基本技能没有学会 ◇ 不具备后面学习所需要的大多数条件	◇ 大大低于班级平均水平	◇ 进步不显著或没有进步 ◇ 大大低于教师期望的表现水平

这三种参照标准的等级评定各有优劣，若能都报告，就可以较为全面地反映学生的状况。至于在三种不同的参照标准中，如何进行具体的等级划分，大体可以按照以下方法：在标准参照（绝对标准）中，如果采用的是百分制，那么可以将 90～100 分评定为 A，80～89 分评定为 B，70～79 分评定为 C，60～69 分评定为 D，59 分以下评定为 F。在常模参照（相对标准）中，可将原来的百分制转换为百分比，即将学生评定为 A、B、C、D、F 五等，各等在学生中所占的比例分别为 10％、20％、40％、20％和 10％。在自我参照中，将学生现在的表现和以前的表现进行对照后给出等级，也可以参照相对标准中的等级。如果学生进步了两个等级，那么评定为 A；进步了一个等级，评定为 B；等级没有进步，则为 C；退步了一个等级，则为 D；退步了两个等级，则为 F。当然，这种

评价对于那些学业成绩中上的学生激励不够，因为他们的相对进步较小。

采用这种简单的等级评定及其解释对于报告学生的进步来说简洁明了，不过这种方法也有不足之处，即这种等级无法说明更多的情况和内容，如学业成就状况的原因、发展中的优缺点等。因此，在报告中除了给出学生的等级和这个等级的含义之外，还需要报告更多的内容。通常也可以根据表 18-3中家长可能经常会提到的问题来构建需要报告的内容。①

表 18-3　针对家长的问题来构建报告内容

	问题	建议如何回答
所处位置	◇ 与其他孩子比，我的孩子学得怎么样？ ◇ 孩子的进步对他所在的年级来说是否属于正常？	◇ 解释标准考试提供的仅仅是部分信息 ◇ 用课堂学习的表现解释学生的进步
进步	◇ 孩子是否取得了应有的成绩？	◇ 用各门课的综合成绩来反映总的进步 ◇ 用各门课的成绩来解释 ◇ 用课堂表现的信息来解释
长处	◇ 我的孩子在哪些方面较强？	◇ 用课堂信息说明这个问题 ◇ 建议家长帮助孩子在这些方面有更大的提高
需要改进之处	◇ 孩子的学习有何薄弱之处？ ◇ 我怎样来帮助孩子提高？	◇ 用几组相同问题的表现来反映弱点 ◇ 不用过分强调不足，要同时说明学生的优点，并建议家长如何帮助孩子

① 唐晓杰等编著：《课堂教学与学习成效评价》，广西教育出版社 2000 年版，第 132—133 页。

续表

	问题	建议如何回答
智力	◇ 孩子聪明吗？ ◇ 孩子的天赋如何？	◇ 解释考试成绩不是智商 ◇ 考试成绩反映课堂所教内容，高分仅仅反映了学生的学习机会不同 ◇ 用课堂信息来说明问题

讨论3　教师该如何向家长报告和解释学生的学业成绩？

学校的考试通常采用的是百分制。某学生期末考试成绩为：语文 80 分，数学 68 分，外语 72 分。假如你是教师，你如何向家长报告和解释这些分数的含义呢？

（二）评语

评语是用相对简洁的评定性语言叙述评价的结果。其好处在于能够弥补评分的不足，对于那些难以用分数反映的问题就可以用评语来进行评述。过去的评语往往是千人一面，而且写得冷冰冰的，既看不到在什么方面有进步，也不知道该朝什么方向努力。随着教学评价的发展和发展性评价的深入，采用评语这种报告的方法也发生了可喜的变化，主要体现在这样几个方面：一是在内容上出现了由原来的模式化语言变为根据学生实际情况进行报告的个性化趋势；二是在语言表述上也由过去干瘪的条文变为增加了很多情感化用语，而且与以前相比更加委婉和风趣；三是评语报告的时间由过去学期末或者学年末的一次性报告变为多次报告，而且由以前偏重于对学生进行德、智、体的综合评价变为即时评语、学科评语、作业评语、综合评语相结合；四是报告的撰写人也由过去教师包办变为全员参与。

现在的评语主要有两种形式。

一种是“优点＋希望”型评语。例如：

在本学期，该生能遵守学校的各项规章制度，尊敬师长，团结同学；能关心集体，且能积极参加班级的各项活动；学习态度认真，上课能认真听课，课后按时完成教师布置的作业，学习成绩进步较大；希望今后多注意锻炼身体。

另一种是“个性+期望”型评语。例如：

你是个心灵手巧的学生，看你图画课上画得多好！看你做的“忍者神龟”头饰多像！同学们都在夸你，都在暗暗羡慕你呢！能把你的聪明用在学习上吗？爱哭可不是男子汉的作风，有了缺点，哭可帮不了忙，想想该用怎样的态度对待批评。我想你已经知道今后该怎么做了，对吗？

又如：

你是一个语言积累很丰富的孩子，尤其在古诗这个方面更为突出，每个教师和同学都为你这个方面的才能而赞叹不已。这种积累对于你学习语文、数学很有帮助。你的语言表达能力较强，理解能力和接受能力以及朗读能力都很强。你还是一个待人宽厚的孩子，有两次同学不小心碰坏了你的眼镜，你都原谅了别人，从不计较。你是个爱锻炼、会锻炼，又带动全班同学参加锻炼的孩子。希望你像带动全班同学锻炼那样，做一个班集体中的带头人。

【要点小结】

教与学的评价既是对教学效率的评估，又是课堂教学的一个重要环节，它是指对教师的教和学生的学所进行的价值判断的过程，主要包含对教师课堂教学的评价和对学生学习成效的评价。教师课堂教学评价的内容和标准有三种，即以教学过程和结构为主、以学生活动和参与情况为主以及两者相结合；具体的评价方法主要有课堂观察和听课法、录像评价法、问卷法。学生学习成效评价的目标有传统的教学目标和学生发展的目标。测评后需要对结果进行报告，一般采用等级评定与解释和写评语的方式进行。

【思考与练习】

1. 什么是教与学的评价？为什么要进行教与学的评价？

2. 良好测评需要具备什么条件？

3. 教师课堂教学评价的内容和标准有哪些？如何客观评价教师的教学成效？

4. 在实际教学活动中，对学生课业效果进行评价的方法有哪些？如何实施?

5. 根据测评分数怎样报告测评结果?以你所在班级某次测评成绩为依据,尝试撰写一份测评结果报告。

【拓展性阅读】

1. 黄光扬主编:《教育测量与评价》,华东师范大学出版社 2002 年版。

2. 唐晓杰等编著:《课堂教学与学习成效评价》,广西教育出版社 2000 年版。

3. [美] R. J. Sternberg & W. M. Williams 著,张厚粲译:《教育心理学》,中国轻工业出版社 2003 年版,第五部分。

4. [美] R. L. Linn & N. E. Gronlund 著,国家基础教育课程改革"促进教师发展与学生成长的评价研究"项目组译:《教学中的测验与评价》,中国轻工业出版社 2003 年版。